In Treu und Glauben

Len Deighton

In Treu und Glauben

Roman
einer Berliner Familie
von 1899 bis 1945

Deutsch von
Liselotte Julius

Scherz

Erste Auflage 1988
Titel des Originals: «Winter»
Einzig berechtigte Übersetzung
aus dem Englischen von Liselotte Julius.

Schutzumschlag von Graupner & Partner

1899

Für jedermann sichtbar, stand die gebieterische Gestalt unter dem Laternenpfahl auf der Wiener Ringstraße. Er war überschlank, um die Dreißig, er hatte ein blasses Gesicht mit flinken, zornigen Augen und einen säuberlich gestutzten, schwarzen Schnurrbart. Die Krempe des seidig glänzenden Zylinders überschattete die Augen, und die mit Diamanten besetzte Krawattennadel blitzte im Schein der Gaslaterne auf. Er trug einen langen einreihigen Mantel mit Pelzkragen, ein besonders schönes Stück, dem man die Herkunft aus einem exklusiven Atelier ansah. «Ich kann keine Sekunde länger warten», sagte er in unüberhörbarem Berliner Tonfall. Niemand hätte Harald Winter für einen Einheimischen gehalten – höchstens vielleicht jemand von den aus Böhmen Zugewanderten, die mittlerweile einen beträchtlichen Teil der Wiener Bevölkerung ausmachten.

Die Menge, die sich um das erstaunliche Gefährt ohne Pferdegespann – einen Benz Viktoria – geschart hatte, musterte den Chauffeur, der sich nach Überprüfung des Motors aufrichtete, die Hände abwischte und erklärte: «Es liegt am Kraftstoff, die Benzinleitung ist verschmutzt.»

«Ich gehe zu Fuß zum Klub», entgegnete der Mann. «Sie bleiben hier beim Wagen. Ich schicke Ihnen jemand zur Unterstützung.» Ohne eine Antwort abzuwarten, schob er ein paar Schaulustige, die ihm im Weg standen, beiseite und stapfte auf der Ringstraße davon, wobei er wutschnaubend den Spazierstock aufs Pflaster stieß.

Es war kalt in Wien an jenem letzten Abend des 19. Jahrhunderts; tagsüber war die Temperatur ständig gefallen und lag jetzt unter dem Gefrierpunkt. Die Kälte machte Harald Winter ebenso zu schaffen wie sein törichtes Verhalten. Es kränkte ihn zutiefst, wenn eines seiner Automobile eine Panne hatte. Er genoß es, im Mittelpunkt der Aufmerksamkeit zu stehen, wenn er an seinen Freunden und ihren Kutschen vorbeigefahren wurde oder wenn man ihn auch nur als Besitzer eines der ersten Modelle dieser neuen, kostspieligen Gefährte identifizierte. Machte das Ding jedoch Schwierigkeiten wie eben, fühlte er sich blamiert. Und noch etwas ärgerte ihn zutiefst: daß er sich von seiner Frau hatte überreden lassen, das Weihnachtsfest in Wien statt in Berlin zu feiern, noch dazu, wo sie jede Stunde mit ihrer Niederkunft rechnen mußte.

Durchfroren betrat er durch das große Tor den Aufgang. Wie so viele Gebäude in dieser absurden Stadt glich der Klub einem Schloß, ein wuchtiger, von Nymphen und Najaden umrankter Barockbau, der überdachte Eingang von vier gigantischen Säulen getragen. Der Türsteher gab den Pförtnern ein Zeichen, so daß er unverzüglich in das strahlend erleuchtete Vestibül eingelassen wurde, wo es seltsam ruhig war, während sonst um diese Zeit lebhafter Betrieb herrschte.

«Guten Abend, Herr Baron.»

Winter murrte. Jeder mußte hier einen Titel haben, und wenn er, wie Winter, keinen besaß, so erfand man einfach einen. Während ein Diener ihm Stock und Zylinder abnahm, half ihm ein anderer aus dem Mantel.

Ohne Hut und Mantel zeigte sich, daß Harald Winter sich noch nicht fürs Souper umgezogen hatte. Er trug einen dunklen Gehrock, dazu hellgraue Hosen und einen Vatermörder mit schmalem Binder. Das blasse, breite Gesicht mit dem spitzen Kinn verlieh ihm etwas Diabolisches, was durch das glänzende, in der Mitte gescheitelte Haar noch unterstrichen wurde.

«Herr Winter! So ein Zufall! Ich bin gerade unterwegs zu Ihrer Frau.» Das war Professor Dr. Franz Schneider, ein Fünfziger, der beste, zumindest der wohlhabendste und erfolgreichste Frauenarzt von Wien. «Sie sind natürlich im Bilde ... Ihre Frau – vor einer Stunde gab es die ersten Anzeichen. Ich fahre jetzt ins Krankenhaus. Kommen Sie mit? Mein Wagen wartet draußen.»

Winter blickte kurz zu der Tür, aus der Professor Schneider gekommen war. Die Bar. Professor Schneider errötete. Hol dich der Teufel, arroganter Hund, dachte er. Dieser Winter konnte einem Schuldgefühle beibringen, ohne auch nur ein Wort zu sagen. Was ging es Winter an, daß er beim Abendessen zum kalten Fasan eine halbe Flasche Champagner getrunken hatte? Schließlich war es Winters Frau, bei der die Wehen ausgerechnet am Silvesterabend eingesetzt und ihm damit die Aussicht verpatzt hatten, zu einer halbwegs vernünftigen Zeit auf dem Ball zu erscheinen.

«Ich habe eine Besprechung», erklärte Winter.

«Eine Besprechung?» wiederholte Professor Schneider. Sollte das ein Witz sein? Welcher Mann würde denn am Silvesterabend zu einer Konferenz in einen Klub gehen, wo sich außer dem Personal so gut wie kein Mensch aufhielt? Und wie konnte ein Mann sich auf Geschäfte konzentrieren, wenn seine Frau kurz vor der Entbindung stand? Er sah Winter in die Augen: keine Spur von Wärme, keine Neugier, keine Leidenschaft. Dem Vernehmen nach zählte Winter zu den fähigsten Geschäftsleuten Deutschlands, doch was nützten ihm Reichtum und Ansehen, wenn seine Seele erloschen war? «Dann mache ich mich auf den Weg. Ich werde Sie benachrichtigen. Sind Sie hier zu erreichen?»

Winter nickte fast unmerklich. Er wartete, bis Professor Schneider gegangen war, und stieg dann die breite Treppe zum Zwischenstock hinauf. Dort stieß er auf ein weiteres Klubmitglied. Winters Miene heiterte sich auf. Endlich ein bekanntes Gesicht, das er zudem noch mochte.

«Foxy! Ich hab schon gehört, daß du in dieser gräßlichen Stadt bist.»

Erwin Fischers rotes Haar war inzwischen längst ergraut – ein imposanter, schimmernder Helm –, aber der Spitzname war ihm geblieben. Er war klein, schmächtig, heiter, hatte dunkle Augen und frische Farben. Seine Urgroßeltern waren Juden aus Riga. Sein Großvater hatte den Familiennamen geändert, und sein Vater war lange vor Erwins Geburt zum Katholizismus übergetreten. Fischer winkte ein Stahlvermögen als Erbe, doch sein fünfundsiebzigjähriger Vater war gesund und munter, so daß dem inzwischen achtundvierzig gewordenen Sohn vorerst nichts als die Aussicht auf künftige Reichtümer blieb. Er wurde zwar nicht knappgehalten, war aber leicht frustriert – ein Zustand, der sich mit Geld nicht immer beheben ließ... In letzter Zeit glich sein Leben einem endlosen, eintönigen Reigen aus gesellschaftlichen Verpflichtungen, großen Festen und den Kandidatinnen, die man ihm als «passende Ehegefährtinnen» präsentierte und die sich dann doch als nicht recht passend erwiesen.

«Du hast den Professor ja ziemlich kurz abgefertigt, Harald. War das klug? Er hat viele Freunde in der Stadt.»

«Er ist ein wehleidiger kleiner Schmarotzer. Ich begreife nicht, weshalb meine Frau einen solchen Waschlappen konsultiert.»

«Er bringt die Kinder der mächtigsten Männer von Wien zur Welt. Die Frauen haben Vertrauen zu ihm, für die Kinder gehört er zur Familie. Ein solcher Mann übt Einfluß aus.»

Winter lächelte. «Muß ich mich vor ihm in acht nehmen?» fragte er eisig.

«Nein, natürlich nicht. Aber er könnte dir Unannehmlichkeiten bereiten. Ist es das wert, wenn er von dir nichts weiter verlangt als ein Lächeln und einen Händedruck?»

«Der Kerl hat sich hartnäckig geweigert, Veronica nach Berlin zurückfahren zu lassen. Mein Sohn wird hier geboren. Ich will aber keinen österreichischen Sohn. Du als Deutscher verstehst das doch, Foxy.»

«Es wird also ein Sohn. Das hast du bereits fest beschlossen, stimmt's?»

Winter lächelte. «Wollen wir eine Flasche Burgunder köpfen?»

«Du hast Wien doch immer gemocht, Harald. Als du damals das Haus hier gekauft hast, fandest du es jedenfalls viel besser als Berlin.»

«Das ist lange her. Ich war damals ein anderer.»

«Du hast deine wunderbare Veronica in Berlin gefunden – und die Frau hier in Wien. Das meinst du doch damit.»

«Geh nicht zu weit, Foxy.»

Der überhörte die Warnung. Bei seiner engen Beziehung zu Winter konnte er sich solche Bemerkungen erlauben, sich sogar noch weiter vorwagen. «Zweifellos hast du in Betracht gezogen, daß es womöglich Veronicas Idee war, das Baby hier zur Welt zu bringen.»

«Veronicas Idee?»

«Nimm nur die Tatsachen, Harald. Veronica hat dich als Studentin hier kennengelernt. Hier hat sie ihre ersten Erfahrungen gemacht – mit der Liebe, mit all den Dingen des Lebens, von denen sie als kleines Mädchen in Amerika geträumt hat. Sie schwärmt für Wien. Du magst es als zweitklassige Hauptstadt eines drittklassigen Reiches betrachten, für Veronica ist es nach wie vor der Inbegriff von Walzerseligkeit und rauschenden Festen, auf denen sie Mitglieder des Hochadels und des Hauses Habsburg trifft. Du kannst sagen, was du willst, Harald, in der Ballsaison läßt sich Kaiser Wilhelms Berlin nicht mit Wien vergleichen. Würde es dich wirklich überraschen, wenn du feststellst, daß sie es darauf angelegt hat, ihr zweites Kind hier zu bekommen?»

«Ich hoffe, du hast nicht...»

«Nein, ich habe nicht mit ihr gesprochen, natürlich nicht. Dir will ich damit nur raten, Schneider nicht so hart anzufassen, solange du nicht völlig sicher bist, daß er der Alleinschuldige ist.»

Winter trat beiseite und beugte sich über die vergoldete Brüstung. Die Hand auf einen Engel gestützt, gab er einem Diener im Parterre einen Wink. «Schicken Sie uns eine Flasche vom besten Burgunder herauf. Und drei Gläser.»

Sie gingen in ein langgestrecktes Spiegelzimmer, in dem der tausendfache Widerschein der Kronleuchter strahlende Helligkeit erzeugte. Am anderen Ende des Raumes brannte ein Feuer. Über dem Kamin hing ein riesiges Bild von «Seiner Apostolischen Majestät», Franz Joseph I., Kaiser von Österreich und König von Ungarn. Sonst war der Raum kahl.

Winter wählte einen Tisch neben dem Kamin und setzte sich. Fischer stand, die Hände in den Taschen, am Fenster und schaute hinaus. Winter folgte seinem Blick. Auf der gegenüberliegenden Straßenseite hatte man für eine am Vormittag stattgefundene politische Kundgebung eine hölzerne Tribüne aufgebaut. Jetzt war es menschenleer dort – bis auf zwei Polizisten, die inmitten der zerfetzten Transparente und kaputten Stühle standen, als ginge sie das Durcheinander nichts an.

«Ich habe Frauen nie verstanden», sagte Winter nach langer Pause.

«Du hast Frauen immer nur allzugut verstanden», konterte Fischer, der weiterhin aus dem Fenster sah. «Wen du nicht verstehst, das sind die Amerikaner. Und weil Veronica Amerikanerin ist, wird eure Ehe manchmal schwierig.»

«Das hast du mir damals schon gesagt, Foxy. Ich hätte auf dich hören sollen.»

«Kein Europäer, der seine fünf Sinne beisammen hat, heiratet eine Amerikanerin. Mit Veronica hast du Glück gehabt, sie macht nicht allzuviel Aufhebens von deinen Nebenfrauen, sie versucht nicht, dir das Trinken abzugewöhnen oder dich zu diesen Gesellschaften in Madame Reiners Villa mitzuschleifen. Für eine Amerikanerin ist sie überaus verständnisvoll.» In Fischers Stimme schwang ein humoriger Unterton mit, und er drehte jetzt den Kopf, um festzustellen, wie Winter dies aufnahm. Sobald er das bemerkte, rang sich Winter ein schwaches Lächeln ab.

Ein Kellner erschien, zeigte Winter umständlich das Etikett, bevor er das Einschenken zelebrierte.

Fischer trank langsam einen Schluck Wein, wobei er unverwandt auf die Straße hinunterblickte. Die offenen Worte hatten eine Barriere zwischen ihnen errichtet, so daß nun jeder für sich allein seinen Gedanken nachhing. «Der Weinkellner hat dir ein hervorragendes Gewächs herausgesucht, Harald», meinte Fischer anerkennend, spitzte den Mund und probierte dann den nächsten Schluck.

«Ich hab meine eigene Kiste hier gelagert», erklärte Winter. «Ich trinke nichts mehr aus dem Klubkeller.»

«Sehr vernünftig.»

Ohne zu antworten, trank Winter schweigend seinen Wein. Das war der Unterschied zwischen ihnen. Fischer, Sohn eines reichen Mannes, betrachtete alles als selbstverständlich und überließ alles dem Zufall. Harald Winter, aus eigener Kraft zum Wirtschaftsmagnaten aufgestiegen, traute keinem und überließ nichts dem Zufall.

«Ich war heute früh hier», bemerkte Fischer und deutete hinunter auf die Stelle, wo die politische Demonstration stattgefunden hatte. «Karl

Lueger hat gesprochen. Als er die Tribüne verließ, begann eine Schlägerei. Die Polizei wurde damit nicht fertig, so daß die Kavallerie anrücken und die Straße räumen mußte.»

«Lueger ist ein Halunke», meinte Winter gelassen, ohne eine Spur von Zorn.

«Er ist der Bürgermeister.»

«Der Kaiser hätte die Ernennung niemals bestätigen dürfen.»

«Er hat sie ja immer wieder zu verhindern versucht. Schließlich mußte er dem Wählerwillen nachgeben.»

«Wähler? Pöbel ist das. Sieh dir doch nur die Transparente da unten an – ‹Rettet den Kleinhandel›, ‹Bringt die Familie in die Kirche zurück›; ‹Nieder mit den jüdischen Großunternehmen› – die Christlich-Sozialen bestärken lediglich die schlimmsten Vorurteile, Ängste und den primitiven Neid. ‹Der schöne Karl› bietet jedem etwas. Für diejenigen, die den Sozialismus wollen, ist er Sozialist; für Kirchgänger ist er fromm und gottesfürchtig wie kein zweiter; für jeden, der die Juden hängen oder die Ungarn über die Grenze zurückjagen will, kommt nur seine Partei in Frage. Was ist das für ein abgefeimter Schuft!»

«Du bist ein Mann von Welt und mußt dir einfach klarmachen, daß Fremdenfeindlichkeit zur österreichischen Volksseele gehört. Wie viele Stimmen würdest du wohl bekommen, wenn du den Leuten da unten sagst, daß die Juden intelligenter sind als sie oder daß die zugewanderten Tschechen und Ungarn härter arbeiten?»

«Mir gefällt das nicht, Foxy. Dieser Lueger wird mit der Zeit beliebter als der Kaiser. Manchmal habe ich das Gefühl, er könnte selber Kaiser werden. Angenommen, dieser ganze Judenhaß würde auf nationaler Ebene organisiert. Angenommen, es käme einer, der Luegers Geschick im Umgang mit den Massen besitzt, über des Kaisers Autorität beim Militär verfügt und obendrein noch eine Spur von Bismarcks Instinkt für Geopolitik hat. Was dann, Foxy? Was würdest du dazu sagen?»

«Ich würde sagen, daß du dringend Urlaub brauchst, Harald.» Er bemühte sich, die Sache ins Scherzhafte zu ziehen, doch Winter stimmte nicht in sein gezwungenes Lachen ein. «Für wen ist das dritte Glas, Harald? Darf ich das erfahren?» Für eine Frau konnte es nicht sein, Frauen hatten keinen Zutritt zu den Klubräumen.

«Der geheimnisumwitterte Graf Kupka hat mir heute einen Boten ins Haus geschickt.»

«Kupka? Ist er ein Freund von dir?» Fischers sonst so gelassene Stimme klang beunruhigt.

«Mein Freund? Keine Rede davon. Natürlich bin ich auf Gesellschaften und auch in Madame Reiners Villa mit ihm zusammengetroffen, aber ich weiß gar nichts von ihm, außer daß er angeblich des Kaisers Ohr besitzt und als eine Art Berater im Außenministerium fungiert.»

«Du mußt über diese Stadt noch eine Menge lernen, Harald. Graf Kupka ist Chef der kaiserlichen Geheimpolizei. Er ist dem Außenministerium verantwortlich, und der Minister wiederum nur Seiner Majestät. Kupkas Unterschrift auf einem Blatt Papier genügt, wenn man einen Menschen verschwinden lassen will.»

«Hört sich interessant an, was du da erzählst, Foxy. Er machte immer einen so beflissenen, langweiligen Eindruck, ein kleiner Streber.»

Fischer fixierte ihn. Harald Winter hatte offenkundig keine Angst vor Kupka. Diese Unerschrockenheit seines Freundes hatte ihm von jeher imponiert. Er bewunderte Winters risikofreudige, um nicht zu sagen kühne geschäftliche Unternehmungen, seine hemmungslosen Liebesaffären und seine Gleichgültigkeit bei der Aussicht, sich Feinde zu schaffen wie Professor Schneider. Gelegentlich drängte sich Fischer der Gedanke auf, Harald Winters Mut sei die einzig anziehende Seite an diesem skrupellosen Egoisten. «Wir kennen uns seit langem, Harald. Wenn du Schwierigkeiten hast, kann ich dir vielleicht helfen.»

«Schwierigkeiten? Mit Kupka? Ich wüßte nicht, wieso.»

«Heute ist Silvester, Harald. Um Mitternacht beginnt ein nagelneues Jahrhundert, das zwanzigste. Unsere sämtlichen Bekannten feiern. Es findet ein Hofball statt, auf dem man die Hälfte aller gekrönten Häupter Europas zu Gesicht bekommt. Weshalb sollte dich Kupka ausgerechnet an diesem Abend aufsuchen?»

«Vielleicht solltest du hierbleiben und ihn das selbst fragen, Foxy. Er ist schon zwanzig Minuten über der Zeit.»

Fischer leerte sein Glas auf einen Zug. «Ich denke nicht daran. Bei dem Menschen kriege ich eine Gänsehaut.» Er stellte das Glas auf den Tisch. «Aber ich darf dich daran erinnern, daß sich heute nacht außer ein paar Saufbolden keine Menschenseele auf den Straßen herumtreibt. Eine einmalige Gelegenheit, jemand in einer Kutsche zu verschleppen oder ihn in die Donau zu werfen.»

Winter lächelte breit. «Wirst du morgen enttäuscht sein, Foxy, wenn sich herausstellt, daß Graf Kupka bloß einmal in meinem Kraftwagen fahren wollte, weiter gar nichts?»

In Wirklichkeit war das nicht Graf Kupkas Wunsch, und falls doch, so erwähnte er ihn mit keiner Silbe. Ebensowenig war er der langweilige kleine Streber, den Winter in Erinnerung hatte, sondern vielmehr ein breitschultriger Mann mit großen, plumpen Händen, die nicht recht zu dem blassen, durchfurchten Gesicht mit den schmalen, über dem Rücken der dünnen, spitzen Nase sorgfältig ausgezupften Augenbrauen zu passen schienen.

Kupka war noch im Mantel, als er hereinkam, den Zylinder hatte er leicht aus der Stirn geschoben. Er legte den Stock ab und zog die Handschuhe aus, die Zigarre war zwischen die Zähne geklemmt. Winter regte sich nicht. Kupka warf die Handschuhe auf den Tisch. Winter schlürfte weiterhin seinen Burgunder, wobei er Kupka mit amüsiertem, nachsichtigem Interesse musterte.

«Ich bin Ihnen zu großem Dank verpflichtet, Herr Winter. Es ist überaus entgegenkommend von Ihnen, derart kurzfristig in eine Zusammenkunft einzuwilligen.» Er stäubte Asche von seiner Zigarre. «Und erst recht an einem solchen Abend.»

«Ich wußte, daß es sich um etwas handeln mußte, das keinen Aufschub duldet», entgegnete Winter mit scharfem Unterton.

«Ja, ja.» Kupkas Stimme hörte man an, daß er sich in Gedanken schon einen Schritt weiter befand. «War das Erwin Fischer, dem ich eben auf der Treppe begegnet bin?»

«Er hat ein Glas Burgunder mit mir getrunken ... Möchten Sie nicht Platz nehmen?»

«Manchmal ist es mir ein Bedürfnis zu stehen. Mitunter kann ich besser denken im Stehen. Ach ja ... Ihre Frau. Ich sah Professor Schneider vorhin. Frauen sind so zart, so zerbrechlich, stimmt's? Das Problem, das mich zu Ihnen führt, entspringt ausschließlich der mütterlichen Zuneigung, die meine liebe Frau einem entfernten Cousin entgegenbringt. Ein ziemlich törichter junger Mann. Aber auch nicht törichter als ich in meiner Jugend oder als Sie damals, Herr Winter.»

«War ich denn töricht, Graf Kupka?»

Kupka musterte ihn, zog in gespieltem Erstaunen die Augenbrauen hoch. «Mehr als die meisten, Herr Winter. Haben Sie die Heißsporne vergessen, mit denen Sie sich als Student eingelassen hatten? Wenn ich mich recht erinnere, nannten Sie Ihren Verein ‹Silberner Adler›. Und ausgerechnet Sie als Student der Jurisprudenz!»

Obwohl Winter sich nach Kräften bemühte, Fassung zu bewahren, war er doch sichtlich betroffen. Seine Stimme klang belegt, als er entgegnete: «Das war doch nichts weiter als eine kindische Spielerei.» Er trank einen Schluck Wein, um wieder eine freie Kehle zu bekommen.

«Für Sie vielleicht, aber nicht für jeden, der da beitrat. Wenn ich Ihnen nun erzählte, daß der Anarchist, der vergangenes Jahr unsere Kaiserin ermordet hat, ebenfalls mit einer Organisation ‹Silberner Adler› in Verbindung stehen könnte?» Kupka blickte hinauf zum Porträt des Kaisers und wärmte sich die Hände am Feuer.

«Wenn Sie mir das erzählten, dann wüßte ich, daß Sie ein kindisches Spielchen spielen.»

«Und wenn ich dabei bleibe?» Kupka lächelte. Er genoß diesen kleinen Wortwechsel und schien von Winter das gleiche zu erwarten. Für Winter stand jedoch zuviel auf dem Spiel. Mochten derartige Anschuldigungen auch noch so unbegründet sein, so würden doch ein paar gezielt ausgestreute Gerüchte genügen, um Winter und seiner Familie bleibenden Schaden zuzufügen.

«Dann würde ich Sie fordern», verkündete Winter so selbstbewußt wie nur eben möglich.

Kupka lachte. «Ein Duell? Überlassen Sie dergleichen Unfug dem Offizierskorps. Ich bin nichts weiter als ein Einjährig-Freiwilliger, und in der kurzen Zeit lernt man so was nicht. – Was nun diesen Jungen angeht, er hat bei Ihrer Bank Geld geliehen.»

«Von meiner Bank kann man da wohl nicht sprechen», konterte Winter. Er war nicht unvorbereitet hergekommen; in seiner Nachricht hatte Kupka diesen Bankkunden erwähnt.

«Es handelt sich um diejenige, von der eine ungenannte, vorsichtige Person achtzehntausend Namensaktien besitzt. Um diejenige, in der Sie ein Büro und eine Sekretärin haben. Um diejenige, wo der Geschäftsführer alle Transaktionen, die über ein festgesetztes Limit hinausgehen, zur Genehmigung an Sie weiterleitet. Bei eben dieser Bank hat der entfernte Cousin meiner Frau Geld geliehen.»

«Sie verlangen Einzelheiten?»

«Besten Dank, ich verfüge über alle erforderlichen Einzelheiten. Ich möchte Ihnen lediglich das Geld geben.»

«Sie wollen die Schuld ablösen?» fragte Winter.

«Samt einer angemessenen Gebühr.»

«Der Name war Petzval, er sagte, seine Familie sei aus Budapest. Der Geschäftsführer hatte gewisse Bedenken, aber der Junge machte einen ordentlichen Eindruck.»

«Petzval, stimmt. Meine Frau macht sich Sorgen seinetwegen.»

«Was glaubt sie denn, daß ich mit ihm machen werde?»

«Nicht Sie, lieber Freund. Du lieber Himmel, nein. Sie befürchtet, daß er mit seinen Zahlungen an Sie in Rückstand gerät und sich an einen Geldverleiher wendet. Sie wissen ja, wo das hinführen kann. Ich sehe so viele zerstörte Leben», verkündete Kupka ohne das geringste Anzeichen von Anteilnahme. «Er will ein Buch schreiben. Seine Familie ist mittellos. Glauben Sie mir, Herr Winter, Sie wären besser dran, wenn dieses Darlehen aus der Welt geschafft würde.»

«Ich werde Erkundigungen über die Sache einziehen.»

«Die Zahlung kann ganz nach Ihren Wünschen erfolgen – in Scheinen, Gold oder mit bestätigtem Scheck – und zwar überall – New York, London, Paris oder Berlin.»

«Ihre Besorgnis um diesen jungen Mann rührt mich.»

«Ich bin ein sentimentaler Trottel, Herr Winter.» Auf Kupkas Mantel fiel Asche, was er nicht zur Kenntnis nahm.

Ein Klubdiener erschien. «Da ist ein Anruf für Sie, Herr Baron.»

«Das wird die Klinik sein», meinte Winter.

«Ich habe Sie viel zu lange aufgehalten.» Kupka erhob sich, um sich zu verabschieden. «Bitte empfehlen Sie mich Ihrer schönen Frau Gemahlin und übermitteln Sie ihr meine aufrichtige Entschuldigung.» Er drängte nicht auf Antwort, für Männer seines Schlages schien festzustehen, daß ihnen niemals etwas abgeschlagen wurde.

«Auf Wiedersehen, Graf Kupka.»

«Auf Wiedersehen, mein lieber Herr Winter.» Er verbeugte sich.

Winter folgte dem Diener nach unten. Der Klub hatte erst kürzlich Telefonanschluß bekommen. Auch jetzt konnten Anrufer das Personal in der Eingangshalle nicht direkt erreichen. Der Apparat stand eingeschlossen auf einem großen Mahagonitisch in einem Zimmer im ersten Stock, wo ein eigens dafür abgestellter Diener die Anrufe entgegennahm.

«Hier spricht Winter.» Er wollte dem Anrufer und dem Diener demonstrieren, daß Telefone in Berlin durchaus keine solche Rarität waren.

«Winter? Hier spricht Professor Schneider. Falscher Alarm. So etwas kann vorkommen. Es dürfte noch zwei bis drei Tage dauern.»

«Wie geht es meiner Frau?»

«Gesund und munter. Ich habe ihr ein leichtes Beruhigungsmittel gegeben, vermutlich schläft sie jetzt. Ich denke, Sie sollten sich ebenfalls aufs Ohr legen und sie dann morgen früh besuchen.»

«Das werde ich wohl tun.»

«Ihr Baby wird 1900 zur Welt kommen; ein Kind des neuen Jahrhunderts.»

«Das neue Jahrhundert beginnt erst 1901. Ich hätte angenommen, ein gebildeter Mann wie Sie wüßte das.» Damit hängte Winter den Hörer wieder an den Haken. Die Glocken läuteten bereits. In der Küche winselte ein Hund, dem von dem Läuten die Ohren schmerzten. Hunde können Glocken nicht ausstehen. Das gleiche galt für Harald Winter.

Martha Somló war bildschön: klein, zierlich, dunkles Haar, große Augen, Tochter eines jüdischen Schneiders mit elf Geschwistern. Ursprünglich stammte die Familie aus einer rumänischen Kleinstadt. Martha wuchs in Ungarn auf, kam jedoch allein nach Wien, eine sechzehnjährige Waise. Sie arbeitete in einem Zigarrenladen, als sie Harald Winter zum erstenmal begegnete. Innerhalb von drei Wochen hatte er ihr eine Wohnung eingerichtet.

Jetzt war sie achtzehn und lebte auf weit größerem Fuß. Sie hatte eine prächtige, geräumige Wohnung, eine Zofe, einen Coiffeur, der täglich ins Haus kam, ein Konto bei einem Hofschneider, erlesenen Schmuck sowie einen kleinen Hund. Doch Harald Winters sporadische Besuche in Wien genügten ihr nicht, ohne ihn fühlte sie sich niedergeschlagen und einsam.

In Harald Winters seltsamem, komplizierten Verhältnis zu Wien spielte seine Geliebte nur eine geringe Rolle. Er hatte viel Zeit darauf verwendet, diese herrliche Wohnung mit Blick auf die Oper und die Ringstraße zu finden. Von hier aus konnte sie die «Sirk-Ecke» beobachten, einen geheiligten Treffpunkt der besten Wiener Gesellschaft, die dort, elegant herausgeputzt, täglich außer sonntags auf und ab flanierte.

Die Wohnung wurde sofort zum Treffpunkt für die Wiener Sezession, zu der sich eine Künstlergruppe kürzlich zusammengeschlossen hatte. Rund um die vier Wände des ansonsten tiefschwarzen Speisezimmers lief ein Fries von Gustav Klimt; Tisch und Stühle stammten von Josef Hoffmann. Die gesamte Ausstattung des Arbeitsraums, vom Schreibtisch bis zum Briefpapier, war das Werk von Koloman Moser. Überall Beispiele des Jugendstils. Martha Somló kam sich zu Recht wie ein besserer Kustos eines Kunstmuseums vor. Sie haßte all das, was Harald Winter so sorgfältig zusammengetragen hatte, war allerdings zu klug, dies offen auszusprechen. Veronica, Winters amerikanische Ehefrau, hatte aus ihrer Abneigung gegen moderne Kunst nie ein Hehl gemacht. Sollte Martha ihre wahre Meinung offenbaren, so würde Winter sich wohl kaum seiner Kunstschätze, wohl aber ihrer entledigen. Das wäre einfacher, schneller und billiger.

«Ich liebe dich, Harry», erklärte sie völlig unvermittelt.

«Was hast du gesagt?» fragte Winter zurück. Er trug den rotseidenen Morgenrock, den sie ihm zu seinem dreißigsten Geburtstag ausgesucht hatte. Zur Feier des Tages hatten sie einen wunderbaren Einkaufsbummel unternommen, und anschließend gab es im Sacher ein rauschendes Fest. Das lag sechs Monate zurück, jetzt gingen sie kaum noch gemeinsam irgendwohin. Seitdem seine Frau das zweite Kind erwartete, hielt er auf Distanz, so daß Martha schon befürchtete, er suche nach einem geeigneten Weg, ihr den Abschied zu geben. «Ich glaube, mein Gehör läßt nach, mein Vater ist in ganz jungen Jahren taub geworden.»

Sie ging zu ihm, legte ihm die Arme um den Hals und küßte ihn. «Sei kein Narr, Harry. Du wirst nicht taub; du bist der kräftigste, gesündeste Mann, dem ich je begegnet bin. Ich sagte, ich liebe dich, Harry. So lächle doch. Sag, daß du mich liebst.»

«Natürlich liebe ich dich, Martha.» Er küßte sie.

«Ich will einen richtigen Kuß, Harry. So einen wie heute nachmittag, als du herkamst, voller Verlangen nach mir.»

«Meine liebe Martha, du bist einfach entzückend.»

«Was ist los, Harry? Du bist völlig verändert heute. Hat es was mit der Bank zu tun?»

Er schüttelte den Kopf. In der Bank standen die Dinge nicht zum besten, doch er sprach nie mit Martha über seine geschäftlichen Sorgen und gedachte das auch in Zukunft nicht zu tun. Frauen und Geschäfte – das ging nicht zusammen. Winter war sich nicht ganz sicher, ob man Frauen wirklich an den Universitäten zulassen sollte. Deswegen fühlte er sich manchmal bei Martha auch behaglicher als bei seiner eigenen Frau. Martha verstand ihn so gut.

«Weißt du, wer Graf Kupka ist?»

«Meine Güte, Harry. Du hast doch nicht etwa Ärger mit der Geheimpolizei? Lieber Gott, nein, nur das nicht!»

«Er wollte eine Gefälligkeit von mir, weiter nichts.»

Sie setzte sich und zog ihn neben sich auf das Sofa. Er erzählte ihr einiges über sein Gespräch mit Kupka.

«Und hast du das, was er wissen wollte, nun herausgefunden?» Sie streichelte zärtlich sein Gesicht. Dann wanderte ihr Blick zu der ledernen Aktentasche, die Winter mitgebracht hatte. Das kam nicht oft vor. Immer wieder hatte er ihr gesagt, Taschen, Schachteln, Pakete oder Päckchen zu tragen, sei ausschließlich Sache des Personals.

«So einfach ist das nicht», entgegnete Winter. Sie merkte, daß er darüber reden wollte. «Mein Geschäftsführer verlangte Sicherheiten. Der Knabe hat Grundbesitz am Obersalzberg. Sämtliche schriftlichen Formalitäten sind erledigt – wenn er das Darlehen nicht zurückzahlt, geht das Land in das Eigentum der Bank über. Ich habe nun das Ganze dahingehend abgeändert, daß das Darlehen aus meinem Privatkonto stammt. Zum Glück ist die urkundliche Übertragung bereits entsprechend erfolgt, so daß ich im Fall einer Nichtrückzahlung das Grundstück bekomme.»

«In Salzburg, Harry?»

«Nein, nicht in Salzburg. Am Obersalzberg. Das ist ein Berg, tausend Meter hoch. Er liegt nicht in Österreich, sondern unmittelbar hinter der Grenze, in Bayern.»

«Also in Deutschland.»

«Und daraus ergibt sich ein weiteres Problem. Ich bin mir nicht sicher, ob es überhaupt möglich ist, das Ganze ohne weiteres an Kupka abzutreten.»

«Dann wird er dir mangelnde Zusammenarbeit vorwerfen», meinte sie. Kupka war ihr vom Hörensagen bekannt. Welcher Jude in der k.u.k. Monarchie hätte nicht von ihm gehört? Bei der bloßen Nennung seines Namens kam sie vor Angst fast um.

«Kupka ist Jurist», entgegnete Winter zuversichtlich.

«Da kann man genausogut sagen, Attila der Hunnenkönig war Kavallerieoffizier.»

Winter lachte schallend und umarmte sie. «Was machst du für köstliche Witze, Schatz. Am liebsten würde ich den Kupka erzählen.»

«Laß es, Harry.»

«Du brauchst keine Angst zu haben, Liebling. Ich bin in diesem Fall lediglich Mittel zum Zweck.»

«Tu einfach, was er sagt, Harry.»

«Aber noch nicht gleich. Heute abend treffe ich diesen mysteriösen Petzval im Café Stoessl in der Gumpendorfer Straße. Aus dem hole ich alles raus, was Kupka mir verschweigt.»

«Vergiß nicht, er ist mit Kupka verwandt und liegt seiner Frau sehr am Herzen.»

«Ach Unsinn. Das war doch bloß Tarnung, um die wahren Fakten der Angelegenheit zu verschleiern.»

«Schick jemand andern», bettelte sie.

Lächelnd ging er zu der ledernen Aktenmappe, die er mitgebracht hatte, und entnahm ihr einen kleinen Revolver sowie ein weiches Lederhalfter mit Gurt, das er bequem unter dem Jackett umschnallen konnte.

«Wenn Kupka seine Leute dort postiert hat, hilft dir die Waffe auch nicht mehr.»

«Kleiner Angsthase», sagte er liebevoll und küßte sie.

Sie hielt ihn ganz fest umschlungen. Wie glühend sie seine Frau beneidete; die Kinder würden Harry immer so fest an sie binden, daß nichts und niemand dagegen ankonnte. Wenn sie, Martha, ihm doch nur einen Sohn schenken könnte.

1900

Es war bereits dunkel, als Winter durch die Drehtür das Café Stoessl auf der Gumpendorfer Straße betrat und sich umblickte. Petzval erwartete ihn bereits. «Ein kleiner Jude mit schwarzem Bart», so hatte der Geschäftsführer der Bank ihn Winter beschrieben. Das machte es einfach. Petzval saß hinten am letzten Tisch mit Blick auf den Eingang. Ein blasser Endzwanziger mit buschigem schwarzen Haar und Vollbart, so daß vom Gesicht nur die kleinen Augen und die spitze Nase sichtbar waren...

Winter legte den Hut auf einen Stuhl und nahm dann dem Mann gegenüber Platz. Nachdem er Kaffee und dazu einen Kognak bestellt hatte, entschuldigte er sich flüchtig wegen seiner Verspätung.

«Ich hab gedacht, Sie würden Ihr Wort nicht halten», entgegnete Petzval.

Kein guter Auftakt. Winter wollte schon jede derartige Absicht bestreiten, machte sich dann aber klar, daß ihm damit für weitere Erörterungen wenig oder gar kein Spielraum bliebe. «Wie kommen Sie darauf?» fragte er statt dessen.

«Graf Kupka, stimmt's?» Petzval beugte sich vor und stützte einen Ellbogen auf den Tisch.

Winter zögerte, entschloß sich aber nach einem Blick auf Petzval, es zuzugeben. Kupka hatte behauptet, Petzval sei ein Verwandter, und ihn nicht gebeten, seinen Namen herauszuhalten. «Ja, Graf Kupka.»

«Er will meine Schulden aufkaufen?»

«Etwas in der Richtung.»

Petzval schob seine leere Kaffeetasse beiseite, so daß er sich mit beiden Armen aufstützen konnte. Sein Gesicht war dicht vor dem Winters, näher, als es diesem lieb war, aber er wich nicht zurück. «Geheimpolizei!» flüsterte Petzval. «Er hat überall seine Spitzel.»

«Sind Sie verwandt mit Kupka?» erkundigte sich Winter.

«Verwandt? Mit Kupka?» Petzval stieß einen kurzen, kehligen Laut aus, der wohl ein Lachen sein sollte. «Ich bin Jude, Herr Winter. Wußten Sie das nicht, als Sie mir das Darlehen gewährten?»

«Das hätte keine Rolle gespielt, weder so noch so.» Winters Kaffee kam, und so konnte er sich zu seiner Erleichterung zurücklehnen, von diesen durchdringenden Augen abrücken. Der Mann ihm gegenüber wußte nicht mehr weiter, war verzweifelt. Während er seinen Kaffee trank, musterte er ihn. Eine lächerliche Figur in dem fadenscheinigen Hemd und dem mit Fettflecken übersäten Anzug; Winter hingegen fand ihn dennoch einigermaßen furchteinflößend. Wie konnte das geschehen, wo doch jeder wußte, daß er nichts und niemand auf dieser Welt fürchtete?

«Als Schuldner stelle ich kein Risiko dar, richtig?»

«Der Geschäftsführer war offenbar dieser Auffassung. Was tun Sie, Herr Petzval?»

«Für meinen Lebensunterhalt, meinen Sie? Ich bin Naturwissenschaftler. Haben Sie schon mal von Ernst Mach gehört?»

Er wartete. Das war keine rhetorische Frage, er wollte vielmehr damit in Erfahrung bringen, ob Winters Bildung ausreichte, die Zusammenhänge zu erfassen.

«Selbstverständlich. Professor Mach lehrt Physik an der Universität.»

«Mach ist das größte wissenschaftliche Genie der Neuzeit.» Er hielt inne, um diese Feststellung wirken zu lassen, bevor er hinzufügte: «Vor zwei Jahren hatte er einen Schlaganfall, und mir wurde die Ehre zuteil, für ihn arbeiten zu dürfen, während ich mein spezielles Thema weiterverfolgte.»

«Und welches ist Ihr Thema?» Winter war klar, daß diese oder eine ähnliche Frage von ihm erwartet wurde.

«Der Luftstrom. Mach hat die wichtigste Pionierarbeit in Prag geleistet, schon bevor ich auf die Welt kam. So hat er eine Technik entwickelt, Kugeln während des Flugs zu fotografieren. Er erforschte die Bewegung von Festkörpern mit Überschallgeschwindigkeit und entdeckte die von der Spitze ausgehende kegelförmige Kopfwelle, die sogenannte Machsche Welle, sowie den Machschen Winkel, das ist der halbe Öffnungswinkel des Kegels. Die ebenfalls nach ihm benannte Machzahl ist das Verhältnis der Geschwindigkeit eines Körpers zur Schallgeschwindigkeit im umgebenden Medium. Meine Arbeit ist durchaus verdienstvoll, aber doch nur die Fortsetzung dessen, was der arme alte Professor Mach aufgegeben hat.»

«Der arme alte Professor Mach?»

«Er ist zu krank dafür. Er muß sich emeritieren lassen; er ist rechtsseitig gelähmt. Ein schrecklicher Anblick, wie er krampfhaft versucht weiterzumachen, man kann das kaum mit ansehen.»

«Und was gedenken Sie nach seiner Emeritierung zu tun?» Er trank einen Schluck von dem bitteren schwarzen Kaffee. Dann probierte er den Kognak – der schmeckte scharf und herb, aber er hatte ihn dringend nötig.

Petzval fixierte Winter mitleidig. «Sie verstehen kein Wort davon, richtig?»

«Das kann ich nicht mit Sicherheit beantworten», räumte Winter ein. Er nahm das seidene Einstecktuch aus der Brusttasche und betupfte sich den Mund. Er blickte sich um. In der Ecke saß eine Gruppe lautstarker Kartenspieler und zwei oder drei sonderbare, in ihre Papiere vertiefte Gestalten – vielleicht irgendwelche Schriftsteller, vielleicht aber auch Kupkas Leute, die das Geschehen im Auge behielten.

«Kennen Sie denn nicht den Unterschied zwischen Schnellfeuerwaffen und einem Geschütz mit niedriger Mündungsgeschwindigkeit?»

Winter konnte kaum das Lachen zurückhalten. Wanderprediger und dergleichen waren ihm schon über den Weg gelaufen, aber dieser Mann war eindeutig der Gipfel. Er sprach über sein Fachgebiet wie andere von der Wiederkehr des Herrn.

«Ich glaube nicht», gab er zu.

«Nun, bei Krupp kennt man den Unterschied. Man hat mir dort eine Stellung angeboten mit etwa dem Dreifachen dessen, was Mach als Professor verdient.»

«Tatsächlich?» Er war beeindruckt, was man seiner Stimme anhörte.

Petzval lächelte. «Jetzt dämmert's Ihnen allmählich, worum es hier eigentlich geht, richtig? Bei Krupp sind sie fest entschlossen, die besten Geschütze der Welt zu bauen. Und das werden sie auch tun.»

Winter nickte ernst. Er dachte daran, wie die österreichische Armee vor nicht allzu langer Zeit von den Preußen mit ihren besseren Kanonen geschlagen worden war. Kein Wunder also, daß die Österreicher in Erfahrung bringen wollten, was in den deutschen Rüstungswerken vor sich ging. «Graf Kupka interessiert sich für Ihren Posten bei Krupp? Ist es das?»

«Er verlangt von mir Berichte über alles, was dort in der Forschungsabteilung geschieht. Durch Übernahme der Schuld kann er Druck auf mich ausüben. Deshalb möchte ich, daß die Bank ihren Verpflichtungen nachkommt.» Petzval sprach zwar im Flüsterton, aber Augen und Gestik verrieten seine leidenschaftliche Erregung.

«So einfach ist das nicht.»

«Sie haben doch das Grundstück auf dem Obersalzberg. Und das ist einiges wert.»

«Trotzdem wäre es wohl besser, alles so zu handhaben, wie es Graf Kupka wünscht.»

«Das sagen Sie mir, als Deutscher?»

In Winters Kopf läuteten die Alarmglocken. War Petzval ein Agent provocateur, vorgeschickt, um Winters Einstellung Österreich gegenüber zu prüfen? Das erschien denkbar. Wäre es nicht Sache von Oberst Redl, dem Chef des Abwehrdienstes in der österreichischen Armee, eine solche Spionageoperation gegen Krupp zu organisieren? Oder versuchte Graf Kupka bloß seinem militärischen Gegenspieler den Rang abzulaufen? «Es wäre vielleicht das Beste für jeden», schloß Winter.

«Nicht für mich jedenfalls», entgegnete Petzval. «Ich eigne mich nicht zum Spion. Schmutzige Arbeit dieser Art überlasse ich Leuten, die Gefallen daran finden. Können Sie sich vorstellen, wie das wäre, wenn man Tag und Nacht jede Minute Angst davor haben müßte, entdeckt zu werden?»

«Gegen Entdeckung könnten Sie sich absichern.»

«Wie denn?» Petzval tat diesen Vorschlag sofort ab. «Man verlangt von mir, ich soll die Prototypen fotografieren, Konstruktionspläne entwenden, Verschlußblöcke abzeichnen und so weiter.» Er hatte offenbar gründlich darüber nachgedacht, oder gehörte das alles zu Graf Kupkas Schulungsprogramm?

«Es wäre ja für Ihr Land», sagte Winter, nunmehr überzeugt, daß es sich um einen Versuch handelte, ihn ins Messer laufen zu lassen.

«Waren Sie jemals in einer Rüstungsfabrik?» fragte Petzval. «Oder, genauer gesagt, sind Sie jemals durch ein Werktor hinausgegangen? In manchen dieser Unternehmen wird jeder dritte Arbeiter durchsucht, mitunter auch jeder einzelne. Die Polizei veranstaltet Razzien in den Wohnungen der Angestellten. Ich würde in einem Forschungslabor arbeiten, und ich bin Jude. Was für Chancen hätte ich wohl, unentdeckt zu bleiben?»

Winter schaute sich im Café um. Sie sprachen zwar mit gedämpfter Stimme, aber dieser Bursche war dabei so emotionsgeladen, daß sie über kurz oder lang Aufsehen erregen würden. «Es tut mir leid, Herr Petzval», sagte Winter, «aber ich kann Ihnen da nicht weiterhelfen.»

«Sie wollen es an ihn übertragen?» War es Furcht oder Verachtung, was Winter in diesen dunklen, tiefliegenden Augen sah?

«Sie haben den Vertrag gelesen und unterschrieben. Darin stand nichts davon, daß eine Übertragung an Dritte unzulässig wäre.»

«An Dritte? Etwa die Geheimpolizei?»

«Nehmen Sie woanders Geld auf», empfahl Winter.

«Ich stecke tief in Schulden, Herr Winter. Ich bitte Sie, das Grundstück zum Ausgleich voll in Zahlung zu nehmen.»

«Damit könnte ich mich nicht einverstanden erklären. Ihre Aussichten...»

«Was für Aussichten habe ich denn, wenn Kupka mich am Verlassen des Landes hindert?»

«Wenn Kupka Sie daran hindert, Österreich zu verlassen...» Einen Augenblick war Winter verwirrt. Dann wurde ihm klar, was wirklich hinter dem Vorschlag steckte. «Meinen Sie damit, Sie sind in der Hoffnung hergekommen, ich würde nicht nach Kupkas Wünschen verfahren, ihm das aber so lange verschweigen, bis Sie die Grenze passiert haben?»

«Sie sind Deutscher.»

«Daran erinnern Sie mich unentwegt.» Winter trank den letzten Schluck Kognak. «Aber ich habe geschäftliche Interessen hier und ein Haus. Wie können Sie eigentlich von mir erwarten, daß ich mich für einen Fremden den Behörden widersetze?»

«Für einen Kunden», korrigierte Petzval. «Ich bin kein Fremder, sondern Kunde Ihrer Bank.»

«Aber Sie verlangen zu viel.» Winter stand auf, ergriff seinen Hut und warf Geld auf den Tisch, genug, um seinen Kaffee und den Kognak zu bezahlen sowie sämtliche Kaffees und Kognaks, die Petzval möglicherweise konsumiert hatte, während er auf ihn wartete. «Auf Wiedersehen, Herr Petzval.»

Beim Erwachen wußte Winter im ersten Augenblick nicht, wo er war, bis er sich erinnerte, daß er sich in seiner Wiener Wohnung befand. Alles erschien so anders ohne seine Frau. Gewöhnlich brauchte Harald Winter nur eine ungestörte Nachtruhe, um sich von seinen geschäftlichen Sorgen und Belastungen zu erholen. Doch als er an diesem Morgen in seinem Ankleidezimmer saß, ein heißes Handtuch über das Gesicht gebreitet, hatte er das Zusammentreffen mit dem unberechenbaren jungen Mann durchaus noch nicht vergessen.

Winter warf das heiße Handtuch auf den Marmorwaschtisch. «Gibt es Krieg, Hauser?» fragte er seinen Kammerdiener, der aus dem großen Krug mit dem Blumenmuster heißes Wasser für den Rasierschaum in die Seifenschale goß.

Der Diener seifte Winters Kinn ein. Der intelligente junge Mann, der aus einem Dorf bei Rostock stammte, schätzte seinen Posten bei Winter hoch ein; vom Personal war er der einzige, der seinen Herrn stets auf Reisen begleiten durfte. «Zwischen Österreichern und Serben, gnädiger

Herr? Ja, die Leute sagen, der kommt bestimmt.» Auf einem gestärkten weißen Tuch lagen, exakt aufgereiht, sterilisiert und blank poliert, Rasiermesser, Kämme, Scheren. Alles wurde stets in der gleichen Reihenfolge angeordnet.

«Bald, Hauser?»

Der Diener hielt mit dem Rasieren inne. Sein gesunder Menschenverstand bewahrte ihn vor der Annahme, daß sein Herr ausgerechnet ihn nach Anzeichen einer drohenden Kriegsgefahr befragen wollte. Derartige Voraussagen überließ man besser den Generälen und Politikern, mit denen Winter täglich in Berührung kam. Hauser wurde vielmehr danach gefragt, was der Mann auf der Straße dachte, jene Menschen, die in den riesigen Mietskasernen neben den Fabriken wohnten; Arbeiter, die zu zehnt in einem Raum hausten und jeweils ein Viertel ihres Lohns an den Hausherrn entrichten mußten. Menschen, die einen Arbeitstag von zwölf und sogar vierzehn Stunden und nur den Sonntagnachmittag für sich hatten. Was sagten diese Menschen? Was sagten sie in Berlin, in Wien, in Budapest und London? Das waren die Dinge, die Winter wissen wollte, und Hauser machte es sich zur Aufgabe, die Antworten parat zu haben. «Diese Österreicher mögen keinen, Herr Winter. Sie sind neidisch auf uns Deutsche, hassen die Tschechen und verachten die Ungarn. Aber kämpfen wollen sie gegen die Serben. Früher oder später erzählt Ihnen jeder, daß man es denen schon zeigen wird. Und Serbien ist ja keine große Sache.»

Winter lächelte in sich hinein. Hauser hatte den Dünkel des Preußen an sich, und deshalb mochte er ihn. Hauser hielt Winters Kinn zwischen Daumen und Zeigefinger fest, als er die scharf geschliffene Klinge durch den Seifenschaum gleiten ließ, bis die rosig glänzende Haut zum Vorschein kam. Er wischte den Schaum an einem Tuch ab, das er über dem Unterarm hatte. «Die Terroristen und die Anarchisten mit ihren Bomben... die bringen hier unschuldige Menschen auf offener Straße um», sagte Winter. «Und die kommen alle aus Serbien, werden von Serben ausgebildet und unterstützt. Würde Sie das denn nicht in Rage bringen, Hauser?»

«Trotzdem würde ich nicht zum Militär gehen und in den Krieg ziehen, Herr Winter.» Er hob Winters Kinn, um die Halspartie zu rasieren. «Es gibt massenhaft Leute, die ich nicht mag, aber das ist für mich noch lange kein Grund, loszumarschieren und Krieg zu führen.»

«Sie sind ein vernünftiger Kerl, Hauser.»

«Ja, Herr Winter.» Hauser drehte Winters Kopf zur Seite und setzte seine Arbeit fort.

«Ein Glück für uns, daß wir in einer Zeit leben, in der Kriege der Vergangenheit angehören, Hauser. Keine Angst, Sie brauchen nicht ins Feld zu reiten.»

«Hoffentlich», entgegnete Hauser, der keineswegs Angst davor hatte, ins Feld zu reiten; nur Standespersonen wie Herr Winter zogen zu Pferd in den Krieg; Hausers Klasse marschierte zu Fuß.

«Ein paar Feldzüge, das ja», fuhr Winter fort. «Der Kaiser wird den Chinesen eine Lektion erteilen müssen, die Engländer schicken ihre Leute in den Sudan oder gegen die Buren – aber das sind bloß reine Polizeiaktionen. Für uns Europäer gehört der Krieg der Vergangenheit an.»

Hauser drehte den Kopf seines Herrn noch etwas mehr zur Seite und begann, die Koteletten zu stutzen. Er schnitt sie jedesmal eine Spur kürzer. Backenbärte kamen schnell aus der Mode, und Hauser war, wie die meisten Hausdiener, in Modefragen ein unverbesserlicher Snob. Er ließ sich Winters Schnurrbart immer bis zum Schluß. Die stumpfen Schnurrbartenden zu stutzen, war der schwierigste Teil, für den er ein eigenes Rasiermesser bereithielt. «Dann kämpfen also die Österreicher nicht gegen die Serben?» fragte Hauser, als liege die endgültige Entscheidung darüber bei Winter.

«Der Balkan ist nicht Europa», bemerkte Winter, während er das Gesicht wandte, damit Hauser den Backenbart auf der anderen Seite stutzen konnte. «Die Burschen dort unten sind aufbrausend und ungezügelt. Die werden nie aufhören, sich untereinander zu bekämpfen. Ich spreche aber von echten Europäern, die endlich gelernt haben, zusammenzuleben und Differenzen durch Verhandlungen beizulegen: Deutsche, Österreicher, Engländer... sogar die Franzosen haben sich schließlich mit der Tatsache abgefunden, daß Elsaß-Lothringen deutsch ist. Deshalb sage ich, daß Sie nie ins Feld reiten werden, Hauser.»

«Nein, Herr Winter. Da bin ich mir ganz sicher.»

Es klopfte leise an die Tür. Hauser zog das Rasiermesser weg, für den Fall, daß sein Herr eine jähe Bewegung machen sollte. «Herein», sagte Winter.

Eines der Stubenmädchen erschien, knapp über vierzehn und mit einem so starken Kärntner Dialekt, daß Winter erst nach der dritten Wiederholung sicher war, sie richtig verstanden zu haben. Es meldete den Geschäftsführer der Wiener Bankfiliale. Was mochte in den Mann gefahren sein, daß er Winter um halb zehn Uhr früh in seinem Haus aufsuchte? Und dabei war er sonst ein durchaus vernünftiger, zurückhaltender Mensch. «Sehr pressant», sagte das kleine Stubenmädchen. Es war feuerrot vor Aufregung über dieses ungewöhnliche Vorkommnis. «Sehr, sehr pressant», wiederholte es.

«Schon gut», mischte sich Hauser ein. «Der Herr hat dich verstanden.»

«Führ ihn herauf», befahl Winter.

Hauser hüstelte. Heraufführen, wenn Winter noch nicht fertigrasiert war? Und obendrein ging es um die heikelste Partie rund um den Schnurrbart. Hauser wollte das nicht vor Publikum tun, und es bestand immerhin die Möglichkeit, daß Winter zu sprechen anfing, wobei dann allerhand passieren konnte. Wenn ihm zum Beispiel die Hand ausrutschte und er seinen Herrn schnitt? Was würde dann wohl aus seiner guten Stellung?

«Ich bin untröstlich, Sie behelligen zu müssen, Herr Winter», beteuerte der Geschäftsführer, sobald er den Raum betrat. Diesmal geleitete der Butler den Besucher, nicht das konfuse kleine Stubenmädchen. Hauser registrierte, daß der Butler fleckige Finger hatte – Silberpolitur. Diese Arbeit hätte der Mann am Vorabend erledigen sollen. Diese Österreicher sind doch alle ein faules Pack, dachte Hauser. Er überlegte, ob Winter das auch bemerkt hatte.

«Es geht um die Angelegenheit Petzval», erklärte der Geschäftsführer, der einen dicken, altmodischen Backenbart im Stil des Kaisers hatte.

Winter nickte, dabei bemüht, völlig desinteressiert zu erscheinen.

«Ich hätte Sie nicht belästigt, aber der Bote von Graf Kupka sagte, Sie müßten unverzüglich unterrichtet werden... Ich dachte, am besten käme ich persönlich.»

«Ja, aber worum handelt es sich denn?» fragte Winter gereizt.

«Er hat sich das Leben genommen. Der Bote betonte, von einem Verbrechen könne nicht die Rede sein, Mord sei nachdrücklich auszuschließen.»

«Selbstmord! Das ist ja ungeheuerlich. Hat er etwas Schriftliches hinterlassen?» Winter hielt den Atem an.

«Etwas Schriftliches, Herr Direktor?» wiederholte der alte Mann eingeschüchtert, wobei er überlegte, ob Winter damit etwa einen Schuldschein oder ähnliches meinte, irgendein zweckdienliches oder verwertbares Papier. Und als er dann begriff, worauf Winter anspielte, beteuerte er eifrig: «Ach so, einen Abschiedsbrief. Nein, Herr Direktor, nichts dergleichen.»

Winter bemühte sich, seine Erleichterung zu verbergen. «Sie haben korrekt gehandelt», sagte er. Ihm war übel. Er hatte einen roten Kopf, denn er wußte nur allzu gut, was passieren konnte, wenn bei solchen Sachen etwas schiefging.

«Besten Dank, Herr Direktor. Selbstverständlich habe ich mich sofort in den Unterlagen vergewissert, ob für die Bank ein finanzielles Risiko besteht.»

«Und wie sieht's damit aus?» erkundigte sich Winter, während er sich die letzten Seifenreste aus dem Gesicht wischte und sein Spiegelbild betrachtete. Erleichtert stellte er fest, daß er die gleiche kühle Gelassenheit zur Schau trug, die er seinen Angestellten stets entgegenbrachte.

«Nach meinem Urteil ist die Sachlage wie folgt, Herr Direktor: Während nach dem Tod des Schuldners die Sicherheit unwiderruflich ganz in den Besitz des benannten Berechtigten übergeht, ist die Bank danach außer Obligo.»

«Und wieviel der Darlehenssumme ist bisher an Petzval ausbezahlt worden?»

«Er hat zwanzig Kronen in Gold gegen Unterschrift erhalten, Herr Direktor, wie es den Gepflogenheiten der Bank entspricht.»

«Also hat uns das Stückchen Land auf dem Obersalzberg nicht mehr als zwanzig Kronen gekostet?»

«Das Darlehen sollte in zehn Raten ausbezahlt werden ...»

«Zerbrechen Sie sich darüber nicht den Kopf», meinte Winter. «Ist keine Nachricht von Graf Kupka gekommen?»

«Ich soll Ihnen seine Glückwünsche übermitteln, Herr Direktor. Vermutlich bezog sich das auf ...»

«Das Baby», fiel ihm Winter ins Wort, obwohl er genau wußte, daß Graf Kupka zu solchen Anlässen keine Gratulationen übermitteln ließ. Offenkundig war Graf Kupka über alles informiert, was sich in Wien ereignete. Manchmal wußte er vielleicht schon Bescheid, bevor es passierte.

«Mein Liebling!» sagte Winter, «verzeih mir, daß ich nicht früher hergekommen bin.» Er küßte sie und sah sich verstohlen im Zimmer um. Er haßte Krankenhäuser mit ihrem durchdringenden Geruch nach Äther und Desinfektionsmitteln. Professor Schneider hatte darauf bestanden, daß Veronica in der Klinik und nicht zu Hause entbinden sollte, weshalb Winter ihm ebenfalls grollte. «Das war heute für mich ein äußerst schwieriger Tag.»

«Harry! Mein armer Schatz!» spöttelte seine Frau zärtlich. Sie sah bezaubernd aus, wenn sie lachte. Mit dem langen blonden Haar, das ihr jetzt auf die Schultern herabfiel und das ihr sonst die Zofe zur kunstvollen Hochfrisur aufsteckte, war sie sogar im Krankenhaus die schönste Frau, die Winter je gesehen hatte. Das energische Kinn, die hohen Backenknochen, die hochgewachsene, elegante Erscheinung – das alles erschien ihm so amerikanisch, daß er sich nie an den Gedanken gewöhnen konnte, dieses lebensprühende Geschöpf sei seine Frau.

Winter errötete. «Entschuldige. So habe ich das nicht gemeint. Du hast bestimmt Schreckliches hinter dir.»

Sie lächelte über sein sichtliches Unbehagen. Es war gar nicht so einfach, ihn aus der Fassung zu bringen. «Ich habe durchaus nichts Schreckliches hinter mir, Harry, sondern einen Sohn bekommen.»

Winter betrachtete das Baby im Kinderbettchen. «Ich wollte früher herkommen, aber es gab heute früh eine Komplikation in der Bank. Der Geschäftsführer tauchte auf und wollte mit mir sprechen, als ich gerade rasiert wurde. Zu Hause, während ich mich rasieren ließ! Einer unserer Kunden ist gestorben ... Selbstmord.»

«Wie furchtbar, Harry. Ist es jemand, den ich kenne?»

«Ein Jude namens Petzval. Um dir die Wahrheit zu sagen, ich glaube, der Kerl führte etwas Übles im Schilde. Die Geheimpolizei interessierte sich schon seit geraumer Zeit für ihn. Vielleicht gehörte er zu einer dieser Terroristengruppen.»

«Wie kommt es, daß du mit solchen Leuten geschäftlich zu tun hast, Darling?» Sie legte den Kopf zurück und bekam trübe Augen, eine Nachwirkung der Narkose. Sie sei immer noch recht schwach, hatte die Krankenschwester gesagt.

«Es war einer von den jüngeren leitenden Angestellten, der mit ihm verhandelt hat. Solche Leute haben überhaupt kein Urteilsvermögen.»

«Selbstmord. Arme, gequälte Seele», flüsterte Veronica.

Winter beobachtete, wie sie sich bekreuzigte und dann zu dem geschnitzten Kruzifix über ihrem Bett emporblickte. Er konnte nur hoffen, daß sie nicht zum Katholizismus übertreten wollte oder sich zu einer bigotten Fanatikerin entwickelte. Auch ohne eine Ehefrau, die allmorgendlich bei Anbruch der Dämmerung in die Frühmesse geht, hatte Winter bereits mehr als genug am Hals. Er verwarf diesen Gedanken. Veronica war nicht der Typ dafür, wenn sie sich zu etwas bekehrte, dann viel wahrscheinlicher zu Freud und seiner merkwürdigen Psychologie. Sie hatte bereits einige von Freuds Vorlesungen besucht und lehnte es ab, über die Witze zu lachen, mit denen Winter sich über Freuds Ideen mokierte. «Ein wahrer Segen, meine liebste Veronica, daß du nicht die Bank leitest. Du würdest das Geld an jeden Bettler verschenken, der mit einer herzerweichenden Geschichte über sein hartes Schicksal daherkommt.» Er nahm eines der zahlreichen im Zimmer verteilten Blumengebinde von einem Stuhl und setzte sich. Ein Blick auf die Karte zeigte ihm, daß die Angestellten der Berliner Bank diesen Korb geschickt hatten.

«Ich möchte ihn Paul nennen», sagte seine Frau. «Hast du etwas gegen diesen Namen?»

«Nein, das ist ein hübscher Name. Aber ich dachte, du würdest ihn gern nach deinem Vater nennen.»

«Peter und Paul, Darling. Siehst du denn nicht, wie reizend das wäre, zwei Söhne zu haben, die Peter und Paul heißen?»

«Trägst du diese Idee etwa seit der Geburt von Peter Harald vor mehr als drei Jahren mit dir herum?»

Sie lächelte und streckte die langen Beine unter der Bettdecke aus. Sie hatte zwei Namen gewählt, die ihre amerikanischen Eltern annehmbar finden würden. Sie fragte sich, ob Harry das realisierte. Wahrscheinlich tat er es. Harry Winter war sehr wachsam, wenn es um Menschen und ihre Motive ging.

«Die ganze Zeit?» Winter lachte. «Was hab ich doch für eine verrückte Amerikanerin zur Frau.»

«Du freust dich doch, Harry? Sag, daß du dich freust.»

«Natürlich freue ich mich.»

«Dann geh und schau ihn dir an, Harry. Bring ihn mir.»

Winter blickte über die Schulter in der Hoffnung, die Schwester würde zurückkommen, aber sie blieb verschwunden. Offensichtlich wollte sie die Zweisamkeit nicht stören. Unbeholfen nahm er seinen winzigen Sohn hoch. «Guten Tag, Paul», begrüßte er ihn. «Ich habe ein Geschenk für dich, du Kind des neuen Jahrhunderts.» Ein dicker kleiner Kerl mit einem verschrumpelten Gesicht, das mißmutig dreinblickte. Die rauchgrauen Augen jedoch hatte er von Veronica – Augen, die niemals offenbarten, was sie zuinnerst dachte. Winter legte das Baby zurück in sein Bettchen.

«Ist das wahr, Harry? Du bist wirklich wunderbar. Was ist es denn, Darling? Zeig es mir, bitte!»

«Ein Stück Land», erklärte Winter. «Ein kleines Grundstück am Hang des Obersalzbergs.»

«Ein Stück Land? Wo liegt Obersalzberg?»

«In Deutschland, gleich hinter der Grenze in Bayern. Genau der richtige Platz, an dem sich ein Mann ein bequemes Jagdhäuschen bauen könnte. Dorthin kann er sich zurückziehen, wenn er allein sein möchte.»

«Ein Stück Land am Obersalzberg, Harry! Nach all der Zeit, die wir verheiratet sind, überraschst du mich immer noch.» Obwohl ihr Kopf noch vom Äther benebelt war, versuchte sie, Klarheit darüber zu gewinnen, ob sich in dieser Transaktion nicht eine tiefempfundene Sehnsucht ihres Mannes ausdrückte. Hatte er das Verlangen, irgendwohin zu gehen und dem Getriebe zu entfliehen? Er hatte doch schon diese Person, diese abscheuliche Martha, zu der er gehen konnte. Was wollte er denn noch mehr?

«Was ist los?» fragte Winter.

«Gar nichts, Darling. Aber es ist jedenfalls ein seltsames Geschenk für ein neugeborenes Baby, oder?»

«Guter Boden, schöne Lage mit Blick auf die Berge. Dort kann ein Mann sich seine Gedanken machen und sein eigener Herr sein.» Er sah das Baby an. Es war jetzt vergnügter und brachte so etwas wie ein Lächeln zuwege.

1906

«Du hast wirklich zwei prächtige kleine Jungen, Veronica», sagte ihr Vater. Er beobachtete durch das Fenster des Damenzimmers, wie der ernsthafte zehnjährige Peter seinen vergnügt strahlenden, kleinen blonden Bruder auf einem Spielzeugpferd über den Rasen schob. Die Kinder befanden sich im Garten des großen Hauses in Belgravia. Es war ein herrlicher Sommertag, und London zeigte sich von seiner Glanzseite. Ein alter Gärtner mähte das leuchtend grüne Gras und ließ dabei ein Bogenmuster entstehen, das sich quer über den Rasen breitete. Der Duft des frisch geschnittenen Grases hing in der unbewegten Luft, so daß der kleine Paul rote, tränende Augen davon bekam. Cyrus schnupperte zufrieden. Ihre englischen Freunde bestürmten sie, in der «Season» nach London zu kommen, doch die Rensselaers zogen es vor, den Atlantik zu einer Jahreszeit zu überqueren, wenn das Meer ruhiger war. «Egal, was ich deinem erbärmlichen Mann nachzusagen geneigt bin, wenigstens hat er dir zwei Prachtjungen geschenkt.»

«Sachte, sachte, Papa», besänftigte ihn Veronica. «Wir wollen doch nicht das Ganze von vorn anfangen.» Sie trug ein Nachmittagskleid – blauer, mit Tüll unterlegter Chiffon auf Satin in dunklerem Blau. Diese Gewänder erlösten sie für ein paar Stunden von den engen Korsetts, in die sie sich, gemäß Modediktat, den größten Teil des Tages zwängen mußte. In diesem weiten, beschwingten, zauberhaften Modell fühlte sie sich leicht, jung und schön.

«Sie hat Harry zwei Prachtjungen geschenkt», spottete Mrs. Rensselaer. «Ist das nicht wieder mal typisch Mann, es genau umgekehrt zu formulieren? Wer hat es in diesem gräßlichen Wiener Krankenhaus aushalten müssen, als ein Schlafzimmer und unser Hausarzt in New York für sie bereitstanden?» Wieder richteten sich ihre Sticheleien gegen sie, doch daran hatte Veronica sich mittlerweile gewöhnt. Sie registrierte, wieviel stärker der hohe, näselnde amerikanische Tonfall ihrer Mutter durchklang, verglichen mit der weich akzentuierenden, leisen Stimme ihres Vaters. Sie nahm jetzt, da sie unter Deutschen lebte, jeden Akzent, jeden Tonfall viel deutlicher wahr. Sie fragte sich, ob ihr Englisch auch schon eine gewisse Färbung von deutschem Akzent angenommen hatte. Ihre Eltern hatten nie etwas gesagt, und sie hütete sich, danach zu fragen.

«Es ging nicht, daß ich zur Geburt des Babys heimgefahren wäre, Mutter. Du weißt, daß ich das nicht konnte.» Sie unterdrückte einen Seufzer. Sechs Jahre schon nährten sie diesen Groll, und er hielt unvermindert an.

Ihr Vater beobachtete die beiden Jungen, die Hand in Hand mit ihrem Kindermädchen die Straße überquerten, und hörte die Haustür ins Schloß fallen, als sie hereinkamen und sich vor dem Tee noch die Hände wuschen. «Ich überquere den Atlantik regelmäßig, und deine Mutter fährt gewöhnlich mit», sagte er. «Daß du weiter beharrlich vorgibst, du könntest nicht zu Besuch nach Hause kommen, ist doch geradezu lachhaft, Veronica, wenn wir beide problemlos jedes Jahr hier in London erscheinen.» Er schob die Hände in die Taschen. «Mein Gott, Kind, die erste Überfahrt nach Europa habe ich auf einem Viermaster gemacht, heute schlafen deine Mutter und ich in Kabinen mit fließendem Wasser und genießen Mahlzeiten, die dem Ritz zur Ehre gereichen würden.»

Cyrus G. Rensselaer war ein distinguierter Mittfünfziger: schwarzer, straff zurückgekämmter Haarschopf, hellblaue Augen, großer Schnurrbart. Er machte keinerlei Zugeständnisse an die warme Witterung, sondern trug einen korrekten Anzug aus feinem schwarzen Tuch, dazu eine hochelegante Brokatweste und eine bauschige Schleife mit einer silbernen Nadel im Knoten. Dennoch hatte er eine unkonventionelle Note – das Haar war länger, als es die Mode vorschrieb –, so daß ihn die Passagiere auf dem Überseedampfer mitunter für einen berühmten Musiker oder einen erfolgreichen Maler hielten, was Cyrus immer gern hörte. Er sagte oft, er wäre bestimmt Maler geworden, wenn ihn sein Vater nicht jedesmal verprügelt hätte, sobald er das Ingenieurstudium an den Nagel hängen wollte.

«Ich weiß, Vater. Das alles hast du mir in deinen Briefen mitgeteilt. Aber Harry ist Deutscher; die Jungen sind Deutsche. Für mich ist jetzt Deutschland meine Heimat.» Die Schwierigkeit lag darin, daß ihre Eltern keine Fremdsprachen beherrschten, und ihr einziger Besuch in Berlin anläßlich der Hochzeit im Jahr 1892 hatte sie offenbar davon abgeschreckt, den europäischen Kontinent je wieder zu betreten.

«Du warst imstande, nach Wien zu reisen und dort das Baby zur Welt zu bringen, Darling», erklärte ihre Mutter. «Papa meint, so viel anstrengender wäre es auch nicht gewesen, nach New York zurückzukommen.»

«Es war eine Frühgeburt, Mutter. Wir waren in Wien, und der Arzt hatte mir verboten zu reisen.» Sie sah ihre Eltern an; sie waren nicht überzeugt. «Harry war wütend darüber. Er hatte alles in Berlin vorbereitet. Armer kleiner Paul – Harry nannte ihn immer den ‹kleinen österreichischen Knödel›, bis ich ihm das schließlich mühsam abgewöhnen konnte.»

Ihr Vater zog eine goldene Jagduhr aus der Westentasche. «Hat dein Harry nicht gesagt, er wäre zum Tee wieder hier?»

«Er war zum Lunch im Klub verabredet.»

«Er liebt Klubs», kommentierte ihr Vater.

«Es handelte sich um eine geschäftliche Besprechung, etwas mit Bergwerken in Afrika...», erklärte Veronica. «Jemand hat ein Heilmittel gegen Malaria entdeckt. Harry sagt, wenn das funktioniert, läßt sich tatsächlich der dunkelste Teil Zentralafrikas erschließen.»

«Eine Frau ist da nicht im Spiel, oder?» flüsterte ihre Mutter.

«Nein, Mutter, keine Frau.»

«Wie kannst du so sicher sein?» bohrte ihre Mutter.

«Ich bin es eben, Mutter. Auf Frauen versteht sich Harry nicht so hervorragend wie auf Geld.»

Cyrus Rensselaer hörte es nicht gern, wenn über Harald Winter etwas Gutes gesagt wurde, und ein Loblied auf dessen Geschick bei Investitionen und Bankgeschäften schätzte er erst recht nicht, denn da hielt er sich selbst für unübertrefflich. «Es überrascht mich, daß dein Harry nicht in Flugapparate investiert», höhnte er.

Veronica sah ihn scharf an. «Du unterschätzt Harry, Papa. Du denkst, er investiert Geld in jedes verrückte Projekt, das ihm unterbreitet wird. Mit Geld kennt Harry sich glänzend aus, er würde es niemals solchen Leuten in die Hände geben.»

«Verflixt und zugenäht, ich werde wohl nie aus deinem Harry schlau werden. Da gibt er Geld aus für ein Spielzeug wie diesen Daimler Mercedes, und dann schleppt er dich dort unten auf dem Obersalzberg in eine Hütte und läßt dich mit zwei kümmerlichen einheimischen Dienstboten wirtschaften. Ich habe dir nicht die teure Ausbildung verschafft, damit du Geschirr abwäschst und das Haus fegst.»

«Es ist keine Hütte, Papa, sondern eher ein Jagdhäuschen. Das Grundstück ging an Harry wegen einer geplatzten Schuld. Er hat es Paul zur Taufe geschenkt und jetzt das Haus gebaut. Ich bin sehr gern dort. Das ist die einzige Zeit, in der ich Harry ganz für mich habe. Und wir nehmen zwei Mädchen aus dem Berliner Haus mit, außerdem die Köchin, Harrys Diener und den Chauffeur.»

«Hört sich nach einer Menge Arbeit für dich an, Darling», meinte ihre Mutter. «Und dann noch acht Kilometer zu Fuß! Wir konnten es kaum glauben, als wir deinen Brief lasen. Daß du so weit läufst, ist für uns einfach unvorstellbar. Fühlst du dich nicht einsam?»

Veronica lächelte. «Ich habe doch Harry und die Kinder, wie könnte ich mich da einsam fühlen? Abgesehen davon haben wir viele Nachbarn.»

«Was sind das für Leute? Bauern? Holzfäller?»

«Nein, Papa. Einige sehr gute Familien haben dort ihre Häuser. Es ist sehr in Mode gekommen, Musiker und Schriftsteller..., manche leben das ganze Jahr über dort.»

«Als Taufgeschenk hört sich das reichlich merkwürdig an. Harry hätte es ja verkaufen und den Erlös für euren Paul irgendwie anlegen können.»

«Ich möchte, daß Paul es einmal bekommt, Papa. Auf der ganzen Welt gibt's kein schöneres Fleckchen Erde: Wiesen, Tannen, Berge. Hinter uns ragen der Hohe Göll und der Kehlstein auf. Aus dem Fenster im Frühstückszimmer haben wir eine herrliche Fernsicht, weit nach Österreich hinein.»

«Der südlichste Zipfel von Bayern, ich habe auf dem Atlas nachgesehen. Eine viel zu weite Reise für uns.» Rensselaers Ton schloß jede weitere Diskussion aus.

Punkt vier Uhr brachte das schottische Kindermädchen die beiden Jungen herein. Hände und Gesichter glänzten rosig, auf Pauls Arm war eine frische Schramme mit Jod bepinselt worden. Stets war es der blonde Paul, der hinfiel – der geborene Pechvogel. Ob unachtsam oder tolpatschig, er blieb dabei immerhin fröhlich. Peter war ganz anders: dunkelhaarig, gelassen, vernünftig – ein nachdenklicher kleiner Kerl, der nichts von der kindischen Art seines jüngeren Bruders an sich hatte. Pflichtschuldig küßten sie ihre Mutter und die Großeltern, und dann erschien, durch den Klingelzug herbeizitiert, das Mädchen, um den Tee zu servieren. Hauchdünne Tassen vom besten Porzellan, silberne Kanne und Zuckerdose und dann die von der Köchin selbst eingemachte Erdbeerkonfitüre, mit der die frischgebackenen Brötchen bestrichen wurden, gekrönt mit einem Löffelvoll hellgelbem Rahm aus Cornwall.

Der Tee wurde eingeschenkt, die Teller verteilt, der Zucker herumgereicht. Während des ganzen Hin und Her dieser nachmittäglichen Teezeremonie blieb Rensselaer am Fenster stehen, seine Teetasse und ein Teller auf dem Tisch waren unberührt.

Er hatte seine Laufbahn als Ingenieur im Westen begonnen und in Gegenden gearbeitet, wo ein Mann rasch lernte, wie er mit harten Getränken, seinen beiden Fäusten und gelegentlich auch mit dem Gewehr umzugehen hatte. Daß er sich Zugang zu den abgebrühtesten

Geschäftskreisen New Yorks und danach zu den hochnäsigen Familien der tonangebenden Gesellschaft erobert hatte, war ebenso auf Rensselaers plumpe Aufrichtigkeit, seine entwaffnende Direktheit und seinen unbeholfenen Charme zurückzuführen wie auf seine glückliche Hand und seine Fähigkeiten im Bergbau. Den gesellschaftlichen Schliff, den seine Frau von ihm erwartete, hatte er sich freilich nie angeeignet, und so fand er auch keinen Gefallen an der englischen Teezeremonie.

«Machst du fleißig mit Latein weiter?» wollte er von Peter wissen, der wie sein kleiner Bruder in baumwollene Kniehosen und Matrosenbluse gekleidet war. Das dunkle Haar und die hellblauen Augen hatte er von seinem Großvater. Sonst war zwischen den beiden keine Ähnlichkeit zu entdecken, aber es reichte durchaus, sie als Verwandte zu erkennen.

«Ja, Sir», antwortete Peter wohlerzogen. Kerzengerade stand er vor seinem Großvater und sah ihm direkt in die Augen.

«Brav, mein Junge. Du mußt dich in Latein und Mathematik besonders anstrengen. Deine Mutter hatte immer die besten Noten in Mathematik, als sie die Schule in Springtown besuchte. Hat sie dir das erzählt?»

«Nein, Sir. Davon hat sie mir nichts erzählt.» Zwischen Veronicas Eltern und ihren Söhnen bestand ein gezwungenes Verhältnis. Die Rensselaers waren unbeugsam und konnten nicht begreifen, daß man Kinder nicht mehr so streng behandelte, wie sie es bei ihrer Tochter getan hatten.

«Und was willst du mal werden, wenn du groß bist, Peter?» erkundigte sich Rensselaer. Er wünschte, die Kinder hätten nicht diesen ganz kurzen preußischen Haarschnitt, sondern längeres Haar, wie er es zu Hause gewohnt war. Diese «Rundschädel» entstellten seine Enkel, er verübelte es Veronica, daß sie das zuließ.

«Ich will mit Graf Zeppelin im Luftschiff fliegen», erklärte Peter.

Sein kleiner Bruder sah ihn mit beinahe ehrfürchtigem Respekt an, doch Rensselaer brach in Gelächter aus. «Luftschiff! Das ist ja köstlich!» rief er und lachte wieder.

Paul stimmte ein, Peter indes wurde puterrot. Mary Rensselaer wollte ihm aus der Verlegenheit helfen: «Hättest du nicht Lust, uns in Amerika zu besuchen, Peter? Wir würden uns sehr freuen, dich bei uns zu haben.»

«Nächstes Jahr gehe ich auf die neue Schule», entgegnete Peter.

«Gibst du sie ins Internat, Veronica?» fragte sie ihre Tochter.

«Nein, Mutter. Es ist eine ganz normale Schule. Harry schätzt Internate nicht, da gibt's immer Schinder, sagt er. Dadurch werden die Engländer zu dem gemacht, was sie sind, meint er.»

«Wäre kein Schaden, wenn deine Deutschen etwas mehr von den

Engländern hätten», bemerkte Rensselaer. «Ein bißchen im Internat geschunden zu werden, hätte diesem säbelrasselnden Kaiser Wilhelm vielleicht ganz gutgetan.» Er untermalte seine Worte mit Geräuschen, die sich als Kichern oder auch Schnauben deuten ließen, schneuzte sich dann mit einem übergroßen roten Baumwolltaschentuch.

Nach einem kurzen unruhigen Blick auf die Jungen sagte Veronica: «Der Kaiser hat Großes für Deutschland getan, meint Harry. Ihm verdanken wir die engeren Beziehungen zu Österreich, und das ist eine gute Sache.»

«Eine gute Sache für Harry wegen seiner Geschäftsinteressen in Österreich, aber der sogenannte Zweibund hat Rußland und Frankreich aufgeschreckt und die gegenseitigen Bindungen gefestigt, und was immer Frankreich tut, dem schließt England sich an. Der Kaiser bringt sich in größte Schwierigkeiten, Veronica. Ich möchte, daß du daran denkst, wenn du eure Zeitungen liest.»

«Harry sagt, dieses ganze Kriegsgerede ist nichts als Unsinn, den sich die Zeitungsschreiber aus den Fingern saugen, um ihre Blätter zu verkaufen.»

Rensselaer beugte sich zu Peter herunter. «Deine Mutter ist Amerikanerin, junger Mann, vergiß das nicht. Und das macht auch dich zu einem halben Amerikaner. Mit Graf Zeppelin in seinen Luftschiffen zu fliegen, das ist doch Träumerei, du kommst nach New York, da wirst du Dinge sehen, daß dir die Augen aus dem Kopf fallen. Für einen jungen Mann wie dich ist Amerika das einzig richtige Land: Ackerland, das sich bis zum Horizont und noch weiter erstreckt, ein Eisenbahnnetz, das kreuz und quer über den Kontinent führt. Du kommst nach Amerika und entdeckst, wie frei man dort atmen kann.» Er streckte die Hand aus, um sie ihm auf die Schulter zu legen.

Peter wich ihr aus und drehte sich zu ihm um. «Ich will nicht mit dir gehen. Ich hasse dich. Du bist böse, weil du so häßliche Sachen über den Kaiser sagst. Er ist mein Kaiser. Deutschland muß stark sein, um gegen die Franzosen und die Engländer und die Russen zu kämpfen. Dann werden sie alle Respekt vor dem Kaiser haben. Ich gehe niemals nach Amerika – niemals!»

Das Lächeln auf Pauls Gesicht gefror. Im ersten Augenblick waren die vier Erwachsenen zu verwirrt, um zu reagieren. Sie erlebten den Ausbruch des Zehnjährigen und wußten nicht, wie sie sich verhalten sollten. Cyrus Rensselaer fühlte sich plötzlich isoliert. Seit langem hatte er sich auf das Zusammensein mit seiner Tochter und den Enkeln gefreut, seinen einzigen Erben. Doch statt der zwei reizenden, sommersprossigen Strubbelköpfe, die er erwartet hatte, sah er sich auf einmal widerborstigen Teutonen gegenüber. Er war schockiert und sprachlos. Keiner rührte sich, bis der sechsjährige Paul – instinktiv erfassend, daß etwas Schreckliches passiert war – einen Schrei ausstieß und so laut zu weinen anfing, wie er es nie zuvor getan hatte. Daraufhin packte ihn die Nanny bei der Hand und versuchte, sich auch Peter zu schnappen, der jedoch hinausstürzte und die Tür mit voller Wucht hinter sich zuwarf.

«Bringen Sie die beiden nach oben in ihr Zimmer, Nanny», sagte Veronica. «Sie können Peter mitteilen, daß sein Vater von dem Vorfall erfährt, sobald er nach Hause kommt.»

«Ja, Madam. Ich weiß wirklich nicht... Das sieht Peter gar nicht ähnlich...»

«Das wär's, Nanny», unterbrach sie Rensselaer. Nachdem sie mit Paul das Zimmer verlassen hatte, ging er zum Büffet und schenkte sich einen Whisky ein. Er leerte das Glas in einem Zug.

«Es ist die Reise... und die Aufregung», bemerkte Veronica, als ihr Vater sich ihr wieder zuwandte. «Peter ist sonst immer der ruhige, höflich und rücksichtsvoll. Paul ist von den beiden der Hitzkopf.» Sie verwöhnte den Kleinen und wußte es auch. Bedeutete dieser unvermittelte Ausbruch, daß Peter sich vernachlässigt fühlte und deshalb aufbegehrte?

«Dein Mann ist es, sonst nichts», entgegnete Rensselaer. «Das sieht man doch, mit was für Ideen er den Kindern die Köpfe verdreht... Graf Zeppelin... Luftschiffe... und den ganzen Unsinn über Kaiser Wilhelm, ‹Mein Kaiser!› Höchste Zeit, daß ich mal ein ernstes Wort mit deinem Harald rede.»

«Bitte tu das nicht, Vater. Es ist nicht Haralds Schuld. Er verbringt ohnehin zu wenig Zeit mit den Kindern.» Sie strich nervös ihr Kleid glatt.

«Jemand hat dem Jungen diesen gefährlichen Blödsinn eingetrichtert.»

«Die Schule, Vater. Solche Sachen werden ihnen in der Schule erzählt.»

An jenem Abend zeigte sich, wie einflußreich und beliebt Cyrus Rensselaer war. Seine zweiundzwanzig Dinnergäste stellten eine Auswahl dar, die für England auf dem Höhepunkt seiner Macht typisch war. Rechts neben Mary Rensselaer saß ein indischer Maharadscha, ein zarter alter Mann mit einem so ausgeprägten Eton-Akzent, daß selbst die anderen englischen Gäste manchmal Mühe hatten, ihn zu verstehen. Ihr Gegenüber war ein verwitterter Colonel der Infanterie, den sein Dienst durch das ganze Empire geführt hatte. In Transvaal war er mit dem Viktoriakreuz ausgezeichnet worden, und in Afghanistan hatte er einen Arm verloren.

Ein Mann aus Yorkshire, der kein Blatt vor den Mund nahm, beherrschte mit seinen Anekdoten die Unterhaltung bei Tisch; er war Alleinbesitzer von Stahlwerken, die das gesamte Metall für den Bau eines kompletten Schlachtschiffgeschwaders an die Royal Navy geliefert hatten. Ein Peer lauschte ihm hingerissen – ein gutaussehender, bärtiger junger Mann, der in Nordengland eine halbe Million Morgen Land geerbt hatte. Sein Vermögen machte er mit Kohle aus Bergwerken, die er nie gesehen hatte, und mit der Pacht aus einem Dutzend Dörfern, deren Namen er nicht nennen konnte.

Die Frauen waren ebenso imposant wie die Männer. Die indische Maharani beherrschte ein Dutzend Sprachen, und ihr Deutsch war fehlerfrei. Die Frau des Stahlmagnaten war von Degas gemalt worden, und die des Bankdirektors war Hofdame bei der verstorbenen Königin gewesen. Und die Üppige mit dem funkelnden Diamantenkollier hatte ein Krankenhaus im Sudan geleitet, ehe sie einen Mann heiratete, dem mehrere tausend Kilometer der lateinamerikanischen Eisenbahnlinien gehörten.

Der Speiseraum bildete den angemessenen Rahmen für eine derart illustre Gesellschaft: kostbare Gemälde, Teppiche, Tischwäsche, Kristall und Silber. Das Essen und die Weine waren nicht weniger erlesen.

Harald Winter war mehr als beeindruckt. Sogar sein maßgeschneiderter Abendanzug schien fehl am Platz, zumal da er feststellte, daß alle anderen Männer weiße Westen trugen anstelle der schwarzen, die in Berlin immer noch in Mode waren. Dort behandelte man ihn als wohlhabenden und einflußreichen, um nicht zu sagen mächtigen, Mann. In Gegenwart dieser Leute fühlte er sich jedoch eingeschüchtert. Sie gaben sich ungezwungen und liebenswürdig, doch Winter war kein solcher Narr, ihre überhebliche Selbstsicherheit nicht zu bemerken. Trotz der Komplimente, die sie ihm für sein ausgezeichnetes Englisch machten, wußte er nur allzu gut, wie sie sich über jeden ausländischen Akzent zu mokieren pflegten. Mit ihrer übertriebenen Höflichkeit und den maßvollen Beteuerungen übertünchten sie lediglich ihre blanke Verachtung für Ausländer wie Winter und für sein Bankhaus, von dem sie noch nie gehört hatten, wie sie übereinstimmend versicherten.

«Ich habe keinerlei Verbindungen mehr», entschuldigte sich einer der Gäste, ein Finanzexperte. «Die einzigen Banker, an die ich mich erinnere, sind die wirklich bedeutenden ... Man wird eben alt, verstehen

Sie.» Er klopfte sich an die Stirn und wandte sich einem anderen Gesprächspartner zu. Winter fühlte sich gedemütigt.

Rensselaer war genauso schlimm. Beim Essen hatte er sich fast ausschließlich mit der Maharani unterhalten. Winter überlegte, ob sein Schwiegervater wohl ahnte, daß er ihm ein dringendes finanzielles Angebot unterbreiten wollte. Seit seiner Rückkehr von einem mißglückten Geschäftsessen hatte er sich um ein privates Gespräch mit seinem Gastgeber bemüht. Wich er ihm aus? Mit Sicherheit nicht. Rensselaer war genauso erpicht auf ein gewinnbringendes Geschäft wie jeder in der Finanzwelt. Vielleicht konnte er nach dem Aufbruch der Gäste mit ihm reden.

«Du siehst so nachdenklich aus, Darling», sagte Veronica zu ihm, als sich die Herren im Salon zu den Damen gesellten. «Ist alles in Ordnung?»

«Alles bestens.» Es hatte keinen Sinn, wenn er seiner Frau erzählte, wie sehr ihm diese Leute zuwider waren. Veronica und ihre Familie unterschieden sich kein bißchen von den übrigen, deshalb beschränkte er sich auf ein Kompliment über ihr langes hellgrünes Seidenkleid, in dem sie wunderbar aussehe. Ihr fehlte jedes Gespür für die Art und Weise, in der diese reichen, mächtigen Gäste ihres Vaters ihre Verachtung für den kleinen deutschen Bankier und für die Nation, der er angehörte, äußerten.

«Ich bin kein Schweinemetzger», antwortete er mürrisch auf die Frage der Dame mit dem Diamantkollier nach seiner beruflichen Tätigkeit in Berlin. Eine höchst alberne Bemerkung, die seiner nervösen Überreiztheit zuzuschreiben war.

«Mein Großvater war Metzger in Leeds», erwiderte sie vergnügt. «Ich erinnere mich heute noch an das köstliche Roastbeef, das wir bei ihm immer vorgesetzt bekamen.»

Ihre Antwort brachte Winter aus der Fassung. Verzweifelt bemühte er sich, seine grundlose Schroffheit wettzumachen. «Ich habe eine Bank», erklärte er; und um dieser zwanghaften englischen Bescheidenheit Genüge zu tun, fügte er hinzu: «Eine sehr kleine Bank.» Sie lachte. Man konnte machen, was man wollte, irgendwie schafften es die Engländer immer wieder, daß sich jeder Nicht-Brite wie ein Idiot vorkam.

Die beiden Jungen hörten im Kinderschlafzimmer im Dachgeschoß das Rattern der Kutschen und das Stimmengewirr, als die Gäste kurz nach Mitternacht aufbrachen. Peter, der von Luftschiffen geträumt hatte, schlief gleich wieder ein, während der kleine Paul sich immer noch verängstigt mit dem Ausbruch seines Bruders vom Nachmittag beschäftigte. Er war bei weitem nicht so intelligent wie sein älterer Bruder, besaß aber, vielleicht zum Ausgleich dafür, einen Instinkt für das, was in den Köpfen der anderen vor sich ging. Er wußte, daß Peters Worte seinen Großvater tief verletzt hatten. So war Peter eben: In ihm steckte die Fähigkeit zur Grausamkeit.

Nun lag Paul wach und machte sich Gedanken darüber, was Peter wohl passieren würde. Vielleicht schickte man ihn fort. Er hatte schon von Kindern gehört, mit denen so verfahren worden war. Sie wurden weggeschickt zur Arbeit oder zur Schule und manchmal auch zur Armee oder zur Marine. Paul hatte keine Vorstellung davon, was mit denen geschah, die «weggeschickt» wurden, doch jetzt im Dunkeln, in dem das flackernde Nachtlicht seltsame Schatten an die Decke und an die Wand warf, kamen ihm dazu alle möglichen furchteinflößenden Bilder.

Er rief nach Peter, aber mit seinem dünnen Stimmchen vermochte er Peter nicht aufzuwecken. Paul kletterte aus dem Bett und beschloß, es bei Nanny zu versuchen; natürlich würde sie ärgerlich sein, aber ihn dann bestimmt auf den Arm nehmen und an sich drücken, ihn ins Bett zurückbringen und dabei tröstliche Worte murmeln, wie sie kleine Jungen mitten in der Nacht manchmal brauchen.

Paul war die Hintertreppe bereits zur Hälfte hinuntergeklettert, ehe ihm bewußt wurde, daß er sich nicht daheim in Berlin befand. Ratlos ging er vor den verschlossenen Schlafzimmertüren auf und ab, ohne zu wissen, bei welcher er es versuchen sollte. In diesem Augenblick hörte er Stimmen irgendwo unten. Er stieg die Dienstbotentreppe weiter hinunter bis ins Erdgeschoß. Die Stimmen kamen aus einem Raum auf der Rückseite des Hauses. Aus Großvaters Arbeitszimmer – einem kleinen Gemach, in das sich Cyrus Rensselaer zum Rauchen zurückzog. Darin hatte er einen bequemen alten Ledersessel, einen Schreibtisch und ein verschließbares Wandschränkchen, das seinen besten französischen Kognak enthielt sowie seine Lieblingsmarke Bourbon.

Von seiner Position auf dem Treppenabsatz aus konnte Paul sich in einen Raum zwängen, wo die Überseekoffer lagerten, und von dort durch ein fächerförmiges Fenster in das Arbeitszimmer spähen.

Der Großvater saß in dem wuchtigen Ledersessel neben dem Kaminfeuer, das jetzt nur noch aus rotglühenden Kohlen und grauer Asche bestand. Pauls Vater hockte auf der Schreibtischkante. Er wirkte irgendwie betreten. Beide hielten geschliffene Gläser in der Hand. Großvater rauchte eine dicke Zigarre, und Daddy steckte sich ebenfalls eine an. Paul konnte den Rauch riechen. Großvater nahm die Zigarre aus dem Mund

und sagte: «Lassen Sie doch diese Geschichten über ein Heilmittel gegen Malaria aus dem Spiel, Harry. Wenn Sie versuchen, Kapital für Ihre Bank aufzutreiben, dann heißt das, sie steckt in der Klemme.»

«Davon kann überhaupt keine Rede sein», entgegnete Winter. Er zupfte am Saum seiner schwarzen Weste und verwünschte im stillen seinen Berliner Schneider, weil der nicht gewußt hatte, daß so etwas längst passé war.

«Wenn die Leute erst einmal anfangen, davon zu reden, daß eine Bank in Schwierigkeiten ist, dann ist sie es auch.»

«Nein, nein, es geht um eine Gelegenheit zu expandieren», erwiderte Harald Winter.

Rensselaer fiel ihm ins Wort: «Hören Sie auf mit dem Blödsinn, Harry, heben Sie sich das für die Anfänger auf. Meine Freunde in der City sagen mir, daß Ihre Bank nicht gesund ist.»

Winter erstarrte. «Natürlich ist sie gesund. Das Kapital liegt immer noch zur Hälfte in deutschen Staatsanleihen fest.»

«Herrgott, Harry, seien Sie doch nicht so naiv! Sie ist nicht gesund, weil Ihre Aluminiumfabrik womöglich nicht einschlägt. Was ist, wenn der Aluminiummarkt nicht Ihren Erwartungen entspricht? Wie gedenken Sie dann, das Geld zurückzuzahlen? Ihre Anleger nehmen an, ihr gesamtes Kapital ist in Staatsanleihen investiert. Das grenzt an Betrug, Harry.»

Winter trank einen Schluck. «Das Elektrolyseverfahren hat die Aluminiumherstellung verändert. Das Metall ist leicht und sehr widerstandsfähig; sie experimentieren mit allen erdenklichen Legierungen, und die werden die Bau- und Automobilindustrie revolutionieren und auch noch woanders Verwendung finden.»

«Sicher, sicher. Ich kenne all diese Räuberpistolen... Es gibt immer einen Claim, wo irgendwer auf Gold oder Öl stoßen wird... und das garantiert in der nächsten Woche. Mit dem ganzen Klimbim bin ich aufgewachsen.»

«Ich rede nicht von etwas, das vielleicht nie eintreten wird», konterte Winter. «Ich rede über die Verwendung von Aluminiumlegierungen.»

«Aluminium, okay. Ich habe ein paar Erkundigungen eingezogen. Im Jahr 1855 kostete das Kilo eintausend Mark; 1880 zwanzig Mark, und jetzt kann ich das Kilo für ganze zwei Mark kaufen. Wie wird der Preis aussehen, wenn die Produktion in Ihrer Fabrik auf vollen Touren läuft?»

«Ich verkaufe kein Aluminium, Mr. Rensselaer.» Er redete seinen Schwiegervater immer mit «Mr. Rensselaer» an, wobei er jedesmal auf dessen Vorschlag hoffte, ihn Cyrus oder Cy zu nennen, wie es seine Freunde taten; doch Cyrus Rensselaer dachte gar nicht daran, auch wenn er seinen Schwiegersohn mit Harry anredete. Ein weiteres Beispiel dafür, wie Harald Winter mit Absicht gedemütigt wurde. Oder vielmehr dafür, wie er es empfand. «Ich werde Fertigteile verkaufen, aus denen man dann das starre Innengerüst für Luftschiffe zusammenbaut.»

«Und wozu die Aluminiumfabrik? Kaufen Sie doch Ihr Material lieber auf dem freien Markt.»

«Ich brauche unbedingt eine abgesicherte Belieferung. Sonst könnte es geschehen, daß ich einen Vertrag unterschreibe und dann den Aluminiumherstellern auf Gedeih und Verderb ausgeliefert bin.»

«Ich denke an meine Tochter, Harry. Sie haben ihr kein Wort davon gesagt, daß Sie jeden Pfennig, den Sie auftreiben können, in die Herstellung von Metallteilen für Flugapparate zu stecken gedenken. Am Nachmittag habe ich sie ein bißchen ausgehorcht; ihrer Meinung nach sind Sie in Gelddingen vorsichtig. Sie vertraut Ihrer Fürsorge für die Familie.»

Winter zog an seiner Zigarre. «Diese Zeppeline werden die Welt verändern, Mr. Rensselaer. Vor einem Jahr hätte ich Ihre Skepsis geteilt. Aber ich habe Zeppelins erstes Luftschiff fliegen sehen – so groß wie ein ganzer Häuserblock und so glatt und geschmeidig wie Seide.»

«Und so gefährlich wie Dynamit. Wissen Sie denn nicht, daß diese Luftschiffe mit Wasserstoff gefüllt sind, Harry? Haben Sie schon mal Wasserstoff brennen sehen?»

«Ich kenne sämtliche Probleme und Gefahren, aber wie Sie hier in London Ihre Kontakte haben, so habe ich meine Freunde im Berliner Kriegsministerium. Gegenwärtig zeigt sich der Generalstab gegenüber jeder Art von Luftschiff strikt ablehnend; das Militär mag keine neuen Ideen. Der Kaiser wiederum hat höchstpersönlich den Befehl zur Errichtung einer Motorluftschiff-Studien-Gesellschaft erteilt. Es ist noch streng geheim, aber es ist nur eine Frage der Zeit, bis die Armee ein paar große Starr-Luftschiffe bei Graf Zeppelin bestellt.»

«Das ist doch alles Unsinn, Harry. Wie ich höre, hat sich Zeppelins zweites Luftschiff, das im Januar startete, als Riesenpleite erwiesen. Es heißt, der erste Flug dürfte wohl auch der letzte gewesen sein, einmal und nie wieder.»

«Aber Graf Zeppelin baut bereits LZ 3, und das wird in ungefähr zwölf Wochen fliegen. Täuschen Sie sich nicht, er wird weiter Luftschiffe bauen.»

«Vielleicht zeigt das nur, daß er nicht weiß, wann er geschlagen ist.

Und wer kann vorhersagen, wie die Luftschiffe aussehen werden, wenn die Armee sie erprobt?»

«Ist Ihnen eigentlich klar, wieviel Aluminium für ein solches Luftschiff gebraucht wird? So ein Ding wiegt fast drei Tonnen. Ich hab's mal durchgerechnet. Wenn ich Graf Zeppelins erstes Luftschiff als Maßstab nehme, brauche ich nur 6,73 Prozent des gesamten Aluminiumbedarfs, um auf meine Kosten zu kommen und die Zinsen zurückzuzahlen.»

Selbst Rensselaer war sichtlich beeindruckt. «Aber wir reden doch hier von jedem roten Heller, den Sie besitzen, Harry. Warum nicht eine kleinere Investition?»

«Das wäre auch möglich; ich könnte auf die Aluminiumfabrik verzichten und mich von den Lieferanten abhängig machen. Ich könnte mich nur zur Hälfte beteiligen und mich auf nicht stimmberechtigte Aktien beschränken, aber das würde bedeuten, daß ein anderer die Entscheidungen darüber trifft, was wir wohin verkaufen und warum. Das ist nicht mein Stil, Mr. Rensselaer, und sicher auch nicht der Ihre.»

Rensselaer kratzte sich am Kinn. «Die Hälfte meines Berufslebens habe ich damit verbracht, Leuten solche halbseidene Investitionen auszureden. Aber ich sehe schon, daß ich meine Zeit vergeude, wenn ich das bei Ihnen versuche.» Er erhob sich kurz, um die Asche seiner Zigarre ins Feuer zu schnippen. «John Pierpont Morgan hat Stahlwerke aufgekauft und daraus U.S. Steel gemacht; damit ist er zu einem der mächtigsten Männer der Vereinigten Staaten geworden, vielleicht der ganzen Welt. Es sieht sich einfach an, aber ich denke nicht, daß Sie den Aluminiummarkt aufkaufen können und zum J. P. Morgan Deutschlands werden. Der europäische Markt funktioniert eben nicht auf diese Weise.»

«Das weiß ich, Mr. Rensselaer.»

«Tatsächlich?» Er ließ sich wieder in den Sessel fallen. «Das ist gut, ich kenne nämlich einen Haufen Leute, die mich überreden wollen, mich bei der Finanzierung solch verrückter Projekte zu engagieren.»

«Es geht nur um Überbrückung.»

«Es ist eben keine Überbrückung, Harry!» Rensselaers Stimme wurde plötzlich lauter, senkte sich dann aber wieder, als habe er beschlossen, sein Temperament zu zügeln. «Wir sprechen über Bürgschaften mit einer Laufzeit bis 1916. Zehn Jahre! In der Zwischenzeit kann eine Unmenge passieren.»

«Ich habe den größten Teil zusammen, Mr. Rensselaer.»

«Sie brauchen annähernd eine Million Pfund Sterling, Harry, und das ist ein schöner Batzen Geld, wenn Sie keine Nebensicherheit haben, die mir akzeptabel erscheint und von der ich Gebrauch machen könnte.»

Winter wußte, daß sein Schwiegervater sich entschieden hatte, ihm das Geld zu geben. Er lächelte. «Es ist eine einmalige Gelegenheit, Mr. Rensselaer. Sie werden es nie bereuen.»

«Ich bereue es jetzt schon», entgegnete Rensselaer.

«Ich habe mich immer bemüht, mir staatliche Institutionen jeder Fasson vom Hals zu halten. Besonders Heer und Marine bin ich aus dem Weg gegangen. Und nun bin ich drauf und dran, eine Million Pfund Sterling in die Armee des Kaisers zu investieren, eines Mannes, dem ich nicht einmal meine Pferde zur Pflege anvertrauen würde. Was noch schlimmer ist – die Sicherheit meiner Investition steht und fällt mit seinen kriegerischen Erfolgen.»

Rensselaer wußte, daß er mit dieser Äußerung seinen Schwiegersohn beleidigte, aber er war wütend und verbittert darüber, in der Falle zu sitzen. Als Winter sich klugerweise einer Antwort enthielt, fuhr Rensselaer fort: «Es geschieht Veronica zuliebe – das wissen Sie natürlich –, und ich gedenke, entsprechende Absicherungen in die schriftlichen Vereinbarungen einbauen zu lassen. Ich bestehe darauf, daß Sie bei einer amerikanischen Gesellschaft eine Lebensversicherung abschließen, und zwar in voller Höhe des Darlehensbetrages.»

«Es wäre ratsamer, das Leben des Kaisers versichern zu lassen», meinte Winter. «Mein Tod würde doch an der Investition nichts ändern.»

«Auf das Wohl des Kaisers», entgegnete Rensselaer sarkastisch und hob sein Glas, um den Rest Whisky zu leeren.

Winter lächelte und beschloß, nicht auf das Wohl des Kaisers zu trinken. Unter diesen Umständen wäre das einer Majestätsbeleidigung gleichgekommen.

Paul kroch aus seinem Versteck und schlich langsam nach oben, wobei er zu enträtseln versuchte, worüber die beiden Erwachsenen geredet hatten. Als er endlich in sein Schlafzimmer zurückfand, war ihm das freilich nur bei einem Teil der Szene gelungen, die er beobachtet hatte. Er rüttelte Peter wach und erzählte: «Ich hab Daddy und Großpapa gesehen. Sie haben Zigarren geraucht und sich unterhalten. Daddy hat Großpapa dazu gebracht, auf das Wohl Seiner Majestät des Kaisers zu trinken. Er hat ihn dazu gebracht, Peter.»

Peter wurde erst allmählich munter und hörte sich Pauls Bericht ungläubig an. Die Heldenverehrung, die sein kleiner Bruder mit dem Vater betrieb, war nicht seine Sache. «Geh zu Bett, Paul, du hast wieder mal geträumt.» Er drehte sich um und kuschelte sich in das weiche Daunenkissen.

«Ich hab nicht geträumt», widersprach Paul. Er wollte unbedingt, daß Peter ihm glaubte; er wollte, daß sein großer Bruder ihn als seinesgleichen behandelte. «Ich hab sie gesehen.» Doch bei Tagesanbruch war er sich dessen nicht mehr ganz sicher.

1908

In Friedrichshafen war es kalt, empfindlich kalt. Es herrschte fast völlige Windstille – bei Wind konnten die Zeppeline nicht starten –, aber um diese Jahreszeit, im November, ging kein Mensch ans Ufer des düsteren grauen Bodensees, wenn er nicht dort zu tun hatte. Jenseits der ruhigen Wasserfläche war das Schweizer Ufer klar sichtbar, und die Berge glänzten im blassen Schein der Wintersonne.

Harald Winter hatte seine Frau überredet, im Wagen zu bleiben. Das Automobil war sein ganzer Stolz – ein riesiger italienischer Wagen mit 7½ PS, genau wie jener, der das Straßenrennen Peking–Paris mit einem Vorsprung von zwanzig Tagen gewonnen hatte. Mit seinem Vierganggetriebe war er so zuverlässig und leicht zu bedienen, daß Winter sich gelegentlich selbst ans Steuer setzte. Er hatte ihn am Ufer unter den Bäumen in der Nähe der Schloßkirche geparkt, von wo Veronica eine gute Sicht auf das Luftschiff und den schwimmenden Hangar hatte. Sie war fest in Decken eingepackt und mit einem kupfernen Fußwärmer versorgt, in den heißes Wasser nachgefüllt werden konnte. Und falls sie dennoch frieren sollte, würde der Chauffeur sie zum Kurgarten-Hotel in Friedrichshafen zurückfahren, wo man für die Familie Winter eine komfortable Suite reserviert hatte.

Harald Winter indes hielt sich am Ufer auf, näher am Schauplatz des Geschehens. Er war aufgeregt; nicht um alles in der Welt hätte er sich diese Gelegenheit entgehen lassen. Zusammen mit den beiden Jungen – Peter zwölf und Paul acht – hatte man ihn so plaziert, daß er alles sehen konnte. Ohne die strengen Bestimmungen der Lebensversicherung, die sein Schwiegervater zur Bedingung für das Darlehen gemacht hatte, wäre er im Zeppelin mitgeflogen.

Sie hatten beobachtet, wie der schwimmende Hangar sich drehte, um jede Gefährdung durch Seitenwind auszuschließen, wenn das Luftschiff ihn verließ. Jetzt verfolgten sie, wie das weiße Motorboot die illustren Gäste zum LZ 3 hinausbrachte, dem dank etlicher Neuerungen bisher attraktivsten Luftschiff. Die Menge brach spontan in Jubel aus. Nach der Katastrophe, die LZ 4 im vergangenen Jahr getroffen hatte, kam es zu einer nationalen Geste, einer Spendensammlung, die dem Grafen Zeppelin sechs Millionen Mark einbrachte; ein Ausländer würde diese jäh aufwallende Gebefreudigkeit, die ein ganzes Volk erfaßt hatte, wohl nie begreifen. Ein großer Teil des Geldes war bereits innerhalb von Stunden nach der Katastrophe eingegangen. Die Jubelrufe galten also nicht allein dem Luftschiff. Die Atmosphäre an diesem Tag wirkte beschwingt, elektrisiert. Der Zeppelin war schnell zum Symbol für ein neues Deutschland geworden, das durch seine Leistungen in Wissenschaft und Technik, in der Malerei, in der Musik und, noch wichtiger, durch seine wachsende Flottenstärke aus einer Unzahl von Kleinstaaten eine Nation zusammengeschweißt hatte. Und nicht nur zur Nation, sondern zu einer Weltmacht ersten Ranges.

«Da ist der Kaiser», flüsterte Winter seinen Söhnen zu. «Wenn er nicht diesen langen Umhang anhätte, könntet ihr alle seine Orden sehen. Neben ihm geht Fürst Fürstenberg, danach kommen Admiral Müller und General von Plessen. Der Magere ist der Kronprinz.»

«Warum ist Graf Zeppelin nicht dabei?» wollte Peter wissen. Die Jungen trugen eigens für diesen Anlaß angefertigte graue Flanellanzüge und große Tuchmützen, in denen sie nach Ansicht ihrer Mutter «zu erwachsen» aussahen.

«Er ist ja dabei», berichtigte Winter. Er war förmlich gekleidet – enganliegender Einreiher und Zylinder –, wie es sich geziemte, wenn man dem Kaiser vorgestellt werden sollte. «Gegenüber von Seiner Majestät, aber heute hat er nicht die alte weiße Mütze auf, sondern trägt Gala.»

Sie sahen das Luftschiff knapp über dem See schweben, und dann gab es eine endlose Pause, während der die hohen Herrschaften es inspizierten, und danach eine weitere, in der die letzten Vorkehrungen für den Flug getroffen wurden. Nachdem Fürst und Fürstin Fürstenberg an Bord waren, wurde der Ballast abgeworfen, bis der silberne Koloß schließlich langsam aufstieg.

Das Dröhnen der Motoren hallte über der ruhigen Wasserfläche des Bodensees wider, dann richtete sich die Nase hoch, und das Luftschiff schwebte langsam in den grauen Himmel empor, wobei es leicht schlingerte. Die silberne Hülle glänzte im blassen Sonnenschein, als das Luftschiff dem Ufer zustrebte, wo es schwarz vor Menschen war. Abermals brandeten laute Hochrufe aus, als es über das Boot hinwegglitt, von dem aus der Kaiser und sein Gefolge den Flug beobachteten.

Doch erst nach der Landung von LZ 3 empfanden die Jungen den größten Stolz auf ihren Vater. Denn Harald Winter wurde aufgefordert, seine beiden Söhne zu dem schwimmenden Hangar mitzunehmen und dort die Rede Kaiser Wilhelms II. anzuhören.

Von dem vorhandenen Platz blieb kein Zentimeter ungenutzt. Ruhmreiche Generale mit Pickelhaube und ordenstrotzender Brust und Admirale mit hohen steifen Kragen und goldbetreßten Ärmeln standen zusammengepfercht Schulter an Schulter. Hinter Graf Zeppelin – dem einundsiebzigjährigen ehemaligen Kavallerieoffizier, dessen zielstrebiger Arbeit dieser Ehrentag galt – sah man Dr. Hugo Eckener, der sich nach anfänglichen Bedenken zum überzeugten Anhänger der Luftschifffahrt gewandelt hatte und nun selbst seinen Lehrmeister an Eifer übertraf. Als nächste kamen Dürr, der Ingenieur, Winter mit den beiden Kindern und danach leitende Konstrukteure und ein Vertreter der Motorenfabrik.

«Im Namen des deutschen Volkes», begann der Kaiser plötzlich, mit unvermutet schriller Stimme, «beglückwünsche ich Eure Exzellenz von Herzen zu diesem großartigen Werk, das Sie mir heute so wunderbar vorgeführt haben. Unser Vaterland kann stolz darauf sein, einen solchen Sohn sein eigen zu nennen – den größten Deutschen des 20. Jahrhunderts –, der uns mit seiner Erfindung zu einer neuen Entwicklungsstufe des Menschengeschlechts geführt hat.» An dieser Stelle nickten einer oder auch zwei von den Generälen und Admirälen. Einer der Konstrukteure rückte beiseite, um dem kleinen Paul eine bessere Sicht zu verschaffen.

Der Kaiser blickte sich unter seinen Zuhörern um, reckte sich noch aufrechter empor und fuhr fort: «Es ist nicht zuviel gesagt, daß wir heute einen der größten Augenblicke in der Entwicklung der menschlichen Kultur miterlebt haben. Ich danke Gott, gemeinsam mit allen Deutschen, daß er unser Volk für würdig befunden hat, Sie einen der Unseren zu nennen. Möge es uns allen vergönnt sein, so wie es Ihnen vergönnt ist, am Abend unseres Lebens voller Stolz sagen zu können, daß wir unserem geliebten Vaterland mit Erfolg so segensreich gedient haben. Als Zeichen meiner Bewunderung und Anerkennung, die alle Ihre hier versammelten Gäste gewiß mit dem ganzen deutschen Volk teilen, verleihe ich Ihnen hiermit meinen Schwarzen Adler-Orden.»

Graf Zeppelin trat einen Schritt vor. Der Kaiser heftete ihm den Orden an die Brust, umarmte ihn dann dreimal und rief: «Seine Exzellenz, Graf Zeppelin, der Eroberer der Luft – hurra!»

Die Menge brach in Hochrufe aus. Für Winter und seine beiden Söhne war es ein Tag, den sie nie vergessen würden.

Es dunkelte bereits, als Winter mit den Jungen ins Hotel zurückkehrte. Die Nanny wurde zum Abendessen ins Restaurant geschickt; für die Kinder wurde im Wohnzimmer der Suite serviert. Der ereignisreiche Tag hatte Harald Winter aufgewühlt, und bei solchen Gelegenheiten verbrachte er gern etwas mehr Zeit als üblich mit seinen Söhnen.

Ein eifriger Kellner setzte den Kindern das Menü vor: Schildkrötensuppe, Wiener Schnitzel mit Rösti, der Schweizer Spezialität. Zum Nachtisch flambierte der Kellner Crêpes für die beiden. Es war das erste Mal, daß ihr Vater ihnen ein mit Alkohol zubereitetes Gericht gestattete, und sie verzehrten ihre Eierkuchen trotz des kräftigen Aromas mit Hochgenuß und sehr bedächtig, um das Ende dieses schönen Tages möglichst lange hinauszuziehen.

Nachdem die Nanny die Jungen zu Bett gebracht hatte, konnte Harald Winter seiner Frau endlich mitteilen, wie glücklich er sich fühlte. Sie befanden sich im Schlafzimmer, Veronicas Zofe war gegangen. Harry war im Abendanzug, seine Frau suchte den passenden Schmuck aus. Sie hatte bereits drei Diamantbroschen an dem tief dekolletierten Ballkleid ausprobiert und wieder verworfen. Sie trug ein bildschönes neues Pariser Modell von Poiret, ein einfacher, röhrenförmiger Schnitt mit hoher Taille. Sie wußte, daß der neue Pariser Stil abends auf dem Ball eine Sensation hervorrufen würde. Doch bei dieser klassischen Linie spielte der Schmuck die entscheidende Rolle. Sie wollte keinen Fehlgriff tun. «Was meinst du, Harry?» Sie drehte sich ein Stückchen vom Spiegel weg, damit er sehen konnte, wie sie die mit Diamanten besetzte goldene Rose an ihr Kleid hielt. «Du bist sehr schön, mein Liebling», antwortete er.

«Ich bin vierunddreißig, Harry, und ich spüre jedes einzelne Jahr. Meine Schuhe drücken jetzt schon, und dabei hat der Abend noch nicht mal angefangen.»

«Zieh andere an», riet Harry.

«Die rosa Seidenpumps würden einfach lächerlich aussehen.»

Er lächelte. So waren die Frauen: die rosa Schuhe sahen lächerlich aus, die weißen drückten; was sollte man da antworten. Vielleicht schufen sich die Frauen immer gern irgendein Problem; vielleicht schoben sie das als Grund für ihre Enttäuschungen vor. «Hast du Seine Majestät gesehen?»

«Mir war so kalt, Harry. Ich habe nur gewartet, bis das Luftschiff abhob. Danach bin ich zurückgefahren, um ein heißes Bad zu nehmen.»

«Die Jungen haben ihn gesehen. Ein prachtvoller Anblick. Er ist ein großer Mann.»

«Ich brauche sie während des Essens ja bloß abzustreifen.»

«Der LZ 3 soll direkt ans Heer geliefert werden. Und sobald der LZ 5 fertiggestellt ist – und einen vierundzwanzigstündigen Dauerflug absolviert hat –, wollen sie den ebenfalls haben.»

«Ich weiß. Das hast du mir erzählt. Es ist wunderbar.»

«Dir ist doch klar, was das bedeutet, oder?»

«Nein», erwiderte sie unbestimmt. Das alles kannte sie in- und auswendig. Sie hörte ihm nicht zu, sondern betrachtete ihre Schuhe.

«Es bedeutet, daß wir reich werden, Darling.»

«Das sind wir doch schon, Harry.»

«Ich meine wirklich reich: zig Millionen ... vielleicht auch hundert, bevor ich die Sache abgeschlossen habe.» Er setzte sich, langte nach hinten, um die Frackschöße in die Höhe zu schnippen – wie eine Amsel, die sich niederläßt. Aus der Art, wie ein Mann sich hinsetzt, erfährt man eine Menge über ihn, dachte sie. Ihr Vater hob die Frackschöße immer sorgsam beiseite, damit sie ja nicht knitterten.

«Wir sind glücklich, Harry. Darauf kommt es an.»

«Ich rede von Dollars, nicht von Mark.»

«Was spielt das schon für eine Rolle, Harry? Wir sind glücklich, oder nicht?» Sie blickte zu ihm auf. In ihrem tiefsten Innern regte sich irgendwo die Hoffnung, daß er sie in die Arme nehmen und ihr versprechen würde, die anderen Frauen aufzugeben. Sie wußte freilich, daß er das nicht tun würde. Er brauchte Frauen ebenso nötig wie Geld. Er mußte Beruhigung haben, genau wie der kleine Paul dies stets in hohem Maß beanspruchte.

«Für dich spielt es keine Rolle», entgegnete er mit einer Bitterkeit, die sie überraschte. So war er nun einmal; seine Stimmung konnte aus unerfindlichen Gründen ganz plötzlich umschlagen. «Du bist in Reichtum hineingeboren. Du hast ein eigenes Bankkonto und den jährlichen Zuschuß von deinem Vater. Aber nun werde ich genausoviel Geld haben wie er und muß nicht mehr dauernd vor ihm katzbuckeln.»

«In deinem Verhalten Papa gegenüber habe ich nichts von sklavischer Unterwürfigkeit bemerkt.» Sie widmete ihm jetzt volle Aufmerksamkeit.

Er überhörte ihren Kommentar. «Das Heer wird weitere Luftschiffe erwerben und die Marine gleichfalls. Ich habe heute mit dem Admiral gesprochen. Sie legen bereits die verschiedenen Standorte fest: Nordholz in Schleswig-Holstein soll der größte Stützpunkt werden; weitere dann in der Nähe. Drehscheiben als Unterbau für die Hangars – die Nordsee ist zu stürmisch, um sie schwimmen zu lassen.»

«Schleswig-Holstein! Warum denn so weit nördlich? Die Wetterbedingungen dort sind doch für Luftschiffe nicht geeignet. Du hast heute selber gesagt, daß sie ruhiges Wetter brauchen.»

«Denk doch mal scharf nach, Veronica. Deutschland besitzt den einzigen benutzbaren Flugapparat der Welt. Die kleinen Dinger, mit denen die Brüder Wright herumexperimentiert haben, können ja kaum das Gewicht eines Mannes tragen. Wie sollte man die zum Bombardieren verwenden?»

«Zum Bombardieren? Bomben auf England?»

«Das war von Anfang an Graf Zeppelins Idee. Er hat diese riesigen Starrluftschiffe als kriegsentscheidende Waffe geplant.»

«Wie furchtbar!»

«So ist eben der Weg des Fortschritts. Als Leonardo da Vinci seine kühnen Ideen entwickelte, verfolgte er damit nur das Ziel, seinen Auftraggebern bei der Kriegführung zu helfen.»

«Aber Bomben auf England werfen, Harry? Um Himmels willen, was redest du da?»

«Reg dich nicht auf, Veronica. Ich wünschte, ich hätte nicht davon angefangen.»

«Krieg? Krieg mit England? Aber Harry, der König von England ist doch gerade erst in Berlin gewesen. Die Kinder haben die beiden in der Staatskarosse über den Pariser Platz fahren sehen. Der Kaiser ist König Edwards Neffe. Es ist unvorstellbar. Reiner Wahnsinn!» Sie redete daher, als brauche sie nur ihren Mann zu überzeugen, und dann wäre alles in Ordnung.

Es war nicht der geeignete Moment, sie daran zu erinnern, daß Kaiser Wilhelm II. kein Geheimnis aus dem Haß machte, den er für seinen Onkel, den englischen König, empfand. Fast ein Jahr zuvor war Winter unter den dreihundert Gästen gewesen, denen der Kaiser beim Dinner im Vertrauen mitgeteilt hatte, König Edward sei «ein Satan». Aber seine Frau brauchte ein Gefühl der Sicherheit, also ging er zu ihr und schloß sie fest in die Arme. Bei Gott, sie war wunderschön. Selbst mit vierunddreißig stellte sie manche seiner jüngeren Bettgefährtinnen in den Schatten. Er konnte es nicht ertragen, sie verzweifelt zu sehen. «Es gibt keinen Krieg, mein Liebling. Das garantiere ich dir. England wird Vernunft annehmen. Wenn es an der Zeit ist, wird es sich einsichtig zeigen. Die Engländer sind eine Nation von Kompromißlern.»

«Ich bete zu Gott, daß du recht hast.»

«Es heißt, die Senfhersteller werden reich durch die Reste, die auf den Tellern übrigbleiben. Und wir werden auf die gleiche Weise reich, Darling. Wir verkaufen dem Militär Waffen, die nie benutzt werden.»

1910

Für Besuche bei ihrer Großmutter hatten beide Jungen viel übrig. Harald Winters verwitwete Mutter, Effi, bewohnte ein gemütliches kleines Haus an der Ostseeküste bei Travemünde. Sie fuhren jeden Sommer dorthin, zusammen mit Nanny, Mama und Mamas Zofe. In dem Zug, der spät abends am Lehrter Bahnhof in Berlin abging und am frühen Morgen in Lübeck eintraf, war stets ein Schlafwagenabteil für sie reserviert. Auf dem Bahnsteig sahen sie zu, wie die Gepäckträger die Koffer in den Karren türmten. Die Kinder durften die Lokomotive besichtigen, ein riesiges, zischendes Ungeheuer, das nach Dampf und Öl und nach den Kohlefünkchen roch, die durch die Luft stoben. Die Omi holte sie immer vom Bahnhof in Lübeck ab. Diesmal war sie jedoch nicht erschienen – nur ein Taxi. Ein großer Benz Phaeton mit 60 PS, eher ein Lieferwagen als ein Personenauto, in dem sechzehn Passagiere Platz fanden, wenn sie eng zusammenrückten. Der Fahrer, ein weißhaariger alter Mann namens Hugo, kletterte mühsam aufs Dach, wo er auf dem riesigen Gestell das Gepäck festschnallte: ein Dutzend Koffer, Mamas zehn Hutschachteln, eine Reisedecke, in die eine Kollektion Regenschirme, Spazierstöcke sowie vier Schwarzblechkisten eingewickelt waren, deren Gewicht ihn um ein Haar die Balance verlieren ließ.

Das Haus selbst war alt und düster; die spärlichen Sonnenstrahlen, die durch die Fenster mit den Spitzengardinen fielen, warfen hellgraue Schatten auf den Teppich. In dem staubigen Wintergarten, der die ganze Längsfront einnahm, entwickelte die Sommersonne kaum genügend Wärme, um die Wespen der Winterstarre zu entreißen.

Seit dem Tod des Großvaters im Jahre 1891 ging die Großmutter in Schwarz gekleidet. Den größten Teil des Tages verbrachte sie in dem Zimmer im ersten Stock; sie las, nähte und hing oft und lange ihren Erinnerungen nach. Der Raum beherbergte ihre Kostbarkeiten und Andenken. Da gab es zwei große Drachen aus Jade und einen Elefantenstoßzahn mit eingeschnitzten Jagdszenen. Ferner ein großformatiges Foto von ihr und Großvater an ihrem Hochzeitstag, Porträts von anderen Familienmitgliedern sowie ausgestopfte Vögel unter Glas und

Grünpflanzen, die niemals Blüten trugen. Sie bezeichnete den kleinen Raum als ihren Salon, empfing dort ihre – allerdings seltenen – Besucher und blickte aus dem Fenster über die Lübecker Bucht und die Ostsee.

Ohne die *Walhalla* hätten sich Peter und Paul nicht so auf den Besuch gefreut. Die *Walhalla* war ein kleines Segelboot, das früher dem Großvater gehört und das er einem Nachbarn testamentarisch vermacht hatte. Doch sie stand den beiden Jungen bei jedem Besuch zur Verfügung. Der Nachbar hatte keine Ahnung davon, daß sein Boot *Walhalla* genannt wurde. Am Bug stand noch der gleiche Name wie damals, als Winter es bei einem Bootsbauer in Travemünde gekauft hatte: *Domino*. Doch für die Jungen hieß es von jeher *Walhalla*, nach dem Ort, wo Odin die im Kampf Gefallenen aufnahm.

Die *Walhalla* bot den beiden eine einmalige Gelegenheit, sich jeder Art von Aufsicht zu entziehen. Sie nutzten die kostbare Freiheit nur wenig, allenfalls zum Nichtstun und vor allem zu jenen lebhaften, vertrauten Gesprächen, wie sie Kinder ausschließlich dann führen, wenn keine Erwachsenen in Hörweite sind.

«Bis du vierzehn bist, überlegst du dir das noch mal anders», versicherte Peter seinem zehnjährigen Bruder mit der ganzen Überlegenheit des gereiften Vierzehnjährigen. «Ich würde nicht auf die Kadettenanstalt gehen, mir wäre das zuwider. Ich werde mal Forscher.» Er ließ die Hand durchs Wasser gleiten. Seit mindestens einer Stunde sprang der Wind um, so daß Peter andauernd das Segel richten mußte. Jetzt glitt das Boot rasch durch die kabbelige See. Die Sonne, die ab und an hinter dem Wolkenschleier auftauchte, glich einer weißen Scheibe. Sie spendete kaum Wärme. Die Besucher dieses nördlichen Küstenstrichs kamen nicht her, um sich zu sonnen; das frische Klima war etwas für aktive Urlauber.

Die Jungen trugen gelbes Ölzeug und Südwester, genau wie die Matrosen, die auf den Schiffen von Kiel aus die Küste entlangfuhren. Paul kauerte im Heck, die Arme um die Knie geschlungen. Sein langes Haar war inzwischen noch blonder geworden. Es würde nachdunkeln, hatten die Erwachsenen prophezeit, aber sich damit ebenso geirrt wie bei den meisten anderen wesentlichen Dingen, die er wissen wollte. «Du bist gut in Mathematik», sagte er. «Als Forscher mußt du das auch sein, stimmt's?»

«Ja», bestätigte Peter, der kürzlich Klassenbester in Mathematik geworden war.

«Ich bin in keinem Fach gut, bis auf Sport – im Hockey bin ich gut. Papa sagt, die Kadettenanstalt wäre am besten für mich. In Mathematik werde ich immer 'ne Niete bleiben.»

«Ja, da hast du wohl recht.»

Paul sah seinen älteren Bruder an. Das war eine einfache Feststellung von Tatsachen: Paul war nicht gut in Mathematik und würde es nie werden. Die Erwachsenen dagegen behaupteten immer, er sei noch jung und würde bald auch solche schwierigen Fächer begreifen. Die Erwachsenen glaubten das vielleicht, doch es stimmte nicht, und Paul zog die rückhaltlos offene Antwort seines Bruders vor. «Und nach der Kadettenanstalt werde ich dann Soldat und trage 'ne Uniform wie Georg.» Georg war ein junger Soldat, der mit einem der Hausmädchen in Berlin ging.

«Nicht wie Georg», widersprach Peter. «Du wirst Offizier und reitest hoch zu Roß Unter den Linden bei der Parade zu Kaisers Geburtstag.»

«Wirklich?» fragte Paul. Das hörte sich nicht übel an.

«Und du kämpfst gegen die Russen.»

«Das täte ich nicht so gern», meinte Paul. «Dann müßte ich doch weg von Mama und Papa.» Er liebte seine Eltern, wie es nur ein Zehnjähriger kann. Seinen Vater beneidete, respektierte und bewunderte er mehr als jeden anderen, und zur Mama lief er, wenn Papa ihn schalt.

«Der Wind wird stärker», sagte Peter. Das Segel knatterte, und die Wellen hatten weiße Schaumkronen. «Nimm du das Ruder, während ich das Segel festzurre.»

Sturmwolken zogen auf. Ganz plötzlich wurde es finster, der Himmel war fast schwarz, nur eine ganz weit entfernte Wolke zeigte noch golden flimmernde Konturen, und auf dem Wasser am Horizont lag ein heller Schimmer. «Ist das ein Sturm?» fragte Paul. Vor zwei Jahren hatten sie eine jener plötzlichen sommerlichen Böen durchsegelt, deretwegen diese Küste bekannt war, aber das in einem größeren Boot und mit einem erfahrenen Segler.

«Es ist nichts Besonderes.» Peter hatte den Satz noch nicht beendet, als größere Wellen mit voller Wucht gegen den Rumpf schlugen und das kleine Boot hin und her warfen.

«Gegensteuern!» rief Peter.

Paul machte sich beherzt ans Werk, zerrte aus Leibeskräften am Ruder, um das Boot mit dem Bug an die Wellen zu bringen. «Aber wir nehmen jetzt Kurs in die falsche Richtung», rief Paul. «Wir steuern hinaus aufs Meer.» Die Wellen wurden immer höher, und als er zurückschaute zu Omis Haus, war das Ufer in dem dichten Regen nicht mehr auszumachen. Paul war verängstigt. Er beobachtete seinen Bruder, der mit dem Segel kämpfte.

«Soll ich dir helfen?»

«Bleib am Ruder», rief Peter laut. Der furchtsame Unterton in der Stimme seines kleinen Bruders war ihm nicht entgangen. Er ließ ein Tau los, um ihm aufmunternd zuwinken zu können. Da geschah es. Eine jener unberechenbaren Wellen schlug wuchtig gegen das Boot. Das Deck war glitschig, und Peters nasse Schuhe fanden auf den lackierten Planken keinen Halt. Ein gellender Schrei, und dann sah Paul, wie das schmutziggrüne Wasser seinen Bruder packte und die Strömung ihn rasch davontrug.

Schwimmen war noch nie Peters Stärke gewesen, und als ihm jetzt die eisigen Wassermassen die Luft nahmen, öffnete er den Mund. Anstatt Atem zu schöpfen, schluckte er kaltes Salzwasser, und er spürte, wie sein Magen revoltierte. Im Sog der eisigen Flut wurde er durch diese dämmrig grüne Unterwasserwelt gewirbelt, bis er nicht mehr wußte, was unten und oben war. «Peter! Peter!» Weit und breit nichts als milchig-trübe Wellen, feiner Nebel, und das Boot schoß vor dem böigen Wind dahin. Paul sprang auf, um das Segel zu reffen; und ehe er sich vom Fleck rühren konnte, wurde ihm das Steuer so heftig aus der Hand gerissen, daß es ihm gegen das Bein schlug und er vor Schmerz aufschrie. Er konnte das Segel nicht reffen, er wußte, daß er dazu außerstande war; darum hatte sich stets sein Bruder gekümmert. «Peter! Bitte, lieber Gott, hilf Peter!»

In einiger Entfernung vom Boot kam Peter an die Oberfläche, prustend und das Wasser verzweifelt mit den Armen schlagend, so daß es ihn nicht trug. Immer noch in seinem Ölzeug steckend, tauchte er wieder in die gräßlichen, eisigen grünen Tiefen. Er schloß den Mund eben noch rechtzeitig, um nicht zum zweiten Mal Meerwasser in die Lungen zu bekommen. Die Fluten schlugen über ihm zusammen, vergeblich versuchte er, sich mit den Armen wieder an die Oberfläche zu kämpfen. Das grüne Wasser wurde dunkler und schließlich schwarz.

Als Peter das Tageslicht wieder sah, gingen die Wellen immer noch so hoch, daß sie über seinem Kopf zusammenschlugen. Er konnte nicht weiter als bis zur nächsten Welle sehen, und außer dem Heulen des Windes und dem Tosen des Wassers hörte er nichts. Es schienen Stunden vergangen zu sein, seit er über Bord gespült worden war, und nicht erst drei Minuten; dennoch besaß er nicht mehr die Kraft, sich zu retten. Sein schmächtiger Körper war bereits so ausgekühlt, daß die Füße erstarrt waren und die Finger steif wurden. Abgesehen von der abgesunkenen Körpertemperatur, hatten die Wellen ihn böse zugerichtet, und sein Magen rebellierte gegen das kalte Salzwasser.

Von der *Walhalla* war keine Spur zu sehen, aber selbst wenn sie irgendwo in der Nähe wäre, hätte Peter sie durch die graugrünen Wellen und die darüber aufsprühende weiße Gischt wohl kaum ausmachen können.

Kein Mensch ist je dahintergekommen, weshalb der kleine Paul vom Heck der *Walhalla* in die reißenden Fluten sprang, die ihm solche Angst einflößten. Viele Jahre später wurden Erklärungen angeboten: Seine Frau meinte, es habe sich um einen verzweifelten Selbstzerstörungstrieb gehandelt; ein Psychologe interpretierte es als ein Verlangen nach Taufe, nach einer Art Erlösungsakt; und Peter – der gelegentlich Paul im Schlaf darüber sprechen hörte – erklärte, es sei purer Heroismus gewesen, in Einklang mit Pauls Wunsch, Soldat zu werden. Paul selbst behauptete, nackte Angst habe ihn aus dem sicheren Boot ins Wasser getrieben; er fühlte sich zusammen mit seinem Bruder im Meer geborgener als allein auf dem Boot. Aber das war typisch für Paul, der aus allem einen Scherz zu machen versuchte.

Paul war ein tüchtiger Schwimmer und, anders als sein Bruder, imstande, sich des Ölzeugs zu entledigen und sich auf die Kälte sowie auf die Stärke der Strömungen einzustellen, in die er stürzte. Doch genau wie sein Bruder verlor er bald die Orientierung. Er schwamm aus Leibeskräften in der Hoffnung, die Küste anzusteuern. Über ihm jagten die Wolken in schwindelerregendem Tempo über den Himmel.

Die Sturmbö zog ebenso schnell über sie hinweg, wie sie gekommen war, in Richtung auf Bornholm und die schwedische Südküste. Mitunter fiel durch die dahinjagenden Wolken ein Sonnenstrahl auf die Wasserfläche. Und dann erblickte Paul das gelbe Bündel – Peter.

Wäre Peter bei vollem Bewußtsein gewesen, hätte der Kleinere es höchstwahrscheinlich nicht geschafft, seinen Bruder zu halten. Doch Peter war längst über das Stadium der Panik hinaus. Er hatte den Kampf ums Überleben aufgegeben und in dem eisigen Wasser nun jenen trägen, apathischen Zustand erreicht, der dem Tod durch Erfrieren so barmherzig vorausgeht.

Durch Luft, die sich hinten in seinem gelben Ölzeug gestaut hatte, war Peter an die Oberfläche gezogen und über Wasser gehalten worden, als er schon keine Willenskraft mehr besaß. Zusammen trieben sie auf dem Wasser, mit einem Arm umklammerte Paul den Hals seines Bruders – es war eher der Griff eines Ringkämpfers als der eines Lebensretters –, mit dem anderen versuchte er voranzukommen. Die Küste war weit entfernt. Hin und wieder konnte Paul sie kurz zwischen den Wellen auftauchen sehen. Unmöglich, die lange Strecke zu schwimmen, erst recht nicht mit seinem ohnmächtigen Bruder im Schlepptau.

Sie trieben eine ganze Weile dahin, bevor ein Junge in einem leuchtend bunt angestrichenen Ruderboot in Sicht kam, der zur *Walhalla* zu gelangen suchte, dann aber die Kinder entdeckte. Er war selbst knapp dem Kindesalter entwachsen, zog jedoch mühelos die beiden in sein Boot.

Ihr Retter war ein typischer Dorfjunge: kurzgeschorenes Haar als Schutz gegen Läuse und Nissen; schadhaftes Gebiß mit fehlenden und abgebrochenen Zähnen; kräftige Arme und breite Schultern; wettergebräunte Haut. Von den übrigen Dorfjungen unterschied er sich durch den hohen Wuchs, den mächtigen Brustkasten und die Tatsache, daß er gut lesen konnte. Inwieweit es nun der in Zentimetern meßbare oder der geistige Vorsprung war, der ihm diesen Anstrich von Überlegenheit verlieh, blieb umstritten. Aber in ihm steckte eine Kraft, die für jedermann erkennbar war.

Der siebzehnjährige Fritz Esser betrachtete die beiden halb ertrunkenen Kinder, die sich im Boden seines Bootes eng aneinanderdrängten, und gelangte – trotz Peters mitleiderregendem Würgen und Pauls Schüttelfrost – zu dem Schluß, daß sie nicht in Lebensgefahr waren. Er ruderte hinaus zu der Stelle, wo die gekenterte *Walhalla* im Wasser trieb, das zerfetzte Segel über Bord hängend, das Ruder von den Wellen davongetragen. «Es dauert nicht mehr lange», stellte er fest, «sie ist leckgeschlagen.» Paul schaffte es, sich am Bootsrand hochzuziehen und einen Blick auf die Überreste ihrer schönen *Walhalla* zu werfen, während Peter davon gänzlich unberührt blieb. Unterstützt von einem schwarzen Köter, der kläffend im Boot auf und ab lief, versuchte Esser, die *Walhalla* ins Schlepptau zu nehmen, doch seine Rettungsleine war nicht lang genug, und so entschied er sich schließlich dafür, die zwei Überlebenden an Land zu bringen.

Er schleppte sie in eine alte Bootshütte am Strand. Ein finsterer, übelriechender Raum; das einzige Tageslicht drang durch die Spalten der Bretterwände. Es gab genügend Platz für drei Ruderboote, doch jetzt war nur eins da; ansonsten lag nur Plunder herum: Felle, zum Trocknen auf Gestelle gespannt, Treibgut, ein Rettungsring mit der Aufschrift *Germania – Kiel*, zerfetzte Segel, alte Säcke, zerbrochene Ruder, Lattenkisten und Fässer verschiedener Größe, die als Sitzgelegenheiten um einen kleinen, bauchigen eisernen Ofen gruppiert waren.

Esser wickelte die Jungen in Sackleinwand und stocherte im Ofen, bis die Funken zu sprühen begannen, warf dann ein paar kleine Stücke Treibholz hinein und knallte geräuschvoll die Tür zu. Wie dringend notwendig das war, zeigte sich, als der Qualm, den das feuchte Holz entwickelte, aus dem kaputten Rauchfang strömte. Erst nachdem das

Feuer brannte, richtete der Junge das Wort an sie. «Ihr seid doch die Kinder aus Berlin, stimmt's? Ihr wohnt in dem großen Haus, wo der alte Schuster den Garten bestellt. Bei der alten Frau Winter. Seid ihr die Enkel?» Er wartete die Antwort nicht ab; er stellte selten richtige Fragen, wie sie sehr bald merkten. «Ihr kommt mit eurer Mutter her und mit der Dienerschaft, und manchmal erscheint auch euer Vater, immer in einem großen neuen Automobil.»

Peter und Paul hockten zusammengekauert unter der Sackleinwand, die nach Salz und faulem Fisch roch. Als der Ofen zu bullern begann und die Luft sich erwärmte, roch es in der Hütte immer penetranter. Aber die Kinder nahmen weder den Gestank nach altem Fisch noch nach gegerbten Fellen wahr. Sie schmiegten sich aneinander, kalt, naß, erschöpft. Paul betrachtete die Flammen in dem winzigen Rost, während Peters Augen fest geschlossen blieben, als er Fritz Essers harter, schwerfälliger Stimme lauschte.

«Ich hasse die Reichen», verkündete Esser. «Aber bald werden wir die Fesseln der Knechtschaft sprengen.»

«Wie wollt ihr das machen?» fragte Paul, der sich, wie für ihn typisch, schnell von den Strapazen erholte. Es klang interessant, wie etwas aus seinem Lieblingsbuch «101 Zauberkunststücke für aufgeweckte Knaben».

Esser zermarterte sich das Hirn, um sich zu erinnern, was der Redner der Sozialdemokratischen Partei Deutschlands denn nun eigentlich gesagt hatte. «Der Kapitalismus wird zugrunde gehen, genauso wie die Dinosaurier ausgestorben sind, er wird unter dem Gewicht seiner eigenen Widersprüche zusammenbrechen. Dann wird die Arbeiterklasse in das goldene Zeitalter des Sozialismus geführt.»

Wenn er auch vor kurzem um ein Haar ertrunken wäre, so vermochte Paul doch das Pathos dieser Ankündigung zu erfassen. «Sind die Dinosaurier auf diese Weise zugrunde gegangen?» erkundigte er sich.

«Spotte nur», entgegnete Esser. «An die höhnischen Bemerkungen der herrschenden Klassen sind wir gewöhnt. Aber wenn erst Blut in den Straßen fließt, wird euch das Lachen schon vergehen.»

Paul hatte gar nicht beabsichtigt zu spotten, verschwieg das indes wohlweislich.

«Wir haben eine Million Mitglieder», fuhr Esser fort. Verächtlich spuckte er auf den Ofen, daß es zischte. «Wir sind die größte politische Partei auf der ganzen Welt. Es dauert nicht mehr lange, dann kriegen die Arbeiter Waffen und werden für eine richtige marxistische Regierung kämpfen.»

«Woher weißt du das alles?» wollte Paul wissen. Es klang furchterregend, aber der sonderbare Junge war dabei nicht unfreundlich, bloß schrecklich überlegen. Er hatte Grübchen am Kinn und tiefliegende, ausdrucksvolle braune Augen.

«Ich gehe mit meinem Vater zu Versammlungen. Er ist seit zehn Jahren SPD-Mitglied. Voriges Jahr ist Karl Liebknecht hier gewesen und hat eine Rede gehalten. Liebknecht begreift, daß Blut fließen muß. Er ist ein gefährlicher Mann, sagt mein Vater. Aber mein Onkel meint, Liebknecht wird die Arbeiter zum Sieg führen.»

«Hat dein Vater dir das von den Dinosauriern und dem Blut auf den Straßen und all das erzählt?» fragte Paul.

«Nein. Der ist weich und gutmütig.» Esser stocherte das Feuer an. «Mein Vater glaubt immer noch an eine historische Entwicklung. Seiner Ansicht nach werden wir bald genügend Abgeordnete im Reichstag haben, um es auf eine Machtprobe mit dem Kaiser ankommen zu lassen. Wenn Deutschland eine richtige parlamentarische Demokratie wäre, wären wir schon an der Regierung.»

Paul musterte seinen Lebensretter mit Respekt. Es wäre wohl gut, sich der Freundschaft eines Jungen zu versichern, der so nahe daran war, das Land zu regieren. Peter hatte jetzt die Augen geöffnet. «Du bist der Sohn von dem Mann, der die Schweine absticht, stimmt's?»

«Ja, was ist dabei?» verteidigte sich Fritz Esser.

«Gar nichts. Ich habe dich bloß erkannt, das ist alles.» Peter mußte husten und hätte sich beinahe übergeben. Das Salzwasser verursachte ihm immer noch Brechreiz, und seine Haut war grünlich und fühlte sich feuchtkalt an, wie Paul feststellte, als er seinen Bruder schützend umarmte.

Für Peter und Paul – und für viele andere Kinder der Gegend – war der Mann, der die Schweine abstach, eine von Gerüchten und düsteren Geheimnissen umwobene Erscheinung. Klein, untersetzt, muskulöse Gliedmaßen, narbige Hände, war er manchen der furchterregenden Illustrationen in ihren Märchenbüchern nicht unähnlich. Er trug lange, scharfe Messer am Gürtel, zog von Dorf zu Dorf und stach die Schweine der Halter ab, die zu zimperlich oder zu ungeübt waren, um es selbst zu tun. Manchmal sah man ihn unten am Weiher mit dem Waschen und Einsalzen von Innereien beschäftigt, die verwurstet werden sollten, eine langwierige, mühevolle Arbeit. Dies war also der Sohn des Mannes, der Schweine abstach. Ein Junge, der seinen Vater als «weich und gutmütig» bezeichnete.

Beim Abschied fiel Paul Fritz Esser plötzlich um den Hals, um ihm mit dieser spontanen Geste seine Dankbarkeit zu bekunden. Von Stund an sah er in ihm unbeirrt seinen Lebensretter. Peter dagegen verabschiedete sich gemessen und weniger überschwenglich. Für ihn stand bereits fest: Gerettet hatte ihn einzig und allein Paul, sein kleiner Bruder. Diese unterschiedliche Einstellung der beiden Jungen zu den Ereignissen jenes schrecklichen Tages sollte ihr ganzes ferneres Leben beeinflussen. Und ebenso das von Fritz Esser.

Dessen Vater brachte die Jungen nach Hause. Immer noch in die muffigen, stinkenden alten Säcke verpackt, die so wenig Schutz vor dem erbarmungslosen Seewind boten, hockten sie auf dem Rücksitz des selbstgezimmerten Karrens, der von einem lahmen Klepper gezogen wurde. Sie fuhren mehr als sieben Kilometer auf der Küstenstraße, eigentlich nur ein holpriger Feldweg, von tiefen Furchen durchzogen. Der Geruch von verdorbenem Fisch und Schweinefleisch drehte ihnen den Magen um, und dazu wurden sie noch unentwegt durchgerüttelt, bei jeder Rinne, jedem Höcker, jedem Schlagloch. Als sie in Großmutters Haus anlangten, drückte man Vater und Sohn Esser ein goldenes Zwanzigmarkstück in die Hand und entließ sie mit stummem Dank.

Erst danach folgte die Strafpredigt. Wer würde das Boot bezahlen, den Schaden ersetzen? Wie konnten sie bloß über Bord fallen? Hatten sie denn nicht gesehen, daß ein Sturm aufkam? Wieso konnten sie nach ihrer Rettung nicht sofort heimkehren? Alle drei Frauen stellten ihnen mehr oder weniger die gleichen Fragen, nur auf unterschiedliche Weise. Zuerst kam Großmutters Verhör von schneidender Kälte; dann Mamas opernhaftes, hysterisches Getue, und dann schimpfte auch noch ihre schottische Nanny, die sie schließlich in ein heißes Bad steckte, mit Teerseife abschrubbte, danach unter die kalte Dusche stellte und sie frottierte, bis die Haut feuerrot war und brannte.

Die Kinder nahmen ihre Bestrafung gutwillig hin. Sie wußten, daß solche Zornesausbrüche nur eine von vielen sonderbaren Arten waren, auf die Erwachsene ihre Liebe bekundeten. Und sie hatten längst gelernt, den Anschein von Zerknirschung zu erwecken und dabei an etwas ganz anderes zu denken.

Da sie nun die *Walhalla* nicht mehr zur Verfügung hatten, verbrachten sie ihre Tage am Strand. Sie wanderten die Küstenstraße hinunter zu Fritz Essers Bootshütte. Esser fuhr jeden Morgen ganz früh mit dem Boot hinaus zum Fischen. Er fing wenig; es mangelte ihm an geeigneten Ködern und ordentlichen Netzen sowie an Fertigkeit und Geduld.

Die Jungen erschienen immer rechtzeitig, um Fritz bei der Rückkehr zu begrüßen. Er fand trotz des Altersunterschiedes Gefallen an der Gesellschaft der beiden Jungen. Sie durften ihm beim Streichen und Reparieren der Boote helfen, die er gegen Entgelt versorgte. Er brachte ihnen bei, wie man zerrissene Segel vernäht und Fugen abdichtet. Und die ganze Zeit hielt er ihnen Vorträge über die politischen Ideen, die er aus der Lektüre von Broschüren und aus Gesprächen an der Theke vom Goldfasan auf der Travemünder Straße bezog, denen er ebenso begierig lauschte wie den Worten seines Idols Karl Liebknecht.

Im Goldfasan gab es auf der Hinterseite einen großen Saal, in dem Hochzeiten und Taufen gefeiert und Versammlungen der SPD abgehalten wurden. Dort hatte Fritz im vorigen Jahr den flammenden Reden des kleinwüchsigen Karl Liebknecht hingerissen gelauscht. Mit seinem Kneifer, dem gepflegten schwarzen Bart, dem sauber gebürsteten schwarzen Anzug und dem Vatermörder glich dieses neununddreißigjährige Mitglied des Preußischen Abgeordnetenhauses eher einem Bürovorsteher als einem Revolutionär, doch vom ersten Wort an trat sein Engagement zutage. Er brandmarkte die internationale Rüstungsindustrie, «die Clique, die aus Konflikten Kapital schlägt». Er brandmarkte den Kaiser und die Bendlerstraße, wo die Generale «in diesem Augenblick den nächsten Krieg vorbereiten». Er griff den russischen Zaren an und all die «Parasiten», aus denen die europäischen Herrscherhäuser bestanden. Er attackierte die Kapitalisten, denen die Fabriken gehörten, und die Polizei, die ihnen unterwürfig zu Diensten war. Er prangerte die Reichen an, weil sie ihren Reichtum vermehrten, und die Armen, weil sie ihre Armut hinnahmen.

Der Goldfasan war an jenem Freitagabend überfüllt. Die meisten waren gekommen, weil es sich um den Sohn des großen Wilhelm Liebknecht handelte, Freund und Mitstreiter von Karl Marx und 1848 einer der führenden Köpfe bei den Aufständen in Baden und in der Pfalz, nicht aber, weil sie diesen unansehnlichen Mann reden hören wollten, der bisher als einzige bemerkenswerte Leistung die Verbüßung einer achtzehnmonatigen Haftstrafe wegen Hochverrats vorzuweisen hatte.

Karl Liebknecht besaß keine der Eigenschaften, über die ein erfolgreicher Volksredner verfügen muß. Sein gesamtes Erscheinungsbild erinnerte eher an einen jener verknöcherten Bürokraten, die sie alle fürchteten und verabscheuten. Sein Hochdeutsch trennte ihn von diesen Fischern und Landarbeitern. Liebknechts Botschaft fand keinen Anklang bei Männern, für die eine unverzügliche Verbesserung ihrer Arbeitsbedingungen Vorrang hatte vor einer Weltrevolution in ferner

Zukunft. Nur wenige einheimische Jugendliche wie Fritz Esser wurden von diesem sonderbaren Mann mitgerissen.

Obwohl die beiden Jungen lediglich eine vage Vorstellung davon hatten, worum es eigentlich ging, übertrug sich etwas von Fritz Essers Erregung auch auf sie. Fritz liebte es, auf und ab zu schreiten und seinen beiden faszinierten Zuhörern die Grundsätze des Marxismus vorzudeklamieren. Paul berauschte sich am Klang der Worte, wenn auch die flammenden Tiraden keine Bedeutung für ihn hatten. Peter spürte zwar die unterschwellige Angriffslust, doch Fritz Essers gelegentlich aufblitzender lockerer Humor und sein ungekünstelter Charme nahmen ihn für ihn ein. Und als Esser ihnen einschärfte, sie als Mitverschwörer dürften kein Wort von dem, was er gesagt hatte, weitererzählen, falls man ihn ins Gefängnis steckte – weder der Polizei noch ihrer Familie oder sonst irgend jemandem im Haus oder im Dorf –, da waren beide Feuer und Flamme. Sie fanden es wunderbar, mit ihm, der ja schon fast ein Mann war, ein Geheimnis zu teilen. Und noch dazu ein derart schwerwiegendes.

In der letzten Woche ihrer Sommerferien traf Onkel Glenn ein. Veronicas jüngerer Bruder, Glenn Rensselaer, hatte die Angewohnheit, überall in der Welt unverhofft aufzutauchen. Von seinem Besuch in Europa erfuhr Veronica zuerst durch ein Telegramm, das er auf einem Ozeandampfer einen Tag vor der Ankunft in Hamburg aufgegeben hatte: «Eintreffe Donnerstag in Begleitung. Gruß Glenn.» Das löste hastige Vorbereitungen im Haushalt aus und bei Veronica außerdem allerlei Spekulationen. Wer war diese Begleitung, und handelte es sich hier etwa nur um eine scherzhaft verklausulierte Mitteilung, Glenn sei auf Hochzeitsreise in Europa?

Die Spekulationen hatten ein Ende, als Glenn am Freitag mittag in Begleitung eines Engländers namens Alan Piper eintraf. Sie hatten sich auf der Überfahrt kennengelernt. «Auf der *Kaiserin Auguste Viktoria*; fünfundzwanzigtausend Tonnen. Der größte Überseedampfer der Welt, und ein deutsches Produkt.» Es war typisch für Glenn, daß er sich für die Errungenschaften der Alten Welt fast ebenso begeisterte wie für die seiner eigenen Landsleute. Da Piper sich erst in ein bis zwei Monaten im Kolonialministerium in London zurückmelden mußte, hatte Glenn darauf bestanden, daß er ihn auf seiner Rundreise durch Deutschland begleiten solle – mit Beginn in Travemünde.

Alan «Boy» Piper entschuldigte sich unentwegt für all die zusätzliche Arbeit und die Umstände, die er verursache. Er bat Veronica so oft um Entschuldigung, daß Glenn schließlich eingriff: «Sei doch nicht so verdammt britisch. Hierzulande hat man Sklaven, die einem die ganze Arbeit abnehmen. Und Veronica ist froh über jede Gelegenheit, sich in einer zivilisierten Sprache zu unterhalten.»

In bezug auf seine Schwester hatte er recht. Ihre Schwiegermutter fühlte sich seit einigen Tagen nicht wohl und durfte nur Brot und Fleischbrühe zu sich nehmen, die ihr nach oben aufs Zimmer gebracht wurden. Daher spielte Veronica die Rolle der Hausfrau für die unverhofften Logiergäste, und sie brauchten keine andere Umgangssprache als Englisch.

Veronica hing mit schwärmerischer Liebe an ihrem jüngeren Bruder, war aber auch von dem schüchternen Engländer entzückt. Er war etwas älter als sie, ein überdurchschnittlich gutaussehender Mann mit kurzem braunen – beinahe rötlichem – Haar, magerem, kantigen Gesicht und eigentümlich jugendlichen Zügen, die ihm vor langem den Spitznamen «Boy» eingetragen hatten. Verglichen mit dem ihres Bruders sei sein Leben ereignislos verlaufen, beteuerte er. Nach dem Studium am Marton College in Oxford war er nach Südafrika gegangen und dort als Beamter in der Kolonialregierung tätig, wozu Glenn freilich ergänzend mitteilte, er habe einige der blutigsten Gefechte im Burenkrieg mitgemacht.

«Er ist ein Glücksritter, genau wie ich», erklärte Glenn Rensselaer.

«Von derart aufregenden Abenteuern kann leider keine Rede sein», widersprach Piper bescheiden. «Mein Vater war Regierungsbeamter in Afrika, und bisher bin ich lediglich in seine Fußstapfen getreten.» Er lächelte. Sein jungenhaftes Gesicht war frisch und optimistisch – und trotz der afrikanischen Sonne glatt und faltenlos.

«Was führt Sie jetzt nach Deutschland, Mr. Piper?» erkundigte sich Veronica. So sorgfältig sie auch auf die förmliche Anrede achtete, war doch der spöttische Unterton unverkennbar, den man durchaus als Koketterie deuten konnte. «Handelt es sich wieder um eine Exkursion zu den Eingeborenen?»

«Keineswegs, Mrs. Winter. Ich bin auf Urlaub. Dieser Besuch in Deutschland, so wunderbar er sich auch bereits jetzt erweist, ergab sich ganz ungeplant. Bei Antritt meines diesjährigen Urlaubs erfuhr ich in London zu meiner großen Enttäuschung, daß ich nicht nach Afrika zurückgehen werde. Die beiden Burenrepubliken, gegen die wir kämpften, sowie die Kapprovinz und Natal werden zur Südafrikanischen Union zusammengeschlossen. Das hätte ich gern miterlebt.»

«Südafrikas Verlust ist unser Gewinn», kommentierte Glenn.

«Darauf möchte ich trinken», sagte Veronica.

Der Engländer hob sein Glas, wandte sich ihr zu, sah in diese wunderschönen rauchgrauen Augen und – lächelte.

Veronica senkte die Lider, während sie ihren Wein trank, und konnte dennoch die Blicke des Engländers auf sich ruhen spüren, die sie unwillkürlich erschauern ließen.

«Wie gesagt, mein Leben ist nicht annähernd so bunt verlaufen wie das Ihres Bruders, Mrs. Winter. Ich halte ihn für einen der außergewöhnlichsten Menschen, denen ich je begegnet bin.»

«Tatsächlich?» Sie sah ihren Bruder erfreut an und lächelte. «Was hast du denn so getrieben, Glenn?»

Piper antwortete an seiner Stelle: «Er war überall und hat so gut wie alles gemacht. Am Klondike hat er sogar Gold ausgewaschen.»

«Und das ist mir sehr gut bekommen. Schließlich hab ich meine Anteile für dreihundert Dollar und ein paar Vorräte verkauft.»

«Er hat bei Henry Ford gearbeitet und einen Posten bei der Einheit abgelehnt, die von der US Army zur Überwachung der Bauarbeiten am Panama-Kanal eingesetzt wurde. Er hat Pferde zugeritten, Automobile repariert und sogar ein Flugzeug geflogen.»

«Ein Flugzeug?» wiederholte Veronica; selbst sie war noch von den Taten ihres Bruders zu überraschen.

«Nur dieses eine Mal.» Um seine Verlegenheit über Pipers Lobsprüche zu verbergen, wartete Glenn nicht ab, bis ihm das Mädchen die Aufschnittplatte reichte, sondern beugte sich vor und angelte sich mit der Gabel ein paar Scheiben Schweinebraten. Er verspeiste sie, trank einen Schluck Wein dazu und wischte sich den Mund ab. «Bei der Überfahrt war ein Rancher mit an Bord. Für den Knaben hatte ich ein paarmal gearbeitet. Er hat die Hälfte der Reise damit verbracht, Boy alle möglichen Geschichten über mich in den Kopf zu setzen. Du weißt doch, wie gern Texaner einem Engländer das Blaue vom Himmel vorflunkern.»

«Und warum genau bist du nun in Deutschland?» fragte sie ihren Bruder.

«Dad erzählte mir, daß dein Mann den Grafen Zeppelin kennt. Ich hoffe, daß er mir seine Bekanntschaft vermittelt.»

«Graf Zeppelin? Ist er denn so berühmt, daß man drüben von ihm spricht?»

«Man hat von seinen Luftschiffen gehört», erwiderte Glenn. «Im vergangenen September gab es doch irgendeine Veranstaltung in Berlin...»

«Ja. Die Berliner Flugwoche in Johannisthal. Es war ein Preis von hundertfünfzigtausend Mark ausgesetzt. Harald ist mit den Jungen hingefahren. Sie waren dabei, als ein Flugzeug von Tempelhof nach Johannisthal geflogen ist – zehn Kilometer!»

«Orville Wright war zu der Zeit in Berlin. Und in Frankfurt gab es die Internationale Luftschiffahrt-Ausstellung. Und auf einmal interessieren sich eine Menge Leute für Luftschiffe, vor allem die großen Starr-Luftschiffe. Ich würde mir gern eines ansehen, darin fliegen und mich über die Handhabung informieren.»

«Aber du hast doch sicher gehört, was mit dem letzten Luftschiff – *Deutschland* – passierte, es hat nur zwei Wochen überdauert. Ein komplettes Wrack. Die Zeitungen haben ganz unglaubliche Bilder veröffentlicht.»

«Ach ja, LZ 7, davon weiß ich natürlich. Aber er hat doch immer noch LZ 6 fliegen, eine Fahrt in dem käme mir sehr recht.»

Veronica wandte sich an den Engländer. «Und Sie, Mr. Piper, sind Sie auch von dieser Manie für Flugapparate befallen, die offenbar die ganze Welt erfaßt hat?»

«Bis zu einem gewissen Grad, Mrs. Winter.»

«Er ist nur höflich», warf ihr Bruder ein. «Ich habe ihn überredet, mich zu begleiten und gemeinsam die Zeppeline zu besichtigen, weil er die Sprache kann. Ich spreche kein Deutsch und vermute, daß Graf Zeppelin mit dem Englischen Schwierigkeiten haben dürfte.»

«Sie sprechen also Deutsch, Mr. Piper?» fragte Veronica.

«Ich mußte für meine Tätigkeit etwas Afrikaans lernen, Mrs. Winter. Da wäre es doch töricht gewesen, wenn ich nicht auch mit Deutsch weitergemacht hätte.»

«Er liest diese schöngeistigen Schmöker, wie du sie magst, Veronica. Ich hab ihm mein brandneues Exemplar von *Lord Jim* angeboten, als er neben mir auf dem Promenadendeck saß. Und er hat abgewinkt. Er liest Conrad nicht, hat er gesagt, weil das den Horizont nicht erweitert. Ich kam mir vor, als hätte ich ihm einen Tiefschlag versetzt. Das war unsere erste Unterhaltung.»

Piper hatte sich auch nach seinem dreimonatigen Aufenthalt in Amerika noch nicht an diese direkte Ausdrucksweise gewöhnt. «Genauso habe ich das nicht gesagt, Glenn ...»

«Er liest das ‹Stunden-Buch› von Rilke in Deutsch!» ergänzte Glenn Rensselaer. «Ich hab allein eine halbe Stunde gebraucht, bis ich den Titel richtig aussprechen konnte.» Veronica registrierte den Blickwechsel der beiden; irgendwie entwickelten sich Freundschaften zwischen Frauen nicht so schnell und mühelos.

«Ich fürchte, Rilke überfordert mich», fügte Piper hinzu. «Diese ganze symbolische Bildersprache verlangt eine bessere Kenntnis von Deutschland und den Deutschen.»

«Es ist aber ein wunderbares Buch», meinte Veronica. «Werfen Sie nicht die Flinte ins Korn.»

«Ich hab mir die größte Mühe gegeben. Viele Verse habe ich wieder und wieder mit dem Wörterbuch in der Hand gelesen.»

«Wenn wir vielleicht ein paar Seiten zusammen lesen würden...» Veronica verstummte und goß sich hastig Sahne über die halbierten Pfirsiche. Das hatte sie nicht sagen wollen... Sie gebot ihrem ungezügelten Gedankenflug Einhalt. In all den Jahren ihrer Ehe hatte sie nie einen anderen Mann angesehen oder auch nur zur Kenntnis genommen. Als sie entdeckte, daß Harry für die blutjunge Martha in Wien eine Wohnung eingerichtet hatte, war sie in die Votivkirche beten gegangen, um so einen Blick auf die Straße zu werfen, in der seine Geliebte wohnte. Dennoch war ihr selbst in jener qualvollen Stunde nicht der Gedanke gekommen, ihn zu betrügen. Das wurde ihr jetzt schlagartig klar.

«Das wäre überaus zuvorkommend von Ihnen, Mrs. Winter», sagte der Engländer. «Manchmal sind es ja rein sprachliche Gegebenheiten, mit denen das Wesen eines Autors zu erfassen ist. Nur wenige richtig verstandene Seiten könnten mir eine neue Welt erschließen.»

«Ich bin keine Intellektuelle, kein Mentor, sondern eine fünfunddreißig Jahre alte Hausfrau.» Mit dieser ungeschickten Bemerkung versuchte Veronica, das Gespräch in andere Bahnen zu lenken.

«Das kann ich nicht unwidersprochen lassen», entgegnete Piper. «Ich könnte mir auf der ganzen Welt keinen Menschen denken, der geeigneter wäre, mein Leben zu verändern.»

Am Tag von Winters Ankunft regnete es ununterbrochen. Nicht bloß der kalte Nieselregen, bei dem die Jungen spazierengingen, im Meer badeten oder in früheren glücklicheren Tagen auf der *Walhalla* segelten. Aus grauen Wolken, die langsam von Westen über die Bucht dahinzogen, goß es vielmehr in Strömen. Während alles mit den Vorbereitungen beschäftigt war, wanderten die Jungen durchs Haus, standen jedem im Weg und kamen sich überflüssig vor. An den vorhergehenden Tagen hatten Onkel Glenn oder sein englischer Freund ständig mit Geschichten, Zaubertricks und Kartenspielen für ihre Unterhaltung gesorgt. Insbesondere Paul mochte die Kunststücke von Piper und erlernte sogar einige. Doch an diesem Tag waren die beiden Logiergäste fortgegangen, um sich die Lübecker Altstadt anzuschauen.

Peter fand schließlich eine Beschäftigung. Die Köchin ließ ihn beim Gemüseputzen helfen. Sie brauchte eine zusätzliche Kraft, da das eine Küchenmädchen krank war und das andere die Zimmer im zweiten Stock, die Harald Winter und seine Frau benutzten, wenn sie beide dort weilten, fertig machen sollte.

Nachdem ihn seine Großmutter schroff abgewiesen hatte, weil sie schlafen wollte, begab sich Paul auf die Suche nach seiner Mutter. Er fand sie oben im Turmzimmer, einem winzigen runden Raum mit einer herrlichen Aussicht. Dort schlief sie gern, wenn der Vater nicht anwesend war. Sie sah ihre Garderobe durch, nahm ein Kleid nach dem anderen aus dem Schrank und musterte es gründlich, bevor sie es auf dem Bett für ihre Zofe zurechtlegte, die dann die Sachen in das andere Schlafzimmer bringen sollte.

Paul starrte seine Mutter unverwandt an. Sie sah nicht gut aus: blasses Gesicht und gerötete Augen, als ob sie geweint hätte. «Was gibt's?» fragte sie. Es klang ärgerlich.

«Gar nichts. Kann ich dir helfen, Mama?»

«Eigentlich nicht, Liebling.» Als sie Pauls Enttäuschung sah, fügte sie hinzu: «Du kannst meinen Schmuckkasten nach unten bringen. Das erspart Hanna einen Weg.»

Der Schmuckkasten seiner Mutter übte von jeher eine magische Anziehungskraft auf Paul aus. Er war aus wunderschönem blauen Leder und mit weichem blauen Samt ausgeschlagen. Innen hatte er kleine Schubfächer, Seitentaschen und Samtfinger, über die Mamas Ringe gestreift wurden. Paul konnte es nicht lassen, an der Innenausstattung herumzuspielen. Es machte solchen Spaß, jedes Schubfach aufzuziehen und die funkelnden Diamantbroschen oder die Perlenketten darin zu betrachten. Er schaute zu Mama hinüber, doch die war ausschließlich mit ihren Kleidern beschäftigt. Er spielte weiter mit dem Schmuckkasten. Wenn das nun ein Piratenschiff wäre und in jedem Schubfach eine Kanone versteckt, und sobald ein nichtsahnendes Boot vorbeikäme... Du lieber Himmel – der Inhalt einer Schublade fiel auf den Teppich. Wie konnte er nur so ungeschickt sein! Er erwartete eine Strafpredigt, aber nichts schien die Mutter von ihren Kleidern ablenken zu können.

Paul sammelte alles auf: die winzigen goldenen Ohrringe; die großen goldenen Ohrringe; die Perlenohrringe; die Diamantohrringe, die Mama nur zu ihren langen Kleidern trug, jeweils zwei. Er zählte sie nochmals und entdeckte dann einen silbernen Ohrring auf dem Teppich. Es mußte also noch einen weiteren geben. Der war bestimmt unter das Bett gekullert. Er legte sich flach auf den Boden, um ihn zu suchen. Da war er ja. Und... außerdem lag da noch etwas. Er zog es hervor. Eine Armbanduhr. Eine große goldene Armbanduhr mit Sekundenzeiger.

«Was machst du da, Paul?»

«Ich hab eine Uhr gefunden, Mama.»

«Was meinst du damit, Paul?»

«Ich hab sie unter dem Bett gefunden, Mama.» Er zeigte ihr stolz die Armbanduhr, ein schönes Schweizer Fabrikat mit Lederarmband und römischen Ziffern, wie auf der Kirchturmuhr.

«Oh, mein Gott!» sagte seine Mutter.

«Sie gehört Mr. Piper, Mama. Ich hab sie bei ihm gesehen.» Er schaute seine Mutter an, die wie erstarrt vor Schreck war. So hatte er sie noch nie erlebt.

«Ja», sagte sie. «Ich habe sie mir von ihm geliehen. Meine ist gestern beim Abendessen stehengeblieben.»

«Soll ich sie ihm geben?» fragte Paul.

«Nein, gib sie mir, Paul. Ich lasse sie dann vom Stubenmädchen in sein Zimmer bringen.»

«Ich weiß, welches Zimmer er hat, Mama.»

«Gib sie mir, Paul. Vielleicht ist er böse, wenn er erfährt, daß ich sie fallen gelassen habe.»

«Ich verrate ihm nichts, Mama.»

«Das ist am besten, Paul.» Seine Mutter umklammerte die Uhr ganz fest und schloß die Augen, wie es Kinder tun, wenn sie sich etwas wünschen.

Drei Tage nach Papas Ankunft fuhren alle nach Kiel und übernachteten in einem Hotel. Es war ein folgenschwerer Ausflug. Mama trug ihren neuen knöchellangen Automantel und Reithandschuhe. Papa fuhr den Wagen, der zwar technisch nicht mehr auf dem neuesten Stand war, aber er liebte den großen gelben Itala und hing an ihm, auch wenn manche Leute meinten, er sollte lieber ein deutsches Automobil fahren. Er saß zum erstenmal auf einer so langen Strecke am Steuer, aber er wußte, daß Glenn Rensselaer sich auf Reparaturen verstand, und außerdem hatte der in Großmutters Haus postierte Chauffeur Anweisung, in der Nähe des Telefons zu bleiben, nur für den Notfall. Glenn saß neben Harald Winter, der Engländer und Mama waren im Fond, die beiden Jungen auf Klappsitzen untergebracht. Die Dienstboten hatten den Zug genommen. «Das wird ein Abenteuer», hatte Harald Winter gesagt.

Es war nicht einfach ein Ausflug. Harald Winter machte keine Ausflüge: Er hatte eine Verabredung auf der Kaiserlichen Werft. Am folgenden Tag, an dem von See herantreibende Nebelbänke die Ufer einhüllten und die Geräuschkulisse der Werften dämpften, traf er sich mit einem jungen Korvettenkapitän und zwei Vertretern des Beschaffungsamtes der Kaiserlichen Kriegsmarine. Harald Winter hatte sich nicht dazu geäußert, worum es bei dieser Unterredung gehen würde. Es handelte sich um ein in Aussicht genommenes Luftschiff-Programm für die Marine, und das fiel unter die Geheimhaltung. Einen Namen für die Dienststelle gab es bereits: Kaiserliche Marine-Luftschiff-Abteilung – doch bisher existierte kaum mehr als ein Namensschild an der Tür eines kleinen Raumes in einem Nebenflügel des Verwaltungstrakts. Im vorigen Jahr hatte das Erscheinen von Z II, dem Luftschiff des Heeres, auf der ILA in Frankfurt eine rosige Zukunft verheißen. In diesem Jahr jedoch war alles schiefgelaufen. Auf die Zerstörung eben dieses Luftschiffes – eines der beiden Zeppeline des Heeres – durch einen Sturm in der Nähe von Weilburg an der Lahn im April folgte der Verlust des gerade fertiggestellten Zeppelins *Deutschland* im Juni. Zu allem Überfluß hatte auch noch ein Konkurrent ein halbstarres Luftschiff gebaut, das nicht nur die Maximalflugzeit des Zeppelins um mehr als eine Stunde unterbot, sondern überdies bei den Herbstmanövern des Heeres mit einem mobilen Hangar aus Zeltleinwand ausgerüstet ankam. Alle Admiräle und Bürokraten, die eine Entscheidung über den Ankauf von Zeppelinen immer wieder hinausgezögert hatten, beglückwünschten sich nun zu ihrem Weitblick.

Während Harald Winter dem ernsten jungen Marineoffizier und zwei Beamten mit ausdruckslosen Gesichtern gegenübersaß, befanden sich seine Frau, die Kinder und die Gäste am Ufer, wo sie die dort versammelte Stärke der neuen deutschen Kriegsflotte bewunderten.

«Seht sie euch doch bloß an», sagte Glenn Rensselaer und wies auf ein Dutzend mächtige graue Gebilde, die durch den Nebel gerade noch erkennbar waren. «So ausgelastet waren die deutschen Werften noch nie. Da drüben rechts liegt ein Schlachtschiff vor Anker.» Er schaute durch sein Fernglas, konnte jedoch keinen Namen entdecken.

«Drei Schlachtschiffe im vorigen Jahr und vier im vorvorigen», bemerkte Piper, der im gestreiften Blazer und mit Strohhut wie ein typischer Urlauber aussah. «Damit hat die deutsche Flotte genau die Stärke der Royal Navy erreicht.» Er nahm Glenn Rensselaers Feldstecher entgegen, ohne ihn jedoch zu benutzen.

«Nein», widersprach Glenn. «Ihr Briten habt acht Schlachtschiffe – oder *Dreadnoughts*, wie ihr sie nennt – und mindestens drei weitere auf den Werften.» Er trug einen beigefarbenen Flanellanzug mit Nadelstreifen, und die Kreissäge saß schief auf dem Kopf, für einen Spaziergang bei diesem feuchtkalten, nebligen Wetter entschieden ein zu leichter Aufzug. Er hatte einen langen gelben Schal dabei, den er sich jetzt zweimal um den Hals wand. Veronica sah es und wünschte, sie hätte sich wärmer angezogen. Das Baumwollkleid mit dem Besatz aus Madeirastickerei war eigens für diesen Ferienaufenthalt angefertigt, wobei die Schneiderin allerdings Kälteperioden nicht bedacht hatte.

Der Engländer nickte. «Vielleicht hast du recht.»

«Und was genau ist eigentlich ein *Dreadnought*?» wollte Veronica wissen.

«Aber Mama!» Peter, der auf das Geländer kletterte, um besser sehen zu können, drehte sich zu ihr um. «Was ein *Dreadnought* ist, weiß doch jeder.» Paul kletterte neben seinem Bruder hoch.

«Es handelt sich um einen neuen Typ von Schlachtschiff», erklärte Piper, höflich wie immer.

«Für mich sehen sie alle gleich aus», meinte Veronica.

«Das mag stimmen», erwiderte Rensselaer, «aber als die Briten 1906 HMS *Dreadnought* bauten, war damit jedes andere Großkampfschiff hoffnungslos veraltet. Dampfturbinen, größere Geschütze, durchweg mit gleichem Kaliber – schneller und treffsicherer als alles bisher Dagewesene. Die Anzahl der *Dreadnoughts* ist heute zum Maßstab der Flottenstärke geworden. Euer Kaiser hat ein paar Jahre gebraucht, um richtig loszulegen, aber jetzt läßt er sich um nichts in der Welt von der Royal Navy den Rang ablaufen.»

«Komm da runter, Peter», rief Veronica ihrem Sohn zu. «Du machst dir die Hose schmutzig, und wir haben keine andere mit.» Der Engländer lächelte. «Ohne Dienstboten ist alles so mühsam», setzte Veronica hinzu.

Glenn Rensselaer nahm seinen Feldstecher zurück und betrachtete das gewaltige Schlachtschiff. «Ob sie das wohl durch den Kanal bugsieren können, was meinst du?» Der Nord-Ostsee-Kanal als direkter Verbindungsweg zwischen der Nordsee-Flotte und der in der Ostsee stationierten hatte den Aktionsradius der deutschen Marine erheblich erweitert. Glenn Rensselaer blickte unverwandt durch den Feldstecher, als er sich seine Frage schließlich selbst beantwortete: «Ich denke, der Pott ist dafür zu groß. Wahrscheinlich sind sie deshalb so emsig daran, den Kanal zu verbreitern und tiefer auszubaggern.» Auch mit bloßem Auge konnte man die Matrosen in ihren weißen Sommeruniformen erkennen, die auf Deck herumliefen. An diesen zwergenhaft wirkenden Gestalten ließen sich die gewaltigen Dimensionen des Schlachtschiffes unschwer ermessen. «Wirklich ein richtiger Koloß», kommentierte Glenn Rensselaer. Veronica war, behindert durch den modischen engen Rock, weitergegangen. Piper folgte ihr. Das frisch gestärkte Baumwollkleid mit dem hohen, enganliegenden Spitzenkragen und der bezaubernde neue Hut mit der Seidenschleife standen ihr vorzüglich, und sie wußte das. Die anderen waren außer Hörweite, als Piper sie einholte. Seit der Ankunft ihres Mannes war dies für Veronica die erste Gelegenheit, ein privates Wort mit dem Engländer zu wechseln, doch sie sagte lediglich: «Ich wünschte, mein Bruder würde nicht so respektlos von Seiner Majestät reden. Das hat eine solch verheerende Wirkung auf die Kinder.»

«Ich weiß, Mrs. Winter, aber Ihr Bruder meint das nicht böse. Da bin ich mir ganz sicher.» Er lächelte ihr zu, und sie lächelte zurück.

Sie fühlte sich sehr glücklich. Es spielte wirklich keine Rolle, was gesagt wurde. Sie liebte den Engländer, und er liebte sie. Das brauchte nicht ausgesprochen zu werden. Worte erübrigten sich völlig.

Sie hatten gehofft, daß der Nebel sich lichten würde, aber es war einer jener Tage, an denen er bis zum Einbruch der Nacht über der Kieler Bucht hängenblieb. Bei ihrer Ankunft im Hotel war Harry noch nicht von seiner Besprechung zurückgekehrt. Alan Piper bestellte Tee. Glenn zog ihn mit diesem sonderbaren englischen Ritual auf, aber trotzdem setzten sie sich alle in der Halle zusammen, machten Konversation, bis der Engländer mit den beiden unruhigen Jungen zur Uferpromenade ging, wo sie sich noch einmal die Kriegsschiffe anschauen konnten.

Allein mit ihrem Bruder, wandte sich Veronica an ihn mit der Frage: «Es gibt doch keinen Krieg, nicht wahr, Glenn?»

Er fixierte sie und ließ sich Zeit mit der Antwort. «Dad ist überzeugt, daß einer kommt. Die Verwandtschaft hätte dich gern wieder daheim. Vermutlich schreiben sie dir das auch in ihren Briefen.»

«Ja, allerdings.» Sie goß sich Tee nach, aus reiner Nervosität, denn eigentlich wollte sie keinen mehr.

«Dieses Jahr bist du nicht nach London gefahren, um sie zu sehen.» Er lehnte sich in dem Armsessel zurück und kreuzte die Beine. Großer, knochiger Schädel, breite Backenknochen, ungezwungenes Lächeln – manchmal sah er dem Vater unglaublich ähnlich und ebenso dem kleinen Paul. Sie hatte früher gar nicht bemerkt, wie stark ihr Sohn den Rensselaers nachschlug.

«Es wäre so einfach für sie herzukommen.» Sie wollte nicht über ihre Eltern sprechen. Sie würde sich dann schuldbewußt fühlen, und das widerstrebte ihr.

«Dad hat nicht allzuviel für die Deutschen übrig, das weißt du ja. Und seit dem plötzlichen Tod des englischen Königs ist der Kaiser entschlossen, sich als Herr über Europa aufzuspielen. Dad sagt, er ist gefährlich, und ich pflichte ihm bei.»

«Das ist einfach ungerecht», protestierte Veronica. «Jeder hackt auf dem Kaiser herum, dabei will er doch nichts weiter, als Deutschland ebenso stark zu machen, wie die anderen Mächte es sind. Was ist denn daran so schlimm?»

«Die Art, wie er auftritt: Er prahlt, hält schwülstige Reden und stolziert dauernd in diesem verdammten militärischen Aufzug herum. Dieses forsche Gehabe kommt in Paris, London und New York nicht gut an. Dort mag man Staatsmänner im dunklen Anzug mit Nelke im Knopfloch, die in ihren Ansprachen Frieden und Wohlstand preisen.»

«Harry sagt, die europäischen Armeen seien nur für Kolonialkriege geeignet.»

«Geeignet vielleicht. Aber sie werden sehr schnell für weitaus zerstörerischere Zwecke gerüstet sein. Was ist denn mit diesen Luftschiffen, die direkt über den großen Städten dahinschweben und tonnenweise Sprengstoff abwerfen können? Schau doch nur aus dem Fenster und sieh dir die Geschütze auf den Schlachtschiffen genau an; eins von diesen Schiffen könnte eine Küstenstadt unter Feuer nehmen und dabei außer Sicht bleiben. Und was ist mit diesem gigantischen Potential an Reservisten, das Preußen durch die allgemeine Wehrpflicht neben dem stehenden Heer seit über hundert Jahren zur Verfügung hat? So was braucht man nicht für irgendwelche Geplänkel in den Kolonien. Stimmt's? Drüben bin ich durch die Südstaaten gereist... Ich bin durch die zerstörten Straßen von Richmond, Virginia, gelaufen, da kommen einem die Tränen. Das gleiche gilt für die Städte in North und South Carolina und Georgia. Wie lange liegt das zurück – fünfzig Jahre? Und sie haben immer noch nicht alles wiederaufgebaut, was bei den Kämpfen zerstört wurde. Und die Bitterkeit bleibt... Es ist furchtbar, und einen solchen Krieg werden diese verdammten Europäer führen, wenn mich nicht alles täuscht.»

«Du machst mir Angst, wenn du so redest, Glenn.»

«Ich habe Dad versprochen, mit dir ein ernstes Wort zu reden. Vermißt du sie denn nie – deine Freunde, die Verwandtschaft, die Familie? Wie kannst du dich wohlfühlen bei all diesen Ausländern, unter denen du die ganze Zeit lebst?»

«Ich möchte ja nicht scharf werden, Glenn, aber diese ‹Ausländer› sind jetzt meine Freunde, meine Familie.» Glenn würde nie begreifen, wieviel ihr Berlin bedeutete. Sie liebte die Stadt: die Oper, das Ballett, die Orchester, das gesellschaftliche Leben und das geistige Klima. Sie liebte die kessen, schlagfertigen, nicht unterzukriegenden Berliner mit ihrem unverwüstlichen Witz. Sie liebte die neu gewonnenen Freunde und ihren Mann und ihre prächtigen Söhne. Wie konnte Glenn von ihr erwarten, daß sie alles aufgab, was das Leben lebenswert machte, und in einem kulturellen Ödland wie New York City von neuem anfing?

«Hast du etwas dagegen, wenn ich meine Pfeife rauche? Ich kann nicht richtig denken ohne einen Hauch von Virginia.» Aus der Jackentasche seines Zweireihers zog er einen Tabakbeutel, Streichhölzer und eine Meerschaumpfeife.

«Mich stört es nicht, aber vielleicht ist es hier nicht erlaubt. Hinter dem Restaurant gibt es einen Rauchsalon.»

«Quatsch! Heutzutage rauchen die Leute überall. In New York rauchen sie auf der Straße, sogar Frauen.»

«Das klingt ja gräßlich.»

Er steckte die bereits gestopfte Pfeife an. «Angefangen habe ich damit wegen der Fliegen», erzählte er zwischen zwei Zügen. «Ich war auf einer Ranch in Texas beschäftigt, und man konnte die Biester nur durch Tabakrauch daran hindern, einem in die Augen oder in den Mund zu fliegen; es war das einzige Mittel. Ich hab's mit eigenen Augen gesehen, wie manche bei der Fliegenplage verrückt geworden sind.»

«New York würde ich brennend gern wiedersehen», gestand sie beinahe widerstrebend. «Nur besuchsweise.»

«Du würdest New York City nicht wiedererkennen. Ich weiß, man hält deinen Mann in seinem großen Automobil für ein hohes Tier. Aber ich stand am Herald Square und hab gesehen, wie es dort von Automobilen wimmelte, es herrschte ein solches Gedränge, daß keins weiterfahren konnte.» Er lachte und nahm einen Zug. Die Vorliebe für das Pfeifenrauchen hatte er bei seinem ersten Besuch in Deutschland, ein Jahr nach Peters Geburt, entwickelt. Glenn war damals siebzehn und versuchte, dadurch erwachsen zu wirken, doch der Tabakrauch verursachte ihm Brechreiz, und sie hatte ihm Obst ans Bett gebracht, als er sich hinlegte. Plötzlich gab es ihr einen Stich, und sie bedauerte, so früh von zu Hause weggegangen zu sein. Dadurch hatte keiner die Weiterentwicklung des anderen mitverfolgen können.

«Gefällt es Dad und Mama in New York?» fragte sie.

«Sie sind nur noch selten in der Innenstadt. Aber Dad lebt gern dort, kein Zweifel. Dein Harry hat auf Luftschiffe gesetzt, Dad dagegen auf Automobile. Er hat in Stahl, Erdöl und Gummi investiert und wird jede Minute reicher.» Er zog wieder an der Pfeife. «Du hattest doch nichts dagegen, daß ich Boy mitgebracht habe?»

«Natürlich nicht, aber wenn ich's früher gewußt hätte, wäre mehr Zeit für die Vorbereitungen geblieben. Diese kleinen Zimmer, die ihr jetzt habt...»

«Die sind bestens, Schwesterherz, und ich entschuldige mich, daß wir dich einfach überfallen haben. Ich hatte keine Ahnung, wie krank deine Schwiegermutter ist. Das muß dir einen Haufen Arbeit machen.»

«Es tut gut, dich hier zu haben, Glenn. Wirklich.»

«Boy ist betört von dir, das weißt du doch», schwadronierte er. Sie hatte das Gefühl, als habe er von Anfang an nach einem Weg gesucht, ihr das mitzuteilen.

«Ja, ich weiß es.»

«Du lernst einen Menschen kennen, wenn du mit ihm becherst. Ich bin ziemlich viel rumgekommen und dabei einem Haufen Leute begegnet, seitdem ich dich das letzte Mal gesehen habe. Der Bursche ist richtig.»

Sie schwieg lange. Er war ihr Bruder, sie müßte ihm wohl antworten. «Er möchte, daß ich mit ihm weggehe.»

«Was möchte Boy?» fragte er völlig konsterniert. Er hatte erwartet, daß sie sich geschmeichelt fühlen und darüber lachen würde. Hätte er doch bloß nichts erwähnt!

«Ich weiß nicht, was ich tun soll, Glenn. Die Kinder würden das nie verstehen. Peter würde denken, ich hätte sie im Stich gelassen, und Paul ist sowieso schon zu sehr auf seinen Vater fixiert.»

«Reiß dich zusammen, Schwesterherz. Das ist kein Grund zum Weinen.»

Glenn konnte ihr nicht raten, das hatte sie vorher gewußt. Er war ihr jüngerer Bruder; ihre Beziehung machte es ihm unmöglich, mit ihr über solche Dinge zu reden und dabei Augenmaß zu bewahren. «Bitte sag niemandem etwas davon, Glenn. Ich bemühe mich immer noch, zu einer Entscheidung zu gelangen. Boy möchte, daß ich auch die Kinder mitnehme.»

Glenn Rensselaer schüttelte verwundert den Kopf. «Du entpuppst dich ja als Glückspilz!»

«Ich liebe ihn, Glenn. Ich weiß nicht, wie das in so kurzer Zeit geschehen konnte. Ich dachte immer, so etwas passiert nur in Büchern oder auf der Bühne. Aber ich liebe Harry ja auch.» Sie drehte den Kopf zur Seite, weil ihr Tränen in die Augen stiegen.

«Geschiedene Frauen werden in unseren Kreisen nicht akzeptiert.» Er mußte sie warnen, dazu fühlte er sich verpflichtet. Er hatte ihr nur eine Freude machen wollen, und nun fand er sich einbezogen in ihren moralischen Zwiespalt, in ein Problem, dem er nicht gewachsen war.

«Ich könnte nicht ohne die Kinder gehen, Glenn.»

«Das ist ein schwerer Schritt.» Harry, dieser Mistkerl, würde ihr wahrscheinlich trotz seiner Weibergeschichten die Scheidung verweigern! Winter verabscheute den Engländer, das konnte man ihm anmerken. Also würde seine Schwester in Sünde leben in einer Gesellschaft, die solche Sünden schon hier auf Erden bestraft. Der Gedanke, daß seiner Schwester dieses Schicksal bevorstand, quälte ihn. Und dennoch war Harry ein Schwein.

«Ich könnte Harry seine Söhne nicht wegnehmen und sie einem anderen überlassen. Das wäre doch eine Sünde, nicht wahr?» Sie wischte sich die Tränen aus den Augen.

«Wir haben nur dies eine Leben. Ich bin kein Priester.»

«Pst! Sie kommen zurück», sagte Veronica. Als der Türsteher für Piper und die beiden Kinder die Türen aufriß, drangen die Klänge einer Schiffskapelle von der Seeseite herein. Sie spielte einen Marsch von Sousa; eine derart waschechte amerikanische Musik hörte sich in dieser deutschen Umgebung sonderbar an.

Harald Winters Besprechung mit den Vertretern des Beschaffungsamtes der deutschen Kriegsmarine war nicht dazu angetan, ihn in Hochstimmung zu versetzen. Sie hatte mit einer Geste geendet, die Winter als Provokation betrachtete. Einer der Beamten holte Fotografien hervor, die Parseval III, das neueste Luftschiff des Heeres, beim Flug über Leipzig zeigten. Der von Zeppelins hochbegabtem Rivalen, August von Parseval, konstruierte Flugapparat war überaus leistungsfähig. Dieses sogenannte Prall-Luftschiff besaß Luftkammern, die 5000 Kubikmeter Gas enthielten, Motoren mit 200 PS und konnte acht Passagiere aufnehmen. Doch damit nicht genug – man konnte das Gas aus dem riesigen Gebilde ablassen und die zusammengeschrumpfte Hülle dann mit einem Pferdewagen abtransportieren. Dieses Wunder war dadurch zu erklären, daß es kein starres Metallgerippe hatte. Doch die Aussicht auf Luftschiffe ohne dieses starre Metallgerüst hatte für Harald wenig oder gar nichts Verlockendes. Er verließ die Sitzung wutschäumend.

Er schnauzte das Hotelpersonal und seine eigene Dienerschaft an. Als er die Flasche aus dem Schrank holte, um sich vor dem Umkleiden zum Dinner einen Drink zu genehmigen, nörgelte er sogar an den Kindern herum.

«Sie geraten völlig außer Rand und Band.»

«Wie kannst du so etwas behaupten, Harry? Jeder findet sie besonders wohlerzogen.»

«Sie dürfen überall im Hotel umherstreifen. Und Paul belästigt mich sogar, wenn ich arbeite.»

«Und du fährst ihn an. Ich wünschte, du hättest mehr Geduld mit dem Kleinen. Er himmelt dich förmlich an, und du weist ihn immer zurück. Warum?»

«Paul muß erwachsener werden. Er ist wie ein junger Hund, der einem dauernd die Hand leckt. Er verlangt ständige Beachtung.»

«Er verlangt Zuneigung.» Davon hatte Harald Winter sie und die Kinder nie viel spüren lassen. Er pflegte zu sagen, wenn ein Mann Geld für den Unterhalt seiner Familie verdiene, sollte das als Beweis seiner Liebe genügen.

«Dann schick ihn doch zur Nanny. Wofür bezahle ich sie eigentlich?»

«Wie kannst du nur so blind sein, Harry? Paul liebt dich über alles. Du bist sein Leben. Du verletzt ihn tief, wenn du ihn beschimpfst und wegschickst.» Sie wollte das Thema nicht weiterverfolgen, sondern versuchte, sich darüber klarzuwerden, ob sie das Korsett derart festgeschnürt den ganzen Abend über aushalten könnte.

Harald Winter schenkte sich Kognak ein. Er trank einen Schluck und widmete sich dann der Kritik an ihren beiden Gästen.

«Sie benehmen sich wie zwei Spione», beklagte er sich. «Glaubst du, das merkt niemand, wenn sie mit ihren Feldstechern draußen auf der Uferpromenade herumlungern und Skizzen von den Schlachtschiffen machen?»

«Spione?» wiederholte Veronica. «Du sprichst von unseren Gästen, und einer von ihnen ist mit mir verwandt.»

Harald Winter merkte, daß er zu weit gegangen war. Er machte einen kleinen Rückzieher. «Ich meinte nicht deinen Bruder, sondern den Engländer.»

«Niemand hat Skizzen angefertigt, und der Feldstecher gehört Glenn.»

«Piper ist offensichtlich ein Spion.» Winter hatte die Engländer vom ersten Blick an nicht recht gemocht; dieser Piper mit seinen übertrieben guten Manieren und der Art, wie er Veronica hofierte, war ein Musterbeispiel für die degenerierte britische Oberschicht.

«Du hörst dich an wie eine Figur aus albernen Büchern, die unsere Kinder lesen. Wenn die Schiffe so geheim sind, warum liegen sie dann hier, für jedermann sichtbar, vor Anker? Und wenn du so überzeugt bist, daß Mr. Piper ein Spion ist, warum nimmst du ihn dann hierher mit?»

«Es ist besser, wenn er sich an einem Ort aufhält, wo die Behörden ein Auge auf ihn haben können», erklärte Winter.

«Du hast doch diese Verdächtigungen nicht etwa vor den Leuten in der Admiralität wiederholt?»

«Ich hielt das für meine Pflicht.» Er stellte das Glas so energisch hin, daß es klirrte.

«Aber Harry, wie konntest du nur? Mr. Piper ist unser Gast. Ihn als Spion zu denunzieren, das ist...»

«Eines Gentleman unwürdig?» fragte Harry sarkastisch. Nervös strich er sich über das tadellos gebürstete Haar. Eine deutsche Ehefrau hätte sich gehütet, über solche Dinge zu streiten.

«Kein Gentleman würde so etwas tun, Harry», entgegnete sie. «Kein englischer Gentleman würde das tun und ebensowenig ein Angehöriger des preußischen Offizierskorps. Die Offiziere, denen du deinen Verdacht gegen Mr. Piper mitgeteilt hast, werden dir das nicht als Verdienst anrechnen, Harry.» Es war das erste Mal, daß sie ihn so direkt mit Beschuldigungen konfrontierte. Harrys ohnehin blasses Gesicht wurde kalkweiß vor Wut.

«Zum Teufel, Veronica. Der Kerl wird ohne jeden militärischen Rang nach Südafrika geschickt. Er lernt Afrikaans und treibt sich überall dort herum, wo es Schlamassel gibt. Als dann die Kampfhandlungen enden und man annehmen würde, daß Pipers Sachkenntnis dringendst gefragt ist, gewähren ihm die Briten einen Jahresurlaub, und er beschließt, abzudampfen und sich Zeppeline anzusehen. Doch zuvor taucht er noch in Kiel auf, wo er die modernsten Verbände der kaiserlichen Kriegsflotte durch starke Ferngläser eingehend studiert.»

«Müßt ihr Deutschen eigentlich immer so mißtrauisch sein?» fragte sie bitter. «Du hast doch den Vorschlag gemacht, ihn nach Kiel mitzunehmen. Du wußtest, daß die Flotte zu den Sommermanövern hier war – das hast du mir selbst erzählt. Dann meldest du ihn wegen Spionage. Hast du den Verstand verloren, Harry? Oder versuchst du nur, irgendeinen Weg zu finden, um diesen Leuten bei der Marine zu zeigen, wie patriotisch du bist?»

Ihre Anklage traf ihn und zeitigte Wirkung. Seine Stimme war eiskalt, wie seine Augen. «Wenn du so über uns Deutsche denkst, würdest du dich vielleicht unter deinen Landsleuten glücklicher fühlen.»

«Vielleicht würde ich das, Harry. Das wäre durchaus möglich.»

Diese letzten Sommertage in Travemünde brachten eine Veränderung im Leben der Kinder. Sie kamen einander näher und gerieten zugleich auseinander. Sie waren enger verbunden, weil beide Kinder wußten, daß Pauls verzweifelter Sprung über Bord seinem Bruder das Leben gerettet hatte. Andererseits wurden sie auch weiter auseinandergerissen, denn jener Sommer setzte ihrer sorglosen Kindheit ein Ende, und beide sahen sich auf unterschiedliche Art dem gegenüber, was sie in Zukunft erwartete: erwachsene Männer zu werden. Paul, freundlich und entgegenkommend, fand keinen Gefallen an der Aussicht, die Kadettenanstalt zu besuchen und später dem preußischen Offizierskorps anzugehören, und dennoch akzeptierte er es, wie er jeden Vorschlag seiner Eltern hinnahm als den bestmöglichen Weg für jemanden mit seinen eher begrenzten Fähigkeiten.

Peters Ehrgeiz, Forscher zu werden, war wie so viele seiner Wunschvorstellungen ein Mittel, sein Verlangen nach Freiheit und Unabhängigkeit zu demonstrieren. Peter war stark und schätzte Stärke, und seine knappe Rettung vor dem Ertrinken ließ ihn erkennen, daß Stärke nicht allein aus dem Verstand und der Muskelkraft herrührte, sondern auch daher kommen konnte, daß man zur richtigen Zeit am richtigen Ort war. Und manchmal auch daher, daß man jemanden genug liebte, um ins Meer zu springen. Peter hatte seinen kleinen Bruder stets für schwach gehalten, aber nun war er dessen nicht mehr so sicher.

Die letzten zwei Tage in dem Haus in Travemünde waren erfüllt von Versprechungen und Abschiedsworten, falschen Versprechungen, jedoch aufrichtigen Abschiedsworten.

Dann machten sich Peter und Paul auf den Weg zu Fritz Esser. Sie fanden ihn in seiner Bootshütte, wo er Holz hackte und bündelte. Er äußerte sein Bedauern, daß die *Walhalla* nie wieder zum Vorschein gekommen war. Vielleicht würde sie irgendwann auftauchen. An dieser Küste wurden Wracks nach den Herbststürmen als Treibgut angeschwemmt. «Wir sehen uns dann nächstes Jahr wieder», sagten die Jungen.

«Nächstes Jahr werde ich nicht hier sein. Mein Gestellungsbefehl ist fällig, aber ich gehe nicht hin. Ich türme.»

«Wo wirst du dich verstecken?» erkundigte sich Paul. Der erstaunliche Fritz Esser hatte ihnen beiden Bewunderung abgenötigt, doch der kleine Paul betrieb geradezu Heldenverehrung. «Die Leute werden mich schon verstecken», erklärte Esser zuversichtlich. «Liebknecht sagt, die Partei hilft.»

In der Ecke der alten Hütte erspähte Peter Bruchstücke von einem wunderbar polierten weißen Schiffsrumpf, dem der *Walhalla* zum Verwechseln ähnlich. Er schaute ihn sich allerdings nicht näher an. Manchmal war es besser, nichts zu wissen.

Am Strand sahen sie den Mann, der die Schweine abstach. Er lachte breit und winkte ihnen mit dem Messer; sie winkten zurück und machten sich aus dem Staube.

Die beiden verabschiedeten sich von der Großmutter. Sie hörten ihren Vater der Mama zuflüstern, im nächsten Jahr wäre die Omi vielleicht nicht mehr da. Sie gaben ihr einen Abschiedskuß und versprachen, sie nächstes Jahr wieder zu besuchen.

Veronica stieg hinauf in das kleine Turmzimmer und blieb dort ein paar Minuten allein. Sie würde den Engländer niemals wiedersehen – das wußte sie jetzt. Sie könnte niemals ohne die Kinder weggehen, und andererseits brachte sie es nicht über sich, sie ihrem Mann wegzunehmen.

1914

Trotz all seiner trüben Vorahnungen fühlte sich Paul in der Kadettenanstalt nicht unglücklich. Eigentlich gefiel es ihm dort recht gut. Er fand Geschmack an dem gleichbleibenden Tagesablauf und schätzte die Art, wie jeder seine schulischen Leistungsgrenzen hinnahm. Natürlich war das Ganze sehr fremdartig. Die meisten der anderen Jungen hatten sogenannte Kadettenvoranstalten besucht und waren die militärische Routine, das Brüllen und Marschieren ebenso gewöhnt wie die Uniformen, die blitzsauber und untadelig zu sein hatten. Reinlichkeit hatte nie zu Pauls Stärken gehört, doch zum Glück half ein Junge namens Alex Horner, der aus der Kadettenvoranstalt in Potsdam gekommen war, dem Vierzehnjährigen über jene schwierigen Tage Anfang April 1914 hinweg.

Nichts in Groß-Lichterfelde war ganz so, wie er es sich vorgestellt hatte. Er hatte erwartet, als Soldat ausgebildet zu werden, aber sein Tageslauf unterschied sich nicht so sehr von dem in jeder anderen höheren Schule, außer daß die Lehrer Uniform trugen und er jeden Nachmittag zum Marschieren und Exerzieren antreten mußte. Er hatte gehofft, Schießen zu lernen, bisher hatte er jedoch ein Gewehr nicht einmal zu sehen bekommen.

Seinem Vater zufolge mußte der Kaiser für jeden neueintretenden Zögling die Genehmigung erteilen; ferner konnten in diese einzige Kadettenanstalt der preußischen Armee nur die Söhne von Adligen, Offizieren und verdienten Dienstgraden aufgenommen werden. Die Wahrheit sah etwas anders aus: Die meisten Kadetten waren ebenso wie Paul Söhne von erfolgreichen Geschäftsleuten oder von Ärzten, Rechtsanwälten, Beamten und von begüterten Landwirten. Nur ein paar Jungen stammten aus Adelsfamilien und waren zumeist die zweiten oder dritten Söhne von Großgrundbesitzern, deren Güter an ihre älteren Brüder fallen würden.

Alex Horner war ein typischer Vertreter dieser jüngeren Brüder: Sein Vater besaß vier große Güter in Ostpreußen und hatte nur zwei Jahre Militärdienst abgeleistet. Seinen Platz in Lichterfelde verdankte Alex den Bemühungen eines Onkels, der als Oberst im Kriegsministerium saß.

Es war Alex, der Paul regelmäßig aus dem Bett bugsierte, wenn um sechs Uhr früh der Weckruf ertönte, und ihn in den Waschraum brachte, bevor der Kadett vom Dienst seinen Kontrollrundgang machte und die Betten inspizierte. Es war Alex, der ihn im Gebrauch der Knopfputzgabel unterwiesen hatte, so daß die Metallpolitur keine Flecken auf seinem blauen Uniformrock hinterließ; ein schlafbedürftiger Junge am anderen Ende des Raumes, der versuchte, seine Knöpfe abends als letztes zu putzen anstatt morgens vor dem Frühstück, entdeckte dabei, wie schnell Messing matt wird, und bezahlte diese Erfahrung mit einem Tag Arrest. Dank Alex war Paul meist als einer der ersten abmarschbereit zum Lichterfelder Standardfrühstück: Suppe, Brot und Butter. Doch Paul mochte Alex Horner vor allem deshalb gut leiden, weil dieser ihn an seinem ersten Abend herzzerreißend hatte weinen sehen und zu niemandem ein Wort davon verlauten ließ.

Als er an jenem Julimorgen am Rand des Paradeplatzes vom Frühstück zurückmarschierte, erinnerte sich Paul an den Tag seiner Ankunft, den 1. April. Obwohl das erst gute drei Monate zurücklag, erschien es ihm wie Jahre. Mama durfte ihn nicht besuchen, darauf hatte sein Vater nachdrücklich bestanden, und Paul begrüßte dies als kluge Entscheidung. Sein Vater war schon auffallend genug in dem großen, gelben italienischen Kraftwagen mit Hauser am Steuer. Seine zwei Vorgänger fuhren jetzt städtische Autobusse, so daß der Kammerdiener Hauser umlernen mußte und versprochen hatte, dies auch den Jungen beizubringen, sobald sie mit den Füßen die Pedale erreichen konnten.

Im Rückblick konnte Paul jetzt lächeln, doch jener allererste Tag beim Königlich Preußischen Corps des Cadets in Lichterfelde – oder vielmehr Zentralanstalt, wie die gebräuchliche Bezeichnung lautete – hatte wie ein Schock gewirkt. Gegen das Getue der Eltern – weinende Mütter, sonderbar dreinschauende Väter – vermochte auch der Musikzug nichts auszurichten. Die bedauernswerten Jungen wußten, daß ihnen jede Geste ihrer Eltern, alles, was sie taten oder in Hörweite ihrer Gefährten sagten, erbarmungslosen Hohn eintragen würde.

Inzwischen war der Sommer gekommen, und die blutrote Sonne stand – morgens kurz vor acht – niedrig am orangefarbenen Himmel. Bald würde es heiß werden, aber noch war es kühl und der Marsch zum Frühstück und zurück fast ein Vergnügen. Der Sand knirschte unter ihren Tritten. Paul empfand mittlerweile Stolz auf den exakten Gleichschritt. Für die Jungen, die bereits einige Jahre Kadettenschulung hinter sich hatten, war das alles ein Kinderspiel, während Paul es erst lernen mußte, und das hatte er so gut geschafft, daß er belobigt wurde und bei einem wichtigen Anlaß die Kommandorufe übernehmen durfte. Halt – darauf stampfende Stiefel, während der Kadett vom Dienst vor den Leutnants salutierte und diese wiederum den Studiendirektor grüßten. Dann marschierten alle zweihundert Kadetten reihenweise in die Kapelle zum Frühgottesdienst.

«Es ist etwas passiert», flüsterte Alex. Bis auf das spärliche Licht, das durch die kleinen bunten Glasfenster hereinfiel, war es dunkel in der Kapelle.

«Was denn?» fragte Paul. Der düstere Raum und die brausenden Orgelklänge boten Gelegenheit für verstohlene Gespräche. Als sich die letzte Reihe füllte, stolperte einer der Älteren und verursachte mit seinen genagelten Stiefeln lautes Geklapper. Danach wurden die Türen mit dumpfem Schlag geschlossen.

Sein Nachbar, ein Obertertianer, gehörte mit zu den Schülern, die nachmittags zum Schießunterricht gehen durften. «Die Serben haben das österreichische Ultimatum beantwortet.»

«Das weiß doch jeder», flüsterte der Junge hinter ihnen. «Aber werden die Österreicher, diese Jammerlappen, nun auch kämpfen?»

«Ruhe!» rief ein Kadett im Offiziersrang. «Horner und Winter – nach dem Lateinunterricht zum Rapport!»

Paul erstarrte und schaute in sein Gesangbuch. Es war immer so: Der erste Jahrgang wurde bestraft, und die älteren Jungen kamen ungeschoren davon. Sah man über deren Verstöße hinweg, oder hatten sie mehr Übung darin, beim Sprechen die Lippen nicht zu bewegen? Alex stieß Paul am Knöchel an, der ihm einen Blick zuwarf und grinste. Hoffentlich hieß das nichts weiter, als mittags auf halbe Ration gesetzt zu werden; da halfen einem immer die anderen aus der Klemme, beim letzten Mal hatte er sogar besser gegessen als üblich. Doch wenn er nachmittags drei Stunden Arrest absitzen müßte, käme er zu spät nach Hause und wäre dann seinem Vater dafür Rechenschaft schuldig. Paul stand überaus ungern bei seinem Vater in Ungnade. Sein Bruder Peter hatte es von jeher vermocht, diese väterlichen Standpauken mit einem Achselzucken abzutun, während Paul von seinem Vater bewundert werden wollte. Das wünschte er sich mehr als alles andere. Und es war obendrein Freitag; er hatte Alex Horner über das Wochenende zu sich nach Hause eingeladen, und wenn jetzt eine Verzögerung eintrat, würde alles durcheinander geraten.

«Choral Nummer 121», sagte der Geistliche bekümmert, allerdings klang es nicht trauriger als gewöhnlich.

Paul und Alex kamen mit einem vehementen Verweis davon. Zum Glück hatten sie es nicht mit einem von ihren Unteroffizieren zu tun, sondern mit einem älteren Jungen, der seine Reitstunde nicht versäumen wollte. Normalerweise fand um 16 Uhr 20 – nach zwei Stunden Hausaufgaben – Exerzieren auf dem Kasernenhof statt, aber diesmal wurde den Jungen mittags mitgeteilt, daß sie bis zum Abendessen frei hätten und daß diejenigen mit Urlaubsscheinen für das Wochenende nach Hause gehen könnten. Ein weiteres Anzeichen dafür, daß etwas Ungewöhnliches in der Luft lag.

Auf dem Weg zum Bahnhof Lichterfelde stellten Alex und Paul fest, daß sich die Zivilisten ihnen gegenüber auffallend zuvorkommend verhielten. «Nach den jungen Herren Offizieren», sagte ein gutgekleideter Geschäftsmann an der Tür des Erster-Klasse-Abteils. Es schwang zwar etwas Spott mit in dieser Höflichkeitsbezeugung, und doch war es keineswegs blanker Hohn. Der Fahrkartenkontrolleur faßte sich an die Mütze, um sie zu grüßen. Das hatte er noch nie getan.

Die Jungen lasen nicht. Sie saßen kerzengerade da mit Rücksicht auf ihre Uniformen, die eher denen des preußischen Heeres nach 1843 entsprachen als den neuen feldgrauen. Schirmmütze, weiße Handschuhe, blauer Rock, mohnrote Aufschläge und Kragen mit der zweifachen Goldtresse, dem Kennzeichen der Lichterfelder Kadetten, und am schwarzen Lederkoppel ein Bajonett.

In der anderen Abteilecke saß der Mann, der sie hineinkomplimentiert hatte, und las die Tageszeitung. Die Balkenüberschrift in Fraktur lautete: «Rußland macht mobil.»

Vom Potsdamer Bahnhof aus gingen sie durch die Innenstadt – vorbei an den großen teuren Geschäften in der Leipziger Straße und dann die Friedrichstraße entlang. Überall begegneten sie in Gruppen herumstehenden Menschen, die auf irgend etwas zu warten schienen. Man sah jetzt mehr Frauen als früher auf den Straßen – einkaufend, flanierend, den Hund ausführend; die kürzeren Röcke gaben ihnen mehr Bewegungsfreiheit als je zuvor. In der engen Friedrichstraße herrschte immer reger Betrieb, kein Wunder bei den zahlreichen Büros, Läden, Cafés und Vergnügungslokalen; hier pulsierte das Leben bei Tag und bei Nacht. Doch jetzt erschien alles irgendwie anders, und sogar auf der breiten Prachtstraße Unter den Linden wimmelte es von ziellos herumschlendernden Menschen. An der Kreuzung der beiden Straßen – eine der beliebtesten Ecken in ganz Berlin – befand sich das Ziel der beiden Jungen: das Café Victoria mit dem besten Eis der Stadt.

Sie fanden einen Tisch draußen auf dem Bürgersteig und beobachteten den Verkehr und die rastlose Menge. Ein Autobus der Linie 4 fuhr vorbei; auf dem offenen Oberdeck hockten sechs Soldaten. Sie hatten hochrote Gesichter und grölten lauthals. Der Bus näherte sich dem Bahnhof Friedrichstraße, wo Militärpolizei patrouillierte. Binnen einer halben Stunde würden sie in Zellen eingesperrt sein, prophezeite Alex, und es gab wenig Grund, daran zu zweifeln.

Überall sattes, sommerliches Grün, die dicht belaubten Linden waren fast verblüht, die Spatzen hüpften umher, unberührt vom Verkehrslärm, nicht einmal die großen neuen Autobusse konnten sie schrecken, erst die vorbeimarschierende Militärkapelle ließ sie aufflattern. Alex erklärte, dies sei der Musikzug des 3. Garde-Regiments zu Fuß auf dem Rückweg in seine Kaserne in der Skalitzer Straße. Die Soldaten trugen weiße Paradehosen und blauen Rock und blitzende Helme, ihr Spiel hörte sich hervorragend an. Hinter ihnen kam eine Kompanie Infanterie in Feldgrau, erschöpft, staubbedeckt, als habe sie einen langen Geländemarsch hinter sich. An der Ecke Friedrichstraße klangen den Soldaten von den dort herumstehenden Zivilisten ein paar Hurrarufe entgegen, was sie aufzurichten schien und zum Lächeln brachte.

Der Kellner servierte den Jungen die Rieseneisbecher, die den ganzen Tag heißersehnte Erfrischung, auf die sie sich gierig stürzten. Am Nebentisch debattierten zwei Männer darüber, ob Rußland tatsächlich mobilgemacht habe oder ob das bloß wieder ein Gerücht sei oder nur eine weitere Methode, den Zeitungsabsatz zu steigern. Jede Stunde kamen neue Ausgaben der Tageszeitungen auf die Straßen, und die Verkäufer riefen die allerneuesten Schlagzeilen lautstark aus.

«Ob man uns an die Front schickt?» fragte Paul seinen Freund zwischen zwei Löffeln Eis. Der Besuch der Kadettenvoranstalt sowie seine bereits bewiesenen Kenntnisse und Fähigkeiten machten ihn zu einer Autorität in allen militärischen Fragen, und Paul verließ sich stets auf ihn.

«Nicht gleich.» Alex verspeiste den Rest von seinem Schokoladeneis und machte sich nun über das Erdbeereis her. «Aber wenn der Krieg erst mal losgeht, werden Offiziere gebraucht. Vielleicht bildet man uns schnell aus.»

«Das Offizierspatent kann doch keiner erwerben, wenn er nicht mindestens siebzehn ist, stimmt doch, Alex?»

«Ich weiß nicht genau. Aber wenn wir gegen Rußland kämpfen, brauchen sie jeden, den sie kriegen können. Die Russen haben eine sehr große Armee. Mein Vater wird bestimmt eingezogen, er ist Reserveoffizier bei der Kavallerie. Er will, daß ich auch zur Kavallerie gehe, aber ich möchte mit den Luftschiffen des Heeres fliegen.»

«Mein Vater hat eine Fabrik, die Luftschiffteile baut», sagte Paul. Er wischte sich das Kinn ab. «Mein Bruder hat ein Faible für Luftschiffe, aber ich reiße mich nicht ums Fliegen. Mir sind Pferde lieber.» Tatsächlich fand Paul die Vorstellung, in einem Luftschiff zu fliegen, zum Fürchten, doch das würde er keinem Menschen gestehen, nicht einmal Alex.

Nachdem sie das Eis gegessen hatten, machten sie sich auf den Weg, um zu schauen, was sich weiter oben Unter den Linden tat. Vom Café Victoria gingen sie am Dom vorbei über die Museumsinsel und dann zurück zum Königlichen Schloß. Die Wachen vor dem monumentalen Bau waren verdoppelt worden, und eine Menschenmenge starrte hinauf zu dem leeren Balkon in der Hoffnung, der Kaiser werde sich zeigen, doch der befand sich auf See bei seiner Flotte. Einige begannen das Deutschlandlied anzustimmen, bis ein Dutzend Polizisten erschien und die Menschenansammlung zurückdrängte und auseinandertrieb.

Als die Jungen schließlich im Haus der Winters ankamen, war es vier Uhr geworden. Hauser öffnete. Er ließ sich einen Bart wachsen, dessen langsames Sprießen Paul an jedem Wochenende registrierte. «Der gnädige Herr befindet sich mit Herrn Fischer im Arbeitszimmer», teilte Hauser mit. «Und die Frau Mama hat Kopfschmerzen und schläft. Ihr Herr Vater sagte, Sie sollten gleich zu Nanny gehen.»

Paul nahm seinen Freund mit hinauf ins oberste Stockwerk. Das Haus war sehr groß, und es roch neu. In den letzten zwanzig Jahren waren am Kurfürstendamm eine Menge solcher stattlichen Gebäude entstanden. Holztäfelung, kostbare Teppiche, erlesenes Mobiliar. Von seinem Elternhaus in Königsberg war Alex zwar an schöne Möbel und viele Dienstboten gewöhnt, hier jedoch befand sich alles in einem derart makellosen Zustand, daß er Angst hatte, auf dem frisch gebürsteten Teppich eine Fußspur oder auf dem blankpolierten Treppengeländer einen Fingerabdruck zu hinterlassen. Doch Alex war snobistisch genug, um zu wissen, daß diese Prunkvillen in Nähe des Kurfürstendamms den Neureichen gehörten. Die traditionsreichen Großindustriellen hatten Villen im Grunewald und der Adel seine Palais am Tiergarten.

Paul fand die Nanny in ihrem Zimmer beim Kofferpacken vor. «Ich gehe nach Schottland zurück, Paul», sagte sie und sah ihn dabei an, als erwarte sie eine Antwort, doch da er nicht wußte, was er sagen sollte, starrte er sie nur ausdruckslos an. «Sei lieb zu deiner Mutter, Paul.» Sie beugte sich vor und küßte ihn flüchtig auf die Stirn. Sie hatte rote Augen.

Dann nahm sie die Tasse Tee, die sie um vier Uhr nachmittags zu trinken pflegte, und tat etwas Kondensmilch hinein. Während seines ganzen Lebens mußte Paul beim Geruch von Kondensmilch jedesmal an sie denken. «Nach beinahe sechzehn Jahren hier bei euch wird es mir komisch vorkommen.» Nach einem Schluck Tee fügte sie hinzu: «Dein Vater hält es für das Beste, und er muß es ja wissen.» Ihre Stimme klang rauh. Sie war den Tränen nahe, was Paul freilich nicht merkte. Er sah zu, wie sie ihre Schürzen zusammenfaltete und sorgsam in dem großen, abgeschabten Koffer verstaute, den er noch nie von innen zu Gesicht bekommen hatte: Die Außenseite war voll Kratzer und Flecken und übersät mit zerrissenen Hotelaufklebern, das Leder innen dagegen wie neu. Die Jungen sahen ihr treu und brav beim Kofferpacken zu, bis Paul seinen Freund anblickte und eine Grimasse schnitt. Da ihm nichts Passenderes einfiel, sagte er dann: «Auf Wiedersehen, Nanny», küßte sie flüchtig auf die Wange und nahm Alex mit in sein «Spielzimmer», das seinerzeit, als Nanny kurz vor Pauls Geburt herkam, als Kinderzimmer bezeichnet wurde.

Während die beiden Jungen die Eisenbahn aufbauten, trank Winter unten in seinem Arbeitszimmer Kognak mit seinem Gast, Erwin Fischer, genannt Foxy. Das Mittagessen hatte sich in die Länge gezogen, wie es der Fall zu sein pflegte, wenn Winter geschäftliche Angelegenheiten erörtern wollte, denn er gehörte zu den Menschen, die nichts überstürzen.

«Wie hat eigentlich der Graf im vergangenen Jahr den Verlust der beiden Luftschiffe der Marine aufgenommen?» fragte Fischer. Damit wollte er sich durch die Blume erkundigen, wie Winter selbst auf die Abstürze reagiert hatte.

Winter lächelte. Gepflegt wie eh und je, trug er das Haar jetzt länger und links gescheitelt. Trotz der grauen Schläfen war er unbestritten ein gutaussehender, stattlicher Mann, auch wenn ihm das spitze Kinn und die dunklen flinken Augen einen etwas dämonischen Anstrich verliehen. Und es hatte den Anschein, als ob nichts seinen unerschütterlichen Optimismus dämpfen könnte. «Seit neunzehnhundert sind Zeppeline Tausende und Abertausende von Kilometern geflogen. Die Matrosen im L I waren die ersten Toten, die es je in einem Zeppelin gegeben hat. Und die Ursache war eine Sturmbö, kein Konstruktionsfehler.»

«Du warst schon immer ein guter Verkäufer, Harry.» Fischer grinste. Inzwischen hatte er den riesigen Komplex von Metallhandelsgesellschaften geerbt, die sein Vater in mehr als dreißig Jahren aufgebaut hatte. Harry Winter versuchte, ihn davon zu überzeugen, daß es zum beiderseitigen Nutzen wäre, wenn er eine große Geldsumme in seine Aluminiumfirma stecken würde, doch Fischer war da nicht so sicher. Er verstand nicht viel vom Leichtmetallgeschäft und befürchtete, er könne dabei womöglich seines Vaters Lebenswerk ruinieren. Die Verantwortung, die neuerdings auf ihm lastete, hatte ihn jäh altern lassen. Der dichte Haarschopf hatte sich gelichtet, so daß die rosige Kopfhaut durchschimmerte, und die dunklen Augen lagen tief in den Höhlen.

«Ein Leichter Kreuzer – die *Köln* – hat eine Sturmwarnung durchgegeben, aber... Tja, wir wissen nicht, was danach passiert ist», sagte Winter.

«Außer daß L I ins Meer stürzte und vierzehn Matrosen den Tod fanden.» Fischer rieb sich die Nase. Er wollte mit Harald Winter keine Geschäfte machen. So sehr er Winters Freundschaft schätzte, so wenig traute er seinem Urteil. Winter war zu impulsiv.

«Luftschiffe sind sicher, Foxy. Aber gegen außergewöhnliche Wetterbedingungen kann sich kein Mensch schützen.»

Fischer nahm einen Schluck Kognak. Das mußte er zugeben – Essen und Trinken waren bei Winter stets erstklassig. Und er lebte auf großem Fuß. Fischer betrachtete den prachtvoll eingelegten Schreibtisch, die ledergebundenen Ausgaben von Goethe, Schiller und Shakespeare, die Winter tatsächlich las, und die exquisiten Orientteppiche, die er ungeniert betrat. Winter war nicht bekannt dafür, daß er riesige Gesellschaften gab oder eine Loge in der Oper hatte, doch auf seine ruhige Art lebte er sehr gut. «Genau fünf Wochen danach verlor die Marine den L II. Er geriet in Brand und stürzte ab. Wie erklärt der Graf dieses Unglück, Harry?»

«Sie gingen zu schnell auf Hochdruck, und da ist Wasserstoff aus den Gaszellen ausgetreten.»

«Das habe ich alles gelesen, Harry. Aber, verdammt noch mal, wieso hat sich der Wasserstoff entzündet?»

«Die Marine hat in den Gondeln große Gitterfenster eingebaut als Schutzvorrichtung gegen den Luftstrom. Das entweichende Gas kroch unten an der Außenwand entlang – wobei durch die Verbindung mit Luft ein hochexplosives Gemisch entstand. Vom Kiel gelangte es dann über diese verdammten Gitterfenster zur Gondel und zu den rotglühenden Motorteilen.»

Fischer strich sich nervös über den Mund. «Die Marine behauptet, Graf Zeppelin habe die Abänderungen gebilligt», beharrte Fischer. Wenn er schon unbedingt in Harald Winters Aluminiumfirma investieren sollte, dann könnte er ihm ja um ihrer Freundschaft willen eine kleine

Teilzahlung zukommen lassen, freilich keinesfalls mehr als den abschreibungsfähigen Betrag. Und selbst da war Fischer entschlossen, seine Interessen rücksichtslos durchzusetzen.

«Nein», widersprach Winter. «Er hat sie einfach nur dazu beglückwünscht, wie gut das Luftschiff nach der Fertigstellung aussah.»

«Die mannhafte Auseinandersetzung mit Großadmiral von Tirpitz bei der Trauerfeier hat auch nichts besser gemacht für ihn.»

«Graf Zeppelin ist ein alter Mann», gab Winter zu bedenken.

«Wir werden alle älter, Harry, auch du. Wie alt bist du jetzt?»

«Vierundvierzig.»

«Und ich bin zweiundsechzig. Wir kennen uns eine lange Zeit, Harry. Ich sollte mich allmählich auf den Ruhestand vorbereiten und nicht mühsam lernen, dieses verdammte Unternehmen zu leiten.»

Erfreut über diesen Anknüpfungspunkt sagte Winter: «Es hat Hand und Fuß; eine Investition bei mir wäre sehr sinnvoll, Foxy.»

«Aluminium? Mein Instinkt rät mir zu diversifizierten Kapitalanlagen, aber nicht in Metallen.»

«Das ist doch genau das, was ich dir offeriere. Die fünf Millionen Goldmark, die du investierst, sind für eine Flugmotorenfabrik und ein Werk für die Montage von Flugzeugzellen.»

«Du sprachst doch von Aluminium.»

«Aber nein. Das ist nur die Sicherheit, die ich dir biete. Das zusätzliche Geld ist für die Flugzeugherstellung.»

«Hast du dir mit der Fliegerei nicht schon genug Ärger eingehandelt, Harry? Zwei Starrluftschiffe der Marine sind zu Bruch gegangen. Wer wird dir jetzt dein Aluminium abkaufen?»

«Die Kriegsmarine ist an das Luftschiff-Programm gebunden. Sie haben dafür an der Küste Stützpunkte gebaut und errichten weitere. Das Geld ist bewilligt, und das Personal wird ausgebildet. Sie können das jetzt nicht abbrechen, sondern müssen immer mehr kaufen. Und ebenso das Heer.»

«Vermutlich hast du recht. Und jetzt kommen also auch noch Flugzeuge dazu?»

«Die werden gebraucht, um den Luftschiffen Geleitschutz zu geben und außerdem feindliche Luftschiffe anzugreifen.»

«Also gibt es Krieg, Harry? Kein bloßes Zeitungsgeschwätz?» Bis zu einem gewissen Grad war das als Herausforderung gemeint, aber zugleich auch als Frage. Harry Winter kam mit den Militärs zusammen, er mußte wissen, wie man dort die Lage beurteilte. «Ist Krieg ein fester Bestandteil des Firmenprogramms?»

«Du verkaufst der Kriegsmarine einen Schlachtkreuzer, und den hat sie dann fünfundzwanzig Jahre in Gebrauch. Verkauf dem Heer Kanonen oder Munition, und das Zeug hält zehn bis fünfzehn Jahre.» Er trank einen Schluck. «Luftfahrzeuge dagegen sind zerbrechlich.»

«Und können im Krieg notfalls leichter geopfert werden als Schlachtschiffe?»

«Ob Krieg oder nicht, Luftschiffe und Flugzeuge haben schnell mal einen Defekt. Flieger müssen ausgebildet werden, da gibt es viele Ausfälle. Das weiß jeder, auch die Flieger. Das Militär wird laufende Nachlieferungen verlangen.»

«Du bist ein kaltblütiger Bursche, Harry.»

«Ich treffe nicht die Entscheidungen, Foxy, ich reagiere lediglich auf Entwicklungen.»

«Ich kann dir keine definitive Antwort geben, Harry. Mein Sohn muß erst zustimmen. Aber wir werden uns beteiligen.»

Harald Winter fühlte sich erleichtert. Er hatte bekommen, was er wollte. Daß Foxy versuchen würde, die fünf Millionen auf eine oder weniger herunterzuhandeln, wußte er. Aber über eines war sich Foxy nicht im klaren: Harry wollte nur seinen Namen. Er hatte etliche Investoren an der Hand, die ihr Geld bereitwillig einbringen würden, sobald sie hörten, daß Fischer überzeugt von der Sache war. «Ist Richard jetzt Direktor?»

«Ich denke nicht daran, meinen Sohn so aus dem Geschäft herauszuhalten, wie es mein Vater mit mir bis zu seinem Tod gemacht hat. Richard ist jetzt vierunddreißig und Juniorpartner. Er hat die Möglichkeit, in allen wichtigen Fragen mitzuentscheiden. Wie geht's deinen Söhnen?»

«Der kleine Paul scheint sich in Lichterfelde recht wohl zu fühlen. Er hat ein freundliches Wesen, ist immer gut gelaunt, lacht gern. Die Armee wird ihm gut tun, fürs Geschäft hat er keine Ader.»

«Und Peter?»

«Der geht nächstes Jahr auf die Universität, und dann bekommt er einen Posten bei mir. Ich sorge dafür, daß er vom Wehrdienst freigestellt und der Ersatzreserve zugeteilt wird. Dem Heer stehen mehr als genug Männer zur Verfügung, bei dem rasanten Bevölkerungszuwachs. Und meine Fabriken sind jetzt für Heer und Kriegsmarine lebenswichtig. Wenn er fleißig arbeitet, mache ich Peter zum Juniorpartner.»

«Ein Glückskind. Entspricht denn das auch seinen Wünschen?»

«Du kennst doch die jungen Leute, Foxy. Er hat die Schnapsidee, Musiker zu werden. Und dabei keinen blassen Schimmer, wie so ein Leben aussieht.»

«Hat er Talent?»

«Angeblich ja, aber Talent ist noch keine Garantie dafür, daß ein Mann seinen Lebensunterhalt verdienen kann. Im Gegenteil – je begabter ein Mensch ist, desto unwahrscheinlicher wird es, daß er es zu etwas bringt.»

«Und daran gibt's keinen Zweifel?»

«Die Wissenschaftler in meiner Fabrik, die Ingenieure, die Motoren und Konstruktionen entwerfen, sind hochbegabt, und trotzdem werden sie nie mehr haben als ein eben auskömmliches Gehalt. Die meisten von ihnen könnten in der Verkaufsabteilung weitaus besser verdienen, aber sie sind viel zu sehr an ihrer Arbeit interessiert, um das auch nur zu erwägen. Ihr Talent stellt für sie praktisch eine Behinderung dar. Sieh dir doch all die mittellosen Künstler an, die verzweifelt ihre Werke feilbieten, und die Musikanten, die auf den Straßen betteln.»

«Und da hast du Peter also verboten, Musik zu studieren?» fragte Fischer herausfordernd.

Winter wußte zwar, daß Fischer ihn auf die gewohnte liebenswürdige Art piesackte, reagierte aber dennoch erregt. «Wenn er Musik studieren will, so ist das einzig und allein seine Sache. Wenn er allerdings erwartet, daß er sich mit Musizieren verlustieren kann, während andere arbeiten, um ihn finanziell zu unterstützen, dann hat er sich geschnitten.»

«Du würdest ihm keinen Pfennig hinterlassen?» erkundigte sich Fischer lächelnd. «Das ist übertrieben streng gegen den Jungen, Harry.»

«Wenn er das Geschäft erben will, muß er arbeiten. Ich habe keine Geduld mit Leuten wie dieser Frau Wisliceny, die dem Jungen die verrückten Ideen in den Kopf setzt.»

«Frau Wisliceny – die Frau von Professor Wisliceny? Aber ihr Salon ist doch der berühmteste in der ganzen Stadt. Die hervorragendsten Musiker der Welt trinken dort Tee.»

«Ja, Frau Professor Doktor Wisliceny – so hätte ich wohl korrekt sagen müssen ... Und was sich da sonst noch alles zum Tee versammelt, lauter fragwürdige Existenzen: Psychologen, Maler, Schriftsteller, Dichter, sogar Sozialisten.»

Fischer zog es vor zu verschweigen, daß er ebenfalls regelmäßig dort Tee trank und sich höchst angeregt mit den «fragwürdigen Existenzen» unterhielt. «Aber wenn Frau Wisliceny meint, daß dein Peter Talent besitzt ... Was spielt er denn?»

«Klavier. Ich wünsche kein Instrument in meinem Haus, deshalb geht er zum Üben dorthin. Meine Frau ermuntert ihn auch noch, fürchte ich. Anfangs dachten sie noch, sie könnten mich erpressen, ihm ein Klavier zu kaufen, aber ich habe nicht nachgegeben. Professor Wisliceny muß ein seltsamer Kauz sein, daß er sich das alles gefallen läßt. Womit hat er eigentlich sein Vermögen gemacht?»

Fischer lächelte. «Tja, das widerlegt deine Theorie. Der Professor ist ein hochbegabter Chemiker... synthetische Farbstoffe.»

«Damit hat er Geld verdient?»

«Bei Anilinfarben erspart man sich all die Zeit, Mühe und Kosten, die man für die Verarbeitung von Pflanzen, Mineralien und Tieren aufwenden muß. Er verdient viel Geld damit, daß er seine Sachkenntnis und Erfahrung verkauft. Du solltest dich an ihn erinnern, Harry, wenn du Peter auf Vordermann zu bringen gedenkst.»

Winter war nicht amüsiert. «Ich rede ja nicht von Wissenschaftlern. Ich will keinen Musiker in der Familie haben.»

«Zu bohemehaft?»

«Ich mag die Wislicenys nicht. Solche Leute sollten keine Unruhestifter unterstützen.»

«Es sind untadelige Menschen, Harry.» Er wollte Winters Zorn besänftigen. «Und die drei Töchter sind die hübschesten Mädchen in ganz Berlin. Lisl, die Jüngste, wäre eine passende Partie für deinen Paul.» Fischer konnte dem Wunsch, Harry Winter zu foppen, nicht widerstehen. «Ein begabtes kleines Ding – sie spielt Klavier am Konservatorium.»

«Noch etwas Kognak?» fragte Harry Winter.

Die Frage blieb unbeantwortet, denn in diesem Augenblick hörten sie eins der Mädchen schreien. Es kreischte zweimal gellend und wäre dann fast hingefallen, als es die Vordertreppe hinunterraste, deren Benutzung dem Personal untersagt war. «Sie ist tot. Die gnädige Frau ist tot!»

Harry Winter stürzte zur Tür und schaffte es, das hysterische Mädchen draußen festzuhalten. «Aufhören!» donnerte er, so daß es zunächst verstummte. «Setz dich hin und laß das blöde Gekreische.»

«Sie ist tot», wiederholte das Mädchen diesmal ruhiger, aber mit großem Nachdruck. Es zitterte wie Espenlaub.

Winter stürmte die Treppe hinauf, nahm zwei Stufen auf einmal. Er war nicht mehr so in Form wie früher und rang nach Luft, als er ins Zimmer seiner Frau stürzte.

Veronica lag quer auf dem Bett ausgestreckt, völlig bekleidet mit einem langen grünen Teekleid, das goldblonde Haar jedoch aufgelöst. Winter rollte sie auf die Seite und zog dann behutsam ein Lid hoch, um das Auge zu betrachten.

«Mein Gott!» sagte Fischer, der ihm gefolgt war. «Hier riecht es ja wie in einem Krankenhaus. Was ist passiert?»

«Ihr fehlt nichts.» Winter sah seinen Freund an und zögerte, ehe er fortfuhr. «Das ist Chloroform. Meine Frau nimmt das als Schlafmittel.»

«Soll ich einen Arzt holen lassen?»

«Nein, ich weiß, was zu tun ist.» Winter ging zur Tür und befahl dem Stubenmädchen: «Schicken Sie die Zofe her, sie soll der gnädigen Frau beim Auskleiden helfen. Und teilen Sie Hauser mit, daß die gnädige Frau sich nicht wohl fühlt. Er soll dafür sorgen, daß sie nicht von den Kindern oder vom Personal gestört wird.»

Fischer sah sich im Zimmer um. Dies war also Veronicas Reich. Blumentapete, Erker, Himmelbett. Harrys Schlafzimmer – strenger eingerichtet in Mahagoni mit Messingbeschlägen – war nebenan.

«Ist so was schon mal passiert?» fragte Fischer, sobald Winter die Tür hinter dem Stubenmädchen zumachte und sich ihm wieder zukehrte.

«Ja.» Er trat ans Bett und betrachtete seine Frau. Warum hatte sie ihm das angetan? Winter war zu ichbezogen, um Veronicas Handlungen nicht als reine Unannehmlichkeiten anzusehen.

Fischer musterte ihn mitfühlend. Das war also der Grund, weshalb man Veronica in jüngster Zeit so selten in der Berliner Gesellschaft zu Gesicht bekommen hatte. Man nahm kein Chloroform, um Schlaflosigkeit zu bekämpfen; es war eine Droge, mit der sich törichte junge Leute aufputschten, oder Menschen, die ihren trostlosen Alltag nicht mehr ertragen konnten. Veronica war Amerikanerin, nicht zu vergessen; das dauernde Gerede über Krieg mußte sie schwer belastet haben. «Wie lange geht das schon so, Harry?»

Es hatte keinen Sinn, ihm Lügen aufzutischen. «Im Sommer neunzehnhundertzehn sind wir nach Travemünde gefahren. Ihr Bruder Glenn hat uns dort besucht. Ungefähr um die Zeit hat es angefangen.» Er hob die leere Flasche und den Gazetupfer auf, roch daran und schnitt eine Grimasse. «Keine Ahnung, wo sie das Zeug herkriegt.»

«Das ist kein Kunststück, wenn man es unbedingt haben will.» Fischer kannte sich in diesen Dingen aus. «Jede Apotheke hat es auf Lager, und in Krankenhäusern braucht man es eimerweise.» Er sah Harry an, der jetzt auf dem Bett saß und seine bewußtlose Frau im Arm hielt. «Ist zwischen euch alles in Ordnung?» Fischer gehörte zu den wenigen Menschen, die so offen mit ihm reden konnten.

«Ich liebe sie, ich liebe sie sehr.» Winter befingerte die Sachen, die auf dem Nachttisch lagen: eine Bibel, ein Wörterbuch Deutsch-Englisch und ein paar geöffnete Briefe. Er steckte die Briefe in die Tasche. Er wollte sehen, wer seiner Frau schrieb. Wie die meisten Schürzenjäger war er selbst ewig mißtrauisch.

«Mit Verlaub, Harry, danach habe ich nicht gefragt.»
«Es gibt keine anderen Männer. Dessen bin ich sicher.»
«Und was geschieht nun?» Es verwirrte Fischer, daß er sich plötzlich mitten in einem Ehedrama befand. Doch Harald Winter und seine Frau waren alte Freunde.
«Ich muß nach der Wisliceny schicken. Sie ist inzwischen Veronicas beste Freundin. Sie hat sich um sie gekümmert, als das schon mal passierte.» Er sah zu Fischer auf. «Es geht nicht auf Tod und Leben, Foxy. Sie erholt sich wieder.»
«Vielleicht, aber die Sache ist verdammt ernst. Du mußt mit deiner Frau reden, Harry. Du mußt herausbekommen, was sie quält. Möglicherweise sollte sie einen von diesen Psychologen aufsuchen.»
«Auf gar keinen Fall!» widersprach Winter. «Ich dulde nicht, daß irgendein aufgeblasener Quacksalber sie nach Dingen fragt, die ihn nichts angehen. Sie muß sich zusammenreißen.» Winter war der Gedanke zuwider, daß jemand Veronica Dinge aus der Nase ziehen könnte, die ausschließlich Familienangelegenheiten waren. Oder Geschäftsgeheimnisse.
«So einfach ist das nicht, Harry. Veronica ist krank.»
Winter empfand das Verhalten seiner Frau immer noch als Affront. Wie konnte sie nur diese Szene machen, während Fischer zu Gast war? «Sie hat Dienstboten, Geld, Kinder, einen Ehemann. Was kann sie sich mehr wünschen?»
Liebe, dachte Fischer, sprach es jedoch nicht aus. Unternahm Harry weiterhin diese häufigen Reisen nach Wien, um seine ungarische Geliebte zu besuchen? Und wie nahe ging das Veronica? Seines Wissens fanden sich Amerikanerinnen nicht ohne weiteres mit solchen Situationen ab. Aber auch davon sagte Fischer kein Wort, sondern nickte bloß mitfühlend.
Winter schaute auf seine Taschenuhr. «Schon so spät! Sie sucht sich doch immer die unmöglichsten Zeiten aus für ihre Sperenzchen. Paul hat einen Freund aus der Militärschule mitgebracht, und Peter kann jeden Augenblick kommen.»
Doch Winter mochte sich noch so kaltschnäuzig gebärden, für Fischer lag es auf der Hand, daß ihn diese Überdosis Chloroform erschüttert hatte. Sogar sein Investitionsprogramm und Fischers Beitrag dazu hatte er vergessen. Du bist ein verdammt harter Bursche, dachte Fischer, aber er sagte es nicht.

Peter befand sich um diese Zeit im Haus von Frau Wisliceny in einer Seitenstraße der Kantstraße, wo er unter ihrer wohlwollend-kritischen Aufsicht zwei Stunden Klavier geübt hatte. Nun aber trank er im Salon Kaffee in Gesellschaft der ältesten der drei Töchter. Sie hieß Inge, war hochgewachsen, ihr dunkles Haar ringelte sich um das blasse, ovale Gesicht, der üppige Mund lächelte gern und oft.

«Du mußt es ihnen sagen, Peter», meinte sie. «Je länger du es aufschiebst, desto wütender werden deine Eltern sein.»

«Mein Vater hat entschieden, daß ich dieses Jahr auf die Universität gehe.»

«Um was zu studieren?»

«Jura und Mathematik.»

«Er wird doch bestimmt stolz sein, daß du dich zur Kriegsmarine gemeldet hast?»

«Das durchkreuzt seine Pläne, und das wird das einzige sein, was ihn daran interessiert. Ich glaube, er hat sogar schon das genaue Datum festgelegt, an dem ich Juniorpartner werde. Mein ganzes Leben hat er verplant. Du begreifst nicht, daß ich mir wie in einer Falle vorkomme. Meine Mutter dagegen ist so verständnisvoll.»

«Aber der Eintritt in die Kriegsmarine ist ein sehr drastischer Schritt, um vor seinen Plänen zu fliehen.»

«Es gibt Krieg.»

«Vielleicht auch nicht. Mein Vater sagt, der Generalstab unterstützt diese Gerüchte, wenn er immer mehr Geld fordert.»

«Jetzt ist es zu spät», erklärte Peter. Er grinste. Mit seinem welligen Haar und dem gewinnenden Lächeln bezauberte er sie; er war ein so hübscher Junge und würde in der Uniform eines Marineoffiziers fabelhaft aussehen. Sie war sehr jung – dreieinhalb Monate jünger als Peter –, hatte aber bereits ihr Herz daran gehängt, sich ihn zu kapern. Er hatte davon natürlich keine Ahnung; sie ließ ihn in dem Glauben, es sei nicht mehr als eine nette, ungezwungene Freundschaft. Und dennoch sehnte sie sich nach ihm, wenn er nicht bei ihr war, und wenn er erwartet wurde, verbrachte sie Stunden vor dem Spiegel, um sich für ihn schön zu machen. Ihre jüngste Schwester Lisl war die einzige, die etwas ahnte. Manchmal neckte sie sie mit diesem ernsthaften Klavierspieler und brachte Inge zum Erröten.

«Haben sie dich genommen?»

«Ja, zur Offiziersausbildung und dann für die Luftschiff-Division der Kaiserlichen Kriegsflotte.»

«Das ist gefährlich», meinte Inge, nicht ohne Stolz. Sie hatte etwas

Katzenhaftes an sich. Sie schüttelte den Kopf, um ihr hübsches Haar aufglänzen zu lassen, und als sie ihn mit ihren wunderschönen grünen Augen ansah, galt dieser Blick einzig und allein ihm.

«Ich möchte ja dorthin. Auf ein Schiff ginge ich nur ungern. Ich bin früher einmal um ein Haar ertrunken, und seither habe ich fürs Wasser nicht allzuviel übrig.»

Inge lächelte. Sie konnte sich nie an die Art gewöhnen, wie er ihr solche Geheimnisse anvertraute. Welcher andere achtzehnjährige Junge hätte zugegeben, daß er sich vor der See fürchtete? «Das würde ich der Kriegsmarine lieber nicht auf die Nase binden, Peter. Einen Wasserscheuen zum Leutnant zu befördern, das wäre wohl nicht nach deren Geschmack, fürchte ich.»

Peter lachte.

Frau Professor Wisliceny, eine massige, imposante Erscheinung, kam majestätisch hereingesegelt. «Deiner Mama geht es nicht gut», verkündete sie ohne jede Vorrede. Sie schritt zum Spiegel und musterte sich prüfend, bevor sie sich wieder Peter zuwandte. «Du solltest besser mitkommen, Peter.»

1916

Der bejahrte Amerikaner und sein Sohn saßen in der Bibliothek des Londoner Travellers Club und tranken Whisky. Sie hatten den ganzen Raum für sich. Im Club herrschte Ruhe, wie immer um diese Abendzeit. Diejenigen Mitglieder, die hier zu Abend gegessen hatten, saßen jetzt unten beim Kaffee, und für die paar Theaterbesucher, die auf einen Schlummertrunk vorbeischauten, war es noch zu früh. Heutzutage brachte die Gefahr von Luftangriffen durch Zeppeline die meisten Menschen dazu, zeitig nach Hause zu gehen. London war – trotz der Anwesenheit von Schwärmen lärmender, freigebiger junger Offiziere – nicht mehr die gleiche Stadt wie vor dem Krieg.

«Hört sich verdammt gefährlich an», bemerkte Cyrus G. Rensselaer. Er war jetzt fünfundsechzig, sah aber jünger aus. Sein Haar war etwas dünner geworden und an den Seiten ergraut, die hellblauen Augen indes waren unverändert klar, und um die Gürtellinie hatte er kein Gramm Fett angesetzt. Er fühlte sich in Form wie eh und je. Nur beim Anblick seines sechsunddreißigjährigen Sohnes wurde ihm sein Alter bewußt.

Glenn Rensselaer wirkte erschöpft. «Manchmal ist es auch gefährlich», bestätigte er. «Die meisten von ihnen sind noch Kinder, frisch von der Schule.» Er hatte ein Jahr als ziviler Fluglehrer beim Royal Flying Corps gearbeitet und Piloten für Nachtflüge ausgebildet. Das war ein neues Gebiet mit entsprechend alarmierender Verlustrate. «Die Zeppeline kommen nun mal nachts, und da müssen die Briten eben fliegen.»

«Haben sie denn keine Flugabwehrkanonen?»

«Nicht genug, und die Deutschen wissen anscheinend, wo sie stehen. Aber die Zeppeline sind langsam, so daß Flugzeuge sie verfolgen können. Sie sind verdammt groß, und manchmal kann man sie von da oben genauer lokalisieren.» Er sah seinen Vater an und merkte, wie müde der alte Herr war, trotz der zur Schau getragenen Munterkeit. «Wann bist du aus der Schweiz zurückgekommen, Dad?»

«Gestern nachmittag. Der Zug aus Paris war gedrängt voll von britischen Offizieren, meistenteils verwundeten. Arme Teufel. Von denen werden nicht mehr viele wieder verwendungsfähig. Ich bin dann gleich ins Bett gegangen und habe rund um die Uhr geschlafen.»

«Bist du in einem Hotel abgestiegen?»

«Im Savoy. Für die paar Übernachtungen lohnte es sich nicht, das Haus aufzuschließen. Offen gestanden, trage ich mich mit dem Gedanken, es zu verkaufen. Wenn die Immobilienpreise nicht durch den Krieg so gefallen wären, hätte ich es schon letztes Jahr getan, als du sagtest, du wolltest es nicht benutzen.»

«Der Krieg muß bald zu Ende sein, Dad. Dann brauchst du eine Bleibe in London.» Er war nicht sicher, ob sein Vater den Strapazen einer Ozeanüberquerung noch gewachsen wäre, wenn diese verbohrten Europäer endlich aufhören mußten zu kämpfen, aber er hielt es für seine Pflicht, ihn stets in seinen Hoffnungen und Plänen zu bestärken. Cy Rensselaers Frau Mary war im vergangenen Jahr plötzlich gestorben, und er wollte nicht, daß sein Vater abbaute, wie man das zu nennen pflegte.

Doch darum brauchte sich Glenn nicht zu sorgen. «Also eigentlich wollte ich mit dir etwas Familiäres besprechen, mein Sohn.»

«Worum geht es denn?»

«Würdest du mich für verrückt halten, wenn ich dir sage, daß ich mich wieder unter den Pantoffel begeben will?»

«Unter den Pantoffel?» Im ersten Moment begriff er das nicht. Eine solche Redensart gehörte nicht zum üblichen Wortschatz seines Vaters. Daß er sie jetzt benutzte, war ein Zeichen für seine Verlegenheit. «Du meinst – heiraten?»

«Ja. Ich will wieder heiraten. Ist es zu früh? Ich weiß, wie du an Ma gehangen hast.»

«Es kommt darauf an, was für dich das Beste ist, Dad, soweit mußt du mich doch kennen.»

«Erinnerst du dich an Dot Turner? Die Witwe von Bob Turner.»

«Turner, die Spar- und Darlehenskasse?»

«Sie hat drei Söhne. Eine reizende Frau. Ich hab sie voriges Weihnachten bei einem Abendessen kennengelernt. Wir haben uns glänzend verstanden, vom ersten Augenblick an. Höre ich mich wie ein alter Trottel an, Glenn?»

«Nein, Dad, natürlich nicht.»

«Ich fühle mich manchmal einsam. Deine Mutter fehlt mir. Sie hat alles für mich getan ... Es ist nur die Gesellschaft ...»

«Ich weiß, Dad, ich weiß.»

«Sie würde nicht die Stelle deiner Mutter einnehmen. Niemand könnte das ...»

«Das ist eine großartige Idee, Dad.» Glenn versuchte, sich immer noch an den Gedanken zu gewöhnen, daß er noch einmal eine Mutter bekommen würde.

«Für Kinder oder so ist sie zu alt. Es geht nur um die Gesellschaft. Sie hat ihr eigenes Vermögen, und ihre Jungen werden nicht den Namen Rensselaer tragen. Für dich oder Veronica ändert sich gar nichts.»

«Sicher, Dad.» Er sah seinen Vater an und lächelte. Der alte Mann beugte sich vor und tätschelte den Arm seines Sohnes. Ihm war ein Stein vom Herzen gefallen.

«Und wenn du das Haus hier haben willst, dann überlasse ich es dir.»

«Ich wohne auf dem Flugplatz und habe es da draußen recht bequem. Das Royal Flying Corps hat mir sogar einen Diener zur Verfügung gestellt – einen sogenannten Offiziersburschen. Und ich bin gern mit den jungen Leuten zusammen. Sie sind voller Leben und reden ausschließlich über die Fliegerei. Aber jetzt erzähl mir von der Schweiz.»

«Ich wollte den Zug nehmen und direkt nach Berlin durchfahren, um unsere liebe Veronica zu besuchen, aber der Botschafter war strikt dagegen.»

«Du mußt vorsichtig sein, Dad. Viele Leute würden es mißverstehen, wenn du eine Reise unternimmst, um einen deutschen Partner zu treffen.»

«Wie meinst du das, Glenn?»

«Harald Winter ist dein Partner, und er baut Flugzeuge und Luftschiffe für die Deutschen. Die Briten befinden sich mitten in einem schrecklichen Krieg. Eine Zusammenkunft mit Winter in Berlin könnte dir von deinen britischen Freunden als Verrat ausgelegt werden.»

«Bei Gott, ich wünschte, ich hätte ihm nie das Geld geliehen.»

«Aber für dich war es doch eine gute Investition?»

Die Stimme seines Vaters klang rauh, als er zögernd antwortete: «Es läuft zufriedenstellend. Er ist gleich zu Anfang bei der Luftfahrt eingestiegen und hat es sehr geschickt gemacht. Er baut nur in Lizenz, braucht sich also weder um den Entwurf neuer Luftschiffe zu kümmern noch darum, dem Militär irgendwelche Neuerungen zu verkaufen.»

«Und Winter hatte keine Schwierigkeiten, sich mit dir in der Schweiz zu treffen? Die Briten behaupten, Deutschland stehe praktisch unter Kriegsrecht.»

«Die Zeppelinwerke sind in Friedrichshafen am Bodensee. Von dort hatte er nur die kurze Strecke mit der Fähre nach Romanshorn. Und Winter ist zu einem wichtigen Faktor in der Kriegswirtschaft geworden. Er ist heute ein großes Tier.»

«Ich kann mir vorstellen, wie er herumstolziert.»

«Du konntest ihn nie leiden, stimmt's? Ich war auch immer gegen ihn, aber diesmal...» Er zuckte die Achseln. «Er macht wirklich einen total erschöpften Eindruck. Auf der Straße wäre ich vermutlich an ihm vorbeigegangen, ohne ihn zu erkennen. Und er ist ehrlich um Veronica besorgt. Ich habe nie gemerkt, wieviel sie ihm bedeutet.»

«Treibt er sich immer noch mit anderen Frauen herum?»

«Woher soll ich das wissen?»

«Ich wünschte, sie würde nach Hause kommen.»

«Das wünschen wir uns alle, Glenn. Aber es ist ihr Leben. Wir können es nicht für sie leben. Und jetzt, wo sie krank ist, muß ich sagen, daß Harald alles für sie tut. Sie hat Spezialisten in Berlin und Wien konsultiert und Tag und Nacht eine Krankenschwester um sich.»

«Ich habe nie genau verstanden, was ihr eigentlich fehlt.»

«Das weiß anscheinend niemand. Der Kriegsausbruch war ein Schock für sie, und seit Peter bei der Luftschiff-Division dient, macht sie sich seinetwegen Sorgen. Aber das Ganze ist wesentlich komplizierter. Laut Harald scheint sie ihren Lebenswillen verloren zu haben. Das ist natürlich bei manchen Frauen der Fall. Ihre Kinder sind erwachsen, und sie sind aus dem Alter heraus, in dem sie noch welche bekommen könnten. Irgendwie fühlen sie sich nutzlos, überflüssig.»

«Besonders wenn ihr Mann jede freie Minute mit seinen Mätressen verbringt.»

«Das können wir nicht mit Bestimmtheit sagen, Glenn.»

«Menschen wie er ändern sich nicht.»

«Wir alle verändern uns, Glenn. Manche mehr als andere, aber wir verändern uns alle. Frauen müssen das Gefühl haben, gebraucht zu werden, aber vielleicht ist es bei Männern nicht anders. Vielleicht haben wir deshalb alle diesen Drang weiterzuarbeiten, auch wenn wir genug Geld haben, um prächtig zu leben.»

«Arme Veronica.»

«Es ist sinnlos, daß sie sich Peters wegen Sorgen macht. Aber der Junge hat seine eigene Meinung. Ich erinnere mich noch, wie er auf mich losging, weil mir ein paar treffende Wahrheiten über Kaiser Willi rausgerutscht sind. Obwohl er doch noch ein Kind war, hat er's mir ordentlich gegeben. Ich war damals wütend auf ihn, aber als ich darüber nachdachte, konnte ich nicht umhin, den kleinen Teufel zu bewundern. Es erfordert Mumm, den eigenen Großvater unter diesen Umständen herauszufordern. Er ist ein schneidiges Kerlchen. Mich wundert es nicht, daß er sich zu den Luftschiffen der Kriegsmarine gemeldet hat.»

«Der Junge hat da eine bessere Chance, als er sie bei einem Infanterieregiment an der Westfront hätte. Hast du von den enormen britischen Verlusten an der Somme im Juli gelesen? Diese endlosen Spalten von Namenslisten in den Zeitungen. So können sie auf beiden Seiten nicht weitermachen. Vor zwei Jahren habe ich hier, in den Straßen von London, die begeisterten Menschenmassen erlebt, ihren Jubel über die Aussicht, gegen die Deutschen zu kämpfen. Davon ist nicht mehr viel übriggeblieben. Selbst die Flieger, die ich ausbilde, reißen ihre makabren Witze darüber, wie lange es wohl noch dauert, bis es sie erwischt.»

«Winter hat mir Fotos von den beiden Jungen geschickt. Ich hätte sie mitbringen sollen. Peter ist ein gutaussehender junger Mann geworden. Die Offiziersuniform kleidet ihn vortrefflich. Er ist groß und dunkel, er hat genau die gleichen Augen wie Veronica. Er ist der ernst Veranlagte – eifrig und wißbegierig. Ein Deutscher durch und durch, aber einer von der besten Sorte, wie ich sie vor dem Krieg kannte: gründlich, ehrlich, zuverlässig. Harry ist so stolz auf seine Söhne.»

«Ich habe Peter in Berlin gesehen, in dem Sommer, als der Krieg ausbrach. Damals wollte er Musik studieren. Er hat uns etwas auf dem Klavier vorgespielt. Von klassischer Musik verstehe ich zwar nichts, aber es hörte sich gut an, fand ich.»

«Mathematik und Musik. Laut Harry interessiert sich Peter für nichts sonst.»

«Väter wissen nicht immer, wofür sich ihre Söhne interessieren», bemerkte Glenn.

«Ich wünsche mir brennend, daß du mal Interesse für hübsche Töchter entwickelst.»

«Daran besteht kein Mangel, Dad. Aber heiraten möchte ich im Augenblick keine von ihnen.»

«Harry Winters Jungen sind meine einzigen Enkel, Glenn. Du rätst mir wegen des Krieges zur Zurückhaltung im Umgang mit ihm, und vielleicht hast du recht. Aber ich werde alt, Glenn, und es sieht nicht so aus, als ob du mir Erben bescherst. Diese beiden Jungen sind alles, was ich habe.»

«Mir war nicht klar, wie wichtig das für dich ist, Dad.»

«Früher hat mir das gar nichts ausgemacht. Aber wenn du erst mal fünfundsechzig geworden bist und auf dein Lebenswerk zurückblickst und auf das angesammelte Geld, dann beginnst du dich zu fragen, für wen das Ganze geschehen ist.»

«Ich verstehe einfach nicht genug vom Geschäft...»

«Das sollte keinerlei Vorwurf sein, mein Junge. Du lebst dein Leben auf deine Art, und das respektiere ich. Du bittest mich selten um etwas... Ehrlich gesagt, wünsche ich mir, du würdest das öfter tun und mehr verlangen. Ein Mann möchte doch spüren, daß sein Sohn ihn hin und wieder braucht...»

«Ich habe immer...»

«Laß mich ausreden. Ich versuche dir doch bloß zu erklären, warum ich nicht hingefahren bin, meinen Anteil an Winters Fabriken verkauft und ihm gesagt habe, er soll sich zum Teufel scheren.»

«Ich habe dich ja nicht kritisiert.»

«Das weiß ich, aber in den letzten Monaten hast du unmißverständlich klargemacht, daß du mit Harry anders umgesprungen wärst. Ich möchte, daß du begreifst, weshalb ich die Beziehung zu diesem Bastard aufrechterhalte.»

«Ich verstehe, Dad.» Glenn fragte sich, ob die beabsichtigte Heirat für seinen Vater nicht nur ein Vorwand war, Dot Turners Söhne gleich mit zu übernehmen. Dieses plötzliche Interesse an jungen Leuten hatte etwas mit dem Älterwerden zu tun.

Cyrus schwieg eine Weile. Als er wieder zu reden anfing, klang seine Stimme ruhiger. «Paul ist unverkennbar ein Rensselaer mit seiner ausgeprägten Mundpartie und der breiten, flachen Stirn. In der Schule hat er sich nie hervorgetan – er wird jedes Mal mit Ach und Krach versetzt, hat mir Harald erzählt. Aber er ist ein richtiges Original. Ein Yankee, wie er im Buche steht. Und dazu ein unglaublicher Charme. Er lacht fortwährend, nimmt nichts ernst, nicht den Kaiser, nicht die Kadettenanstalt, nicht den Krieg oder Harry. Veronica betet er natürlich an. Er absolviert jetzt sein letztes Jahr auf der Militärschule und wird dann an die Front kommen. Harry sorgt sich um beide Jungen. Die Vorstellung, daß Paul einen Infanteriezug mit gefälltem Bajonett anführt, ist schwer zu ertragen. Und du hast es ja selber gesagt – jeder weiß Bescheid über die Verluste unter den jungen Leutnants der Infanterie.»

In diesem Augenblick betrat ein Diener die Bibliothek. Nachdem er die Vorhänge zugezogen hatte, wandte er sich an Cyrus: «Mit den besten Empfehlungen des Sekretärs soll ich Ihnen mitteilen, Mr. Rensselaer, daß Luftwarnung gegeben wurde.»

«Vielen Dank», entgegnete Rensselaer gelassen. Er trank einen kleinen Schluck Whisky, bevor er seinen Sohn fragte: «Was heißt das nun genau, Glenn? Du bist doch angeblich Fachmann für Zeppelin-Angriffe?»

«Die deutschen Zeppeline starten nach dem Mittagessen von ihrem Stützpunkt. Die Luftschiffe – ihre Anzahl schwankt von einem bis zu einem Dutzend – überqueren die Nordsee und verharren dann dort schwebend knapp über dem Horizont, wo die Briten sie nicht sehen können, und das außer Reichweite für jedes Flugzeug. Da warten sie Stunde um Stunde auf die hereinbrechende Dämmerung. Wenn es dunkel wird, machen sie sich auf und bombardieren ihre ausgesuchten Ziele.»

«Und heute nacht ist London das Ziel.»

«Das ist es jetzt immer, und meistens das Hauptziel.»

«Und was sollen wir nun tun?»

«Unten im Keller gibt es wahrscheinlich Schutzräume. Manche Clubs bieten sogar Schlafgelegenheiten. Gewöhnlich gehe ich allerdings aufs Dach und sehe mir das Feuerwerk an.»

«Worauf warten wir dann noch?»

«Nachts wird es jetzt schon wieder empfindlich kühl, Dad. Ich glaube, wir brauchen unsere Mäntel und eine Flasche Scotch.»

Die Erinnerung daran, wie er in jener Nacht 1916 auf dem Schornsteinsockel neben seinem Sohn hockte, eine Flasche Scotch in der Hand, blieb Cyrus Rensselaer bis ans Ende seiner Tage deutlich im Gedächtnis. Das absonderliche Leben, das der alte Mann geführt hatte, die ständigen Reisen, die harte Arbeit, hatten es ihm nicht vergönnt, seinen Sohn heranwachsen zu sehen wie andere Väter, ihn während der Entwicklungsjahre zu beobachten und zu stützen. Doch bis zu einem gewissen Grad entschädigte ihn diese Nacht für den Verlust der Vater-Sohn-Beziehung. Sie führte die beiden Männer zueinander, nicht als stolzen Vater und pflichtgetreuen Sohn, sondern als zwei Freunde mit gemeinsamen Interessen und Wertbegriffen, die gern zusammen waren.

Auch Glenn behielt diese Nacht sein Leben lang in Erinnerung, nicht nur wegen des Geschehens, das sie mit ansahen, sondern weil sie im Verhältnis zu seinem Vater den Höhepunkt markierte.

«Meine Flieger werden ganz schön aufgeregt sein», sagte Glenn.

«Ob sie schon aufgestiegen sind?»

«Noch nicht. Vermutlich sitzen sie auf der Lauer und warten, bis sie etwas sichten.»

«Und dann?»

«Dann müssen sie im Dunkeln starten und wie der Teufel aufsteigen. Die Zeppeline bringen es inzwischen auf beachtliche Höhe. Ein Flugzeugpilot braucht viel Geschicklichkeit, um sich ihnen zu nähern, bevor sie ihre Bomben abwerfen und sich davonmachen. Aber sie werden es jedenfalls versuchen und hinter diesen Zeppelinen herjagen, bis ihr

Treibstoff zur Neige geht. Dann kommt der Teil, den sie alle fürchten, nämlich im Dunkeln zu landen – das reine Fegefeuer. Wir haben schon zu viele gute Leute durch Unfälle verloren, manchmal frage ich mich, ob es das wert ist.»

«Was meinst du damit?» fragte Cyrus, unfähig, sein Zittern zu unterdrücken. Wenn die Nachtlandung der gefährlichste Teil des Unternehmens war, wie stand es dann um Glenns Chancen zu überleben? Seine Aufgabe war es schließlich, den Jungen beizubringen, wie man dieses Manöver ausführte.

«Vielleicht sollten wir sie einfliegen und ihre Bomben abwerfen lassen. Mittlerweile haben es die Londoner gelernt, wie sie die Stadt verdunkeln müssen. Und wenn sie bombardieren, treffen sie selten militärisch wichtige Ziele oder töten mehr als ein halbes Dutzend Menschen.»

«Das klingt aber sehr gefühllos, Glenn.»

«Die Briten haben vor wenigen Wochen an der Somme über fünfzigtausend Infanteristen an einem Vormittag verloren.»

Der alte Mann seufzte. «Na ja, vielleicht hast du recht. Aber mich würde der Gedanke wurmen, daß diese Deutschen unangefochten da oben herumfliegen können. Übrigens, fliegst du immer noch mit deinem Freund Piper, dem Engländer, den du auf dem Schiff kennengelernt hast?»

«Du meinst den, der sich in Veronica verknallt hat?»

«In Veronica?»

Natürlich war der Scotch daran schuld. Glenn hätte sich am liebsten die Zunge abgebissen. «Das ist lange her.»

«Veronica. Meine Veronica?»

«Du erinnerst dich doch noch an den Sommer, in dem sie alle bei der alten Frau Winter ihre Ferien verbracht haben. Das war lange vor dem Krieg... 1910, glaube ich...»

«Schluß mit dem Herumgerede. Was ist passiert?»

«Passiert ist gar nichts, Dad. Aber Boy war hingerissen von Veronica und wollte sie unbedingt heiraten. Er liebt sie immer noch und ist nach wie vor Junggeselle. Im Royal Flying Corps dürfen die Piloten keine persönlichen Papiere bei sich haben, wenn sie Einsätze fliegen, deshalb hat er einmal seine Brieftasche in meinem Spind deponiert, und dabei ist ein Foto von Veronica herausgefallen. Er wollte mir partout einreden, es sei ein Bild seiner Schwester, aber ich habe Veronica genau erkannt. Danach trug er es dann ständig bei sich, wie einen Talisman.»

«Meine Güte! Wie hat Harry auf die ganze Geschichte reagiert?»

«Ich sagte dir doch, Dad, da gab es nichts zu reagieren. Boy hat sich einfach Hals über Kopf in Veronica verliebt. Ich glaube, sie war auch vernarrt in ihn, fand aber, sie müsse der Kinder wegen bei Harry bleiben.»

«Heißt das, du hast sogar mit Veronica darüber gesprochen?» fragte sein Vater ungläubig. «Sie wußte, daß Piper sie liebte? Das hört sich alles ziemlich dubios an.»

«Wir waren in einem Hotel in Kiel. Veronica erzählte mir, daß Boy sie gebeten hatte, mit ihm auf und davon zu gehen. Sie liebte Boy, daran bestand kein Zweifel, das konnte ich ihr am Gesicht ablesen.»

«Und was hast du dazu gesagt?»

«Ich wünschte, ich hätte ihr zugeredet, mit Boy zu gehen. Er ist ein großartiger Bursche, mit ihm wäre sie glücklich geworden. Und Harald ist ein Dreckskerl.»

«Ich bin jedenfalls froh, daß du mir reinen Wein eingeschenkt hast», bemerkte Cyrus bitter. «Ein wahrer Segen, daß deine Mutter nie dahintergekommen ist – was ist das dort drüben?»

«Scheinwerfer. Das wird ein Zeppelin sein, sie fliegen immer auf diesem Kurs von Nordosten an. Manche halten den Lea für die Themse und werfen ihre Bomben dort ab.»

«Noch mehr Scheinwerfer.»

«Ich glaube, sie haben ihn. Man sieht die kleinen Funken – bläulichweißes Aufflackern. Das sind die explodierenden Geschosse der Flugabwehrkanonen. Vielleicht kannst du sie hören.»

«Ein gutes Stück darunter.»

«Wir haben nicht genug weittragende Schnellfeuergeschütze.»

«Wieso fliegen diese Idioten immer die gleiche Strecke?»

«Im Gegenteil, das ist ein kluger Schachzug von ihnen. Die Themsemündung ist ein breiter Trichter. Die Zeppeline fliegen über dem Wasser und können sehr nahe an London herankommen, bevor man sie sichtet.»

«Noch mehr Scheinwerfer.» Aus der anderen Richtung, irgendwo südlich des Flusses – vermutlich Richtung Southwark – drangen viel lautere Detonationen, aber es handelte sich um kleine Sprenggeschosse. Unten auf der Straße radelte ein Polizist vorbei und blies wild in seine Trillerpfeife.

«Da ist noch einer – vielleicht sind es auch drei oder vier. Die Scheinwerfer versuchen, sie alle zu erfassen. Mitunter fliegen sie auf diese Weise an – drei bis vier zusammen – einer wird entdeckt, die übrigen entwischen.»

«Die Scheinwerfer haben ihn!» Trotz seiner Entschlossenheit, neutral zu bleiben, brachte den Alten atavistisches Jagdfieber auf die Füße.

Glenn stützte seinen Vater, damit er nicht auf der glitschigen, moosbewachsenen Dachrinne ausrutschte. Die Scheinwerferstrahlen, dünn und spitz wie Stilette, spießten das Luftschiff auf, so daß die silbrige Außenhaut schimmerte. Sie bündelten sich, sechs an der Zahl, zu einer Pyramide, auf deren Spitze der Zeppelin gleich einem Riesenfisch steckte. «Er ist getroffen worden!» Für einen Augenblick verschwand das Luftschiff hinter einer weißen Wolke. Als sie sich wieder verzogen hatte, war der Fisch aufwärts in eine sonderbare Schräglage gekippt. «Es hat ihn erwischt.»

«Nein. Das ist kein Rauch. Er läßt Wasserballast ab...»

Bum, bum. Hochexplosiver Sprengstoff detonierte, es klang wie fernes Donnergrollen, viel tiefer und volltönender als das Krachen der Geschütze. Das Gebäude schwankte.

«...und seine Bombenlast ebenfalls. Jetzt wird er erleichtert hochsteigen, ums liebe Leben.»

«Was ist denn das?» Bunte Lichter zuckten auf, färbten den Himmel grellrot.

«Leuchtpatronen. Einer meiner Jungen hat veranlaßt, daß die Geschütze das Feuer einstellen, solange die Flugzeuge operieren. Sieh bloß, wie der Zeppelin abhaut!» Ohne Bomben und Wasserballast stieg das Luftschiff mit verblüffender Geschwindigkeit, so daß die Scheinwerfer es nicht mehr erfassen konnten, und verschwand in der Dunkelheit.

«Ist es entwischt?»

«Vielleicht. Irgendwo da oben spielen zwei miteinander Verstecken. An der Stelle des Kommandanten würde ich mit meinem Luftschiff Kurs nehmen auf die kleine vereinzelte Wolke im Norden.»

Sie blickten weiter angestrengt nach Nordosten. «Es ist lausig kalt heute nacht.» Der alte Rensselaer fröstelte.

Plötzlich glühte es rot am Himmel auf. Zuerst war es nur ein kleines Stück, dann wurde das riesige Luftschiff, gleich einer chinesischen Papierlaterne, zu einer roten Röhre, die sich zusehends verlängerte, als der brennende Wasserstoff von einer Gaszelle auf die nächste übersprang, bis das Ganze in dunkles Rot getaucht war. Dann fraßen sich die Flammen an einer Stelle durch die Außenhaut und loderten in leuchtendem Orange. Erst jetzt, als das Aluminium schmolz, hörte der Zeppelin auf, elegant dahinzugleiten. Zum Stehen gebracht, wurde er zu einer brennenden Gaswolke rund um ein wirres Knäuel von fast weißglühendem Metall, und dann stürzte er – zunächst langsam, dann mit zunehmender Geschwindigkeit – zur Erde ab.

«Oh, mein Gott!» schrie Rensselaer. Jetzt gab es weder Freund noch

Feind und keinerlei Haß mehr. Er wandte sich ab und barg das Gesicht in den Händen.

An der Wand des Büros hing ein Reklamekalender für «die Margarine, die Deutschen schmeckt». Und das mit gutem Grund. Ein umsichtiger Drucker hatte nämlich für jeden Tag ein kleines Diagramm der Mondphasen hinzugefügt. Die Wochen vor und nach Neumond waren jeweils rot markiert. Für alle, die auf dem Zeppelin Dienst taten, war es lebenswichtig, die Daten der dunklen, mondlosen Nächte genau zu kennen.

Leutnant Peter Winter saß an dem Schreibtisch unter dem Kalender. Er trug die dunkelblaue Uniform der Kaiserlichen Marine mit steifem Eckkragen, der sich in den Hals grub, wenn er sich über die Arbeit beugte. Blickte er gelegentlich einmal kurz hoch, so konnte er durch das Fenster hinaussehen auf die sonnenbeschienenen Hangars, die Wasserstoff-Fabrik und die ebene Landschaft, die so sehr an Travemünde, den unweit gelegenen Ort seiner Kindertage, erinnerte.

«Kann ich den Zwölf-Uhr-Zug erwischen, Peter?» Hans-Jürgen, ebenfalls Berliner, mußte an diesem Tag die Kurierpost ins Ministerium bringen. Wenn er den Frühzug bekam, hatte er Gelegenheit, sich mit seiner Freundin zu treffen.

«Noch fünfzehn Minuten, länger nicht», versprach Peter, ohne aufzublicken. Als er sich freiwillig zur Luftschiff-Division meldete, hätte er sich niemals träumen lassen, wieviel Zeit er am Schreibtisch zubringen, Formulare ausfüllen und lange Berichte unterzeichnen würde, von deren Inhalt er nur die Hälfte verstand. Im Vergleich zu dieser Schinderei wäre die Arbeit für seinen Vater geradezu anregend gewesen. Andererseits hätte ihm das keine Marineoffiziersuniform eingebracht, auf die er insgeheim so stolz war, und auch nicht die Bombeneinsätze über England, die er zugleich erschreckend und stimulierend fand. Stimulierend, weil er sich in dem physischen und geistigen Entwicklungsstadium befand, in dem man plötzlich das eigene Ich entdeckt. Und Peter hatte entdeckt, daß er Mut besaß. Die Kämpfe schreckten ihn nicht in dem Maß, wie es bei manchen seiner Kameraden der Fall war.

Für Peter Winter bestand leider keine Gelegenheit, nach Berlin zu fahren und seine Freundin Lisl, die jüngste der Wisliceny-Töchter, zu sehen, denn nach dem Margarine-Kalender war eine dunkle Nacht zu erwarten. Und Peter sollte um 1 Uhr 30 starten, so daß ihm nicht einmal Zeit zum Essen blieb.

Doch er mußte unbedingt bald nach Berlin. Inge Wisliceny machte sich anscheinend falsche Vorstellungen. Er mochte sie, aber rein freundschaftlich. Ernsthaft hingezogen fühlte er sich dagegen zu ihrer Schwester Lisl, und eben das mußte er Inge erklären. Es würde sie kränken, das wußte er. Für Inge, die ihre Schwestern recht herablassend behandelte, würde es besonders schmerzlich sein, Peter ausgerechnet an die Jüngste zu verlieren.

Inge war zu ernst, zu konventionell und zu wenig anpassungsfähig. In mancher Hinsicht war sie ihm sehr ähnlich, doch das würde er niemals zugeben. Lisl war jung – mitunter noch kindlich –, respektlos und ziemlich ungestüm. Lisl brachte ihn zum Lachen. Sie war es, mit der er bei seinen kostbaren Stippvisiten in Berlin zusammensein wollte.

Nach Erledigung des Schreibkrams blieb Peter gerade noch Zeit, die schwere lederne Fliegermontur samt der dazugehörigen langen Unterwäsche anzuziehen. Als er zum Luftschiff gelangte, wurden die Motoren bereits angeworfen und verursachten einen ohrenbetäubenden Lärm im Hangar.

«Achtung! Abstand von den Propellern halten!» brüllte der Offizier, der das Bodenpersonal befehligte. Die Techniker brachten die mächtigen Maybach-Motoren auf Touren. Eine Staubwolke wirbelte vom Boden auf.

Als Peter einstieg, wäre er um ein Haar mit dem Kommando zusammengestoßen, das die Bomben einlud: fünftausend Pfund hochexplosiven Sprengstoff und Brandgranaten. Sowie er an Bord kam, schwankte das Luftschiff, woraufhin ein Besatzungsmitglied auf der einen Seite einen Sack Ballast aushängte. Dessen Gewicht entsprach ungefähr dem Peters, so daß der Ausgleich geschaffen war.

Er kletterte in die Führergondel, einen verglasten Raum von zwei Metern Breite und drei Metern Länge. Die anderen waren bereits auf Posten, so daß kaum noch Platz blieb. Zu dem Motorenlärm kam das unaufhörliche Surren des Telegrafen aus dem Maschinenraum und das Schrillen der Telefone. Der Krach ebbte ab, als die Techniker die Motoren bis auf Leerlauf drosselten, sie dann abschalteten, worauf es unnatürlich still wurde.

Der Kommandant – ein dreiunddreißigjähriger Kapitänleutnant – erwiderte Peters Gruß mit einem Kopfnicken, während die Männer an Höhen- und Seitenruder gar nicht aufblickten. Hildmann, der Beobachtungsoffizier – ein Veteran mit Spitzbart – sagte unverzüglich: «Winter, sehen Sie doch noch mal nach dem Luftsack. Dieser verdammte Wind dreht sich fortwährend ... Nein, schon gut. Carl übernimmt das.» Und dann, zum Kapitänleutnant gewandt: «Alles klar zum Aufbruch!» Dann kletterte er hinunter, um das knifflige Unternehmen zu überwachen; es erforderte viel Geschick, das Luftschiff aus dem Hangar ins Freie zu manövrieren.

Pfeifsignale ertönten, dann das Kommando: «Luftschiff marsch!», als das Bodenpersonal an den Seilen zerrte und an den Haltegriffen der Gondeln im Bug und im Heck zog, um den Zeppelin durch das Hangartor zu bugsieren. Peter beugte sich aus der Gondel und sah angestrengt zu. Vorigen Monat hatte das Luftschiff in genau der gleichen Situation die Toröffnung gestreift und dabei soviel Schaden genommen, daß es nicht starten konnte.

«Achtern loslassen!» Als das Luftschiff aus dem Hangar war, wurden die hintersten Seile losgelassen, und es begann, so schnell herumzuschwenken, daß die Männer nur noch im Laufschritt mitkamen. Das gesamte Bodenpersonal zog und zerrte und brachte es schließlich zum Stehen. Hildmann kletterte zurück an Bord, und der Kommandant gab nach einem raschen Rundblick den Befehl, die Motoren wieder anzulassen. Auf Kommando ließen die Männer die Führergondel los.

Plötzlich befand sich der Zeppelin in der Luft, und alle an Bord spürten den Boden unter ihren Füßen schwanken, als sie durch den klaren Sommertag dahintrieben. Es würde viele Stunden dauern, bis sie wieder festen Boden unter die Füße bekämen.

Der technische Offizier salutierte, bevor er die Leiter von der Führergondel nach oben hinaufstieg. Seine pelzgefütterten Stiefel verschwanden durch das dunkle Rechteck in der Decke. Er begab sich auf seinen Posten in der Gondel am Heck, wo er den Rest des Fluges die Motoren überwachen würde.

Da sich das Luftschiff inzwischen in sicherem Abstand von den Hangardächern befand, wurden die Motoren auf Touren gebracht. Eigentlich bestand kein Grund zur Eile, den Treffpunkt über der Nordsee zu erreichen, aber wenn so viele Zeppeline zusammen ihr Ziel anflogen, wurde das immer zu einer Art Wettrennen.

Die dreiundzwanzig Besatzungsmitglieder kannten einander mittlerweile sehr gut. Abgesehen von zwei Mechanikern und einem Segelmacher – dessen Aufgabe es war, undichte Stellen an den Gaszellen oder an der Außenwand zu reparieren –, hatten sie alle seit über zehn Monaten eine gemeinsame Ausbildungs- und Dienstzeit hinter sich. Gelernt hatten sie ihr Handwerk auf alten Passagierzeppelinen, darunter die berühmte *Viktoria Luise*, mit denen sie in Leipzig abflogen. Diese glücklichen Tage lagen lange zurück. Jetzt schien der Krieg ihre Härte und Ausdauer unerbittlich auf die Probe zu stellen.

Oberleutnant Hildmann, der Beobachtungsoffizier – der außerdem stellvertretender Kommandant und ein Leuteschinder war –, hatte viele Jahre bei der Ostsee-Flotte gedient. Er war es auch, der Peter zur Navigation eingeteilt hatte. Eigentlich war das Aufgabe des Steuermannes, aber Peter hatte dank seinem mühelosen Kopfrechnen einen großen Vorteil, wenn aus endlosen Meßergebnissen die Geschwindigkeit errechnet werden mußte. Diese Fähigkeit kam ihm zugute, wenn das Hauptquartier eine Fülle unterschiedlicher Windstärken funkte und sie in der stockfinsteren Nacht versuchten, ihre Position über dem verdunkelten Feindgebiet zu berechnen.

Peter hatte eine geschützte Ecke in der kalten, windigen Führergondel zugewiesen bekommen, wo er seine Navigationstafeln ausbreiten konnte. Dort kritzelte er die errechneten Daten für Kurs und Fluggeschwindigkeit auf ein Blatt Papier und versuchte dabei, hin und wieder einen Blick auf die norddeutsche Küste zu erhaschen.

Im Norden gab es Haufen- und vereinzelte Zirruswolken. Laut Vorhersage war abends mit Wolkenfeldern über Ost-England zu rechnen. Eine gute Nachricht: Wolken boten die Möglichkeit der Abschirmung.

Als sie Norderney erreichten, sichtete Peter etliche weitere Zeppeline. Sie schimmerten silbrig in der Sonne. Der eine weit hinten war unschwer zu erkennen: der Drachen, dessen Motoren sich in den vielen Luftkämpfen über diesen Gewässern so verbraucht hatten, daß die Mechaniker sie ständig unter Beobachtung halten mußten. In geringerer Entfernung war L 23 auszumachen, zusammen mit einem anderen Luftschiff der Marine. Es handelte sich diesmal um einen Großangriff. Vielleicht würde er die Briten von der Notwendigkeit überzeugen, die Friedensfühler auszustrecken. Die Zeitungen berichteten übereinstimmend, daß sie unter den Angriffen auf London ins Wanken gerieten, und die tollkühne Offensive an der Somme im Juli hatte für sie einen schweren Aderlaß bedeutet.

Peter hatte an London nur noch eine schwache Erinnerung. Seit seinem letzten Besuch bei den Großeltern schien unendlich viel Zeit verstrichen zu sein. Er erinnerte sich an seinen Großvater und an die mächtigen englischen Früchtekuchen, die jeden Tag um vier Uhr serviert wurden. Er erinnerte sich an die belebten Straßen in der City, wo der Großvater ein Büro hatte, an die stillen Gärten und an die Straßenmusikanten, denen Großvater regelmäßig Geld gab. Diese Erinnerungen besaßen indes für Peter keinerlei Bedeutung mehr. Der Krieg hatte ihn verändert. Bei den Einsätzen über England hatte er zu viele Kameraden verloren, um diesen Reminiszenzen noch irgend etwas abzugewinnen.

Über die Sprechanlage meldete der Beobachtungsposten, daß ein deutscher Zerstörer mit Kurs auf Bremen gesichtet wurde. Peter notierte das im Logbuch und beugte sich wieder über seine Karten. Sie waren am Treffpunkt angelangt. Nun begann der schlimmste Teil, die stundenlange Warterei; die Motoren liefen mit minimaler Kraft, um gerade noch die Position zu halten. Nur ein paar Mann hatten Notdienst, während die übrige Besatzung auf der Gangway in Hängematten ruhte. Von Schlafen konnte freilich keine Rede sein, sie streckten sich einfach aus und grübelten darüber nach, was die Nacht ihnen bringen würde. Sie erinnerten sich dann an all die Geschichten von Luftschiffen, die oben am Himmel auseinandergebrochen oder in Flammen aufgegangen waren. Sie fragten sich, ob die Briten an ihren Abwehrgeschützen Verbesserungen vorgenommen oder die Brandgeschosse, die ihre Jagdflugzeuge abfeuerten, vervollkommnet hatten.

Über dem Meer mit seinen weißen Schaumkronen würde bald die Dunkelheit hereinbrechen. Hier oben dagegen waren die Tage lang. Obwohl die Sonne immer tiefer sank, blieben die wartenden Luftschiffe weiterhin in ihr Licht getaucht, dessen Leuchtkraft einer golden auflodernden Flamme glich.

«Winter, lassen Sie alles stehen und liegen und begeben Sie sich zur zweiten Geschützstation. Das Telefon funktioniert nicht.»

Der Beobachtungsoffizier war kein schlechter Kerl, nur ebenfalls der allgemeinen Nervosität erlegen. Am Telefon fehlte gar nichts, das wußte Peter. Die Bordschützen befanden sich unten im Rumpf, außerhalb der kalten Luftströmungen, wo sie sich warm zu halten suchten.

«Jawohl, Herr Oberleutnant. Sofort.» Peter kletterte auf der kurzen Leiter von der Führergondel zum Unterdeck. Der Weg zur Geschützstation am Oberdeck führte Peter direkt durch den Rumpf des Luftschiffes. Als er die schmale Gangway entlangging, blickte er durch einige Risse in der flatternden Außenhülle hinunter und konnte in annähernd dreitausend Meter Tiefe das Meer erkennen. Auf der grauen, schäumenden Wasserfläche flimmerten die letzten Sonnenstrahlen.

Im Innern des Zeppelins war es dunkel. Die riesigen Gaszellen über ihm bewegten sich unausgesetzt. Ringsum gab es Geräusche wie im Bauch eines riesigen Ungeheuers. Das Aluminiumgerippe, an dem er entlangging, knirschte, und die Stahltrossen summten.

Eine lange, steile Leiter brachte ihn zwischen den Gaszellen hinauf, bis er ganz oben wieder ans Tageslicht gelangte. Hier war es auf einmal sehr sonnig, aber auch bitterkalt, und er mußte sich an der Schutzschiene festklammern. Ein seltsames Gefühl, auf der oberen Seite des Rumpfes zu stehen. Rechts und links die schräg abfallende Stoffhülle und nach vorn der Blick über die gewaltige Länge. Einen Flugapparat von diesen Ausmaßen zu bauen, war schon eine erstaunliche Leistung.

Peter stand ein paar Sekunden nur da und schaute. An Backbord konnte er zwei weitere Zeppeline ausmachen, ein gutes Stück höher. Vorn blinkte es auf – das mußte der alte Drachen sein. Er hatte die anderen eingeholt und suchte nun Höhe zu gewinnen. Es tat gut, ihn so nahe zu sehen; Peter hatte Freunde an Bord. Sie waren nicht allein hier oben.

Noch schimmerten die Luftschiffe silbrig in der späten Nachmittagssonne. Bald würden sie, eines nach dem anderen, in der Dunkelheit versinken – wie verlöschende Lichter. Wenn dann auch das am höchsten stehende nicht mehr zu sehen war, würden sie in Richtung England starten. Peter erschauerte; es war kalt hier oben, sehr kalt.

«Hennig!» rief er laut. Er wußte, wo sich der Bursche versteckt hielt; alle Bordschützen suchten irgendwo Zuflucht vor der Kälte, Hennig aber war da am nachlässigsten.

«Was ist los, Herr Leutnant?» Blinzelnd kam er ans Licht und hinter ihm ein kleinwüchsiger Junge namens Stein, der Ladeschütze, der Hennig auf Schritt und Tritt folgte. Stein, ein Kommunist, hatte sich bisher wohlweislich gehütet, unter der Besatzung zu politisieren. Trotzdem war er schon mehrmals von Kameraden, die andere politische Ansichten vertraten, verprügelt worden. Hennig galt zwar nicht als Bolschewist, aber beide waren Einzelgänger, so daß keiner der anderen freiwillig mit ihnen zusammengearbeitet hätte und sie aufeinander angewiesen blieben. Erich Hennig schob Stein sanft beiseite, was hieß, daß er es wäre, der im Bedarfsfall die Schuld auf sich nehmen würde. «Was ist los, Herr Leutnant?» wiederholte er. Hennig war schlank, blaß, etwa in Peters Alter, hatte dunkle Augen mit schweren Lidern und schmale, blutleere Lippen.

«Sie sollten am Geschütz stehen, Hennig.»

«Jawohl, Herr Leutnant.» Hennig lächelte. Es war ein herausforderndes Lächeln, mit dem er sich selbst und anderen beweisen wollte, daß er sich keinem unterlegen fühlte. Es war nur für Peter bestimmt, die beiden jungen Männer kannten einander gut. Winters erste Begegnung mit Hennig lag Jahre zurück, lange bevor sie sich beide freiwillig zur Kriegsmarine gemeldet hatten. Erich Hennig wohnte am Wedding; sein Vater war ein geschickter Böttcher und auf den Docks beschäftigt, wo er schadhafte Fässer reparierte. Die Wohnung, in der er mit einem halben Dutzend Brüdern und Schwestern aufwuchs, war eng und düster. Seine Leistungen in der Schule waren unterdurchschnittlich, aber er verdiente

Geld als Klavierspieler in Stehkneipen und schäbigen Vereinslokalen. Einer der Lokalbesitzer machte Frau Wisliceny auf Erich Hennigs Talent aufmerksam. Und durch ihre Vermittlung konnte er drei Jahre lang Kompositionslehre und Musiktheorie am Konservatorium studieren. Bei Kriegsausbruch galt er bereits als hoffnungsvolles Talent. Im April 1914 hatte er in einem kleinen Konzertsaal in der Nähe des Hotels Eden einige Klavierabende gegeben – vorwiegend Chopin und Brahms. Es stand sogar ein kurzer Artikel darüber in der Zeitung: «vielversprechend», schrieb der Musikkritiker.

Peter war Hennig häufig im Haus von Frau Wisliceny begegnet. Einmal hatten sie sogar vierhändig gespielt, aber zu einer Freundschaft war es zwischen ihnen nie gekommen. Hennigs unbändiger Ehrgeiz vertrug keine Konkurrenz. Er betrachtete Peter Winter, den privilegierten Sohn aus großbürgerlichem Hause, als verzogenen Dilettanten, dem es im Gegensatz zu ihm an der leidenschaftlichen Liebe zur Musik fehlte. Als er mit anhörte, wie Peter Winter mit den Wisliceny-Töchtern erörterte, ob er eine musikalische Karriere anstreben, Mathematik studieren oder sich einfach nur auf eine Stellung bei seinem Vater vorbereiten solle, packte Hennig die Wut. Für ihn war das ein Verrat am eigenen Talent. Wie konnte ein begabter Musiker – und sogar Erich Hennig gestand sich selbst, wenn auch nicht anderen gegenüber ein, daß Peter Winter nicht weniger Talent besaß als er – von irgendeiner anderen Laufbahn reden?

«Wenn das Telefon läutet, haben Sie abzuheben», sagte Peter.

«Jawohl, Herr Leutnant.» Er lehnte sich weiterhin an das Geschütz.

«Sie sollten Haltung annehmen, Hennig.»

«Ich habe Stellung am Geschütz bezogen, Herr Leutnant.»

Der Kerl war nie um eine Antwort verlegen. Und Peter wußte nur zu gut, daß jede Beschwerde über Hennig höchst unwillkommen wäre. Hennig spielte Klavier in der Offiziersmesse. Wenn er sich Mühe gab, konnte er ganz zugänglich sein, und er hatte unter den höheren Chargen eine Menge Fürsprecher. Wenn Bier und Wein in Strömen flossen und die alten Lieder bis in die frühen Morgenstunden gesungen wurden, avancierte Hennig quasi zum inoffiziellen Mitglied des Offiziersklubs. Für einen jungen Offizier wäre es töricht, ihn ohne ersichtlichen Grund zu bestrafen, es sei denn, aus vermeintlicher Eifersucht. Aber Peter wäre niemals imstande, jene Art von Musik zu spielen, mit der man eine gesellige Runde bei Laune hielt. In dieser Hinsicht bewunderte er Hennigs Begabung und beneidete ihn um die Jahre, in denen er betrunkenen Kneipenbesuchern etwas auf verstimmten Klavieren vorgeklimpert hatte. Hennig fand mit nachtwandlerischer Sicherheit im richtigen Moment die richtige Melodie. Und er behielt sie im Gedächtnis. Er wußte, nach welcher Melodie der Kapitänleutnant an dem Abend getanzt hatte, an dem er seine Frau kennenlernte. Er wußte, welchen Walzer von Strauß der Beobachtungsoffizier mitsummen konnte. Er wußte, wann der Kommandant sich bewogen fühlen könnte, «Dann geh' ich ins Maxim» in seiner unnachahmlichen unmusikalischen Version vorzutragen, und änderte die Tonart, um ihm zu helfen; und erkannte die Hymnen, deren umgedichtete Texte nur nach dem Abgang des Kommandanten gesungen werden konnten.

Peter trat ans Telefon und drehte die Kurbel, bis die Führergondel antwortete: «Obere Geschützstellung. Probeanruf.»

«Ihre Stimme ist laut und deutlich, Herr Leutnant», meldete der Signalunteroffizier.

Peter hängte den Hörer ein. «Weitermachen, Hennig.»

«Sehr wohl, Herr Leutnant.» Und als Peter die lange, tückisch steile Leiter hinunterkletterte, hörte er Stein kichern. Er beschloß, es nicht zur Kenntnis zu nehmen.

Auf dem Abstieg zum Unterdeck dachte er an seinen Wortwechsel mit Hennig. Er wußte, daß er dabei schlecht abgeschnitten hatte. Er zog in solchen Fällen stets den kürzeren. Er war nicht dafür geschaffen, es mit den Hennigs dieser Welt aufzunehmen. Versucht hatte er es weiß Gott. Schon bei ihren ersten Übungsflügen in einem der alten Hansa-Passagierzeppeline hatte er mit Hennig gesprochen und ihm vorgeschlagen, um die Offiziersausbildung nachzusuchen. Hennig hatte das als versteckte Beleidigung aufgefaßt und den Gedanken verächtlich zurückgewiesen.

Doch an erster Stelle stand bei Peter die Tatsache, daß Hennig in letzter Zeit eine mehr als freundschaftliche Beziehung zu Lisl Wisliceny hatte, zu seinem, Peters, Mädchen. Besonders verletzt hatte ihn der neueste Brief von Lisl. Bis dahin hatte sie Peter gedrängt, sich mit ihr zu verloben. Peter fühlte sich der Szene, die sein Vater in einem solchen Fall machen würde, nicht recht gewachsen und hatte zu Ausreden gegriffen. In ihrem letzten Brief aber hatte Lisl geschrieben, sie sei jetzt auch Peters Meinung, daß sie beide zu jung zum Heiraten wären, und daß sie während seiner Abwesenheit auch noch mit anderen Leuten zusammenkommen sollte. Und damit hatte sie fraglos Erich Hennig gemeint. Hennigs Interesse für diese jüngste Tochter der Wislicenys begann erst zu erwachen, nachdem Peter mit Lisl die Oper besucht hatte. Und Hennig hatte viel öfter Gelegenheit, nach Berlin zu fahren, als Peter. Die

Mannschaften bekamen zweimal monatlich Wochenendurlaub, sofern sie nicht zum Einsatz oder zum Wachdienst eingeteilt waren. An Offizieren aber herrschte Mangel in der Luftschiff-Basis. Und das bedeutete für die jungen Offiziere und die Offiziersanwärter viel zusätzlichen Dienst.

Aber Peter würde es diesem verdammten Hennig schon zeigen. Der dürfte keine Ahnung haben, daß er mit seiner Unverschämtheit und dem Hofieren von Peters Mädchen den letzten Anstoß dazu gab, aus Peter den Pianisten von Weltrang zu machen, der laut Frau Wisliceny in ihm steckte. Von jetzt ab würde er täglich drei Stunden üben. Das hieß zwar, um vier Uhr früh aufzustehen, doch das würde ihm nicht schwerfallen. Im Lagerschuppen stand ein Klavier. Es war zwar alt und verstimmt, aber das ließe sich ohne große Schwierigkeiten beheben.

In der nächsten halben Stunde war Peter vollauf mit seinen Karten beschäftigt. Da er nicht zum Mittagessen gekommen war, hatte er jetzt Hunger und kramte in seinem Verpflegungsbeutel. Die für diese Einsätze ausgeteilten Rationen waren nicht sonderlich verlockend. Es gab harte Eier und kalte Kartoffeln, ein paar steinharte Wurststücke und eine dicke Scheibe Kommißbrot. Außerdem einen Riegel Schokolade, aber den hob er vorerst auf. Wenn sie in Höhen aufstiegen, in denen selbst das Schwarzbrot zu Eisklumpen gefror, die man mit dem Hammer zerkleinern mußte, blieb lediglich die Schokolade genießbar. Er nahm sich ein hartes Ei und kaute daran herum. Wenn er irgendwie in die rückwärtige Gondel mit den Motoren gelangen könnte, bekäme er dort vielleicht heiße Erbsensuppe oder Kaffee. Der technische Offizier erlaubte es den Mechanikern, die Auspuffrohre zum Aufwärmen zu benutzen. In manchen Zeppelinen stand auf einer elektrischen Heizplatte in der Führergondel ständig heißer Kaffee bereit, aber auf diesem Luftschiff ließ der Kommandant solche Geräte wegen der Feuergefahr nicht zu.

Als er mit seinen Berechnungen fertig war, drehte sich Peter zu den Männern in der Führergondel um. Vorne stand ein Matrose am Ruder. Ein anderes Besatzungsmitglied neben ihm regulierte das Höhenruder. Dies war angeblich die schwierigste Aufgabe in der Führergondel, an der Peter sich allerdings noch nie versucht hatte. Ein guter Mann am Höhenruder konnte jedes plötzliche Schlingern, jeden Windstoß rechtzeitig ausgleichen. Die Führergondel glich einem kleinen Glashaus, das man mit Maschinerie vollgepackt hatte. Der größte Kasten, eine Art Schrank, war das Funkgerät, das die Verbindung zum Stützpunkt und zu den anderen Luftschiffen herstellte. Ferner gab es den Kompaß, ein Variometer zur Messung von Steig- und Sinkgeschwindigkeit, ein elektrisches Thermometer, das die Gastemperatur in den Zellen anzeigte, und die lebenswichtigen Ballastkontrollen. Vorne, wo der Kommandant neben dem Rudergänger stand, befanden sich die Schalttafel für den Bombenabwurf und eine Reihe von Signallampen.

Der Plan für die kommende Nacht war einfach: Das Gros der Luftschiffe würde von der Ostküste her über Norfolk anfliegen und London angreifen, während zwei Zeppeline Kurs nach Norden nehmen sollten, um die Flugabwehr durch einen Scheinangriff am Ufer des Humber irrezuführen. Der Plan an sich war gut, wenn auch der Mangel an Originalität bedeutete, daß die Briten sich wohl nicht täuschen lassen würden.

Und zudem begann der Angriff zu früh. Selbst der Kommandant, dessen strenge Prinzipien ihm die Kritik am Oberkommando oder an seinen Vorgesetzten untersagten, meinte, es sei wohl etwas früh, als das erste Luftschiff auf Kurs ging. Der Sinn des Unternehmens bestand ja gerade darin, so lange an einer Stelle abzuwarten, bis es völlig dunkel geworden war, wenn die Luftschiffe die englische Küste überflogen. So aber bestand Gefahr, daß die Briten sie frühzeitig entdecken konnten, daß Alarm ausgelöst, London verdunkelt und die Bevölkerung die Schutzräume aufsuchen würde. Was noch schlimmer war: Die Piloten würden bei ihren Flugzeugen stehen, die Kanoniere würden die Abwehrgeschütze laden; ein heißer Empfang erwartete sie.

Die ganze Zeit über beobachtete Peter den Horizont; aus Richtung London war stets irgendein Lichtschein wahrzunehmen, egal wie strikt die Bewohner ihre Lampen löschten. Dann sah er ihn deutlich, und als sie sich London näherten, konnte er die Themse mit ihren Schleifen und Windungen erkennen. Plötzlich ballerten die Geschütze los. Zuerst nur ein kurzes Aufblitzen, weil sie sich noch einschossen, doch dann lag das Feuer näher. Peter hatte bereits die Parlamentsgebäude am Flußufer im Blickfeld. Und dann die Silhouette von London – wohl vertraut durch das Studium von Zielkarten, weit weniger aufgrund der Erinnerungen, die sie wachrief.

«Fertigmachen zum Einsatz! Bombenklappen öffnen!» Er notierte den genauen Zeitpunkt: 23 Uhr 04. Zunächst wollte er empfehlen, das Parlamentsgebäude zu bombardieren, doch die Instruktion besagte klar und deutlich: Bahnhöfe. Direkt unter ihnen lagen zwei: Waterloo und Charing Cross. Peter signalisierte, und der Kapitänleutnant befahl, die erste Ladung abzuwerfen. Beim Einschlag blitzte es mehrmals hintereinander auf, und obwohl Peter sich den Schrecken und die Zerstörung, die sie angerichtet hatten, sehr wohl vorstellen konnte, empfand er weder Reue noch Bedauern. Die Briten hatten jede nur denkbare Chance gehabt, sich aus dem Krieg herauszuhalten, sich aber zum Eingreifen entschlossen, und nun mußten sie eben die Konsequenzen tragen.

Jetzt schlug die zweite Ladung südlich des Flusses ein, in ein Arbeiterwohnviertel. Der Kommandant hätte Peters Signal abwarten sollen, aber inzwischen waren alle erregt. Es gab mehrere Detonationen, allerdings ohne daß es unten irgendwo aufflammte. Plötzlich wurde ihm klar, daß die britische Flugabwehr gefeuert hatte. Sie war sehr nahe, und zum erstenmal empfand Peter auf einem solchen Angriffsflug Angst.

Zumindest gab es im Stadtzentrum keine Scheinwerfer. Die hatten die Briten im Nordosten und an den Anflugstrecken konzentriert. Sie waren jetzt zu sehen, wie sie ständig den Himmel nach Zeppelinen absuchten, die nach ihnen kamen. Jetzt hatten sie einen erwischt. Zwei Geschosse der Flugabwehr explodierten ganz nahe. In der Gondel hörte Peter den Kapitänleutnant befehlen, eine rote Leuchtpatrone abzufeuern. Mit diesem Trick sollte der Eindruck erweckt werden, ein britisches Jagdflugzeug gebe den Befehl, das Geschützfeuer einzustellen, aber die Farben dieser Nachtsignale änderten sich mitunter von Stunde zu Stunde, und die Kanoniere ließen sich selten hereinlegen. Ein roter Lichtbogen zuckte in der Dunkelheit auf, sank langsam in sich zusammen.

«Vorne Wasserballast abwerfen!» befahl der Kommandant. Peter klammerte sich fest, denn er wußte, wie beängstigend steil sich der Bug heben würde, sobald das Luftschiff aufzusteigen begann. Man hörte das Wasser durch die Röhren brausen, und rasch gewannen sie an Höhe. Das Geschützfeuer unter ihnen erinnerte an Zigarettenanzünder, die Funken sprühten, aber keine Flamme zustande brachten.

Inzwischen hatten sich ein Dutzend Scheinwerfer an das Luftschiff hinter ihnen im Norden geheftet. «Der Drachen!» flüsterte eine Stimme in der Gondel. Wie konnte das sein? Der Drachen war doch vor ihnen gewesen. Natürlich flog er langsamer; über seine alten Motoren wurden ja unentwegt Witze gerissen. Dennoch...

Das Telefon läutete; Hildmann nahm den Anruf entgegen. «Geschützstellung Nummer zwei meldet feindliches Flugzeug», sagte er.

«Motoren abschalten!»

Die plötzlich eingetretene Stille wirkte nach dem stundenlangen Motorengeräusch wie ein Schock. Überall im Luftschiff verhielt sich jeder so ruhig wie nur möglich und lauschte.

Als Peter hinunter auf das Stadtbild blickte, sichtete er ihn: einen Doppeldecker, der sich in weitem, kreisförmigem Aufstieg befand. Die

Jagdflieger beschossen Luftschiffe mit Vorliebe der Länge nach, vom Heck zum Bug, wobei sie die neuen Spreng- und Brandgeschosse benutzten. «Jäger!» Er zeigte darauf.

Der Kommandant biß sich auf die Lippen und drehte sich zu den Instrumenten hin. Das Luftschiff war immer noch in leichtem Steigflug.

Plötzlich war alles ringsum grau: Der Zeppelin war in ein Wolkenfeld geraten. Jetzt hatte er sich «stabilisiert», er stieg nicht weiter, sondern blieb stehen; mit abgeschalteten Motoren und völlig geräuschlos verharrte er im Schutz der Wolke. Als die Scheinwerferstrahlen den unteren Rand der Wolke abtasteten, hellte sich der Dunst ringsum auf.

Sie konnten jetzt das Flugzeug hören. Es war ihnen bis hierher gefolgt und flog dicht an der Steuerbordseite vorbei, die Motoren stotterten, als der Vergaser Feuchtigkeit aufnahm. Es umkreiste sie einmal, als ob der Pilot wüßte, wo sie sich versteckt hielten, und dann, nach einem zweiten weiteren Kreis, ebbte das Motorengeräusch ab.

«Motoren wieder anwerfen!» Sie ließen fünf Minuten oder mehr verstreichen, bevor sie weiteren Wasserballast abwarfen und weiter aufzusteigen begannen. Dann hatten sie die Wolke passiert und die Sterne über sich. Sie waren jetzt sehr hoch und hatten weite Sicht. Über dem Norden Londons tasteten immer noch gebündelte Scheinwerfer langsam den Himmel ab auf der Suche nach Luftschiffen, die auf diesem Kurs zurückflogen.

Peter lieferte die erforderlichen Angaben, und sie steuerten langsam – die dünnere Luft beeinträchtigte die Motorenleistung – in Richtung Deutschland. Alle beobachteten den Horizont, wo die englischen Abwehrstellungen konzentriert waren. Alle paar Minuten flackerte Geschützfeuer auf – wie Glühwürmchen an einem Sommerabend. Dieses Spießrutenlaufen mußten sie noch hinter sich bringen.

«Seht euch das an!»

Ein Scheinwerfer nach dem anderen schwenkte hinüber zu einem Punkt am Himmel, so daß eine Art Lichtpyramide entstand mit einem silbrigen Gebilde auf der Spitze. Dann färbte sich das silbrige Gebilde rot. Zunächst war die Leuchtkraft kaum stärker als die der Scheinwerferstrahlen. Dann aber glühte es viel heller auf – der Anblick erinnerte fatal an eine Riesenzigarre, an der kräftig gezogen wird.

«Mein Gott!» Der laute Aufschrei des Kapitänleutnants zeigte, wie bestürzt er war. Alles starrte gebannt hinaus. Flugdisziplin, Dienstgrad waren für den Augenblick vergessen, alle Blicke auf das entsetzliche Schauspiel gerichtet. Keiner von ihnen hatte dergleichen je gesehen. Das getroffene Luftschiff loderte hell wie eine Fackel, so grell, daß sie geblendet wurden und nicht genau verfolgen konnten, wie es sich in eine dunkelrote, lodernde Fackel verwandelte, ehe es abstürzte. Dann verschwand der Feuerball in einer Wolke, die sich scharlachrot verfärbte und wie ein riesiger Hochofen zu kochen schien.

Das anschließende Schweigen wurde vom Schrillen des Telefons unterbrochen. Hildmann meldete sich knapp. Dann blickte er sich in der Gondel um und fixierte Peter. Wenn es etwas zu erledigen gab, dann war er hier am ehesten entbehrlich. Der Kurs für den Rückflug stand fest, die Karten waren bereits abgelegt.

Also wurde Peter losgeschickt, um den Segelmacher einzuweisen. Die Gaszellen waren zum Teil durchlöchert; der Kommandant mußte wissen, wie groß der Schaden war. Handelte es sich um kleine Einschläge von den Maschinengewehren der Aufklärer oder um die weitaus ernsteren gezackten Risse durch Granatsplitter? Befanden sich die Lecks tief unten oder in den oberen Zellenbereichen, wo dies den Verlust des gesamten Gasinhalts bedeutete? Peter suchte nach einem zusätzlichen Schal und den Schaffellhandschuhen, die er zum Schreiben ausgezogen hatte. Es würde kalt sein dort hinten, wesentlich kälter als hier in der zugigen Führergondel.

Wiederum erklomm er die Leiter. Es war dunkel und gefährlich, sich zwischen den Reihen von Gaszellen den Weg am Längsträger entlang zu bahnen. Es war, als gehe er durch das Seitenschiff eines hallenden Domes, das allerdings vom Boden bis zum Deckengewölbe mit riesigen seidenen Schwebeballons gefüllt war.

Manche der gewaltigen Beutel hingen schlapp und leer herunter. Hier war der Segelmacher bereits an der Arbeit, die Lecks zu flicken. «Herr Leutnant!» rief er von oben aus dem Dunkel. Er klammerte sich hoch über ihm an die Träger. Peter kletterte mühsam weiter. Die dünne Luft machte ihn schwindlig.

Während Peter die beschädigten Gaszellen inspizierte, landete die Flugabwehr einen Treffer. Es gab einen lauten Knall, der im Gestänge widerhallte. Das Luftschiff schwankte hin und her, blieb einen Augenblick auf der Seite liegen, so daß alles kippte und die halbleeren Gashüllen beide Männer umfingen. Peter befreite sich aus dem seidigen Stoffwulst, als das Luftschiff langsam zurückrollte und sich wieder stabilisierte. «Was zum Teufel war das?» fragte der Segelmacher. Peter antwortete nicht, doch er wußte, daß sie einen Treffer abbekommen hatten, und zwar einen schweren. Ein schieres Wunder, daß es nirgends brannte. «Bleiben Sie hier», sagte er. «Ich sehe nach, was passiert ist.»

Als er die Führergondel erreichte, fand er sie in Trümmern vor. Der hintere Teil war vollständig weg, und von der Metalltür fehlte ein großes Stück, so daß Peter, der noch auf der Verbindungsleiter zum Längsträger stand, die tief unter ihnen liegende Landefläche erkennen konnte. Von den beiden Männern am Höhen- und Seitenruder war keine Spur zu sehen – die Explosion hatte sie hinaus in die dünne Luft geschleudert.

Überall lagen Stücke der geborstenen Zelluloidfenster, und die Aluminiumträger waren zu bizarren Gebilden verbogen, wie die Ranken einer exotischen Kletterpflanze. Der Leichnam des Kommandanten lag ausgestreckt in einer Ecke, der Kopf – unbedeckt und fast kahl – war auf die Brust gesunken. Der Beobachtungsoffizier hatte überlebt. Er war irgendwie durch die zwei verbliebenen Träger zur Vorderseite gekrochen und stand jetzt am Höhenruder. Als er Peter durch die Luke klettern sah, deutete er auf das andere Rad, das die Ruder kontrollierte, und machte weiter.

«Wie schlimm ist es?» fragte Hildmann, nachdem Peter über das gähnende Loch hinweggesetzt war.

«Die Gaszellen? Zwei sind übel zugerichtet, und einige Löcher sitzen oben. Aber der Segelmacher ist ein guter Mann.»

«Wir können tiefer heruntergehen, viel tiefer.» Die Stimme des Offiziers klang strapaziert, er rang nach Luft.

«An der Küste stehen aber noch mehr Geschützbatterien», entgegnete Peter.

«Das Risiko müssen wir eingehen. In dieser Höhe entweicht das Gas rasch; wir werden sowieso bald an Höhe verlieren, ob wir wollen oder nicht. Und die Motoren geben uns weiter unten mehr Kraft.»

Peter antwortete nicht. Hildmann gab sich Illusionen hin. Der Druck in den Gaszellen spielte nur eine geringe Rolle. Was sie auch beschlossen, der aus den perforierten Gaszellen entweichende Wasserstoff würde das Luftschiff immer weiter sinken lassen. Peter hatte große Schwierigkeiten am Steuer, das er nie zuvor in der Hand gehabt hatte. Die Matrosen, denen man diese Aufgabe übertrug, wurden sorgfältig ausgewählt und besonders geschult. Dieses Ungetüm zu halten, wenn es störrisch seinen eigenen Kurs fliegen wollte, war eine härtere Anstrengung, als er es sich je hätte träumen lassen. Er empfand neue Achtung vor den Männern, die er das so ruhig und mühelos hatte tun sehen. Und als ihm der Gedanke kam, wurde ihm klar, daß er ihnen das nun nie mehr sagen konnte: beide Männer waren längst unten aufgeschlagen.

«Flickt er die Löcher?» erkundigte sich Hildmann.

«Ja, der Segelmacher und sein Assistent», bestätigte Peter. «Wunder können sie allerdings nicht vollbringen.»

Unter anderen Umständen hätte Hildmann diese Antwort vielleicht für unbotmäßig gehalten, doch jetzt schien er die offensichtliche Mißachtung nicht einmal zu bemerken.

«Wir sinken immer noch», stellte Hildmann fest. Endlich gestand er sich selbst die reale Gefahr ein. «Die beiden sollten sich beeilen.» Das Luftschiff sackte immer tiefer, bis der Höhenmesser anzeigte, daß sie die Grenze erreicht hatten, über die hinaus sie bei Dunkelheit keinesfalls absinken durften. Nun entwickelte sich ein Kampf darum, überhaupt noch in der Luft zu bleiben. In anderen Bereichen des Luftschiffs begann die Besatzung aus eigener Initiative alles über Bord zu werfen, was nur irgend entbehrlich war. Verzweifelt luden die Leute Reservetreibstoff, Munitionskisten und schließlich auch noch die Geschütze ab.

«Können Sie das Funkgerät bedienen?» fragte Hildmann.

«Ich kann es versuchen, Herr Oberleutnant.» Das Funkgerät machte einen reichlich ramponierten Eindruck; die Aussicht, daß es noch funktionierte, war äußerst gering. Die darüber hängende Uhr war stehengeblieben, ein stummes Zeugnis für den genauen Zeitpunkt des Einschlags. «Wir werden wahrscheinlich auf See niedergehen. Wir müssen unbedingt die Position des Schiffes in Erfahrung bringen, das sich in nächster Nähe aufhält.»

Und es finden, dachte Peter. Er hatte nur eine vage Vorstellung von ihrer gegenwärtigen Position, und einen solchen Punkt in der Nordsee auszumachen, würde Navigationsfähigkeiten erfordern, die weit über seine simplen Vektoren und Zahlenreihen hinausgingen. Doch vorerst blieben ihm derartige Nachweise erspart; er konnte das Höhensteuer keinesfalls verlassen, bevor eine Ablösung herbeibeordert war, und die Telefonverbindung war abgerissen.

«Sehen Sie lieber nicht nach unten», riet Hildmann. Hat der alte Knabe das tatsächlich auch schon gemerkt, dachte Peter. Die hinter dem Loch im Fußboden gähnende Leere war das Grauenhafteste, was er je gesehen hatte. Nach dem ersten Schock hatte er es vermieden, den Blick in die Richtung zu lenken.

«Jawohl, Herr Oberleutnant.»

«Sie sind ein guter, zuverlässiger Offizier, Winter.»

«Verbindlichen Dank, Herr Oberleutnant.» Peter wünschte, der Beobachtungsoffizier hätte das nicht gesagt. Es erinnerte zu sehr an einen Nachruf. Er hatte das Gefühl, als habe Hildmann das nur geäußert, weil ihre Überlebenschancen so gering waren. Es sähe ihm ähnlich, ihren Abschlußbericht noch im Kopf zu schreiben, bevor er seinem Schöpfer gegenübertrat.

«Bitte Herrn Oberleutnant gehorsamst um Erlaubnis, Kursänderung um fünf Grad nach Süden vornehmen zu dürfen.»

«Warum?» erkundigte sich Hildmann.

«Mit dem Kompaß muß etwas nicht stimmen. Die Dämmerung bricht an.»

Der Beobachtungsoffizier starrte in die Richtung, wo der Horizont in einer weniger extrem dunklen Nacht zu erkennen gewesen wäre. Dann sah er, was Peter seit fünf Minuten beobachtet hatte: ein ganz schwaches Leuchten auf dem samtigen Schwarz. Hildmann vergewisserte sich auf seiner Uhr, ob die Sonne pünktlich war. «Ja, ändern Sie den Kurs», sagte er, nachdem er die Zeit für in Ordnung befunden hatte.

Die Morgendämmerung kam dann schnell, färbte den Himmel orange und dann schwefelgelb, bevor sie das graue Meer unter ihnen heller aufschimmern ließ. Das ziemlich bewegte Wasser zu überfliegen, wirkte nicht gerade beruhigend.

«Ist das da vorne die Küste?»

«Jawohl, Herr Oberleutnant.»

«Da brauchen wir das Funkgerät gar nicht.»

«Nein, Herr Oberleutnant.»

«Ich nehme an, es funktioniert sowieso nicht.»

«Ich bin der gleichen Meinung, Herr Oberleutnant.»

«Denken Sie, wir schaffen es, am richtigen Ort zu landen?»

«Ich denke schon, Herr Oberleutnant.» Über jede andere Antwort wäre Hildmann außer sich geraten, doch nun lächelte er grimmig und nickte. Peter überlegte, wie alt er wohl sein mochte; Gerüchten zufolge war er bereits Großvater.

«Wir haben den Drachen verloren.»

«Ja, Herr Oberleutnant.»

«O mein Gott!»

Alles geschah so plötzlich, daß keine Zeit blieb, den Absturz zu verhüten. Die Kabel des Höhensteuers waren seit Stunden zerfetzt. Hildmann merkte nicht, daß sein Rad nur noch an einem winzigen Stahlstrang hing, bis bei einer Drehung auch dieser riß und die Höhenruder jäh emporschnellten, wodurch der Bug nach unten gedrückt wurde und das Luftschiff in eine bedrohliche Schräglage geriet. Das Ganze passierte innerhalb von Sekunden.

Zunächst zerrissen die Kontrollkabel, dann knallte es explosionsartig, als die losen Stahlkabel hin und her schlugen, die Gaszellen aufschlitzten und das weiche Aluminium eindrückten. Durch die Erschütterung begann Hildmanns Steuer zu rotieren, er taumelte durch die Gondel, stolperte und wurde fast durch das Loch im Fußboden hinausgeschleudert. Und dann verfing sich das Luftschiff in den Baumwipfeln. Von allen Seiten drangen Zweige herein, eine Wolke aus Blättern, Ästen und Staub wirbelte durch den Raum, bis die lädierte Gondel schließlich ganz auseinanderbrach. Mit einem Aufschrei verschwand Hildmann in der Dunkelheit, und dann traf das Luftschiff auf einen Baum, der nicht wich und wankte; an ihm brach das riesige Gerüst unter lautem Krachen und Knirschen zusammen, und Peter verlor das Bewußtsein.

In Wien war es an jenem Septembermorgen hell und klar. Das Tiefdruckgebiet, dem die Zeppeline die schützende Wolkendecke über England verdankten, hatte sich abgeschwächt. In Süddeutschland und Österreich gab es blauen Himmel und kalte Winde.

Martha Somló – oder Frau Winter, wie sie auf ihre Visitenkarten drucken ließ – war wach. Seit ihrer Kindheit gehörte sie zu den Frühaufstehern; damals mußte sie jeden Morgen um fünf Uhr aus dem Bett, um die Schneiderwerkstatt ihres Vaters im Hinterzimmer aufzuräumen.

Harald Winter schlief fest. Schnaufend drehte er sich auf die Seite. «Wach auf, Harry!» Sie hatte ein Tablett mit Kaffee und ofenfrischen Brötchen.

Er knurrte.

«Wach auf! Du hast geschnarcht.»

Er rieb sich den Schlaf aus den Augen. «Geschnarcht?»

«Ja. So laut, daß du die ganze Straße aufgeweckt hast.» Sie lächelte.

Er musterte sie argwöhnisch. Veronica hat nie etwas von Schnarchen erwähnt, auch keine der anderen Frauen, mit denen er sich mehr oder weniger regelmäßig vergnügte. «Schnarchen ist eine schlechte Angewohnheit», bemerkte er.

Er schlug die Augen auf, um sie besser sehen zu können. Sie trug den prächtigen seidenen Morgenrock, den er auf einer seiner Reisen in die Schweiz für sie gekauft hatte: schwarz und gold, mit großen chinesischen Tigern im Sprung gemustert. Damals hatte er daran gedacht, wie sehr diese fauchenden Tiger doch Martha glichen. «Macht nichts, Schatz. Du kannst ja nichts dafür», sagte sie.

In Wahrheit schnarchte Harald Winter überhaupt nicht, doch ihn damit zu necken, gehörte zu den wenigen Gelegenheiten, bei denen sie ihm ihre Vernachlässigung vergelten konnte.

Sie stellte das Tablett auf dem Bett ab und schlüpfte wieder unter die Decke. Das zählte für sie zu den Sternstunden: das Frühstück zu zweit, nur sie und Harry. Er umarmte und küßte sie hastig, ehe er sich eine Kaisersemmel nahm und wartete, daß sie ihm Kaffee einschenkte und genau die richtige Menge Sahne und Zucker hineintat. Von der Straße unten hörte man Pferdewagen über das Kopfsteinpflaster holpern: Hufe klapperten, Räder ratterten, Geschirr klirrte. Ein großer Trupp Feldartillerie zog hinaus in den Krieg. Der Lärm ging noch lange weiter, aber weder Harry noch Martha standen auf, um aus dem Fenster zu schauen. Soldaten waren in den Straßen Wiens ein so alltäglicher Anblick geworden, daß man deswegen nicht das Frühstück unterbrach.

Die vorbeiziehende Feldartillerie veranlaßte Martha zu der Frage: «An der Front steht es schlecht für uns, das stimmt doch, Harry?» Sie stellte das Tablett auf den Nachttisch und kroch wieder ins Bett.

«Es geht auf und ab, das ist immer so bei Kriegen.»

«Und dich kümmert das nicht, solange du deine Luftschiffe und Flugzeuge verkaufst und damit Unmengen Geld verdienst.»

«Meine Güte, du bist ja ein kleiner Hitzkopf mit deinen aufrührerischen Reden.»

Er packte sie beim Handgelenk und hielt es mit eisernem Griff umspannt. Das tat weh, aber sie dachte nicht daran, ihm die Genugtuung zu geben und zu jammern. Tatsächlich übte seine physische Stärke, auch wenn sie sich gegen sie richtete, eine starke Anziehungskraft auf sie aus. Umgekehrt faszinierte ihn ihr entschlossener Widerspruchsgeist genauso. Sie war die einzige Frau, die ihm die Stirn bot.

«Wie ich höre, gibt es jetzt Luftschiffe aus Holz», stichelte sie, «sie sind kleiner und besser als die von Graf Zeppelin gebauten.»

Er lächelte. «Ich habe die Kriegsmarine davon überzeugt, daß mit Holz und Leim gefertigte Luftschiffe über dem Meer bei schlechtem Wetter untauglich sind.»

«Du denkst immer nur ans Geld», entgegnete sie.

Er ließ ihren Arm los. «Wie kannst du so etwas sagen, du kleines Biest, wo ich zwei Söhne habe, die für uns kämpfen!»

«Es tut mir leid, Harry. Ich habe es nicht so gemeint.»

Er streifte ihr behutsam das seidene Negligé von den Schultern, damit er ihren weißen Leib betrachten konnte.

«Du bist atemberaubend, mein Engel. Deine Umarmung läßt alles vergeben und vergessen.» Zum Auftakt ihrer Schäferstündchen bediente er sich stets solcher Phrasen. Auf diese Weise ließ sich jedes ernsthafte Gespräch vermeiden.

Doch als er nach ihr griff, klopfte es an die Schlafzimmertür. Martha entwand sich ihm, zog den Morgenrock fest um sich und ging zur Tür.

Es war ihr Dienstmädchen. Er konnte kein Wort verstehen. Trotz der gegenteiligen Versicherungen seines Arztes war er fest davon überzeugt, daß er allmählich taub wurde.

«Was gibt's?» fragte er, als sie zurückkehrte. «Komm wieder ins Bett, mein kleiner Tiger.» Doch sie verharrte reglos – eine zierliche Gestalt mit bleichem, verzweifeltem Gesicht; das schwarze Haar fiel ihr über die Augen, bis sie es mit den vollendet geformten Händen zurückstrich.

«Die Zeppeline über England vergangene Nacht... fünf sind nicht zurückgekehrt... Dein Sohn Peter...» Sie konnte nicht weitersprechen. Tränen stiegen ihr in die Augen.

«Mein Peter... Was ist mit ihm?» Er erhob sich, ging zu ihr und hielt sie umfangen.

«Mein armer Harry», schluchzte sie.

Es war kurz vor Mittag des nächsten Tages, als Peter allmählich das Bewußtsein wiedererlangte. Noch bevor er versuchte, die Augen zu öffnen, roch er den Äther. Durch ein heruntergelassenes Rouleau kam die Sonne herein und tauchte das Krankenzimmer in gelbes Licht. Als er den Fuß bewegte, um herauszufinden, ob er noch heil war, spürte er die gestärkte Bettwäsche an den Zehen. Erst da merkte er, daß er nicht allein im Zimmer war. Neben dem Fenster standen zwei Männer in weißen Kitteln und betrachteten eine Papptafel.

«... der einzige aus der vorderen Gondel, der davongekommen ist», sagte eine Stimme.

«Und gänzlich unverletzt?»

«Bloß ein paar Kratzer, blaue Flecken und der Finger.»

«Hat er ihn verloren?»

«Nein, er hatte Glück. Ich habe nur die Fingerkuppe entfernt...»

«Und es war obendrein die linke Hand, also ich kann mir beim besten Willen nicht vorstellen, daß das einem jungen Burschen auch nur das leiseste ausmacht.»

«Es sei denn, er ist Pianist...»

«Und der Pianist – Hennig heißt er, stimmt's? – ist der mit dem Knöchelbruch. Gottes Wege sind unerforschlich, das habe ich schon immer gesagt.»

«Ein merkwürdiger Krieg, nicht wahr? Der Kommandostab plant für die Zeppeline einen Bombenangriff auf das Rathaus von Saint-Omer, wenn sich dort sämtliche Oberbefehlshaber der Alliierten sowie der englische und der belgische König versammelt haben. Und der Kaiser verbietet es.»

«Sie sind anderer Meinung?»

«Nach einer Nacht, in der ich die gräßlich verstümmelten Leichen von so vielen blutjungen Männern gesehen habe, sage ich nur, das ist ein höchst sonderbarer Krieg.»

Peter hörte, wie einer von ihnen die Papptafel wieder an den Haken hängte, bevor sie das Zimmer verließen. Er hielt die Augen geschlossen und stellte sich schlafend.

In England besichtigten die Leute am nächsten Tag das Wrack des Zeppelins, der in der Umgebung von London abgeschossen worden war. Frederick William Wite – ehemaliger Berlin-Korrespondent für *The Daily Telegraph* – schrieb: «... selbst diejenigen, denen die brutalen Angriffe auf die wehrlose Zivilbevölkerung tiefsten Abscheu einflößen, konnten sich bei diesem Anblick des Mitleids nicht erwehren.»

Wite fuhr fort: «Es gehört zur Tradition der Hohenzollern, daß der König von Preußen über die Schlachtfelder reiten muß, auf denen seine Soldaten gefallen sind, und seinen toten Leuten ins Gesicht sehen. Der Stellungskrieg und ein berechtigtes Bangen um die eigene Haut haben Wilhelm II. daran gehindert, dieses greuliche Ritual in seinem Krieg durchzuführen. Doch ich wünsche, eine grausame Norne hätte gestern früh den Kaiser bei der zitternden Hand genommen und ihn zu jener regennassen Wiese in Hertfordshire geführt und ihn gebeten, genauso wie ich auf diese verkohlten menschlichen Überreste zu blicken, zu denen die Besatzung eines kaiserlichen deutschen Luftschiffes binnen weniger Stunden geworden war. Ich wünsche, Graf Zeppelin, der Erschaffer dieses speziellen Schandflecks der Kultur, mit dem die Kindermörder in den Tod geschickt wurden, hätte sich im Gefolge des Obersten Kriegsherrn befunden. Als ich dort neben jenem jammervollen Haufen klaffender Schädel, verstümmelter Arme und Beine, zertrümmerter Knochen und versengten Fleisches stand, fragte ich mich, ob der Kaiser wohl den Treueschwur widerrufen hätte, den er vor acht Jahren in Donaueschingen ablegte, wo er den Erfinder des Luftschiff-Terrors den ‹größten Deutschen des 20. Jahrhunderts› nannte.»

1917

Paul Winter, von manchen bei Gelegenheit Paulchen genannt, empfand diese Bezeichnung auch jetzt, mit siebzehn Jahren, noch nicht als unangemessen. Mit seinem rosigen Kindergesicht zählte er zu den Glücklichen, die zeit ihres Lebens jugendlich und anziehend wirken. Manche titulierten ihn sogar «Glückspilz».

Dabei war es allerdings ein Mordspech, daß ein Angehöriger des preußischen Offizierskorps in diesem jammervollen Königlich Bayerischen Infanterieregiment an der Westfront Dienst tun mußte. Da hockte er nun in diesem tiefen Schützengraben und lauschte den dumpfen Einschlägen der feindlichen Granaten. Das morgendliche Bombardement hatte beim angrenzenden Abschnitt begonnen, doch jetzt kamen die Detonationen näher. Er versuchte, die Ängste zu verdrängen und sich auf den Brief an seine Eltern zu konzentrieren, an dem er im flackernden Schein einer Kerze schrieb. Er spitzte den Kopierstift mit einem Taschenmesser an und seufzte tief.

Das hieß freilich nicht, daß er sich irgendwie bedauerte. Die Jahre in der Kadettenanstalt hatten ihm die letzten Reste von Selbstmitleid ausgetrieben. Paul nahm das Leben Tag für Tag so, wie es kam. Dennoch fragte er sich manchmal, warum es ausgerechnet für ihn so lange aus spartanischem Essen, strenger Disziplin und sehr wenig Ruhe bestanden hatte, wozu seit kurzem noch zäher Schlamm, Todesgefahr und endlose Langeweile gekommen waren. Für Paul, im Grunde seines Herzens ein unbeschwerter Genußmensch, galt nur eine Devise: leben und leben lassen.

Meine lieben Eltern,
vielen Dank für das Paket, das heil ankam. Es war riesig nett von der Köchin, mir Socken zu stricken, aber sie sind zwei Nummern zu groß geraten. Macht nichts, einem von den Leuten werden sie passen. Das Büchsenfleisch habe ich mir nur mit meinem Freund Alex geteilt, mit den übrigen Lebensmitteln haben wir im kleinen Kreis ein Festessen veranstaltet. Ihr müßt Euch meinetwegen keine Sorgen machen. Ich bin von den eigentlichen Kampfhandlungen kilometerweit entfernt. Die

meiste Zeit bin ich im Hauptquartier und kann das Artilleriefeuer nicht mal hören.

Er hielt inne. Vielleicht war er damit zu weit gegangen. Selbst in Brüssel konnte man das Artilleriefeuer hören, und das dürften seine Eltern wohl wissen. Er fügte hinzu:

ausgenommen bei Westwind. Peter kommt mich heute besuchen. Ich werde mit ihm im Hauptquartier zu Mittag essen.

Er überlegte, was er als nächstes mitteilen könnte. Von Kälte, Dreck, Schlamm und Trauer um gefallene Freunde fast zur Verzweiflung getrieben, hatte er mehrmals versucht, einen Brief zu schreiben, der das ganze wahrheitsgemäß schilderte. Aber jedesmal hatte er es wieder aufgegeben und die gleichen beruhigenden Gemeinplätze hingekritzelt wie alle anderen, um die Angehörigen in Sicherheit zu wiegen. Und so schrieb er:

Das Wetter hier ist für die Jahreszeit gut, und der Krieg verläuft günstig für uns. Ich muß den Brief jetzt beenden. Es ist sehr früh am Morgen, und ich habe eine Menge zu tun. Nach Peters Besuch schreibe ich wieder – und ausführlicher.

Euer Euch liebender Sohn.

Sorgfältig setzte er seinen Namen darunter und las den Brief noch einmal durch, bevor er ihn in einen Umschlag steckte. Er versprach stets «ausführlichere Berichte», hielt aber dieses Versprechen nie ein, sondern beschränkte sich auf kurze Dankesbriefe. Er fühlte sich schuldbewußt wegen dieser vermeintlichen Vernachlässigung seiner Eltern, denn er wußte, wieviel ihnen seine Nachrichten bedeuteten und wie sehr sie sich um ihn sorgten. Hatte sein Bruder Peter auch solche Schuldgefühle? Die Antwort darauf kannte er, noch ehe er sich die Frage stellte. Peter vernachlässigte die Eltern nicht. Er schrieb ihnen jede Woche einen langen inhaltsreichen Brief, und sie lasen sie immer wieder. Und doch wußte er, daß sie sich um Peter nicht solche Sorgen machten wie um ihn, zumal er nach dem Absturz nicht mehr flog. Seit Weihnachten 1916 war Peter als Verbindungsoffizier nach Brüssel abkommandiert, wo sein Leben ebenso ungefährdet verlief, wie es in Berlin der Fall gewesen wäre. Hier an der Front ging es riskanter zu, das Regiment hatte innerhalb von fünf Wochen vierzehn Offiziere verloren.

Er zog die Postkarte hervor, auf der Peter ihr Treffen festgelegt hatte. Zum tausendsten Mal vergewisserte sich Paul über Datum, Zeit und Ort. Er steckte die Karte zurück zu den übrigen in seiner Brusttasche, die sich schon nicht mehr zuknöpfen ließ. Seit der Kadettenanstalt hatte ihm Peter regelmäßig solche Postkarten geschickt. Manchmal enthielten sie nur einen Satz – einen Witz, einen Gruß, eine Erinnerung an früher, eine der häufig wiederholten Lebensweisheiten ihrer schottischen Nanny. Woher wußte Peter, wie wichtig diese Karten für ihn waren? Paul sagte ihm nie ein Wort darüber und beantwortete sie nicht einmal. Dennoch vermißte er ihn sehr.

«Melder!» Paul war immer ein wenig erstaunt darüber, daß es seine eigene Stimme war, die er in diesem Befehlston hörte.

«Herr Leutnant?» Der Mann wäre um ein Haar die Stufen hinunter in den Schützengraben geplumpst. Er war ein typischer Vertreter der Bauernjungen, aus denen das Regiment vorwiegend bestand. Der Rest waren ältere Männer mit Familie oder mit leichten Körperbehinderungen, die sie bis zum vergangenen Jahr vor dem Kriegsdienst bewahrt hatten. Dieser Nachschub war nur unzureichend ausgebildet. Das Regiment dürfte keinen Frontabschnitt halten, es gehörte vielmehr in ein Ausbildungslager, wo die Kerle marschieren und schießen lernen konnten. Auf dem Schießstand verfehlte die Hälfte von ihnen die Zielscheibe. Das Auseinandernehmen der Maschinengewehre ging jämmerlich langsam vonstatten, und selbst eine Ladehemmung konnten die Leute nur mühsam beseitigen. Wenn die britische Infanterie sich zum Angriff auf diesen Abschnitt entschließen sollte, könnte sie glatt durchbrechen. So zumindest erschien es all denen, die nicht gesehen hatten, in welchem Zustand sich die britischen Soldaten ihnen gegenüber befanden. Paul aber hatte mit genügend britischen Gefangenen gesprochen, um zu wissen, daß die endlosen Regenfälle dieses Winters und die unter Wasser stehenden Schützengräben die Moral des Gegners auf einen Tiefpunkt gebracht hatten, an dem etliche Tommys durchaus dankbar waren bei der Aussicht auf ein trockenes Kriegsgefangenenlager, fern vom Kampfgeschehen.

Die Generale im kaiserlichen Armee-Hauptquartier vertraten die Theorie, daß ein paar erfahrene Unteroffiziere sowie einige ausgebildete preußische Offiziere in jeder Kompanie wahre Wunder wirken würden, was natürlich nicht stimmte. Die «ausgebildeten preußischen Offiziere» waren nicht besser als die Jungen von der Kadettenanstalt, manche mit weniger Schulung als Paul. Und was die erfahrenen Unteroffiziere anging, so handelte es sich um desillusionierte Veteranen, von denen viele erst kürzlich aus dem Lazarett entlassen worden waren, um Männer, die gehofft hatten, den Rest des Krieges auf einem sicheren Posten als Ausbilder zu verbringen.

Er verstaute den Brief in einem wasserdichten Beutel, um ihn vor Schlamm, Regen und den schmutzigen Händen des Meldegängers zu schützen. «Bringen Sie diesen Brief zum Regimentsstab und sagen Sie in der Schreibstube, sie sollen ihn in die Offizierspost geben, damit er noch heute früh abgeht. Verstanden?» Eine Detonation ließ die Kerze flackern, und aus den oberen Stützbalken fielen ein paar Erdbrocken.

«Zu Befehl, Herr Leutnant.»

Die britische Artillerie belegte die Laufgräben mit Feuer, damit die Kommunikationsverbindungen unterbrochen waren, wenn sie zum Angriff vorgingen. Der stand, Gerüchten zufolge, in zwei bis drei Tagen bevor. In letzter Zeit waren zudem massenhaft britische Spähtrupps unterwegs – gewöhnlich ein untrügliches Zeichen für einen bevorstehenden Angriff. Paul kannte sich aus, denn er war der einzige Offizier im Regiment, der fließend Englisch sprach. Man beauftragte ihn, die Gefangenen zu verhören oder die persönlichen Effekten der britischen Gefallenen zu sichten, bevor diese an die Nachrichtenoffiziere zurückgeschickt wurden. Zwei Tage, höchstens drei. Ein Sergeant von den South Wales Borderers hatte es ihm gegenüber faktisch zugegeben.

Der Soldat nahm den Ölzeugbeutel, stolperte über sein Gewehr, stieß mit dem Stahlhelm gegen den niedrigen Türbalken, als er die Stufen hinaufhastete und sich durch den Schützengraben davonmachte. Paul beobachtete ihn ohne weiteren Kommentar. Er selber war ebenfalls von Natur aus etwas tolpatschig. Auch er stolperte gelegentlich die Stufen hinauf. Warum konnten manche Menschen einfach nicht anders, auch wenn sie sich noch so sehr bemühten? Paul wäre brennend gern gewandt und elegant gewesen, doch er konnte nicht einmal tanzen, ohne seiner Partnerin auf die Füße zu treten.

Als die Gasschutzklappe an der Tür sich öffnete, drang ein betäubender Gestank nach Kordit und Latrinen in den Unterstand. Immerhin eine Abwechslung von dem ständigen Mief ungewaschener Körper und dem Verwesungsgeruch, die sonst die Luft hier unten schwängerten.

«Wie spät ist es?» Von einer der am anderen Ende in die Wand eingebauten Pritschen schwangen sich zwei Beine auf den Boden. Alex Horner, Pauls Freund aus der Kadettenanstalt, war zum gleichen Regiment abkommandiert worden. Beide hatten sich eine der besseren preußischen Einheiten erhofft – Kavallerie, Garderegiment, Dragoner –

anstelle dieses Sammelsuriums von Rekruten. Aber sie waren wenigstens zusammen, der einzige Trost in diesem elenden, qualvollen Dasein, das sie fristeten.

«Wenn ich das nächste Mal zu Wertheim komme, kaufe ich dir eine Uhr mit Leuchtzifferblatt», sagte Paul sarkastisch.

«Na ja, das könnte noch ein Weilchen dauern», meinte Alex. Er rieb sich das Kinn, um festzustellen, ob er sich unbedingt rasieren mußte, um sich eine entsprechende Ermahnung des Kompanieführers zu ersparen. Er beschloß, es zu riskieren; mit siebzehn hatte man nicht jeden Tag ein Stoppelkinn.

«Es ist drei Uhr zweiunddreißig», teilte Paul ihm mit.

«Glattweg mörderisch, um diese nachtschlafende Zeit auf zu sein.»

«In fünfzehn Minuten Posten beziehen.» Bei Anbruch der Dämmerung mußten die Schützengräben an der Front besetzt sein, da dies die bevorzugte Angriffszeit der Briten war. Weil jedoch die Schützengräben voller Infanterie lagen, war es für die Briten auch ein günstiger Zeitpunkt, sie mit Granaten zu belegen.

Alex Horner tastete den Boden nach seinen Zigaretten ab. Er fand sie, zusammen mit den Streichhölzern, in seinem Stahlhelm. Nachdem er sich eine Zigarette angesteckt hatte, stieg er in die Stiefel, knöpfte die Wollweste, die Uniformjacke und den Mantel zu, in denen er geschlafen hatte. Er bewegte sich langsam, wie ein Betrunkener. Anspannung, Mangel an Schlaf und die schwere, eiweißarme Kost gaben ihnen allen etwas Automatenhaftes.

«Hätte die Armee doch bloß nicht ihre Luftschiffe außer Gefecht gesetzt...» Alex besprengte ein schmutziges Taschentuch mit etwas Eau de Cologne und rieb sich das Gesicht damit ab.

«Sie hat es aber getan», entgegnete Paul, der das Klagelied von Alex schon hundert Mal oder auch mehr zu hören bekommen hatte.

«Mein Gesuch war fix und fertig und genehmigt. Die ärztliche Untersuchung wäre eine reine Formsache gewesen. Ich bin vollständig gesund und hundertprozentig tauglich, du weißt das, Paul.»

«Allerdings», bestätigte Paul. Er konnte seinen Freund nicht vor den Kopf stoßen! Sie brauchten beide jemanden, dem sie ihr Herz ausschütten konnten. In Ermangelung anderer mitfühlender Freunde erzählten sie sich dieselben Geschichten immer wieder.

«Inzwischen würde ich längst fliegen.»

«Vielleicht könntest du dich zur Luftschiff-Division der Kriegsmarine versetzen lassen.»

«Das würden die niemals genehmigen, das weißt du genau.»

«Ich rede mal mit meinem Bruder, wenn ich ihn sehe. Womöglich kann er etwas für dich arrangieren.»

«Ich habe mir sogar die ganzen Bücher über Motorreparatur und Wartung gekauft.»

«Luftschiffe sind gefährlich. Mein Bruder Peter wurde abgeschossen.»

«Sprich mit ihm. Vielleicht könnte ich doch als Leutnant zur See...» Sie wußten beide, daß für seine Versetzung zur Kriegsmarine nicht die geringsten Aussichten bestanden, was sie aber nicht daran hinderte, das Thema häufig zu erörtern.

«Hast du deinen Pistolengurt und die Taschenlampe? Es wird Zeit, Alex.»

«Die Monotonie macht mich fertig. Wir beziehen Stellung und frieren eine Stunde lang erbärmlich. Danach stehen wir eine halbe Ewigkeit herum, während der Hauptmann jeden Gewehrlauf inspiziert.»

«Heute früh nicht. Es ist Ostersonnabend. Wach auf, Alex! Wir sind eingeteilt für die Kontrolle der Wachen und sollen dann an der alten Nachschublinie auf die Rückkehr des Kommandos vom Drahtverhau warten.»

Alex nickte, hörte jedoch nicht auf zu lamentieren. «Nachher, wenn das Frühstück kommt, werden die Briten die Laufgräben beschießen, und diese Idioten werden unser Frühstück in den Dreck fallen lassen, wie sie es vergangene Woche dreimal gemacht haben.»

«Denkst du nie an etwas anderes als an Essen und Trinken, Alex?»

«Was gibt es denn sonst noch?» Es war Alex' «Morgenklage». Paul hatte sich daran gewöhnt, daß sein Freund unmittelbar nach dem Aufstehen jedesmal schlechter Laune war. Eine Stunde später war er dann wieder munter und vergnügt. Bis dahin brauchte er dieses Gejammer. «Ich nehme an, die Flugzeuge werden jeden Augenblick hier sein.»

«Es ist noch zu früh. Die Angriffe letzte Woche stammten von Aufklärern auf dem Rückflug. Vielleicht bleiben die englischen Piloten zu Ostern im Bett.»

«Hat Brand heute morgen Dienst?» erkundigte sich Alex, wobei er sich bemühte, die Frage möglichst beiläufig klingen zu lassen; trotzdem beherrschte die bevorstehende Begegnung mit dem gefürchteten Leutnant Brand die Gedanken der beiden.

«Ja, er ist Offizier vom Dienst.»

«Heiliger Strohsack!» Alex strich sich abermals über Kinn und

Wangen, voller Bedauern, daß er sich nicht doch rasiert hatte, denn Leutnant Heinrich Brand war ein Tyrann, ein grausamer Mensch, der sich keine Gelegenheit entgehen ließ, seinen jungen Offizieren das Leben zur Hölle zu machen.

Brand war zweiunddreißig, ein Bäckersohn aus einem Dorf nahe der österreichischen Grenze. Er war als junger Bursche in die bayerische Kavallerie eingetreten und hatte es 1914 bis zum Feldwebel gebracht. Eine weitere Beförderung hätte es für ihn nie gegeben, wäre nicht der Krieg ausgebrochen. Ende Dezember 1914 war er Stabsunteroffizier im Ausbildungslager des Regiments. Anfang 1915 jedoch rettete er an der Ostfront das Leben seines Schwadronsführers. Sein Kavallerieregiment wurde von angreifenden Kosaken aufgerieben, als es sich auf dem Rückzug durch eine Waldung befand, die dann in ein Sumpfgebiet und schließlich ins offene Gelände überging, was der russischen Kavallerie Gelegenheit bot, ihre überlegenen Fähigkeiten und ihren verwegenen Mut zu demonstrieren. Brand erhielt das Eiserne Kreuz und eine Offiziersstelle.

Doch die gleichen Offiziere, die ihm für seine Tapferkeit Beifall gezollt hatten, wollten in ihrem Kasino nichts mit diesem grobschlächtigen Dörfler zu schaffen haben. Brand wurde zur Infanterie versetzt.

Es war kalt und dunkel, Regen lag in der Luft. In dem Stacheldrahtverhau, der das Niemandsland bedeckte, pfiff der Wind. Als Paul und Alex sich über den Bretterboden ihren Weg durch den tiefen Schützengraben bahnten, dachten beide an Brand. Der Leutnant hegte einen ganz speziellen Haß auf diese zwei Zöglinge der exklusivsten Kadettenanstalt in der preußischen Armee. Brand beneidete sie. Er hätte fast alles darum gegeben, das forsche Auftreten und die Lebensart dieser beiden jungen Männer zu besitzen – von dem schlagfertigen Berliner Ton ganz zu schweigen.

«Ich hasse ihn», verkündete Alex Horner, als sie die Zickzacklinie der Schützengräben durchliefen; ihre schmutzverkrusteten Mäntel wurden immer schwerer. Der Mond am sternklaren Himmel war sehr gelb und fast voll. Eine bitterkalte Nacht. Die Laufbretter waren fest in den Schlamm eingefroren, so daß sie nicht unter dem Gewicht der beiden einsanken, wie sie es bei Tag zu tun pflegten.

«Nicht so laut», flüsterte Paul. «Nachts trägt die Stimme weit.»

Sie erreichten den ersten Wachposten. Er stand auf der Feuerstufe und blickte über die Brustwehr. In dieser Pose, eingehüllt in eine schmutzige Decke und reglos wie eine Statue, bekamen selbst die Bauernjungen etwas Heldenhaftes. «Irgendwas zu sehen von dem Kommando im Drahtverhau?» fragte Paul.

«Nein, Herr Leutnant», antwortete der Wachposten, ohne den Kopf umzudrehen. Als Wachposten lernte man schnell, wie gefährlich selbst in der Nacht jegliche Bewegung war, die von den britischen Scharfschützen wahrgenommen werden könnte. Auf diese Weise waren vergangene Woche zwei Wachposten ums Leben gekommen. In beiden Fällen hatte es sich um Brillenträger gehandelt. Man nahm an, das Mondlicht, beziehungsweise eine Leuchtkugel, habe sich in den Gläsern gespiegelt. Einer der Offiziere hatte vorgeschlagen, Brillenträger vom Wachdienst zu entbinden, was jedoch in einer solchen zweitklassigen Einheit mit derart vielen körperlich Beeinträchtigten für die übrigen eine unzumutbare Belastung gewesen wäre.

«Keinerlei Bewegung, Herr Leutnant», meldete der Wachposten.

Beim nächsten und übernächsten dasselbe. Das hieß freilich nicht, daß sich niemand in dem undurchdringlichen Gewirr des Niemandslandes befand. Die britischen Spähtrupps bewegten sich erstaunlich rasch und lautlos. Mehr als einmal war es im vorigen Monat den Briten gelungen, bei einem plötzlichen Überfall in die deutschen Schützengräben an der Frontlinie einzudringen und wieder herauszukommen, bevor Alarm ausgelöst werden konnte. Sie versuchten, einen gefangenen Offizier herauszuholen; das war gewöhnlich der Grund für solche Überfälle: ein gefangener Offizier oder geheime Papiere, mit deren Hilfe der Nachrichtendienst die vorgesehenen Stellungen der deutschen Armeen ermitteln konnte, die bei der nächsten Offensive ein ideales Angriffsziel darstellen würden.

«Leutnant Brand hätte niemals in einer solchen Nacht ein Kommando losschicken dürfen», meinte Paul. «Es ist einfach zu hell.»

«Der Drahtverhau ist kaputt.»

«Das ist er doch ständig. Glatter Mord, Leute in einer solchen Nacht zum Flicken loszuschicken.»

Sie bogen um eine Ecke und gingen die «alte Nachschublinie» entlang. Diese von den Briten gebauten Schützengräben waren nach deutschen Maßstäben unzureichend angelegt. Die britische Infanterie improvisierte dabei immer, es gab nur flache, mit Wellblech überdachte Unterstände. Niemand mochte diesen Frontabschnitt. Abgesehen von der minderwertigen Ausführung, verlief das ganze Schützengrabensystem verkehrt herum: Die alten Feuerstufen waren nach Osten gerichtet, und «Sappen», Schießstände und Maschinengewehrstellungen befanden sich durchweg auf der «falschen Seite». Am schlimmsten war der Gestank. Das Erdreich in diesem Frontabschnitt barg zahllose verweste Leichen.

Der allseits gefürchtete Leutnant Brand stand auf der Feuerstufe, den Blick über die endlose, glänzende Schlammfläche des Niemandslandes gerichtet. Er benutzte dazu weder ein Scherenfernrohr, noch die mit Gucklöchern versehene Stahlplatte, die einen gewissen Schutz bot. Er zeigte gern, wie furchtlos er war; ihm gefiel es, wenn man ihn für tollkühn bis an die Grenze des Wahnsinns hielt. «Verrückter Heini», nannten ihn die Männer, und er war stolz auf diesen Spitznamen, auch wenn er jeden, von dem er ihn hörte, aufs schweste bestrafen würde.

Er stieg von der Feuerstufe herunter. «Horner! Winter! Sie kommen beide zu spät, darüber wird Meldung erstattet.» Natürlich kamen sie nicht zu spät, sondern drei Minuten zu früh, aber sich darüber mit ihm herumzustreiten, brachte nichts ein. Der Major würde auf jeden Fall das glauben, was Brand ihm erzählte, oder zumindest so tun, als ob er ihm glaube. Der Major war zermürbt; er wählte immer den einfachsten Weg, und mit Brand zu argumentieren, bedeutete Schwerstarbeit. Brand kannte die Vorschriften Wort für Wort. Und der Major wiederum hatte inzwischen längst begriffen, daß er Brands «juristischem Kauderwelsch» nicht gewachsen war.

«Junge Offiziere sollten den Männern ein Beispiel geben», verkündete Brand. Das sagte er immer, brachte es aber jedesmal so vor, als handle es sich um eine ganz neue und einzigartige Erkenntnis. «Horner! Sie haben sich nicht rasiert. Ihr denkt, ihr könnt euch über jede Regel hinwegsetzen. Ihr denkt, ein bayerisches Regiment ist für euch Preußen nicht gut genug. Also werde ich euch davon überzeugen müssen, daß es das sehr wohl ist. Und wenn das nur mittels Bestrafung geht, dann wird eben dieser Weg eingeschlagen!» Brand setzte alles daran, sich gewählt auszudrücken, doch wenn er sich aufregte, verfiel er nur noch stärker ins Bayerische.

Paul sah ihn an. Als er das erste Mal von diesem bayerischen Stabsfeldwebel hörte, der auf dem Schlachtfeld zum Offizier befördert worden war, hatte er einen rotgesichtigen alten Knaben mit Bierbauch, Knollennase und buschigem Schnauzbart erwartet. Doch Brand war jünger als die anderen Kompanieführer, schmalhüftig und ziemlich ansehnlich: schmale, knochige Nase, hohe Stirn, ordentlich zurechtgestutzte Brauen und flinke, feurige Augen. Sie waren ständig in Bewegung, als rechne er jeden Moment mit einem Angriff. Wenn er den Stahlhelm abnahm, um etwa durch das Scherenfernrohr zu schauen, konnte man sehen, daß er das Haar keineswegs so kurzgeschoren trug, wie er es von allen ihm Unterstellten verlangte, sondern halblang und gewellt. Irgendwie schaffte er es, selbst hier in den Schützengräben stets sauber und gepflegt zu bleiben. Er trug einen langen Regenmantel, den er von einem gefangenen britischen Offizier bekommen hatte, einen Trenchcoat, und die Uniform darunter, mit dem Eisernen Kreuz auf der Brusttasche, war verhältnismäßig sauber und trocken. In der Hand hielt Brand eine kurze Reitgerte, mit der er gern auf andere deutete, Soldaten anstieß, die einen Stupser nötig hatten, oder sich einfach nachdenklich an den Oberschenkel schlug. Das tat er jetzt.

«Sie haben einen schweren Arbeitstag vor sich, meine Herren. Winter geht ins Dorf zurück und führt ein Totengräber-Kommando zum Posten Nummer drei. Höchste Zeit, die Leichen loszuwerden, es stinkt da unten.» Er wandte sich Alex zu und nickte.

«Horner! Der Major wünscht, daß jemand das Sonderkommando beim Umbau des langen Unterstandes beaufsichtigt. Die sollten vor zwei Tagen fertig sein. Machen Sie Dampf dahinter! Ich komme nachher vorbei und schaue mir die Sache an.»

Paul sagte: «Ich gehe heute ins Divisions-Hauptquartier, Herr Leutnant. Mein Bruder kommt. Der Major hat die Genehmigung erteilt.»

«Sie werden das tun, was Ihnen gesagt wird, Winter. Ich wünsche, daß diese Leichen sofort beerdigt werden.»

«Mein Bruder kommt aus Brüssel. Der Major hat den Oberst gefragt, alles ganz offiziell.»

«Der Krieg ist ebenfalls ganz offiziell», bemerkte Brand, jetzt durchaus amüsiert. Er fixierte die beiden und lächelte dabei grimmig, als wolle er sie auffordern, an dem Spaß teilzuhaben. «Familientreffen finden mit Genehmigung des kommandierenden Offiziers statt, doch selbst dann unterliegen sie den Erfordernissen der militärischen Lage. Auch Ihrem Bruder wird bekannt sein, daß die Armee Vorrang hat.»

Leutnant Brand war an jenem Morgen ungewöhnlich erregt, und der Grund dafür wurde klar, als ein Vizefeldwebel erschien und berichtete, das Kommando für den Drahtverhau sei immer noch nicht zurück. Wiederum spähte Brand in das Niemandsland. Der Himmel hatte sich inzwischen blutrot verfärbt, und es wurde mit jeder Minute heller. Falls das Kommando – zwölf Mann – irgendwo dort draußen im Schlamm noch am Leben war, hatte es nur geringe Chancen, den Tag zu überdauern. Die Briten würden auf alles, was nicht dem gewohnten Bild entsprach, schießen, auf beiden Seiten die gängige Praxis. Der heutige Wetterbericht sagte zudem Westwind voraus, eine leichte Brise, die den Briten, sollten sie sich für einen neuerlichen Gasangriff entscheiden, hervorragend zustatten käme. Was würde dann aus dem Kommando im Drahtverhau werden?

«Ab mit Ihnen», sagte Brand. «Und passen Sie ja auf, daß ich Sie nicht beim Schlappmachen erwische. Denken Sie an meine Worte: Sie sollen den Männern ein Beispiel geben.»

Als die beiden wieder am Ausgangspunkt der Laufgräben angelangt waren, sagte Paul: «Ich wollte meinen Bruder so gern sehen, nach fast einem Jahr. Und er kommt extra den ganzen Weg von Brüssel.»

«Geh doch einfach hin», meinte Alex. Er wußte, was dieses Treffen für seinen Freund bedeutete. In den letzten zwei Wochen hatte Paul kaum von etwas anderem gesprochen. «Das Totengräber-Kommando hat dich als Aufpasser nicht nötig. Bei der Arbeit trödeln die nicht rum, darauf kannst du Gift nehmen. Die schuften, was sie nur können, damit sie den bestialischen Gestank rasch hinter sich bringen.»

«Sie brauchen einen Offizier, der den Leichen die Erkennungsmarken abnimmt», wandte Paul ein.

«Quatsch!» widersprach Alex. «Das macht der Unteroffizier. Winkel ist ein guter Mann.»

«Brand wird dahinterkommen.»

«Wie denn? Willst du es ihm auf die Nase binden? Winkel macht garantiert keinen Ärger.»

«Er wird hingehen und die Beerdigung kontrollieren.»

«Nicht Brand. Der wagt sich nicht einmal in die Nähe, bevor alle unter der Erde sind. Brand hat für solche Aufgaben nichts übrig. Deshalb überläßt er sie ja auch immer uns; was Schlimmeres kann er uns seiner Meinung nach gar nicht antun.»

«Ich hab Peter versprochen ...»

«So geh doch! Mach, daß du wegkommst, sage ich dir.»

«Ich gehe bis ins Dorf und rede mit dem für das Kommando zuständigen Unteroffizier.»

«Das ist Winkel, wie ich dir eben mitgeteilt habe. Was willst du ihm sagen? Daß du Angst vor Brand hast, aber trotzdem seinen Befehlen zuwiderhandelst?»

«Vermutlich hast du recht.»

«Erzähle niemandem ein Wort. Du fährst vom Dorf aus mit dem Verpflegungswagen ins Hauptquartier. Dort triffst du dich doch mit deinem Bruder, oder?»

«Ja.»

«Na, dann hau ab. Es ist ein langer Weg. Ich biege das schon für dich hin.» Er gab seinem Freund einen Klaps auf den Arm.

«Vielen Dank», sagte Paul. Während er durch den Schützengraben in Richtung Divisionsstab hastete, schwanden seine Ängste und Zweifel allmählich. Er beschloß, seinen Bruder um Rat zu fragen, wie er sich Leutnant Brand gegenüber verhalten solle. Peter würde ein Rezept für den Umgang mit ihm wissen. Peter wußte alles. Je mehr er darüber nachdachte, desto fröhlicher wurde er. Die Aussicht auf das Wiedersehen machte ihn glücklich.

Es war ein langer Weg bis zum Hauptquartier. Zunächst mußte man etwas über einen halben Kilometer durch die Laufgräben zurücklegen, bis man die sogenannte Straße erreichte, aber bei diesem Aprilnieselregen erschien es viel weiter. An manchen Stellen waren die Grabenwände eingebrochen, und es kamen einem ständig Leute entgegen. Paul mußte sich an Essensträgern vorbeidrücken und Verstärkungen durchlassen. Die Straße, stellenweise kaum mehr als ein Feldweg, konnte selbst von den am günstigsten stationierten Beobachtern der britischen Artillerie nicht eingesehen werden, war also vor allem geschützt, bis auf vereinzelte Salven der 25-Pfünder, mit denen sie jedes aufwirbelnde Staubwölkchen bedachten. Aber bei diesem Wetter gab es keinen Staub.

Er fragte einen Feldjäger nach dem Weg zum Divisionsstab.

«Der Divisionskommandeur hat sich ein deutlich sichtbares Objekt ausgesucht», erläuterte dieser mit leicht verächtlichem Unterton. «Ein Schloß mit zwei spitzen Türmen... Ich hatte dort bis letzten Monat Dienst. Wenn Sie ins Dorf kommen, sehen Sie schon die Ruinen einer Kirche. Dann das Offiziers-Bordell – deutlich beschildert – und danach schauen Sie nach den Wachposten auf der rechten Seite. Aber bis dahin ist's noch ein langer Weg.» Er fragte nicht nach Pauls Papieren. Paul überlegte, ob ein Offizier wohl wegen einer solchen Widersetzlichkeit, wie er sie gerade beging, erschossen werden könnte. Höchstwahrscheinlich, wenn Brand die entsprechenden Vorschriften und Verordnungen anführte. Am liebsten hätte er das Ganze rückgängig gemacht, aber dafür war es jetzt zu spät.

«Sie können im Verpflegungswagen mitfahren», sagte der Feldjäger. «Er kommt auf dem Rückweg hier vorbei. Warten Sie im Unterstand, wenn Sie wollen.»

«Ich gehe lieber zu Fuß weiter», entgegnete Paul.

Er machte sich wieder auf den Weg; es regnete inzwischen heftig. Er kam an zwei aufgetriebenen Pferdekadavern vorbei. Daneben stand ein zerbrochenes Rad wie ein Grabstein. Mörderischer Gestank lag in der Luft. Paul knöpfte den Mantel bis zum Hals zu und nahm den Stahlhelm ab, um sich den Schweiß von Kopf und Gesicht zu wischen. Zum Teil hatte ihn der anstrengende Fußmarsch ins Schwitzen gebracht, aber außerdem war ihm heiß vor Angst.

Nur ein paar hundert Meter hinter der Kreuzung nahm ihn der Verpflegungswagen mit, der leer ins Depot zurückfuhr. Er setzte sich neben den Kutscher – zum Glück ein schweigsamer Mensch – und sah zu, wie die regennassen Seeländer Pferde sich den von Furchen durchzogenen Pfad entlangschleppten. Sie kamen kaum schneller voran als er zu Fuß, aber hier oben auf dem Kutschbock zu sitzen, war entschieden besser, als sich zwischen Schlaglöchern, Pfützen und Schlamm mühsam den Weg zu suchen. Die Gegend war eintönig und nebelverhangen.

Gegen neun Uhr erreichte er den Divisionsstab, der in der Tat in einem imposanten Gebäude untergebracht war. In einer weiträumigen Koppel grasten zwölf prachtvolle Reitpferde. Als Paul vorbeiging, beäugten sie ihn kurz. Die Männer aus den Schreibstuben biwakierten im Obstgarten, und im ehemaligen Kräutergarten befand sich eine Suppenküche. Paul wollte nicht ins Offizierskasino gehen, wo er vielleicht jemandem aus seinem Regiment begegnen könnte, und bat deshalb einen Feldwebel um etwas Eßbares, der gab ihm eine Blechschüssel mit heißer Erbsensuppe, in der zwei winzige Würstchen schwammen.

In der pompösen, mit Marmorfußboden ausgestatteten Eingangshalle befand sich ein Tisch, an dem ein Unteroffizier in der Uniform eines bayerischen Gebirgsschützenregiments saß. Er war umringt von Kurieren; eine geräuschvolle, prächtig uniformierte Gruppe hatte sich am Fuß der Freitreppe zusammengeschart. Der Unteroffizier fixierte Paul. Männer, die direkt vom Schlachtfeld kamen, sah man selten so weit hinter der Front, und der Mann, der nur seinen Schreibtisch, nicht aber den Schützengraben kannte, war noch nie einem derart verdreckten Offizier begegnet.

Nachdem er sich erkundigt hatte, stieg Paul die prachtvolle Freitreppe hinauf. Oben in einem Zimmer traf er Peter, der sich mit einem elegant aussehenden Hauptmann unterhielt. Als Paul grüßte, lachten der Hauptmann und Peter gerade über irgend etwas.

Peter! Dies war der Augenblick, für den er so viel riskiert hatte. Dies war ein Treffen, das er so ungeduldig erwartet hatte. Er wollte den geliebten Bruder in die Arme schließen, aber das konnte er in Gegenwart eines Fremden unmöglich tun. Deshalb stand er reglos da und lächelte Peter fast etwas scheu zu.

«Das ist also Ihr Bruder?» sagte der Hauptmann, und dann lachten die beiden wieder über irgend etwas. Paul beneidete seinen Bruder um die Leichtigkeit, mit der er Freundschaften schließen konnte. Peter schaffte es mühelos, Rang- und Altersunterschiede zu überbrücken. Peter konnte sogar mit seinem Vater lachen und scherzen, Paul dagegen wurde immer noch wie ein Kind behandelt, von der Familie ebenso wie von Fremden. Während Paul sich jedesmal nur mit Hilfe seines schüchternen Charmes aus der Affäre ziehen konnte, redete Peter mit anderen Männern von gleich zu gleich, und das bewunderte Paul restlos. Dieser ungezwungene, geistvolle ältere Bruder hätte sich niemals von einem Leutnant Brand drangsalieren lassen, sondern Mittel und Wege gefunden, mit ihm fertig zu werden.

Peter stand auf und ergriff Pauls ausgestreckte Hand. «Paul», sagte er, «Paul.»

Ohne den Bruder auch nur eine Sekunde aus den Augen zu lassen, setzte sich Paul auf einen harten Holzstuhl, was nach der langen Zeit im Schützengraben seltsam ungewohnt war.

«Ich lasse Sie beide jetzt allein», sagte der Stabsoffizier. «Über Ostern ist nicht viel los. Die meisten sind vermutlich auf Urlaub in Brüssel.»

Er überließ Peter und Paul das kleine Büro und schickte sogar einen Burschen mit Kaffee und Schnaps.

«Du bist ja in einem furchtbaren Zustand», bemerkte Peter, sobald sie allein waren. Er musterte seinen jüngeren Bruder eingehend: die dunklen Ringe unter den Augen, den kahlgeschorenen Kopf, den regennassen Mantel, die verdreckten Stiefel. Als Paul den Kragen lockerte, bemerkte er das ebenfalls schmutzige Unterhemd. «Hattest du denn keine Zeit, eine saubere Uniform anzuziehen?» Das war wieder ganz die Stimme des erwachsenen Bruders, der dem Baby das mit Soße bekleckerte Lätzchen vorhält, doch Paul nahm diese Herablassung einfach nicht zur Kenntnis. Das hätte alles verdorben.

Paul antwortete nicht sofort. Er wußte natürlich, daß man sich in der Etappe nicht vorstellen konnte, wie es an der Front wirklich aussah. Daß es dort nichts weiter gab als einen dreckigen Graben, aus dem man jedes Husten über das Niemandsland hinweg hören konnte und wo eine Lungenentzündung ebenso tödlich war wie feindliche Kugeln und Granaten. Aber daß sein Bruder offenbar meinte, saubere Uniformen und gebügelte Wäsche stünden dort zur Verfügung, schockierte ihn. «Dafür war keine Zeit», sagte er knapp.

«Die erste Aufgabe eines Offiziers ist, ein Beispiel zu geben», verkündete Peter. «Das hat man dir doch bestimmt in der Kadettenanstalt beigebracht.» Du meine Güte, dachte Paul, er redet wie Leutnant Brand. Aber auf einmal gab es einen Stimmungsumschwung, und Peter lächelte. «Du hast mächtig zugelegt, Paul. So was von breiten, kräftigen Schultern.» Wollte Peter ihm auf seine höfliche Art zu verstehen geben, daß er nicht nennenswert gewachsen war? Solange er zurückdenken konnte, hatte Paul sich gewünscht, so groß wie sein Bruder zu sein, aber inzwischen wußte er, daß er niemals hochgewachsen und schlank werden, sondern gedrungen, breit, untersetzt und linkisch bleiben würde.

«Du bist befördert worden», bemerkte Paul. Vielleicht war seinem älteren Bruder die neue glänzende Goldtresse an der blitzsauberen, tadellos gebügelten Marineuniform zu Kopf gestiegen.

«Oberleutnants sind in Brüssel nicht viel mehr als Laufburschen», wehrte Peter ab, wobei die selbstbewußte Geste, mit der er sich über den Ärmel strich, diese Bescheidenheit Lügen strafte.

«Du siehst gut aus, Peter.» Die verstümmelte Hand seines Bruders übersah er geflissentlich. Peters Verwundung schreckte ihn auf besondere Weise. Was Peter widerfuhr, traf ihn genauso.

«Es gibt keinen vernünftigen Grund, weshalb ich nicht wieder in der Fliegerei Dienst tun sollte. Als Oberleutnant mit meiner Erfahrung würde ich wahrscheinlich als Kommandant auf einem der neuen, für große Höhen konstruierten Zeppeline eingesetzt. Ich habe es sogar bei der Hochseeflotte versucht. Aber die verdammte Sanitätskommission spielt nicht mit. Manchmal frage ich mich, ob Vater womöglich irgendeinen Dreh gefunden hat, mich vom aktiven Dienst fernzuhalten.»

«Zweifellos würde er jede sich bietende Gelegenheit wahrnehmen», meinte Paul. Sie wußten beide, daß ihr Vater alles getan hätte, um Paul die Westfront zu ersparen; doch diese Bemühungen waren offensichtlich fehlgeschlagen.

«Beim Heer ist Vaters Einfluß vermutlich gesunken, seitdem keine Luftschiffe mehr eingesetzt werden. Aber bei der Kriegsmarine hört man immer noch auf ihn.»

«Wann hast du ihn zuletzt gesehen?» wollte Paul wissen. Er kratzte sich; Flöhe und Läuse gehörten im Schützengraben zum festen Inventar, doch Paul registrierte sehr wohl den entgeisterten Blick seines Bruders, als dem diese Tatsache klar wurde.

«Zu Weihnachten. Ich hatte sieben Tage Urlaub. Alles hoffte, daß du auch kommst.»

«Zu Weihnachten bekam ich vierundzwanzig Stunden Kurzurlaub. Niemand durfte die Kasernen verlassen. Sogar der Oberst blieb.»

«Den Krieg gewinnt die Infanterie», kommentierte Peter.

«Wir gewinnen den Krieg nicht», widersprach Paul. «Auf uns wird geschossen, und wir schießen zurück. Wir gewinnen den Krieg nicht. Natürlich *werden* wir ihn gewinnen – daran zweifelt niemand –, aber derzeit herrscht eine Art Stillstand. Keine Seite rückt mehr als ein paar

Meter vor, und die Engländer lassen ganze Bataillone von Toten am Stacheldraht zurück.»

«Wenigstens sind die Russen erledigt», meinte Peter.

«Wir erfahren da draußen nicht viel.»

«Im März fing es an mit Hungeraufständen in Petersburg, und als Truppen aufgeboten wurden, erschossen sie ihre Offiziere und schlossen sich den Massen an.»

«Mein Gott!»

«Du hast nichts davon gehört?»

«Nur daß der Zar abgedankt hat und daß eine provisorische Regierung gebildet wurde. Die Truppen haben mitgemacht? Ist das wahr?»

«Einschließlich der Leibgarde. Manche behaupten, da habe es angefangen, aber selbst in Brüssel sind zuverlässige Nachrichten schwer zu bekommen. Die Zeitungsartikel widersprechen sich von einem Tag zum nächsten. Das bißchen, was ich weiß, habe ich von einem Knaben aus dem Oberkommando in Spa.»

«Was passiert nun?»

«Die Russen können nicht mehr lange weiterkämpfen. In Berlin kursieren Gerüchte, der Kaiser habe dafür gesorgt, daß marxistische Revolutionäre unbehindert durch Deutschland fahren und nach Rußland zurückkehren können.»

«Der Kaiser soll das zugelassen haben? Das glaube ich nicht!»

«Die Revolutionäre waren von jeher Kriegsgegner – Freiheit, Gleichheit, Brüderlichkeit und so weiter. Falls sie also in Petersburg die Macht ergreifen sollten, werden sie unverzüglich einen Waffenstillstand anbieten. Wenn wir dann den Rücken freihaben, können wir sämtliche Divisionen gegen Franzosen und Engländer werfen, und der Krieg wäre binnen einem Monat beendet.»

«Das klingt zu schön, um wahr zu sein.»

Peter nickte eifrig. «Was wirst du danach tun, Paul? Willst du beim Militär bleiben?»

«Wofür bin ich denn sonst geeignet? Für das Bankwesen oder einen kaufmännischen Beruf habe ich keinerlei Begabung, und auch wenn es so wäre, weiß ich nicht, ob ich soweit mit Vater zurechtkommen würde, um tagtäglich neben ihm zu arbeiten. Und was ist mit dir?»

«Kein Klavierspielen mehr.» Er hielt die behandschuhte Hand hoch. «Ich gehe auf die Universität. Wenn Vater wünscht, daß ich Jura studiere, tue ich es eben. Falls ich dann mit ihm nicht auskomme, kann ich irgendwo in eine Anwaltskanzlei einsteigen.»

«Erzähl mir von Mama ... Ich habe sie so endlos lange nicht gesehen.»

«Sie hat immer noch diesen amerikanischen Akzent, obwohl ihr Deutsch jetzt viel besser ist. Ihrer Meinung nach wurde sie so grob behandelt, weil die Leute sie für eine Engländerin hielten. Das hat sie beflügelt wie noch nie und wahre Wunder bewirkt.»

«Grob zu Mama? Wer sollte sie denn grob behandeln?»

«Die Leute, die nach Lebensmitteln anstehen.»

«Mama steht Schlange nach Lebensmitteln?»

«Mutter hat sich verändert, Paul. Sie tut alles, damit wir den Krieg gewinnen, hilft verwundeten Soldaten, Briefe an ihre Angehörigen zu schreiben, wickelt Verbände auf und wirbt sogar für Kriegsanleihen.»

«Aber sie war doch so krank.»

«Dann hat sie eben der Krieg kuriert. Du wirst sie nicht wiedererkennen, wenn du nach Berlin kommst.»

«Und wie steht's mit Vater?»

«Arbeit, Arbeit und nochmals Arbeit. Hast du gehört, daß Hauser Soldat geworden ist?»

«Der alte Hauser? Vaters Diener? Aber der muß doch mindestens vierzig sein.»

«Achtunddreißig. Mich wundert, daß man ihn genommen hat, aber er hat sich den scheußlichen Bart abrasiert und dem Rekrutierungsoffizier ein falsches Alter angegeben. Er ist jetzt Fahrlehrer an einer Militärfahrschule in Frankfurt.»

«Wie kommt Vater ohne ihn zurecht?»

«Es ist verblüffend: Vater fährt selbst.»

«Und die Frauen?»

Sein Bruder zögerte. Das Thema war tabu oder war es zumindest bis jetzt gewesen. «Er ist häufig in Wien», sagte er schließlich.

«Ich dachte, das Kapitel sei beendet.»

«Der Meinung war die arme Mama auch, vermute ich.»

«Wenn Vater doch nur sehen könnte, wie lächerlich er sich macht.» Paul liebte seinen Vater und empfand für ihn eine fast an Ehrerbietung grenzende Achtung, aber nun hatte er ein Alter erreicht, in dem er ihn auch kritisch beurteilte.

«Macht er sich wirklich lächerlich? Die meisten seiner Freunde scheinen ihn zu bewundern und zu beneiden. Wir sind die einzigen, die ihn lächerlich finden, und das nur, weil uns Mama leid tut.»

«Vielleicht wäre sie mit dem Engländer glücklicher geworden.»

«Mit was für einem Engländer?»

«Du hast doch bestimmt mitbekommen, wie dieser Engländer, dieser Piper, damals wollte, daß sie mit ihm zusammen wegging.»

«Mama?»

«Mama hatte eine Affäre mit dem Engländer. In Travemünde, als wir die *Walhalla* verloren haben.»

«Bist du verrückt, Paul?»

«Es hat lange gedauert, bis ich begriffen habe, was zwischen ihnen war. Aber wenn ich jetzt zurückblicke, kann ich nachfühlen, wie zutiefst unglücklich sie noch Jahre danach war.»

«Der Engländer? Der Spion?»

«Er war kein Spion. Das war nur Papas Art, sich an ihm zu rächen.»

«Willst du damit sagen, daß Papa davon wußte?»

«Ich habe Pipers Armbanduhr unter Mamas Bett gefunden...»

Nun war es heraus. Tausendmal hatte es Paul auf der Zunge gelegen, wollte er das Geheimnis enthüllen. Nun hatte er es ausgesprochen – und bereute es.

Peter schloß die Augen. «Das ist unglaublich», sagte er endlich.

«Unglaublich oder nicht, es ist wahr. Ich denke, Mama hatte Angst, ich könnte mit irgend etwas herausplatzen, das ihr Geheimnis verraten würde.»

«Aber du hast es nie getan?»

«Was es bedeutete, daß ich die Armbanduhr dort gefunden hatte, habe ich erst Jahre später begriffen. Und dann, als Mama im Sommer 1914 das Chloroform nahm und Frau Wisliceny geholt wurde und sie betreute... An jenem Abend habe ich Papa wie immer gute Nacht gesagt und dabei gesehen, wie er Papierschnitzel zusammensetzte. Es muß ein Brief gewesen sein, den der Engländer Mama geschrieben hat.»

«Wenn du mir das doch bloß nicht erzählt hättest. Ich komme mir jetzt... nun irgendwie besudelt vor.»

«Red keinen Unsinn. Hat Mama denn kein Recht darauf, mit einem Menschen zusammenzusein, der sie liebt?»

«Sie hat doch Vater.»

«Und Vater hat ein halbes Dutzend andere Frauen. Er empfindet keine echte, tiefe Liebe für Mama. Manchmal denke ich, er hat sie vielleicht nur des Geldes wegen geheiratet.»

Peter schien beleidigt. Er konnte es kaum glauben, daß Paul sich so sehr verändert hatte, der kleine Paul mit seiner Ehrfurcht vor Vater. «Wenn du nicht mein Bruder wärst, würde ich dich wegen deiner Worte fordern.»

«Ein Duell?» Paul lachte. «Glaubst du, mir macht es etwas aus, mein Leben in einem Duell zu verlieren? Ich sehe da draußen täglich Verstümmelte und Sterbende. Vorige Woche stand ich neben einem Wachposten, während ihm ein Granatsplitter den Schädel aufriß. Sein Gehirn spritzte mir ins Gesicht. Du beschwerst dich über meine verdreckte Uniform. Weißt du, was das für Flecken auf meiner Jacke sind? Blut, das Blut von Jungen, die vergaßen, den Kopf rechtzeitig einzuziehen. Willst du etwas über die Flecken auf meiner Hose wissen, Peter? Kot! Ich habe mir vor Angst in die Hosen geschissen, wenn ich das Pfeifen von Granaten oder anderen Geschossen hörte oder die Geräusche von herumhuschenden Ratten, was in Wirklichkeit aber auch der Überfall eines britischen Nahkampftrupps sein konnte – in der Absicht, mir ein Messer in die Kehle zu stoßen. Das geht ganz rasch und lautlos, verstehst du. Man lernt das, wie man einem Menschen die Kehle durchschneidet, ihm dabei mit einer Hand den Mund zuhält, damit er nicht schreit.»

«Du hast das getan, Paul?» Peter war erblaßt und starrte ihn aus weitaufgerissenen Augen an. «Mit einem Messer getötet?»

«Ein halbes dutzendmal. Ich habe einen vorgesetzten Offizier – ein niederträchtiges, ordinäres Schwein –, der meint, junge Absolventen von Lichterfelde wie ich müsse man höchster Gefahr aussetzen. Das sagt er mir jeden Tag ins Gesicht. Außerdem hat er mir erklärt, ich dürfe heute nicht herkommen. Ich nehme an, das schockiert dich ebenfalls. Ich bin heute hergekommen – in dieser verdreckten Uniform, die du so beanstandest – und habe damit den Befehl eines vorgesetzten Offiziers mißachtet. Und ich werde es wieder tun, so oft es mir paßt.»

«Du bist wahnsinnig, Paul.»

«Nein, *ich* bin nicht wahnsinnig, aber manchmal denke ich, der Kaiser muß wahnsinnig sein, daß er diesen sinnlosen Krieg fortführt.»

«Paul, du mußt unbedingt zum Arzt. Du *bist* verrückt.» Peter blickte sich ängstlich um, entgeistert über diese hochverräterischen Reden seines kleinen Bruders.

«Vielleicht hast du recht. Dann komm mit mir an die Front, Peter, und vielleicht wirst du dann auch wahnsinnig. Aber eins verspreche ich dir – du verlierst da jede Angst vor Tod, Schande oder was immer das Schicksal sonst für uns bereithält.» Er griff nach dem Schnaps, den der Hauptmann ihnen geschickt hatte, und leerte das Glas in einem Zug.

Als Peter wieder zu sprechen begann, war seine Stimme sanft, der Ton versöhnlicher. «Was immer daran wahr sein mag, Paul, ich bitte dich um deinet- und um der Familie willen, solche Gedanken für dich zu behalten. Sie zu äußern, kann sehr gefährlich sein. Die Leute könnten sogar denken, daß du etwas mit diesen radikalen Gruppen zu tun hast, mit diesen verrückten Pazifisten.»

«Ich möchte schon, daß nach diesem Krieg alles anders wird, aber ich bin kein Spartakist, solltest du das gemeint haben.»

«Das weiß ich doch. Dieser Liebknecht ist ein Verräter und ein Schwein. Ein Segen, daß er eingesperrt wurde. Aber jetzt, nach der Absetzung des Zaren, wird jeder, der etwas gegen den Krieg sagt, mit den Revolutionären in einen Topf geworfen. In der Flotte hatten wir bereits ein paar ernste Fälle von Insubordination, die schon an Meuterei grenzten. Der Admiral hat erfreulicherweise scharf durchgegriffen. Ich wurde mit dem Juristenstab nach Wilhelmshaven abgeordnet. Weißt du übrigens, wen ich dort gesehen habe? Fritz Esser.»

«Fritz? Dieser ‹Aufrührer›.» Paul lachte. «War er der Rädelsführer? Ich frage mich, wieso ihn die Kriegsmarine überhaupt genommen hat bei seinen unentwegten Lobliedern auf den angebeteten Helden Liebknecht...»

«Sollte er der Rädelsführer gewesen sein, war er zu schlau, sich erwischen zu lassen. Er hat sich einen prima Drückebergerposten gesucht und es bereits zum Maat gebracht.»

«Zum Maat? Ich hielt ihn für einen Analphabeten.»

«Esser? Natürlich nicht, Paul. Erinnerst du dich denn nicht an all die Bücher und Broschüren über die kommende Revolution, die er gelesen hat?»

«Ja, du hast recht.»

«Du hast große Stücke auf ihn gehalten.»

«Das haben wir beide, aber wir haben uns auch über ihn lustig gemacht.»

«Mir ist das Lachen inzwischen vergangen, Paul. Esser und seinesgleichen sind gefährlich. Täusche dich da nicht, in Deutschland gibt es viele solcher vaterlandslosen Gesellen, die ihre Heimat verraten und verkaufen, wenn sich ihnen die Gelegenheit dazu bietet.»

«Verkaufen? An wen oder was?»

«Keine Ahnung... sie wissen es auch nicht... irgendein Hirngespinst von Weltrevolution und Verbrüderung der Menschheit. Sie wollen Macht, Paul. Ich habe diese Leute aus nächster Nähe beobachtet, als wir in Wilhelmshaven das Beweismaterial für das Kriegsgericht zusammenstellten. Viele von ihnen waren einfache Menschen, größtenteils Heizer, aber es gab darunter ein paar geschulte Agitatoren, die jeder Diskussion über ihre verrückten politischen Theorien mit Juristen oder wem auch immer bestens gewachsen waren.»

«Das alles ist doch jetzt wohl aus und vorbei, oder?»

Peter blickte sich nervös um. «Nein, leider nicht. Wir haben ein paar

Unruhestifter hinter Schloß und Riegel gebracht, aber zu viele Essers sind auf freiem Fuß. Zu Hause arbeiten die Menschen zwölf Stunden täglich, und die Lebensmittel sind wegen der britischen Seeblockade äußerst knapp. Die Masse der erschöpften, ausgehungerten Arbeiter bietet den Demagogen ungeahnte Möglichkeiten. Wenn sich die Verhältnisse nicht bald bessern, befürchte ich, daß wir mehr und mehr Scherereien erleben.»

«Von diesen Dingen habe ich noch nie etwas gehört, Peter.»

«Ich hatte gar nicht vor, darüber zu reden.»

«An der Front erfahren wir überhaupt nichts.»

«Die Revolution in Rußland wird Liebknecht und Rosa Luxemburg neuen Auftrieb geben. Diese Radikalen warten den richtigen Augenblick ab, und wenn es um die Macht geht, werden sie auch Blutvergießen in Kauf nehmen. Und zwar nicht nur ihr eigenes Blut.»

Beide saßen ein paar Minuten stumm da, sahen sich an und tranken den köstlichen Kaffee. Dann ertönten laute Stimmen auf dem Korridor, ein besorgter Wortwechsel. Plötzlich öffnete sich die Tür, und der Hauptmann kam herein. Er wirkte erregt. Er nickte den Brüdern nur kurz zu und schnappte sich Papiere aus einem Ablagekasten auf seinem Schreibtisch. «Die Amerikaner haben den Krieg erklärt», sagte er über die Schulter, während er die Papiere durchsah.

«Sind Sie sicher?» fragte Peter. Das war unfaßbar. Amerika lag Tausende von Kilometern entfernt, die Stärke seiner Armee war kaum erwähnenswert. Und nicht zuletzt die U-Boote würden dafür sorgen, daß die Amerikaner niemals nach Europa gelangten.

«Der amerikanische Kongreß hat gestern zugestimmt. Das muß ausgerechnet zu Ostern passieren. Ist Ihnen klar, was das bedeutet?»

«Werden sie Truppen nach Europa schicken?» erkundigte sich Paul. Es kostete bereits jetzt äußerste Anstrengungen, die Front zu halten.

«Wir müssen uns von den Russen absetzen und die Franzosen mit einer raschen, massiven Offensive niederwerfen, bevor die Amerikaner eintreffen.» Das klang wie einstudiert.

«Ist so etwas denn möglich?» fragte Peter.

«Das werden wir bald feststellen», entgegnete der Hauptmann. «Wenn wir den Krieg nicht bis Weihnachten gewonnen haben, wird es das Ende bedeuten. Das Ende von allem, wofür wir kämpfen.» Peter musterte ihn. Das Verhalten des Stabsoffiziers irritierte ihn. Vielleicht würden die Amerikaner mit ihrem Reservoir an Menschen und schier unerschöpflichen Mitteln tatsächlich die Lage ändern.

Die beiden Brüder hatten ihr Gespräch noch nicht wiederaufgenommen, als sie in der Ferne eine feindliche Granate detonieren hörten. Geschützdonner war auch bisher schon zu vernehmen gewesen, doch diesmal kam es aus geringerer Entfernung. Als sie ans Fenster traten, konnten sie noch die bräunliche Rauchfahne sehen, die über dem Einschlagort stand. Dann ließ eine weitere Explosion die Scheiben klirren. Sie lag nur unwesentlich näher.

«Das erlebe ich hier zum ersten Mal», bemerkte Peter.

«Ein schweres Geschütz», meinte Paul. «Irgendwo da oben versuchen zwei Männer in einem Beobachtungsflugzeug uns zu lokalisieren. Ich weiß nicht, wieso sie bei einem derart großen Gebäude mit den zwei auffälligen Türmen Schwierigkeiten damit haben sollten.»

«Es ist gar nicht so einfach, wenn du da oben bist», entgegnete Peter. «Bei dem schwachen Licht und durch die Wolken sieht alles grau aus. Bei Abend- oder Morgensonne machen es lediglich die langen Schatten leichter.»

Sie standen stumm da und blickten hinaus auf die zerstörte Landschaft. Das jahrhundertelang kultivierte Gelände hatten die Soldaten weitgehend verwüstet. Der Obstgarten bestand nur noch aus Baumstümpfen, der Rasen war zum Feldlager geworden, und überall gab es Morast. Das Waldland hinten war in drei Kriegswintern nach Brennholz ausgeplündert worden, und in den für Karren und Kutschen gebauten Landstraßen hatten die nicht abreißende Kette von Pferdefuhrwerken der Division und die Automobile und Lastkraftwagen des Stabes tiefe Spuren hinterlassen.

«War es schlimm?» fragte Paul, der immer noch aus dem Fenster starrte. «Die Flüge mit dem Zeppelin, die Luftangriffe auf England, der Absturz... war es schlimm?»

«Die Angriffe verliefen glatt. Ich habe mir die Gefahr, in der wir uns befanden, gar nicht klargemacht – bis ich dann beim letzten Mal ein Luftschiff am Himmel verbrennen sah.» Peters Stimme klang jetzt verändert: Sie erinnerte Paul an die Zeiten, als sie sich im dunklen Kinderzimmer gegenseitig Geheimnisse anvertraut hatten. «Ich hatte solche Angst, Paul, daß meine Hände zitterten. Es war einfach weg... Das ganze Luftschiff war in ein paar Sekunden spurlos verschwunden. So viele Freunde...»

«Und ihr seid abgestürzt.»

«Das war nicht so schlimm, aber die drei Operationen an der Hand... ich war felsenfest davon überzeugt, daß ich dabei all meine Ängste noch einmal durchleben würde... schreien oder unter der Narkose meine Feigheit offenbaren.»

«Und hast du es getan?»

«Weiß der Himmel...»

»Papa erzählte mir, daß die meisten von eurer Besatzung umgekommen sind. War Hennig auch dabei?»

«Er hat überlebt, dieser kleine Miesling.»

«Und hat Lisl Wisliceny geheiratet, wie ich höre.»

«Ja, das war eine pompöse Trauung – das Ganze natürlich von Frau Wisliceny arrangiert. Und danach gab es einen Riesenempfang im Adlon.»

«Mama schrieb mir davon.»

«Mama mußte ja hingehen, Frau Wisliceny ist ihre beste Freundin. Eine großartige Frau. Ja, Mama ist dagewesen, aber Papa war in Friedrichshafen bei den Luftschiffern.» Peter berichtete das mit Genugtuung. Es freute ihn, daß sein Vater einen Vorwand gefunden hatte, der Hochzeit des verhaßten Hennig fernzubleiben.

«Wolltest du sie heiraten?»

«Lisl? Ja, früher einmal. Oder zumindest glaubte ich das. Aber als ich dann merkte, was für ein Spiel sie mit mir und Hennig trieb, einen gegen den anderen ausspielte, da war meine Liebe dahin.»

«Lauter hübsche Mädchen, die Wisliceny-Töchter.»

«Ich war früher eng mit Inge befreundet...» Er drehte sich plötzlich um. «Mein Gott! Mir ist eben etwas eingefallen. Wenn Amerika uns den Krieg erklärt hat, dann gilt Mama ja als feindliche Ausländerin. Vielleicht veranlassen sie uns zum Verzicht auf unser Offizierspatent.»

«Du bist ein Egoist, Peter. Statt um dein Offizierspatent solltest du dir lieber um Mama Sorgen machen. Ihr muß bei alldem gräßlich zumute sein. Wir können nur hoffen und beten, daß sie nicht in ein Internierungslager abgeschoben wird, wie es mit den englischen Zivilisten geschehen ist.»

«Ja, du hast recht. Ich hätte an sie denken sollen. Aber es betrifft auch uns, Paul. Es könnte die Dinge für uns beide sehr erschweren.»

Es wurde leise angeklopft, und unmittelbar darauf öffnete sich die Tür. Ein Mann betrat das Büro, ein hünenhafter Hauptmann um die Vierzig mit strengen grauen Augen und einem harten Mund. Sobald Paul das Metallschild am Hals sah, wußte er, daß für ihn alles aus war. Ein Offizier der Feldjäger – bayerischer Tschako, umgehängter Säbel. «Sie sind ohne Urlaubsschein unterwegs, Leutnant Winter. Sie haben sich während des Dienstes von Ihrem Posten entfernt. Von der Front... Darauf steht Todesstrafe. Ich nehme an, das ist Ihnen bekannt?» Eine leichte bayerische Dialektfärbung; weder die Stimme noch das Auftreten eines Berufssoldaten, sondern jene gewisse Zwanglosigkeit, mit der gelernte Polizisten Verhaftete gefügig zu machen pflegen. Paul vermutete, daß er früher höherer Polizeibeamter gewesen war.

Paul gab keine Antwort. Er wußte, was man von einem preußischen Offizier erwartete. Er stand stramm, wie er es so viele Stunden auf dem Exerzierplatz in Lichterfelde getan hatte. In seinem tiefsten Innern hatte er gewußt, daß es passieren würde, und nun war der Fall eingetreten. In seinen Eingeweiden rumorte es, doch irgendwie war es eine Erleichterung. Jetzt mußte er nur noch seiner Strafe entgegensehen. Es war ihm von jeher leichter gefallen, die Konsequenzen zu tragen, als sich ihretwegen den Kopf zu zerbrechen.

Ihm blieb reichlich Zeit, darüber nachzudenken, was er getan hatte. Zwei Nächte verbrachte er im Arrest des Divisionsstabes, ehe man ihn vor ein Kriegsgericht stellte. Ohne seinen Oberst hätte Paul wahrscheinlich ein Exekutionskommando erwartet. Der Oberst – vorzeitig gealtert, weil er so viele halbe Kinder in die Schlacht schicken mußte – war es, der einen geradezu begeisterten Bericht über Pauls Tapferkeit und Pflichttreue abgab. Es war der Oberst, der mit solchem Nachdruck auf Pauls jugendliches Alter hinwies, und es war der Oberst, der dafür sorgte, daß Leutnant Brand nicht persönlich erschien.

Brands schriftliche Aussage war allerdings sorgfältig formuliert. Die Abfassung mußte ihn viele Stunden gekostet haben, und er ließ keinen Umstand unberücksichtigt; sogar den Feldjäger, Pauls Gesprächspartner an der Kreuzung, hatte er ausfindig gemacht.

Das Urteil war unabwendbar.

Es kam wie ein Schlag ins Gesicht, doch Paul zuckte nicht mit der Wimper. Sechs Monate Strafbataillon. Das war gleichbedeutend mit einem hinausgeschobenen Todesurteil. Diese Einheiten wurden nur an den Orten eingesetzt, wo die erbittertsten Kampfhandlungen stattfanden, und das ohne Rücksicht auf Verluste. Der einzige Trost war, daß seine Feldpostnummer nicht verriet, was vorgefallen war, so daß seine Eltern glaubten, er sei einfach zu einem anderen regulären Infanterieregiment versetzt worden.

Und so stand Paul die schwersten Kämpfe jenes Jahres durch, wobei es hinterher manche für ausgeschlossen hielten, daß er sich auf so vielen berüchtigten Schlachtfeldern bewährt haben könnte. Doch er überlebte dieses Jahr nicht unbeschadet. Obwohl er mit heiler Haut davongekommen war, hatte sich sein Inneres verhärtet – «hart wie Kruppstahl», wie er manchmal nach ein paar Gläsern behauptete. Er hatte gelernt, klaglos zu leiden, ungerührt zu verletzen und ohne Gefühlsregung zu töten.

Und dennoch blieben paradoxerweise manche Seiten an ihm unverändert. Äußerlich war er nach wie vor der freundliche, leicht tolpatschige Paul. Er war viel zu sehr bemüht, jedermann zu gefallen, um irgendwann wirklich souverän zu werden. Und er genoß jetzt mehr denn je die einfachen Freuden des Lebens. Anders als sein Bruder Peter – der ernst, gebildet und brennend ehrgeizig war – verbüßte Paul seine Strafe und wurde dann zu einem Sturmbataillon versetzt, ohne mehr zu verlangen als sein geregeltes Essen, zwanzig Zigaretten täglich und am Sonntagmorgen eine halbe Stunde mehr Schlaf.

1918

So wie jetzt war Leutnant Paul Winter bisher noch nie im Niemandsland gewesen, er hatte es niemals im dunstigen, unwirtlichen Morgenlicht kennengelernt. Wie alle anderen Infanteristen an der Front war er nur bei Nacht hierhergekommen, zu Reparaturarbeiten an den Stacheldrahtverhauen, die ständig durch Artilleriefeuer beschädigt wurden, oder zu Stoßtruppunternehmen auf die feindlichen Stellungen.

Bis jetzt hatte es für ihn nur enge Schützengräben und dunkle Unterstände gegeben. Der Himmel, je nach Jahreszeit grau, blau oder schwarz von Regenwolken, war lediglich ein schmaler, von der Brustwehr eingerahmter Spalt gewesen. Kein vernünftiger Mensch hob den Kopf über die Brustwehr, um in die Richtung zu blicken, wo die Engländer, ebenfalls unsichtbar, sich in ihren Unterständen aufhielten.

Er konnte sich schwerlich an alle Geschichten erinnern, die er über das Niemandsland gehört hatte. Da gab es welche von wilden Tieren, die angeblich dort lebten, in ihrem Bau lauerten und dann nachts herauskrochen, um sich an Toten und Sterbenden zu mästen. Und manche Geräusche, die sie alle schon gehört hatten, machten diese Version durchaus glaubhaft. In anderen Geschichten hieß es, dort draußen, in dieser aufgewühlten riesigen Schutthalde, lebten Menschen; Deserteure aller Nationalitäten sollten sich zu einer Gemeinschaft zusammengeschlossen haben, zu einer Räuberbande, die tief in der Erde hauste, die überall Leichen fledderte und die Verpflegungslager auf beiden Seiten der Front plünderte. Das alles war natürlich Unsinn, aber wenn man hier draußen platt auf dem Boden lag, das Sperrfeuer über einen hinwegpfiff, die Erde nach Kordit, Kot und Verwesung stank, erschienen einem solche Schauergeschichten nur allzu glaubhaft.

An diesem 21. März 1918 sollte der Großangriff beginnen, der die britischen Linien durchbrechen und den Krieg mit einem Sieg für Deutschland beenden würde. Paul und zwei aus seiner Kompanie – ein Melder und ein Feldwebel – kauerten in einem Granattrichter etwa hundert Meter vor der deutschen Linie. Die Kompanie verbarg sich in der Nähe, Stoßtrupps hockten im Niemandsland entlang der Front.

Die drei Männer hielten ihre Köpfe umklammert, um das Trommelfell gegen den ohrenbetäubenden deutschen Kanonendonner zu schützen. Das Trommelfeuer war seit fast fünf Stunden im Gange. Jetzt, um 8 Uhr 40, sollte es verstummen, und Paul würde seine Männer in den Angriff führen.

«Das kann keiner überlebt haben», brüllte Feldwebel Lothar Koch, als das Artilleriefeuer endlich nachließ. Koch war jung, ein pickeliger Bursche, dessen breite, vorstehende Kinnlade mit mahlenden Bewegungen an einem Priem kaute. In bezug auf den Ausgang des Krieges war sein Optimismus ungebrochen, was zum Teil an dem maßlosen Stolz auf seine Beförderung lag. Im tiefsten Herzensgrund hegte der junge Koch die Hoffnung auf ein Offizierspatent.

Paul berührte die Seidenstrümpfe, die er unter dem Kragen trug: Sie waren schwarz und zu einem langen Schal zusammengeknotet, den er sich fünfmal um den Hals geschlungen hatte. So konnte der Uniformkragen nicht scheuern, und zugleich wurde er an die unvergeßlichen Stunden in Brüssel erinnert, mit einem Mädchen, dem er ausgerechnet in einer Kirche begegnet war! Er sah auf seine Uhr und dann hinauf in den dichten Nebel, der zum Glück herrschte. Er rappelte sich hoch. Seine Uniform starrte vor Dreck; der Leinwandsack mit den Handgranaten wog schwerer als je zuvor. «Hornist!» brüllte er, worauf sich der Hornist aus einem kleinen Erdhügel in der Nähe langsam emporarbeitete. «Zum Vormarsch blasen!»

Auf allen Seiten tauchten deutsche Stoßtrupps aus den Erdmassen auf. Zu ihrem Empfang ratterte ein britisches Lewis-Maschinengewehr, und vereinzelt feuerten Scharfschützen, die auch durch das Trommelfeuer nicht außer Gefecht gesetzt worden waren. Doch bei dem dichten Nebel konnten die Briten nicht sehen, was vor sich ging, und konnten nicht gezielt schießen, so daß es nur wenige Ausfälle gab. Paul hörte die Rufe nach Tragbahren und ein Signalhorn, das zum Vormarsch blies.

«Rückt die Kompanie vor?» fragte Paul den jungen Feldwebel. Sein Mund war voll Erde, er spuckte sie aus und wischte sich das Gesicht mit einem schmutzigen Spitzentaschentuch ab. Ihr Taschentuch! Sie hieß Monike und sprach Flämisch, so daß er sie einigermaßen verstehen konnte. Ein hochgewachsenes, schlankes, schüchternes Wesen mit wunderschönen grüngrauen Augen, einem herzförmigen Gesicht und all den zauberhaften Versprechungen einer ersten Liebe. Sie hatte ihn nach Hause mitgenommen und ihm Hühnersuppe zu essen gegeben. Dicke Hühnersuppe mit Bohnen und Mohrrüben, die ihre Mutter für sie auf dem Herd zurechtgestellt hatte. Er liebte Monike und dachte jeden Tag an sie. Und schrieb ihr lange Briefe, die er dann jedesmal sorgsam wieder zerriß.

«Jawohl, Herr Leutnant. Die Kompanie rückt vor.» Koch konnte zwar auch nicht besser durch den Nebel sehen als sein Kompanieführer, aber sie wußten beide, daß die Männer das tun würden, was man ihnen befohlen hatte.

Paul lief weiter über das unebene Gelände. Von wogenden weißen Nebelschwaden eingehüllt, stolperte er in tiefe Löcher, strauchelte über Baumwurzeln, Sandsäcke, Leichen, alte Balken und große Wellblechplatten, die neben unzähligen anderen Dingen auf diesem Schlachtfeld herumlagen. Dem Nachrichtendienst zufolge war das Niemandsland an dieser Stelle zweihundert Meter tief, erschien jetzt jedoch wesentlich tiefer.

Feldwebel Kochs magere, drahtige Gestalt war nur ein paar Schritte vor ihm; er beeilte sich nach besten Kräften. Sein Maschinengewehr trug er über der Schulter, in der Hand hielt er eine große Drahtzange. Kugeln pfiffen vorbei, aber das deutsche Feuer beschränkte sich nun auf das feindliche Hinterland. Wie lange würde es noch dauern, bis britische Artillerie und Mörser sich auf sie einschießen würden? Mit Sicherheit hatten sie das fünfstündige Trommelfeuer als Auftakt zu einem Infanterieangriff gedeutet. Oder zogen die Briten ihre Haubitzen und Feldartillerie in das weniger gefährdete Hinterland zurück? Doch darauf zu hoffen, war illusorisch.

Koch hatte begonnen, den Draht zu durchschneiden. Die Artillerie hatte ganze Arbeit geleistet; endlose Flächen Drahtverhau, von nächtlichen Spähtrupps beider Seiten so sorgfältig in Ordnung gehalten, waren zerfetzt. Koch suchte die schwächsten Stellen und bahnte einen schmalen Pfad, durch den die Infanterie nachfolgen konnte. Das laute Geräusch, mit dem der Draht zurückschnellte, war überdeutlich zu hören. Nachts hätte solche Nachlässigkeit Feuerstöße und so gut wie sicher den Tod nach sich gezogen, jetzt aber kam es nur auf die Geschwindigkeit an. Zusammengekauert schlug sich Koch gleichmütig einen Weg durch das verrostete Drahtgestrüpp.

Hinter Paul rief der Melder: «Aufschließen!» Das war das vorher ausgemachte Zeichen, mit dem er den Weg durch die Befestigungen wies.

«Koch! Kommen Sie zurück, verdammt noch mal!»

Sobald er den Drahtverhau hinter sich hatte, drängte sich Paul an seinem Feldwebel vorbei. Bei den Stoßtrupps war es Ehrensache, daß der Kompanieführer an der Spitze seiner Männer in die Schlacht ging.

Der Kugelhagel nahm zu und kam näher, kein Zischen mehr, sondern wie ein Peitschengeknall. In Brusthöhe. Neben ihm sackten zwei Männer kopfüber zu Boden – ein kurzes Schnaufen, ein gurgelndes Geräusch, als sich ihre Lungen mit Blut füllten, dann war es vorbei. Er rannte weiter, strauchelte, berührte die Seidenstrümpfe – oder machte vielmehr eine entsprechende Geste.

Weiteres Schießen aus Handfeuerwaffen und Maschinengewehren. Von links dröhnte ein schweres Vickers-Geschütz herüber, sehr nahe, pfiff röchelnd wie ein Generator. Aber jetzt war es zu spät, sich wegen Kugeln Gedanken zu machen. Paul befand sich am Rand – an der Brustwehr – des vordersten feindlichen Schützengrabens. Er sprang fast drei Meter tief. Er brach glatt durch die feuchten Laufbretter, die den Bodenbelag bildeten. Das morsche Holz barst krachend, und Paul versank tief im Schlamm, so daß er sich bücken mußte, um seine Stiefel herauszuziehen. Gott sei Dank war dieser Abschnitt des Schützengrabens unbemannt.

Der wäßrige Schlamm spritzte hoch auf, als er den Graben entlanglief. Mein Gott, in diesem Dreck standen die Briten nun Tag und Nacht! Er stieß auf einen perplex dreinschauenden englischen Soldaten. Paul drückte ab. Der Junge wurde nach rückwärts geschleudert und sank zu Boden, ohne daß sich der Ausdruck in seinem hageren, blassen Gesicht irgendwie veränderte.

Paul lief weiter durch den Graben und gelangte dann zu einem Bereitschaftsgraben. Dort war es noch schlimmer, er stand knöcheltief im stinkenden Schlamm. Die Gräben hier waren unbemannt. Hatten die Briten die Flucht ergriffen? Ein Schild kennzeichnete den hinteren Schützengraben als «Pall Mall», andere wiesen den Weg zum Kompaniestab und zum Verbandsplatz.

Die Schützengräben bildeten eine Zickzacklinie, um die Druckwirkung der Detonationen auf ein Minimum zu beschränken. Bei der nächsten Biegung drängte sich ein halbes Dutzend Soldaten in Khakiuniform am Eingang zu einem Unterstand. In ihren weit aufgerissenen Augen malten sich Furcht und Schrecken. Zwei hockten eng umschlungen auf der Feuerstufe. Der schwere, durchnäßte Stoff ihrer Uniformen klebte ihnen am Körper. Paul wich mit einem Ruck beiseite. Hinter ihm feuerte Koch aus seiner MP 18, die Soldaten in ihren braunen Mänteln versteiften sich und schienen größer zu werden, bevor sie der Länge nach umfielen wie Bleisoldaten.

Als sie weiterliefen, steckte ein britischer Offizier unmittelbar vor ihnen den Kopf aus dem Unterstand und brüllte lautstark. Ein Mann in mittleren Jahren mit säuberlich gestutztem Schnurrbart, der eine gewisse Ähnlichkeit mit Pauls Vater hatte.

Paul blieb unschlüssig stehen, aber Koch schlug den Offizier mit dem Kolben nieder, warf zwei Handgranaten in den dunklen Eingang und raste davon. Es gab einen gewaltigen Knall und ersticktes Schreien. Paul blickte zurück. Er sah, wie die Explosion den unglückseligen Briten in Stücke riß, sah die blutrote Fontäne. Der zerfetzte Leichnam wurde gegen die Grabenwand geschleudert. Am Oberarm war eine weiße Armbinde mit dem Roten Kreuz darauf. Der Unterstand diente als Erste-Hilfe-Station. Zu spät...

Vor ihnen ertönten Schüsse, und aus dem weißen Nebel tauchten Männer auf. «Wer da?»

«Nicht schießen! Nicht schießen!» Es waren Deutsche aus der nächsten Kompanie. «Wer da?» Weitere Anrufe, als grauuniformierte Männer wie Geister in dem sich lichtenden Nebel erschienen. Paul erkannte einige Gesichter, er erkannte einen Offizier, den Hauptmann namens Graf, mager, reizbar, rotnasig, kleines frettchenartiges Gesicht, für das der schwere Stahlhelm ausgesprochen überdimensional geraten schien.

«Dranbleiben, Winter. Wir haben ihnen Beine gemacht.»

«Jawohl, Herr Hauptmann.» Er drehte sich um und trieb seine Leute zur Eile an. Das Strafbataillon hatte Paul verändert. Früher hätte ihn ein Hauptmann Graf in Furcht und Schrecken versetzt. Jetzt brauchte es wesentlich mehr, ihm Angst einzuflößen.

Hinter ihm erhob sich lauter Lärm, und der enge Schützengraben erstrahlte plötzlich in leuchtendem Orange. Als Paul sich umwandte, sah er die großen Feuerbälle ein Loch in den weißen Nebelschleier reißen. Die Flammenwerfer räucherten die Unterstände entlang des Grabens aus. Arme Teufel, selbst ein Bajonett im Leib ist noch besser als das.

Sie hasteten weiter; hinter den Gräben wurde der Boden härter und der Nebel erheblich dünner. Sie überquerten die tiefliegende Straße, auf der die Briten Nachschub und Verstärkungen befördert hatten, und jagten nun über offenes Gelände. Kein einziger Schuß wurde auf sie abgegeben. Zur Linken eine Menge Baumstümpfe, kurze, geborstene Stämme, ohne Rinde – glattes, helles Holz. Vor ihnen die Ruinen eines Dorfes, von dem nur noch etwa einen Meter hohe Mauerreste standen. Die Kirche war zerstört: Reliquien und Wertgegenstände gestohlen, Türen und Bänke zu Brennholz zerhackt, das Dach eingestürzt, mit den Rinnen hatte man die überschwemmten Schützengräben provisorisch entwässert, und mit dem vom Artilleriefeuer zertrümmerten Turm war den Briten ein Beobachtungsstand verlorengegangen.

Hinter dem Dorf trafen sie auf zwanzig bis dreißig Soldaten in Khakiuniform, ein Offizier trug die Abzeichen der Royal Engineers, zwei Männer schleppten Holzkisten. Beim ersten Anblick der Deutschen hoben sie die Hände hoch. Die Deutschen nahmen sich nicht einmal die Zeit, sie zu durchsuchen, sondern deuteten in die Richtung, aus der sie gekommen waren. Die Briten trotteten widerwillig nach Osten davon, betont langsam, in der Hoffnung, durch einen Gegenangriff befreit zu werden, ehe sie ins deutsche Hinterland gelangten.

In dem zerstörten Dorf befand sich eine mobile Badeeinrichtung. Die Benutzer hatten sich schleunigst aus dem Staub gemacht, dabei Uniformteile, Handtücher, Waschlappen und sogar Gewehre zurückgelassen. Doch nicht einmal der Anblick von sauberem, heißem Wasser und der Wohlgeruch von Desinfektionsmitteln und Seife konnte die vorrückenden Deutschen aufhalten.

Sie drängten weiter. Paul, obzwar kräftig und in Form, empfand das Tempo ermüdend. Er schnüffelte. War das Gas? Und wenn, welcher Typ? Immerhin kein Senfgas. Das gehörte zu den am meisten gefürchteten, aber im Angriffsplan hieß es, daß die Artillerie nur das britische Hinterland, in das die Deutschen nicht vorrücken würden, mit Senfgas belegen sollte. Also konnte es auch kein Senfgas sein. Wirklich nicht? Er blieb stehen, grub einen Klumpen Erde aus und roch daran. Er lief wieder los, die Gasmaske griffbereit. Bald verlangsamten sie das Tempo, das selbst für jugendliche, gestählte Körper zu anstrengend war, und außerdem ließ sich der Feind nirgends blicken.

Im Gehen fiel ihm das Mädchen wieder ein. Das Haus sei leer, sagte sie, ihre Eltern besuchten die Großmutter. Sie hatten sich geküßt und landeten dann im Bett. Das erste Mal – für Paul und für das Mädchen. Ein jämmerliches Fiasko. All seine sexuellen Phantasien durch zwei Minuten im Bett zerstört. Das Mädchen hatte geweint. Ich bin noch Jungfrau, hatte sie erklärt. Dann ein Stimmungsumschwung – sie begann zu lachen. Nun, für ihn war es gar nicht komisch. Er hatte das Haus fluchtartig verlassen und nur die Strümpfe mitgenommen, um die sich allerlei Geschichten für seine Kameraden spinnen ließen. Doch als er zu seiner Kompanie zurückkam, empfand er keinerlei Verlangen, sie überhaupt zu erwähnen. Es gab niemanden, dem er seine Geschichte anvertrauen konnte. Er war verliebt, begehrte sie viel zu sehr, um von ihr zu sprechen. Was war er doch für ein Narr gewesen. Wenn er bloß zugelassen hätte, daß sich die Beziehung allmählich, behutsam weiterentwickelte. Dann wäre ihm vielleicht der Brief erspart geblieben, in dem sie ihm mitteilte, daß sie ihn nie wiedersehen wollte. Er machte sich fortwährend Vorwürfe. Ein Mädchen, dem man in der Kirche begegnet, rechnet nicht damit, so behandelt zu werden.

Zweimal stießen sie auf erbitterten Widerstand: kampferprobte Schotten, die mit Dauerfeuer den mittlerweile unvorsichtig gewordenen Deutschen schwere Verluste zufügten. Bald traf die Granatwerfer-Kompanie des Regiments ein, und nach unablässigem schwerem Beschuß kamen die Schotten heraus mit dem Ruf: «Kamerad!»

Inzwischen war es Spätnachmittag geworden und begann zu dunkeln. Sie machten sich wieder auf den Weg. Alle waren jetzt müde und vorsichtiger. Paul hielt an, und sein Hornist gab das Signal. Zeit, sich neu zu formieren, eine kurze Schnaufpause für die Schnellfüßigen und für die Langsameren Gelegenheit, zu den anderen aufzuschließen.

Ein Melder vom Bataillonsstab überbrachte die Weisung, die Stellung auszubauen und eine mehrere hundert Meter westlich stationierte Batterie Haubitzen in Besitz zu nehmen. Sie fanden sie ohne Schwierigkeiten, doch Hauptmann Graf war bereits dort. Seine Leute plünderten eifrig die feindlichen Vorratslager.

Die eroberte Stellung war für die Deutschen eine überraschende Entdeckung. Sie probierten die fabelhaften Schaffellmäntel, mit denen die Briten ihre Wachposten ausstatteten; auch die schönen Lederjacken waren sehr begehrt. Mehr als einer stolzierte in handgenähten Offiziersstiefeln umher. In der Offiziersmesse gab es alle Arten längst vergessener Köstlichkeiten, einschließlich Stilton-Käse, Räucherlachs und ein Dutzend volle Kisten mit schottischem Whisky.

Paul sah sich mit Interesse und Besorgnis um. Hier handelte es sich um besonders ausgesuchte und gut ausgebildete Soldaten. Auf Befehl würden sie ihre Beute im Stich lassen und den Vormarsch fortsetzen. Aber wie stand es mit den gewöhnlichen deutschen Einheiten, die ihnen folgten? Was würden die wohl an diesem Abend treiben?

Solche Preisfragen überließ man am besten den Generälen, befand Paul. Er erstattete Hauptmann Graf Meldung. «Es ist einfach schändlich», kommentierte Graf und nahm den schweren Stahlhelm ab. Er war winzig, fast zwergenhaft, und hatte Henkelohren; ein Homosexueller, raunte man sich zu. Doch homosexuell oder nicht, Graf war ein furchtloser Soldat, den jeder im Regiment respektierte. «Für mich sind die Offiziere schuld. Keinerlei Versuch, die Geschütze unbrauchbar zu machen; Visiereinrichtungen eingestellt, Verschlußblöcke voll funktionstüchtig. Eine Schande.»

«Jawohl», sagte Paul. Daß Graf sich derart über die mangelnde soldatische Begeisterung des Feindes entrüstete, amüsierte ihn.

«Memmen!»

«Wir müssen fünf Kilometer weit gekommen sein», bemerkte Paul. «Einen solchen Durchbruch hat es bis jetzt noch nie gegeben.»

Hauptmann Graf brummte. Er rauchte; in der Hand hielt er eine Blechdose mit fünfzig englischen Zigaretten. «Probieren Sie eine», sagte er und bot ihm die offene Dose an.

Paul steckte sich eine an, blies den Rauch aus und meinte dann: «Wenn es an der ganzen Front so vorangegangen ist, dürften wir einen beachtlichen Geländegewinn erzielt haben.»

«Schmeckt sie Ihnen?» fragte Graf. «Englische Zigaretten, verdammt gut.»

«Ja», bestätigte Paul. Etwas so Erlesenes hatte er noch nie geraucht. Anerkennend betrachtete er den blonden Tabak und beschloß, nur noch solche Zigaretten zu rauchen, falls er je das erforderliche Geld hätte. In dem mit Sandsäcken verkleideten Unterstand hinter Graf hatte einer der Männer ein Grammophon entdeckt und zog es auf. «Meinen Sie, wir marschieren durch bis zur Küste, Herr Hauptmann?»

«Zur Küste?»

«Der Krieg ist doch gewonnen?»

«Schauen Sie sich diese Vorratslager an, Winter», entgegnete Graf. Er wandte sich zu den deutschen Soldaten um, die gierig die erbeuteten Lebensmittel verschlangen. «Letzte Woche habe ich vier meiner Leute schwer bestraft, weil sie Pferdefutter zu Mehl zermahlten. Sie sagten, sie seien hungrig. Das stimmte natürlich. Wir alle haben Hunger. Wir rationieren die Munition für unsere Artillerie. Wir haben nicht genug Gummi, um mehr Gasmasken herzustellen.» Er stieß ein Rauchwölkchen aus. «Haben Sie gesehen, was es alles in der Messebaracke gibt, Winter? Essen für die Mannschaft. Büchsenfleisch, Pflaumenmarmelade, richtiges gutes Weißbrot, diesen gelben englischen Käse. Haben Sie die Mengen gesehen, in denen das alles vorhanden ist? Uns hat man weisgemacht, die Briten verhungerten, stimmt's?» Hauptmann Graf rümpfte die Nase.

«Nein, der Krieg ist verloren, Winter. Mit der Tapferkeit unserer jungen Leute und unseren paar Granaten und Patronen können wir gegen diese Hülle und Fülle nicht ankommen.»

«Der Krieg ist verloren?» wiederholte Paul. Hauptmann Graf war immerhin ein zäher Berufsoffizier in einem angesehenen Regiment, keiner von der Sorte, die sich leicht ins Bockshorn jagen ließ.

«Der Krieg ist verloren», bekräftigte Graf. «Gleichgültig, wieviel Geländegewinn wir erzielen, wir können nicht gewinnen.» Das Grammophon begann zu spielen. – «O Susanna». Beide hörten eine Weile zu. «Lassen Sie Ihre Verwundeten für den Rücktransport zusammenlegen. Die Infanterie muß dicht hinter uns sein. Man wird die Stoßtrupps im Lauf der Nacht oder vor Anbruch der Morgendämmerung zurückziehen.»

Paul Winter blickte hinüber zu Koch und den anderen Männern seiner Kompanie, die auf dem Boden hockten, zu erschöpft selbst für die Teilnahme an den Plünderungen. Wie konnte der Krieg verloren sein? Das war nicht gerecht; es war einfach nicht gerecht.

«Wenn du doch bloß endlich damit aufhören würdest, daß der Krieg aus ist», beschwor Peter seinen Vater. Er saß, gemütlich in einen Lehnstuhl gepackt, im Salon seines Elternhauses in Berlin. Die Risse an seiner dunkelblauen Uniformjacke waren geflickt, an dem einen Ärmel fehlten die Goldtressen. Das linke Bein war geschient, das Gesicht übel zugerichtet. «Der elende Krieg ist nicht aus und wird es vielleicht nie sein.»

«Vor fast zwei Monaten haben sie den Waffenstillstand unterzeichnet», entgegnete sein Vater behutsam. Sein Sohn hatte Schmerzen und litt unter seiner Unbeweglichkeit.

«Die Blockade der britischen Marine dauert weiter an. Unsere Bevölkerung verhungert. Die Schiffe unserer Hochseeflotte haben rote Fahnen gehißt. Bewaffnete Banden liefern sich Straßenschlachten. Mit dem Eisernen Kreuz dekorierte Soldaten haben Liebknecht, diesen Vaterlandsverräter, auf den Schultern durch die Straßen getragen – und er hat vom Balkon des Schlosses eine Rede gehalten. Die Armee ist zerfallen, der Kaiser nach Holland geflüchtet. Wie können wir da einen Friedensvertrag aushandeln? Wir haben doch nichts zu bieten.» Das war wie ein Aufschrei. Die Niederlage hatte Peter anscheinend schmerzhafter getroffen als die übrige Familie. Eine Gruppe von Spartakisten hatte ihn auf der Straße angegriffen und niedergeschlagen. Dieses betrunkene, bösartige Gesindel hätte ihn mit größter Wahrscheinlichkeit umgebracht, wenn nicht eine andere Horde aufgetaucht wäre, so daß Peter während des anschließenden Krawalls die Flucht ergreifen konnte. Seither war er ans Haus gefesselt, starrte unentwegt aus dem Fenster und grübelte über die Folgen nach, die das Chaos auf den Straßen mit sich brachte.

Paul Winter erhob sich aus dem Sessel. Er trug die bessere seiner zwei Uniformen, die freilich mit der Aufmachung, in der Preußen seine Offiziere in den Krieg geschickt hatte, kaum noch Ähnlichkeit aufwies. Die schönen Lederstiefel, mit denen er in den Krieg gezogen war, gab es längst nicht mehr; jetzt trug er billige Stiefel und graue Wickelgamaschen.

«Ich muß zum Bataillonsstab zurück. Bis morgen, Peter.» Eigentlich galt sein Urlaubsschein vierundzwanzig Stunden, doch Paul fand, daß er mehr als zwei Stunden in dem düsteren Haus nicht aushalten könnte. In einem Warenhaus in der Leipziger Straße hatte er ein paar ganz billige Geschenke aufgetrieben, die er jetzt sorgsam unter den mickrigen Christbaum legte. Einer der Dienstboten hatte ein paar Äste gesammelt, daher brannte ein kleines Feuer im Ofen. Auf der Anrichte standen Familienfotos, in blank polierten Silberrahmen, aufgereiht. Da waren sie 1913 – die glücklichste Familie, die man sich denken konnte: zwei strahlende Kinder, dahinter die stolzen Eltern. Wie lange das her zu sein schien. Die Familie hatte sich seit damals dramatisch verändert. Harald Winter hatte diese Schicksalswende gelähmt, und aus Peter war ein mürrischer Invalide geworden. Nun war es Mama, die alle zusammenhielt, die sich auf die Straße wagte, den Händlern ein paar Lebensmittel abschwatzte und das Personal überredete weiterzuarbeiten.

«Bataillonsstab! Mit diesem lachhaften kleinen Hauptmann Graf als Kommandeur», höhnte Peter. «Du machst dir immer noch was vor. Eure Freikorpsbataillone sind doch nichts weiter als ein Haufen uniformierter Gangster, und Graf ist bloß ein Bandit, sonst gar nichts.»

«Das ist nicht wahr», widersprach Paul. Sie standen sich so nahe, daß Peter die wunden Punkte seines Bruders ganz genau kannte. «Das Freikorps ist eine hervorragende Organisation und hat die volle Unterstützung der Armee. Wir sind zu Tausenden, lauter ausgebildete, bewaffnete Männer. Und nicht bloß in Berlin – überall in Deutschland entstehen Freikorps. Im Osten werden sie nach dem Abzug der Armee unsere Grenzen verteidigen. Wenn es da nicht die Freikorpsverbände gäbe, hätten die Polen inzwischen längst die Ostprovinzen ausgeplündert.»

«Warum marschierst du dann nicht Richtung Osten?» fragte Peter.

«Weil wir genau wie du vorübergehend bewegungsunfähig sind. Wenn die Transportmittel und unsere Befehle eintreffen, brechen wir vielleicht auf.» Pauls Ton war mild, fast begütigend, weil er befürchtete, Peter könnte etwas über das Kriegsgericht und Pauls Versetzung zu einem Strafbataillon herausrutschen. Um zu verhindern, daß seine Eltern etwas davon erfuhren, wäre ihm jedes Mittel recht.

«Ein nicht gefechtsstarkes Bataillon unter dem Kommando eines Hauptmanns?» konterte Peter sarkastisch. «Vier Maschinengewehre, ein paar veraltete Geschütze... Was für eine Art Bataillon ist das?»

«Das wirst du schon sehen beim nächsten Versuch der Roten, in Berlin die Macht zu übernehmen.» Paul zog den feldgrauen Mantel an, setzte den Stahlhelm auf und schnallte ihn fest, bevor er Koppel und Pistole nahm.

«Was bedeutet dieses verbogene Kreuzzeichen, das du dir auf den Helm gemalt hast?» erkundigte sich sein Vater.

«Man nennt das Hakenkreuz. Viele Freikorpsverbände tragen es zur Unterscheidung von der regulären Armee.»

«Paß ja gut auf, Paul. Vergiß nicht, was deinem Bruder passiert ist. Und verabschiede dich nicht von deiner Mutter; sonst macht sie sich nur Sorgen, bis du anrufst.»

«Ich melde mich, wenn ich kann, aber manchmal sind die Leitungen unterbrochen.»

«Gib acht auf dich, Paul», wiederholte sein Vater. «Diese verfluchten Aufrührer halten den Reichskanzler bis zur Zahlung eines Lösegeldes gefangen... Mein Gott, wer hätte gedacht, daß es soweit kommen würde? Der Reichskanzler von roten Rowdys gefangen!» Als sie sich zum Abschied umarmten, stellte Paul bestürzt fest, wie dünn und zerbrechlich sein Vater geworden war. Mit fünfzig Jahren war Winter ein alter, müder, ängstlicher Mann. Vielleicht gab sich das wieder, dennoch stimmte diese Veränderung traurig bei einem Menschen, den die Jungen immer als dynamisch und ziemlich furchteinflößend in Erinnerung hatten.

Harald Winter betrachtete seinen Sohn mit ähnlicher Besorgnis. Der Krieg hatte aus Paul einen harten Mann gemacht. Er lehnte alle Werte, die Harald Winter etwas bedeuteten, schroff, ja geringschätzig, ab. Seinem Vater fiel es schwer, mit diesem Paul, wie er aus dem Krieg zurückgekommen war, fertig zu werden. So sehr ihm die Abhängigkeit, die Paul als Kind an den Tag gelegt hatte, gegen den Strich gegangen war, verglichen mit dem Landsknecht, den er heute verkörperte, gab er ihr allemal den Vorzug.

Mit anderen Worten: Harald Winter sträubte sich, wie viele Väter, gegen die Erkenntnis, daß sein Sohn erwachsen geworden war.

Paul fuhr mit der Stadt-Bahn bis zum Alexanderplatz. Die Züge verkehrten normal, doch auf dem Weg zum Schloß hielt er die Augen offen nach marodierenden Aufrührern. Er bemerkte einen kleinen Zug von Fabrikarbeitern, darunter auch Frauen, der die Schloßbrücke überquerte. Sie waren unbewaffnet, trugen jedoch rote Fahnen und skandierten politische Parolen, so daß er im Schatten blieb, bis sie vorbei waren. Vorsicht konnte nicht schaden.

Auf das Schloß fiel nur vom gegenüberliegenden Dom ein schwacher Lichtschein, aber die rote Fahne, die meuternde Soldaten dort gehißt hatten, hob sich deutlich vom dunkler werdenden Himmel ab. Seit der Abdankung des Kaisers und seiner Flucht nach Holland war das Schloß offiziell unbewohnt. Zur Zeit beherbergte es rund dreitausend Aufständische der sogenannten «Volksmarinedivision», die den Stadtkommandanten Wels als Geisel genommen hatten.

Paul setzte seinen Weg Unter den Linden fort. Von Straßenkehrern keine Spur, so daß er gelegentlich über Schneehaufen steigen mußte. Nur die Straßenbahnschienen waren überall von Schnee und Eis gesäubert worden. Trotz gelegentlicher Schüsse – und vereinzelt sogar detonierender Granaten – waren die Geschäfte geöffnet und manche Taxis, Omnibusse und Straßenbahnen noch in Betrieb. Doch wegen des Treibstoffmangels gab es wieder mehr alte Pferdedroschken, die von halbverhungerten Tieren durch den Schnee gezogen wurden. Ein paar Passanten hasteten mit ihren Einkäufen heimwärts, vorbei an Straßenhändlern, die primitiven Christbaumschmuck aus Pappe oder Papier feilboten.

Paul ging auf die andere Straßenseite, um der vor den Toren der Sowjetischen Botschaft – wie sie seit April 1918 hieß – versammelten Menschenmenge auszuweichen. Auf dem VII. Parteitag im März 1918 hatte Lenin den Delegierten als «absolute Wahrheit» verkündet, daß «... wir ohne die deutsche Revolution verloren sind». Und als Reaktion darauf hatte das neue Botschaftspersonal, das nicht weniger als dreihundert Mitarbeiter umfaßte, eine fieberhafte Aktivität entfaltet, um ganz Deutschland mit bolschewistischen Agitatoren zu überziehen und Wagenladungen revolutionärer Literatur zu verteilen. Der neue Botschafter – ein begüterter jüdischer Philanthrop von der Krim – hatte über der Fassade ein riesiges Spruchband anbringen lassen: «Proletarier aller Länder, vereinigt euch!» Kurz danach wurde er nach Rußland zurückbeordert, das Transparent indes blieb.

Vor dem Innenministerium standen drei Wachen mit geschultertem Gewehr. Um die Ecke parkte ein Lastwagen mit weiteren bewaffneten Männern, deren schäbige, behelfsmäßige Uniformen mit den roten Armbinden sie als Angehörige einer der von dem neuen Polizeipräsidenten Emil Eichhorn, einem Linksradikalen, rekrutierten Kampfgruppen auswiesen. Ecke Wilhelmstraße standen ein paar Frauen, davon eine in Tränen aufgelöst. Sie kamen von der Dorotheenstraße, wo immer noch die Gefallenenlisten mit täglich neuen Namen aushingen. Die Kämpfe waren zwar beendet, nicht aber alle Toten identifiziert. Paul ging an ihnen vorbei und über die Straße zum Hotel Adlon.

In der Garderobe gab er Helm, Mantel und Pistolengurt ab. Der bejahrte Angestellte nahm sie ohne jedes Anzeichen von Überraschung entgegen, legte Waffe und Helm auf ein Brett neben die Zylinder und händigte Paul einen kleinen gelben Schein aus. Paul ging in die Bar. Sie war gut besetzt, aber die Heizung funktionierte nicht, so daß manche Gäste die Mäntel anbehalten hatten. Er war mit Alex Horner verabredet, der in der Nähe der Tür saß, neben sich eine Flasche Wein im Eiskühler. Ein zweites Glas stand parat. Aus dem Speisesaal nebenan kamen die feurigen Klänge einer Zigeunerkapelle.

«Wie steht's bei der Heeresleitung?» erkundigte sich Paul. Er setzte sich und wartete, daß der Kellner ihm einschenkte.

«Ausgezeichnet», entgegnete Alex. «Und wie sieht es zu Hause aus?» Alex war nicht in Uniform. Er trug einen eleganten neuen grauen Flanellanzug, dazu weißes Hemd und dunkle Krawatte, aber in der Bar – oder auch in ganz Berlin – hätte jeder ihm sofort den preußischen Offizier angesehen.

«Peter ächzt und stöhnt immer noch. Papa rührt sich nicht aus dem Haus und behauptet, das sei wegen der Grippeepidemie. Mama hat sich zu einer Art Tyrann entwickelt, schafft es aber nach wie vor, sogar mittags Fleisch auf den Tisch zu bringen; heute gab es Sauerbraten. Ich bekam eine doppelte Portion.»

«Deine Mutter verfügt über unerschöpfliche Hilfsquellen.»

Alex hatte sich einen hervorragenden Posten gesichert – oder vielmehr durch seinen einflußreichen Verwandten im Kriegsministerium verschafft bekommen. Nach dem Fehlschlag der großen deutschen Offensive von 1918 wurde er ins Oberkommando nach Spa versetzt und zum Adjutanten von General Schammer, dem Stadtkommandanten von Berlin, ernannt.

Der derzeitige Stadtkommandant war zwar ein ziemlich übel beleumundeter Zivilist, was Alex jedoch keineswegs hinderte, sich seinem alten Freund gegenüber wer weiß wie aufzuspielen, denn es bedeutete immerhin einen erheblichen Unterschied, ob man Dienst tat im Hauptquartier der Armee oder bei einem Freikorps war, einem zusammengewürfelten Haufen schwärmerischer Freiwilliger – fast ausschließlich Leute, für die das Militär keine Verwendung hatte.

Alex liebte es, seinem Freund durch allerlei Anekdoten Einblick in das Leben innerhalb der Generalität zu geben. Minutenlang unterhielt Alex ihn mit Geschichten über General Groener, den neuen Oberbefehlshaber. «Ein guter Mann, hochintelligent und kein bißchen langweilig.»

«Er ist Schwabe», kommentierte Paul, ehe er einen Schluck Wein trank. «Schafft euch all die verdammten Preußen vom Hals, sage ich.»

Der Elsässer Riesling war genau richtig gekühlt und schmeckte köstlich. Gott weiß, wann ihm so etwas wieder geboten würde; nach den Vereinbarungen des Waffenstillstands gehörte Elsaß-Lothringen nun wieder zu Frankreich.

Alex grinste. Wenngleich Paul in Wien als Sohn einer amerikanischen Mutter geboren worden war, so war er doch kaum weniger preußisch erzogen worden als sein Freund; aber dieser scherzhafte Dialog gehörte zu ihrem ständigen Repertoire: Alex verkörperte darin das Urbild des unbeugsamen Preußen von altem Schrot und Korn, Paul dagegen den unterdrückten Süddeutschen. Jetzt vertraute Alex seinem Freund ein Geheimnis an. «Der Reichskanzler wird zwar in seinen Amtsräumen festgehalten, aber es existiert eine geheime Telefonverbindung zwischen der Reichskanzlei und der Armee.»

«Großer Gott!» rief Paul. Alles glaubte, die aufständischen Matrosen hätten das Telefonnetz der Reichskanzlei lahmgelegt und Friedrich Ebert, den neuen sozialdemokratischen Regierungschef, von der Außenwelt abgeschnitten.

«Das bleibt aber unter uns», betonte Alex, «du darfst nicht einmal deinem Vater etwas davon erzählen.»

«Mein Wort darauf, Alex. Das ändert allerdings die Lage, oder?»

«Ja, und das Militär wird das tun, was die Situation verlangt», deutete Alex dunkel an. «Was das heißt, werden diese Banditen morgen schon erleben.»

«Am Heiligabend? Wieso?»

«Hast du's eilig?« fragte Alex.

«Ich habe Zeit, soviel du willst.« Paul trank etwas Wein und beugte sich vor, um zu hören, was Alex ihm zu erzählen hatte.

«Das Ganze fing am 9. November an.»

«Wie alles», meinte Paul.

Soviel war richtig: Alles begann am 9. November 1918. Die Oberbefehlshaber der Armee dachten in ihrem Dünkel gar nicht daran, die Konsequenzen ihrer Niederlage auf sich zu nehmen, sondern schickten einige bedauernswerte Zivilisten durch den Drahtverhau im Niemandsland, um bei den Alliierten um einen Waffenstillstand nachzusuchen. Im Verlauf jenes Samstags hörte die Kaiserliche Armee auf, als geschlossene Streitmacht zu existieren. Überall wehten rote Fahnen, als Soldatenräte die Kontrolle übernahmen. Alex Horner, der sich gerade turnusmäßig von Berlin zum Oberkommando begeben hatte, bekam dort die Meldungen zu Gesicht. Es war bestürzend: Der gesamte militärische Apparat fiel zusammen wie ein Kartenhaus. Um 17 Uhr waren Halle und Leipzig zu «roten» Städten erklärt worden, kurz darauf folgten Düsseldorf, Osnabrück und Lauenburg, dann Magdeburg, Stuttgart, Oldenburg, Braunschweig und Köln. Mittlerweile grüßten die Soldaten im Oberkommando die Offiziere nicht mehr, und etliche Büros standen leer. Um 10 Uhr kam die Meldung, der kommandierende General des 18. Reservekorps in Frankfurt sei «abgesetzt». Am frühen Abend wartete Wilhelm II., deutscher Kaiser und «Oberster Kriegsherr», darauf, daß er die Fahrt ins Exil nach Holland antreten konnte.

In Berlin sah sich das sozialdemokratische Kabinett, das ohne ordnungsgemäße Machtübergabe gebildet worden war, außerstande, die Ruhe wiederherzustellen. Das Militär erhielt Anweisung, streckenweise die Bahngleise herauszureißen und so den unaufhörlichen Zustrom aufrührerischer Soldaten und Matrosen in die Hauptstadt zu stoppen. Als Alex mit einem Zug, der für die Fahrt von Belgien nach Berlin zweieinhalb Tage gebraucht hatte, am Lehrter Bahnhof ankam, stellte er entgeistert fest, daß an den Bahnsteigen und in der Haupthalle überall Maschinengewehrposten standen. Gas- und Elektrizitätswerke waren von Truppen besetzt, sämtliche Regierungsgebäude in der Wilhelmstraße wurden bewacht, und sogar vor einigen Luxusrestaurants hatte man bewaffnete Soldaten postiert.

Leutnant Horner meldete sich beim derzeitigen Stadtkommandanten von Berlin, dem Sozialdemokraten Otto Wels, der notgedrungen aus ehemaligen Soldaten und bewaffneten Zivilisten eine Ordnungsmacht aufgebaut hatte. Die Gewehre waren zumeist Deserteuren abgekauft worden, die neben den Blumenfrauen am Potsdamer Platz einen schwunghaften Handel betrieben und zwei Mark je Stück verlangten. Selbst Militärlastwagen hatte man auf diesem Wege von den Deserteuren erworben. Wels hatte seinen zusammengewürfelten Verband mit dem stolzen Titel «Republikanische Soldaten» bedacht, doch es handelte sich um ein Sammelsurium, das schwer von der linksextremen Sicherheitswehr des Polizeipräsidenten zu unterscheiden war oder auch von den anderen bewaffneten Haufen, die auf der Suche nach Opfern und Gelegenheit zum Plündern durch die Stadt zogen. Überdies waren die «Republikanischen Soldaten» mit zahlreichen Spartakisten und linksextremen Unabhängigen durchsetzt.

Ein Besuch im Büro des Stadtkommandanten genügte, um Alex Horner davon zu überzeugen, daß seine Offiziersuniform nicht der geeignete Aufzug war. Er kaufte sich in einem Herrenmodegeschäft in der Friedrichstraße den ersten Konfektionsanzug seines Lebens und fühlte sich nun weniger unbehaglich. Bei der Rückkehr ins Büro bemerkte er die überall verteilten Bettler, die ihn beobachteten. Diese Kerle gaben sich nicht einmal den Anschein von Straßenhändlern, und Alex war sicher, daß es sich um Spitzel handelte. Polizeispitzel, Bolschewisten, Spartakisten und auch Ausländer; die Stadt wimmelte von Spitzeln aller Art.

Das schwerste Problem für die Stadt stellten die meuternden Matrosen dar, die aus den Marinestützpunkten gekommen waren und immer drohender ihren rückständigen Sold forderten. Seit ihrer Einquartierung im Schloß standen sie unter dem Einfluß von Karl Liebknecht. Und dessen erklärte Absicht war es, die gemäßigte sozialdemokratische Regierung von Friedrich Ebert – einem 47jährigen ehemaligen Sattler – durch Anarchie und Aufruhr zu Fall zu bringen. Die ständig wachsenden Geldforderungen der Matrosen waren ganz nach Liebknechts Geschmack. Wenn Ebert sich durch die Drohungen einschüchtern ließ und das Geld herausrückte, würde die Regierung damit ihre Schwäche beweisen. Wenn sie gegen die Matrosen vorginge, wäre das ein Zeichen dafür, daß Liebknecht sie zu Recht beschuldigte, reaktionäre Verräter der Arbeiterklasse zu sein. In beiden Fällen würde es Liebknecht erleichtert, die Macht zu ergreifen und sein kommunistisches Regime zu errichten.

Am 20. Dezember teilten die Matrosen mit, sie hätten die ersten 125 000 Mark, die ihnen die Regierung für die Bewachung des Schlosses gezahlt hatte, verbraucht, und verlangten nun weitere Gelder.

Alex Horner befand sich im Vorzimmer des Reichskanzlers, als Otto Wels mit Ebert erschien. Horner sah den Reichskanzler zum ersten Mal aus dieser Nähe. Eine stattliche Erscheinung, breit und muskulös, pechschwarzes Haar, dichter Schnauzbart. Die Regierung hatte sich zu weiteren Zahlungen bereiterklärt, doch zuvor sollte das Schloß geräumt und die Volksmarinedivision auf sechshundert Mann reduziert werden. Das Geld würden sie erst nach Aushändigung der Schlüssel an Otto Wels erhalten.

Am Morgen des Tages, an dem sich die beiden Freunde trafen, war Alex von einem der Sekretäre telefonisch in die Vorhalle der Reichskanzlei gerufen worden. Eine Abordnung der Matrosen wurde in einen der Salons geführt, die von dem wunderschönen Empire-Vestibül ausgingen. Ein Matrose trug ein ledernes Kästchen, in dem sich seinen Worten nach die Schlüssel für das Schloß befanden. Sie verlangten nun ihr Geld.

«Herr Horner gehört zum Stab des Stadtkommandanten», erläuterte der Sekretär, der mit den Männern verhandelte. Er war kurz angebunden und herablassend, wie es Karrierebeamte zu sein pflegen.

Der Sprecher der Matrosen, ein hochgewachsener Maat mit schiefen

Zähnen, fragte nach Alex Horners Ausweis. Zum Glück hatte Wels diese Formalitäten erledigt, sobald der junge Offizier in die von Revolutionswirren heimgesuchte Stadt zurückgekommen war. Ein Saaldiener in der alten Livree der Kaiserzeit hatte ihn im Reichstag in ein Büro geleitet, wo ihm eine Angestellte mit roter Armbinde einen Ausweis überreichte – eine rote, unbeholfen bedruckte Karte. Dem Text zufolge war Horner «autorisiert, für Sicherheit und Ordnung in den Straßen der Stadt zu sorgen». Dazu gehörte ein vom Arbeiter- und Soldatenrat ausgestellter Personalausweis, der ihm «Zuverlässigkeit und Bewegungsfreiheit» bescheinigte. Sein militärischer Rang wurde auf beiden Dokumenten nicht erwähnt, und die Frau, die sie ihm aushändigte, gab sich zumindest ahnungslos. Aus der Art, wie sie mit den Akten umging, ließ sich schließen, daß sie diesen Schreibtisch bereits vor der Revolution innegehabt hatte. Die meisten übten die gleiche Tätigkeit aus wie in der Kaiserzeit. Für die Berliner bestand das Leben aus einem simplen Tauschhandel: Zeit gegen Geld und Geld gegen Nahrungsmittel. Sogar während der Schießereien verkehrten die Omnibusse pünktlich, und die Wasser- und Stromversorgung funktionierte normal.

Nach genauer Prüfung von Horners Papieren zeigte ihm der Maat dann auch seine Karte. «Maat Esser». Merkwürdig, wie strikt viele revolutionäre Soldaten an den Rangabzeichen, Titeln und Privilegien des alten Regimes festhielten.

Esser erklärte Horner und dem Sekretär höflich, aber bestimmt, der politische Ausschuß der Volksmarinedivision habe beschlossen, nicht mit Otto Wels zu verhandeln, der zwar ein Sozialdemokrat, aber dennoch «ein Klassenfeind» sei.

«Dann übergeben Sie doch die Schlüssel Herrn Barth», schlug Alex vor. Er war dankbar, daß der Sekretär seinen Offiziersrang verschwiegen hatte.

«Herr Barth ist in einer Konferenz und darf nicht gestört werden.» Der Sekretär erwartete, daß sie ihm die Schlüssel aushändigen und dann sofort verschwinden würden. Trotz des schmalen roten Bändchens, das er wie viele Beamte des mittleren Dienstes seit ein paar Tagen im Knopfloch trug, machte er kein Hehl aus seiner Ungeduld und seinem Abscheu vor diesen ungewaschenen Revolutionären.

«Dann holen Sie ihn eben aus der Konferenz», schlug Alex vor.

Der Sekretär schüttelte den Kopf; eine solche Unterbrechung kam für ihn nicht in Frage. Emil Barth war einer der radikalsten Volksbeauftragten, aber diese vermaledeiten Sozialisten hatten sich rasch der Bürokratie der Wilhelmstraße angepaßt: Konferenzen, Konferenzen, Konferenzen.

Und die Bürokraten hatten sich wiederum mühelos ihren neuen Herren angepaßt.

«Ausgeschlossen», sagte der Sekretär, ein älterer Mann mit randloser Brille, buschigen Augenbrauen und einem Zelluloidkragen, der an den Rändern ebenso vergilbte wie die überall herumliegenden Akten.

«Versuchen Sie es», drängte Alex, von den Matrosen lautstark unterstützt.

Nun folgten weitere Wortwechsel und Telefongespräche. Wer auch immer die Matrosen beschwichtigen konnte, war zu Tisch, und die Revolutionäre gerieten von Minute zu Minute mehr in Rage.

Bevor das Problem gelöst war, stürzte ein Bote in die Vorhalle mit einer dringenden Botschaft für Alex Horner. Er sollte sich unverzüglich ins Büro von Otto Wels begeben. Wels war entführt worden.

Was geschehen war, ließ sich unschwer feststellen. Die Mitarbeiter von Wels standen im Korridor und diskutierten weithin hörbar. Einige Frauen weinten. Eine weitere Schar Matrosen hatte, den Berichten zufolge, das Gebäude durch einen Seiteneingang betreten, sich nach oben begeben und Wels den rückständigen Sold abverlangt. Dieser erwiderte: erst die Schlüssel, dann das Geld.

Wer von den Matrosen zuerst die Hand gegen Wels erhoben hatte, tat nichts zur Sache, denn er wurde binnen kurzem heftig zusammengeschlagen und ins Schloß geschleift, das die Matrosen offenbar nicht zu räumen gedachten. Einer Nachricht zufolge, die Alex im Verlauf des Tages von einem bezahlten Informanten erhielt, hatte man mit Gewehrkolben auf Wels eingedroschen und ihn in einen von Ratten wimmelnden Keller geworfen.

Am gleichen Nachmittag erschienen die Matrosen in der Reichskanzlei. Zutiefst erbittert, drängten sie in die Vorhalle, postierten bewaffnete Wachen an sämtlichen Ausgängen und besetzten die Telefonzentrale der Reichskanzlei. Niemand durfte das Gebäude betreten oder verlassen, nicht einmal der Reichskanzler persönlich. Sie hatten Wels als Geisel, und sie verlangten ihr Geld.

Paul hatte Alex Horners langem Bericht keineswegs ungeteilte Aufmerksamkeit gewidmet, sondern zwischendurch die übrigen Gäste in der Bar beobachtet, insbesondere die jüngeren Frauen. Seit Kriegsausbruch hatte er so wenig Gelegenheit gehabt, sich unter Zivilisten zu bewegen, daß er sich immer noch nicht an die kürzeren Röcke und den ungehinderten Blick auf Frauenbeine gewöhnen konnte. Gemeinsam hatten sie eine Flasche Wein geleert und die zweite auch schon fast ausgetrunken. Paul merkte, daß Alex jetzt mit seiner Geschichte an einem Punkt angelangt war, an dem er von ihm einen Kommentar erwartete. «Was hast du damit gemeint, daß die Matrosen es morgen schon erleben werden?»

Alex vergewisserte sich durch einen Blick über die Schulter, daß niemand sie belauschte. Nebenan spielte die Zigeunerkapelle wehmütige ungarische Weisen. «Der Reichskanzler hat über die Geheimleitung militärische Unterstützung angefordert. Groener schickt Truppen. Wir werden diese Roten ein für allemal erledigen.»

«Er schickt sie hierher? Ins Schloß?»

«Die Regierung wurde verhaftet, Paul. Diese Leute halten Minister als Geiseln gefangen. Groener hat etliche Schwadronen der Garde in den Potsdamer Kasernen in Marsch setzen lassen. Gegen Mitternacht werden sie hier sein.»

«Werden die Truppen auf die Matrosen schießen?»

«Die Garderegimenter sind ihren Offizieren gegenüber loyal geblieben. Es kommen außerdem noch weitere zuverlässige Truppen. Auch Artillerie. Sie werden sich den Weg ins Schloß freischießen.»

«Gegen die Artillerie haben die Matrosen kaum Chancen.»

«Das haben sie sich selbst eingebrockt. Für diese Banditen kann ich keinen Funken Mitleid aufbringen.»

«Du hast doch diesen Esser erwähnt. Den kenne ich.»

«Ach ja?» Alex spielte nicht mehr den Gleichgültigen, sondern schien ehrlich überrascht zu sein. «Woher, um Himmels willen, kennst du denn einen solchen Kerl? Aus dem Strafbataillon?»

Paul lachte. «Nein, die wahren Schurken landen nicht beim Strafbataillon, Alex. Die enden als Generäle. Das wissen wir doch beide.»

Solche Bemerkungen machten Alex nervös. Er sah sich abermals um, ob keiner mithörte; dann distanzierte er sich. «Da bin ich mir gar nicht so sicher, Paul», murmelte er.

«Ich würde gern versuchen, Esser da rauszuholen», sagte Paul.

«Ihn herausholen?»

«Er ist ein guter Kerl.»

«Bei denen gibt es keine guten Kerle. Die sind alle Abschaum.»

«Ich kann ihn einfach nicht dem sicheren Tod überlassen. Er war mein Freund. Er stammt aus einem Dorf bei Travemünde, wo meine Großeltern gelebt haben.»

«Es ist zu riskant», wandte Alex ein.

«Mach dich doch nicht lächerlich. Mir tut keiner etwas, nur weil ich zum Schloß gehe, um mit Esser zu reden.»

«Du bist in Uniform.»

«Soldatenuniform.»

«Die Leute sind Meuterer, Paul. Die erkennen dich auf den ersten Blick als Mitglied des Offizierskorps. Und das Freikorps ist der erklärte Feind der Revolution.»

«Ich muß gehen. Die Soldaten treffen um Mitternacht ein, hast du doch gesagt?»

«Du darfst sie nicht warnen – Ehrenwort?»

Paul lächelte. «Du machst wohl Witze, Alex. In dieser Stadt bleibt doch nichts länger als eine halbe Stunde geheim.»

«Dann werde ich dich begleiten. Vielleicht kann ich sie überreden, Wels freizulassen.»

«Wenn dir das gelingt, könntest du stolz sein, Alex.»

Alex nickte ernst und trank den Rest Riesling.

Vom Adlon zum Schloß war es nur ein kurzer Fußweg Unter den Linden entlang. Als sie aus dem Hotel traten, war die Straße von der britischen Botschaft her hell erleuchtet. Angeblich tagte dort die Waffenstillstands-Kommission, doch von britischen Soldaten war weit und breit nichts zu sehen. Von der anderen Seite des Pariser Platzes, nahe dem Brandenburger Tor, hörten sie die schmissigen Klänge einer Blaskapelle. Der dahinter liegende Tiergarten wurde als Biwak benutzt; über die Loyalität der Soldaten wußte niemand Bescheid. Wahrscheinlich wollten die Männer bloß in der Nähe der Suppenküchen bleiben, die man dort eingerichtet hatte. Berlin lag unter einer dicken Schneedecke, die alle Geräusche dämpfte.

«Du hast dich verändert, Paul. Sehr verändert.»

«Wir sind eben älter geworden», tat dieser die Bemerkung seines Freundes ab. Sein Vater redete unentwegt davon, wie Paul sich verändert habe. Hatte sich denn Peter nicht verändert? Oder Mama? Und hatte sich nicht Harald Winter von allen am meisten verändert?

«Es ist komplizierter», beharrte Alex. «War es das Strafbataillon?» Sie waren häufig zusammengewesen, seit Paul seine Strafe abgebüßt hatte, aber bis jetzt galt das Thema Strafbataillon als tabu.

«Verändert in welcher Hinsicht?»

«Du bist zäher, entschiedener. Früher hättest du dir freiwillig keinen Ärger aufgehalst, sondern einen Kerl wie Esser sich selbst überlassen.»

«Das Strafbataillon hat mir gar nichts ausgemacht. Im Gegenteil, es war geradezu eine Erleichterung, von diesem Brand wegzukommen. Manchmal habe ich dich bedauert, weil du diesen Schweinehund weiter ertragen mußtest.»

«Aber sie haben euch doch die schlimmsten Himmelfahrtskommandos angehängt.»

«So schlimm war es auch nicht. Es hat mich zum Mann gemacht. Ich habe gelernt, wie man überlebt – überlebt, wenn alles dagegen sprach, wenn alle um mich herum starben.»

«Und danach hast du in einem Sturmbataillon gedient. Erzähl. War es mit dem Strafbataillon vergleichbar?»

«Es ließ sich mit nichts vergleichen, was du je erlebt hast. Mehr solche Verbände, und wir hätten den Krieg gewonnen, Alex.»

«An den fehlenden Sturmbataillonen lag es nicht, Paul. Es waren diese verdammten Zivilisten, die uns den Dolch in den Rücken gestoßen haben. Als Offizier bleibe ich der Regierung gegenüber loyal, aber es läßt sich schwer vergessen, daß die Politiker, von denen wir Befehle entgegennehmen, eben die Memmen, die Sozialdemokraten sind, die den ganzen Krieg hindurch gegen die Armee gewettert haben ...» Er stockte; selbst jetzt bewahrte ihn die strenge Offiziersdisziplin vor derartigen Ausbrüchen. «Aber erzähl mir von den Sturmbataillonen.»

«Keine Gewehre – Karabiner, leichte Maschinenpistolen und kleine Flammenwerfer. Ausschlaggebend waren Leichtigkeit und Schnelligkeit – für jedes Stück. Selbst die Soldaten bekamen Pistolen. Spezialuniformen mit Lederschutz an Ellbogen und Knien. Keine Patronentaschen – wir haben das Zeug so eingesteckt. Um den Hals trugen wir Beutel mit Handgranaten. Wir waren durch nichts aufzuhalten ... und kannten kein Pardon.»

«Sie haben dich als Stoßtruppführer eingesetzt.»

«Es hat sie nicht gekümmert, daß ich in einem Strafbataillon war, wenn du das meinst. Ja, sie haben mich zum Stoßtruppführer gemacht. Es wurden nur junge, ledige Männer genommen, und eine derart strenge Eignungsprüfung habe ich noch nie erlebt.»

«Ich beneide dich um diese Erfahrung, Paul. Die Sturmbataillone sind zur Legende geworden. Aber du hast zum Glück überlebt.»

«Du darfst nicht alle Geschichten glauben, die du hörst, Alex. Die Sturmtruppen blieben in der Etappe, bis sie für eine Sonderaufgabe gebraucht wurden; wir wurden größtenteils mit Lastwagen transportiert. Und wir bekamen massenhaft Urlaub und immer erstklassige Verpflegung, soweit verfügbar.»

«Das klingt fast ein wenig wehmütig, Paul.»

«Laß mich dir etwas erklären, Alex. Du bist mit dem Wunsch aufgewachsen, Offizier zu werden. Ich dagegen wollte nie auf die Kadettenschule. Das war die Idee meines Vaters. Ich liebte meinen Vater

– das tue ich heute noch –, aber er hat keine Achtung vor mir; er hält mich für dumm, und Verstand ist das einzige, was bei ihm zählt, vor allem, wenn einer damit Geld zu machen versteht. Meinem großen Bruder ist Vater völlig schnuppe, aber dafür liebt der ihn. Als mir klar wurde, daß ich nicht so intelligent war wie mein Bruder Peter, ging ich eben auf die Kadettenanstalt, wie Papa es wünschte. Ich bin Soldat geworden, und das ist der einzige Beruf, den ich erlernt habe.»

«Wo jetzt die Arbeiter- und Soldatenräte in sämtlichen Fabriken deines Vaters das Sagen haben, kann dir das alles doch ziemlich egal sein.»

«Papa findet schon einen Ausweg – wie immer.»

«Aber du schienst damals ganz glücklich zu sein in Lichterfelde.»

«Ja, mit der Zeit gefiel es mir. Ich war von jeher anpassungsfähig. Ich liebte es, wenn vor mir salutiert wurde und die Leute auf der Straße zur Seite traten, um mir den Weg frei zu machen, oder mich in den Geschäften vorließen.»

«Das ging uns vermutlich allen so. Und wie stehen wir jetzt da? Ich schleiche in Zivil herum und du maskierst dich als einfacher Soldat.»

Paul musterte seinen Freund. Alex trug eine graue Melone und einen altmodischen grauen Mantel mit abnehmbarem Schultercape. Kein besonders exzentrischer Aufzug, gemessen an den teilweise abenteuerlich ausstaffierten Gestalten, denen man in den Straßen begegnete.

Ecke Friedrichstraße mußten sie erst den Verkehrsstrom vorbeilassen, bevor sie den Damm überqueren konnten. Erstaunlich, wie das Leben normal weiterging, anscheinend unberührt davon, daß die Revolution in der Stadt gärte. Die zahllosen Passanten überhörten die Schießereien geflissentlich, und die Omnibusse fuhren unbeirrt weiter. Kaum zu glauben, daß vor kurzem in der Nähe noch Granaten detoniert waren, und daß eben jetzt Artillerie unterwegs war, um das Schloß zu stürmen.

«Zivilisten müssen sich um ihre eigenen Angelegenheiten kümmern», kommentierte Alex, während sie die Straße überquerten und rasch einem Taxi auswichen.

«Du meinst, Geldverdienen», spottete Paul.

«Ohne Geld kann man nicht leben.»

«Es gibt andere, wichtigere Dinge, Alex. Das habe ich gelernt, und daran glauben viele Männer im Freikorps.»

«Sind das Leute aus deinem ehemaligen Sturmbataillon?»

«In meiner Einheit gibt es ungefähr ein Dutzend alte Kameraden. Deswegen bin ich eingetreten. Wenn der derzeitige Zustrom anhält, habe ich nächsten Monat meine eigene Kompanie.»

Alex Horner lachte in sich hinein. «Und da habe ich nun die ganze Zeit gedacht, du wärst alt und zynisch geworden, Paul. Dabei bist du in Wahrheit derselbe glühende Optimist und Träumer, den ich seit jeher kenne.»

«Mach dich ruhig über mich lustig, aber...»

«Ich mache mich nicht lustig über dich, Paul. Wir denken doch alle so. Jeder in meinem Umkreis, von dem ich etwas halte, empfindet mehr oder weniger das gleiche wie du. Sie alle fühlen Bitterkeit und Enttäuschung, wenn sie mit ansehen müssen, wie verächtlich diese Regierung behandelt, verunglimpft wird und wie schändlich Paris, London und Washington mit ihr umgehen.»

«Aber du hältst dich heraus? Oder bist du Fatalist?»

«Wenn der Mob sich von den Spartakisten regieren lassen will, bitte schön. Ich bin Berufssoldat; ich gehorche den Befehlen der Armee, genauso, wie es das russische Militär unter Lenin tut.»

Paul schüttelte den Kopf. «Du bist zu naiv, Alex. Glaubst du im Ernst, daß Lenin den russischen Arbeiter vertritt? Lenins Partei ist eine verschwindend kleine, lautstarke, gewalttätige Gruppierung; sie hat die Macht ergriffen und dann die gesamte Opposition ausgeschaltet. Bei uns haben zwar Eberts Sozialdemokraten die Mehrheit, aber die Spartakisten versuchen bereits mit einigen von Lenins Tricks, an die Macht zu kommen. Und dann gnade Gott Liebknechts Gegnern. Die werden an die Wand gestellt und ohne Gerichtsverfahren erschossen.»

Hinter sich hörten sie eine Marschkolonne, die aus Richtung Tiergarten die Linden hinunterkam. Die beiden jungen Offiziere beobachteten beifällig, wie die Soldaten in den Vorhof der Universität einschwenkten. So gut ausgebildete und disziplinierte Einheiten gab es nur noch selten. Je mehr sie sich dem Schloß näherten, desto belebter wurde es Unter den Linden. An den Straßenecken standen Gruppen von behelfsmäßig Uniformierten. Die meisten hatten ihr Gewehr mit der Mündung nach unten geschultert, wie es bei allen Revolutionären Mode geworden war. Übertroffen wurden die bewaffneten Männer indes von der Zahl der Schaulustigen, die durch die mittlerweile in der ganzen Stadt verbreiteten Gerüchte angelockt worden waren. Sie wollten miterleben, wie das Militär mit den aufrührerischen Matrosen fertig wurde. Oder, einem anderen Gerücht zufolge, wie die Monarchisten in der Armee eine Konterrevolution inszenierten.

Vor dem Haupteingang des Schlosses trafen Alex und Paul auf drei Wachposten, bleichgesichtige Burschen mit Matrosenmützen. Sie wärmten sich die Hände über einem Feuer, das auf dem Pflaster brannte. In den Flammen sah man Teile von antiken Möbeln. Sie fragten die Wachen nach Esser. Es brauchte seine Zeit, ihn zu finden. Inzwischen warteten Alex und Paul am Feuer und versuchten, einen Blick in den Schloßhof zu werfen. Selbst aus diesem begrenzten Einblick ging klar hervor, daß die Matrosen einer offenen Schlacht mit den aus Potsdam anrückenden Truppen mit Schrecken entgegensahen.

Nach etwa fünfzehn Minuten brachte sie ein bewaffneter Matrose hinein und führte sie eine Treppe hinauf. Esser hatte bezeichnenderweise in den Privatgemächern der Kaiserin biwakiert. Trotz der ausgiebigen Plünderungen fielen noch viele persönliche Gegenstände der einstigen Bewohner ins Auge. In den Ankleideräumen der Kaiserin hingen noch Kleider und lange Ballroben. Ihr Schreibtisch war aufgebrochen, Briefbögen und Umschläge lagen überall verstreut herum. Auf dem Fußboden lagen Puderschachteln, Haarbürsten, Kämme und Silberrahmen, aus denen man die Fotos herausgerissen hatte.

«Der Obmann der Volksmarinedivision kommt in fünf Minuten», verkündete ein bärtiger Matrose.

«Ist das Fritz Esser?» fragte Paul.

«Ja, Genosse Esser», bestätigte der Matrose. »Das Berühren von Gegenständen und das Verlassen des Raumes sind verboten; bei Zuwiderhandlung droht die Todesstrafe, verstanden?»

«Ja, wir haben verstanden», sagte Leutnant Horner. Er hatte sich inzwischen an die hochtrabende Ausdrucksweise der Revolution gewöhnt.

Für «Obmann» Fritz Esser der Volksmarinedivision war es, selbst im Vergleich zu dem randvollen Programm der letzten paar Wochen, ein ereignisreicher Tag gewesen. Aber, wie so oft seit Anfang November 1918, hatte man ihn ausmanövriert, übers Ohr gehauen und schließlich niedergebrüllt.

Die Schwierigkeit bestand darin, daß Esser seine Widersacher nie richtig einzuschätzen vermochte. So war es seit Beginn der Aufstände gewesen. Fritz Esser erkannte zwar gewöhnlich als erster eine sich bietende Gelegenheit, besaß jedoch weder das Geschick noch den Zynismus, seinen Vorteil auch wahrzunehmen.

Zum Beispiel hatten Spartakisten und linksradikale Unabhängige stets damit gerechnet, daß die Revolution, von der sie seit Jahren gesprochen hatten, unter den ausgepumpten, kriegsmüden Frontsoldaten ihren Ausgang nehmen würde, anstatt unter Matrosen und Zivilisten. Fritz Esser dagegen hatte unbeirrt weitergemacht mit seinen geheimen Versammlungen und den zündenden Flugblättern an die Besatzungen der Schlachtschiffe und -kreuzer der Hochseeflotte, die fast den ganzen Krieg hindurch in ihren Basen vor Anker gelegen hatten.

Esser war es auch, der in einem vertraulichen Bericht an einen Adlatus von Liebknecht darauf hingewiesen hatte, daß die kämpfenden Truppen als letzte meutern würden. Das trat hier in den Seehäfen klar zutage, wo die U-Boot-Besatzungen oder die Männer, die regelmäßig in Torpedobooten und Zerstörern auf Feindfahrt ausliefen, wenig Interesse an Karl Marx bekundeten. Die Besucher seiner Versammlungen gehörten zur Besatzung der großen Schiffe: eingezogene Städter, frustrierte, unzufriedene Männer, denen die täglichen Zwänge beim Militär zusetzten und die nichts weiter zu tun hatten als exerzieren, Rost abkratzen und die stählernen Ungetüme streichen. Diese Leute, die noch nie einen Schuß abgegeben hatten, lauschten Fritz Essers Zukunftsträumen.

Vorigen Sommer hatte Esser Matrosen vom Schlachtschiff *Prinzregent Luitpold* erfolgreich ermutigt, befehlswidrig an Land zu gehen – ein Vergehen, für das zwei Anhänger Essers exekutiert worden waren –, aber selbst danach wollten die Spartakisten nicht glauben, daß ihre Agitatoren bei der Hochseeflotte fruchtbaren Boden für das Gedankengut der Revolution vorfinden könnten. Essers Berichte wurden nicht zur Kenntnis genommen. Im September belehrte ihn ein führender Spartakist, die vom Oberkommando der Kriegsmarine verfügte Reform, wonach von den Matrosen gewählte «Verpflegungsausschüsse» künftig die Rationen verteilen sollten, habe die Aussicht auf weitere Revolten zunichte gemacht.

Erst als Esser, nun in Kiel stationiert, dort Aufstände entfacht hatte, begann die Führung der Spartakisten Notiz von ihm zu nehmen. Doch selbst dann beschränkte sie sich auf den lauen Hinweis, die Meuterei sei lediglich eine Reaktion auf den Befehl, zur selbstmörderischen Entscheidungsschlacht gegen die Royal Navy auszulaufen. Im übrigen blieb man dabei: Aus diesem Aufstand würde sich nie und nimmer die ersehnte Revolution des Proletariats entwickeln.

Esser und seine Freunde ignorierten die Berliner Maximen. Einer von Essers jungen Anhängern veranlaßte mit seinen Reden die Heizer auf dem Schlachtschiff *Helgoland* dazu, das Feuer unter den Kesseln zu löschen. Wenn es keinen Dampf mehr gab, konnte Admiral von Hippers Befehl zum Auslaufen nicht befolgt werden.

Und als U-135 drohte, die *Thüringen* zu torpedieren, wenn die Meuterer nicht kapitulierten, war es einer der von Esser Bekehrten, der die Schützen der *Helgoland* überredete, das U-Boot ins Visier zu nehmen. Daß Esser dem folgenden Fiasko nicht beiwohnte, das mit Inhaftierung der Meuterer endete, hinderte ihn keineswegs daran, stolz den Anspruch zu erheben, er habe die Revolution ausgelöst. Denn binnen weniger Tage befanden sich nicht nur Kiel, sondern Dutzende anderer Städte ebenfalls unter der Herrschaft von Arbeiter- und Matrosenräten. Die Armee unternahm nichts, um die Revolte niederzuwerfen.

Als Esser dann mit der Vorhut der aufständischen Matrosen, die sich jetzt Volksmarinedivision bezeichneten, nach Berlin kam, erwartete er, von der Führung der Spartakisten mit Lob und Dank empfangen zu werden. Doch man schob ihn beiseite, sobald die Politiker sich der Revolution bemächtigten, an die sie so wenig geglaubt hatten. Esser brachte es nicht weiter als zum kleinen Funktionär, Obmann eines Ausschusses, der nichts Wichtigeres zu tun hatte, als Dienstpläne für die Reinigung der Quartiere aufzustellen und Streitereien zu schlichten zwischen den zahlreichen Säufern, Dieben und Gaunern, die sich bald den Matrosen anschlossen.

Die wesentlichen Entscheidungen über die Politik der Spartakisten wurden von den gleichen Leuten getroffen, die Liebknecht und Rosa Luxemburg schon in der Vergangenheit so schlecht beraten hatten. Männer in dunklen Anzügen, selbstherrisch, eiskalt, scharfzüngig, qualifizierten Esser und seinesgleichen als Bauerntölpel ab. Es ging ihnen nur darum, die gegenwärtige sozialdemokratische Regierung zu entmachten und an ihrer Stelle eine kompromißlose sozialistische Herrschaft zu errichten.

Endlose Streitereien, bis in die Nacht andauernde Ausschußsitzungen, ohne ein klares Wort und ohne konkretes Ergebnis hatten Esser mittlerweile zermürbt und desillusioniert. Und an diesem Montagabend des 23. Dezember 1918 war Esser mit seiner Geduld am Ende. Er machte kein Geheimnis daraus, daß ihn der bevorstehende Angriff auf das Schloß durch loyale Einheiten der Armee in Angst versetzte. Die leichte Artillerie, die Informanten zufolge in Potsdam abmarschbereit stand, würde vollauf genügen, die Hauptportale aufzusprengen, ganz zu schweigen davon, was Schrapnellfeuer in diesen geschlossenen Räumen anrichten konnte.

Und dennoch hatte sich der Versuch, diesen simplen Tatbestand seinem Ausschuß begreiflich zu machen, als untauglich erwiesen. Dabei war von keinem einzigen Ausschußmitglied eine vernünftige Alternative zu seinem Vorschlag gekommen, Gespräche mit Ebert aufzunehmen und die Geiseln – insbesondere Otto Wels – als Geste des guten Willens freizulassen. Er mußte sich nicht etwa in einer sachlichen Diskussion geschlagen geben, sondern wurde mit Rufen wie «Verräter!» und «Keine Kapitulation!» niedergeschrien. Schließlich explodierte Fritz Esser vor Wut. Er brüllte diesen Federfuchsern Beleidigungen ins Gesicht, schmähte sie als Bonzen – und stürmte hinaus. In dem Moment tauchte der Bote mit der Meldung auf, daß ihn unten zwei Abgesandte der Armee erwarteten. Das war der Anfang vom Ende. Wie sollte er sich jetzt verhalten? Zeit gewinnen, aber wie?

«Ich bin Esser, Ausschuß-Vorsitzender. Worum handelt es sich?» Er fixierte sie mit seinen stechenden dunklen Augen. Paul erkannte seinen Freund von damals sofort wieder: ein Hüne mit mächtigem Brustkorb, offener Matrosenjacke, rotem Halstuch und Matrosenmütze hinten auf dem kurzgeschorenen Schädel.

«Fritz! Erinnerst du dich an mich – Paul Winter? Travemünde.»

Esser erkannte Paul nicht wieder. Sein Blick wanderte zu Alex Horner. Dem war er in der Reichskanzlei begegnet, der war so etwas wie Adjutant von Otto Wels. Es war nur logisch, daß die Armee ihn herschickte, um über die Freilassung des Stadtkommandanten zu verhandeln.

«Fritz, ich möchte mit dir reden.»

Esser trat ans Fenster. Draußen war es zwar dunkel, aber er sah die Menschenmenge, meinte im Lichtschein des Doms schimmernde Stahlhelme zu erkennen. Das hieß freilich noch nicht, daß Militär aufmarschiert war; halb Berlin schien mit Stahlhelm und Gewehr herumzulaufen. Er wandte sich den beiden Männern zu. Der Bursche, der bei Wels amtierte, war unverkennbar ein preußischer Offizier, trotz Melone, Spazierstock und langem Mantel. Der andere trug einen schäbigen Militärmantel und einen Stahlhelm mit aufgemaltem Hakenkreuz. Man hätte ihn nicht hereinlassen dürfen mit seiner umgeschnallten Pistole, aber dafür war es nun zu spät.

«Fritz!» wiederholte Paul.

Jetzt erkannte der ihn langsam. Der kleine Junge aus dem großen Haus in Travemünde: Paul Winter. Vielleicht würde sich alles regeln. Er ergriff die ausgestreckte Hand des jungen Mannes. «Was zum Teufel tust du hier? Hat die Armee dich geschickt?»

«Die Armee? Nein.»

«Heiliger Strohsack, Paul, die Wachen haben dich doch nur hierhergebracht, weil sie dachten, die Armee hätte dich als Unterhändler zu uns geschickt.»

«Komm mit auf ein Bier, Fritz.»

Esser wandte sich an Alex Horner. «Sie sind nicht hier, um die

Freilassung von Otto Wels zu fordern?» Um ein Haar hätte Alex erwidert, von ihm aus könnte Otto Wels sich zum Teufel scheren, doch dann beschränkte er sich auf die knappe Mitteilung: «Herr Winter ist mein Freund.»

«Dann laßt uns Bier trinken gehen», sagte Fritz Esser laut. Er lächelte und zeigte dabei seine schiefen Zähne. «Ich spendiere dir mehr Bier, als du dir hinter die Binde kippen kannst, mein Junge.»

«Das könnte ein beachtliches Quantum sein, Fritz.»

«Kein fauler Dreh?» fragte Esser. Sein Gesicht verfinsterte sich.

«Mein Ehrenwort darauf.» Alex Horner wurde ganz förmlich.

«Mein Freund ist ein typischer Preuße», sagte Paul. «Aber unter der rauhen Schale steckt ein guter Kerl.»

«Ich traue Ihnen», erklärte Esser. Er schien schon lange niemandem mehr so recht über den Weg getraut zu haben, doch jetzt wollte er die täglichen Sorgen abschütteln und vergessen, nichts als vergessen. Sollten doch diese Klugscheißer im Ausschuß sich ohne ihn herumstreiten. «Wo gehen wir einen heben?» Vorsichtshalber schnallte er den Pistolengurt um. Er fuhr sich über das borstige Haar und spürte die schweißfeuchte Kopfhaut.

Paul wußte eine Gaststätte. «Hinter dem Spittelmarkt ist eine Kneipe, der Wirt heißt Guggenheimer. Kennst du sie?»

Der Vorschlag beruhigte Fritz Esser. Guggenheimer war ein Jude mit einem halben Dutzend Kinder, die sämtlich mit unterschiedlichem Erfolg die Universität besuchten. Sein Lokal war ein beliebter Treffpunkt für Studenten, weil es dort billiges Essen und starkes Bier gab. Außerdem verkehrte bei ihm ein buntgemischtes Publikum. Genau der richtige Ort, an dem ein Matrose, ein Freikorps-Mitglied und ein elegant gekleideter Zivilist gemeinsam ein Glas trinken konnten, ohne unliebsam aufzufallen.

Alex warf seinem Freund einen verstohlenen Blick zu. Hatte Paul das Ganze geplant? Er konnte durchaus hinterlistig und verschlagen sein – eine Seite an ihm, die nur wenige kannten. Und dabei war Paul zugleich auch aufrichtig, was Esser so bestach.

«Die Bezahlung spielt keine Rolle», sagte Paul nach etlichen Lagen von Guggenheimers bestem dunklen Bier. «Es ist die Kameradschaft: Männer, denen du dein Leben anvertrauen kannst. Durchweg gute, anständige Kerle. Aber das Geld ist auch nicht zu verachten. Jeder Freiwillige bekommt vierzig Mark täglich als Grundlöhnung, und jetzt legt die Regierung weitere fünf drauf. Und dann die Verpflegung: zweihundert Gramm Fleisch, fünfundsiebzig Gramm Butter und ein Viertelliter Wein.

Außerdem reichlich Zigaretten und Bier...» Er hielt sein Glas hoch. «In unserer Kantine kostet das so gut wie nichts. Aber viele stoßen auch dazu, weil der Dienst im Freikorps auf die Pension angerechnet wird. Sieh dich an, Fritz», fügte er hinzu, als wähle er dieses Beispiel ganz zufällig. «Dich würde man mit deinem derzeitigen Dienstgrad und Sold ins Freikorps aufnehmen – praktisch würdest du mein Feldwebel, denn ich bekomme nächsten Monat meine eigene Kompanie –, und der Dienst im Freikorps wird dir angerechnet. Zusätzlich tritt die Familienbeihilfe für deine Eltern sofort wieder in Kraft. Wie geht's ihnen übrigens?»

«Mein Vater fühlt sich nicht so besonders», antwortete Fritz ziemlich geistesabwesend.

«Das tut mir leid.» Es machte einen Teil von Pauls Charme aus, daß er ehrliches Bedauern über die Unpäßlichkeit des alten Esser äußern und im gleichen Atemzug mit der Schilderung des Lebens beim Freikorps fortfahren konnte, ohne dabei kaltschnäuzig zu wirken. «Verwaltungsfachleute sind schwer zu finden. Aber wir können Sold, Beihilfen, Verpflegung und jede sonst erforderliche Ausrüstung nur bekommen, wenn die Büroarbeit reibungslos funktioniert. Diese Sozialdemokraten sind alle Bürokraten, da müssen wir eben mitspielen, verstehst du.»

«Wieso müssen wir uns an ihre Spielregeln halten?» fragte Esser. «Ich traue dieser Regierung nicht.»

Alex nickte zustimmend und beugte sich vor, um Pauls Antwort zu hören.

«Vorläufig. Wenn die Zeit reif ist, hat Deutschland auch wieder eine richtige Führung.»

«Einen Kaiser?» fragte Alex Horner.

«Vielleicht», meinte Paul. «Aber irgendwie denke ich, wir haben das Ende des Hauses Hohenzollern erlebt. Dem Kaiser fehlten die Eigenschaften eines echten preußischen Soldatenkönigs, und wer den Kronprinzen aus der Nähe gesehen hat, erwartet sich von ihm auch nichts Besseres.»

«Ganz meine Meinung», pflichtete Alex Horner bei. Esser zog die alte geflickte Jacke aus und hängte sie über die Stuhllehne. Seine Arme waren mit Tätowierungen bedeckt: Schlangen, Mädchennamen und Treueschwüre.

«Wir brauchen noch eine Runde Bier», sagte Paul.

«Das ist meine Lage.» Fritz Esser als Ältester wollte unbedingt seinen Anteil bezahlen. Er stand auf und ging fast unmerklich schwankend zur Theke.

Sobald er außer Hörweite war, flüsterte Alex Horner: «Den Halunken wirst du nie und nimmer für dein verdammtes Freikorps Graf anwerben.» Alex konnte Hauptmann Graf nicht leiden, diesen zwergenhaften Homosexuellen, der seine Privatarmee wie ein mittelalterlicher Kriegsherr führte, hütete sich jedoch, Paul gegenüber solche Gedanken auszusprechen, denn der hatte sich ja inzwischen zum Verteidiger dieses sonderbaren Menschen aufgeschwungen.

«Es ist keiner vorhanden, der den Posten eines Feldwebels übernehmen könnte», bemerkte Paul.

«Wo denn?»

«In der Kompanie, die ich nächsten Monat bekomme. Gute Soldaten, gute Kämpfer, gute Kameraden, aber niemand, der sie mir auf Vordermann bringt.»

«Das gelingt dir nie, Paul. Der Kerl ist schließlich Spartakist.»

«Er wird schon noch dahinterkommen», entgegnete Paul selbstgefällig. «Fritz ist ein vernünftiger Bursche.»

«Du armer Irrer. Hattest du das etwa von Anfang an vor?»

Ehe Paul antworten konnte, kam Esser mit drei schäumenden Bierkrügen zurück. Er knallte sie auf den Tisch. «Keine Müdigkeit vorschützen, immer runter damit», drängte er, vergewisserte sich, wer in der Nähe saß, bevor er ein wenig zögernd fortfuhr: «Da gibt es noch einiges, was du mir über die Sache mit dem Freikorps erzählen solltest...»

Mit etlichen Litern Bier gestärkt, ging das Trio die Leipziger Straße hinunter, kehrte in verschiedenen Kneipen ein, bevor sie in die Friedrichstraße abbogen, wo sich das Nachtleben abspielte: ein Gewimmel von Strichjungen, Huren, Bettlern, Betrunkenen, Taschendieben, und hin und wieder hörte man die heißen Rhythmen des seit kurzem importierten amerikanischen Jazz.

Fritz Esser kehrte nicht mehr ins Schloß zurück. Als die Artillerie an Heiligabend zu früher Stunde dort das Feuer eröffnete, hörte Esser nicht einmal etwas davon, da er in einem Zimmer über einem Nachtlokal hinter dem Schiffbauerdamm-Theater in den Armen eines Mädchens schlief.

Als das Jahr 1918 zur Neige ging, hatte Paul Fritz Esser soweit: Er trat dem Freikorps bei. Zur gleichen Zeit fand im Preußischen Abgeordnetenhaus der Gründungsparteitag der KPD statt. In ganz Berlin herrschten weiterhin chaotische Zustände: Vor den Bäcker- und Fleischerläden standen ausgehungerte Menschen Schlange oder starrten in die Luxusrestaurants, wo Kriegsgewinnler und ihre mondänen Begleiterinnen sich an Kaviar und Champagner labten. An der Westfront hatten die Alliierten zwar die Kampfhandlungen eingestellt, aber die Seeblockade fortgesetzt, so daß Tausende von Deutschen an Unterernährung starben. Überall in Europa grassierte eine verheerende Grippe-Epidemie und forderte zahllose Opfer – in Berlin waren es an einem einzigen Tag 1700 Tote.

Eventuelle Vorbehalte Fritz Essers, seinem jungen Freund unterstellt zu sein, verflüchtigten sich spätestens, als Paul seine Kompanie Mann für Mann über die Dächer der Wilhelmstraße führte, ungeachtet der auf der gegenüberliegenden Straßenseite postierten spartakistischen Scharfschützen. Es dauerte nicht lange, bis Paul seine Dankesschuld an Fritz Esser für die Lebensrettung beglichen hatte. Mehr als einmal bewahrte er seinen Feldwebel davor, getötet oder verwundet zu werden. So verhinderte er mit seinen kräftigen Armen, daß Esser vom Dach stürzte. Esser war hinter Graf und den übrigen den First eines Satteldaches entlanggegangen, was Gleichgewicht, Wagemut und Behendigkeit erforderte. Fritz Esser, bepackt mit Gewehr, Patronentaschen und einem schweren Sack mit Handgranaten, rutschte auf den eisigen Ziegeln aus, sein Gewehr fiel auf die Straße hinunter. Als Esser abzustürzen drohte, packte Paul ihn am Mantelkragen und hielt ihn fest, während auf den gegenüberliegenden Dächern der Wilhelmstraße postierte Männer auf ihn schossen. Nur unter großen Schwierigkeiten gelang es, dem schwergewichtigen Esser wieder auf die Beine zu helfen. Paul lachte bloß darüber. Im Feuer verwandelte sich der tolpatschige Paul frappierend, da war er nicht bloß Kompanieführer der «Kompanie Winter», sondern zugleich auch der kühnste, gewandteste Kämpfer im berüchtigten Freikorps Graf.

Einmal trafen die beiden während der schweren Kämpfe im Stadtzentrum mit Leutnant Alex Horner zusammen. Das geschah am 11. Januar 1919, als Freikorpsverbände mit aller Gewalt ins Polizeipräsidium am Alexanderplatz vorstießen, wo die Spartakisten erbitterten Widerstand leisteten. Es glich einem Massaker. Paul und Esser waren unter den ersten, die in den Hof eindrangen. Esser warf eine Handgranate durch ein Parterrefenster, und beide krochen in die rauchenden Trümmer; die anderen folgten ihnen ohne Zögern. Nun wichen die Verteidiger zurück, Zimmer um Zimmer, doch die erbarmungslosen Freikorpskämpfer metzelten jeden nieder, den sie fanden.

Alex Horner protestierte bei Hauptmann Graf gegen das Blutbad. Die Freikorpskämpfer waren jedoch nicht in der Stimmung, auf die Bedenken der regulären Armee zu hören. Sie ließen keinen lebend zurück.

Aber auch in der Reichswehr fanden sich Männer, die kein Pardon gaben. Ein paar Tage später berichtete ein Informant, daß Rosa Luxemburg und Karl Liebknecht sich in einer Wilmersdorfer Wohnung aufhielten. Dort wurden sie festgenommen und im Auto zum Stab der Garde-Kavallerie ins Hotel Eden gebracht. Nach einem brutalen Verhör wurden sie ermordet, und mit ihrem Tod endete auch die «Spartakuswoche».

In dieser Zeit organisierte man das Freikorps um, wobei Leutnant Paul Winter seinen Feldwebel verlor. Während des kurzen Dienstes in seiner Kompanie hatte Fritz Esser sich als nur mäßig geeigneter Infanterist erwiesen, dem es an Kampferfahrung und Kühnheit fehlte. Seine bei der Marine erworbenen administrativen Fähigkeiten hatte man dagegen sehr wohl erkannt. Also wurde Fritz Esser zum Assistenten des Bataillonsadjutanten ernannt. Als dieser zwei Wochen später ins Krankenhaus mußte, übernahm er dessen Posten.

Gegen die Ernennung Essers zum Offizier erhob sich scharfer Widerstand, und so machte man ihn zum Feldwebel-Leutnant, was bedeutete, daß er zwar die Stellung eines Offiziers mit entsprechenden Rangabzeichen und Bezügen bekleiden konnte, ohne jedoch sozial gleichgestellt zu sein. Mit dieser Regelung zeigten sich alle Betroffenen zufrieden.

Fritz Esser arbeitete nun an der Seite von Hauptmann Georg Graf, mit dem nicht leicht auszukommen war. Der kleinwüchsige Berufsoffizier, ein gebürtiger Münchener mit großen Ohren, roter Nase und unverhohlenen homosexuellen Neigungen, war, entgegen dem ersten Eindruck, alles andere als eine Witzblattfigur, wie viele erfahren hatten – von Verdun bis zum Alexanderplatz. Er war vielmehr hitzig, gewalttätig und nachtragend.

Fritz Esser und Hauptmann Graf, beide von Natur aus schwierig, arbeiteten indessen freundschaftlich zusammen. Graf habe sich eben in ihn verliebt, neckte Paul seinen Freund, weil die bloße Vorstellung den eindeutig heterosexuellen Esser nervös machte. Der pflegte zu kontern, daß er Grafs kämpferische Leistungen bewundere und dessen erwiesene Fürsorge für seine Leute zu schätzen wisse. Doch wie diese Beziehung auch beschaffen sein mochte, die gegenseitige Achtung der beiden war aufrichtig und dauerhaft. Und das hatte etwas für sich, denn Feldwebel-Leutnant Esser wurde de facto Grafs stellvertretender Kommandeur.

Essers Versetzung zum Stab änderte nichts an seiner Beziehung zu Paul Winter. Sie standen sich nach wie vor sehr nahe. Esser war dankbar, daß Winter ihn zum Freikorps geholt hatte, und für Paul wiederum stellte Esser den unschätzbaren Kumpel dar, obwohl er natürlich niemals Peters Rolle als Mentor und Beschützer oder die Alex Horners als Gewissen und Vorbild auszufüllen vermochte. Fritz konnte umwerfend komisch sein und hatte einen scharfen Blick für hohle Phrasen und Winkelzüge. Fritz war nicht länger weder überzeugter Sozialist noch Kommunist oder Marxist. Ebensowenig fühlte er sich aber auch an das wie immer geartete politische Kredo gebunden, das die Männer im Freikorps zusammenhielt. Fritz Esser war ein Anarchist, aus Überzeugung und auch dem Wesen nach, und Paul fand diese anarchistische Lebenseinstellung nicht nur amüsant, sondern zugleich auch aufschlußreich und lehrreich.

Als das Freikorps Graf zunächst von Berlin nach Halle und dann nach München verlegt wurde, erntete Esser als Quartiermeister, Mutter der Kompanie, Sklavenaufseher und Faktotum bei der gesamten Gruppe Respekt. Unterwegs stand immer eine warme Abendmahlzeit bereit, eine trockene Unterkunft und auch irgendein Frühstück. Jeder Soldat hatte ordentlich reparierte Stiefel und 50 Schuß Munition in der Patronentasche, falls es Schwierigkeiten mit der einheimischen Bevölkerung geben sollte, die mitunter ihren kommunistischen Ausschüssen mehr traute als den militanten Freikorpsleuten. Und wenn sie gelegentlich allzu weit marschieren mußten, so lag es daran, daß nicht einmal der Tausendsassa Fritz Esser die zum Teil uralten Lastwagen dauernd fahrtüchtig halten konnte. Und wie allgemein bekannt, pflegten Soldaten ja zu marschieren.

1922

Der Himmel über der kahlen österreichischen Winterlandschaft begann sich bereits gegen fünf Uhr nachmittags zu verdunkeln und mit den roten Lichtstreifen der untergehenden Sonne zu durchziehen. Martha Somló und Harald Winter glitten noch immer über das Eis dahin, als die anderen Schlittschuhläufer – zumeist Dorfbewohner, die Wiener machten deswegen keinen so weiten Weg – längst schon nach Hause gegangen waren.

Sie liebte das leise Knirschen, mit dem die Kufen ihre Spuren in die Eisfläche gruben, und den prickelnden kalten Wind im Gesicht. Sie liebte die Harmonie ihrer Bewegungen und genoß es, wenn Harrys Arm ihre Taille fest umspannte, während sie ungestüm über das Eis jagten.

Zum Abendessen setzte man ihnen ein einfaches, ländliches Mahl vor; was gab es in der kalten Jahreszeit Besseres als ein kräftiges Kalbsgulasch, als Nachtisch warmen Apfelstrudel und dazu einen selbstgebrannten Obstschnaps, den sie am flackernden Feuer tranken. Das Brennholz stammte aus dem Garten, es roch nach Früchten, und der in den Ästen noch vorhandene Saft bewirkte, daß es prasselte, knackte und die Funken stoben.

«Mußt du morgen zurückfahren?» fragte sie. Sie hatten miteinander geschlafen. Jetzt saß sie zu seinen Füßen auf dem Boden, nur in einen bestickten Zigeunerschal gehüllt.

«Ich hätte gar nicht so lange bleiben dürfen», bemerkte er.

«Weshalb verkaufst du die Bank?» So oft sie an dem Gebäude in der Ringstraße vorbeikam, war sie stolz darauf, Harry zu kennen.

«Nur meinen Anteil an der Bank.» Er starrte ins Feuer, als erwarte er von dort einen Hoffnungsschimmer.

«Warum?»

«Für uns wird sich dadurch nichts ändern, Kleines. Ich komme trotzdem weiter nach Wien.» Er strich ihr sanft über das Haar, und sie schloß die Augen.

«Aber nicht so oft.»

«Ich bin nicht länger ein reicher Mann», erklärte Winter. Natürlich war er wohlhabend, nach den Maßstäben der meisten Menschen sogar sehr. Aber er konnte es sich nicht mehr leisten, Martha mit dem gleichen Luxus wie früher – Kutsche und Dienstboten – zu verwöhnen, und durch diese Sparmaßnahmen fühlte er sich gedemütigt.

«Das macht doch nichts.» Sie drehte sich um und betrachtete ihn im Flammenschein. Er sah krank und müde aus, aber sie wußte inzwischen, daß Harald Winter durch geschäftliche Rückschläge genauso mitgenommen wurde wie andere durch Gebrechen oder Krankheit. «Ich werde immer auf dich warten.»

«Ich richte für dich einen Treuhandfonds in der Schweiz ein. Das reicht in jedem Fall für ein angenehmes Leben.»

«Du bist ein wundervoller Mann, Harry. Was täte ich bloß ohne dich?»

«Viele behaupten, es wird alles nur noch schlimmer. Es könnte zu einigen Bankkrachs kommen. Da verkauft man besser.»

«Berlin ist so weit, Harry, und du fehlst mir sehr.» Er beugte sich hinunter und küßte sie. Wenn es doch für immer so bleiben könnte, dachte er. Doch dieser Gedanke verflüchtigte sich ebenso schnell wieder. Nach höchstens einer Woche würde Harald Winter ein solches Leben unerträglich finden, und er war vernünftig genug, das klar zu erkennen.

1924

Das Fest, das Harald und Veronica Winter veranstalteten, als ihr jüngerer Sohn Paul vierundzwanzig Jahre alt wurde, war für ihn die erste richtige Geburtstagsfeier seit seiner Kindheit. Der eigentliche, wenn auch unausgesprochene Anlaß für seine Eltern war Pauls erstes Semester an der Universität, seine Rückkehr ins bürgerliche Leben. Das hübsche alte Haus erstrahlte in festlicher Beleuchtung, und das lebhafte Stimmengewirr der mehr als fünfzig Gäste wurde übertönt von einer Zehn-Mann-Tanzkapelle. Für die Einladungen hatte man mit typisch berlinerischem Humor der Zeit Banknoten von einer Milliarde Nennwert überdruckt. Vor dem Krieg verdiente ein ungelernter Arbeiter in einer von Harald Winters Fabriken wöchentlich fünfundzwanzig Mark, doch durch die schwindelerregende Inflation im vergangenen Jahr hatte der rasante Kurssturz so weit geführt, daß man für einen amerikanischen Dollar schließlich zweieinhalb Milliarden Mark bekam. Von überallher reisten Ausländer an und kauften Land und Grundbesitz für eine Handvoll harter Devisen. Dann endete der Spuk. Die Reichsbank gab die neue Rentenmark heraus, die den Gegenwert einer Milliarde besaß. Zur Feier des Tages offerierte das Restaurant Aschinger am Bahnhof Friedrichstraße ein Hauptgericht, ein Glas Bier, ein Dessert und Brötchen nach Belieben für eine neue Rentenmark. Die Inflation war überstanden.

Sobald sich die Wolken verzogen hatten, zeigte sich, daß der Mittelstand am meisten gelitten hatte: In den letzten Schreckenswochen hatten bei den meisten die Ersparnisse eines ganzen Berufslebens nicht einmal mehr zum Kauf einer Briefmarke gereicht. Manche Deutschen waren jedoch verschont geblieben. Harald Winter zum Beispiel hatte sein Vermögen nahezu verdoppelt. Wie viele Industrielle war er zur Kreditaufnahme bei der Reichsbank berechtigt, die nach Art der meisten staatlichen Institutionen sehr langsam auf die Tagesereignisse reagierte. Selbst wenn die Reichsbank den höchsten Diskontsatz berechnete, konnte Harald Winter weiterhin Gelder aufnehmen und zu einem weitaus günstigeren Kurs zurückzahlen, als ihn die Inflation am jeweiligen Stichtag festgesetzt hatte. Und die fünf Millionen Reichsmark, die er seinem Schwiegervater schuldete, reichten 1924 nicht einmal aus, eine Mahlzeit bei Aschinger zu bezahlen. Bei einer Neuverhandlung über diese Schuld konnte Harald Winter die Bedingungen weitestgehend diktieren.

Freilich hatten nicht alle Geburtstagsgäste so viel Glück und Scharfsinn bewiesen wie Winter. Viele hatten zumindest einen Teil ihres Geldes in Staatsanleihen angelegt und unterhielten sich jetzt über das Gesetz vom 8. Dezember 1923. Die sozialdemokratische Regierung hatte eine günstige Neubewertung ihrer eigenen Schulden – zum Beispiel der Reparationszahlungen an Frankreich – beschlossen, während die Millionen Inhaber von jetzt wertlosen Staatsanleihen nicht entschädigt würden.

«Bei Gott!» sagte Frau Wisliceny, die mit ihrer Tochter gekommen war und zu Peters Entrüstung ihren Schwiegersohn Erich Hennig mitgebracht hatte. «Allmählich glaube ich, dieser Prolet Hitler hat ganz recht mit seinen Äußerungen über die Halunken, die uns regieren.» Frau Wisliceny hatten die Jahre nichts angehabt – eine imposante, stattliche Erscheinung in einem erstklassig gearbeiteten, wenn auch unmodernen Pariser Modell aus der Vorkriegszeit. Mochten die anderen Frauen allen neuen Moden folgen, sich die Haare kurz schneiden oder ihre Beine zeigen, Frau Wisliceny tat nichts dergleichen. Ihre Stimme klang nach wie vor fest und entschieden. Sie war stolz darauf, so umfassend informiert zu sein wie kaum ein anderer in Berlin, und freute sich über die Gelegenheit, mit jedem der anwesenden Männer über Kunst, Musik oder Politik zu diskutieren.

«Aber Sie würden sich doch bestimmt nicht wünschen, daß ein solcher Schurke an die Regierung kommt?» fragte Richard Fischer. Der Sohn von Foxy Fischer, inzwischen dreiundvierzig und Leiter des Stahlimperiums, hatte seinen alternden Vater stehenlassen, um mit Inge zu flirten, bis Frau Wisliceny dazutrat. Nicht daß sie etwas gegen eine Heirat der beiden oder gegen Richards Flirt einzuwenden gehabt hätte: Richard Fischer zählte zu den begehrtesten Junggesellen, und für ihre älteste Tochter wurde es langsam kritisch, noch immer ledig zu sein. Doch Inge hatte die Hoffnung, Peter Winter zu heiraten, keineswegs aufgegeben und auch kein Auge für andere, solange er einsichtig blieb.

«Sie sollten lieber etwas leiser sprechen», empfahl Erich Hennig. «Dieser kleine Hauptmann Graf dort drüben ist einer von Hitlers berüchtigtsten Typen und der Bulle neben ihm sein sogenannter Adjutant.»

«Ich habe keine Angst davor, meine Meinung zu sagen», entgegnete Fischer, ebenfalls ein Hüne und mit Vollbart. Die äußere Erscheinung und das selbstsichere Auftreten, das ihm sein Reichtum verlieh, machten ihn in jeder Art von Konflikt zum gefürchteten Gegner.

«Hitler wandert sowieso ins Gefängnis», wiegelte Frau Wisliceny ab, die keinesfalls Reibereien zwischen ihrem Schwiegersohn und Fischer entstehen lassen wollte. «Nicht einmal die Bayern werden ihn mit seinem bewaffneten Putsch gegen ihre verfassungsgemäß gewählte Regierung ungestraft davonkommen lassen.»

«Da bin ich nicht so sicher», meinte Peter Winter – hochgewachsen, schlank, blasse Hautfarbe von den langen Stunden, die er seinem Jura-Studium widmete. In seinem tadellos sitzenden Smoking machte er eine gute Figur und konnte es mit jedem Mann im Raum aufnehmen. Er hatte sich das Haar unmodern lang wachsen lassen; es reichte ihm bis an die Ohren. Inge sah ihn bewundernd an. Peter gehörte nicht zu den Männern, auf die jede Frau fliegt: Manche nannten ihn einen unverbesserlichen Snob, zu altmodisch für die hektische Betriebsamkeit und Leichtlebigkeit im Berlin der zwanziger Jahre. Für Inge aber stand fest, daß kein anderer Mann in Frage kam, und da ihre Schwester Lisl jetzt verheiratet war... «Unser juristisches Seminar ist vorige Woche geschlossen nach München gefahren. Wir waren eine Weile bei der Staatsanwaltschaft, und da hat man uns das Beweismaterial gezeigt.»

«Hier gibt es doch gar nichts zu beweisen», wandte Lisl ein. «Hitler ist schuldig. Es war ein Versuch, mit Waffengewalt die Macht zu ergreifen. Man braucht ihn bloß noch abzuurteilen.»

Peter musterte sie, ehe er antwortete. Die Ehe mit dem gräßlichen Hennig bekam ihr offensichtlich gut. Sie sah gesund und munter aus und wirkte noch selbstsicherer, als er sie in Erinnerung hatte. Die meisten ihrer Freunde hatten prophezeit, der starrsinnige, autoritäre Hennig werde sie unterdrücken, aber genau das Gegenteil war eingetreten: Lisl traf alle Entscheidungen, und wenn es um politische Überzeugungen ging, unterwarf er sich dem Urteil seiner schönen jungen Frau.

«Eine halbe Stunde in München genügt, um zu erkennen, daß dies kein Strafverfahren ist, sondern eher einer Wahl gleicht. Welche Geschworenen schicken schon einen Kriegshelden wie General Ludendorff ins Gefängnis?»

Lisl widersprach: «Wir reden nicht über Ludendorff, von dem weiß jeder, daß er nur halbherzig mitgemacht hat. Wir reden von Hitler, diesem Wahnsinnigen.»

«Ich weiß nicht, wie aufmerksam du Hitlers Reden verfolgst», fuhr

Peter ruhig und sachlich fort. «Ich jedenfalls habe einige davon gelesen. Hitler wird als ‹der neue Messias› apostrophiert, und das kultiviert er. Er verdammt moralischen Verfall, Korruption und Laster und versteht es, Menschen mit sehr unterschiedlichen Ideen und Ansichten um sich zu scharen, das ist seine besondere Begabung.»

«Den ganzen Quatsch kenne ich», erklärte Fischer. «Aber wenn man Hitler zuhört, möchte man meinen, Berlin ist das Sündenbabel, der Hort für alle Verderbtheit dieser Welt.» Er strich sich den Bart und sah Inge beifallheischend an. Sie lächelte ihm zu, konzentrierte sich aber dann wieder ganz auf Peter.

«Das meint er auch», pflichtete Peter ihm bei. «Doch da spricht er den Bayern aus der Seele. Sie sehen Berlin vorwiegend als Sitz des Zentralismus, als Heimat des preußischen Militärs – das sie fürchten und verachten – und die protestantischen Berliner als das größte Hindernis bei der Verwirklichung ihres Ziels: ein Königreich Bayern, mitsamt katholischem Herrscherhaus. Diesen Gefühlen leistet Hitler geschickt Vorschub.»

Die Kapelle intonierte einen Walzer von Lehár. «Den auszulassen wäre geradezu kriminell», bemerkte Frau Wisliceny. «Hast du diesen Tanz schon vergeben, Inge?»

«Nein, Mama.»

Frau Wisliceny fixierte Richard Fischer scharf, der Inge auch prompt aufforderte. Peter hätte gern ihre Schwester Lisl um den Tanz gebeten, nur um Hennig einen Tort anzutun, doch der kam ihm zuvor und wirbelte mit seiner jungen Frau auf dem Parkett davon, ohne den übrigen mehr als ein knappes Kopfnicken zu gönnen.

Jemand holte auch Frau Wisliceny, und Peter, allein zurückgeblieben, wandte sich zwei Uniformierten zu, die an der Bar standen. Der eine war Fritz Esser. Daß er ihm immer noch Dank schuldete, ließ sich zwar nicht leugnen, aber deswegen mußte er ja Essers Treiben nicht gutheißen noch das des gräßlichen kleinen Homosexuellen, der mit ihm gekommen war. Und dann diese abscheulichen Uniformen! Graf trug eine Variante der regulären Hauptmannsuniform, Esser dagegen eine völlig neuartige: braunes Hemd, Breeches, Schaftstiefel, ledernes Koppel und Schulterriemen. Beide gehörten zur Truppe, die der berüchtigte Hauptmann Ernst Röhm – unter ständig wechselnden Titeln – befehligte, die sogenannte Sturm-Abteilung von Hitlers NSDAP.

Peter Winter haßte die Nazis fast ebenso heftig wie die Kommunisten. Die bedenkenlose Art, mit der sie sich Begriffe wie «Freiheit», «Ehre», «Brot» und «Sicherheit» zu eigen machten, war ihm suspekt. Nach seiner

Meinung brachten es nur dumme Menschen fertig, Mängel und Möglichkeiten einer komplexen Welt mit derart verschwommenen, abgedroschenen Phrasen und Schlagworten zu simplifizieren.

In seinem Innern hatte er immer auf ein Wunder gehofft, das ihn wieder in einer wohlgeordneten Welt aufwachen ließ, wo der Kaiser das Regiment führte. Doch allmählich hatte er sich, wenn auch widerstrebend, zu der Überzeugung durchgerungen, daß die neue Verfassung von Weimar demokratische Rahmenbedingungen bot, mit deren Hilfe Deutschland seine einstige Größe und Weltgeltung zurückerlangen könnte.

Trotz seiner Abneigung gegen den Sozialismus war Peter Winter an jenem Abend einer der wenigen im väterlichen Haus – vielleicht in der ganzen Stadt –, der Ebert, den sozialdemokratischen Reichspräsidenten, unterstützte. Deutschland mußte als Rechtsstaat regiert werden, eben deshalb wollte er Jurist werden. Die organisierte Gewalt bei Kommunisten wie Nazis stellte eine Bedrohung von Recht und Ordnung dar, gefährdete den deutschen Mittelstand und damit alles, was Peter lieb und wert war.

Deshalb fiel es Peter Winter schwer, seine Feindseligkeit zu verbergen, als er zu Hauptmann Graf und Fritz Esser hinüberging. Er haßte die beiden nicht nur für das, was sie waren, sondern auch wegen ihrer fortdauernden Verbindung zu Paul. Aus einer Vorahnung heraus wollte er seinen Bruder vor diesen üblen Halunken beschützen. Zumindest hatte er Paul nach langen Diskussionen zum Austritt aus Grafs Freikorps bewegen können. Es bestand kaum ein Zweifel, daß Paul in München über kurz oder lang SA-Mann geworden und auf diesem Fest in dieser lachhaften Uniform erschienen wäre.

«Die Herren tanzen nicht?» fragte Peter provokativ. Er winkte dem Kellner, seinen Gästen Champagner nachzuschenken. Sie wußten natürlich, wer er war; mit Graf war er schon früher zusammengetroffen, und Esser kannte ihn seit damals, als er ihn bei Travemünde aus der Ostsee gezogen hatte.

«Wir haben etwas zu besprechen.» Graf hielt ein Notizbuch in der Hand und hatte eine Stahlbrille aufgesetzt.

«Machen Sie halblang! Trinken Sie! Tanzen Sie! Amüsieren Sie sich! Hier wird gefeiert!»

Beide konnten auf diese freundliche Aufforderung nicht die richtige Antwort finden, wobei ihnen klar war, daß Winter sie verspottete. Als er den Kopf wandte, spiegelten sich die Kronleuchter in Grafs Brillengläsern, und seine Augen sprühten vor Zorn.

Als der Diener beiden eingegossen hatte, hob Esser sein Glas und grinste breit: «Prosit!» Peter verabschiedete sich mit einer Verbeugung.

«Hier wimmelt es von Juden», bemerkte Graf nach Peters Weggang. «Und die Familie Winter hat sich an unseren toten Kameraden bereichert und gemästet.»

«Unsere Zeit wird kommen.» Esser schob den Daumen unter das Koppel und betrachtete die Tanzenden wie ein Löwenbändiger. Hauptmann Graf blickte zum anderen Ende des Raumes, wo vier junge Mädchen in knappen zweiteiligen Flitterkostümen plötzlich zu tanzen begonnen hatten. Da er Essers Vorliebe für halbnackte Frauen nicht teilte, wandte er sich mit finsterer Miene ab.

«Jüdisch-kapitalistische Dekadenz!» zischte er.

Esser brummte etwas und sah der Darbietung weiter zu. Das Ganze war Paul Winters Idee; er hatte die Tänzerinnen eigens aus einer Revue-Bar herbringen lassen. Esser erkannte die Mädchen und sie ihn ebenfalls. Esser war überall dort zu finden, wo es in Berlin etwas zu trinken gab, von Kempinski in der Leipziger Straße bis zu den zwielichtigen kleinen Kneipen in der Invalidenstraße, wo Zuhälter ihre Treffs hatten. Im Gegensatz zu Graf war Esser ein ausgesprochener Damenfreund. Er trank seinen Champagner. Er hatte seit langem gelernt, daß alles, was Hauptmann Graf mißfiel, «jüdisch-kapitalistische Dekadenz» war, und es bis jetzt nie gewagt, seinem Vorgesetzten zu widersprechen. Seit vergangenem Jahr indes hatte sich Essers Loyalität allmählich gewandelt. Sein Kontakt zur Parteiführung der Nazis war eng genug, ihn erkennen zu lassen, daß Röhm, Grafs Idol und unmittelbarer Vorgesetzter, Hitler nicht blindlings ergeben war. Es mußte demnächst zu einer Konfrontation zwischen Röhms SA und der Parteiführung kommen. Ob Hitler nun eine Haftstrafe erhielt oder nicht, für Esser stand fest: seine Zukunft lag beim «Chef». Er applaudierte demonstrativ und bemerkte trotzig: «Die Mädels haben wirklich was auf dem Kasten.» Hauptmann Graf schnaubte wütend, stopfte das Notizbuch in die Brusttasche und stolzierte nach oben zum Rauchzimmer und zur Bar.

Paul Winter beobachtete von der Tanzfläche aus Grafs Zwist mit Esser. Er war kaum wiederzuerkennen. Er trug das Haar nicht mehr kurzgeschoren wie seit dem Eintritt in die Kadettenanstalt, was aus seinem Kopf eine rötliche Billardkugel gemacht hatte, sondern so lang, daß ihm die blonden Strähnen in die Augen fielen. Sein neuer Smoking – vom Schneider seines Vaters – saß wie angegossen, und viele weiblichen Blicke taxierten die stramme, muskulöse Gestalt anerkennend, die eine der Guggenheimer Töchter im Walzertakt herumwirbelte. Das Studentenleben hatte eine neue Seite zum Vorschein gebracht, denn Paul war ein geselliger junger Mann, der mehr für Feste, Mädchen, Alkohol und Tanzen übrig hatte als für Vorlesungen und Bücher. Deswegen waren auch seine ersten Examensergebnisse so schlecht ausgefallen, daß er seinem Vater noch nichts davon gesagt hatte. Manchmal fragte er sich, weshalb er sich damals von seinen Eltern zum Studium hatte überreden lassen, aber sie wollten ihn eben unbedingt aus dem Freikorps herausholen. Sie waren Heuchler. Einerseits begrüßten sie es, wie das Freikorps mit den Kommunisten aufräumte, andererseits beschwerten sie sich über die Männer, die den Kampf führten.

Nach dem draufgängerischen Leben im Freikorps fiel es gar nicht so leicht, sich wieder an den geregelten Lernbetrieb zu gewöhnen. Doch Peter studierte ja ebenfalls Jura und bewältigte auf seine übliche arrogante Art sämtliche Schwierigkeiten. Zu besseren Noten konnte allerdings nicht einmal er Paul verhelfen. Handelsrecht interessierte Paul nur mäßig, doch er belegte es – wie immer seinen Eltern zuliebe. Er wollte es jedem recht machen, von allen gelobt werden: Er erkannte das durchaus als törichte Schwäche, tat freilich trotzdem bereitwillig, was immer von ihm verlangt wurde, anstatt sich auf Auseinandersetzungen einzulassen.

Nach Ende des Tanzes klatschte Paul der Kapelle Beifall und bedankte sich bei Hetti Guggenheimer. Sie war ein hübsches Ding – dunkelhaarig, große braune Augen, deren gekonnten Wimpernschlag sie bei jungen Männern oft und gern zur Wirkung brachte. Hetti Guggenheimer war eine von Pauls Kommilitoninnen. Sie studierte im ersten Semester Medizin und bekam bereits beste Noten. Umständlich setzte sie Paul auseinander, daß sie den nächsten Tanz bereits jemand anders versprochen habe, was ihm jedoch nicht allzuviel ausmachte. Es gab hier massenhaft hübsche Mädchen, und er war beliebt bei ihnen. Wenngleich nicht so hochgewachsen wie sein Bruder, schlug er der gutaussehenden Familie mütterlicherseits, den amerikanischen Rensselaers, nach.

Er kehrte zu seinem Bier zurück und blickte sich um. Er sah, daß Esser und Graf sich offensichtlich über irgend etwas stritten und Graf dann wütend die Treppe hinaufstolzierte. Er glättete sich das zerzauste Haar und ging zu Esser hinüber. «Ist alles in Ordnung, Fritz?»

«Alles bestens.»

«Hauptmann Graf ist gerade an mir vorbeigerauscht. Er schien wütend zu sein.»

«Du kennst ihn doch, Paul. Die Wut verraucht auch wieder.»

«Du kommst doch sonst immer so gut mit ihm aus.»

Esser trank einen Schluck Champagner, und Paul merkte, daß er sich seine Antwort genau überlegte. «Seit den alten Zeiten hat sich manches verändert, Paul», sagte er schließlich. «Nachdem du weggegangen bist, war das Bataillon nicht mehr das alte.» Es lag fast ein Jahr zurück, daß Paul mit dem Vorbereitungskurs für das Studium begonnen hatte. Seit zehn Monaten lebte er bei seinen Eltern. Es kam ihm viel länger vor. Sehr viel länger.

«Inwiefern verändert?»

«Zu viele junge Spunde. Bockige Kindsköpfe, die nicht im Krieg gewesen sind und jetzt zeigen wollen, was sie für harte Burschen sind. Und mir fehlt Berlin.»

«Und Graf?»

«Er hat sich zu dick mit Röhm angefreundet, und ich komme mit Röhm nicht zurecht. Für einen Soldaten ist er zu verdammt ehrgeizig. Er macht krumme Touren.» Esser vergewisserte sich, daß niemand zuhörte. «Ich bin zum Führer gegangen und habe ihm reinen Wein eingeschenkt.»

«Zum Führer? Zu Hitler?»

«Ich habe ihm gesagt, daß Röhm nur auf eine Gelegenheit wartet. Wenn der Führer im Gefängnis sitzt, könnte Röhm alles an sich reißen.»

«Vielleicht wird Röhm ja auch zu einer langen Haftstrafe verurteilt.»

«Möglich. Aber Röhm hat einflußreiche Freunde und Gönner in der Armee, in der bayerischen Regierung und auch in der Justiz. Sie wissen alle, daß die Nazis über kurz oder lang an die Macht kommen.»

«Du glaubst also, daß die Nazis an die Macht kommen», wiederholte Paul ungläubig. Daß diese kleine, absonderliche Organisation an die Regierung kommen sollte, erschien ihm unvorstellbar.

«Dann werden gute Männer gebraucht, Paul. Zuverlässige Männer wie du. Nach dem Abschluß deines Studiums könnte dich ein guter Posten erwarten.»

«Bei den Nazis?»

«Fast alle Spitzenleute sind Juristen. Ich denke sogar daran, selber Jura zu studieren.»

Paul schlug ihm auf die Schulter. «Du könntest es schaffen, Fritz. Ich würde dir dabei helfen.»

Esser lachte selbstbewußt. «Nachhilfeunterricht würde ich schon brauchen. Ich bin mit vierzehn von der Schule abgegangen.»

«Wir besprechen das Ganze nächste Woche beim Mittagessen. Du bist also ein Nazi?»

«So ist es.»

«Ich hoffe, du weißt, was du tust, Fritz.» Paul fühlte sich insgeheim geschmeichelt, daß Esser ihn ins Vertrauen gezogen hatte, was in diesen Zeiten keineswegs selbstverständlich war.

«Ich habe eine Nase für das, was in der Luft liegt. Ich bin kein richtiger Soldat, sondern ein politischer Mensch. Das war ich von jeher», erklärte Esser.

«Was passiert als nächstes? Dein Hitler hat eine lange Haftstrafe zu gewärtigen, oder?»

«Wir warten den rechten Augenblick ab. Adolf Hitler ist der Mann, den Deutschland braucht; wir müssen auf ihn warten, und wenn es noch so lange dauert.»

«Um Gottes willen, sei bloß vorsichtig, Fritz. Du sagst selbst, Röhm ist ein skrupelloser Schweinehund und geht über Leichen. Wenn er herausbekommt, wie du zu ihm stehst...»

«Ich weiß schon, wie man ihn behandeln muß. Er ist schwul, wie Graf. In Röhms Umgebung gibt es viel zu viele Homosexuelle; das gehört zu den Dingen, die mir einfach nicht passen. Für mich sind das lauter verwöhnte Bengel, und das zeige ich ihnen auch. Eines Tages wird der Führer sie sich vornehmen. Bis dahin brauchen mich diese warmen Brüder. Röhm hat überall im Land geheime Waffenlager. über zwölftausend Gewehre, Maschinengewehre... sogar Artillerie.» Er grinste. «Ohne meine Ordnung hätten die nicht mal eine Ahnung, wo das Zeug gelagert ist.»

«Alex Horner ist auch hier. Du solltest mit ihm reden. Eines Tages wird er sicher Chef des Generalstabs. Es könnte ja einmal die Zeit kommen, wo dir ein einflußreicher Freund in der Reichswehr nützlich wäre.» Es war Pauls sehnlichster Wunsch, geradezu eine fixe Idee, daß sich seine Freunde auch miteinander befreundeten.

Fritz Esser leerte sein Glas. «Vielen Dank, Paul. Aber du brauchst dir um mich keine Sorgen zu machen. Ich weiß schon, was ich tue. Irgendwann müssen wir mal auf Sauftour gehen, und ich erzähle dir dann ein paar Geschichten über den Putsch in München, bei denen dir die Haare zu Berge stehen. Fast hätte es geklappt! Ich marschierte neben dem Führer. Ich war am Odeonsplatz, als die Polizei das Feuer eröffnete. Der Führer war keine dreißig Schritte von mir entfernt. Der Mann direkt neben ihm wurde erschossen; er riß den Führer mit sich zu Boden. Hauptmann Göring wurde verwundet. Ludendorff ignorierte als einziger das Feuer und marschierte stur weiter durch den Polizeikordon. Es war ein fabelhaftes Erlebnis, Paul.»

«Es war ein Fiasko», korrigierte Paul nicht unfreundlich.

«Eines Tages wird es dir leid tun, daß du nicht dabei warst. Wir haben Geschichte gemacht.»

«Trink noch etwas, Fritz. Und dann sehen wir, ob wir Alex finden. Ich möchte euch gern zusammenbringen.»

Pauls alter Freund Alex Horner rauchte gerade eine Zigarre in Harald Winters Arbeitszimmer, wo ihn dieser und der alte Foxy Fischer ausfragten. An der Ausstattung des Arbeitszimmers hatte sich seit dem Einzug nichts geändert. In den Bücherwänden standen mehr oder weniger die gleichen Bände, und auf dem Boden lag derselbe farbenfrohe Orientteppich. In einer Ecke stand derselbe Magahonischreibtisch mit den schönen Intarsien, und die einzige Beleuchtung kam von der Schreibtischlampe mit dem grünen Schirm. Mehr als an allen übrigen Räumen des Hauses waren die ereignisreichen Jahre am Arbeitszimmer vorübergegangen, und Harald gefiel es genau so, wie es war; sogar das Porträt von Kaiser Wilhelm als Stahlstich hing noch an der Wand.

Die drei Zigarrenraucher hatten die Luft stark verqualmt. Die respektvolle Aufmerksamkeit, die dem jungen Mann zuteil wurde, war zwar schmeichelhaft, überraschte ihn jedoch keineswegs. Denn Leutnant Horner hatte kürzlich Gelegenheit gehabt, Deutschlands am strengsten gehütetes Geheimnis mit eigenen Augen zu sehen: die von Deutschen errichteten neuen Rüstungsfabriken in der Sowjetunion. Nun wollten die beiden aus erster Hand etwas über diese verblüffende politische Entwicklung hören.

«Haben Sie die Fabriken besichtigt?» fragte Fischer, inzwischen zweiundsiebzig, völlig kahlköpfig und gebrechlich, was ihn jedoch nicht davon abhielt, wie eh und je Zigarren und Kognak zu schätzen.

«Das kann ich nicht behaupten, aber einige der wichtigsten habe ich besucht.» Sein Gesicht war hart geworden und hatte einen undurchdringlichen Ausdruck angenommen. Die Nase wirkte breiter, und der Schmiß auf der Wange war im Laufe der Jahre abgeblaßt.

«Die Junkers Flugzeugwerke bei Moskau und Charkow zum Beispiel...?» warf Harald Winter ein, um zu zeigen, wie gut er bereits informiert war. Er sah besonders gepflegt aus. Am früheren Abend hatte er ausgiebig getanzt, was er leidenschaftlich gern tat, und sich die attraktivsten jungen Frauen als Partnerinnen gesichert. Mit seinen vierundfünfzig Jahren konnte er es immer noch mit jedem Jüngeren aufnehmen, was er auch nur allzu bereitwillig unter Beweis stellte.

Alex Horner nickte. «Wir waren insgesamt dreiundzwanzig und reisten getrennt. Beispielsweise habe ich die Giftgasfabrik nicht besucht

– sie liegt weit entfernt in Samarkandskaja Oblast – oder eines der Werke, in denen Artilleriemunition hergestellt wird. Dorthin hat man Experten geschickt, genauso wie in die Flugschulen, über die die Luftwaffe Bericht erstattet. Mein Auftrag lautete, die Übungsplätze für Panzer zu inspizieren, die wir in Zusammenarbeit mit der Roten Armee betreiben.»

Fischer drückte seine Zigarre mit übertriebenem Kraftaufwand im Aschenbecher aus. «Das gefällt mir nicht, muß ich Ihnen sagen. Die Idee, diesen Bolschewisten zu zeigen, wie man Panzer und Flugzeuge einsetzt, ist doch glatter Irrsinn. Bei der ersten sich bietenden Gelegenheit fallen die Schweine dann über uns her.»

«Deine Befürchtungen sind völlig unbegründet, Foxy», besänftigte ihn Harald Winter, dem die krassen Äußerungen ein Lächeln abgenötigt hatten. «Der Versailler Vertrag untersagt uns den Besitz von Flugzeugen und Panzern. Die Sowjets haben den Vertrag nicht unterzeichnet, und die Kooperation mit ihnen ist genau das, was wir brauchen. Die Russen wollen von unserer Sachkenntnis profitieren, und wir bekommen dafür die dringend erforderlichen Versuchsanlagen.»

«Du läßt dich von den Zukunftsaussichten mitreißen», entgegnete Fischer. «Ich möchte ja auch gern, daß meine Fabriken wieder auf vollen Touren laufen, aber ich kann es nicht geheimhalten, wenn in einem Betrieb Panzer hergestellt werden.»

Winter zögerte, an der einen Wange machte sich ein nervöses Zucken bemerkbar. Dann gestand er: «Ich habe die Armee bereits mit modernen Flugzeugen beliefert. Ganzmetallzellen. Aluminiumlegierungen, Schalenbauweise, den wackligen Holzkisten aus dem Krieg weit überlegen. Ich würde für mein Leben gern hören, wie sie sich in Rußland in der Praxis bewähren. Die Reichswehr gestattet mir ja nicht, meine technischen Experten hinzuschicken.» Er sah Horner an in der vagen Hoffnung auf ein entsprechendes Angebot, doch der schaute weg.

«Vielleicht bin ich allmählich zu alt für diese Dinge», meinte Fischer. «Mein Sohn Richard denkt wie du: Er ist ganz besessen von den Entwürfen für all die gräßlichen Panzer, daß er sogar unsere übrigen Kunden vernachlässigt. Ich erzähle ihm, daß diese Bolschewiken hinterhältig sind, und er lacht mich aus.»

«Wir haben einen gemeinsamen Feind», sagte Horner und blickte versonnen einem Rauchkringel nach. Der Alkohol und die Verschwöreratmosphäre waren ihm zu Kopf gestiegen.

«Wir und die Russen? Sie meinen die Polen?» erwiderte Fischer. «Ich habe nie daran geglaubt, daß Polen eine ernsthafte Bedrohung für uns darstellt.»

Es klopfte leise an die Tür, Winter rief: «Herein!», und seine Frau betrat das Zimmer. Die Zeit hatte Veronica Winter kaum etwas angehabt. Ihre Schönheit, mit der sie den Männern den Kopf verdreht hatte, als Winter sie kennenlernte, war fast unverändert erhalten geblieben. Sie war jetzt schlanker als damals; das braun-gelb-gestreifte Abendkleid aus Seidenvoile ließ erkennen, daß Arme, Dekolleté und Gesicht blasser geworden waren. Doch die Heiterkeit, die sie begehrenswert machte, und das Lächeln, das ihren Mund so oft umspielte, waren einer sichtbaren Verstörtheit gewichen.

Sie winkte den beiden anderen, sitzen zu bleiben, und wandte sich an ihren Mann. «Harald! Wer sind diese schrecklichen Männer?»

«Schreckliche Männer?» wiederholte er. «Wen meinst du denn?» Er stäubte Asche von seiner Zigarre, ein Zeichen dafür, daß ihn die Unterbrechung irritierte.

Fischer wollte sie besänftigen und sagte: «Heute abend sind in Ihrem Haus so viele schreckliche Männer versammelt, daß selbst Ihr Gatte sie nicht alle im Auge behalten kann, Veronica.»

«Wie können Sie so etwas sagen, Herr Fischer?» entgegnete sie in gespielter Entrüstung. Und an ihren Mann gerichtet: «Zwei Männer in einer Art Uniform.»

«Der eine nennt sich ‹Hauptmann› Graf», erklärte Harald Winter. «Einer von diesen Rabauken, der mit seiner Privatarmee nach München marschiert ist, um gegen die Kommunisten zu kämpfen.»

«Pauls ehemaliger Kommandeur?» fragte Veronica.

«Ja, bis unser Paul vernünftig genug war, hier zu studieren.»

«Und der andere?» wollte Veronica wissen.

«Ist da noch einer?» Winter sah Fischer an, der die Achseln zuckte, und dann Alex Horner.

Der beantwortete die Frage. «Er heißt Fritz Esser. Ein Freund von Paul, Frau Winter. Ein alter Freund.»

«Der Name kommt mir irgendwie bekannt vor», meinte sie unsicher.

«Vor dem Krieg lebte er in Travemünde», fügte Alex hinzu. «Paul hat ihn für sein Freikorps angeworben, und er ist dabei geblieben.»

«Die Essers, richtig, ich erinnere mich an die Familie», nickte Harald Winter. «Sie haben auf dem Dorf gewohnt, in der Nähe von Mutter. Das ist der kleine Kerl, der die Kinder vor dem Ertrinken gerettet hat. Wieso willst du das wissen, Darling?»

«Die Leute fragen mich, wer die beiden sind, Harald. Wie Freunde von uns sehen sie ja kaum aus. Und dieser sogenannte Hauptmann Graf hat sich jetzt nach oben in die Dienstbotenzimmer verdrückt.»

Winter erhob sich. «Wozu das denn?» fragte er, erriet jedoch die Antwort bereits im voraus. Im Haus waren zwei junge Burschen beschäftigt, und Hauptmann Grafs einschlägige Aktivitäten hatten bereits Aufsehen erregt. Man munkelte, er sei wegen drohender Strafverfolgung mit seinem Bataillon aus Berlin abgezogen.

Veronica errötete. «Das möchte ich lieber nicht sagen, Harald.»

«Ich werde den Lump hinauswerfen.»

Die beiden anderen Männer hatten sich ebenfalls erhoben. Fischer griff nach Winters Arm. «Überlaß das jemand anders, Harald. Graf ist gefährlich.»

«Gestatten Sie mir bitte, das zu erledigen», erbot sich Alex Horner betont beiläufig. «Graf ist bedauerlicherweise Angehöriger des Offizierskorps. Ich werde durch sein Benehmen unmittelbar betroffen.»

Harald Winter und seine Frau schwiegen. Fischer übernahm es, für sie zu antworten: «Ja, Leutnant Horner. Das wäre die beste Lösung.»

Eine unglückselige Verkettung von Umständen bestimmte den weiteren Ablauf der Ereignisse bei Pauls Geburtstagsfeier. Hauptmann Graf dazu einzuladen, war zweifellos ein Fehler, doch niemand hatte mit einer Zusage gerechnet. Graf erschien nur, weil Esser ebenfalls hinging.

Sobald er das Haus betreten hatte, stürzte Hauptmann Graf das erste Glas Champagner viel zu schnell hinunter. Niemand wußte, woher Harald Winter den französischen Champagner hatte, von dem Graf ein Glas nach dem anderen kippte. Dann entdeckte Esser den Kognak. Als Graf den jungen Aushilfskellner erspähte und ihm nach oben folgte, war er bereits so betrunken, daß er auf der Treppe mehrmals den Halt verlor.

Später behauptete Graf, er habe sich nur nach einem Schlafzimmer umgesehen, wo er sich eine Stunde hinlegen konnte, doch als Hauser – Harald Winters langjähriger Kammerdiener und Faktotum – ihn daran hinderte, ein Dienstbotenzimmer im zweiten Stock zu betreten, stach Graf ihm mit einem Klappmesser in die Brust.

Hauser, ein Mittvierziger und durch Giftgas Kriegsversehrter, schrie und brach heftig blutend zusammen. Ein Zimmermädchen hörte den Lärm und fand Hauser bewußtlos in einer Blutlache. Sie kreischte hinter Hauptmann Graf her, der inzwischen über die Hintertreppe nach unten raste, das blutige Messer noch in der Hand.

Es war Alex Horner, der Graf aufhielt. Er kannte das Haus von seinen vielen Besuchen und damit auch den vermutlichen Fluchtweg.

«Hauptmann Graf? Ich nehme an...» Graf ging sofort mit dem

Messer auf Horner los, der mit knapper Mühe ausweichen konnte, so daß die Klinge ihm nur die Smokingjacke an der Brust aufschlitzte.

Horner versetzte Graf einen gezielten Schlag gegen den Kopf, der ihn taumeln ließ. Doch so einfach war Graf nicht zu überwältigen. Er fand das Gleichgewicht wieder und stürzte sich abermals auf Alex, der daraufhin in dem engen Korridor zurückweichen mußte, um der Messerklinge zu entgehen. Graf grinste, und da ließ es Alex darauf ankommen. Mit einem kräftigen Fußtritt kickte er ihm das Messer aus der Hand und griff danach, worauf Graf den Rückzug antreten mußte.

Er hastete die Dienstbotentreppe hinunter, durch die Speisekammer und zum Lieferanteneingang auf der Rückseite. Er warf die schwere Tür krachend zu, die sich verzogen hatte und klemmte. Als Alex sie endlich geöffnet hatte und über den Hof auf die Straße rannte, war von Graf keine Spur mehr zu sehen – bis auf ein paar Fußabdrücke im frisch gefallenen Schnee.

Alex Horner hielt keuchend inne. Er wußte aus Erfahrung, wann man aufhören mußte zu kämpfen. Er schaute die mondhelle Straße hinunter; weiter vorn standen Droschken und warteten auf Fahrgäste, die Gesichter der dick eingemummten Kutscher waren nur zu erkennen, wenn sie an ihrer Zigarette zogen, aus den Nüstern der Pferde stiegen weiße Atemwölkchen auf. Es war eisig kalt, der Wind trieb Schneeflocken durch die Luft. Irgendwo in der Nähe heulte ein Motor auf, Reifen quietschten. Das mußte Graf sein; man sah ihn häufig in seinem großen Wagen durch Berlin fahren.

Alex suchte in der Tasche nach einer Zigarette und stand rauchend auf der Straße, während er über das Vorgefallene nachdachte. Zum Glück hatte Graf reichlich getrunken – nüchtern wäre er ein gefährlicherer Gegner gewesen. Am besten war es, die ganze Angelegenheit zu vergessen. Graf und seinesgleichen hatten hochgestellte Freunde; die Militärs bezeichneten Röhms SA inzwischen als «Schwarze Reichswehr» und nicht wenige sahen in ihr so etwas wie eine geheime Reservearmee. Eine Aussage gegen Graf könnte seiner, Horners, Karriere sehr wohl schaden.

Als Alex Horner nach der Zigarette ins Haus zurückkehrte, schien es beinahe so, als sei überhaupt nichts vorgefallen. Hauser lag im Bett und wurde von einem Arzt versorgt, die Blutflecken auf dem Teppich waren entfernt, die Kapelle spielte, und die Gäste tanzten. Tatsächlich hatten viele von ihnen das Handgemenge auf der Hintertreppe gar nicht wahrgenommen.

Peter Winter tanzte mit einem wunderschönen Mädchen in einem dekorativen Abendkleid, wie man es in dieser Qualität heutzutage in Deutschland kaum noch antraf. Sie war unverfroren auf Peter zugegangen und hatte ihn aufgefordert. «Wie ich höre, sollen Sie ein guter Tänzer sein, Herr Winter. Wie wäre es, wenn Sie mir das beweisen?»

Ihr Deutsch war nicht besonders gut. Die Grammatik ließ zwar nichts zu wünschen übrig, aber der Akzent hörte sich fremdartig an. Nicht die weichen Konsonanten wie beispielsweise bei Ungarn oder Tschechen, sondern seltsam gedehnt und unmoduliert, so daß er ihn nicht gleich einordnen konnte.

«Sind Sie Österreicherin?» fragte er etwas töricht.

Sie lachte auf eine Weise, die sich kaum noch als damenhaft bezeichnen ließ. «Sie Schmeichler! Man hat Sie mir als Frauenheld geschildert, Peter Winter, und jetzt kann ich das nur bestätigen. Sie wissen doch genau, daß mein Deutsch für eine Österreicherin zu schlecht ist. Erzählen Sie das jeder Frau, die Ihnen über den Weg läuft und einen komischen Akzent hat?»

Peter wurde rot. Genau das sagte er zu jeder Frau, deren Akzent er nicht einordnen konnte. «Natürlich nicht», murmelte er.

«Ich bin aus Kalifornien», teilte sie mit. «Wir sind fast so etwas wie verwandt, Ihre Mutter ist mit meiner Tante zur Schule gegangen.»

«Das ist keine Verwandtschaft», widersprach Peter.

Sie lachte. «Ihr Deutsche habt alle einen so fabelhaften Sinn für Humor.» Doch Peter fand es gar nicht amüsant, Zielscheibe ihres Spottes zu sein. «Na, wie ist es, wollen Sie mich nicht zum Tanz auffordern?» fragte sie und streckte ihm einen langen weißen Arm entgegen.

Peter schlug die Hacken zusammen und verbeugte sich förmlich. Sie lachte wieder. Peter fühlte sich verwirrt, eine für ihn merkwürdige Erfahrung. Er wollte die Flucht ergreifen, konnte es jedoch nicht. Er fürchtete, das Mädchen würde ihn für einen Trottel halten. Zugleich wünschte er, daß sie ihn gern hatte, ihn respektierte, wobei er noch nicht merkte, daß ihn soeben die Liebe wie ein Blitzschlag getroffen hatte.

«Ja, Sie tanzen ganz gut», lobte sie, als er sie zu den eingängigen Rhythmen von «O Susanna» über das Parkett führte. Sie hieß Lottie Danziger, und ihrem Vater gehörten zwei Hotels, drei Kinos und etliche Orangenplantagen in Kalifornien. Ihr aufsehenerregendes Abendkleid, gerade, fast sackförmig geschnitten, kurz, ärmellos, hatte ein mit schwarzen röhrenförmigen Glasperlen und imitierten Barockperlen reich besticktes Oberteil – ein stilisiertes ägyptisches Motiv, wie es seit Howard Carters sensationellen Funden im Tal der Könige große Mode war. Der Haken dabei bestand darin, daß Lottie sich wegen des erheblichen Gewichts der Applikationen am liebsten hingesetzt hätte, sich jedoch nicht traute, aus Angst, das empfindliche Kunstwerk könnte Schaden nehmen.

Lottie war anders als alle Frauen, die Peter Winter bisher kennengelernt hatte. Sie ließ sich weder mit den deutschen Mädchen seiner Umgebung vergleichen noch mit irgendeinem weiblichen Mitglied der Familie Rensselaer. Sie war bildschön: blasse Haut, dazu gewelltes pechschwarzes Haar, ganz kurz geschnitten in einem für Berlin neuen Stil, einer Art Herrenschnitt. Sie hatte dunkle, tiefgründige Augen, einen vielleicht etwas zu großen Mund und schneeweiße, gleichmäßige Zähne, die bei jedem Lächeln aufblitzten. Und sie lächelte oft, nicht höflich, verhalten, wie man es wohlerzogenen deutschen Mädchen beibrachte, sondern breit, bis zu beiden Ohren. Das wirkte so ansteckend, daß Peter ebenfalls lachen mußte. Vor allem aber besaß Lottie Intensität und übersprudelnde Energie, so daß alles, was sie tat – vom Tanzen bis zu witzigen Äußerungen über die jungen Männer, die sie auf dem Ozeandampfer getroffen hatte –, einmalig erschien und Peter völlig verzauberte.

«Aber ich habe doch eine Anstandsdame, Darling. Ohne sie können wir unmöglich ausgehen.» Es gehörte zu ihrer zwanglosen Art, daß sie Peter von Anfang an «Darling» nannte, was es aber für ihn nicht weniger quälend machte. Auf jeden seiner Vorschläge für ein Wiedersehen erhielt er unter Hinweis auf die Anstandsdame eine Abfuhr. Sie spielte mit ihm – natürlich wußten sie beide, daß sie sich allein mit ihm treffen konnte, wenn sie das wirklich wollte, und eben dies verlieh ihrem Geplänkel eine zusätzliche pikante Note. Sie war so begehrenswert, daß er nichts anderes mehr im Kopf hatte.

«Sie sehen aber gar nicht wie ein Rensselaer aus», bemerkte sie, als sie gerade wieder einmal seinen Versuch, eine Verabredung zu treffen, abgewehrt hatte. Sie warf den Kopf zurück, um ihn besser betrachten zu können, und legte ihn dann zur Seite, so daß ihr dunkles, welliges Haar im Licht aufschimmerte. «Nein, Sie sehen überhaupt nicht wie ein Rensselaer aus.»

Natürlich frotzelte sie ihn, doch er ging bereitwillig auf ihr Spiel ein. «Und wie sehen die Rensselaers denn nun aus?»

«Großartig. Sie brauchen doch nur Ihre Mutter anzuschauen. Die Rensselaers sind die attraktivste Familie in ganz New York. Als Ihr Onkel Glenn aus dem Krieg zurückkam, mußte er auf die Vierzig zugegangen sein, und trotzdem gab es nicht eine Frau in der Stadt, die nicht davon geträumt hätte, sich ihn zu angeln. Bei seiner Heirat konnte man das Seufzen und Zähneknirschen von Hoboken bis Hollywood hören. Ihr Onkel Glenn war doch gleich nach dem Krieg hier, stimmt's?»

«Er gehörte als Major der Luftstreitkräfte zur Waffenstillstandskommission. Er wollte, daß Mutter nach New York zurückgeht, aber Vater war dagegen.»

«Warum?»

«Das würde einen schlechten Eindruck machen, meinte er. Den ganzen Krieg über hatte er ständig betont, Mutter sei im Grunde ihres Herzens Deutsche. Damit hat er sie vor der Internierung bewahrt. Er fragte, wie es wohl aussehen würde, wenn sie, kaum hätten die Alliierten gesiegt, nach Amerika zurückeilte?»

«Die Eltern Ihrer Mutter sind zum Reisen zu alt und würden alles für ein Wiedersehen geben.»

«Papa war unerbittlich.»

«Gehorcht man in allen deutschen Familien dem Vater so ohne weiteres?»

«Keine Ahnung.»

«Für Ihren Vater wäre ein Leben in Amerika bestimmt schwerer. Sie hätten meinen Vater hören sollen, als ich ihm eröffnet habe, daß ich nach Europa gehe.»

«Was hat er denn gesagt?»

«Er hat mir den Geldhahn zugedreht», antwortete sie lachend. «Aber schließlich hat er dann doch eingelenkt.» Sie summte die Melodie mit. «Ich weiß nicht, warum ich bei diesem Lied jedesmal an den Krieg denken muß und an die vielen Soldaten, die nicht mehr singen können: ‹O Susanna, wie ist das Leben doch so schön›.»

Er nickte zustimmend, war sich allerdings nicht sicher, ob er verstanden hatte, was sie damit meinte. Bis jetzt hatte er die Amerikaner nicht gemocht, weder die Rensselaers noch Präsident Wilson noch sonst jemanden. Sie waren nicht leicht zu begreifen. Doch diese hier – mit dem fast männlichen Haarschnitt und den bis zu den Augenbrauen herabhängenden Stirnfransen – war bezaubernd. Als er mit ihr an einem pompösen Blumenarrangement vorbeitanzte, streckte sie die Hand aus und strich mit den Fingerspitzen über die Blüten. Die Geste eines Schulmädchens – sie mußte aller Welt zeigen, wie glücklich sie war. Vielleicht waren alle Amerikaner so: Es lag ihnen nicht, ihre Gefühle zu verbergen, sie mußten sie offen kundtun.

Beim Weitertanzen kamen sie an Inge Wisliceny und Richard Fischer vorbei. Inge sah an diesem Abend besonders schön aus. Lange Kleider mit tiefem Ausschnitt standen ihr. Lottie ließ Peters Hand los, um ihr zuzuwinken. Inge lächelte traurig, als sie vorüberwirbelten und entschwanden. «Und wo steckt Ihr Onkel Glenn jetzt?» erkundigte sich Lottie.

«Weiß der Himmel. Irgendwo in Europa. Alle paar Wochen bekommen wir eine Postkarte von ihm. Gelegentlich erscheint er auf Stippvisite. Er schickt regelmäßig Lebensmittelpakete, weil er denkt, daß wir verhungern.»

«Viele Deutsche leiden Hunger», erinnerte Lottie ihn. «Aber Glenn war von jeher großzügig. Er stand bei mir an erster Stelle. Ich war achtzehn, als er heiratete, und ich habe mir die Augen ausgeweint. Ich bin eigens an die Ostküste gefahren, bloß um Brautjungfer zu spielen. Er ist attraktiv, klug und tapfer.»

«Und obendrein reich», bemerkte Peter. Er bekam diese Lobeshymnen auf Glenn Rensselaer allmählich satt.

«Nicht Ihr Onkel Glenn. Er macht sich nichts aus Geld, aber sein Vater ist natürlich reich.»

«Sie meinen meinen Großvater; ja, der hat am Krieg ein Vermögen verdient. Man sagt, jeder zehnte Lastwagen für die amerikanische Armee stammte aus einer Rensselaer-Fabrik.»

«Sie gehören doch nicht etwa zu diesen Moralaposteln, die den Kriegsgewinnlern auch noch die ganze Schuld am Krieg in die Schuhe schieben wollen?»

«Er hat so viele Menschenleben gekostet. Der Gedanke, daß jemand bei diesem Blutbad reich geworden ist, hat etwas Abstoßendes.»

«Sie sind einfach hinreißend», flüsterte sie und streifte mit den Lippen über seine Wange. Er sog den Duft ihres Parfüms ein. «Warum starren Sie mich so an?» fragte er.

«Sie sind mir von den Fotos her vertraut. Ihre Großmutter hat überall im Haus Bilder von Ihnen stehen. Und in dem Zimmer, wo ich Klavier geübt habe, ist ein Foto von Ihnen am Flügel. Sie müssen da ungefähr zehn oder zwölf gewesen sein. Sie sollen täglich drei Stunden geübt haben. Stimmt das?»

«Ich habe das Klavierspielen aufgegeben und seit Jahren keine Taste mehr angerührt.»

«Aber warum denn?»

«Ich hatte eine Handverletzung.»

«Wo? Zeigen Sie mal her.» Sie zog seine Hand näher heran. «Das? Das ist doch gar nicht der Rede wert. Was kann das einem echten Musiker schon ausmachen?»

«Mit einer fehlenden Fingerkuppe kann ich nicht Bach spielen.» Zum erstenmal klang seine Stimme wirklich verärgert, so daß er ihr leid tat.

«Seien Sie doch nicht so borniert. Vielleicht hindert Sie das daran, Berufspianist zu werden, aber wieso können Sie nicht spielen? Bestimmt lieben Sie Musik. Oder etwa nicht?»

«Ich liebe Musik.»

«Natürlich tun Sie das. Also morgen kommen Sie mich besuchen, und ich spiele Ihnen ein paar Platten vor. Mögen Sie Jazzmusik?»

«Sie ist ganz passabel.»

«Wenn Sie sie bloß ganz passabel finden, dann haben Sie noch nie welche gehört. Morgen bekommen Sie einige der besten Jazzplatten geboten. Ich habe sie aus New York mitgebracht. Abgemacht? Ich wohne bei den Wislicenys.»

«Ich weiß. Es wird mir ein Vergnügen sein.» Sich Jazzmusik anzuhören, war ein geringer Preis dafür, mit diesem wunderbaren Mädchen allein in einem Raum zu sein.

«Den wirklich guten, echten Jazz gibt es nicht auf Platten. Den müßten Sie in Harlem hören. Ganz ursprünglich und unverfälscht finden Sie ihn allerdings nur in den schwarzen Bordellen von New Orleans.»

Peter Winter drehte den Kopf weg, damit sie seine Verlegenheit nicht bemerkte. Selbst in dieser sittenlosen Stadt mit ihrer laxen Einstellung rechnete man nicht damit, daß wohlerzogene Damen überhaupt wußten, was ein Bordell ist, geschweige denn, daß sie es im Gespräch mit einem Mann erwähnten.

«Suchen Sie jemand?» fragte sie.

«Meinen Bruder.» Das stimmte zwar nicht, mußte aber genügen.

«Ihr Vater ließ ihn holen. Ich war dabei. Ist etwas passiert?»

«Paul hat ein paar sonderbare Leute eingeladen.»

«Sicher, aber hier dreht es sich doch um sein Fest.»

«Um seinen Geburtstag, ja. Nur manchmal passen eben die eigenen Freunde und die Familie nicht so gut zusammen.»

«Kriegt er Krach?»

«Er wird das elegant umgehen. Paul kann sich mit seinem Charme aus vielem herauswinden.»

«Höre ich da etwa einen Anflug von Neid?»

«Nein.» Peter lächelte. Wie könnte er Paul jemals beneiden, es sei denn darum, wie seine Eltern ihn verzärtelten. «Er setzt sich immer so in die Klemme, daß er jedesmal seinen Charme überstrapazieren muß. Gott weiß, wie er je die Staatsprüfungen für den Referendar und den Assessor bestehen soll.»

«Ich kann mir Ihren Bruder Paul nicht als Rechtsanwalt vorstellen.»
«Und wie steht's mit mir?»
«Kein Problem... als Strafverteidiger zum Beispiel. Sie haben das Zeug dazu.»
«Und Paul nicht?»
Sie war auf der Hut. Von den Wisliceny-Töchtern wußte sie, mit welcher Vehemenz Peter seinen Bruder gegen jede Form von Kritik zu verteidigen pflegte. «Hat er es denn überhaupt nötig, irgend etwas zu tun? Genügt es nicht, daß er einmal die Hälfte des Vermögens erbt und dieses schöne alte Haus instand hält, während Sie das Unternehmen führen?»
Peter lächelte düster. «Da hätte Vater auch noch ein Wörtchen mitzureden. Vater ist durch und durch ein Mann der Kaiserzeit... Ich vermutlich genauso.»
«Allerdings.»
«Und Sie haben nichts einzuwenden gegen uns steife, humorlose Teutonen?»
«Einzuwenden? Du lieber Himmel, was könnte ich wohl dagegen einzuwenden haben? Ich gedenke ja nicht, hier zu heiraten und mich häuslich niederzulassen. Ich bin eine Touristin, weiter nichts.»
Er beeilte sich, das Thema zu wechseln. «Paul ist kein Dummkopf. Er ist intelligent und mutig wie ein Löwe.»
«O Susanna...», sang sie leise, als sie weitertanzten. Sie kannte den Text auswendig, und ihre weiche, tiefe Stimme klang berückend.

Paul liebte und fürchtete seinen Vater, aber jetzt war es an der Zeit, frei herauszusprechen und Harald Winter die Stirn zu bieten, sich nicht von dessen übermächtiger Persönlichkeit unterkriegen zu lassen. Er blickte zu dem Bild des Kaisers an der Wand, holte tief Luft und wandte sich seinem Vater zu. «Du gibst vor, das Fest für mich zu veranstalten, aber wer wird in dein großartiges Haus eingeladen? Deine reichen Freunde und die Leute, auf die du Eindruck machen willst, genau die. Weißt du, was ich von deinen Freunden und von deinem Fest halte...?» Er stockte. Seine Mutter war blaß geworden, und in ihrem Gesicht malte sich eine solche Qual, daß er es nicht ertragen konnte, ihr noch mehr Schmerz zuzufügen. Durch die Tür hörte er die Kapelle spielen. Es erinnerte ihn an den ersten Tag der Offensive von 1918 – die eroberte britische Stellung, das blecherne Grammophon. «O Susanna...»
«Fahr fort», sagte Harald Winter. Obwohl ihn der Ausbruch seines Sohnes zutiefst kränkte, konnte er seine innere Genugtuung nicht

unterdrücken, daß Veronica miterlebte, wie sich seine Voraussagen erfüllten. Denn Harald hatte mehr als einmal erklärt, Paul sei ein undankbarer Halunke. Es waren natürlich seine grauenvollen Kriegserlebnisse. Harald Winter hatte von jeher schnell eine Begründung für die Fehler der ihm Nahestehenden bei der Hand. Paul war durch alle erdenklichen Höllen gegangen, und das hatte seine Spuren hinterlassen. Sonst wäre der Junge doch hocherfreut gewesen, daß eine solch verschwenderische Feier zu seinen Ehren stattfand. Was Pauls Beschwerde darüber betraf, daß die meisten Gäste Freunde seiner Eltern und nicht seine eigenen seien, so sollte er eigentlich begreifen, daß ihm genau dies die Chance gab, die Bekanntschaft mit wichtigen Leuten zu erneuern. Und schließlich war ein Festessen dieser Kategorie wohl kaum etwas, das seine Rowdies vom Freikorps oder seine lärmenden Kommilitonen mit ihrem lockeren Lebenswandel zu würdigen verstanden. Nach allem, was Winter in seinem Klub gehört hatte, wäre das Fest dann binnen zehn Minuten zur Orgie ausgeartet.

«Hauptmann Graf wurde meines Wissens eingeladen, weil du darauf bestanden hast. Wie erklärst du sein widerwärtiges, kriminelles Verhalten?»

«Ich habe Seite an Seite mit Graf und vielen seinesgleichen gekämpft. Sie haben die Kommunisten bekämpft und tun es noch, um Deutschland für dich und deinesgleichen zu sichern. Wer bist du denn, daß du über ihn zu Gericht sitzt? Was hast du im Krieg getan, außer Geld zu scheffeln?»

«Soweit ich feststelle, hast du die Gelegenheit, einen Teil davon auszugeben, keineswegs ausgeschlagen. Du hast ein großzügiges Taschengeld, ein Motorrad ... deine Studiengebühren, Bücher, du läßt bei meinem Schneider arbeiten.» Harald erstickte fast vor Wut.

«Behalte dein Geld ...»

«Nein, Paul, nein. Sage nichts, was du morgen bereust», flehte seine Mutter.

«Wie loyal verhältst du dich eigentlich gegenüber deinen Freunden?» beharrte Paul. «Heute abend hast du deine sämtlichen Freunde aus der emigrierten russischen Aristokratie eingeladen: Fürsten, Grafen und Gräfinnen und sogar den alten Trottel, der behauptet, er sei ein Neffe des Zaren. Wissen die eigentlich, daß die in deinen Fabriken gebauten Flugzeuge zur Ausbildung der Roten Armee dienen, die sie von ihren Gütern verjagt hat?»

«Die Reichswehr fragt mich nicht um Rat, wo sie ihre Flugzeuge einsetzen soll», entgegnete Harald Winter ruhig.

«Ich kann nicht länger in diesem Haus leben», sagte Paul. «Ich hätte nie wieder hier einziehen dürfen. Es ist beengend, erstickend, wie ein Gefängnis, wie ein Museum.» Zu seiner Mutter gewandt, fügte er sanft hinzu: «Es ist besser, wenn ich gehe, Mama. Wir leben in zu verschiedenen Welten. Ihr haßt meine Freunde, und ich habe einen Haß auf eure Werte entwickelt.»

«Auf Anstand und Rücksicht? Von welchen Werten redest du?» entgegnete Harald Winter. «Dieser wahnsinnige Graf geht mit dem Messer auf den armen Hauser los. Dein Freund Esser hat so viel getrunken, daß er den Teppich im Damensalon vollkotzt. Wie kannst du es wagen, mir ins Gesicht zu sagen, du haßt meine Freunde und meine Werte?»

Paul zuckte die Achseln. So war es immer: Wenn er in einen Streit hineingezogen wurde, vertrat er schließlich Standpunkte, an die er nicht glaubte. Er mochte Hauser und verabscheute Graf; was jedoch nichts an der Tatsache änderte, daß sein Vater in einer fremden, veralteten Welt lebte, der er entfliehen mußte. «Es tut mir leid, Papa. Verzeih mir, aber es ist besser, wenn ich das Haus verlasse. Ich gehe nach Hamburg oder München oder sonstwohin, wo ich neu anfangen kann. Die Staatsprüfungen hätte ich sowieso nie geschafft. Ich bin zu dumm für ein Jurastudium. Dafür wird Peter deine Hoffnungen und Erwartungen erfüllen.»

«Paul ...», begann seine Mutter.

«Laß ihn gehen», fiel ihr Harald Winter ins Wort. «Er kommt zurück, wenn das Geld zu Ende ist. Das alles habe ich schon einmal gehört. Laß ihn doch ruhig entdecken, wie es ist, wenn man in diesen furchtbaren Zeiten ohne einen Pfennig dasteht. Er klopft wieder an die Tür, noch ehe dieser Monat abgelaufen ist.»

Veronica sagte nichts. Sie glaubte nicht, daß Paul zurückkommen und seinen Vater um Hilfe bitten würde. Und für Harald Winter galt das gleiche.

Tatsächlich schaffte Paul seine Sachen aus dem Haus, ging indes nicht nach Hamburg oder München. Er zog in eine Pension am Wedding, die von einer Kriegerwitwe, einer intimen Freundin von Fritz Esser, geführt wurde. Paul wies weitere Geldzuwendungen seines Vaters zurück, setzte jedoch sein Jurastudium fort.

Es war Peter, der stundenlang für seinen Bruder plädierte. Peter war es, der seinen Vater daran erinnerte, was für furchtbare Erlebnisse Paul im Krieg durchgemacht hatte, und der mit seiner Mutter konspirierte, um seinen Vater bei guter Laune zu erwischen, wenn er einen Vorstoß unternahm.

Obwohl Paul jede finanzielle Unterstützung durch seinen Vater ablehnte, überwies ihm sein Bruder Peter jeden Monat Geld auf sein Bankkonto. Pauls Eltern akzeptierten die verschleierte Transaktion, und keiner vergab sich etwas. Paul war glücklich und zufrieden in dem Bewußtsein, kein Geld von seinem Vater anzunehmen, während sich sein Vater glücklich und zufrieden fühlte in dem Bewußtsein, daß sein Sohn de facto genau das tat. Und, wie Harald Winter seiner Frau gegenüber äußerte, wollte er verhindern, daß Paul womöglich in eine prekäre Lage geriet und sich genötigt sah, das Haus am Obersalzberg zu verkaufen.

Am wichtigsten aber war, daß Paul im nächsten Semester vom Handels- zum Strafrecht überwechselte, einen Studienzweig, den er auf Anhieb fesselnder fand. Zu jedermanns Überraschung, nicht zuletzt zu seiner eigenen, holte er seine Kommilitonen schnell ein und schnitt bei den Prüfungen als Fünftbester ab.

Weniger erfolgreich verlief der Nachhilfeunterricht, den er Fritz Esser in diesem Fachgebiet erteilte, wobei Fritz immerhin mit erheblichen Anstrengungen die Zwischenprüfungen schaffte, bevor er das Studium endgültig aufgab. Eines Tages würde er wieder anfangen, gelobte er, und promovieren. In der Zwischenzeit aber war er hauptberuflich als Funktionär bei der Nazi-Partei angestellt.

Bald nach Pauls Weggang suchte ihn sein Onkel Glenn in der neuen, schäbigen Unterkunft auf. Glenn arbeitete für eine amerikanische Büromaschinenfirma, die ihre Hauptniederlassung in Leipzig hatte. Er kam oft nach Berlin und brachte Paul jedesmal Geschenke mit. Paul mochte Glenn; ihm gefiel die Unbefangenheit, mit der Glenn in die Mansarde hinaufstieg und das brüchige Linoleum, die gesprungenen Fensterscheiben, den Nachttopf unter dem Bett oder die nackte Glühbirne einfach übersah. Glenn fühlte sich anscheinend in dem rattenverseuchten Gebäude völlig zu Hause. Bei seiner Ankunft pflegte er die Wirtin und bestimmte andere Mieter mit einer Flasche Schnaps zu bedenken. Angeblich bekam er den irgendwo verbilligt, aber Paul wußte, daß er ihn in dem Laden um die Ecke kaufte. So war Glenn eben.

Als Paul die Staatsprüfung bestand, war es Glenn, der Harald überredete, an der Feier teilzunehmen, und der ein Abendessen für vierundzwanzig Personen im Medwedj, einem eleganten russischen Restaurant in der Bayreuther Straße, arrangierte und die Rechnung beglich für Kaviar, Borschtsch und Kulibiaki, ein Zigeunertrio und sämtliche Getränke in diesem von Berlins Exilrussen frequentierten Lokal. Und als Glenn sich ganz nebenbei nach Pauls Zukunftsplänen erkundigte und Paul daraufhin mit einer langen, verworrenen Erklärung aufwartete von dem Angebot einer Firma, die ihm ein Büro mit Sekretärin zur Verfügung stellen wollte und als Gegenleistung die Wahrnehmung ihrer rechtlichen Interessen verlange, klangen Glenns Glückwünsche aufrichtig herzlich. Doch Glenn Rensselaer war kein Narr und mutmaßte ebenso schnell wie Peter und Harald Winter, daß es sich bei der «Firma», die hier als Fortuna auftrat, um die Nazi-Partei handelte und daß Paul einige der üblen Schlägertypen, die in die inzwischen zum politischen Alltag gehörenden Straßenschlachten, Überfälle und Morde verwickelt waren, verteidigen sollte.

Als Peter im folgenden Oktober von seiner beabsichtigten Verlobung mit Lottie Danziger sprach, schenkte Glenn Rensselaer ihr eine Jadebrosche mit Peters Initialen und ihm eine Armbanduhr mit dem eingravierten Datum der Verlobung. «Für alles weitere müßt ihr jetzt sorgen», erklärte er. Und das taten sie auch. Es wurde wiederum ein großes Fest, diesmal im Haus der Familie Wisliceny. Lotties Eltern kamen nicht. Sie hatten vor langem beschlossen, Lottie mit dem ältesten Sohn eines Ölmagnaten an der Westküste zu verheiraten, und gerieten bei dem Gedanken an einen deutschen Ehemann in Zorn. «Das ist gar nichts gegen meinen Zorn», teilte Harald Winter seiner Frau an dem Abend mit, an dem er zum ersten Mal davon erfuhr, und wiederholte das danach noch sehr oft. «Ich weiß nicht, was ich schlimmer finde», sagte er, «daß Peters zukünftige Frau Amerikanerin oder daß sie Jüdin ist.»

Veronica nahm diese Beleidigung nicht persönlich. Während des Krieges hatte sie sich allmählich an Beschimpfungen und Verunglimpfungen ihrer Landsleute gewöhnt. Sie entgegnete ruhig: «Wie kannst du so etwas sagen, wo du mit den Fischers so eng befreundet bist?»

«Mit den Fischers ist es ganz was anderes.»

«Und Peter und Lottie haben vor, in Deutschland zu leben. Denk doch nur an ihre armen Eltern, so weit weg... Sie verlieren ihre Tochter für immer.» Darin äußerten sich Veronicas Schuldgefühle. Je älter ihr Vater wurde, desto mehr mußte sie an ihn denken.

Harald Winter murrte. Er war weder dem Schicksal noch dem Mädchen dankbar. Selbstverständlich würden die beiden in Deutschland bleiben. Peter hatte ja noch nicht völlig den Verstand verloren, Gott sei Dank.

1925

«Erklären?» fragte Glenn Rensselaer. «Ich kann es nicht besser erklären, als ich es hier in dem Bericht schriftlich getan habe.» Der glatzköpfige junge Amerikaner hinter dem Schreibtisch sah ihn ausdruckslos an. «Vermutlich meinen Sie eine Darstellung, die den ganzen Komplex auf amerikanische Verhältnisse überträgt und die entsprechenden Begriffe benutzt. Nun, das kann ich auch nicht. Diese Freikorps sind weiter nichts als Banden bewaffneter Männer in Behelfsuniformen. Als Kommandeure fungieren meistens Hauptleute oder Majore, mitunter ein Oberst und gelegentlich auch mal ein Feldwebel. Ihre Befehle nehmen sie jeweils von dem entgegen, der sie besoldet, und manchmal gehorchen sie nicht einmal ihren Zahlmeistern. Nicht wenige Offiziere führen sich wie Gangster auf, etliche Soldaten sind Berufsverbrecher. Doch es gibt darunter auch Patrioten und Idealisten. Allgemeingültiges läßt sich über die Freikorps unmöglich sagen, bis auf die Tatsache, daß es Gott sei Dank in den Staaten nichts gibt, womit ich sie vergleichen könnte.»

Der Mann hinter dem Schreibtisch schwieg beharrlich. Glenn Rensselaer blickte sich in dem düsteren kleinen Raum um, der sich im oberen Stockwerk eines Gebäudes auf der K Street in Washington befand. Altertümliche Tapete mit Blumenmuster, ein alter Schreibtisch, ein paar abgenutzte Aktenschränke, ein fadenscheiniger Teppich und in der Ecke ein auf Hochglanz polierter Messingspucknapf. Dies stellt man sich also im US State Department unter einem angemessenen Büro für die «Unterabteilung Nachrichtendienst und Ermittlungen» vor. War das auf Geheimniskrämerei, Sparsamkeit oder Nachlässigkeit zurückzuführen?

«Andererseits», begann Glenn Rensselaer von neuem, mehr um das Schweigen zu brechen, als weil er bei dem Mann hinter dem Schreibtisch Interesse erwartete, «steht Deutschland für viele Leute gerade jetzt im Mittelpunkt des Geschehens, auf allen Gebieten: Film, Schauspiel, Oper, Unterhaltungsmusik, Operette, Naturwissenschaft – von Atomphysik bis Psychologie –, Architektur, industrielle Formgebung, Malerei ... und so weiter und so weiter.» Er drückte seine Zigarette aus und fügte hinzu: «Langweilt Sie das alles? Ich habe das Gefühl, Sie würden sich lieber mit anderen Dingen beschäftigen.»

«Durchaus nicht», widersprach der glatzköpfige junge Beamte. «Ich finde alles, was Sie mir da erzählen, faszinierend. Aber ich werde höchstwahrscheinlich der einzige im ganzen State Department sein, der Ihren Bericht von A bis Z liest.»

«Tatsächlich?»

«Die Vereinigten Staaten haben das Interesse an Europa verloren, sie zählen nur noch nach, wie viele Schlachtschiffe die Briten nach den Bestimmungen des neuen Vertrages bauen.»

«Sie sprechen in Rätseln.»

«Entschuldigen Sie, das war nicht meine Absicht. Ich hätte sagen sollen, daß in diesen Tagen kein Mensch ein anderes Gesprächsthema kennt als Japans Seemacht. Dazu muß man über die auf der Washingtoner Abrüstungskonferenz 1922 festgesetzte Flottenstärke im Bilde sein: fünf britische und drei japanische Großkampfschiffe auf fünf von unseren. Man braucht nicht Mathematiker zu sein, um zu sehen, daß unter diesen Vertragsbedingungen die vereinte Flottenstärke von Briten und Japanern uns aus beiden Weltmeeren vertreiben würde.»

«Dazu braucht man in der Tat kein Mathematiker zu sein», pflichtete Glenn Rensselaer bei. «Man muß bloß verrückt sein.»

Wieder der unergründliche Blick. Keine Antwort. Vielleicht hätte Glenn nicht im alten Sakko und Flanellhosen, leuchtend bunter Fliege und Strickpullover herkommen sollen. Der Mann hinter dem Schreibtisch trug einen korrekt sitzenden Anzug und ein Hemd mit steifem Kragen. Glenn hatte vergessen, was in Washington, D.C., der Brauch war.

«Sie wollen damit doch nicht im Ernst andeuten, daß wir in eine bewaffnete Auseinandersetzung mit den Briten geraten könnten, oder?»

«Es ist unsere Aufgabe, selbst die unwahrscheinlichste Möglichkeit in Betracht zu ziehen, Mr. Rensselaer.»

«Ihr seid hier nicht recht bei Sinnen. Wenn wir uns mit den Japsen in die Haare kriegen, wären doch die Briten auf unserer Seite.» Er stand auf, sein Gegenüber ebenfalls.

«Sie haben sicherlich recht, Mr. Rensselaer.» Seine Stimme verriet nichts von dem, was er wirklich dachte. «Es war jedenfalls sehr freundlich von Ihnen, sich herzubemühen. Wir sind heutzutage mit Berichten aus erster Hand nicht eben verwöhnt.»

Glenn Rensselaer war froh, in sein Elternhaus nach New York zurückzukehren, wo auch seine Frau wohnte. Wegen seiner vielen Auslandsreisen war es hier für sie praktischer und angenehmer. Sie verstand sich gut mit Cy Rensselaers zweiter Frau, Dot, deren drei Söhne sich inzwischen selbständig gemacht hatten, so daß sie froh war, Gesellschaft zu haben.

Als sein Vater sich nach dem Verlauf der Reise erkundigte, blieb Glenn einsilbig. Hätte er über den Empfang in der «Geheimabteilung» berichtet, wäre das bei seinem Vater vermutlich auf Kritik gestoßen. Die Republikanische Partei hatte Repräsentantenhaus und Senat fest unter Kontrolle. Im Weißen Haus saß Calvin Coolidge. Sein Vater war überzeugt, daß die Leute in Washington schon wüßten, was sie taten. Ein Standpunkt, der sich nach einer Reise in die Hauptstadt nur schwer vertreten ließ; vielleicht fuhr sein Vater eben deshalb nie dorthin.

Also erzählte ihm Glenn von Deutschland. «Seit dem Krieg sieht man auf den Straßen die Armut. Es gibt Massen von Arbeitslosen. Die Zustände sind schlimm. Also sucht man einen Sündenbock für die Misere. Und man, das heißt gewisse Kreise, hat einen gefunden: die Juden.»

«Mach keine Witze über Juden, mein Sohn. Ich kann das nicht ausstehen, von jeher nicht.»

«Ich mache keine Witze. Antisemitismus herrscht dort überall, man riecht ihn förmlich.»

«Nicht bloß in Europa, Glenn.»

«Nein, aber in Frankreich und England und hier in den Staaten ist Antisemitismus eine Form von Neid. Er richtet sich hauptsächlich gegen die Reichen, Intelligenten, Erfolgreichen. In der Klischeevorstellung des Antisemiten trägt der Jude eine diamantenbesetzte Krawattennadel, raucht teure Zigarren, fährt ein protziges Auto und erscheint in seiner Fabrik nur, um die Profite einzustreichen. In Deutschland existieren diese antisemitischen Neidgefühle ebenfalls. Und zwar besonders heftig, weil die Juden im kulturellen Leben Deutschlands eine entscheidende Rolle spielen. In Film, Theater, Verlagswesen und Kunst dominieren die Juden eindeutig. Aber es gibt auch noch diese andere Sorte von Antisemitismus.»

«Fällt der wirklich ins Gewicht?»

Sein Vater fühlte sich sichtlich unbehaglich, doch Glenn fuhr fort: «Das ist ein Antisemitismus, der auf die Betroffenen herabsieht, gepaart mit einer gewissen Furcht. Nimm das jetzt zu dem Neid dazu, und du bekommst eine hochexplosive Mischung. Aus genau diesem Grund ist Deutschland ein Sonderfall. Dieser zweifache Antisemitismus hängt mit der geographischen Lage Deutschlands zusammen; deshalb unterscheidet er sich auch von allem, was man in anderen Ländern findet. Und laß mich dir noch eines sagen – es gibt massenhaft deutsche Politiker, die haargenau wissen, wie man in diesem Pulverfaß den Funken zündet.»

«Redest du von den Nazis?»

«Es gibt andere, aber die Nazis sind die schlimmsten und gefährlichsten Fanatiker. Dieser Hitler ist nach seiner Haftzeit wieder in die Höhe gekommen. Politisch war es das Beste, was ihm passieren konnte. Er ist irgendwo ein Phantast mit Gespür für den spezifisch deutschen Verschnitt von Gefühlsduselei und Härte. Er versteht es, Scharen unzufriedener Menschen aus den verschiedensten Lagern zu beeindrucken. Wollt ihr hören, daß der Generalstab den Krieg verloren hat? Ihr habt eure Stellung verloren? Die hat euch ein Jude weggenommen. Eure Fabrik ist pleite gegangen? Der Drahtzieher war ein Jude, der an dem Konkurs klotzig verdient hat. Sozialisten organisieren einen Streik, der euch nicht paßt? Kommunisten veranstalten Straßenschlachten? Das weiß doch jeder, daß Moskau von Juden beherrscht wird. Sie stimmen nicht zu? Dann haben Sie sich entweder hinters Licht führen lassen, oder Sie sind selber Jude und an der Weltverschwörung beteiligt.»

«Das mag sich ja für schlichte Wähler gut anhören, aber Herr Hitler wird damit nicht sehr weit kommen, wenn er in die Reichsregierung will.»

«Du kennst den Kerl nicht. Bilde dir ja nicht ein, daß er irgend etwas schriftlich fixiert hat, so eine Art Manifest, auf das man ihn festnageln kann. Er hat alles auf Lager, für jeden das Passende. Wenn er für den Reichstag kandidiert, hat er garantiert ein neues Sortiment parat. Dieser Kerl ist das reine Dynamit. Wir hatten ein Büro in München. Dort habe ich ihn auf Versammlungen reden hören. Die Leute lauschen ihm wie gebannt. Er spuckt Gift und Galle, eine geballte Ladung von Haß und Verachtung. In dem, was er sagt, gibt es nichts Konstruktives: nur Drohungen, was er mit den Menschen machen wird, denen er die Schuld an allem Übel gibt.»

«Alle Politiker sind negativ», wandte sein Vater ein. «Das Versprechen, die vom Glück Begünstigten zu bestrafen und die Reichen zu schröpfen, bringt immer ein paar Stimmen.»

«Aber in Deutschland sind zu viele Menschen bereit, an die rasche, einfache Lösung zu glauben.»

«Das legt sich alles», meinte sein Vater mit einem Unterton von Müdigkeit. Er war immer noch so energiegeladen, daß man ihm seine vierundsiebzig Jahre nur schwer glaubte, außer wenn ab und zu die

Maske verrutschte. «Die Nachwehen des Krieges – Niederlage, Enttäuschung, Hunger. Das legt sich.»

«Wenn ich dir doch nur glauben könnte, Dad. Aber tatsächlich ist dieses Gift unter jungen Menschen weiter verbreitet als in allen anderen Bevölkerungsschichten. Schüler und vor allem Studenten, die für den Kriegsdienst zu jung waren, sind oft verbitterter über die Niederlage als die Frontsoldaten. Die Veteranen wissen im Grunde ihres Herzens, daß die Deutschen auf dem Schlachtfeld besiegt wurden; die Jungen, die es nicht miterlebt haben, glauben bereitwillig an all das Geschwafel von der ‹Dolchstoßlegende›. Und die Jungen sind es auch, die gewalttätig werden. Sie strotzen vor Energie und vor Haß. Sie suchen eine Sache, ein Ziel, und das wird Hitler ihnen liefern.»

«Sag um Himmels willen den Danzigers kein Wort von alldem, Glenn. Der Gedanke, daß Lottie in Berlin bleibt, macht ihren Vater ganz krank vor Sorge. Er besucht mich jedes Mal, wenn er in die Stadt kommt, und meist essen wir dann zusammen im Klub. Irgendein dämlicher Freund von ihm hat ihm deutsche Zeitungsausschnitte geschickt. Er ließ sich das Zeug von seinem Büro übersetzen. Ich weiß nicht, was drinstand, aber er ist alarmiert. Du hältst also bei ihm den Mund, ja?»

«Im Klub? Ist Danziger jetzt Mitglied?»

Sein Vater wirkte nervös. «Hm ..., nein, das nicht. Sie haben immer noch diese blöden Satzungen ..., aber wenn man einen Juden als Gast mitbringt, geht das in Ordnung.»

Glenn fiel darauf keine Antwort ein. Sie saßen ein paar Augenblicke stumm da. Draußen hörte man unablässig die Autos vorbeirattern – kaum zu glauben, wie ruhig es hier in seiner Kindheit gewesen war.

«Er läßt eine kleine Filmgesellschaft auf seinen Orangenplantagen Studios bauen.»

«Danziger?»

«Für eine Handvoll Bargeld und fünfundzwanzig Prozent der Filmgesellschaft.»

«Ist das ein gutes Geschäft?»

«Er hat einen Dachschaden, wenn du mich fragst. Fünfundzwanzig Prozent von nichts ist nichts. Genauso wie neunundneunzig Prozent von nichts gleich Null ist. Und was hat eine Filmgesellschaft schon an Vermögenswerten außer den Immobilien?»

«Hast du das Danziger gesagt?»

«Verträge, erklärt er. Verträge mit Schauspielern. Kannst du dir vorstellen, wie man daraus ein Geschäft machen kann?»

«Mit Filmen wird doch ganz gut verdient, oder?»

«Hast du eine Ahnung, wie lange es dauert, bis er dort wieder richtiges Qualitätsobst anbauen kann?»

«Danziger kann sich ein paar Mißgriffe leisten», meinte Glenn.

«Da bin ich nicht so sicher», entgegnete sein Vater. «Die Danzigers sind nicht reich.»

Glenn lächelte.

«Das ist mein Ernst.»

«Ich weiß, Vater, aber ich erinnere mich, daß du mir mal erzählt hast, seine Vermögenswerte machten insgesamt über fünf Millionen Dollar aus. Wie kannst du dann sagen, er ist nicht reich?»

Darauf erhielt er zunächst keine Antwort. Der alte Mann fand das alles überhaupt nicht komisch. Glenn hatte jedoch längst bemerkt, daß dieses Fixiertsein auf Geld, auf die Macht, die es darstellt, zu den wenigen Eigenheiten gehörte, in denen sich das Alter seines Vaters zeigte. «Ich war, ehrlich gesagt, durchaus nicht glücklich bei dem Gedanken, daß seine älteste Tochter in die Familie einheiratet. Natürlich ist Lottie ein nettes Ding, aber doch nicht die Richtige für den kleinen Peter.»

«Dein ‹kleiner Peter› ist heute ein hochqualifizierter Jurist und Juniorpartner in Winters Holdinggesellschaft.»

Sein Vater schien das überhört zu haben. «Das könnte ich Danziger selbstverständlich nicht sagen.»

«Nein, natürlich nicht...» Tatsächlich hatten weder Harald noch Veronica noch Peter Winter den alten Cyrus Rensselaer nach seiner Meinung über Lottie Danziger gefragt, worüber der alte Mann sehr gekränkt war.

«Sie fehlt mir», erklärte Cy Rensselaer unvermittelt.

«Veronica? Aber das liegt doch ein halbes Menschenalter zurück.»

«Ich hätte es nie zulassen dürfen, daß sie nach Europa geht. Ich hatte eine sonderbare Vorahnung.»

«Wirklich?»

«Aber sie war fest entschlossen, und ich wollte sie glücklich sehen.» Er brachte das mit einer Leidenschaft vor, die Glenn nie zuvor bei ihm wahrgenommen hatte. Der Schmerz darüber, daß ihn seine geliebte Tochter verlassen hatte, quälte ihn seither offenbar unvermindert.

«Und ich? Habe ich dir auch gefehlt?»

«Sicher. Aber Sorgen habe ich mir um Veronica gemacht. Sie war so hilflos, so vertrauensselig... Ich hasse diesen Lump. Du weißt das, oder?»

«Harry?»

«Das zahle ich ihm heim.» Zum erstenmal lächelte sein Vater – auf jene listige, verschmitzte Art, wie es nur alte Menschen können. «Er wird leiden, genauso wie ich. Dann wird er endlich erkennen, was er mir angetan hat.»

«Du darfst Harry nicht die Schuld geben. Er war ein attraktiver Mann: mächtig und auf eine Weise skrupellos, die Veronica anziehend fand...» Glenn stockte.

«Wie bei mir? Wolltest du das sagen?»

Zögernd gab Glenn das zu. «Ja, Harry ist auf die gleiche Art skrupellos wie du.»

«Und du hast das nicht bewundert?»

«Es ist nicht mein Stil, Dad. Und das war gut so – wir hätten uns sonst zerstritten.»

«Du hast recht, Glenn. Du hast dich nie gegen mich gestellt. Du warst mir immer ein guter Sohn. Habe ich dir das je gesagt?»

«Nein, nie, Dad.»

«Loyal. Und ich mag Loyalität. Genauso, wie ich Verrat verabscheue. Möchtest du wissen, was ich wegen Harry unternommen habe?»

«Nicht unbedingt.»

«Ich habe dafür gesorgt, daß man Peter eine verlockende Lebensstellung anbietet. Und Harald betet seinen Ältesten ja geradezu an.»

«Eine Stellung?»

«Bei einer Bank in Los Angeles. Ich habe kürzlich Anteile erworben. Man wird Peter einen Posten als Vizepräsident anbieten. Er wird herüberkommen und in Amerika leben.»

«Eine Bank in Los Angeles?»

«Ich habe zwei von Dots Söhnen dort untergebracht, und es geht ihnen glänzend.» Glenn nickte. Er wußte vom Hörensagen, daß der Alte für seine Stiefsöhne eine Menge auf sich genommen hatte. Sie trugen dafür jetzt den Namen Rensselaer. «Und Peter wird es ebenfalls glänzend gehen.»

«Ich würde das Ganze vergessen, Dad. Du willst dich doch nicht zwischen Vater und Sohn stellen.»

«Und was ist mit Vater und Tochter?» lautete die heftige Gegenfrage. «Er hat sich zwischen uns gestellt, dieser Mistkerl.»

«Das war doch nur natürlich. Er hat sich verliebt. Damit wollte er dir doch keinen Tort antun, Dad.»

«Ach was, er hat sich in das Geld der Rensselaers verliebt, das war's, weiter gar nichts! Das ist allgemein bekannt.»

«Darauf war er nicht angewiesen, es ging ihm auch ohne das Geld der Rensselaers recht gut.»

«Er stand kurz vor dem Bankrott. Ich habe Bürgschaft geleistet für diesen Angeber, diesen Hochstapler, nicht ein-, sondern zweimal, und dann besaß er noch die Unverschämtheit, es mir in Konfetti zurückzuzahlen.»

«Laß ihn in Ruhe, Dad. Veronica liebt dich; sie wird dich besuchen. Hab Geduld.»

«Dafür ist es jetzt zu spät. Er wird spüren, wie das ist. Er bekommt es zu spüren, und ich werde ihn auslachen.»

«Nimm's nicht so schwer, Dad.»

«Er wird merken, wie das ist, wenn man sein Lieblingskind verliert.»

Glenn Rensselaer nickte, entgegnete jedoch nichts. Er hatte es immer gewußt, daß er nicht der Liebling seines Vaters war, aber es ihn aussprechen zu hören, tat weh.

Veronica Winter erfuhr es vor ihrem Mann, und zwar durch Lottie Winter. Die beiden Frauen hatten sich seit der Hochzeit sehr angefreundet. Anfangs war es nicht mehr gewesen als das tröstliche Gefühl, eine amerikanische Stimme zu hören, aber im Lauf der Zeit hatte sich daraus eine Art Mutter-Tochter-Beziehung entwickelt. Harald Winter paßte das natürlich nicht – er hatte zu wenig für Lottie übrig, um sie als Schwiegertochter zu akzeptieren –, war jedoch schlau genug, von Anfang an zu erkennen, daß er darauf keinen Einfluß nehmen konnte. Also tranken Veronica und ihre Schwiegertochter regelmäßig Tee miteinander. Auf dieses gemeinsame Zusammensein freuten sich beide jedesmal sehr.

Es war zwei Wochen vor Weihnachten, als Lottie mit der aufregenden Neuigkeit ankam. Ein Vizepräsident der Bank italienischer Abstammung war eigens aus Mailand angereist, wo er die Konsolidierung eines großen Unternehmens vornahm und Verwandte besuchte, um mit Peter persönlich über das Angebot zu verhandeln.

«Aber das ist ja wunderbar, Lottie. Dann bist du wieder bei deinen Angehörigen.»

«Ja, allerdings.»

«Warum so niedergeschlagen?» fragte Veronica. So hatte sie ihre Schwiegertochter noch nie gesehen.

«Ich fühle mich jetzt hier ganz zu Hause. Es war so herrlich, für Peter ein Heim zu schaffen. Ich kann den Gedanken nicht ertragen, das alles zu verlieren und neu anzufangen.»

«Denk doch auch an die Sonne und an deine Familie.»

«Ich weiß, das sage ich mir ja selber unentwegt. Aber hier bin ich jemand, ein erwachsener Mensch. Meine Leute zu Hause behandeln mich wie ein Kind.»

«Jetzt als verheiratete Frau bestimmt nicht mehr, Lottie. Deine Mutter wird außer sich vor Freude sein, dich wieder bei sich zu haben.»

«Sie ist ja nicht meine richtige Mutter.»

«Entschuldige bitte, Lottie, daran hatte ich im Moment nicht gedacht.»

«Und meine Stiefmutter wird weniger begeistert sein, Dad mit mir teilen zu müssen.»

«Da irrst du dich sicher.»

«Nein, dafür kenne ich sie zu gut. Sie hat mich gern und ich sie auch, aber sie schreibt mir in jedem ihrer Briefe, wie sehr sie sich darüber freut, daß ich mich hier niedergelassen habe.»

«Und wie steht's mit Peter?»

«Ich möchte ihn nicht beeinflussen, weder so noch so. Es ist sein Leben, seine Karriere. Und das Ganze wird noch erschwert, wenn ein Familienbetrieb mitbetroffen wird.»

«Sein Vater würde ihn doch deswegen nicht enterben, Lottie.»

«Versteh mich bitte nicht falsch, Veronica. Mit Geld hat das nichts zu tun. Meiner Meinung nach gibt eine Frau, wenn sie klug ist, ihrem Mann keine Ratschläge bezüglich seiner Karriere. Denn wenn es schiefgeht, ist es meist ihre Schuld. Männer sind nun einmal so, zumindest denke ich mir das.»

«Leider stimmt das, Lottie.»

Das Mädchen erschien. Das silberne Teeservice wurde komplett aufgedeckt. Obwohl beide Frauen wußten, daß mit ihren Männern kaum zu rechnen war, gab es die üblichen vier Gedecke. Und neben Apfelkuchen kleine Schokoladenkuchen mit Nüssen. Veronica war bemüht, Lottie jedesmal auch irgendwelche amerikanischen Gebäcksorten vorzusetzen. Diese kulinarische Erinnerung an zu Hause kosteten beide weidlich aus.

Nachdem das Stubenmädchen Tee eingeschenkt und mit einem Knicks verschwunden war, fragte Veronica ihre Schwiegertochter: «Was ist eigentlich los, Lottie? Ich merke doch, daß dich noch etwas anderes bedrückt. Stimmt etwas nicht zwischen dir und Peter? Würde es dir helfen, darüber zu reden?»

«Ach, Veronica.» Tränen stiegen ihr in die Augen. «Du warst immer so wunderbar.»

«Lottie, Darling, was gibt es denn?»

«Ich bin schwanger.»

«Bist du sicher?»
«Ganz sicher.»
«Hast du es Peter schon gesagt?»
«Du bist die erste, der ich es erzähle.»
«Das ist doch kein Grund zum Weinen, Lottie. Das muß man feiern.» Lottie weinte unaufhörlich weiter, die Tränen strömten ihr über das Gesicht, und sie versuchte nicht einmal, sie zu trocknen. Veronica wollte sie ablenken: «Und Peter wird überglücklich sein. Den Posten in Kalifornien übernimmt er zu diesem Zeitpunkt sicherlich nicht. Es wäre zu viel für dich..., es sei denn, sie warten ein Jahr auf ihn.»

«Das tun sie garantiert nicht», entgegnete Lottie und trocknete sich die Augen mit einem winzigen Spitzentaschentuch. «Der Posten muß Ende Januar besetzt sein, das haben sie sich ausdrücklich ausbedungen.»

«Peter würde niemals allein rübergehen und dich hier lassen. Das weiß ich genau, und außerdem würde ich es ihm verbieten.»

Lottie begann wieder zu schluchzen, bis sie nach Luft rang. Veronica schloß sie tröstend in die Arme. «Lottie, Darling, du mußt dich zusammennehmen. Lehn dich zurück, putz dir die Nase und trink einen Schluck Tee.»

«Er wird den Posten ablehnen», sagte Lottie, nachdem sie sich ein wenig gefaßt hatte. «Peter wird den Posten ablehnen wegen des Babys. Später wird er mich dann mein Leben lang dafür verantwortlich machen.»

«Du dummes Kind, selbstverständlich wird er das nicht tun. Wenn er es erfährt, ist er der glücklichste Mensch auf der Welt.»

«Meinst du wirklich?»

«Natürlich. Und er wird ein fabelhafter Vater sein. Sobald er kommt, lasse ich euch ein paar Minuten allein, und da mußt du es ihm sofort erzählen. Und dann müssen wir deinem Vater ein Kabel schicken und meinem ebenfalls. Alle werden außer sich vor Freude sein über diese Neuigkeiten.»

1927

Es war Ende Mai. Die Sonne hatte sich hinter grauen Wolkenfetzen verkrochen und kam nur ab und an zum Vorschein, aber es war nicht eben warm für die Jahreszeit. Paul saß im Freien, um seinen Tee zu trinken und die vorbeiflanierenden Leute zu beobachten.

Pauls Gesicht kannte man in den beliebtesten Berliner Cafés: Monopol, Josty, Schiller, Kranzler, Café des Westens. Am wohlsten fühlte er sich allerdings im Romanischen Café an der Gedächtniskirche. Die Meinungen gingen auseinander, ob es nun das berühmteste Café in Deutschland oder auf der ganzen Welt sei. Trotzdem fand man dort immer einen Platz, denn es faßte über tausend Personen. Es war Tag und Nacht geöffnet und immer belebt. Hier trafen sich Intellektuelle, um tiefschürfende Lebensfragen zu erörtern, Pärchen, um von Liebe zu reden, andere, um politische Streitgespräche zu führen, Briefe zu schreiben oder auch Memoiren, Theaterkritiken oder Gedichte. Auf Schritt und Tritt konnte man berühmten Leuten begegnen. Oben auf der Balustrade, wo mit Vorliebe die Schachspieler saßen, war oft auch Emanuel Lasker zu sehen, der fast drei Jahrzehnte hindurch den Titel des Schachweltmeisters innegehabt hatte.

Ambulante Händler wanderten von Tisch zu Tisch: Schnürsenkel, Streichhölzer, *Die Weltbühne*, *Die Rote Fahne*, eine vier Tage alte Ausgabe der Londoner *Times*. Ein finsterer junger Mann bot Kreidezeichnungen an, die nicht minder düster wirkten: zu Zerrbildern verunstaltete Soldaten, lüsterne alte Weiber, nur mit Strumpfhaltergürtel und schwarzen Strümpfen bekleidet, und ordengeschmückte Offiziere mit Schweineköpfen und ohne Hosen. Er blieb stehen, um die Zeichnungen zwei gutangezogenen schwedischen Touristen zu zeigen. Die beiden begutachteten sie ernsthaft und gründlich, kauften jedoch nichts. Touristen taten das ohnehin selten, vielleicht weil sie mit solchen Dingen nicht durch die Zollkontrolle wollten. Der junge Mann ging mit dem Preis herunter. Der Schwede schüttelte den Kopf, seine Frau lachte, die Zeichungen wurden wieder eingesammelt.

Manche behaupteten, der junge Mann verkaufe sie lediglich, andere wiederum meinten, er habe sie auch gemacht. Die Wahrheit kannte freilich niemand, wie es bei fast allem in Berlin der Fall war. Besser, man wußte nichts.

Neben der Tür hingen Zeitungen. Paul griff nicht zum Kampfblatt der Nationalsozialisten, dessen einwandfreier Zustand ihm verriet, daß es auch sonst niemand gelesen hatte. Er wählte die *B.Z. am Mittag*, eine reine Boulevardzeitung, und setzte sich. Seine Stammkellnerin brachte ihm ein Glas Tee mit Zitrone und einen Schnaps. Er kam immer nach Tisch zum Tee hierher, wenn er seine belegten Brote am Schreibtisch verzehrt hatte, und blieb eine halbe Stunde sitzen, um dann ins Büro zurückzukehren. Es war die einzige Möglichkeit, eine Ruhepause einzulegen. Im Büro steckten den lieben, langen Tag Leute den Kopf durch die Tür: «Ich möchte dich keinesfalls stören, Paul, aber...»

Und es war keineswegs besser geworden, seitdem die Nazis Joseph Goebbels zum neuen Gauleiter von Berlin gemacht hatten, im Gegenteil. Der entwickelte einen Feuereifer, und den Parteigenossen schmeckte es nicht, daß er ihnen im Monat drei Mark Mitgliedsbeitrag abverlangte. In Berlin gab es nicht ganz tausend eingeschriebene Mitglieder, und auf diese Art warb man garantiert keine neuen; und schließlich war Goebbels seine rheinische Mundart, die auf Berliner belustigend wirkte, nicht eben hilfreich. Gregor Strasser, Leiter der Parteiorganisation in Preußen, widersetzte sich nahezu jedem Vorschlag von Goebbels, und SA-Führer Kurt Daluege mit seiner Armee von Braunhemden kooperierte mit keinem von beiden. Da drei Chefs gleichzeitig die Herrschaft auszuüben versuchten, kam naturgemäß sehr wenig zustande, doch Paul Winters Vorschläge wollte sich auch keiner der drei anhören. Zumal er – wie Goebbels ihm vorhielt – es ja nicht einmal für nötig erachtet hatte, in die Partei einzutreten.

Früher hatte Paul den Nachmittag für seine privaten Mandanten reserviert und den Vormittag über für die Partei gearbeitet, doch jetzt war er seit mehr als einem Monat zu keiner privaten Tätigkeit mehr gekommen. Viele Klienten schätzten weder die unmittelbare Nachbarschaft zum Parteibüro noch die uniformierten SA-Männer, die geräuschvoll in seinem Büro ein und aus gingen, ohne auch nur zu fragen. Und diejenigen, denen seine politischen Bindungen nichts ausmachten, bekamen es allmählich satt, so offensichtlich hintangesetzt zu werden. Dabei war Paul keineswegs faul; vorigen Monat war er tatsächlich zweimal im Gerichtssaal eingeschlafen – aus Übermüdung, weil er sich zuviel zumutete. Die lange Arbeitszeit zahlte sich nicht einmal finanziell aus. Mit dem Pauschalhonorar der Partei war es nicht weit her, und bei den privaten Rechnungen gab es dauernd Beanstandungen wegen deren Höhe.

«Sie sind doch Herr Paul Winter, nicht wahr?» Er blickte hoch. Vor ihm stand eine Frau, um die Sechzig, vielleicht noch älter. Sie trug einen guten, aber altmodischen Mantel mit Astrachankragen. Der riesige schwarze Hut mit dem mauvefarbenen Schleier war mit breiten, reichverzierten Hutnadeln festgesteckt. Die ganze Aufmachung war seit Jahren aus der Mode; so hatte sich seine Großmutter in Travemünde vor dem Krieg herausgeputzt.

«Ja.» Er ließ die Zeitung sinken und erhob sich.

«Sie wissen nicht, wer ich bin, habe ich recht?»

Er wußte genau, wer sie war, und hätte das früher auch ohne weiteres zugegeben, doch Anwälte handhabten dergleichen anders.

«Ich glaube nicht.»

«Ich bin Frau Guggenheimer.»

«Möchten Sie nicht Platz nehmen?»

«Ich will Sie nicht aufhalten», sagte sie, legte ein großes, sorgfältig verschnürtes Paket ab und ließ sich auf dem Stuhl nieder, den er für sie herangezogen hatte. Sie war die Frau des Besitzers seiner alten Studentenkneipe. Hetti Guggenheimer, eine Freundin aus längstvergangenen Zeiten, war ihre Tochter.

Er wartete, daß sie ihm ihr Anliegen vortrug. Doch nachdem sie den Mut aufgebracht hatte, ihn anzusprechen, schien es ihr die Rede verschlagen zu haben. «Wie geht es Ihrem Mann?» fragte er.

Das Thema kam ihr offenbar gelegen. «Die Studentenkundschaft bringt nicht genug ein; das war schon immer der Fall. Und seitdem das Schloß leersteht, ist in der Gegend noch weniger los. Selbst die Friedrichstraße ist nicht mehr das, was sie früher war. Das Stadtzentrum hat sich verlagert. Heutzutage spielt sich der ganze Betrieb hier am Kurfürstendamm ab.»

«Das stimmt. Tut mir leid für Sie.»

«Und die Nazis verkehren natürlich nicht bei uns, wo wir doch Juden sind.»

«Vielleicht sollte Ihr Mann verkaufen. Sich zur Ruhe setzen.»

«Dafür hat er kein Geld, Herr Winter. Wir haben unser Erspartes in der Inflation verloren. Nicht einmal das Lokal gehört uns. Wir leben ja nicht schlecht, möchte ich sagen, aber eben von der Hand in den Mund.»

«Haben Sie ein bestimmtes Anliegen, Frau Guggenheimer?»

«Die Nazis kamen regelmäßig in die Kneipe und randalierten. Sie erschienen immer an den Abenden, wo es bei uns rappelvoll war, und brüllten wüste Gemeinheiten über Karl Marx und Lenin. Es gab dann immer welche, die auf sie losgingen. Manche von diesen jungen Kerlen fangen ja gern Schlägereien an, und wenn sie dabei noch so schwer verletzt werden. Sie haben das Mobiliar zertrümmert und mit Stuhlbeinen oder zerbrochenen Flaschen zugehauen.»

«Sie kamen, sagen Sie? Haben sie damit aufgehört?»

«Jetzt zahlt ihnen mein Mann jede Woche eine bestimmte Summe, als Beitrag für die Parteikasse. Aber wir können uns das nicht leisten, Herr Winter. Ihre Forderungen sind zu hoch, und das Geschäft geht um diese Jahreszeit nicht gut.»

«So was kommt vor, ich weiß.»

«Sie sind doch bei den Nazis, Herr Winter. Könnten Sie nicht mit einem der führenden Leute dort reden? Wir können das wirklich nicht aufbringen, und mein Mann macht sich schwere Sorgen. Nachts liegt er wach und grübelt nach einem Ausweg. Wir geraten in Schulden, das ist uns noch nie passiert.»

«Ich habe mit dieser Geschichte wirklich nichts zu tun, Frau Guggenheimer. Ich bin lediglich als kleiner Rechtsberater für sie tätig.»

«Frau Weiss, die den Blumenstand hat, sagt, Sie hätten ihr geholfen, als die jungen Kommunisten ihr Geld aus der Kasse geklaut haben.»

«Ich wünschte, sie hätte Ihnen das nicht erzählt», erwiderte Paul ernst.

«Sie sollen ein paar von Ihren Nazis hingeschickt haben, um die Burschen zu vertrimmen, sagt sie.»

«Ich hatte nichts damit zu tun, das versichere ich Ihnen.»

«Und von dem Tag an hat sie nie mehr Scherereien gehabt.»

«Weiß Ihr Mann, daß Sie mich aufgesucht haben?»

«Natürlich nicht.»

«Dann sagen Sie ihm bitte auch kein Wort davon. Reden Sie mit niemandem darüber, versprechen Sie mir das?»

«Ich tue alles, Herr Winter.»

«Versprechen kann ich nichts. Ich werde es versuchen.»

Sie stand auf. «Ich erinnere mich noch, wie Sie damals aus dem Krieg zurückkamen. Gott, wie lange ist das her.»

«Sehr lange.»

«Vor ein paar Jahren war meine Hetti bei Ihrer Geburtstagsfeier. Es war wunderbar, sagt sie.»

«Wie geht es Hetti?» erkundigte er sich höflich.

«Gut.»

«Freut mich.»

«So kann es doch nicht weitergehen, Herr Winter – ewig diese

Schlägereien und die Verletzten und die hohen Preise, finden Sie nicht auch?»

«Nein, so kann es nicht weitergehen, Frau Guggenheimer, es wird etwas geschehen.»

Er trank den Tee aus, leerte das Schnapsglas und kehrte in die Kanzlei zurück, wo die übliche drangvolle Enge herrschte. Arbeitslose Parteigenossen saßen im Vorzimmer herum, lasen, rauchten und erzählten immer wieder dieselben Geschichten. Er ging nach oben in Strassers Büro. Der war nicht anwesend, dafür aber Fritz Esser. «Gut, daß ich dich treffe, Fritz. Du bist genau der Mann, den ich suche. Wo sind diese beiden Rabauken, die bei dem Krawall im Pharus-Saal verhaftet wurden?»

Fritz Esser blickte von dem Wurstbrot auf, das er tagtäglich zu Mittag aß. «Die warten unten», antwortete er mit vollem Mund.

«Laß sie gleich raufholen, Fritz.»

Der Pharus-Saal, ein großer, trostloser Raum in der Müllerstraße am Wedding, diente zu Versammlungszwecken, und das vorwiegend den Kommunisten, deren Hochburg der Arbeiterbezirk Wedding war. Der neue Gauleiter hatte sich kühn entschlossen, ausgerechnet dort eine groß angekündigte Rede zu halten. Natürlich waren die Kommunisten frühzeitig da, um die Nazis in Empfang zu nehmen, woraus sich eine blutige Saalschlacht entwickelte. Goebbels hatte seine erklärte Absicht, seiner mickrigen Berliner Nazi-Partei möglichst große Publizität zu verschaffen, erfolgreich verwirklicht. Dem gewaltigen Polizeiaufgebot war es zu verdanken, daß die Ordnung wiederhergestellt und ein Massaker verhindert wurde. Seither pflegte man von der «Saalschlacht bei Pharus» zu sprechen, und die beiden Raufbolde, die verhaftet worden waren, weil sie einen Polizisten so lange mit Fußtritten traktiert hatten, bis er ohnmächtig wurde, warteten noch auf die Gerichtsverhandlung.

Trotz ihrer Verschiedenheit verkörperte jeder von ihnen einen bestimmten Typ des SA-Mannes. Der eine, ein ehemaliger Soldat, war Ende dreißig, hatte ein graues zerfurchtes Gesicht, dunkle tiefliegende Augen, einen grauen Schnurrbart. Sein Braunhemd war sauber, gut gebügelt und am Kragen ordentlich geflickt. Er konnte eine mustergültige militärische Laufbahn vorweisen: drei Jahre Fronteinsatz bei der Infanterie, zweimal verwundet, schwere Giftgasschädigung, ungefähr ein Jahr im Lazarett. Das alles stand in seinen Unterlagen. Für Paul waren solche Einzelheiten vor Gericht unerläßlich, wenn er den Mann vor einer Gefängnisstrafe bewahren wollte. Die Richter zeigten zwar meistens mehr Sympathie für die politische Rechte als für die Kommunisten, aber wenn ein Polizist das Opfer war, zählten solche Unterscheidungen nicht mehr.

Den anderen konnte man kaum als Mann bezeichnen: ein blasser, pickeliger Neunzehnjähriger, hochaufgeschossen, kraftlos, unterernährt. Mit vierzehn war er von der Schule abgegangen und seitdem ohne richtige Arbeit. Sein Haar war ungepflegt, das Gesicht ungewaschen, die Uniform fleckig und zerknittert. Vermutlich nächtigte er irgendwo auf dem Fußboden oder sogar auf der Straße. Seine Unsicherheit versteckte er hinter einem unverschämten Lächeln. Paul registrierte es; ein derart verschlagenes Lächeln vor Gericht, und der Prozeß wäre prompt verloren.

«Also, ich habe keine Ahnung, wer regelmäßig in Guggenheimers Kneipe aufkreuzt und abkassiert. Und wenn ich nachfrage, wird mir das vermutlich auch keiner auf die Nase binden.» Die beiden Männer grinsten sich kurz an. «Aber ihr werdet euch jetzt schleunigst zu den Guggenheimers aufmachen und ihnen mitteilen, daß es sich dabei um ein Versehen gehandelt hat. Ihr werdet ihnen ferner mitteilen, daß sie unter gar keinen Umständen noch irgendwelche Zahlungen an Parteimitglieder entrichten sollen. Und ihr werdet dafür sorgen, daß jeder, der bei diesen privatkapitalistischen Machenschaften die Hand im Spiel hatte, die Guggenheimers von seiner Liste streicht. Kapiert?»

«Es liegt doch jetzt auf der offiziellen politischen Linie, daß alle jüdischen ...»

«Ihr sollt das Maul halten und mir gut zuhören. Ich möchte keinerlei Einzelheiten wissen. Hier in diesem Raum hat uns nur eins zu interessieren: Was passiert mit euch, wenn ihr vor Gericht steht? Richtig?»

«Jawohl, Herr Doktor. Ganz richtig», bestätigte der Ältere.

«Und sollten die Guggenheimers weiterhin belästigt werden, seid ihr zwei plötzlich ohne Verteidiger.»

«Das hört sich ja wie eine Drohung an», meinte der Jüngere.

«Ach, tut es das?» fragte Paul. «Gut, genau das ist es auch.»

Der Schnurrbärtige formulierte geschickter: «Es könnte etwas schwierig zu erklären sein, wieso diese dreckigen Juden keinen Beitrag in unsere Parteikasse leisten sollen.»

Paul stand auf, lehnte sich über den Schreibtisch und stieß ihn vor die Brust. «Höchst einfach, mein Freund. Ihr erklärt jedem, der euch diese ‹schwierige› Frage stellt, das geschehe auf meine ausdrückliche Anweisung. Gebt das den anderen Wort für Wort so weiter!»

«Jawohl, Herr Doktor.» Als ehemaliger Soldat nahm er Befehle willig entgegen. Das gleiche galt für die Mehrzahl der SA-Leute.

«Jetzt macht, daß ihr rauskommt. Ich beantrage eine mehrwöchige Vertagung. Anfang des nächsten Monats sprecht ihr wieder hier vor.»

«Heil Hitler!» erschallte es unisono.

«Ganz recht», meinte Paul. «Heil Hitler!»

«Dein Bruder ist ein anständiger Kerl.» Fritz Esser eröffnete Paul diese Erkenntnis so, als sei sie ihm eben erst gekommen. Er wollte seine Zigarre abklopfen, verfehlte jedoch den Aschenbecher und verstreute alles über das Tischtuch. Fritz war betrunken.

«Er ist korrekt und stinklangweilig, aber er würde nie jemand im Stich lassen», entgegnete Paul. Er hatte Hemmungen, offen über die Zuneigung zu seinem Bruder zu sprechen. Niemand sollte auf den Gedanken kommen, er sei in irgendeiner Weise von Peter abhängig.

Der Raum, von zwei zischenden, flackernden Gasflammen in grünliches Schummerlicht getaucht, war dunkel getäfelt und das Holz nach einem halben Jahrhundert rauchgeschwärzt. An den Wänden hingen gerahmte Großfotos von einem Radfahrklub, der nach den alljährlichen Rennen im Volkspark Friedenau stolz mit seinen Rädern posierte. Die beiden Männer saßen an einem langen Tisch; das Abendessen war längst beendet und sämtliche Gäste gegangen. Überall standen Aschenbecher, Teller, Gläser und Flaschen herum, und auf dem Leinentischtuch waren Weinflecken.

«Wieso mußte der verdammte Idiot ausgerechnet eine Jüdin heiraten?»

«Sie sind sehr glücklich miteinander.»

«Keine Frage. Sie ist bildschön, gescheit, witzig und reich. Aber – Jüdin. Nur Juden sollten Juden heiraten.»

Paul musterte ihn. «Du klingst wie einer von Goebbels' Redenschreibern. Du glaubst doch nicht etwa an diesen Mist, oder?»

Fritz packte ihn beim Ärmel. «Du hast mich gerettet, Paul. Ich meine nicht die verfluchten Straßenkämpfe von 1919, wo du mir das Leben gerettet hast, obwohl ich dafür auch ewig dankbar sein werde. Aber wenn du damals nicht abends im Schloß aufgetaucht wärst und mich da rausgeholt hättest, wäre ich in der Gosse gelandet und würde Streichhölzer verkaufen wie so mancher Dummkopf von der Volksmarinedivision, dem ich begegne. Aber nach dir verdanke ich alles der Partei. Sie hat mir alles gegeben. Ich hatte rein gar nichts – keine Erziehung, kein Geld, weder einflußreiche Freunde noch Verwandten. Doch die Partei hat mich aufgenommen. Und alles, was sie dafür als Gegenleistung von mir verlangt, ist, daß ich die Juden hasse. Gibt es da für mich noch irgendeinen Zweifel?» Er ließ Pauls Ärmel los und trank einen Schluck Schnaps.

«Nicht ich habe sie geheiratet, sondern mein Bruder.»

«Du hast ihm also das Leben gerettet?» Esser verschüttete etwas Schnaps auf sein Hemd, leerte das Glas und schenkte sich noch einen ein. «An dem Tag, an dem ich euch aus dem Meer gefischt habe, hatte ich davon keine Ahnung. Du bist also ins Wasser gesprungen, um ihm zu helfen?»

«Ich weiß nicht, was eigentlich passiert ist.» Er war verlegen, genau wie etwas früher am Abend, als Peter das Glas erhoben und auf das Wohl des Bruders getrunken hatte, der ihn unter Einsatz des eigenen Lebens vor dem Ertrinken gerettet hatte. «Und er weiß es auch nicht. Wir waren doch noch Kinder. Aber er läßt sich nicht davon abbringen, daß es so gewesen ist, und deshalb lasse ich es dabei.»

Fritz kniff die Augen zu, weil ihn der Zigarrenrauch störte, und lächelte. Er war ein schwieriger Kauz, ein Sonderling, der nicht einmal zu dieser Feier eine Freundin mitgebracht hatte. Ungeachtet seiner Vorliebe für zweideutige Witze und schlüpfrige Geschichten sah man ihn selten in weiblicher Begleitung. Er begründete das damit, daß all seine Freundinnen andere Männer geheiratet hätten; doch Paul fragte sich manchmal, ob das tatsächlich stimmte. Das Abendessen war eine Abschiedsfeier für Fritz, der nach München ging. Niemand wußte genau, was für eine neue Aufgabe ihn dort erwartete, aber es bestand kein Zweifel, daß es sich um eine Beförderung handelte. Es hatte den Anschein, als sei Fritz Esser, wie Hauptmann Graf und andere aufstrebende Talente, für einen wichtigen Posten innerhalb des Parteiapparates vorgesehen.

Paul hatte die Abschiedsfeier organisiert und dafür einen Saal in der Leipziger Straße gemietet. Speisen und Getränke waren von den Guggenheimers geliefert worden. Die Vorstellung, daß all diese begeisterten Nazis sich an Frau Guggenheimers köstlichen Gerichten delektiert hatten, erheiterte Paul, zumal einige koschere darunter waren. Paul wußte, daß er Peter und seine jüdische Frau Lottie nur zur Teilnahme bewegen konnte, wenn die Guggenheimers die gastronomische Betreuung übernahmen. Dr. Goebbels hatte sich über das Essen geäußert und noch Zeit gefunden für eine kurze Glückwunschansprache, in der keinerlei rheinische Dialektfärbung mehr zu entdecken war. Dieser gekonnte Auftritt – und die Tatsache, daß er als einziger der führenden

Nazis Schlagfertigkeit und Witz besaß – wurde von allen Anwesenden mit Beifall bedacht. Fritz sagte nachher zu Paul, ein Mann, der das Kunststück fertigbringe, sich seinen heimatlichen Dialekt abzugewöhnen, der schaffe es auch, anderen abzugewöhnen, was er für richtig hielt.

Inzwischen war es zwei Uhr früh geworden. Paul und Fritz, beide sehr betrunken, konnten immer noch kein Ende finden. Fritz schnappte sich eine Flasche Schnaps aus der gutbestückten Vorratskiste, entkorkte sie und schenkte zwei Gläser voll.

Die männlichen Gäste, Paul eingeschlossen, hatten durchweg irgendwoher einen Abendanzug aufgetrieben. Manche, darunter Peter Winter und Dr. Goebbels, trugen sogar Smokings nach dem neuesten Schnitt, mit wattierten Schultern und weiten Hosen. Nur Fritz war im Straßenanzug erschienen, mit weichem Hemd und buntem Schlips. War es ihm gleichgültig oder eine beabsichtigte Demonstration? Paul konnte das nicht beantworten. «Den Posten von Goebbels möchte ich nicht geschenkt haben», sagte Fritz Esser. «Hier geht es doch auf Biegen oder Brechen, das reine Himmelfahrtskommando.»

«Sieht so aus», bestätigte Paul. Er bot Fritz eine Zigarette an.

«Besten Dank. Ja, Strasser reißt die Klappe zu weit auf, mit seinem Geschwafel von Verstaatlichung und Bündnissen mit den russischen Werktätigen. Und er hat wenig vorzuweisen: in Berlin sind die Mitgliederzahlen kein Ruhmesblatt für die Partei. Dagegen wächst die SA zusehends. Keiner kennt die genauen Zahlen, aber meiner Schätzung nach liegt die SA vor der Partei. Wenn das in Berlin passieren kann, ist es überall drin. Wenn es in ganz Deutschland so kommt, wird Hitler durch Röhm abgelöst, und die Braunhemden haben das Sagen.»

«Und der Schwanz wedelt mit dem Hund», witzelte Paul. Fritz hatte sich seit langem auf Gedeih und Verderb mit Hitler und der Partei verbunden. Wenn Röhm und die Braunhemden den Machtkampf gewannen, wäre Essers ganzes Kalkül zunichte gemacht. «Dazu wird es nicht kommen», meinte Paul.

«Und warum nicht?» Fritz brauchte Trost.

«Die Partei wird nicht durch einen Putsch an die Macht gelangen. Das muß selbst Hitler inzwischen klar sein.»

«Wie denn?»

«Er muß Wahlen gewinnen, und das bedeutet, daß die Partei die Kontrolle behält. Es bedeutet aber auch, daß die Partei mit allem Drum und Dran demnächst nach Berlin übersiedeln muß.»

«Meinst du?»

«Angenommen, sein Münchener Putsch hätte geklappt. Bildest du dir ein, man hätte es zugelassen, daß er durch einen bewaffneten Umsturz in Bayern eine Bastion der Nazis begründet? Natürlich nicht – die Regierung in Berlin hätte die Reichswehr alarmiert, einzugreifen, und die wäre prompt marschiert. Er hätte sich keinen Monat gehalten.»

Fritz erhob sich schwankend und schraubte das Gas höher, als wolle er mit mehr Licht auch Klarheit in seine Gedanken bringen. «Eines schönen Tages kriege ich eine Spitzenfunktion, Paul, und dann nehme ich dich mit.»

«Du solltest dich bei der Partei darum bemühen, daß sie dich als Kandidaten für den Reichstag aufstellen.»

«Das wäre mein Fall. Stell dir vor, was mein Vater dazu sagen würde.» Er überlegte kurz und nickte dann. «Der Führer belohnt seine Getreuen ...»

«Bleib nicht allzu lange von Berlin weg, Fritz. München wird zum toten Gleis.»

«Wir kennen uns doch nun schon 'ne Ewigkeit, stimmt's?» Er sprach zwar mit schwerer Zunge, wußte aber, was er sagte. «Du bist mein bester Freund, das weißt du doch?» Er legte Paul den Arm um die Schulter.

«Na klar», bestätigte Paul. Fritz Esser hatte so viele Freunde, und je höher er in der Partei-Hierarchie aufstieg, desto mehr gewann er hinzu.

«Lauter Ganoven, die meisten wenigstens», verkündete Fritz, als könne er Gedanken lesen. «Du bist der einzige, der mich nie um eine Gefälligkeit gebeten hat. Weißt du das?»

«Nein.»

Fritz sah ihn an. Paul versuchte nie, ihn auszunutzen, ihn zu vereinnahmen. Paul war in seinem Bekanntenkreis der einzige Mensch, der sich aufrichtig über den Aufstieg des Freundes freute. «Und du brauchst ein paar Freunde, du alter Gauner.» Er schlug Paul auf den Rücken, so daß er sich beinahe verschluckte. «Erst neulich wurde ich gefragt, wieso du dich da eingemischt hast, damit die Guggenheimers nicht mehr blechen müssen.»

«Ach ja?»

«Und die Partei braucht Moneten, ganz dringend.»

«Was hast du darauf geantwortet?»

Er hüstelte, lachte dann los. «Was ich geantwortet habe? Ich sagte, daß du einen Informanten deckst.»

«Einen Informanten gedeckt? Es freut mich, von dir zu hören, daß ich so was getan habe.»

«Den Dreh habe ich von dir gelernt, du schlauer Fuchs. Alles, was ich weiß, hab ich von dir gelernt.»

Paul lächelte. Fritz goß sich noch einen Schnaps ein. «Hast du außerdem was Wissenswertes für mich auf Lager?»

«Halte dich an Hauptmann Göring. Wenn Hitler an die Macht kommt, hat ihm Göring dazu verholfen. Göring ist für den Mittelstand akzeptabel. Aus den verschiedensten Gründen wird er zum Machtzentrum gehören. Hitler braucht Göring. All die anderen bleiben Vasallen ... Du weißt doch, wer die Sache Guggenheimer ausgeschnüffelt hat, oder?»

«Nein.» Paul hatte allerdings ein flaues Gefühl in der Magengrube, weil ihm schwante, um wen es sich handelte.

«Dein Freund Brand. Er ist gerade Sturmbannführer geworden, unter Viktor Lutze in Elberfeld. Er kommt viel rum, dein ehemaliger Kamerad Brand.»

«Ich habe gehört, daß er bei der SA ist.»

«Und er kann dich nicht ausstehen, Paul. Er haßt dich regelrecht. Was hast du ihm eigentlich getan?»

«Gar nichts. Er hat einfach einen Überschuß an Haß in sich.»

«Halt die Augen offen, Paul. Falls etwas passieren sollte, tue ich, was ich kann. Das weißt du, nicht wahr?»

«Klar, Fritz. Vielen Dank.»

«Er hat's auf dich abgesehen.» Fritz kippte den Rest Schnaps und warf das leere Glas an die Wand. Beim Aufstehen strauchelte er und riß den Stuhl um. Paul lachte. Fritz war sternhagelvoll, sonst hätte er all dies nie gesagt.

«Du hast doch nicht etwa Angst, oder?» fragte Fritz mit seiner gewohnten brutalen Direktheit.

«Angst wovor?» Paul, obwohl nicht weniger betrunken, stützte Fritz.

«Recht so», sagte Fritz. Doch beide wußten, daß Paul Angst davor hatte, Fritz nicht mehr im Berliner Parteibüro zu wissen als Schutz vor Feindseligkeit und Mißgunst, vor kleinlicher Gehässigkeit und ständigem Kleinkrieg. Die Führungsspitze war überzeugt davon, daß der Partei mit dem Gesetz des Dschungels natürliche Kraft und Stärke zuwachsen würden.

Wie sollte Paul Winter da überleben? Ohne Fritz hatte er niemanden, der ihm den Rücken deckte.

1929

Von den Wandbespannungen und den Stoffbezügen war nicht mehr viel übrig; deshalb hallten die Klavierklänge von der mit schmutzstarrenden vergoldeten Putten umkränzten Kuppel bis hinunter zu der leeren Stelle hinten im ersten Rang, an der früher eine prächtige Eichentheke und eine kunstvoll verspiegelte Bar gestanden hatten.

Das einstige Theater hatte durch die Wirren der Zeit schwer gelitten. In den zwanziger Jahren mußte es einem Freikorps als Kaserne dienen, und danach hatte die Reichswehr dort Munition gelagert, die auf Befehl der Generäle vor der Alliierten Waffenstillstandskommission versteckt worden war. Einer der begabtesten avantgardistischen Regisseure hatte es auf ein Jahr gemietet und dann die gesamte Ausstattung einschließlich Teppichen herausreißen lassen und verkauft, um seine Mietschulden zu begleichen. So war es zu einem kalten, zugigen, ungemütlichen Raum geworden. Und es roch penetrant nach Katzen, die scharenweise die Kellerräume bevölkerten. Doch selbst jetzt, im Winter 1929, dem strengsten seit Menschengedenken, bezahlten die Besucher noch Eintrittsgeld, wenn ihnen dafür eine gute Vorstellung geboten wurde.

Es war kurz nach Mitternacht; Durchlaufprobe und kurzfristig anberaumtes Vorsingen waren beendet, die meisten Beteiligten nach Hause gegangen. Bühne und Zuschauerraum lagen völlig im Dunkeln, nur eine matte Glühbirne hing auf der einen Seite der Bühne über dem Klavier. Es war niemand mehr im Theater außer dem Klavierspieler und der Frau, die sich über seine Schulter beugte, um den flüchtig hingekritzelten Text und die handgeschriebenen Noten mitzulesen, die er vom Blatt spielte.

«Ich bin ganz weg», sagte Lottie und summte die Melodie mit.

«Ja, die Musik ist wunderbar.» Peter trug einen dunkelgrauen Straßenanzug, die Melone war auf den Hinterkopf zurückgeschoben, wie er es bei einem Amerikaner gesehen hatte und nun gelegentlich kopierte.

«Und einen Text gibt es auch schon dazu, oder?» Lottie kuschelte sich in den üppigen goldfarbenen Pelzmantel, den sie wegen der Kälte anbehalten hatte.

«Du kennst doch Brecht: Erst kommt der Text, dann schreibt Kurt die

Musik.» Peter sang mit melodischer, aber leiser, unsicherer Stimme. «Und der Haifisch, der hat Zähne – und die trägt er im Gesicht...»

«Hör auf. Warum schreibt er bloß immer so törichte Verse?»

«Er ist ein Dichter.»

«Ihr benehmt euch ihm gegenüber alle viel zu devot.»

«Das finde ich nicht. Du solltest ihn als Regisseur erleben, Lottie, wie er die Schauspieler führt. Da vollbringt er wahre Wunder.»

«Ich schau dir so gern zu, wenn du Klavier spielst; du bist dann so glücklich, so gelöst.»

«Das war deine Idee, Lottie, ich hatte mir das ganz aus dem Kopf geschlagen. Aber jetzt denke ich manchmal, wie es wäre, wenn ich aus Vaters Firma ausscheiden und zum Theater gehen würde.»

«Das ist doch hoffentlich nicht dein Ernst, Darling. Das sind alles arme Schlucker, die eine brotlose Kunst betreiben. Und du hast schließlich Frau und Tochter, für die du sorgen mußt.»

«Ich weiß, Lottie. Ich habe es auch nicht ernst gemeint. Wenn ich hauptberuflich am Theater arbeiten würde, fände ich es vielleicht gar nicht mehr so interessant und aufregend. Aber es ist eine Auszeichnung, von der künstlerischen Elite Berlins herangezogen zu werden...» Er leitete über zum «Alabama Song», den er zur großen Oper hochstilisierte und nach ein paar Takten abbrach. «Nie im Leben hätte ich den Posten in Kalifornien annehmen und all das hinter mir lassen können! Das weißt du doch?»

«Jetzt weiß ich es, aber damals hatte ich keine Ahnung, daß dir die Zusammenarbeit mit Brecht und diesen Künstlern so viel bedeutet. Du wirst noch berühmt.»

«Ach wo, keine Spur. Höchstens als der Klavierspieler, dem ein halber Finger fehlt.» Er rückte die Noten zurecht, nahm die Brille ab und blickte sie lächelnd an. «Sie nehmen mich, weil sie mich billig kriegen können, fast umsonst.»

«Das stimmt nicht, Darling. Wie du die hingekritzelten Noten vom Blatt spielst und was du aus dem Klavier an Wirkung herausholst, das ist schon toll.»

«Als Begleitung beim Vorsingen und für Proben reicht es allemal, und das ist ja auch der wirklich prickelnde Teil. Sobald die Aufführung steht, interessiert es mich kaum noch...»

Sie holte ihm Mantel, Handschuhe und Stock von dem Stuhl, auf dem er sie ordentlich deponiert hatte. Sie wußte, er würde noch eine weitere Stunde am Klavier sitzen bleiben, wenn sie ihn nicht wegzerrte.

Peter Winter hätte leicht sein eigenes Instrument in seinem behaglichen Haus spielen können – Lottie hatte ihm zu seinem dreiunddreißigsten Geburtstag einen hervorragenden Bechsteinflügel geschenkt –, aber hier, an diesem alten, schäbigen Kasten, schien es ihm besondere Freude zu machen, nur weil er auf der Bühne dieses alten, berühmten Theaters stand. Peter würde das zwar energisch abstreiten, aber er war unverkennbar theaterbesessen. Sie hatte das früher schon einmal erlebt. Ihre Stiefmutter wollte unbedingt zur Bühne und hatte jahrelang Tanzunterricht genommen. Das Haus in Kalifornien hing immer noch voller Fotos, die sie im Kostüm zeigten. Lottie war den Verdacht nie losgeworden, daß ihr Vater auf Drängen der Stiefmutter den Filmleuten gestattet hatte, auf den wunderschönen Orangenplantagen häßliche Studios zu bauen.

Sie rückte Peters Hut gerade und hängte ihm den Mantel über die Schultern. «Komm schon, Darling, sonst denke ich allmählich, du bist nicht gern zu Hause.»

Er küßte sie. «Ich bin nirgendwo lieber als bei dir und Helena in unserem schönen Heim. Und bald können sich auch deine Eltern davon überzeugen, was du für eine wunderbare Frau und Mutter bist.»

«Wenn sie doch bloß nicht mit diesem gräßlichen Luftschiff kämen. Das verursacht mir Alpträume.»

«Sei nicht töricht, Darling. Nichts ist so sicher wie ein Zeppelin. Seit neunundzwanzig Jahren fliegen sie um die Erde, und kein einziger Passagier ist je verletzt worden. Von Zügen, Autos oder Ozeandampfern kann man das nicht behaupten.»

«Und all die Menschen, die im Krieg getötet wurden? Wie steht's mit dir und deiner Hand?»

Er runzelte die Stirn. «Das war etwas anderes. Da handelte es sich ja nicht um Passagiere, sondern um Soldaten und Matrosen, auf die geschossen wurde. Die *Graf Zeppelin* wird von niemandem beschossen.»

«Und wenn sie krank sind? Mutter schafft nicht mal eine Seereise unbeschadet. Die beiden sind nicht mehr jung, Peter.»

«Sie reisen von Los Angeles nach Friedrichshafen in einer Woche, dazwischen liegt ein Wochenende in New York. Das ist ein Wunder, Lottie. Es sind nur rund zwanzig Passagiere; mein Vater hat Himmel und Hölle in Bewegung gesetzt, um zwei Plätze für sie zu ergattern. Der Großteil ist für Staatsbeamte und Journalisten reserviert.»

«Ich möchte nicht undankbar erscheinen, Darling. Es war eine wunderbare Idee, und Daddy ist mächtig angetan. Das hat ihn zum berühmtesten Mann Kaliforniens gemacht, sagt er.»

Die *Graf Zeppelin* schimmerte silbrig in der Sonne. Sie war ein knappes Jahr alt. Der Jungfernflug hatte im September 1928 stattgefunden, und seitdem verfolgte die ganze Welt alle weiteren Flüge mit gespannter Aufmerksamkeit, jedoch keinen so sehr wie diesen, die letzte Etappe einer Reise um die Welt. Fast geräuschlos war das riesige Luftschiff dahingeglitten über die endlosen Steppen Rußlands, den aufgepeitschten Pazifik, die fahlen Prärien Amerikas und die grauen Gewässer des Atlantik. Im Straßengetümmel von New York und Tokio ebenso wie in der stillen Tundra hatten sich die Menschen die Hälse ausgerenkt und dem riesigen Silberfisch zugejubelt, der mit einer stetigen Geschwindigkeit von 135 Stundenkilometern majestätisch durch die Lüfte schwebte. Nun würde das Luftschiff vor Einbruch der Dunkelheit im Heimathafen landen.

Das Frühstücksgeschirr war abgeräumt, und es gab nichts weiter zu tun, als auf die deutsche Landschaft hinabzublicken und sich dabei Appetit für das Mittagessen zu holen. Den Küchenchef hatte man unter allen Köchen der Hamburg-Amerika-Linie sorgsam ausgewählt; zu den ausgezeichneten Mahlzeiten aus der kleinen, aber gutausgestatteten Küche wurden stets die genau passenden Weine serviert.

Der Schatten der *Graf Zeppelin*, die in knapp fünfhundert Meter Höhe flog, huschte über Wälder und Äcker. Es war Spätsommer, der Himmel blau und die Luft klar, so daß die Bäume, Bauernhäuser und Dörfer unter ihnen wie aus der Spielzeugschachtel entnommen schienen.

«Zu schade, daß es bald zu Ende ist. Von mir aus könnte der Flug noch endlos dauern», seufzte Mrs. Danziger, als sie Deutschland überquerten und den Bodensee ansteuerten.

Ihr Mann lachte in sich hinein. «Hab ich's dir nicht gesagt?» Simon Danziger, klein, weißhaarig, rundlich, wirkte in dem hellen pfirsichfarbenen Anzug von eindeutig kalifornischer Herkunft taufrisch und jugendlich.

«Wenn mir jemand erzählt hätte, wie geborgen man sich dabei fühlt...» Der Satz verebbte, wie viele ihrer Äußerungen und Ideen. «Und die Maschinen, so was von ruhig.»

Als das silbrig schimmernde Luftschiff sich seinem Zielort näherte, beschäftigte sie sich angelegentlich mit ihrem Haar. Zu Hause ging sie dreimal wöchentlich zum Friseur. Es widerstrebte ihr zutiefst, die Tochter und den Schwiegersohn und womöglich auch noch einige seiner Angehörigen begrüßen zu müssen, ohne daß eine fachkundige Hand ihrer Dauerwelle den gewohnten tadellosen Sitz verpaßt hatte.

Sie sah sich in der Kabine um. Sie war nicht größer als der Empfangsraum ihres Hauses in Ventura County, hatte jedoch zwanzig Passagiere während des ganzen Fluges beherbergt. Hier servierte man ihnen drei Mahlzeiten täglich, und außer den recht beengten Zwei-Bett-Kabinen war dies der einzige Platz mit Sitzgelegenheiten. Natürlich hatte sie das Luftschiff vom Bug bis zum Heck besichtigt, genau wie alle anderen Passagiere; wenn man Stunde um Stunde nur den graugrünen Ozean unten anstarren konnte, war das eine willkommene Abwechslung. Doch ein solcher Rundgang hatte ihr vollauf gereicht. Danach saß sie die meiste Zeit hier in der geräumigen Kabine und unterhielt sich mit den anderen Fluggästen oder mit den Bordoffizieren.

Zu ihrer freudigen Überraschung entdeckten sie, daß einer der in Lakehurst zugestiegenen Passagiere der Sohn eines alten Freundes und außerdem der Onkel von Lotties Mann war: Major Glenn Rensselaer. Normalerweise machte er keinen Gebrauch von seinem Offiziersrang, aber als er sämtliche Drähte spielen ließ, um für diesen Rekordflug einen Platz zu ergattern, hatte es sich als durchaus hilfreich erwiesen. Wie er bescheiden erklärte, ohne dabei seine gefahrvolle, qualifizierte Tätigkeit bei den britischen Fliegern zu schildern, hatte er seinen Kriegsdienst größtenteils als Zivilist abgeleistet. In den letzten Monaten des Jahres 1918 wurde seine Zugehörigkeit zur US Army auch offiziell bekanntgemacht, so daß er mit seinen Kenntnissen von der deutschen Flugzeugindustrie der Alliierten Waffenstillstandskommission zur Verfügung stehen konnte. Jetzt gehörte er zum Ausbildungskorps für Reserveoffiziere.

Glenn Rensselaer mit seinen bald fünfzig Jahren legte die gleiche kindliche Begeisterung an den Tag wie alle anderen auf diesem Flug. Sein Haar war unverändert dicht, die blauen «Rensselaer-Augen» blickten groß und offen in die Welt. Er hatte viel Ähnlichkeit mit seinem Vater, nur würde man ihn nicht für einen erfolgreichen Maler halten, wie es Cyrus im gleichen Alter widerfahren war. Glenn sah man den abgehärteten Naturburschen an. Ihm fehlte nicht nur die künstlerische Note, er wirkte auch nicht gerade erfolgreich, Qualität und Sitz seiner Kleidung ließen entschieden zu wünschen übrig. Er trug einen dunkelgrau gestreiften Anzug, der in keiner Weise den Modevorschriften entsprach und weder breite, eckige Schultern noch überweite Hosen hatte. Er könnte sehr wohl aus einem Warenhaus stammen, zum Beispiel von Wertheim in Berlin, wo er ihn auch erstanden hatte.

Glenn Rensselaer war ein geselliger Mensch und hatte sich während des Fluges mit jedem Passagier lange und ausgiebig unterhalten. Die meisten an Bord hatten ein spezielles Interesse an der Luftfahrt, ob als aktive Offiziere, Staatsbeamte oder Journalisten, und Glenn wollte ihre Meinung über den Zeppelin erkunden. Die Danzigers bildeten in der Beziehung die einzige Ausnahme, mit ihnen plauderte er über die Familie, in die ihre Tochter Lottie eingeheiratet hatte, und über die Enkelin, auf die sie sich so freuten. Glenn Rensselaers Sohn Cyrus war jetzt acht, ein bildhübscher, vergnügter Junge; der Tisch war übersät mit Schnappschüssen.

Einen Großteil der Zeit verbrachte Glenn allerdings damit, Daumen zu drehen, starken Kaffee zu trinken und nervös mit dem Geschirr herumzuspielen. Gleich vielen anderen Passagieren empfand er das strikte Rauchverbot als höchst lästig. Doch mit ein paar Millionen Kubikmeter hochentzündlichem Wasserstoff unmittelbar über ihren Köpfen konnte man schwerlich gegen diese Vorschrift protestieren.

«Mein Mann denkt darüber genauso wie Sie», erklärte Mrs. Danziger. «Er raucht Zigarren. Solange ich ihn kenne, steckt er sich mittags und abends nach dem Essen regelmäßig eine dicke Havanna an. Ich kann mich nicht erinnern, daß er je eine weggelassen hätte, außer wenn er krank war – und jetzt natürlich.»

«Denk dran, Nita, du mußt unsere ganze Post in einer Stunde fertig haben, sonst wird sie hier nicht mehr angenommen», ermahnte Danziger seine Frau.

«Ist das nicht fabelhaft?» wandte sie sich an Glenn Rensselaer. «Als Simon erfuhr, daß es ein Postamt an Bord gibt, hat er im Büro Kuverts an alle unsere Freunde und seine Geschäftspartner adressieren lassen. Über hundert Briefe.»

«Zwei für jeden», erläuterte Danziger stolz. «Auf jedem Streckenabschnitt einen. Die zwischen Los Angeles und Lakehurst aufgegebene Post kriegt einen anderen Stempel als die während der Atlantiküberquerung. Die meisten wissen ein solches Souvenir zu schätzen, da bin ich sicher. Vielleicht wird es irgendwann sogar mal wertvoll.»

«Simon sammelt deutsche Briefmarken», sagte Mrs. Danziger. «Die Post, die auf den ersten Flügen voriges Jahr aufgegeben wurde, ist jetzt schon wertvoll.»

«Du übertreibst», protestierte Simon Danziger.

«Immerhin der doppelte Preis», beharrte sie. «Ich hätte nichts dagegen, wenn es um unsere übrigen Investitionen genausogut stünde.»

«Na, du wirst dich wundern, mein Schatz, wenn ich dir sage, daß es bei einigen unserer Anlagen ganz so aussieht, als ob es um sie noch vor Jahresende weit besser bestellt sein wird. Die Börsenkurse in New York klettern seit kurzem wie verrückt.»

«Um diese Sachen kümmert sich Simon, ich habe überhaupt keinen Sinn für Zahlen.» Sie lachte. «Noch nie gehabt.»

Glenn Rensselaer warf ein: «Manche Leute beobachten den Markt mit etwas Besorgnis. Viele Aktienkurse schnellen weit über den Ertragswert in die Höhe: Das ist ein bedrohliches Zeichen.»

«Ich verstehe Sie nicht ganz», erwiderte Danziger.

Glenn zögerte. Er sprach nicht gern über Geld. «Über den Daumen gepeilt, sollte eine Aktie etwa zum Zehnfachen des Ertragswertes gehandelt werden. Jetzt stelle ich fest, daß die Leute das Fünfzigfache des Jahresertrages zahlen! Radio Corporation of America ist von fünfundachtzig auf vierhundertzwanzig Punkte gestiegen – und RCA hat noch nie irgendwelche Dividenden gezahlt!»

Danziger lächelte. «Genügt es denn nicht, daß die Aktienkurse unentwegt steigen?»

«Nicht, wenn Preis und Wert der Aktie nicht übereinstimmen.»

«Aktien sind das wert, was immer sie einbringen», verkündete Simon Danziger apodiktisch. «Die Regierung hält an ihrer Politik des billigen Geldes fest, weil es die Wirtschaft ankurbelt. Ja, verdammt noch mal, es ist gut fürs Geschäft, und die Leute kaufen Aktien auf Teufel komm raus. So macht man das eben in Amerika, das ist der springende Punkt, und daran glaube ich.»

«Große Rücklagen habe ich nicht», sagte Glenn Rensselaer, «aber vor ein paar Monaten riet mir mein Vater, alles in Staatsschuldverschreibungen anzulegen, und genau das habe ich gemacht.»

«Ihr Vater ist ein alter Freund von mir, das wissen Sie. Wenn ich in New York bin, essen wir jedesmal zusammen zu Mittag. Geschäftsleute neigen zur Vorsicht. Ich würde sagen, Ihr Vater ist inzwischen übervorsichtig geworden, Glenn. Hören Sie auf mich, mein Junge. Nutzen Sie die Gelegenheit, mit Ihrem Geld auf die Schnelle ein nettes Sümmchen zu kassieren. Irgendwann wird die Regierung beschließen, den Zinssatz zu erhöhen, aber bis dahin sollten Sie Ihr Geld in der Wall Street investieren, nicht in Staatsschuldverschreibungen.»

«Sie haben sicherlich recht.» Glenn lächelte, offensichtlich nicht überzeugt.

Danziger fühlte sich dadurch herausgefordert, ein Exempel zu statuieren. Er bat Glenn um eine Fünfdollarnote, legte sie auf den Tisch und strich sie mit dem Handrücken glatt. «Legen Sie diese fünf Dollar bei mir an – das gleiche habe ich letztes Weihnachten mit meinem Neffen gemacht – als Anschauungsunterricht –, und in sechs Monaten gebe ich sie Ihnen zurück mitsamt dem an der Börse erzielten Gewinn.»

«Das ist furchtbar nett von Ihnen, aber...»

Simon Danziger amüsierte sich königlich. Er lachte in sich hinein und gab freimütig zu, das sei ein etwas kindisches Spielchen. «Schreiben Sie Ihren Namen auf den Schein, das heutige Datum und die Adresse, unter der ich Sie in sechs Monaten erreichen kann... Sie werden sich wundern, was Sie dabei für Profit machen werden.»

«Na schön, Mr. Danziger.» Glenn registrierte bei Simon Danziger den missionarischen Eifer des frisch Bekehrten.

Mrs. Danziger war feinfühliger und nahm Glenns Verlegenheit durchaus wahr. «Ich suche jetzt unsere Post zusammen und überlasse euch Männer euren geschäftlichen Gesprächen.» Sie stand auf. «Haben Sie etwas für die Poststelle, Mr. Rensselaer?»

«Nein, nichts. Ich bin leider kein guter Briefschreiber und habe auch nie den richtigen Dreh gefunden.»

«Sie kennen doch die Familie Winter gut, Mr. Rensselaer», begann Simon Danziger, sobald sie allein waren. «Ich muß gestehen, daß mir beim Gedanken an diese erste Begegnung ziemlich mulmig wird. Könnten Sie mir vielleicht ein paar Tips geben?» Es sollte wie ein Witz klingen, doch der ernste Unterton war unüberhörbar.

«Ich bin überzeugt davon, daß Ihnen Ihr Schwiegersohn gefallen wird, Mr. Danziger. Peter Winter ist ein sehr aufrichtiger junger Mann.»

«Und nach den Fotos zu urteilen, auch recht ansehnlich.» Er steckte Glenns Fünfdollarnote sorgfältig in seine Brieftasche.

«Ja, das stimmt. Und seine Mutter ist wirklich eine wunderbare Frau.»

«Daran ist nicht zu rütteln, meine Tochter singt in jedem ihrer Briefe Loblieder auf Ihre Schwester. Ohne sie wäre es meiner Meinung nach viel schwerer für Lottie gewesen, sich in Berlin einzuleben.»

Glenn war auf der Hut; hier handelte es sich um ein zweischneidiges Kompliment. «Ich könnte mir denken, daß Ihre Frau es lieber gesehen hätte, wenn sie in die Staaten zurückgekommen wäre.»

«Sicher. Das gilt für uns beide. Aber eine Frau muß sich nun mal nach den beruflichen Gegebenheiten ihres Mannes richten. Das weiß jeder, natürlich auch Nita. Nein, Nita erkennt dankbar an, wie Ihre Schwester sich bemüht hat, Lottie Gutes zu tun. Das war uns beiden ein Trost.»

«Die Winters sind eine gute Familie. Harald, Peters Vater, ist in Deutschland bekannt.»

«Ein Selfmademan, wie ich höre. Hat mit einer Handvoll Geld angefangen und daraus ein Vermögen gemacht.»

«Manche Geschichten über ihn sind reichlich übertrieben. Harald Winter war kein armer Schlucker, als er angefangen hat...»

«... und verfügt heute nicht über ein Vermögen», beendete Danziger den Satz. «Wollten Sie das sagen?»

«Die deutsche Industrie hat schwere Zeiten durchgemacht.» Glenn wählte seine Worte sorgfältig. «Winters Betriebe haben im Krieg einen Haufen Geld verdient, aber nach der Niederlage blieben zahlreiche Außenstände offen. Als Elsaß-Lothringen wieder zu Frankreich kam, gingen ihm die zwei im Elsaß befindlichen Fabriken verloren. Nach dem Krieg wurde Deutschland von Streiks, Aufständen und Revolution erschüttert, er hat sich erst kürzlich wieder hochgerappelt.»

«In der großen Inflation von 1923 soll Harald Winter meines Wissens mit beachtlichem Erfolg spekuliert haben.»

«Das stimmt, aber 1924, nach der Einführung der neuen Währung, hat die Regierung von Firmen, die mit Hilfe von staatlichen Darlehen übermäßig profitiert hatten, Rückzahlungen verlangt. Auch Harald Winter mußte für etliche seiner damaligen Manipulationen aufkommen.»

«Was Sie nicht sagen! Davon haben wir nie etwas gehört.»

«Bitte verstehen Sie mich nicht falsch, Mr. Danziger. Harald Winter ist ein sehr vermögender, erfolgreicher Geschäftsmann, hat aber seine Hochs und Tiefs. Vor kurzem ist er im Aufsichtsrat mit scharfer Kritik konfrontiert worden. Es hätte ihn den Vorsitz kosten können. Ich erzähle Ihnen das alles nur, damit Sie sehen, daß er bei einer Reihe von Schwierigkeiten auf die Unterstützung seines Sohnes Peter angewiesen ist.»

«Sehr freundlich von Ihnen, Mr. Rensselaer. Vielleicht wissen Sie, daß Peter vor einigen Jahren die Vizepräsidentschaft in einer Bank in Los Angeles angeboten wurde. Meine Frau und ich waren mächtig enttäuscht, als sie ablehnten und nicht nach Kalifornien kamen.»

«Das glaube ich Ihnen gern.»

«Aber jetzt sehe ich das Ganze zum ersten Mal in einem anderen Licht. Der Junge hat sich seinem Vater gegenüber loyal verhalten, und das rechne ich ihm hoch an.»

«So war es.»

«Meine Tochter schrieb mir allerdings, Sie hätten ihm abgeraten, den Posten anzunehmen.»

Glenn wurde nervös. Er legte die Fotos von seinem achtjährigen Sohn aufeinander, wie bei einer Patience. Daß Peter seiner Frau und die wiederum ihren Eltern davon erzählt hatte, kam völlig überraschend. «Na ja... damals war das Kind unterwegs.»

«Wenn ich richtig verstanden habe, hatten Sie vertrauliche Informationen über die bewußte Bank und sind eigens hingefahren, um Peter mitzuteilen, daß er mit dem Posten möglicherweise eine Enttäuschung erleben würde.»

Glenn biß sich auf die Lippen. Simon Danziger zeigte sich von einer neuen Seite; er konnte auch hart sein. «Das stimmt. Ich riet ihm, bei seinem Vater zu bleiben.»

«Und er hat Ihren Rat befolgt, aber die Bank floriert meines Wissens.»

«Sie haben recht. Ich war da wohl übervorsichtig.»

«Ebenso wie mit Ihren Staatsschuldverschreibungen?» Danziger blickte hinunter auf dieses fruchtbare Land, so grün und saftig, wie man es in Kalifornien kaum kannte. Auch die in kleine Rechtecke aufgeteilte Bodenfläche war neu für ihn.

«Genauso», bestätigte Glenn.

«Vorsicht ist den Rensselaers anscheinend in Fleisch und Blut übergegangen», bemerkte Danziger.

Glenn lächelte, antwortete jedoch nicht. Er konnte sich beim besten Willen nicht klar werden, wieviel Feindseligkeit dabei war. Vielleicht gar keine. Vielleicht sollte man Danzigers Worte für bare Münze nehmen, ohne jeden Hintergedanken.

Simon Danziger wurde höchst unterschiedlich beurteilt: Die einen charakterisierten ihn als besonders klug und urteilsfähig, die anderen wiederum als verschlagenen, faulen Kapitalisten. Diese Diskrepanz war dadurch zu erklären, daß er sein Kapital für sich arbeiten ließ und ausschließlich von den Zinsen sowie den durch Investitionen erzielten Gewinnen lebte.

Früher hatte er einmal versucht, sich um die betreffenden Betriebe persönlich zu kümmern, fand es aber verwirrend und zugleich langweilig. Von Zeit zu Zeit hatte er sogar kleine Unternehmen erworben, darunter drei Hotels, so daß er sich mit den anfallenden Organisations- und Verwaltungsaufgaben beschäftigen konnte. Das interessierte ihn zwar mehr, doch er vermochte nur selten Ideen beizusteuern, die sich fruchtbringend für das Renommee oder den Profit auswirkten. Jetzt überließ er anderen das Geldverdienen und redete ihnen nicht drein.

Dennoch wurde Simon Danziger die Zeit niemals lang: Er hatte immer alle Hände voll zu tun. Zu seinen Lieblingsbeschäftigungen gehörten ausgedehnte Spaziergänge auf dem Land; sorgfältig geplante Abendgesellschaften und Tischgespräche; Ordnen und Ergänzen der von seinem Vater ererbten deutschen Briefmarkensammlung; Pflege seines kleinen, aber kunstvollen Gartens; Schreiben von langen Briefen, darunter viele an andere Philatelisten; und vor allem – Lesen.

Danziger war ein unersättlicher Leser. Ein Buchhändler in Santa Barbara schickte ihm regelmäßig Pakete mit mindestens zwölf Bänden zur Ansicht. Dabei unterlief ihm nur selten ein Mißgriff. Danziger behielt die meisten. Es handelte sich durchwegs um Biographien oder um Werke, die sich im weitesten Sinne mit Kunst oder Geschichte befaßten, eine Lektüre also, mit deren Hilfe die Danzigers kulturell auf dem laufenden bleiben konnten.

So traten sie denn auch die Europareise nicht unvorbereitet an. Peter Winter, der mit ihnen die griechischen und ägyptischen Sammlungen besichtigt hatte, kam völlig erschöpft von diesem Museumsbesuch zurück. Seine Schwiegereltern hatten sich im Schneckentempo von Saal zu Saal bewegt.

«Ich hab' dir doch gesagt, du sollst nicht mitgehen!» erinnerte Lottie ihren Mann, als er tief aufseufzend in einen Sessel sank. Sie warteten im Wohnzimmer der weiträumigen, luxuriösen Suite, die ihre Eltern im vierten Stock des Hotels Adlon innehatten. «Mein Vater leidet unter einer krankhaften Begierde nach Kultur, die in bestimmten Gegenden Kaliforniens endemisch ist.»

«Sie sind einfach unermüdlich.»

«Weißt du, wie lange man mit dem Zug von Los Angeles nach Chicago fährt? Und auch dann ist man eben nur in Chicago. Meine Eltern sind ausgehungert nach Kultur.» Lottie stand am Fenster und schaute auf den Pariser Platz hinunter. Es hatte geregnet, und die Straße war bedeckt mit Herbstlaub, das wie frisch geprägte Goldmünzen schimmerte. Sie liebte diesen Blick; er verkörperte für sie Berlin. «Ich würde gern in dieser Gegend wohnen, du nicht auch, Darling?»

«Erst gestern hast du deiner Mutter erklärt, die tollsten Lokale und elegantesten Geschäfte seien alle am Kurfürstendamm.»

«Das bestreite ich ja gar nicht, Peter. Aber dieser alte Teil der Stadt ist das eigentliche Berlin. Unter den Linden, das Schloß, der Reichstag – das alles macht den einmaligen, unverwechselbaren Charakter aus.»

Peter rieb sich das Gesicht. «Keine Ahnung, wie ich das Konzert wach durchstehen soll.»

«Es gibt Bruckner – vehement, laut, dissonant. Bruckner hat seine Musik für Menschen geschrieben, die sonst womöglich einschlafen würden.»

«Na wir werden sehen ... Ach, übrigens, denk bitte daran, mich zu erinnern, daß ich unten im Speisesaal mit dem Oberkellner spreche. Ich bin heute abend der Gastgeber. Es wäre eine glatte Katastrophe, wenn das Essen deinem Vater auf die Rechnung gesetzt würde. Wenn Onkel Glenn rechtzeitig aus Hamburg zurückkommt, sind wir achtzehn Personen. Es wird sicher sehr spät, und ich muß morgen unbedingt ins Büro zu einer wichtigen Aufsichtsratssitzung.»

Er hielt inne. Es war besser, ihr nichts von den erbitterten Auseinandersetzungen zu erzählen, als eine Gruppe von Aufsichtsratsmitgliedern den energischen Vorstoß unternahm, die Holdinggesellschaft unter ihre Kontrolle zu bringen. Es ging nicht ums Geld. Papas Anteile sicherten ihm ein ausreichendes Einkommen, aber für Harald Winters Stolz wäre es ein fürchterlicher Schlag. Peter konnte nur beten, daß sich das Äußerste vermeiden ließ.

Lottie blickte immer noch aus dem Fenster. «Hoffentlich ist Mutter pünktlich fertig. Ich muß mich baden und umziehen und erwarte noch den Friseur.» Sie schaute auf die Uhr. «Dein Bruder kommt doch nicht etwa in Uniform, oder?»

«Uniform? Paul? Er ist viel zu dick geworden, die paßt ihm gar nicht mehr.»

«Du hast selber gesagt, er sei zur SA gegangen.»

«Nein, Darling. Ich sagte, daß er in die Nazi-Partei eingetreten ist.»

«Ist das nicht ein und dasselbe?»

«Nein, die Braunhemden von der SA sind ein Fall für sich.»

«Ich wünschte, dein Bruder wäre nicht in der Partei.»

Peter zuckte die Achseln. «Du kennst doch Paul mittlerweile, Lottie. Ein Fanatiker ist er ja nun wirklich nicht, oder? Paul interessierte sich im Grund noch weniger für Politik als ich. Er ist in die Partei eingetreten, weil er derzeit fast seine ganzen Einkünfte von denen bezieht. Er fand, es würde einen schlechten Eindruck machen, wenn er es weiterhin ablehnt. Als Anwalt muß man ihn in viele geheime Interna der Partei einweihen, verstehst du?»

«Wenn dein Bruder doch bloß woanders arbeiten würde! Er ist ein netter Junge, ich mag ihn.»

«Das weiß ich. Ich habe meinem Vater vorgeschlagen, ihn bei uns zu beschäftigen, aber im Augenblick ist alles etwas schwierig, und der Posten bei den Nazis war die Chance für ihn. Nach dem Abschluß des Studiums war ich mir nicht mal sicher, ob er es überhaupt schaffen würde, sich seinen Lebensunterhalt zu verdienen. Aber jetzt spielt er da eine ganz einflußreiche Rolle. Damit meine ich nicht, daß er sich aktiv als Politiker betätigt, nie im Leben täte er das, aber er hat das Ohr der Berliner Parteiführer. Wer etwas von Goebbels, Strasser oder Daluege haben will, geht zu Paul Winter. Er wird allmählich ein Mittelsmann für die Nazis und viele in der Parteispitze.»

«Aber die antijüdische Propaganda dieser Leute wird immer niederträchtiger und gefährlicher.»

«Du, daran verschwende ich keinen Gedanken, das nehme ich gar nicht zur Kenntnis.»

«Du darfst nicht vergessen, daß deine Tochter Helena Halbjüdin ist, Peter.»

«Alles nur Strategie. Paul kennt diese Leute, und er sagt, das dient bloß zum Stimmenfang. Wenn sie sich erst mal der Mehrheit im Reichstag nähern, lassen sie den ganzen antijüdischen Blödsinn weg, das weiß jeder. Dann werden sie das aus ihrem Programm streichen.»

«Was für einem Programm? Sie haben doch gar keins, bis auf den Judenhaß.»

«Den Juden wird nichts passieren, Lottie. Kein Grund zur Aufregung. Sieh dich doch um: Ohne die Juden würde die deutsche Wirtschaft zusammenbrechen.»

«Wissen das auch die Nazis?»

Peter musterte sie besorgt. Ihm war nicht bewußt gewesen, wie tief die nazistische Propaganda sie traf. Natürlich lag es an der Anwesenheit ihrer Eltern. Plötzlich mußte sie ihnen Dinge erklären, über die nachzudenken sie sich bisher gesträubt hatte. «Eines steht jedenfalls fest», sagte Peter, bemüht, sie aufzumuntern und ihre Besorgnisse zu zerstreuen. «Wie sollen sie sich denn der Juden entledigen? Das sind doch Deutsche, leben hier, oder etwa nicht? Man kann sie doch nicht einfach von der Bildfläche verschwinden lassen.»

Die Ernte war eingefahren – seit Anbeginn der Geschichte die Jahreszeit, in der Krieger sich ihren Sold verdienten. Der breite Fluß wälzte sich träge durch die wellige Landschaft, machte eine Biegung um die Wiese, die, sanft ansteigend, zu den baumbestandenen Hängen hinaufführte, wo die weiß schimmernden Birken bereits die Blätter abgeworfen hatten. Eine Pfeife gellte dreimal, und noch ehe das letzte Signal verhallte, stürmten drei Soldaten vorwärts, verschwanden in den Rauchschwaden, tauchten dann wieder auf, als ein plötzlicher Windstoß den Rauch wegfegte und am Flußufer einen Zug Pioniere erkennen ließ. Sie setzten einen Generator ratternd in Betrieb, als die Soldaten Schwimmkörper als Träger für eine Pontonbrücke aufzupumpen begannen.

Eine große graulackierte Limousine, der Motor bereits warm gelaufen, startete beim ersten Schwenken eines Stabes, und ein Offizier setzte, immer noch wild fuchtelnd, einen Stiefel auf das Trittbrett, schwang sich auf den Beifahrersitz und schlug die Tür zu.

Der Wagen schlingerte auf dem feuchten Gras, bis die schweren Reifen griffen. Als er das Ufer erreichte, hatten die Pioniere dort schon Rampen in Stellung gebracht. Der Wagen rollte auf das improvisierte Floß, wobei sein Gewicht die Schwimmkörper fast unter Wasser drückte. Am Heck betätigte ein Pionier einen Außenbordmotor.

Als der Wagen auf dem Ponton gesichert war, überquerte eine zweite graue Limousine die Wiese. Und dann eine dritte. Sie hatten sich hinter den Hütten neben dem morschen, halb im Wasser versunkenen hölzernen Landesteg versteckt, wo früher eine Fähre gelegen hatte.

Die Männer auf dem Befehlsstand verfolgten jede Bewegung. «Der erste Panzer ist einsatzbereit», sagte der junge Leutnant. Er hieß Rudolf von Kleindorf und war der zweite Sohn eines Generals aus dem Ersten Weltkrieg. Er hatte die Kadettenanstalt nicht mehr rechtzeitig absolviert, um noch an die Front zu kommen, und zollte jetzt Männern wie Horner, die im Krieg gekämpft hatten, grenzenlosen Respekt.

«Nicht genug Rauch», bemängelte Oberleutnant Alex Horner, der bei diesem Manöver als Kommandeur einer Panzerabteilung fungierte.

«Das ist alles, was wir an Rauch haben», erwiderte von Kleindorf.

«Verdammt! Setzen Sie eine von den kleinen Holzhütten in Brand. Besorgen Sie Brennstoff bei der Transportabteilung – reichlich Öl, das gibt schwarzen Rauch. Wenn der Feind die Schwimmkörper sieht, soll er das für den Schwerpunkt und unseren Vorstoß stromaufwärts für ein Täuschungsmanöver halten.»

Von Kleindorf kurbelte energisch am Feldtelefon und gab Anweisung, eine Hütte in Brand zu stecken. Doch der Offizier am anderen Ende erklärte dies für unmöglich. Seine sämtlichen Motorfahrzeuge wurden als «Panzer» benötigt. Er könne Männer auf Fahrrädern losschicken, es erfordere jedoch Zeit, Behälter mit Brennstoff zu füllen, und sie dann auf Fahrrädern zu transportieren, sei auch schwierig.

Alex Horner fluchte abermals, als er das hörte. «Lassen Sie die Panzer in Bewegung setzen», befahl er dann doch. Der Rauch verflüchtigte sich zunehmend, und durch den Feldstecher konnte er die Verteidiger am anderen Ufer erkennen. Stromaufwärts und außer Sichtweite würden sie jetzt bald die sechs Schubkarren in Stellung bringen, die ihre Panzerabwehrgeschütze darstellen sollten. «Verflucht und zugenäht!» wetterte Horner, dem solche Ausbrüche eigentlich nicht lagen.

Binnen drei Stunden war die Schlacht entschieden, die Flußüberquerung zurückgeschlagen – die Verteidiger hatten gesiegt.

«Es war eine gute Idee», bemühte sich von Kleindorf, seinen Kommandeur zu trösten. «Darauf ist noch nie jemand gekommen, die Schwimmkörper der Pontonbrücke als Flöße zu benutzen. Wenn die Transporteinheit die Hütten angezündet hätte...»

Alex Horners Gesicht blieb unbewegt. «Wer ist der Kommandeur des Arbeitskommandos dort unten?»

Von Kleindorf konsultierte sein Notizbuch. «Brand. Er wird hier als Sturmbannführer bezeichnet. Ein Sturmbann ist bei den Braunhemden ein Bataillon. Der Rang entspricht dem eines Majors», fügte er hinzu.

Der sagte kein Wort.

Brand. Ein landläufiger Name, doch der Offizier entpuppte sich schließlich als derselbe Mann, der Alex Horner vor so langer Zeit geschunden und den er nie vergessen hatte.

«Sie schickten nach mir, Oberleutnant?» fragte Sturmbannführer Heinrich Brand förmlich. Er hatte sich nicht sehr verändert. Der gleiche merkwürdige Mann mit den gezupften Augenbrauen, der dünnen Nase und den zu eng stehenden, flinken kleinen Knopfaugen. Untadelig hergerichtet, EK I an der Brust. Einzige störende Note waren die Nikotinflecken an den Fingern und der ergrauende Schnurrbart, der sich durch sein Kettenrauchen unten gelb verfärbt hatte.

«Wo haben die Geländewagen gesteckt, Brand?» erkundigte sich von Kleindorf. Brand fixierte ihn. Er war Mitte Vierzig und Sturmbannführer, aber diese beiden grünen Jungen – kleine Leutnants und noch keine Dreißig – behandelten ihn wie Dreck. Natürlich erkannte er Horner wieder und wußte, daß dies auch umgekehrt galt. Das war typisch für diese arroganten preußischen Offiziere, daß Horner, der sogenannte Kommandeur, stumm und reserviert im Abseits blieb.

«Nicht verfügbar, Herr Leutnant», erwiderte Brand knapp. Er lächelte nicht, ließ sie jedoch merken, daß er sich keineswegs zu entschuldigen gedachte.

«Die schriftlichen Befehle des Kommandeurs lauteten, daß ein Kraftwagen für den Stab zur Verfügung zu halten ist.»

«Der war im Einsatz.»

«Zu welchem Zweck?»

«Ich habe die für den Pontonbrückenbau abgestellte Einheit besucht.»

«Warum?»

«Zwecks Inspektion. Die meisten sind meine Leute.»

«Sind alle Ihre Männer in der SA, Brand?»

«Ja, Herr Leutnant, und alle aus Bayern.» Das stimmte nicht ganz –

etwa die Hälfte stammte aus dem Ruhrgebiet –, aber er wußte, daß diese Antwort den beiden Preußen nicht schmecken würde. Brand sah keinerlei Veranlassung, Haltung anzunehmen. Als Kommandeur des Arbeitskommandos konnte er gebührenden Respekt verlangen. «Die SA ist der Reichswehr jetzt zahlenmäßig überlegen», teilte er ihnen ungefragt mit. Von Kleindorf sagte kein Wort. Horners Gesicht glich einer ehernen Maske. Die beiden entließen Brand mit schlecht verhohlenem Ärger. Brand grüßte mit betonter Achtsamkeit, die einem Affront gleichkam. Er empfand keinerlei Bedauern. Es kümmerte ihn nicht im geringsten, daß er mit seinem vorsätzlichen Ignorieren von Befehlen die mißlungene Flußüberquerung verschuldet hatte. Für Leute wie Horner und von Kleindorf war die Zeit vorbei. Der Tag einer nationalsozialistischen Ordnung würde bald anbrechen. Brand glaubte fest daran, Zweifel kannte er nicht.

Oberleutnant Alex Horner erstattete dem «Divisionskommandeur» Meldung – Hauptmann Niemann hatte das Kriegsende als Oberst mitgemacht und die Dienstgradherabsetzung hingenommen, um in der Reichswehr bleiben zu können. Danach traten sie den Rückmarsch in die Kasernen an. Es war ein langer Weg.

«Kennen Sie diesen Brand?» erkundigte sich von Kleindorf.

«Ich war mit ihm im Krieg», entgegnete Alex Horner.

«Er war in Ihrem Regiment? Ein Offizier?» fragte von Kleindorf ungläubig.

«Nein, ich war in seinem.»

«Ach so, das bayerische Reservekorps, von dem Sie mir erzählten.»

«Genau das.»

«Sie Ärmster. Sie glauben doch nicht etwa, daß diese SA-Rabauken tatsächlich zu einem Bestandteil des Heeres werden könnten?»

«Nicht, solange ich dabei bin», erklärte Horner. Er dachte unentwegt an die nächsten Tage: Untersuchungen, Manöverkritik, Berichte und Besprechungen. Alex Horners fehlgeschlagene Flußüberquerung würde dabei wohl kaum gut wegkommen.

«Was ist das für ein Bataillon?» Das war Hauptmann Niemanns Stimme, die aus dem Dunkel ertönte. Er war auf dem Weg an die Spitze seiner «Division».

«Das Erste Schwere-Panzer-Bataillon», antwortete Horner, wobei er sich an die Terminologie der Übung hielt. «Kommandeur Horner». Das alles war natürlich pure Übertreibung. Er betrachtete seine Marschkolonne: der Ist-Stärke nach knapp eine Kompanie. Bei einem Hunderttausendmannheer würde es schwierig sein, zwei ordentliche Infanteriedivisionen zusammenzustellen, geschweige denn die Panzerverbände, motorisierte Infanterie und so weiter, die bei diesem Manöver vorgetäuscht wurden. Aber wenn Hauptmann Niemann entschlossen war, an seiner Geisterdivision bis zum letzten Augenblick festzuhalten, wer konnte ihm das verargen?

«Gute Nacht, Herr General», sagte Horner leise.

Veronica Winter hatte das Haus unverändert im Stil des *Fin de siècle* belassen. Obwohl im Laufe der Jahre neue Möbel, Dekorationen und Teppiche hinzukamen, war die Stilreinheit erhalten geblieben. Jetzt, an der Schwelle der dreißiger Jahre, wurde ihr bewußt, daß der düstere Salon, ihr ganzer Stolz, in den Augen ihres amerikanischen Bruders wie ein Museum wirken mußte.

Durch die schweren gelben Seidenvorhänge mit den schokoladebraunen Quasten konnte das Tageslicht nur spärlich auf die Orientteppiche fallen. Von der gemusterten Tapete war kaum etwas zu erkennen vor lauter Bildern, Gemälden und sepiabraunen Porträtaufnahmen unzähliger Familienmitglieder in Fotografierpose, Wandtellern und Fächern. Das ausladende Kaminsims mit dem Riesenspiegel darüber stand voller Nippes aus Porzellan, Elfenbein und Silber, ebenso die Beistelltische und Vitrinen, so daß Glenn Rensselaer ständig in Angst schwebte, etwas umzuwerfen.

«Harald sollte sich wirklich zur Ruhe setzen», sagte Veronica zu ihrem Bruder.

«Er ist doch erst neunundfünfzig. Ist er etwa krank?»

«Er ist müde, überdrüssig und – er macht sich Sorgen.»

«Um das Geschäft?»

«Um die Welt, um Deutschland, um das, was hier geschieht – nun steck dir schon deine Pfeife an, Glenn. Ich sehe doch, wie du danach fieberst.»

Er langte in die Tasche des Anzugs, den er sich eigens für diese Reise gekauft hatte. Er wollte auf seine Schwester einen guten Eindruck machen, und an der Schaufensterpuppe hatte das Schottenkaro recht flott gewirkt, an ihm dagegen – nur noch ausgebeult und zerknittert. Als er Pfeife und Tabakbeutel hervorholte, klopfte es an die Tür. Ein Zimmermädchen, gestärktes Häubchen und Schürze, erschien, um Kohlen nachzulegen und die Asche mitzunehmen.

Erst nach ihrem Weggang fuhr Veronica fort: «Die Arbeitslosigkeit ist wieder im Ansteigen.»

«Alle Welt spricht von dem rasanten Aufschwung in Deutschland.»

«Die Hochkonjunktur ist zu Ende. Harald sagt für den kommenden Winter drei Millionen Arbeitslose voraus, und in diesen Dingen hat er meistens recht. Seiner Meinung nach wird wachsende Arbeitslosigkeit den Kommunisten und Nazis enormen Zulauf bringen.»

«Wahrscheinlich.»

«Und die Nazis bitten Harald um Geld. Bis jetzt hat er sich geweigert, aber die meisten Großunternehmen geben ihnen Spenden.»

«Warum?»

«Sei nicht so naiv, Glenn. Weil sie nicht wollen, daß die Kommunisten an die Macht kommen und die Fabriken enteignen. Aber für Harald gibt es noch eine weitere Komplikation: Er muß an Peter und Lottie denken.»

«Na ja, wenn er die Nazis finanziert und so dazu beiträgt, daß sie an die Macht kommen, hilft das Lottie und der kleinen Helena wohl kaum, oder?»

«Die Nazis wollen Haralds Betrieb unter denen mit ‹jüdischer Geschäftsleitung› registrieren, wenn er ihnen keine beträchtliche Geldspende zukommen läßt. Das könnte Boykotts und Demonstrationen bedeuten... vielleicht auch Streiks.»

«Weiß Peter davon?»

«Peter drängt Harald zur Ablehnung, aber die meisten anderen im Aufsichtsrat bestehen auf Zahlung.»

«Armer Harald.»

«Bis jetzt hat er den Nazis Widerstand geleistet, aber sie werden mit jeder Woche dreister. Ein strenger Winter und weiteres Anwachsen der Arbeitslosigkeit könnten die Katastrophe bringen.»

«Hat Harald mit Paul darüber gesprochen?»

«Um Himmels willen, Glenn. Du mußt es mir versprechen – Harald würde lieber sterben, als Paul um irgendeine Gefälligkeit zu bitten. Der Streit in der Nacht von Pauls Geburtstagsfeier wurde nie wirklich verwunden.»

«Ich bin sicher, Paul hegt keinen Groll gegen seinen Vater», meinte Glenn. «Neulich, bei dem Abendessen für die Danzigers, schienen sie doch in gutem Einvernehmen zu sein.»

«Paul vergißt die verletzenden Dinge, die er sagt, sein Vater dagegen nicht.»

Glenn zog an seiner Pfeife. «Bei uns drüben ist man der Ansicht, die Deutschen hätten letztendlich die Vorzüge der parlamentarischen Demokratie erkannt und zu schätzen gelernt.»

«Das wird noch lange dauern. Ein starker Kaiser, der sein Machtwort spricht, war von jeher ganz nach dem Geschmack der Deutschen. Den politischen Meinungsstreit, die Austragung von Konflikten, wie wir es gewohnt sind, empfinden die Deutschen als verwirrend und störend. Sie wollen keine Auseinandersetzungen, sondern Entscheidungen.»

«Du dürftest sie mittlerweile kennen, Schwesterherz. Du hast ja lange genug hier gelebt.»

«Vielleicht zu lange.»

«Tatsächlich?»

«Ich habe über eine Rückkehr nachgedacht, Glenn.»

«Die Eltern wären außer sich vor Freude. Dad ist jetzt achtundsiebzig; ich glaube, er hat die Hoffnung aufgegeben, dich je wiederzusehen.»

«Erzähl mir von Dad.»

«Dot kümmert sich um ihn.»

«Wie ist sie denn?»

«Schwer zu sagen. Manchmal denke ich, sie ist allzu zielstrebig. Sie hat ihre drei Söhne unseren Namen annehmen lassen, und Dad mußte einen Haufen Geld in diese Bank investieren für die Teilhaberschaft der drei. Der kleine Sohn ihres Ältesten wohnt bei uns, und Dad interessiert sich anscheinend mehr für ihn als für meinen Jungen.» Er sah auf und lächelte ihr zu. Es sah Glenn nicht ähnlich, irgendwelche Kümmernisse zu äußern. «Ja, du solltest wirklich nach Hause zurückgehen.»

«Vielleicht war es falsch, so lange zu warten, aber früher wäre es beim besten Willen nicht möglich gewesen ...»

«Willst du denn für immer gehen oder nur besuchsweise?»

«Ich weiß es nicht, Glenn. Ich liebe Harald und die beiden Jungen. Und Lottie ist mir wie eine Tochter ans Herz gewachsen. Ich würde sie alle schrecklich vermissen. Und trotzdem ...»

«Was ist es denn, Schwesterherz?»

«Hier möchte ich nicht sterben, Glenn.»

«Sterben? Wovon redest du da? Du bist doch erst» – stirnrunzelnd zählte er zu seinem eigenen Alter fünf Jahre hinzu – «vierundfünfzig. Du hast noch so viele Jahre vor dir.»

«Ich weiß. Ich habe keine Angst vor dem Tod, auch keine Vorahnungen. Es geht bloß darum, daß ich meine alten Tage gern in Amerika verbringen möchte. Hört sich das verrückt an?»

«Keine Spur, Schwesterherz. Natürlich kann ich das verstehen. Ich kenne eine Menge Leute, die in Übersee leben und das gleiche empfinden. Hast du schon mit Harald darüber gesprochen?»

«Es würde ihn furchtbar kränken, Glenn.»

«Aber du bist unglücklich.»

«Allerdings.»

«Würde Harald mitkommen?»

«Nicht für länger. In Amerika wäre er wie ein Fisch ohne Wasser. Sein Englisch ist längst nicht mehr so gut wie früher, und er bleibt der deutscheste Deutsche, dem ich je begegnet bin.»

Es war nicht das erste Gespräch, in dem Veronica mit Glenn den Gedanken an eine Rückkehr nach Amerika erörterte. Sie tat es jedesmal unter einem neuen Aspekt, und jedesmal glaubte er ihr zunächst. Aber am Schluß kamen Glenn auch diesmal, wie bei allen früheren Diskussionen, Zweifel, so daß er sich schließlich zu der Auffassung durchrang, sie würde doch niemals zurückgehen. Dazu fehlten ihr der innere Antrieb, die Energie, die für eine auch noch so kurze Trennung von ihrem hiesigen Leben unbedingt erforderlich waren.

Glenn sah freilich, wie sehr seine Schwester diesen seltsamen Wunschtraum von einer Rückkehr brauchte, und ließ sie gewähren, mochte sich das Gespräch auch noch so im Kreise drehen. Er beschloß, sie beim nächstenmal mit all den Widersprüchen zu konfrontieren.

Doch das nächste Gespräch, das Glenn Rensselaer mit seiner Schwester führte, fand unter ganz anderen Umständen statt – am Nachmittag des 25. Oktober, einem Freitag. Rensselaer war, auf einen Anruf des Geschäftsführers vom Hotel Adlon hin, in die Notaufnahme der Charité geeilt. Ein Polizist hatte das Hotel davon benachrichtigt, daß einer der Gäste – Herr Simon Danziger – bei einem Verkehrsunfall verletzt worden sei.

Der Potsdamer Platz galt mittlerweile als der belebteste Verkehrsknotenpunkt in ganz Westeuropa. Autos, Liefer- und Lastwagen steuerten ihn aus etwa einem Dutzend verschiedener Richtungen an. Durch dieses turbulente Gedränge von Motor- und Pferdefahrzeugen schoben sich bimmelnde Straßenbahnen, und überall flitzten Radfahrer und noch behendere Fußgänger durch das Gewühl.

Hier wurde Simon Danziger an jenem Freitagvormittag um 11 Uhr 50 von einem mit sechsundzwanzig Fässern dunklem Bier aus der Neuköllner Brauerei beladenen Rollwagen angefahren.

Er war noch bei Bewußtsein und hatte heftige Schmerzen, als man ihn mit dem Taxi, aus dem er gerade ausgestiegen war, auf schnellstem Weg in die Charité brachte. Nach hastiger Vorbereitung wurde er dann in einen Operationssaal transportiert.

Hier gab es keinen Warteraum, Glenn stand während der ersten halben Stunde etwas verloren inmitten von ambulanten Patienten auf dem

Korridor, von wo aus er auf einen Innenhof blicken und zwei Mechaniker beobachten konnte, die am Motor einer Ambulanz arbeiteten.

Glenn Rensselaer kam sich in seinem langen, pelzgefütterten Mantel, Homburg, grauen Handschuhen und Spazierstock mit silberner Krücke deplaciert vor. Die ärmlich gekleideten Menschen auf den Bänken saßen dicht aneinandergedrängt, um sich etwas gegen die Kälte zu schützen, die in den steifen Gliedern schmerzte. Sie musterten ihn mit der gleichen unbeteiligten Neugier wie die vorbeieilenden Ärzte und Schwestern oder die mit Laken bedeckten Tragbahren, die Männer in beschmutzten weißen Kitteln und blankem Gummischurz über den Korridor schleppten. Lediglich zwei Polizisten erschienen gelassen und ruhig. Sie standen neben der Tür, rauchten Zigaretten, die sie in der gewölbten Faust versteckten, und bliesen den Rauch gegen die Decke.

Seine Schwester Veronica kam wenig später. Auf ihrem eleganten Zobelmantel und dem Hut waren noch Spuren von Regen zu entdecken. Sie wurde von einem aufgeregten, kleinen Verwaltungsbeamten begleitet. Er trug einen Gehrock, hatte ganze Stapel von amtlich aussehenden Papieren bei sich, titulierte sie Frau Doktor Winter und verbeugte sich fortwährend, wobei die beginnende Glatze sichtbar wurde.

Veronica rief ihren Bruder heran, und er folgte ihnen in ein warmes Büro, wo sie die Ungestörtheit vorfanden, die nach Meinung des zappeligen kleinen Mannes der hochgeschätzten Frau Doktor zukam.

«Sind Sie Angehörige?» erkundigte er sich.

Glenn verneinte.

«Nein, natürlich nicht, versteht sich», antwortete er beflissen, ganz außer sich bei der bloßen Vorstellung. Dann eilte er hinaus.

Veronica saß in dem Besuchersessel und Glenn auf dem Drehstuhl hinter dem Schreibtisch, als er mit der Prognose des diensthabenden Chirurgen zurückkam. Nach einer langen Beschreibung von Danzigers lebensgefährlichen Verletzungen – eine Litanei, die Glenn nicht verstehen konnte und vor der Veronica die Ohren verschloß – erklärte er, für Herrn Simon Danziger bestünden keine Überlebenschancen. Mit seinem Ableben müsse innerhalb der nächsten Stunde gerechnet werden, wobei er kummervoll auf die Papiere in seiner Hand blickte.

«Armer Teufel!» sagte Glenn, sobald der kleine Mann den Raum wieder verlassen hatte.

«Er war so voller Leben», seufzte seine Schwester.

«Ich dachte dabei an den Fahrer des Bierwagens.»

«Ja, der auch», meinte Veronica, leicht irritiert.

Nach einigem Schweigen bemerkte Rensselaer: «Danziger war ruiniert. Die ersten telegrafischen Hiobsbotschaften sind am vorigen Samstagabend herausgegangen. Danziger hatte den letzten Cent in Aktien an der New Yorker Börse investiert und verloren.»

«Der ‹schwarze Freitag› – ich habe von dem Börsenkrach in den Zeitungen gelesen, aber ich verstehe das Ganze nicht...»

«Leichtgläubige, unerfahrene Neulinge haben unentwegt gekauft, und die Kurse kletterten schwindelerregend immer weiter in die Höhe. Es mußte zum großen Knall kommen, und am letzten Wochenende ist alles zusammengekracht.»

«Und niemand wußte, daß es passieren würde?»

«Jeder an der Börse wußte es, wenn er nicht ganz auf den Kopf gefallen war. Aber die Börse verdient an jedem Geschäft. Die Makler werden aus dieser Katastrophe reicher als je herauskommen.»

«Willst du etwa behaupten, daß Danziger *absichtlich* vor den... Nein, Glenn, nein. Das kann ich nicht glauben...»

«Vor Lottie oder Mrs. Danziger würde ich so etwas bestimmt nie äußern, aber ich wette eine Million Dollar gegen einen alten Hemdenknopf, daß es so ist.»

«Er war bankrott?»

«So gut wie, würde ich sagen. Er hat mir erzählt, er habe sämtliche verfügbaren Vermögenswerte zusammengekratzt, um an der Börse zu spekulieren. Dad hat mir am Montag nach Börsenschluß ein langes Kabel geschickt, mir berichtet, was sich hinter den Kulissen abspielte. Durch den Zeitunterschied erhielt ich das Telegramm kurz nach Mitternacht.»

«Hast du Mr. Danziger informiert?»

«Ich habe ihn im Adlon angerufen und ihm Dads Kabel vorgelesen. Die Namen jener Finanzleute in der Wall Street, die seit Bekanntwerden der Nachricht Selbstmord begangen hatten, habe ich allerdings wohlweislich unterschlagen. Er brummte nur irgendwas von Dank. Meiner Vermutung nach hatte er es bereits durch seinen Makler erfahren. Es war inzwischen zu spät, um noch irgend etwas zu unternehmen. Das war mein letztes Gespräch mit ihm. Ich bat ihn, mich anzurufen, wenn ich ihm irgendwie behilflich sein könnte, aber er hat sich nicht gemeldet.»

«Grauenhaft. Wie wird Mrs. Danziger zurechtkommen?» fragte Veronica.

«Keine Ahnung. Alles, was sie hat, sind ein paar Anteile an einem Filmstudio, und die lassen sich nicht so einfach zu Geld machen.» Glenn dachte an seinen Neffen Peter. Wenn für Lottie keine Erbschaft mehr in Aussicht stand, blieb Peter an seinen Vater und den sicheren, gutbezahlten Posten hier gebunden.

«Ich überlege, ob sie überhaupt genug Geld für die Hotelrechnung hat. Ich biete ihr wohl besser die beiden Zimmer im dritten Stock an. Ob sie ihn hier in Berlin beisetzen lassen will, was glaubst du?»

«Ich denke, ihr bleibt kaum eine Wahl.»

Mrs. Danziger hätte es vorgezogen, die Leiche ihres Mannes nach Amerika überführen zu lassen, während Lottie ein feierliches Begräbnis auf dem alten Jüdischen Friedhof in der Großen Hamburger Straße wünschte, doch beide Vorstellungen erwiesen sich als undurchführbar. Statt dessen fand die Beerdigung auf dem großen Jüdischen Friedhof in Weißensee statt.

Böse Zungen behaupteten, Paul liege zu viel an seinem Posten bei den Nazis, um sich bei einer jüdischen Beisetzung zu zeigen, doch er strafte sie Lügen. Er kam im dunklen Anzug, den er bei Verhandlungen im Kriminalgericht zu tragen pflegte. Und er konnte seinem Vater bei der Gelegenheit außerdem unter dem Siegel der Verschwiegenheit mitteilen, daß die Nazis mit einem Viertel des ursprünglich verlangten Spendenbeitrages mehr als zufrieden wären.

Mrs. Danziger nahm Veronicas Angebot, zu ihr zu ziehen, mit Freuden an, und Glenn Rensselaer beglich ihre Rechnung im Adlon. Sie blieb über Weihnachten, weil sie sich den gesellschaftlichen Veranstaltungen während der Saison in Kalifornien allein nicht gewachsen fühlte.

Ein paar Tage vor Weihnachten bekam sie Bescheid wegen der Lebensversicherung ihres Mannes. Die Versicherungsgesellschaft erklärte sich zur Auszahlung bereit. Glenn Rensselaer seufzte erleichtert auf und spülte jene alte Fünfdollarnote, die Danziger ihm kurz vor seinem Tod zurückgeschickt hatte, in der Toilette hinunter. Das kurze Begleitschreiben lautete: «Lieber Glenn, Ihr Finanzberater gibt mit dem heutigen Tage auf. Übermitteln Sie bitte allen Betroffenen meine Entschuldigungen. Ich tat mein Bestes – Simon Danziger.» Hätten die Versicherungsleute diese ominösen Zeilen zu sehen bekommen, wären sie wohl nicht so ohne weiteres von einem Tod durch Unfall zu überzeugen gewesen.

Als Mrs. Danziger den Zug nach Bremerhaven nahm, um mit der *Albert Ballin* nach New York zurückzufahren, begannen sich einige von Harald Winters düsteren Prophezeiungen bereits zu bewahrheiten. Die Auswirkungen des New Yorker Börsenkrachs wurden in den europäischen Ländern spürbar und trafen die ohnehin labile Wirtschaft wie ein Keulenschlag.

Allein im Januar 1930 stieg die Zahl der Arbeitslosen in Deutschland von anderthalb auf nahezu zweieinhalb Millionen. In den Berliner

Fabriken gab es Massenentlassungen, in den Straßen wimmelte es von Arbeitslosen. In den Randbezirken ließen die Landwirte ihre Ställe und Scheunen von bewaffneten Männern bewachen.

Die Regierung erklärte sich außerstande, die normale Arbeitslosenunterstützung zu zahlen, weil dazu kein Geld vorhanden war. Diese finanzielle und politische Krise trat bald nach dem zehnten Jahrestag der Gründung der Weimarer Republik ein. Es fiel nicht leicht, dem Argument, daß die Kommunisten oder die Nazis es besser machen würden, etwas entgegenzuhalten.

Fast drei Jahre zuvor, 1927, hatte Arthur Schnabel in Berlin eine Sensation ausgelöst, als er anläßlich des hundertsten Todestages von Beethoven sämtliche Klaviersonaten spielte. Es waren insgesamt sieben Konzerte, die jeweils am Sonntagnachmittag in der Volksbühne stattfanden.

Schnabels Riesenerfolg blieb nicht ohne Folgen auf das Berliner Musikleben und veränderte auch Erich Hennigs Dasein. Im Februar 1930 spielte er, weitgehend auf hartnäckiges Drängen seiner Frau Lisl, Mozarts Klaviersonaten vor geladenem Publikum.

Die Programmwahl war nicht unbedingt glücklich. Mozarts formvollendete Leichtigkeit und Anmut lagen Erich Hennig weit weniger als Beethovens Dynamik. Dennoch waren seine beiden Konzerte alles andere als ein Fehlschlag. Die Einladungen verschickte seine Schwiegermutter, deren Name im kulturellen Leben Berlins noch immer ins Gewicht fiel.

Besucher, von denen abfällige Äußerungen über Hennigs Interpretation erwartet werden konnten, waren nicht zugegen, und jede Bemerkung, die sie später darüber machten, wurde als blasser Neid abqualifiziert. Hennigs Mozart war kompetent, charmant und brachte einen Wendepunkt in seiner Laufbahn. Bis dahin hatte er für einen Musikverlag gearbeitet, doch nun nahm ihn ein Agent unter Vertrag. Mit drei Schülern und dem Versprechen weiterer Auftritte mit entsprechender Gage gab Hennig die langweilige Stellung auf und wurde Berufsmusiker.

Zugleich mit der Karriere trat auch eine Veränderung bei seinen politischen Bindungen ein. Bis dahin war er dem radikalen linken Flügel zuzurechnen und regelmäßig auf Versammlungen der KPD zu sehen gewesen. Seit den Mozart-Konzerten traten seine politischen Aktivitäten jedoch weniger auffällig in Erscheinung. Am Flügel trug er nun nicht mehr das Abzeichen mit Hammer und Sichel am Revers seines schwarzen Anzugs und anstelle der leuchtendroten Krawatte eine dezenter gemusterte, die ihm seine Schwiegermutter ausgesucht hatte.

Hennigs Mozart-Konzerte im Februar 1930 setzten noch andere, wesentlich weiterreichende Veränderungen in Gang. Pauls Erscheinen im Konzertsaal veranlaßte Frau Wisliceny, ihn regelmäßig in ihr Haus einzuladen. Nicht immer zu ihrem «Salon», denn Paul Winter war kein Intellektueller und hätte das auch nie für sich beansprucht. «Für Mozart langt es bei mir gerade noch, zu mehr nicht», bekannte er freimütig Frau Wisliceny und jedem gegenüber, der mit ihm über Musik zu diskutieren versuchte.

Der kleine Paul, der damals in den Krieg marschiert war, hatte sich zum vielerorts gern gesehenen Gast gemausert, der in einem eleganten schwarzen Wagen mit aufklappbarem Dach vorfuhr. Er ging gern zu Frau Wisliceny. Sie suchte ihre Gäste sorgfältig aus, so daß stets welche darunter waren, die Pauls Witze und Geplauder wohlwollend aufnahmen. Nach dem Tee pflegte Frau Wisliceny ihn zu überreden, ein paar Zauberkunststücke vorzuführen. Er ließ sich eine Weile bitten, doch sie wußte, daß es ihm Spaß machte, denn «rein zufällig» hatte er jedesmal ein paar neue Tricks parat. Er begleitete sie stets mit irgendeiner lustigen kleinen Geschichte, so daß zu dem Überraschungseffekt am Schluß schallendes Gelächter ertönte.

Paul besaß inzwischen die Gabe, einen Raum mit lauter Fremden in der festen Überzeugung zu betreten, hier neue Freunde zu gewinnen – und das klappte so gut wie immer. Er verstand es, ihm völlig Unbekannte so aus sich herauszulocken, daß plötzlich der eigentliche Wesenskern zum Vorschein kam. Niemand außer ihm hätte es fertiggebracht, den großspurigen Erich Hennig zu überreden, einen so albernen Gassenhauer wie «Ausgerechnet Bananen» zu spielen, und einen prominenten Schauspieler wie Emil Jannings zum Singen des schwachsinnigen Textes zu bewegen.

Pauls Feinde behaupteten, er lechze stets nach Lob und Anerkennung. Sein Vater hielt ihm mehr als einmal warnend das Zitat von Horaz vor: «Jeglichen Beifall errang, wer Lust und Nutzen vereinigt», doch Paul blieb unbeeindruckt. Paul war eben Paul und ließ sich nicht so mir nichts dir nichts umkrempeln.

Wie die meisten erfolgreichen Unterhalter, verbarg er hinter scheinbarer Nonchalance, wie genau er sein Publikum beobachtete. Er wußte stets, welche der Anwesenden für seine Witze, Zaubertricks und Geschichten aufgeschlossen waren und welche sich keinesfalls beeindrukken lassen wollten. So wußte er denn auch, daß Inge mehr Spaß daran hatte als die meisten anderen.

Und Frau Wisliceny sah es gern, wenn Inge lachte. Hätte doch bloß

Lotties Hochzeitsempfang nicht hier im Haus stattgefunden! Es ließ sich nicht vermeiden, da sie bei ihnen zu Gast war, aber während der Vorbereitungen hatte sich der Dolch immer tiefer in Inges Herz gebohrt. Ihre Mutter hatte um sie geweint und zu zweifeln begonnen, ob Inge jemals wieder glücklich sein würde. Es dauerte Wochen, ehe sie sich wieder aufraffte, nach draußen zu gehen, und ihre Mutter litt mit ihr. Wesentlich erschwert wurde die Qual dadurch, daß beide Frauen nicht einmal deren Existenz zugeben wollten. Manchmal fragte sich Frau Wisliceny, ob Peter Winter jemals Inges Liebe wahrgenommen hatte. Es könnte immerhin sein, denn er schien es stets so einzurichten, daß er und Inge einander nicht bei irgendwelchen gesellschaftlichen Veranstaltungen über den Weg liefen.

Daher registrierte Frau Wisliceny erfreut, wie gern Paul sich Inge widmete und manche seiner Zauberkunststücke offenbar nur für sie einstudierte. Und als Inge sich mehrmals wöchentlich mit Paul im Romanischen Café traf, schenkte dem niemand ernstlich Beachtung. Frau Wisliceny war erleichtert, daß Inge endlich wieder Interesse an der Außenwelt bekundete. Sie vermutete – mit Recht –, daß viele dieser ersten Gespräche mit Paul sich ausschließlich um Peter drehten.

Es half natürlich. Paul war ein guter Zuhörer, und es war viel leichter, ihm ihre Liebe zu Peter zu erklären, denn er liebte ja seinen Bruder ebenfalls. Beide dachten nicht im entferntesten an die Möglichkeit, daß sich aus diesen Treffen eine romantische Entwicklung ergeben könnte, auch als das Thema Peter kaum mehr zur Sprache kam. Sie waren gern zusammen, und jeder wußte, daß Paul Freundinnen hatte: hübsche, geräuschvolle, unternehmungslustige Dutzendware, keine einzige mit der ernsten, schönen und intellektuellen Inge zu vergleichen. Sie entsprach zwar Paul Winters Frauentyp eigentlich nicht, aber dennoch war Paul nicht blind für Inges Schönheit. Ihre grünen, leuchtenden Augen, die so tief, so verloren dreinblicken konnten, der Schwanenhals, die langen, schlanken Arme, die makellose Haut machten sie zu einer Begleiterin, mit der er sich voller Stolz sehen ließ. Und Inge wiederum entdeckte in Paul etwas nie Gekanntes, einen Mann, der es vermochte, sie ihren Schmerz um Peter kurzfristig vergessen zu lassen.

Es war Pauls blonde Stammkellnerin im Romanischen Café, die schlagartig alles veränderte. Zwischen ihr und den männlichen Gästen flogen ständig anzügliche Witze und Redensarten hin und her. Eines Tages tischte sie Inge und Paul mit dem Dutzend Austern und der Flasche Sekt einen kessen Berliner Spruch auf, der die stimulierende Wirkung dieser Genüsse betraf und an Deutlichkeit nichts zu wünschen übrig ließ.

Paul war verlegen, während Inge zu seiner Verblüffung ihr in unverfälschtem Berlinerisch antwortete, sie freue sich schon jetzt auf eben diese Wirkung. Damit begann eine ganz neue, andere Beziehung zwischen ihnen. Am nächsten Tag gingen sie zum Juwelier Friedländer neben dem Hotel Bristol und suchten Ringe aus. Und danach waren sie beim Tanztee auf dem Dachgarten vom Hotel Eden. Paul konnte mittlerweile recht gut tanzen, wenn er wollte, und jetzt wollte er. Binnen zwei Wochen waren Inge und Paul offiziell verlobt, und im Mai folgte dann die Hochzeit.

Seitens der Familien erhoben sich keinerlei Einwände. Vorbehalte, die bei den Wislicenys in bezug auf Pauls spießige Neigungen und politische Bindungen bestanden haben mochten, wurden durch Inges offenkundige Glückseligkeit restlos beseitigt. Und die gesamte Familie Winter war sich einig darüber, daß Inge für Paul eine Partie bedeutete, wie er sie sich niemals hätte erwarten können.

Peters Frau Lottie war fest entschlossen, die Freundschaft mit Inge aufrechtzuerhalten, die sich zunächst reserviert zeigte; und Lottie war es auch, die Inge, weit mehr als Frau Wisliceny, bei den Hochzeitsvorbereitungen half.

Es wurde ein spektakuläres Ereignis. Pauls Freund Alex Horner ließ seine Beziehungen zur Bendlerstraße spielen und schaffte es, daß Paul Winter als Oberleutnant der Reserve registriert wurde und damit Anspruch auf eine Ehrengarde bei der Zeremonie hatte. Nach der Trauung säumten sie mit gekreuzten Säbeln die Kirchentreppe, und das Brautpaar schritt wie unter einem Baldachin die Stufen hinab. Die Idee dazu stammte von Lottie: Ein solches Zeremoniell erfordere, daß Paul sich in Offiziersuniform trauen ließ, womit sich die SA-Uniform von selbst verbot. Da Paul kürzlich die Ehrenmitgliedschaft bei der SA erhalten hatte, waren Lotties Argumente durchaus einleuchtend.

Lottie und Inge hatten lange an der Gästeliste geknobelt, damit auf dem Empfang neben der Verwandtschaft auch Pauls alte Freunde ihren Platz fanden. Es handelte sich um Gefährten aus der Kadettenanstalt in Lichterfelde sowie ein halbes Dutzend Männer aus seinem Sturmbataillon von 1918 und um enge Freunde wie Fritz Esser.

Die Geschenke entsprachen dem prachtvollen Rahmen der Feier. Von Richard Fischer bekam das junge Paar ein altes Meißener Tafelservice für vierundzwanzig Personen, das seit Generationen in Familienbesitz war. Inge hatte Richards Heiratsantrag abgelehnt und fragte sich nun, ob er ihr damit zu verstehen geben wolle, daß er niemals eine andere heiraten würde.

Harald und Veronica Winter schenkten ihnen einen großen Mercedes Tourenwagen und hatten außerdem das Haus am Obersalzberg, wo sie die Flitterwochen verbringen wollten, renovieren und ausbauen lassen. Jetzt war es ein stattliches Landhaus mit einem großen Speisezimmer, einem riesigen Wohnraum und insgesamt fünf kleinen, aber komfortablen Schlafzimmern. Und Veronica hatte mit Hilfe des von ihren Eltern gespendeten Schecks darauf bestanden, hier ein Exempel transatlantischer Verschwendungssucht zu statuieren: Zu jedem Schlafzimmer gehörte ein eigenes Bad! Diese unerhörte Extravaganz hatte das Haus zu einem der Wunder am Obersalzberg gemacht. Paul bereitete es ein besonderes Vergnügen, seiner jungen Frau sein Haus zu zeigen, und zu seinem Entzücken und Veronicas Erleichterung war sie völlig hingerissen. Sie fand es himmlisch, ebenso die unmittelbare Nachbarschaft zu Adolf Hitlers ständigem Ferienquartier. Und sie nahm Paul das Versprechen ab, regelmäßig im Winter und auch im Sommer mit ihr herzufahren.

1930

In einer bergigen Gegend wie der am Obersalzberg macht sich ein Motorrad kilometerweit lautstark bemerkbar. Lottie Winter hörte es als erste – sie hatte unwahrscheinlich scharfe Ohren –, und als sie ans Fenster trat und den Vorhang beiseite schob, sah sie den Scheinwerfer tief unterhalb auf der Landstraße nach Berchtesgaden.

«Erwartet ihr Besuch?» erkundigte sich Lottie und spähte weiter angestrengt in die Dunkelheit draußen.

Es dauerte etwas, ehe Inge antwortete: «Der will wahrscheinlich zum Hotel Türken oder zu einem der Höfe.»

«Er kommt hierher.» Lottie erschauerte bei der Vorahnung, daß da vielleicht ein Unglücksbote nahte.

«Keine Ahnung, wer das sein könnte», meinte Inge, jetzt ebenfalls überzeugt, daß der Motorradfahrer zu ihnen wollte. Sie schaltete das Licht aus und zog den rotseidenen Vorhang zurück. Nun konnten sie die Berggipfel sehen, die im Schein des abnehmenden Mondes glitzernden Schneeflächen. Durch die Luft wirbelten Schneeflocken, wie sie der Wind fast ständig von den Bergen herüberwehte.

An diesem Weihnachtsfest 1930, das Paul und Inge gemeinsam mit Peter und Lottie auf dem Obersalzberg verbringen wollten, war auch ihr berühmtester Nachbar anwesend. Seit 1923 gehörte Adolf Hitler zu den Stammgästen dieser kleinen Ansiedlung. Dorthin hatte er sich nach dem Putsch geflüchtet; jetzt hatte er ein bescheidenes Landhaus als Zweitwohnsitz gemietet.

Bei den Wahlen im September hatte Adolf Hitler sechseinhalb Millionen Stimmen bekommen und damit plötzlich politische Bedeutung erlangt. Die Zahl der Sitze im Reichstag war beunruhigend gestiegen: Statt der bisherigen 12 war die Nazi-Partei nunmehr durch 107 Abgeordnete vertreten und damit nach den Sozialdemokraten die stärkste politische Partei in Deutschland. Seit der Wahl traf man immer wieder auf Schaulustige, die eigens angereist kamen und nun an der Kurve unterhalb vom Hotel Türken dem Mann auflauerten, der inzwischen von vielen als der «Führer» bezeichnet wurde.

Die Weltpresse nahm Notiz von diesem Wahlerfolg. In Großbritannien brachten die *Times*, der *Sunday Express* und die *Daily Mail* prompt Interviews mit ihm. Hitler erklärte sich darin zum Bollwerk gegen den Bolschewismus; sollte Deutschland jedoch kommunistisch werden, hätten die Briten eine militärische Bedrohung durch die Sowjetunion zu gewärtigen.

Seit seinem fehlgeschlagenen Putsch in München war sich Hitler klar darüber, daß er die Unterstützung der Reichswehr benötigte, wollte er jemals an die Macht kommen. Daher versprach er wenige Tage nach der Wahl der Armee unter einer Nazi-Regierung mehr Macht und Ansehen sowie eine bessere Ausrüstung als je zuvor. Wie immer machte er allen Versprechungen, außer Juden und Kommunisten.

Pauls und Inges Haus am Obersalzberg lag höher als Hitlers Berghof, und Inge sah ihn meist, wenn er vor dem Tee seinen regelmäßigen Nachmittagsspaziergang durch den tiefen, knirschenden Schnee machte. Einmal winkte sie ihm übermütig zu, doch wenn er sie gesehen hatte, ließ er es sich jedenfalls nicht anmerken.

Es war Samstag. Peter und Lottie waren tags zuvor angekommen. Inge, die der stets hochmodern gekleideten Lottie nicht nachstehen wollte, trug die neue Linie: ein schräggeschnittenes graues Chiffonkleid, das Busen und Hüften modellierte. Ihre verzehrende Liebe zu Peter hatte sich inzwischen gelegt und nur noch einen dumpfen Schmerz hinterlassen. Damit konnte sie leben, und sie war fest entschlossen, für Peter und Lottie eine anheimelnde Atmosphäre zu schaffen. Nach dem üppigen Abendessen – Rehbraten mit Kartoffelkroketten und zum Nachtisch Apfelbeignets – verabschiedeten sich die Köchin und das Dienstmädchen, und die vier saßen bei Kaffee und Kognak am Kaminfeuer, wo Peter sie mit allerhand Geschichten über Bertolt Brecht unterhielt. Im Oktober hatte Brecht die Nero Filmgesellschaft verklagt, die seine *Dreigroschenoper* verfilmte. Die Gerichtsverhandlungen waren im Nu zur Attraktion geworden, die sich niemand in Berlin entgehen lassen wollte. Auf den Zuschauerbänken sah man Schauspieler, Schauspielerinnen, Schriftsteller, Dichter neben den zahlreichen Gesellschaftshyänen, die bei keiner solchen Gelegenheit fehlen durften, und die Zeitungen berichteten genüßlich in allen Einzelheiten über dieses Spektakel.

«Brecht ist ein Monstrum», erklärte Peter, der in diesem Schauspiel die Rolle des Rechtsvertreters übernommen hatte. «Amüsant, hochbegabt, aber bei alldem ein wahres Ungeheuer. Als ich ihm mitteilte, daß er nicht gewinnen könne, und ihm riet, die als Vergleich angebotenen fünfundzwanzigtausend Mark zu nehmen, beschimpfte er mich als Kapitalistenknecht, sprang auf und stolzierte aus dem Gerichtssaal.»

«Wieso konnte er denn nicht gewinnen?» wollte Paul wissen – eine Frage unter Kollegen.

«Die Filmgesellschaft konnte Zeugen dafür beibringen, daß Brechts Arbeit am Drehbuch gleich Null war, und er lieferte mir nichts, womit ich das hätte widerlegen können.»

«Pech», meinte Paul. Das Problem kannte er zur Genüge: Oft genug hatten ihm die Nazis nur Mandanten zugewiesen, an deren Schuld durch nichts zu rütteln gewesen war. Und etliche wollten sich einfach nicht selber helfen, aus welchen Motiven auch immer.

«Ach, Brecht ist schon nicht zu kurz gekommen», fuhr Peter fort. «Ich habe die Filmgesellschaft überredet, ihm sechzehntausend zu zahlen, wenn er sich verpflichtet, keine Revision einzulegen. Ich wußte, daß sie den Fall abschließen wollten, um endlich mit den Dreharbeiten anfangen zu können.»

«Na, ist er nicht ein Schlaukopf?» fragte Lottie. Sie saß neben ihrem Mann auf dem Sofa und legte zärtlich den Arm um ihn. Inge lächelte.

«In den letzten paar Jahren habe ich eine ganze Menge über die Film- und Theaterbranche gelernt», sagte Peter.

«Aber nicht viel Geld dabei verdient», meinte Paul.

«Sag du ihm, daß er angemessene Honorare verlangen soll», wandte sich Lottie an Paul.

«Es macht mir mehr Spaß als die Arbeit für Papa», erklärte Peter. «Und für die Uraufführung von *Mahagonny* in Leipzig bekam ich die besten Plätze im ganzen Haus.»

«Wären wir doch bloß nicht reingegangen», seufzte Lottie. «Es war gräßlich. Draußen demonstrierten Hunderte von SA-Leuten, schwenkten Spruchbänder und Hakenkreuzfahnen. Wir schoben uns durch das Gewühl, aber drin gab's noch mehr Proteste, Prügeleien im Publikum und Verletzte. Es wimmelte nur so von Polizei. Schauerlich.»

«Ihr hättet nicht hingehen sollen», bemerkte Paul. «Brecht ist Kommunist. Solche Krawalle kommen ihm gerade recht: Sie verschaffen ihm die gewünschte Publizität.»

«Er ist ein Genie», wandte Peter ein.

An dieser Stelle hatte Lottie das Motorrad gehört und war zum Fenster gegangen. Der späte Besucher war Fritz Esser, der wie immer unverhofft erschien. Gleich vielen anderen Parteigrößen hatte er sich ein Landhaus in Bayern gemietet, am Ammersee, wo er seiner Leidenschaft für den Segelsport frönen konnte. Für die Fahrt brauchte er mit seiner BMW-

Maschine über zwei Stunden. Und trotz des knöchellangen Ledermantels und des pelzgefütterten Lederhelms würde es eine Zeitlang dauern, bis er nach etlichen Gläsern am Kaminfeuer wieder auftaute.

Esser hatte etwas von einem Bären an sich: stark, gefräßig, zottig, scharfe Tatzen. Ebenso konnte er nett, anschmiegsam, behende und tückisch wie ein Bär sein. Er musterte sie: die beiden Brüder im Smoking, ihre Frauen in hochmodernen, teuren Kleidern. Falls Esser dies wünschte, wurde ihm in diesem Moment vor Augen geführt, daß seine Freunde einer ganz anderen Welt angehörten als er – einer fernen, fremden Welt mit eigener Sprache, eigenen Gepflogenheiten, eigener Kleidung.

Als Esser und Lottie sich gemessen begrüßten, erklärte Paul seiner Schwägerin: «Er ist in den Reichstag gewählt worden.» Und zu Esser gewandt: «Das ist einfach fabelhaft, Fritz.» Er schenkte ihm Kaffee ein und stellte ihm die Rumflasche hin. Fritz trank das lieber zum Kaffee als Kognak.

«Nicht mal der Führer hätte das für möglich gehalten», berichtete Fritz stolz. «Wenn das mein Vater noch erlebt hätte!»

«Er wäre stolz auf Sie gewesen», kommentierte Peter pflichtschuldig, konnte sich das freilich von diesem überzeugten Sozialdemokraten beim besten Willen nicht vorstellen, selbst wenn der Sohn Reichstagsabgeordneter geworden war.

«Das hat jeden umgehauen.» Fritz blickte auf und sah Paul in die Augen. Sie wußten beide, daß der Vorschlag, Fritz als Kandidaten aufzustellen, von Paul stammte, der die wichtigen Nazis hinter den Kulissen lange bearbeitet hatte, ihn zu unterstützen. «Egal, was sie hinterher gesagt haben, die waren alle ganz weg ... Vor der Wahl haben sie sich dreißig Sitze erhofft – allerhöchstens fünfzig.»

«Nach dem amerikanischen oder britischen Mehrheitswahlrecht wäre es auch dabei geblieben», bemerkte Lottie. «Daß Ihre Stimmengewinne Ihnen so viele Mandate einbrachten, haben Sie nur dem Verhältniswahlrecht zu verdanken.»

«Wir sind hier aber nicht in Amerika», konterte Paul scharf, als wolle er Fritz vor der spitzen Zunge seiner Schwägerin schützen.

Doch der Reichstagsabgeordnete Fritz Esser war viel zu glücklich, um sich an solchen Kleinigkeiten zu stoßen. «Die haben nie gedacht, daß ich's schaffe. Angeblich hat Göring dem Chef bei der Aufstellung der Listen geholfen. Mich haben sie für Schleswig-Holstein nominiert, nicht etwa, weil ich von dort bin, sondern weil sie nicht mal im Traum daran dachten, daß da einer von uns das Rennen machen könnte.»

Er schaute von einem zum anderen und lächelte. Trotz seiner abgetragenen Sachen, trotz der massigen Figur, trotz der finsteren Augen strahlte Fritz eine Energie und Willenskraft aus, die ihn auf Männer und Frauen anziehend wirken ließen. Jeder, der ihn reden hörte, bekam etwas von der Faszination mit, die er auf seine Freunde ausübte. Und dennoch hatte Fritz, soweit man sehen konnte, keinerlei dauerhafte Beziehung zu einer Frau. Er erschien zwar oft mit irgendeiner hübschen Begleiterin, die er jedoch ständig wechselte. Paul fragte sich manchmal, ob irgend etwas bei Fritz nicht stimmte, ob es vielleicht einen Bruch in seiner Persönlichkeit gab, mit dem er nicht zurechtkam.

«Woran lag es?» erkundigte sich Peter.

«Das weiß kein Mensch. Alle Parteien haben Verluste erlitten. Die Stimmen gingen an die Kommunisten und an uns. Die Arbeitslosen dürften wohl eine wichtige Rolle gespielt haben, aber der Chef sagt, die meisten Erstwähler hätten sich für uns entschieden, und diesmal gab es eine Menge Erstwähler.»

«Wird Hitler sich an das demokratische System halten?» wollte Lottie wissen.

«Vielleicht», erwiderte Esser. Er goß sich einen kräftigen Schuß Rum in den Kaffee und tat außerdem Zucker und Sahne dazu.

«Das System, das zu vernichten Sie geschworen haben», beharrte Lottie.

«Wir werden Deutschland wieder groß machen.» Esser wollte sich in keine Diskussion mit dieser intellektuellen amerikanischen Jüdin einlassen: Sie verkörperte all das, was er zutiefst verabscheute. Er benahm sich ihr gegenüber nur deshalb höflich, weil Paul sein bester Freund, Ratgeber und Vertrauter war.

«Und weshalb dann diese schandbaren Demonstrationen im Reichstag?» bohrte Lottie.

«Na, das war Pauls Idee.» Esser blickte zu Paul hinüber und grinste breit.

Paul wurde rot. «Es war nicht meine Idee, Fritz», widersprach er verlegen.

«Du bist viel zu bescheiden.» Es machte ihm sichtlich Vergnügen, Paul Winter aufzuziehen. «An dem Abend, als die Wahlergebnisse im Radio kamen, sagte ich zu Paul, wie sich der Führer darüber ärgert, daß wir in Preußen Uniformverbot haben. Er hätte es gern, wenn unsere Abgeordneten ihre Sitze in Uniform einnehmen würden, wie es sich gehört. So hatte sich der Führer mir gegenüber geäußert. Er hielt es für ausgeschlossen, sich da irgendwie vorbeizumogeln, aber unser Freund Paul hier fand einen Ausweg. Er findet immer einen Ausweg. Paul ist der schlaueste Fuchs, den wir in der Partei haben.»

«Was war Pauls Idee?» wollte Peter wissen.

«Unsere Uniformen mitzunehmen und uns in den Waschräumen umzuziehen.»

«Würde mir das jemand bitte erklären?» erkundigte sich Lottie.

Peter setzte es ihr ruhig auseinander: «Innerhalb des Gebäudes genießen die Abgeordneten parlamentarische Immunität. Niemand könnte sie daran hindern, Nazi-Uniformen zu tragen, Gesetz hin oder her.»

«Es war ein toller Schwank», prahlte Fritz. «Wir brüllten und sangen die alten Lieder und sagten ihnen die Meinung. Die haben alles versucht, die Sitzung in Gang zu bringen, aber sie kamen nicht gegen uns an, und beim Anblick unserer braunen Uniformen sind sie glatt übergeschnappt.» Er lachte.

«Das hört sich ausgesprochen dumm an», bemerkte Lottie aufgebracht.

Ihr Zorn reizte Esser neuerlich zum Lachen, in das Paul einstimmte. Sie benahmen sich wie zwei ungezogene Schuljungen, mit denen kein vernünftiges Wort möglich war. «Das ist nicht komisch», ereiferte sie sich, aber je mehr sie in Rage geriet, desto lauter lachten die beiden.

Nachdem sie endlich verstummt waren und Paul allen nachgeschenkt hatte, sagte er: «Bist du hier, um den Führer aufzusuchen, Fritz?»

«Morgen wirst du ihm vorgestellt», verkündete Fritz stolz. Wenn er vom «Chef» oder vom «Führer» sprach, geschah es jedesmal mit respektvollem Unterton. «Du, Paul, und Inge ebenfalls. Er hat mich gebeten, das zu arrangieren. Er möchte alle seine Nachbarn kennenlernen, und natürlich ist er über Pauls Arbeit im Büro des Berliner Gauleiters im Bilde.» Er trank seinen zweiten Kaffee mit Rum aus; diesmal war es allerdings eher Rum mit einem Schuß Kaffee.

«Tatsächlich?» fragte Inge. Sie hatte sich nie für Politik interessiert, unterstützte jedoch seit ihrer Heirat die Nazis, für die Paul arbeitete. Und als liebende Gattin wollte sie die Verdienste ihres Mannes gebührend anerkannt und gewürdigt sehen.

«Wir wissen ja alle, wie verdammt schwierig dieses Jahr gewesen ist.»

Inge hatte davon keine Ahnung. Paul sprach selten mit ihr über berufliche Dinge. Wenn er abends nach Hause kam, erschien er immer sorglos und unbeschwert.

«Zuerst hatte der Führer, gleich nach eurer Hochzeit, den Riesenkrach mit Strasser und seinem Flügel. Wir hatten ganz schön Manschetten, kann ich euch flüstern.»

«Worum ging's denn?» fragte Inge. Sie wandte Fritz ihre ungeteilte Aufmerksamkeit zu. Inge war eine wunderbare Gastgeberin: Sie verstand sich darauf, Menschen auszuholen.

Fritz wußte, daß sie ihn nur geschickt ausfragte, störte sich jedoch nicht daran. «Ich war im Hotel Sanssouci, als es passierte. Um ein Haar wär's zu einem Handgemenge zwischen den beiden gekommen. Strasser forderte ein Programm zur Verstaatlichung der Industrie und noch einen Haufen Dinge, die auch die Kommunisten verlangen. Der Chef hat Strasser einen Kommunisten genannt und erklärt, er denke gar nicht daran, Krupp zu verstaatlichen, weil die Firma unter der Regie von Bürokraten nämlich in ein paar Wochen bankrott wäre. Die beiden haben sich ganz schön angebrüllt. Zwei Tage später ist dann die Berliner SA wegen höherer Löhne in Streik getreten...» Er zuckte die Achseln.

«Was wird denn nun mit der SA? Ich bin heilfroh, daß Paul zu unserer Trauung nicht im Braunhemd erschienen ist. Mit denen gibt's doch dauernd Scherereien.» Sie sah Paul an, der lächelte, jedoch keinen Kommentar dazu lieferte.

«Der Ärger ist noch nicht ausgestanden. Der Führer hat Ernst Röhm beauftragt, wieder den Oberbefehl über die SA zu übernehmen.»

«Ich dachte, er ist nach Südamerika gegangen.»

«Ja, wir haben alle geglaubt, wir wären ihn los, aber jetzt kommt er zurück.»

«Paul haßt ihn.»

«Das tun wir alle; er ist ein verschlagener, hinterhältiger Homosexueller. Und jetzt wird er dafür sorgen, daß alle seine Freunde in die Führungsriege der SA zurückkehren. Er wird seinen Feinden das Leben zur Hölle machen, und einer davon bin ich.»

«Wozu braucht der Führer einen solchen Mann?»

«Seit der Wahl treten die Leute massenweise in die Partei oder die SA ein, so daß wir den Ansturm kaum bewältigen können. Bei der Partei gibt's keine nennenswerten Schwierigkeiten: Wir notieren Namen und Adresse in einem Buch, und sie beginnen mit der Zahlung des Mitgliedsbeitrags. Bei der SA dagegen muß eingekleidet, ausgebildet und organisiert werden. Röhm kennt das alles aus dem Effeff, stellt also für ein dringendes Problem die schnellste Lösung dar.»

«Kommt Röhm hierher?»

«Ich hoffe zu Gott, daß er nicht aufkreuzt. Ich muß morgen ein paar Minuten mit dem Führer unter vier Augen reden. Wenn ich nur wüßte...»

«Ein Bett für die Nacht? Selbstverständlich, Fritz. Ich lasse dein

Gepäck in das Eckzimmer oben bringen, das mit dem Balkon; ich weiß, das gefällt dir besonders.»

«Vielen Dank, Inge. Auf dem Motorrad kann man nicht viel Gepäck unterbringen, nur die Umhängetasche, die ich in der Diele abgestellt habe.» Er beendete den dritten Kaffee mit Rum und suchte in den Taschen seiner abgetragenen karierten Reißverschlußjacke nach Zigaretten und Streichhölzern. Paul als aufmerksamer Gastgeber bot ihm eine Zigarre aus dem mit Intarsien verzierten Feuchtigkeitsbehälter an, doch Fritz blieb lieber bei seinen gewohnten billigen, ziemlich stinkenden Zigaretten.

«Wann soll die Begegnung stattfinden?» erkundigte sich Inge.

«Morgen zum Tee. Er hat seine Halbschwester drüben als Haushälterin. Sie macht die besten Buttercremetorten, die ich je gegessen habe; der Chef ist ganz versessen auf solche süßen Sachen.»

Später am Abend räumten die beiden Frauen das Zimmer auf; die beiden jungen Einheimischen, die kochten und putzten, würden erst am nächsten Morgen erscheinen, da es ein Sonntag war, voraussichtlich nach der Frühmesse.

«Du gehst doch nicht etwa wirklich hin, Inge?»

Inge schüttelte die Kissen auf, hielt inne und fragte zurück: «Um den Führer zu sehen?»

«Der Mann ist ein Ungeheuer», sagte Lottie. «Hast du die Reden gelesen, die Hitler gerade in Offenburg und an der Universität Erlangen gehalten hat? Jeder strebt nach Ausweitung, und jedes Volk strebt nach Weltherrschaft! Das ist ein Irrer, sag ich dir.»

«Du mußt das alles nicht so ernst nehmen, Lottie.» Inge war außerordentlich erleichtert, daß es nichts weiter war als Hitlers Rhetorik, was sie so aus der Fassung gebracht hatte. «So was hören die Deutschen gern. Ich bin ja Deutsche und verstehe diese Dinge. Nimm dir das bitte nicht so zu Herzen.»

«Vielleicht sollten wir nach Berlin zurückfahren.»

«Bitte tut das nicht. Es macht solche Freude, Peter und Paul zusammen zu sehen. Und außerdem ist Weihnachten.»

«Was bedeutet mir Weihnachten?» konterte Lottie. «Ich bin Jüdin. Oder hast du das vergessen?»

Veronica Winter, Inges Schwiegermutter, hatte Adolf Hitler vor zwei Jahren kennengelernt. Das geschah ebenfalls in seinem Haus auf dem Obersalzberg und unter ähnlichen Umständen. Veronica fand ihn gräßlich. Er scharwenzelte und lächelte und benahm sich ganz wie die Männer, denen sie in den Wiener Salons begegnet war – Männer, die sich am Rande der Kunstszene herumtrieben und reichen alten Damen den Hof machten.

Inge und Paul lernten freilich einen weitaus selbstsichereren Hitler kennen. Der Wahlerfolg hatte zwar nicht die Macht gebracht, sie ihm aber in Aussicht gestellt. Von Handküssen war jetzt nicht mehr viel zu merken. Sie hatten einen Mann in mittleren Jahren vor sich, voller Energie und Entschlossenheit. Er wirkte in keiner Weise bäurisch, sondern durchaus wie ein schlagfertiger Stadtmensch. Sein sorgfältig gescheiteltes Haar war fast unnatürlich schwarz, flinke Augen, ungesunde graue Hautfarbe. Er trug einen dunklen Zweireiher, am breiten Revers das Parteiabzeichen, und machte ständig kleine, unruhige Gesten: Hand auf der Hüfte, dann wieder in der Tasche, ausgestreckter Finger, verschränkte Hände.

Ganz im Gegensatz zu den aufpeitschenden Reden, die er während des Wahlkampfes oder kürzlich in Offenburg und Erlangen gehalten hatte, gab sich Hitler an diesem Tag von Kopf bis Fuß als korrekter Staatsmann.

Vor Arbeitern und Studenten sprach Hitler ausschließlich von den Dingen, die sie hören wollten: Abschaffung von Renditen, Beseitigung der «Zinsknechtschaft», Verstaatlichung aller Aktiengesellschaften, Überführung von Warenhäusern an Einzelhändler, Bodenreform für die Bauern.

Doch hier, vor seinen wohlhabenden Nachbarn, widmete er sich anderen Themen: dem «Schanddiktat» von Versailles, der Gemeinschaft von «Arbeitern der Stirn und der Faust», seiner Liebe zu den Bergen, seiner kärglichen Jugend und seinem Ziel, den Zusammenschluß von Deutschland und Österreich anzustreben.

Als er hörte, daß Paul Winter in Wien geboren war, erging sich Hitler in einem langen, weitschweifigen Bericht über seine schweren Zeiten dort. Nur ein Hoffnungsstrahl hatte die seinerzeitige Finsternis erhellt: die anspornende Laufbahn von Karl Lueger, dieses beispielhaften Mannes, den er zutiefst bewunderte.

Nach dieser kurzen Würdigung bahnten ihm uniformierte Adjutanten den Weg, und der Führer schritt von dannen, ohne die Reaktion abzuwarten.

Inge war hingerissen. Die Jahre fielen von ihr ab, sie strahlte vor Begeisterung wie ein junges Mädchen. Geistesabwesend strich sie sich über Stirn und Augen, als versuche sie, aus einem Traum zu erwachen.

In dem kleinen Haus mit den beengten Räumen befanden sich viel zu viele Menschen. Obwohl man Tische und Stühle beiseite gerückt hatte, gab es zu wenig Platz. In der Ecke stand ein Klavier, ein Geschenk der Familie Bechstein, seiner Nachbarn. Neben Adjutanten, Sekretärinnen, Leibwächtern und alten Bekannten gab es eine Reihe geladener Gäste, sechs davon neu gewählte Abgeordnete und unter diesen Fritz Esser. Inge wollte sich unbedingt Hitlers Halbschwester, Angela Raubal, aus der Nähe anschauen – eine fröhliche Frau in reiferen Jahren, die nach Inges Einschätzung die Hoffnung auf eine zweite Ehe keineswegs aufgegeben hatte. Ihre Tochter Geli war ebenfalls anwesend; mit etwas mehr hellseherischer Begabung hätte sich Inge diese pummelige blonde Zweiundzwanzigjährige, die Torten herumreichte, bestimmt genauer angeschaut. Denn knapp ein Jahr später sollte Geli erschossen in Hitlers Münchener Wohnung am Prinzregentenplatz aufgefunden werden, neben sich die 6.35 mm Walther-Pistole ihres Onkels; um diesen Selbstmord rankten sich allerhand Gerüchte und Spekulationen, «Onkel Alfs» Liebesleben betreffend.

Paul hingegen brachte für Hitlers Halbschwester und Nichte und sämtliche Einheimischen oder Nazigrößen nur flüchtiges Interesse auf; viel mehr beschäftigte ihn Heinrich Brand, der unter den Gästen war. Paul war entsetzt. Aus Essers Erzählungen sowie aus Berichten in den Parteizeitungen hatte er von Brands glänzender Karriere in der SA gehört. Und Alex Horner hatte ihm das Zusammentreffen bei der Übung geschildert. Doch Brand von Angesicht zu Angesicht gegenüberzustehen, das war etwas anderes.

Der inzwischen zum SA-Obersturmbannführer avancierte Brand präsentierte sich in erstklassig geschnittenen Reithosen, gutsitzendem Braunhemd, an dessen Brusttasche das Eiserne Kreuz Erster Klasse prangte, das gleiche, das auch Adolf Hitler trug. Wäre Paul darauf vorbereitet gewesen, hätte er diesen Schock vermutlich überwunden, aber die plötzliche Konfrontation mit seinem einstigen Schinder drehte ihm den Magen um.

Paul Winter und Brand schüttelten sich die Hände. Nur mit dem Anflug eines Lächelns gab Brand seinem Gegenüber zu erkennen, wie abgrundtief er ihn haßte. Obersturmbannführer Brand organisiere in der Zentrale alles für die Rückkehr von Ernst Röhm, erklärte Esser.

Brand war jetzt fünfundvierzig, wie sein Führer. Sein Haar war grau geworden, der Schnurrbart desgleichen, die Augen jedoch, die Paul in so vielen seiner schlimmsten Alpträume verfolgt hatten, waren unverändert.

Paul machte ein paar höfliche Bemerkungen über den wichtigen neuen Posten und wie sehr er sich freuen würde, ihn in Berlin wiederzusehen. Brand faßte sich an den Schnurrbart und starrte Paul aus diesen engstehenden, stechenden Augen an. Er sagte kein Wort, brummte nur vor sich hin, so daß Paul nervös wurde; er gierte förmlich nach einer Zigarette, aber es war jedem eingeschärft worden, daß der Führer Rauchen nicht gestattete.

Plötzlich tauchte Fritz Esser wieder auf und bestürmte Paul, einen Witz zu erzählen, den mit dem langen Schlußsatz auf österreichisch, das könne er doch so hervorragend nachmachen. Paul war bereits in der Mitte des Witzes angelangt, als ihm einfiel, daß Hitler ja auch solchen Akzent hatte. Er sah sich in dem überfüllten Raum um, in dem es durch die vielen Menschen und das Holzfeuer unerträglich heiß war. Hitler stand am Fenster, umringt von nickenden, lächelnden Trabanten. Er war zwar außer Hörweite, doch Paul hatte das Gefühl, daß man ihm seinen Ausrutscher zutragen würde. Und Hitlers Geringschätzung für Juristen war allgemein bekannt.

Als sie nach Hause kamen, war es bereits stockdunkel. Diese früh hereinbrechenden Bergnächte beeinträchtigten den Winteraufenthalt am meisten. Inge ging nach oben, um sich zum Abendessen umzuziehen. Paul schenkte sich ein großes Glas Kognak ein und leerte es zu hastig. Der Schock, Brand begegnet zu sein, hatte ihm schwer zugesetzt. Es drängte ihn, darüber zu reden, aber nicht mit Fritz Esser, dem er seine abgrundtiefe Angst nicht offenbaren wollte. Esser respektierte ihn, und dabei sollte es auch bleiben. Paul betrachtete seine Hände. Sie zitterten so heftig, daß er schon beim Eingießen etwas verschüttet hatte. Vielleicht sollte er einen dieser Psychologen aufsuchen, die heutzutage so in Mode waren.

Doch zunächst wollte er mit seinem Bruder darüber sprechen. Peter verstand ihn besser als jeder andere. Peter würde nicht über seine Ängste lachen, Peter würde ihn beruhigen und ihm einen Rat geben, einen vernünftigen Rat, keine scheinheilige Predigt, wie Papa sie, gefragt oder ungefragt, zu halten pflegte. Es mußte eine Schicksalsfügung sein, die Peter gerade jetzt, da er so dringend gebraucht wurde, hergeführt hatte. Er ging hinauf zu dem großen Gästezimmer mit dem Balkon, von dem man die berühmte Aussicht auf den Untersberg hatte. Als er auf sein Klopfen keine Antwort bekam, machte er die Tür auf: keine Spur von Peter und Lottie, keine Kleider, keine persönlichen Gegenstände. Nur ein Briefumschlag auf dem großen Toilettentisch. Er öffnete ihn.

Ein paar höfliche Zeilen, die Inge und Paul für ihre Gastfreundschaft dankten und für die zusätzliche Mühe, die ihnen der Logierbesuch bereitet hatte. Ein angemessenes Trinkgeld für die Dienstboten lag bei. Sie hätten leider ganz plötzlich nach Berlin zurückfahren müssen, was Paul doch sicher verstehen würde.

Paul las die Mitteilung ein zweites, dann ein drittes Mal. Er hörte, daß Inge Badewasser einlaufen ließ; es hatte also keinen Sinn, jetzt zu ihr zu gehen. Er liebte Inge zärtlich, aber sie würde ihn nicht verstehen. Er brauchte Peter. Paul verspürte das Bedürfnis zu schreien oder wenigstens zu weinen. Aber die Zeiten waren vorbei – seit damals, als er sich in der Lichterfelder Kadettenanstalt in den Schlaf geweint hatte.

Er ging wieder nach unten und trank ein weiteres Glas. Es dauerte immer sehr lange, wenn Inge badete, sich anzog und frisierte. Sie hatte gern etwas Zeit für sich. Als sie wieder nach unten kam, war das Feuer fast erloschen, und Paul schlief auf dem Sofa. Sie schüttelte ihn, aber die Kognakkaraffe war leer und Paul schwer betrunken.

«Hast du keinen Hunger, Paul? Es gibt Schinken und Huhn.»

Sie rüttelte ihn am Arm. «Du hast dich ja gar nicht umgezogen... Paul!» Sie knipste die Tischlampe an. «Paul!»

«Peter ist nach Hause gefahren», murmelte er.

«Ja, ich weiß.»

«Ich liebe Peter», lallte er.

«Ja, du liebst deinen Vater, und du liebst Peter. Aber siehst du denn nicht, daß du damit auf deine Weise nur aussprichst, wie sehr du von ihnen abhängig bist?»

«Klar, ich bin ja auch von ihnen abhängig.»

«Dann mach dem ein Ende! Reiß dich am Riemen, Paul. Sei ein Mann. Fang endlich an, dein eigenes Leben zu leben und dir deine eigene Meinung zu bilden. Ich kann es einfach nicht mit ansehen, wie du dich vor Peter demütigst. Du bist genauso gut wie er – sogar besser.»

«Warum ist er weg?»

«Sie waren aufgebracht wegen unseres Besuchs beim Führer», erklärte Inge. «Ich habe ihn telefonisch einen Wagen bestellen hören. Das war natürlich Lottie. Sie ist wie besessen vor Haß auf den Führer.»

«Du hättest mir das sagen müssen. Ich wäre dann nicht hingegangen, wenn ich gewußt hätte, was das nach sich zieht.»

«Ja, ja. Du hättest abgelehnt, und was wäre dann mit uns passiert?» Sie kniete sich neben ihn auf den Teppich, hielt ihn fest umschlungen, küßte ihn.

Sie liebte diesen törichten Paul, der ihr niemals Blumen schickte, nie an ihren Geburtstag dachte, der ihre Liebe als selbstverständlich hinnahm und dies auch umgekehrt von ihr erwartete. Sie liebte ihn so, weil er sie brauchte. Manchmal empörte sich Inge über die Art und Weise, wie Paul von seiner Familie behandelt wurde.

«Paul, ich liebe dich, ich liebe dich.»

1932

In Berlin-Schöneberg herrschte an diesem Sonntagabend, dem 19. April 1932, trostloses Wetter. Den ganzen Tag über war der Himmel bewölkt, es wurde früh dunkel, und der Dauerregen hatte viele Leute davon abgehalten, bei dieser zweiten Präsidentschaftswahl ihre Stimme abzugeben. Die ganze Stadt war mit Wahlplakaten vollgepflastert. Im Schein der Straßenbeleuchtung sprang einem Hitlers regennasses Konterfei in Massenauflage entgegen, dazu reihenweise Hakenkreuze. Es waren nicht viele Menschen unterwegs, bis auf kleine Trupps uniformierter SA-Männer; man hörte ihre genagelten Stiefel über das Pflaster dröhnen und manchmal auch ihre schneidenden Stimmen, wenn sie ihre Lieder grölten oder Juden und Kommunisten anpöbelten.

In der eleganten Haberlandstraße, wenige Häuser von der früheren Wohnung Albert Einsteins entfernt, trafen die Volkmanns Vorbereitungen für eine Abendeinladung. Gastgeber war Isaak Volkmann, der schon mit sechsunddreißig eine beginnende Glatze hatte; abgesehen von der bei einem Boxkampf in der Schule eingeschlagenen Nase, hätte man ihn als blendende Erscheinung bezeichnen können. Das sowie eine Narbe an der Wange verliehen ihm zwar den Anstrich eines etwas übergewichtigen Boxers, was manche, darunter seine Frau, attraktiv fanden; aber Volkmann war kein Berufssportler, sondern ein Modezahnarzt, zu dessen Patienten viele der berühmtesten Berliner Film- und Theatergrößen gehörten. Er galt als hervorragender Spezialist für Jacketkronen und ganz allgemein als Zauberkünstler, der schiefe, gelbe, schadhafte Zähne in ein strahlend weißes, gleichmäßiges Gebiß verwandeln konnte.

Seine Frau – eine zierliche Person mit sorgfältig gezupften Augenbrauen und sinnlichem Mund, der allzu häufig schmollte – war zwölf Jahre jünger als er und empfand die Rolle der Gastgeberin meist als etwas anstrengend. Deshalb luden die Volkmanns ihre Gäste oft ins Restaurant ein. Doch an diesem Abend bewirteten sie in ihrer Wohnung, in der Graphiken und Gemälde aus Isaak Volkmanns erlesener Sammlung an den Wänden hingen: Feininger, Nolde, Grosz und verschiedene Dadaisten.

Doch Isaak Volkmann hatte seine Gäste nicht zur Besichtigung seiner

Sammlung eingeladen, sondern verfolgte damit einen Zweck, der ihm einiges an Takt und Fingerspitzengefühl abverlangte: Er wollte nämlich versuchen, das einst so innige Verhältnis der Brüder Winter wiederherzustellen. Seit Peters Besuch auf dem Obersalzberg zu Weihnachten 1930 hatten die beiden keine einzige Mahlzeit mehr gemeinsam eingenommen. Falls es nicht klappte und seine beiden Freunde Einwände gegen diese arrangierte Begegnung hatten, auf die sie in keiner Weise vorbereitet waren, und falls es dann zu einem heftigen Streit kommen sollte, dann wäre es jedenfalls besser, wenn das hier in seinen vier Wänden stattfand und nicht vor Publikum in einem Lokal.

Mit dieser Erklärung ließen sich freilich die Befürchtungen seiner Frau Lily nicht beschwichtigen. Die Kocherei, die Tischdekoration und der um sechs Uhr immer noch nicht gelieferte Fisch für den zweiten Gang machten ihr wahrhaftig schon genug zu schaffen, als daß sie sich zusätzlich den Kopf über einen möglichen Krach zwischen ihren Gästen zerbrechen wollte.

«Ach, Lily, ich habe zu erwähnen vergessen, daß ich außerdem noch den jungen englischen Patienten eingeladen habe.»

«Also nein, Isaak, wie konntest du nur!» Sie stampfte wütend mit dem Fuß auf.

«Er ist ein netter Junge. Ich dachte, es würde Lottie vielleicht Freude machen, sich mal wieder in ihrer Muttersprache zu unterhalten.»

«Der Tisch ist seit Stunden gedeckt.»

«Bloß ein Gedeck mehr, Lily, mein Herzblatt.»

«Ein einzelner Mann – das ist schlimmer als zwei Personen zusätzlich. Ich kann ihn unmöglich plazieren.»

«Unsinn, Schätzchen. Du brauchst bloß die Blumen zu verrücken.»

«Ich hab den ganzen Vormittag damit zugebracht, sie zu arrangieren.»

«Sie machen sich genausogut auf dem Beistelltisch drüben.»

«Ich hab nicht genug zu essen.»

«Du hast viel zuviel. Du bestellst immer solche Unmengen, daß es für die doppelte Anzahl Gäste reichen würde. Manchmal denke ich, das muß was mit deiner ärmlichen Kindheit zu tun haben.»

«Erzähl mir jetzt lieber ein bißchen was über ihn, sonst sage ich nachher noch was Verkehrtes.»

«Er erschien vor einer Woche in der Praxis – mit Schmerzen an einem oberen Schneidezahn. Ich stellte sofort fest, daß am Wurzelkanal ...»

«Isaak, ich hab jetzt keine Zeit, mir einen Vortrag über moderne Zahlheilkunde anzuhören.»

«Engländer. Dreiundzwanzig Jahre alt. Aus ärmlichen Verhältnissen...»

«Hast du ihn danach gefragt?»

«Seine Zähne sind in einem schauderhaften Zustand. Mittelloses Elternhaus, daran gibt's keinen Zweifel. Er arbeitet bei Dornier. Ein schlauer Bursche, sehr fix und amüsant. Er kam heute zur Abschlußuntersuchung. Ein Patient hatte abgesagt, deshalb konnte ich mit ihm plaudern und habe ihn dann spontan eingeladen. Sei nett zu ihm, Lily.»

«Bin ich je anders als nett? Ich bin zu nett, das ist mein Problem. Und wohin führt das? Ich lande in einer Ehe mit einem rücksichtslosen Rohling, bei dem ich vorzeitig graue Haare kriege. Warum hast du mich nicht angerufen und mir gesagt, daß ein einzelner Mann dazukommt? Ich hätte Lisl Hennig einladen können. Ihr Mann gibt ein Konzert in Breslau und ist erst am Wochenende zurück.»

«Es klingelt. Da ist jemand aber reichlich früh dran.»

«Ich finde das gar nicht komisch, Isaak, wenn du mich jetzt noch nervöser machen willst, als ich sowieso schon bin. Das ist der Fisch.»

«Ich weiß. Du hast noch stundenlang Zeit.»

«Was soll ich denn anziehen?»

«Du siehst bezaubernd aus, so wie du bist, mein Herzblatt.» Er legte den Arm um sie.

«Hör auf damit, Isaak! Wenn einer von den Dienstboten reinkommt...»

Dr. Isaak Volkmanns «Experiment» schien gut zu funktionieren. Er war allerdings auch nicht der Mann, der so etwas unternahm, ohne sich des Ergebnisses sicher zu sein. Er war ungefähr im gleichen Alter wie Paul und in den letzten Kriegswochen im gleichen Sturmbataillon gewesen. Nach dem Krieg hatten sie sich wiedergetroffen, und Paul war einer seiner ersten Patienten, bald gefolgt von Peter. Dessen Theaterkontakte hatten Isaak wiederum einige seiner ersten prominenten Patienten zugeführt. Er fühlte sich beiden zu Dank verpflichtet; daß er diesen Versöhnungsversuch auf sich genommen hatte, war ein Beweis dafür, wie viel ihm an ihnen lag.

Die Brüder und ihre Frauen unterhielten sich und lachten miteinander, als habe es nie eine Meinungsverschiedenheit über den Besuch in Adolf Hitlers privatem Wohnsitz in den Bergen gegeben. Lottie, gerade dreißig geworden, hatte von den liebgewordenen Ponyfransen Abschied genommen und sich das gewellte, glänzende schwarze Haar bis über die Ohren wachsen lassen. Sie trug ein safrangelbes Kleid aus Seidengeorgette mit Goldmetallstickerei, eine gewagte Farbe, die nur zu einem so ausgefallenen Typ wie Lottie paßte. Und daneben die unübertreffliche Inge, nach wie vor mit Bubikopf, im konservativen, ärmellosen schwarzen Kleid und mit doppelreihiger Perlenkette. Peter war schlanker geworden, was ihm gut stand. Mit den Jahren hatte er schärfer ausgeprägte Züge bekommen. Er sah attraktiver aus denn je, fand Inge. Die beiden Brüder waren im Smoking, der Gastgeber ebenfalls, während der Engländer im Straßenanzug erschienen war, seinem förmlichsten Kleidungsstück, weswegen er sich wortreich entschuldigte.

Beim Spargel drehte sich die Unterhaltung vorwiegend um den neuen Fridericus-Rex-Film. Otto Gebühr, der den Alten Fritz in dem Ufa-Film *Das Flötenkonzert von Sanssouci* gespielt hatte, war jetzt in der gleichen Rolle bei den Dreharbeiten zu *Der Choral von Leuthen*. Die Ähnlichkeit zwischen dem Schauspieler und dem Preußenkönig sei vielleicht gar nicht so groß, meinte Peter, aber dafür entspreche Gebühr haargenau dem Wunschbild jedes Deutschen vom Alten Fritz. Paul, provozierend wie eh und je, meinte, der berühmte Tenor Richard Tauber sei viel besser für diese Rolle geeignet. Was wiederum Lottie zu der sarkastischen Bemerkung veranlaßte, sie könnte sich eine ideale Besetzung für Friedrich den Großen vorstellen, an die keiner heranreiche. Das wurde mit gedämpftem Lachen quittiert. An wen sie gedacht hatte, brauchte sie nicht zu erklären. Auch wenn Hitlers Name nicht erwähnt wurde, war er an diesem Wahlsonntag doch jedem präsent.

«Er wird nicht gewinnen», sagte Paul. «Das ist sogar dem Führer selbst völlig klar. Aber er will der Welt zeigen, daß sehr viele Deutsche sich ihn als ihren Führer wünschen.» Er reichte die zerlassene Butter an Lottie weiter, ohne selbst davon genommen zu haben. Er wurde dick und war vorhin nur mit Mühe in die Smokinghose gekommen.

«Worauf tippst du?» fragte Peter. «Ein Drittel der Stimmen?» Peter konnte sich zerlassene Butter und all die anderen guten Dinge schmecken lassen und blieb trotzdem schlank. Warum werden bloß manche Menschen so leicht dick? Peter, schlaksig, langhaarig, wirkte irgendwie «künstlerisch»: legerer Schmetterlingsbinder, safrangelbes Seidentaschentuch in der Brusttasche, das farblich genau zum Kleid seiner Frau paßte. Es war wirklich zuviel des Guten. Peter versuchte, wie die Theaterleute auszusehen, mit denen er ständig zusammenhockte.

«Ja, und bis zu fünfzig Prozent für Hindenburg. Der Rest für die Kommunisten», antwortete Paul ausdruckslos.

«Mir wird eiskalt bei dem Gedanken, daß deine Nazis an die Macht kommen...», sagte Isaak.

«Du hast doch nichts zu befürchten, Isaak», entgegnete Paul.

«Bist du noch zu retten, Paul? Vor den Warenhäusern sehe ich eure Nazis mit Schildern ‹Kauf nicht bei Juden!›. Wie lange dauert es, bis ein Braunhemd vor meiner Tür steht mit der Weisung: ‹Laßt euch die Zähne nicht von einem Juden behandeln!›?»

«Das ist doch nur Propaganda», bemerkte Paul verlegen.

«Das ist nicht nur Propaganda, Paul. Letzte Woche kam ich bei Wertheim vorbei und sah SA-Rowdies auf zwei Kunden einschlagen, bloß weil die unbedingt hineingehen wollten und sich nicht davon abhalten ließen.» Volkmanns Gesicht hatte sich gerötet, wie immer, wenn er erregt war.

«Dann hätten sie sich an die Polizei wenden sollen. Wir erheben ja nicht den Anspruch, über dem Gesetz zu stehen.»

«Wann wirst du endlich nicht mehr die Augen verschließen, Paul, sondern sie weit aufmachen?» Er hielt inne und starrte seinen alten Kriegskameraden unverwandt an. Er wollte ihm seine berechtigten Ängste verständlich machen. «Es standen zwei Polizisten da und haben dem Ganzen zugesehen. Ohne einzuschreiten. Die Deutschen können sich nicht mehr auf ihre Polizei verlassen, das ist die traurige Wahrheit.»

Niemand sagte etwas. Volkmann beruhigte sich und aß ein paar Spargel. «Was meinen Sie zu alldem, Mr. Samson?» wandte er sich an seinen englischen Gast. Brian Samson war ein gutaussehender junger Mann mit hellbraunem gewellten Haar und saloppem Schnurrbart. Nur die bei Briten häufige rote Gesichtsfarbe störte, sonst hätte man ihn sogar als sehr attraktiv bezeichnen können. Er trug einen grauen Kammgarnanzug englischer Machart und von guter Qualität. Im Kontrast dazu hatte er typische Arbeiterhände: narbig, schwielig, Öl und Schmutz schienen sich in die Haut eingefressen zu haben, so daß kein noch so kräftiges Schrubben richtig half.

«Ich weiß nicht, was ich davon halten soll, Herr Doktor...»

«Nennen Sie mich Isaak, wie alle meine Freunde.»

«Ich bin Ingenieur. Planen, kalkulieren und erproben, dafür reicht mein Verstand. Ich mag Dinge, die ich mit der Mikrometerschraube messen und mit dem Rechenschieber berechnen kann. Mir fehlt einfach die Zeit, und auch die Neigung, mich mit Politik zu beschäftigen.»

Drei oder vier der Anwesenden setzten wie aus einem Mund zu einer Antwort an, stockten sofort etwas verdutzt; alles lachte.

«Sie sehen, jeder von uns hat eine Lösung parat», wandte sich Isaak an Samson, «aber jeder hat eine andere. Das ist unser Problem in Deutschland.»

«Ich war nie sehr religiös», sagte Samson. «Meine Mutter war römisch-katholisch, mein Vater Mitglied der anglikanischen Kirche. Deshalb haben sie sich darauf geeinigt, mich als Agnostiker zu erziehen...» Er lachte kurz auf, als sei er gegen diese Entscheidung seiner Eltern. «Daher kann ich Hitlers religiöse Verfolgung der Juden nicht akzeptieren. Ich vermag nicht zu sehen, was die Nazis sich davon versprechen.»

«Es handelt sich nicht um eine religiöse Verfolgung, sondern um eine rassische», korrigierte Lottie.

«Den Unterschied müssen Sie mir erklären», bat Samson.

«Judenverfolgungen hatten wir in Europa jahrhundertelang», begann Lottie. «Doch damals endete sie, wenn ein Jude zum christlichen Glauben übertrat. Einen solchen Ausweg bietet Hitler nicht. Er haßt die Juden wegen ihrer Rasse, nicht wegen irgendwelcher Nuancen in ihrem Gottesbegriff.»

Sie hielt inne, doch es war offenkundig, daß sie noch mehr auf dem Herzen hatte. Ein besorgter Blick streifte Peter, den sie keinesfalls in Verlegenheit bringen wollte. Ihm war schwer anzumerken, wenn er sich aufregte, und sie hatte immer noch ein schlechtes Gewissen, weil sie ihn damals zu Weihnachten zu dem überstürzten Aufbruch veranlaßt hatte. Peter lächelte ihr zu. Ihm war klar, daß sie die Gegenwart des Engländers zum Vorwand nahm, ihre Angst und Wut auszusprechen, und es war gut, wenn sie es tat.

«Sie können es nicht so stehen lassen. Bitte erklären Sie es mir», drängte Samson. Als geübter Beobachter registrierte er, daß Lottie ihren Mann fortwährend im Auge behielt. Das hatte nichts Auffälliges an sich, aber Samson glaubte, noch nie bei einer Frau einen solchen Ausdruck bedingungsloser Liebe wahrgenommen zu haben. Er fragte sich, ob Winter überhaupt wußte, wie glücklich er war.

Lottie fuhr fort: «Hitlers Nationalsozialismus und Mussolinis Faschismus sind gleichbedeutend mit einer Gesellschaft, die im Kampf liegt. Von ihren Mitgliedern wird verlangt, Opfer zu bringen, Befehlen zu gehorchen und alle erdenklichen Demütigungen und Entbehrungen hinzunehmen, weil eben die Gesellschaft sich im Kampf befindet.» Mit einem raschen Rundblick stellte sie fest, wie die übrigen darauf reagierten. Alle sahen sie an, nur Inge starrte auf ihren Teller. «Wenn man diesen Unsinn für bare Münze nehmen will, muß man sich einreden, daß man sich im Krieg befindet, bedroht von einem grausamen, hinterhältigen Feind. Sollte Hitlers Deutschland jemals kommen, so befände es sich im ständigen Krieg mit den Juden.»

«Ich hoffe, Sie irren sich, Mrs. Winter», sagte Samson.

Paul lachte. Er konnte Definitionen dieser Art einfach nicht ernst nehmen. «Ich wünschte, ihr würdet nicht alles zwischen den Zeilen lesen. Bei den Reden der Sozialdemokraten und anderer Parteien nehmt ihr ja auch nicht jede Versprechung und jede Drohung ernst. Nur Hitler behandelt ihr als Buhmann. Aber Hitler ist bloß genauso ein ausgekochter Politiker wie die anderen auch. Er versteht die Massen zu nehmen und erzählt ihnen das, was sie hören wollen. Ist er einmal an der Macht, wird er dasselbe tun wie alle Politiker, sobald sie das Ziel ihrer Wünsche erreicht haben: nämlich all diesen unsinnigen, albernen Ballast abwerfen. Er würde einen großartigen Reichskanzler abgeben, der einzige Mann, der stark genug ist, für Deutschland in der Welt einzutreten.»

«Ich weiß nicht, wieso man jemand braucht, der für Deutschland eintritt», wandte Lottie ein. «Die Welt behandelt Deutschland doch großzügig, wenn du mich fragst.»

«Komm mal wieder runter von deinem hohen Roß, Lottie», begütigte Isaak Volkmann. «Schau dir doch den Versailler Vertrag an, dann siehst du, wie ‹großzügig› uns die Welt behandelt.» Er blickte, Zustimmung heischend, in die Runde. Sogar Brian Samson nickte.

«Hast du vergessen, was für Bedingungen Deutschland nach dem Krieg von 1870/71 Frankreich aufgebürdet hat?» konterte Lottie.

«Die waren sogar noch schlimmer, ja, aber das liegt doch lange zurück», warf Lily Volkmann ein, die als Jüngste den Geschichtsunterricht noch frisch in Erinnerung hatte.

Lottie lächelte. Mit genau diesen Einwänden hatte sie gerechnet. «Dann seht euch mal die Bedingungen an, die Deutschland den Russen aufgezwungen hat, als sie 1917 die Kampfhandlungen einstellten. Seht euch die riesigen Gebiete an, auf die Rußland verzichten mußte. Verglichen mit dem Friedensvertrag von Brest-Litowsk waren die Bedingungen der Alliierten ausgesprochen milde.»

«Das alles ist inzwischen Geschichte», wehrte Volkmann ab. «Nicht relevant.»

«Und ob es relevant ist», widersprach Lottie vehement.

Lily Volkmann gab dem Personal ein Klingelzeichen, daß abgeräumt und der nächste Gang serviert werden könne. Isaak Volkmann stellte seinem englischen Gast einige Fragen, um die Unterhaltung in harmlosere, weniger affektbetonte Bahnen zu lenken. Brian Samson erzählte von seiner Kindheit, die er als einziger Sohn eines Dienerehepaares auf einem Herrensitz in den Midlands verbracht hatte. Als der Baron sich einen Rolls-Royce kaufte, wurde Samsons Vater in die Fabrik in Derby geschickt zu einem Fahr- und Wartungskurs. Eine solche Unterweisung war damals noch im Kaufpreis inbegriffen. Der Junge war begeistert über diesen Glücksfall und interessierte sich brennend für den herrlichen Wagen, so daß er, als er mit vierzehn die Schule verließ, genügend Kenntnisse gesammelt hatte, um eine Stellung in der örtlichen Werkstatt zu bekommen. Von da ab hatte er die Abendschule besucht und ein Zwischenexamen als Ingenieur abgelegt. Als sich ihm dann ein Posten in der Planungsabteilung der Dieselmotorfabrik Dornier am Bodensee bot, fand er es richtiger, dafür die Abschlußprüfungen ein bis zwei Jahre hinauszuschieben. Jetzt sprach er ausgezeichnet Deutsch und hatte sich bei etlichen Reisen auch hinreichende Französischkenntnisse angeeignet, so daß er sich ernstlich überlegte, ob er überhaupt nach England zurückkehren solle.

«Wenn Sie von Ihrer jetzigen Stellung genug haben, Samson, dann kommen Sie doch mal bei mir vorbei», sagte Peter Winter. «Wir brauchen erfahrene Leute in der Fabrik, die das Unternehmen meines Vaters in Bremen baut. Sie hätten da gute Aussichten.»

«Was wäre das denn für eine Arbeit, Herr Winter?»

Winter löste die Gräte aus der gegrillten Seezunge. Dann entsann er sich Samsons Bemerkung, daß er sich nicht für Politik interessiere, und beantwortete die Frage: «Flugzeugmotoren. Sehr hohe Antriebskraft, wassergekühlt, Reihenanordnung... Einspritzmotor, allerdings Benzin, kein Diesel.»

Samson war sofort Feuer und Flamme. «Für Kampfflugzeuge der Luftwaffe?»

Ohne von seinem Fisch aufzublicken, erwiderte Peter: «Es gibt keine Luftwaffe; der Versailler Vertrag verbietet es. Unsere Motoren sind für den Export nach Schweden und in andere Länder bestimmt.»

«Ich habe nichts dagegen, Deutschland beim Bau von Flugzeugmotoren für den Export oder andere Zwecke zu helfen, Herr Winter. Die Motoren, die Sie schildern, sind genau das, woran ich gearbeitet habe. Ich wäre Ihnen dankbar, wenn Sie da etwas vermitteln könnten.»

Peter Winter reichte ihm eine Geschäftskarte. «Besuchen Sie mich im Büro. Rufen Sie nächste Woche an, meine Sekretärin vereinbart dann einen Termin mit Ihnen. Zum Mittagessen, wenn Sie Zeit haben.»

«Das würde mir sehr gut passen», sagte Samson. Er machte sich keine Illusionen – weder über das Mittagessen noch über die angebotene Stellung. Die Winter-Werke hatten erst kürzlich mit dem Bau von Flugzeugmotoren begonnen. Ein ehemaliger Angestellter von Dornier konnte ihnen alle möglichen Informationen liefern über die Vorhaben der Konkurrenz. Peter Winter würde ihn beim Mittagessen aushorchen. So funktionierten diese Dinge eben, man konnte es auch Werkspionage nennen.

«Ausgezeichnet», sagte Peter.

Bisher war der Wahlsonntag ohne Zwischenfälle verlaufen. Doch nun drangen von der Straße Marschtritte herauf und danach Geschrei. Der Bayerische Platz um die Ecke war ein beliebter Treffpunkt für Aufmärsche und Versammlungen der Nazis.

«Können die Ergebnisse denn schon bekannt sein?» fragte Lily Volkmann ihren Mann, der anscheinend immer alles wußte.

«Viel zu früh», erwiderte er.

Erneutes Geschrei. Keiner stand vom Tisch auf. «Morgen trete ich in die SPD ein», verkündete Peter Winter.

Für Paul war das Abendessen mit seinem Bruder geradezu eine Verjüngungskur. Und am nächsten Tag rief ihn Peter an und lud ihn ein zum Mittagessen in das luxuriöse Weinrestaurant von Lutter und Wegener.

Es war ein eher frugales Mahl, und sie tranken dazu auch nur eine Flasche Rheinwein und etwas französischen Kognak, doch Paul begrüßte die Gelegenheit zu einem ausführlichen Gespräch mit seinem Bruder. Er erzählte ihm von seinem beruflichen Ärger. Man hatte ihn aus dem Partei-Hauptquartier in ein kleines, dunkles Büro beim S-Bahnhof Tempelhof versetzt. Das bedeutete einen langen Weg von seiner Wohnung in Pankow, und da er keinen Wagen mit Chauffeur mehr zur Verfügung hatte, verbrachte er täglich Stunden im Zug. Eine Sekretärin hatte er auch nicht mehr. Angeblich gehörte das alles zu einem Sparprogramm, doch Paul hatte die Anweisung gesehen, auf der sein Name genannt und dazu vermerkt wurde, daß er weder eine Sekretärin noch einen Assistenten benötige. Die Maßnahmen hatten bei den Betroffenen zahlreiche Beschwerden ausgelöst. Die meisten seiner Kollegen sagten, die Idee stamme von Goebbels, was Paul allerdings nicht glaubte. Es war natürlich Brand, der ihn hinausdrängen wollte oder vielleicht auch hoffte, daß er sich zu irgendwelchen unbedachten Schritten hinreißen lassen würde, um mit ihm abzurechnen.

«Dann geh doch um Gottes willen dort weg, Paul», beschwor ihn sein Bruder. «Wir können jederzeit irgendwo einen Platz für dich in der Firma finden.»

«Noch ein Jurist! Die wachsen euch doch schon zum Halse heraus. Das hab ich jedenfalls von dir gehört.»

«Dann servieren wir eben einen ab.» In solchen Dingen war Peter von jeher kaltschnäuzig. Er betrachtete das nicht als moralische Frage, sondern als reine Verwaltungsangelegenheit.

«Mir wäre dabei nicht wohl, Peter. Trotzdem vielen Dank.»

«Was willst du denn nun tun?»

Paul spielte mit seinem Weinglas herum, bevor er antwortete: «Ich denke an all die Leute, die ich oben an der Spitze kenne.»

«Prima, geh zum Führer.»

«Nein, das bringe ich nicht fertig.»

«War doch nur ein Scherz, Paul.»

«Ja, klar.»

«Wie soll das weitergehen, Paul? Diese ganzen Skandale schwächen Hitlers Position. Du hast doch sicher die Briefe Röhms gelesen, die im März in der *Münchner Post* veröffentlicht wurden? Willst du mir etwa einreden, daß es sich um Fälschungen handelte?»

«Nein. Röhm ist ein notorischer Homosexueller und macht daraus auch kein großes Geheimnis.»

«Und jetzt bringt der *Vorwärts* einen Artikel über einen Mordanschlag auf Röhm. Das klingt wie aus dem Irrenhaus. Es hört sich an, als bestehe die SA-Leitung aus Mördern, Verrückten und Schwulen. Da gehörst du doch nicht hin – unter solche Leute!»

«Du mußt nicht alles glauben, was du in der Zeitung liest, Peter.»

«Was gedenkst du zu unternehmen?»

«Na ja, ich kenne da einen alten Soldaten in München, der Einfluß auf Röhm und ein paar andere SA-Führer haben soll. Ich kenne ihn recht gut und nehme morgen den Zug.»

«Kenne ich den Namen?»

«Nein», sagte Paul schuldbewußt, denn Peter hätte den Namen nur allzugut gekannt.

Paul Winter hatte den Kontakt zu Hauptmann Graf erneuert, als dieser einen Brief an die Berliner Parteizentrale schickte und bat, die auf der beiliegenden Liste aufgeführten Bücher zu besorgen und an seine Münchener Adresse zu senden. Der Buchhalter, der in solchen Fällen die Zahlung genehmigte, beanstandete die Bestellung, da es sich um Bücher handelte, die völlig aus dem gewohnten Rahmen fielen. Hauptmann Graf verlangte alte, von der kaiserlichen Armee herausgegebene Leitfäden zu den verschiedensten militärischen Belangen.

Neues über den absonderlichen Hauptmann Graf zu erfahren, interessierte Paul Winter in jedem Fall. Und er konnte nicht umhin zu bemerken, daß die Rückfrage des Buchhalters mit einem offiziellen Brief aus dem Büro des Stabschefs der SA beantwortet wurde. Darin hieß es, Hauptmann Graf sei mit einer überaus wichtigen Arbeit befaßt und mit allen Büchern und sonstigen Materialien, die er verlange, zu versorgen. Noch bemerkenswerter war, daß der Brief nicht nur die Unterschrift von Röhms Sekretär trug, sondern auch die des Stabschefs persönlich.

Paul hatte sich die Adresse notiert, sagte Inge nur, daß er «beruflich» nach München müsse, und nahm den Schlafwagen, der um acht Uhr morgens im Münchener Hauptbahnhof eintraf.

Normalerweise war Paul nicht so leicht ins Bockshorn zu jagen, doch der Druck, unter dem er in den letzten paar Wochen gestanden hatte, war schuld an rund sechs Kilo Gewichtszunahme. Paul gehörte zu den Menschen, die zwischen den Mahlzeiten knabbern und bei Anspannung mehr und mehr essen. Deswegen zog er jetzt den grünen Trachtenanzug an, der ihm immer zu groß gewesen war, für einen Besuch in Bayern außerdem die richtige Wahl.

Es war ein klarer, strahlender Morgen, als er auf den Bahnhofsplatz trat. Unter gewöhnlichen Umständen hätte er sich im Braunen Haus gemeldet, aber davon wäre Brand bestimmt etwas zu Ohren gekommen. Das wollte Paul unbedingt vermeiden; dies sollte ein rein privater Besuch sein, nicht einmal Inge wußte, wohin er ging. Mit einem Taxi fuhr er zu Grafs Adresse in Giesing. Am Ende der Straße befand sich eine kleine Brücke sowie ein Bach und ein paar alte Bauernhäuser, umgeben von den großen Wohnblocks aus dem 19. Jahrhundert. Paul öffnete die Haustür zu einem dieser leicht heruntergekommenen Gebäude und betrat den Flur mit den grüngekachelten Wänden. Er zwängte sich an mindestens einem Dutzend Fahrrädern vorbei und gelangte durch eine Tür in das spärlich beleuchtete Treppenhaus.

Er entdeckte Grafs Namen auf einem der zwei Dutzend Briefkästen und stieg dann nach oben. Als er im Dachgeschoß ankam, war er außer Atem – seine Kondition hatte schwer nachgelassen seit der Militärzeit; damals konnte er vor dem Frühstück mühelos fünf Kilometer laufen und das auch noch genießen. Er klingelte an der Tür und wartete eine ganze Weile. Durch das schmutzige Fenster konnte er auf den Hof hinuntersehen: eine Reihe überquellender Mülltonnen und ein rastlos herumjagender Hund.

«Ja?» Ein bildschöner blonder junger Mann hatte die Tür geöffnet. «Ihr Name bitte?» Er trug Lederhosen und ein Trachtenhemd, keine SA-Uniform.

«Winter. Oberleutnant Winter. Ich habe angerufen.» Zu spät fiel ihm ein, daß es vielleicht angemessener gewesen wäre, sich als Ehrenmitglied der SA vorzustellen, doch er zog den militärischen Rang vor. Ein Blick auf das Türschild zeigte ihm, daß dieser Snobismus auch auf Hauptmann Graf zutraf.

«Der Hauptmann erwartet Sie. Die dritte Tür rechts. Gehen Sie bitte hinein.»

Paul Winter hatte Graf stets als Mann der Tat gekannt, einen Mann, an dessen Seite er marschiert war und gekämpft hatte, einen harten, rücksichtslosen und grausamen Kommandeur, der ein Schreckensregiment führte und mit dem Gegner kein Erbarmen kannte. Ihn in einer solchen Umgebung wiederzusehen, das hätte er nicht erwartet.

Der große Raum war voller Bücher; sie füllten die roh gezimmerten Regale zu Hunderten, vielleicht Tausenden und stapelten sich sogar auf dem Fußboden. Graf saß an einem altmodischen geschnitzten Schreibtisch, auf dem weitere Bände ausgebreitet lagen, einige aufgeschlagen, andere mit Lesezeichen markiert. Vor sich hatte er ein Ringbuch, in das er mit der Hand schrieb. Aus dem Nebenzimmer tönte Schreibmaschinengeklapper.

Graf musterte Winter streng, bevor er ihn begrüßte. «Winter! Nehmen Sie Platz. Legen Sie die Bücher einfach auf den Boden. Schön, Sie wiederzusehen. Kaffee?» Grafs Frettchengesicht war runzlig geworden, der kurze Körper gebeugt. Er nahm die goldgeränderte Brille ab und legte sie auf den Schreibtisch. Er trug blanke Schaftstiefel und einen enganliegenden Uniformrock, offenbar Macht der Gewohnheit.

«Gerne», sagte Paul.

«Hans!» rief Graf, «Kaffee!» Er sah zu, wie Paul die schweren Bücher wegräumte, um sich hinzusetzen. «Sie sind fett geworden, Winter. Bewegung. Sie brauchen Bewegung. Zu verweichlicht. Heutzutage ist jeder so jämmerlich schlapp.»

«Sie haben recht, Herr Hauptmann.»

«Dreißig Minuten jeden Morgen. Sehen Sie sich mal die Muskeln an!» Er schlug sich auf den Oberarm und wandte den Blick dann wieder Paul zu. «Meine Güte, Mann, sind Sie schlapp! Eine Schande.»

«Ja, Herr Hauptmann. Ich brauche Ihren Rat. Ich weiß, Sie sind ein vielbeschäftigter Mann.»

«Tatsächlich? Ein vielbeschäftigter Mann also. Was wissen Sie sonst noch?»

«Der Stabschef hat angeordnet, Ihnen alles zu schicken, was Sie anfordern.»

«Ja, ich weiß. Ich hab mit ihm telefoniert. Ich lasse mir doch nicht von einem kleinen Buchhalter, von so einem Scheißkerl, an meinen Aufträgen herummäkeln. Hoffentlich haben Sie ihm einen Tritt in den Hintern gegeben?»

«Er arbeitet nicht für mich», entgegnete Paul. «Ich bin in der Rechtsabteilung.»

«Aha! Ja, ich habe den Chef persönlich angerufen; ich kenne Röhm seit seiner Kindheit. Ich könnte Ihnen Geschichten erzählen – ich tue es nicht, aber ich könnte. Ich habe ihn zu zehn Tagen Arrest verurteilt. Er war damals Kadett. Das ist natürlich lange her.»

Der Kaffee wurde gebracht – auf einem Holztablett mit Leinendeckchen, polierten silbernen Löffeln und Sahnekännchen. Der junge Mann, der es servierte, wirkte ängstlich und schlug die Augen nieder. «Zucker, Sahne ... ja, in Ordnung.» Graf inspizierte das Tablett mit militärischem Scharfblick. «Abtreten.» Der Junge verschwand, ohne ein Wort gesprochen zu haben.

Paul war nervös. Jetzt oder nie. «Kennen Sie einen Offizier namens Heinrich Brand? Einen Obersturmbannführer.»

«Ob ich ihn kenne? Natürlich kenne ich ihn. Ein unverschämter Lümmel. Ich weiß alles über ihn. Hat als Soldat in einem Kavallerieregiment angefangen... Dann hat ihn irgendein Volltrottel zum Offizier befördert. Ein Parvenü. Blut setzt sich durch, Winter. Das hab ich immer gesagt.»

«Ich erinnere mich.»

«Brand. Ein ehrgeiziger kleiner Bauer. Natürlich kenne ich ihn.»

«Er macht mir das Leben schwer, Herr Hauptmann.»

«Ein Bauer! Wer hat ihn zum Offizier gemacht? Beantworten Sie mir das.»

«Er ist jetzt Obersturmbannführer.»

«Der Rang zählt nicht. Es kommt auf den Einfluß an.»

«Brand ist ein Vertrauter des Stabschefs.»

Graf wurde erregt. «Tatsächlich? Wer hat Ihnen das gesagt? Wissen Sie, was ich hier tue, Winter? Ich werde es Ihnen zeigen.» Graf holte von einem kleinen Schrank ein zusammengerolltes Blatt Papier und winkte Paul damit zu. «Sobald wir die Macht erringen, wird die SA in der Reichswehr aufgehen. Jeder unserer Männer wird Soldat. Der Stabschef hat mich berufen, die Pläne für diesen großen Tag auszuarbeiten.» Er entrollte den Bogen Papier, breitete ihn auf dem Schreibtisch aus und beschwerte die Ecken mit Büchern, so daß sie ihn betrachten konnten. Auf dem komplizierten Diagramm waren die deutschen Militärverbände bis zur Kompanie hinunter dargestellt, und das Wehrkreis um Wehrkreis.

Über der Graphik waren in verschiedenen Farben Namen und Nummern der SA-Verbände verzeichnet: Die SA-Standarten wurden von jeher numeriert. Grafs Diagramm zeigte nun, wie jedem Regiment der Reichswehr ein erheblicher Bestandteil an Braunhemden einverleibt würde, um damit die Loyalität gegenüber dem Nazi-Regime zu gewährleisten.

Graf schob die Brille hinter die großen Ohren und tippte stolz mit dem Finger auf sein Diagramm. «Das Reichsheer wird erweitert, so daß jedes Regiment neben seinen üblichen Bataillonen ein Bataillon Braunhemden haben wird.» Er fuhr über das Blatt. «Beim Stab verhält es sich mit dem Aufbau etwas komplizierter. Am Ende werden SA-Offiziere in allen Waffengattungen vertreten sein, vorerst jedoch müssen die technischen Bereiche – Pioniere, Artillerie und Panzer – noch Monopol der ausgebildeten Offiziere des Heeres bleiben.»

«Hat der Führer das genehmigt? Ich dachte, er hätte den Generalen versprochen, die Reichswehr würde der ‹einzige Waffenträger› sein.»

«Der Führer? Machen Sie mal halblang, Junge! Wachen Sie auf! Die SA hat mehr als die vierfache Stärke der Reichswehr, annähernd eine halbe Million Mann. Wir haben es nicht nötig, vor dem Militär oder vor dem Führer zu katzbuckeln. Wir sind die neue Armee des Nationalsozialismus. Wenn der kleine Österreicher an die Macht kommt, dann haben wir ihm dazu verholfen.»

Paul unterdrückte ein Schaudern. Ideen dieser Art hatte er schon vorher gehört, aber daß dieser feiste Homosexuelle mit dem narbigen Gesicht und den rüden Umgangsformen die deutsche Armee übernehmen sollte, war unvorstellbar, auch wenn Ernst Röhm ein furchtloser Soldat und tüchtiger Stabsoffizier sein mochte. «Hat Röhm das gesagt?» erkundigte er sich.

«Sie sind doch nicht etwa irgendso ein verdammter Spion, Winter?»

«Nein, selbstverständlich nicht, Herr Hauptmann. Aber das alles ist für mich eine große Überraschung.»

«Und es wird auch für manche von diesen Kerlen in Berlin eine große Überraschung sein, oder?» Er zwinkerte ihm zu.

«Und Brand?»

Er fixierte Paul eine Weile, bis er sich klar darüber wurde, daß er ihm trauen konnte. «Um Brand wird man sich schon kümmern. Machen Sie sich nur keine Sorgen um unseren Freund Brand. Sein Name steht auf der Liste.»

«Auf der Liste?»

«Auf der Liste der Feinde, mein Junge. Wo gehobelt wird, fallen Späne! Die Redensart kennen Sie doch? Ja, Brand ist einer von ihnen.

Der Stabschef behält Brand dort, um ein Auge auf ihn zu haben. Wir wissen, daß Brand alles, was er sieht und hört, dem Führer meldet.» Graf studierte immer noch voller Stolz und Interesse sein Diagramm.

«Wird man ihn töten?»

Graf blickte auf. «Es bleibt nichts anderes übrig. Das wurde auf höchster Ebene beschlossen. Er und noch viele von der Sorte.»

«Wann?»

«Was meinen Sie damit?»

«Wann wird das geschehen?» fragte Paul.

«Wenn wir die Macht ergreifen.» Graf nahm die Bücher weg und rollte das Diagramm wieder zusammen.

«Dieses Jahr?»

Graf zuckte die Achseln. «Ich bin kein Politiker. Da erkundigen Sie sich besser bei Ihrem Freund Esser. Der gehört jetzt zu den hohen Tieren.»

«Sehen Sie Esser manchmal?» wollte Paul wissen. Eigentlich meinte er damit: Weiß Fritz Esser von Röhms Plänen, das Heer zu übernehmen, gleichgültig, was andere sagen oder tun?

«Esser? Den hab ich seit Jahren nicht mehr gesehen.» Graf kratzte sich nachdenklich den Kopf. «Er ist mir einen Gefallen schuldig, oder auch zwei. Ich hoffe, er erinnert sich daran.»

«Esser vergißt niemals einen Freund.»

«Ich bin kein Freund», korrigierte Graf pedantisch. «Aber er schuldet mir einen Gefallen.»

«Brand macht mir das Leben unerträglich», betonte Paul abermals.

«Ich könnte mit Röhm sprechen, aber er kann Beschwerden dieser Art nicht ausstehen.»

«Nein, sagen Sie niemand etwas davon. Ich wollte nur Ihren Rat.»

«Stehen Sie's durch. Das ist mein Rat. Brand und seine Busenfreunde werden binnen einem Monat nach unserer Machtübernahme aus Ihrem Leben verschwinden. Bis dahin halten Sie die Ohren steif, mein Junge.»

«Ja», nickte Paul. Er respektierte Grafs Rat und beschloß, ihn zu befolgen. Paul brauchte jemand, an den er sich wenden konnte: in der Kadettenanstalt, wo Peter dazu nicht in der Lage war, hatte Alex Horner diese Rolle übernommen. In Parteiangelegenheiten ging er zu Fritz Esser. Und in diesem Fall, in dem Esser nichts auszurichten vermochte, fuhr er eben zu Graf. Er bewunderte selbstsichere, entschiedene Männer. Er wäre gern so gewesen, aber das war ziemlich anstrengend, und solche Menschen machten sich zu viele Feinde. Paul schwamm lieber mit dem Strom. Das Leben war zu kurz, um ernst genommen zu werden.

Wie hatten doch seine Leute während der schrecklichen Kämpfe 1918 gewitzelt? «Wer das Leben ernst nimmt, kommt nicht mit dem Leben davon.» Er wußte, warum Soldaten eine Beförderung ablehnten. Als gemeiner Soldat war es leichter, alles so zu nehmen, wie es kam, sich Befehlen zu fügen und keine Entscheidungen treffen zu müssen. Ja, verdammt noch mal, er würde es durchstehen!

«Trinken Sie doch Ihren Kaffee, Winter.»

«Ich sehe ja, wie beschäftigt Sie sind, Herr Hauptmann.»

«Niemals zu beschäftigt, um mit einem alten Kriegskameraden zu schwatzen. Trinken Sie Ihren Kaffee.»

«Danach muß ich gehen und Sie Ihrer Arbeit überlassen.»

Ein paar Minuten herrschte Schweigen, dann ergriff Hauptmann Graf das Wort: «Dieser Bursche, der an dem Abend damals verletzt wurde...»

«Hauser. Der Diener meines Vaters.»

«Geht es ihm gut?»

«Sehr gut. Er arbeitet immer noch bei meinem Vater.»

«Ich hatte zuviel getrunken, Winter.»

«Das ist doch längst vergessen, Herr Hauptmann.»

«Dank Ihnen. Ich nehme an, Sie haben die Wogen geglättet.»

«Das ist alles längst vergessen», wiederholte Paul, den die Erwähnung des Zwischenfalls an seinem Geburtstag verlegen machte. Er trank den Kaffee aus und erhob sich.

Als er schon an der Tür war, sagte Graf: «Ich vergesse nie eine Gefälligkeit, Winter. Brand überlassen Sie mal mir. Ich rede mit dem Stabschef.»

«Besten Dank, Herr Hauptmann.»

Es war noch früh am Tag. Paul schlenderte über die Isar in Richtung Zentrum. Hinter dem Marienplatz versammelten sich die Nazis zu einer Kundgebung – große Hakenkreuzfahnen und -wimpel, Transparente. Auf der einen Seite des Platzes formierten sich SA-Männer samt Blaskapelle und hinter ihnen Dutzende von Männern und Frauen in Landestracht, mit der die Nazis «Volksverbundenheit» und «Pflege deutschen Brauchtums» bekundeten.

Paul bog seitwärts zum Viktualienmarkt ab, um eine mögliche Begegnung mit Bekannten zu vermeiden. Er liebte den Geruch von frischem Obst und Gemüse; die Sonne schien jetzt, um die Mittagszeit, warm, und man konnte vor einer der Bierwirtschaften im Freien sitzen. Paul suchte sich einen Platz und bestellte eine Maß Maibock und Weißwürste.

Er ließ es sich schmecken und sah versonnen den Mädchen nach, die vorbeiflanierten, als plötzlich eine Stimme von hinten ertönte: «In München ißt man die Weißwurst nicht mit der Haut, Winter, altes Haus!»

«Koch!» rief Paul. Lothar Koch, sein Feldwebel aus dem Sturmbataillon, jetzt im teuren schwarzen Ledermantel und Tirolerhut. Aus dem pickeligen Jugendlichen war ein bekümmert dreinblickender Anfangdreißiger geworden mit Knollennase, buschigen schwarzen Augenbrauen und dunklen Augenringen.

Sie schüttelten sich die Hände, ein Lächeln erhellte Kochs Gesicht und entblößte einen Goldbackenzahn in dem gleichmäßigen, kräftigen schneeweißen Gebiß. «Was tust du denn in München? Ich dachte, du lebst ihn Berlin.»

«Geschäftsreise. Ich fahre mit dem Nachmittagszug zurück. Und du?»

«Ich wohne jetzt seit über fünf Jahren hier. Ich arbeite für die Partei.» Das Wort Nazi ließ er geflissentlich weg. Koch hatte sich nie mit Fragen der Etikette aufgehalten und nahm unaufgefordert Platz.

«Ich auch.» Paul war erleichtert, in diesem Fall keine Hürde überwinden zu müssen, die manchmal den Umgang erschwerte.

«Ich weiß. Ich hab von dir gehört. Ich bin beim Sicherheitsdienst des Reichsführers SS.» Er lächelte fast entschuldigend, als sei ein Posten beim SD nicht geeignet für ihn.

«Was machst du da, Lothar?» Die Kellnerin kam, und Paul bestellte Bier und Weißwürste für seinen Freund.

«Ich arbeite für einen jungen Mann namens Reinhard Heydrich. Kennst du ihn? Zu jung für den Krieg ... Einer von diesen armen Irren, die meinen, sie haben wer weiß was verpaßt. Na, du weißt schon, von der Sorte wimmelt's überall in Deutschland.»

«Und jetzt?» fragte Paul. Die Weißwürste kamen, mit Bier, Brot und süßem Senf.

«Mein Chef gehört zum Stab von Reichsführer Himmler. Wir haben ein kleines Büro hier in München, in der Türkenstraße. Die Regierung hat ja Nazi-Organisationen verboten, deshalb nennen wir uns Presse- und Informationsdienst.»

«Und inoffiziell? Ich meine, was tust du dort, Lothar?»

«Mein ausgefuchster Chef hat dem Reichsführer eingeredet, daß die ganze verdammte Organisation von kommunistischen und Polizeispitzeln unterwandert ist. Wir spüren parteifeindliche Elemente innerhalb der Partei auf. Wir erstatten Bericht über Kommunisten und führen eine Namenskartei über alle erdenklichen Leute.» Er fischte sich eine Weißwurst aus der Schüssel und enthäutete sie dann geschickt auf dem Teller. Lothar war von jeher ein starker Esser, merkwürdig, daß er nicht dick wurde. Vielleicht macht er sich unentwegt Sorgen, dachte Paul, aber er sah eigentlich nicht so aus, als ob das an ihm zehrte.

«Gibt es tatsächlich so viele Spitzel in der Partei?» fragte Paul.

«Wenn Heydrich welche verlangt, liefere ich sie eben.»

«Mach keine Witze, Lothar.»

«Ich meine es ganz ernst, Paul. Dieser Heydrich ist gerade erst in die Partei eingetreten und im Handumdrehen beim Stab des Reichsführers gelandet. Von da ab kann ich mit seinen Beförderungen kaum noch Schritt halten. Gestern abend kam über Fernschreiber die Nachricht, daß er mit Wirkung vom 19. Juli offiziell zum Leiter des SD ernannt wird, im Rang eines Standartenführers. Kannst du dir vorstellen, was der verdient? Und um allem die Krone aufzusetzen – zur Zeit befindet er sich auf einer Inspektionstour durch sämtliche SD-Büros in Deutschland.»

«Wie viele Dienststellen habt ihr denn in Deutschland?»

«Nur eine Handvoll Informanten da und dort.» Er stopfte sich ein Stück Brot in den Mund und fuhr fort: «Das ist nichts weiter als ein Vorwand für eine von seinen Vergnügungsreisen: Für seine Weiber, seine Luxushotels, seine Zechen in Schlemmerlokalen blecht dann die Partei.» Er nahm einen Bissen Weißwurst.

«Kommt er denn damit durch?»

Lothar lächelte mit vollem Mund. «Wer hindert ihn daran? Du? Erhebt irgendein kleiner Parteifunktionär an der Kasse Einwände? Nein. Wir wissen doch, wie so was in der Partei gehandhabt wird. Wer dieser abgefeimten Dampfwalze in die Quere kommt, landet in einer Namenskartei und dann im Schlamassel, aber wie.»

«Was für ein Schlamassel ist das?»

«Ich rede nicht von den üblichen Scherereien. Auf eins versteht sich Heydrich aus dem Effeff: er weiß, wie man mit der Opposition Schlitten fährt.» Koch holte sein Taschentuch heraus und wischte sich den Senf vom Mund.

«Hört sich gräßlich an», meinte Paul.

«Das Ganze ist ein Heidenspaß», erklärte Lothar, «die tollste Gaudi, die ich erlebt habe seit damals, als dem Woermann der ganze Hintern im Niemandsland weggepustet wurde. Erinnerst du dich noch daran?»

«Ja.» Paul erinnerte sich sehr wohl daran, ebenso wie an tausend andere Alpträume, aber erheiternd hatte er das alles nie finden können.

Vom Marienplatz hörte man die SA-Blaskapelle. Sie begann mit zündenden alten bayerischen Marschklängen aus Wittelsbacher Zeiten. Das würde jung und alt in hellen Scharen herbeilocken. Später kamen dann die Nazi-Lieder an die Reihe, zuerst die getragenen und am Schluß die schmissigen, um für die Reden die richtige Stimmung zu schaffen. Am Ende gab es die munteren Melodien für die Sammelbüchsen. Das Schema war in allen Einzelheiten festgelegt.

«Himmelherrgott, Paul, sei nicht so miesepetrig. Wenn's nach der Wahrscheinlichkeitsrechnung gegangen wäre, säßen wir jetzt gar nicht hier, sondern würden in Frankreich vermodern und den Boden düngen. Wenn diese Idioten sich gegenseitig bespitzeln wollen, mir soll's recht sein. Und die Bezahlung ist gut.»

«Tatsächlich?»

«O ja!» Er lachte wieder und fuchtelte mit dem Finger vor Pauls Nase herum. «Gut das Doppelte von dem, was ich kriegen würde, wenn ich im Münchener Polizeipräsidium geblieben wäre, und ich war immerhin Oberinspektor. Du bist Jurist, oder?»

«Ja.»

«Der Heydrich sucht nach einem Anwalt. Das hat er erst letzte Woche gesagt. Und eines Tages werden wir eine richtige Dienststelle in Berlin haben. Wenn du es geschickt anfängst, könntest du dort einen leitenden Posten kriegen.»

«Ich bin mir nicht sicher, ob ich mich dafür eigne.»

«Sei kein Narr. Niemand wäre besser geeignet. Du hast Erfahrung mit dem Polizeigericht, du bist keiner von diesen Schreibtischhockern, du weißt, wie es im wirklichen Leben zugeht.»

Paul nickte und fragte sich, woher Lothar all diese Informationen über ihn hatte.

Als habe er seine Gedanken erraten, sagte Koch: «Ich hab dich mehr als einmal vor Gericht gesehen, wenn ich als Vertreter der Polizei zu Prozessen nach Berlin geschickt wurde. Du bist auf Draht, Paul. Ich hab dich in Aktion erlebt, du bist verdammt fix.»

«Was hätte ich denn da zu tun?»

«Ich kann dir sagen, was du zu tun hättest: fast gar nichts. Heydrich wird kribblig bei dem Gedanken, einer dieser liberalen Anwälte, die heutzutage mit Vorliebe jedem Scherereien machen, könnte ihn aufs Kreuz legen. Der Mann hat alles gern nach dem Buchstaben des Gesetzes, so ist er nun mal. Zur Zeit erteilen wir unsere Aufträge an die Anwälte im Braunen Haus. Um die Sicherheit ist's da ja nun nicht zum besten bestellt. Deshalb brauchen wir unseren eigenen Anwalt, der unsere Pläne durchsieht und in Ordnung befindet. Du wärst quasi unser Hausjurist.»

«Klingt gut.»

«Ist genauso einfach, wie eine Weißwurst zu enthäuten, alter Kumpel. Soll ich Heydrich deinen Namen nennen, wenn er von seiner Rundreise zurückkommt?»

«Ja, vielen Dank, Lothar.»

«Du wirst dich bei uns wohler fühlen, Paul. Mehr Lachen und mehr Freiheit. Du warst nie geschaffen für die Zusammenarbeit mit dem ganzen Braunhemdenpack oder diesen sturen Bonzen von der Partei.»

Sie tranken noch ein Bier und redeten von alten Zeiten. Sie sprachen von den Schützengräben 1918 und von den Freunden, die sie dort verloren hatten.

«Ich muß jetzt gehen, sonst verpasse ich meinen Zug», sagte Paul nach einem Blick auf seine Taschenuhr.

«Ich bring dich rüber zum Taxistand.»

Sie überquerten den Viktualienmarkt. Beim Abschied betonte Lothar Koch nochmals: «Du wirst es nicht bereuen, wenn du zu uns kommst. Du bist von unserem Schlag.» Die Kapelle am Marienplatz hörte auf zu spielen. Nach einer kurzen Pause folgte die erste Rede. Durch die Lautsprecher und Verstärker wurde die Stimme so verzerrt, daß sie aus dieser Entfernung nur noch ein unverständliches Kauderwelsch ergab, in dem man hin und wieder ein Wort unterscheiden konnte.

«Lothar», sagte Paul aus einer plötzlichen Eingebung heraus, «wußtest du, daß ich nach München komme? Bist du mir heute nachgegangen? Bist du mir vom Bahnhof aus gefolgt, um festzustellen, wohin ich wollte, und dann wieder zurück zum Viktualienmarkt, bevor du mich angesprochen hast?»

Lothar lachte, und diesmal konnte Paul zwei Goldzähne sehen. «Siehst du, alter Kumpel – ich hab dir doch gesagt, daß du dich bei uns wohl fühlen würdest!»

1933

«Manchmal denke ich, daß ich mein Leben vergeudet habe», stellte Alan Piper fest. Trotz seiner sechzig Jahre hatte er noch immer das rosige Kindergesicht mit den unschuldigen Augen, das ihm in Oxford den Spitznamen Boy eingetragen hatte. Er trug einen Anzug aus grünem Harris Tweed von jenem saloppen Zuschnitt, den Engländer wie er eher auf ihrem Landsitz als hier, in einer Regierungsdienststelle in London S.W. 1, anzuziehen pflegten. Piper bot seinem jungen Besucher eine Zigarre an. Er wiederholte: «Mein Leben vergeudet...», doch mit jener gedehnten Stimme, mit der Engländer wie Piper anzudeuten pflegten, daß man sie nicht allzu wörtlich nehmen solle.

Brian Samson nahm die Zigarre dankbar an. Er wußte, daß nur wenige Auslandsagenten jemals mit dem Leiter der Europa-Abteilung zusammentrafen, geschweige denn in sein Büro im obersten Stockwerk gebeten wurden zu einem Schwatz mit Zigarre. Es war ein freundlicher Raum, allerdings dunkel und kühl, und in einem Stil möbliert, der an das Sprechzimmer eines Arztes zur Zeit Edwards VII. erinnerte. «Vergeudet, Sir?» Piper reichte ihm Streichhölzer und Abschneider.

«Weil die Politiker keine Notiz von dem nehmen, was wir ihnen erzählen, Samson. Sie meinen, ich sitze hier herum und erfinde das alles.»

Samson lachte nervös. Meine Güte, für die oberen Chargen von M.I. 6 grenzte das ja schon an Meuterei. «Das denken sie bestimmt nicht», meinte er verlegen.

«Nein, für wahr halten sie es schon, Samson.» Die Stimme klang jetzt fester. «Deshalb ignorieren sie es ja. Stimmt's, Glenn?» Er sah zu einem Mann hinüber, der in der Ecke saß und eine Meerschaumpfeife rauchte.

«So ist es», bestätigte der Mann. Er lächelte. Dieser Mr. Rensselaer ist also Amerikaner, dachte Samson; bei der kurzen Vorstellung hatte er den Akzent nicht wahrgenommen. Jetzt sah er es deutlich: ein Cowboy in mittleren Jahren, wettergegerbtes Gesicht, träges Lächeln. Er war jünger als Piper: breites, starkknochiges Gesicht, dichtes schwarzes Haar, das an den Schläfen zu ergrauen begann.

«Und jetzt hat es Hitler geschafft: Reichskanzler Adolf Hitler. Das war wohl unvermeidlich», kommentierte Piper.

Samson hatte sich die Zigarre angesteckt; sie brannte gleichmäßig. «Ja. Er wird Deutschland auf Dauer regieren. Den werden sie nie mehr los. Aber es war nicht zu umgehen», antwortete Samson. «Er versteht sich darauf, den deutschen Mittelstand richtig zu nehmen: die Landwirte, die Lehrer, die Ärzte und so fort. Die Kommunisten konnten diese Wählerschicht nicht erreichen.»

«Vielleicht könnten Sie das mal näher erklären», sagte Glenn Rensselaer düster. «Das kapiere ich nämlich nicht.»

Samson drehte sich etwas zur Seite, um ihn besser sehen zu können. «Die Straßenkrawalle. Der Mob – Kommunisten, Nazis und sonstige Randalierer – zog durch die Städte mit dem Ziel, Schlägereien anzufangen. Niemand war sicher. Für den Mittelstand – und zahllose andere genauso – zählte nur, daß man unbehelligt über die Straßen gehen konnte, und es hatte den Anschein, als könne einzig und allein eine Nazi-Regierung wieder Ruhe und Ordnung schaffen.»

«Und hat er nun Ruhe und Ordnung wiederhergestellt?»

«Ja und nein. In Berlin wurden Tausende von Parteimitgliedern als Hilfspolizisten eingesetzt. Die Kommunisten hat man zweifellos niedergehalten. Die laufenden Ausschreitungen, die Gesetzlosigkeit sind jedoch größtenteils auf seine Millionen Braunhemden zurückzuführen. Die haben leerstehende Fabriken, Lagerhäuser und Keller zu behelfsmäßigen Gefängnissen gemacht, jeden eingesperrt, der ihnen nicht paßte. Viele wurden zu Tode gefoltert. Sie üben Selbstjustiz und hören nur auf ihren Stabschef Röhm.»

«Und wie will Hitler damit fertig werden?»

«Möchten Sie meine Meinung hören oder die Tatsachen?»

«Die Tatsachen habe ich ja in Ihrem Bericht. Ich habe Sie kommen lassen, um mehr über Ihre persönlichen Eindrücke zu erfahren.»

Samson zog an seiner Zigarre. «Seit der Machtergreifung ist er unermüdlich tätig gewesen. Mit Hilfe des Ermächtigungsgesetzes konnte Hitler öffentliche Versammlungen und Zeitungen verbieten, Telefone abhören, Briefe abfangen, Haussuchungen veranlassen und so fort. Aus zuverlässiger Quelle habe ich nun erfahren, daß er allmählich in den Ländern die Kontrolle über die politische Polizei übernimmt und sie einem Mann unterstellt. Das wäre ein Riesenschritt in Richtung totale Kontrolle. Und damit meine ich auch – *total*!»

«Meine Kenntnis der deutschen Verfassung ist ein bißchen eingerostet, aber ich würde doch meinen, das wäre ungesetzlich.»

«Es ist ungesetzlich», bestätigte Samson. «Deshalb geschieht das alles ja auch im geheimen. Nicht einmal der Reichsinnenminister Frick scheint zu wissen, was da wirklich vor sich geht.»

«Und wer ist im Bilde?»

«Himmler. Er wird zu guter Letzt Chef der politischen Polizei für ganz Deutschland.»

Samson sah kurz durch das Fenster hinüber zu dem wunderschönen georgianischen Haus auf der gegenüberliegenden Straßenseite, hinter dem die Baumwipfel von Green Park zu erkennen waren, jetzt, kurz vor Weihnachten, allerdings kahl. Plötzlich übermannte ihn Heimweh. Wie gern würde er in England bleiben – er hatte genug von Pensionen, billigen Hotels und Fremdsprachen.

Glenn Rensselaer meinte: «Vielleicht betreibt Himmler das alles eigenmächtig.»

«Das glaube ich nicht, Mr. Rensselaer. Einer solchen Zentralisierung der politischen Polizei muß jeder Gauleiter zustimmen. Die Gauleiter sind alte Nazis, sehr empfindlich, eifersüchtig auf Wahrung ihrer Machtbefugnisse bedacht. Nur Hitler könnte sie dazu bewegen, sich mit einer solchen Umstrukturierung einverstanden zu erklären.»

«Ja, und schließlich muß auch Göring seine Einwilligung geben, wenn Himmler die politische Polizei in Preußen übernehmen soll», meinte Rensselaer nachdenklich. «Ja, Hitler muß damit zu tun haben.»

«Machen Sie keinen Fehler, Sir, Röhm und seine SA könnten durchaus gewinnen. Möglich, daß als nächstes die Köpfe von Hitler, Goebbels und Himmler rollen. Röhm ist energisch und hat Millionen SA-Männer hinter sich, die ihn im Kampf gegen Hitler unterstützen würden.»

«Erzählen Sie uns, wie Sie zu dem Posten bei Winter gekommen sind», bat Piper. Er hatte alles über Röhms Ambitionen erfahren, was er wissen wollte.

«Das war reines Glück. Ein Zahnarzt, ein netter Mann, hat mich zum Abendessen eingeladen, und Peter Winter gehörte zu den Gästen. Sein Bruder, ein Anwalt der Nazi-Partei, war ebenfalls da. Er ließ ein paar Bemerkungen fallen, die meine andere Quelle bestätigten. Peter Winter erkundigte sich nach meinem Beruf. Ich habe ihm meine Stellung bei Dornier unter die Nase gehalten, und er ist prompt darauf geflogen. Ein Kinderspiel.»

«Was denken Sie über Peter Winter?» erkundigte sich Glenn Rensselaer.

Samson überlegte kurz, ehe er antwortete: «Sehr deutsch. Sogar das

Äußere. Autoritär, sehr korrekt... und anständig. Das glaube ich zumindest. Nicht der Typ, der einen betrügen würde...»

Piper nickte. Mit dieser Beschreibung Peters könnte Samson auch sich selbst charakterisiert haben. Glenn wollte mehr hören. «Fahren Sie fort.»

«Intellektuell, zielstrebig, vielleicht in gewisser Beziehung etwas engstirnig. Spricht hervorragend Englisch: seine Frau ist Amerikanerin – kein Wunder also.»

«Künstlerisch?»

Brian Samson zögerte. Das konnte er nicht beurteilen. «Klavierspiel und so was? Ja, ich hab gehört, daß er ganz wild aufs Theater ist und Jazzmusik spielen soll. Aber nach dem einen Abend bin ich nur noch beruflich mit ihm zusammengekommen.»

«Und seine Frau?» Glenn Rensselaer hatte die Befragung übernommen.

«Die Amerikanerin? Na ja, sie ist...»

«Jüdin. Allerdings.»

«An dem Abend hat sie gute Witze erzählt. Eine sehr gescheite Frau. Außerdem attraktiv. Und von Geschichte scheint sie eine Menge zu wissen. Mit ihr würde ich ungern ein politisches Streitgespräch führen. Offenherzig in bezug auf die Nazis – zu offenherzig, würde ich sagen. Mit manchen Äußerungen bringt sie ihren Mann sichtlich in Verlegenheit.» Samson musterte die beiden Männer und überlegte, was sie wohl von ihm hören wollten. Er konnte nicht verstehen, wieso die Befragung jetzt diese persönliche Wendung angenommen hatte.

Piper beschloß, Klarheit zu schaffen. «Das Leben unter den Nazis wird schwer für sie werden, stimmt's, Samson?»

«Unerträglich, Sir.»

«Wir haben überlegt, ob wir auf Peter Winter zugehen sollen. Er könnte nützlich für uns sein. Er weiß eine Menge Dinge, über die wir mehr erfahren möchten.»

«Wollen Sie ihm einen Posten in England anbieten?»

«Oder in Amerika. Er hat Verwandte drüben.»

«Ach ja, jemand erzählte mir, daß seine Mutter Amerikanerin ist.»

Piper äußerte sich dazu nicht näher, sondern fragte: «Meinen Sie, daß die Zeit reif dafür ist? Sie haben für ihn gearbeitet – was denken Sie?»

Samson rauchte schweigend. «Er ist seinem Vater gegenüber sehr loyal, Sir. Vielleicht hätte er das Gefühl, ihn im Stich zu lassen. Doch möglicherweise fängt das Regime an, seine Frau unter Druck zu setzen. Sie liebt ihn – das sieht man –, aber wie sehr liebt er seine Frau?»

«Verstehe», sagte Piper kurz. Samson registrierte, daß der Amerikaner sich auf die Lippen biß.

«Außerdem besteht auch noch eine enge Beziehung zwischen den beiden Brüdern, eine ungewöhnlich enge sogar. Der ältere behandelt den jüngeren mit übertriebener Rücksicht. Bei Ihren Plänen müßten Sie den jüngeren Bruder immer mit in Betracht ziehen.»

«Ein wichtiger Hinweis, Samson. Vielen Dank.» Die Zusammenkunft war beendet. Piper wußte nicht recht, was er nun mit der prächtigen Zigarre anfangen sollte, legte sie behutsam in den großen Kristallaschenbecher, bevor er aufstand und den beiden die Hand schüttelte.

«Haben Sie die Eltern mal kennengelernt?» Piper konnte nicht anders, er mußte diese Frage stellen, als Samson bereits in der Tür stand.

«Nur einmal, Sir, bei ihrem Besuch in der Bremer Fabrik. Der alte Mr. Winter hat den jungen Arbeitern nach Abschluß ihrer Lehre die Urkunden überreicht.»

«Was halten Sie von ihnen? Haben Sie die amerikanische Mutter auch gesehen?»

«Ein nettes altes Ehepaar, Sir.» Samson blickte von einem zum anderen. Piper erschien leicht verwirrt, und der Amerikaner hatte sein träges Lächeln aufgesetzt.

«Vielen Dank, Samson. Kommen Sie am Dienstagvormittag vorbei. Ich würde Sie vor Ihrer Rückreise gern noch einmal sehen.»

Als Samson draußen war, grinste Glenn Rensselaer breit. «Ein nettes altes Ehepaar. Geschieht dir recht, Boy. Für den jungen Mann sind wir beide Fossilien.»

Piper überhörte das. «Was meinst du?»

«Ein anständiger Kerl.»

«Jemand wie er hätte studieren sollen. Er ist mit Vierzehn von der Schule abgegangen und hat sich dann in öffentlichen Bibliotheken und Abendschulen weitergebildet. Eine Schande sondergleichen. Mit einer anständigen Erziehung hätte er später leicht auf meinem Platz landen können. Falls nichts Unvorhergesehenes passiert, kann er von Glück sagen, wenn er unten in der Registratur landet, so wie die Dinge nun mal liegen.»

«Er kann von Glück sagen, wenn er wenigstens überlebt», entgegnete Glenn Rensselaer. «Die Nazis werden die Zügel straff anziehen, überall. Für ihn wird es immer gefährlicher. Ist dir aufgefallen, wie er über die politische Polizei gesprochen hat? Das kam aus tiefstem Herzen, Boy.»

«Ich weiß, aber trotzdem kann ich ihn nicht vorübergehend aus dem Verkehr ziehen. Er ist einer unserer besten Männer. Ein sehr erfahrener

Ingenieur, verstehst du. Er kann ohne weiteres dort eine Stellung kriegen, wo andere niemals reinkommen.»

«War nett von dir, mich hinzuzuziehen.»

«Ich weiß doch, daß du nächste Woche nach Berlin fährst. Mir lag vor allem daran, daß du das von der geplanten Zentralisierung der politischen Polizei hörst.»

«Das schlägt nicht unbedingt in mein Fach, Boy.»

«Ich denke schon, Glenn. Wenn meine Quellen stimmen, gehört nämlich dein Neffe Paul Winter zu den SS-Juristen, die auf dieses Ziel hinarbeiten.»

«Tatsächlich?»

«Solltest du also etwas erfahren, das für uns von Nutzen wäre...»

«Klar, Boy, wird gemacht.» War das nicht wieder einmal typisch für die Briten? Sie verschenkten nie etwas ohne Gegenleistung. Manchmal bereute es Glenn, mit diesem inoffiziellen Informationsaustausch angefangen zu haben. Wenn das dem State Department zu Ohren kam, hätte er nichts zu lachen.

«Wir denken, da drüben braut sich was zusammen, ein Riesending. Wir wissen mit Sicherheit, daß Röhm jetzt eine Million bezahlte, aktive Braunhemden hat, mit nicht weniger als dreieinhalb Millionen Mann in Reserve. Das heißt, der Personalbestand der SA beträgt das Vielfache der Reichswehr. Wir möchten alles Wissenswerte über diese neue SS-Formation unter Himmler erfahren. Auf wessen Seite wird er stehen, wenn es zur Krise kommt?»

«Schon gut, schon gut. Wenn ich rausfinde, was sich da vorbereitet, sorge ich bestimmt dafür, daß du informiert wirst.»

«Dafür wäre ich dir dankbar, alter Junge.»

Glenn sah sich im Salon des Hauses Winter um, der völlig neu möbliert und dekoriert worden war. Die gesamte alte Einrichtung hatte man durch eine neue ersetzt. Er seufzte. Bei all seiner Fortschrittsgläubigkeit sah er manche Dinge lieber unverändert bestehenbleiben.

Der Weihnachtsbaum in der Ecke verschwand fast hinter dem Berg von Geschenken, die er von seiner Familie mitgebracht hatte. Von draußen hörte man Straßenmusikanten, die Weihnachtslieder spielten, und das Klappern von Sammelbüchsen.

«Du siehst jünger und schöner aus denn je, Schwesterherz», sagte er.

«Wann bringst du deine Frau und den kleinen Cyrus mal zu Besuch mit nach Berlin, Glenn? Ich kann es kaum erwarten, sie endlich mit eigenen Augen zu sehen, und nicht nur auf Fotos.»

«Wir hatten die Schnapsidee, für den Rückflug der *Graf Zeppelin* von der Weltausstellung in Chicago Plätze zu bestellen, aber die Warteliste war endlos. Die Angestellte in der Agentur hat unsere Namen zwar für alle Fälle notiert, doch ich wußte, das war aussichtslos.»

«Du hättest uns schreiben sollen, Glenn. Harald hat immer noch mit den Zeppelin-Werken geschäftlich zu tun. Vielleicht hätte er da was deichseln können.»

«Das wollte ich ursprünglich auch, aber als ich hörte, daß er krank ist, hielt ich es für besser, ihn nicht damit zu belästigen. Das machen wir ein andermal.»

«Das wäre wunderbar, Glenn. Erzähl mir mehr von Dad.»

«Ich hab dir alles Berichtenswerte gesagt. Man hat ihn an jenem Abend ins Krankenhaus gebracht und auf Herz und Nieren untersucht. Der Arzt sagte, er hat eine Pferdenatur. Er könnte ohne weiteres noch zehn Jahre leben. Natürlich darf er sich nicht anstrengen – weder rauchen noch trinken –, aber sonst geht's ihm prima.»

«Und daß er einen Enkel hat, den er nach Strich und Faden verwöhnen kann, ist doch sicher ganz nach seinem Geschmack.»

«Na klar. Cyrus wurde dieses Jahr zwölf, und Dad ist an seinem Geburtstag mit ihm ausgegangen – zu einem großartigen Mittagessen. Dad sagt, Enkelkinder zu verwöhnen, sei die einzige Rache, die den Eltern bleibt.»

«Der kleine Cy. Ich bin so froh, daß du ihn nach Dad genannt hast. Das war lieb von dir.»

«Tja, Dad hat sich auch darüber gefreut.»

«Und Dots Enkel Bret muß doch jetzt sieben sein, im gleichen Alter wie Peters Helena.»

«Ein großes Familientreffen wäre einfach toll.»

«Ich kann mir nicht vorstellen, daß Harry den Atlantik überquert, nicht mal in einem Luftschiff.»

«Erzähl mir von Harry. Was war denn los?»

«Das Ganze hat mit den Fischers angefangen. Vergangenes Jahr, nach den zweiten Präsidentschaftswahlen und Hitlers enormem Stimmenanteil, kam Richard Fischer zu dem Schluß, daß sie verkaufen sollten.»

«Und Deutschland verlassen?»

«Ja. Sie wollten nach Paris.»

«Aber ihr Haus ... und alles ...»

«Ja, Foxy konnte den Gedanken nicht ertragen. Er ist zweiundachtzig, fast so alt wie Dad. Er war fest entschlossen, an Ort und Stelle zu bleiben.»

«Aber warum weggehen?»

«Das Regime.» Das war neuerdings das Schlüsselwort, das zur Erklärung für alles diente, was an Schrecklichem geschah.

«Aber die Fischers sind doch katholisch. Das waren sie schon lange vor der Geburt vom alten Foxy.»

«Die Nazis denken darüber eben anders. Wenn deine Vorfahren Juden waren, bist du es auch, punktum.»

«Was passierte dann?»

«Sie sind nicht weggegangen. Richard wurde im August verhaftet – Foxy starb beinahe vor Angst und Sorge, und Harald rannte zu jedem, den er kennt.»

«Was hat man Richard vorgeworfen?»

«Das konnte niemand rausfinden. Es heißt, sie hätten ihn vier Tage verhört.»

«Er kam aber wieder frei?»

«Er hat seine sämtlichen Unternehmen den Nazis abgetreten.»

«Das müssen ja Millionenwerte gewesen sein.»

«Die Nazis haben auch das Kaufhaus Wertheim an sich gebracht. Solche Enteignungen von jüdischem Besitz fanden überall statt.»

«Aber Richard ist in Sicherheit?»

«Keine Ahnung. Im September wurde er neuerlich verhaftet. Angeblich wird er beschuldigt, Reichsmark in Schweizer Franken umgewechselt zu haben. Das Ganze können sie sich aus den Fingern gesogen haben. Das tun sie manchmal – sie denken sich einfach irgendein Vergehen aus und lassen dich dann versuchen, deine Unschuld zu beweisen.»

«Und was wird nun?»

«Der arme Foxy ist bei Verwandten auf dem Land, Richard dagegen spurlos verschwunden. Die Polizei gibt keine Auskunft. Er könnte ins Ausland gegangen sein. Er hat Vettern und Kusinen in England.»

«Könnte nicht Paul etwas rausfinden?»

«Nein. Hier in Preußen untersteht die Polizei Göring. Himmler, für den Paul arbeitet, ist für Bayern zuständig. Peter ist ins Polizeipräsidium am Alexanderplatz gefahren und hat dort erklärt, er wolle die Vertretung von Richard Fischer übernehmen; er verlangte, ihn zu sehen und zu sprechen, aber ohne Erfolg. Ich hatte Angst, daß Peter dadurch auch noch in Schwierigkeiten geraten könnte.»

«Gott sei Dank hat Lottie ihren amerikanischen Paß behalten. Wie steht's mit der kleinen Helena? Hat sie einen deutschen Paß?»

«Sie ist ja erst sieben, Glenn. Ihretwegen brauchen wir uns vorerst noch keine Sorgen zu machen.»

«Diese Leute sind wahnsinnig. Ich kann verstehen, wieso Harry krank wurde.»

«Er war wie gelähmt vor Enttäuschung, Glenn. Früher konnte er sich stets an die richtigen Leute wenden oder Anwälte hinzuziehen oder selber die Tatsachen eruieren. Der Nährboden für die Nazis aber ist Geheimhaltung. Er wurde krank, und der Arzt sagte ihm, er müsse völlig ausspannen, sonst übernähme er keine Verantwortung.»

«Und jetzt arbeitet er wieder?»

«Hauser fährt ihn gegen zehn Uhr dreißig ins Büro. Nachdem er sich dort umgesehen hat, kommt er gegen drei zurück. Doch dadurch ist Peter mit Arbeit überlastet.»

«Schließlich gibt es in jedem Unternehmen ja einen Direktor. Wäre es nicht an der Zeit, daß Peter mal Urlaub macht? Du sagst, daß er seit Jahren nicht weggekommen ist.»

«Der arme Peter. Die Arbeit für den Betrieb ist ihm zutiefst verhaßt. Früher hatte Harry alles in der Hand, aber jetzt haben die Direktoren zu jedem ihre eigene Vorstellung. Peter versucht zwar, Haralds Wünsche durchzusetzen, aber manchmal sind sie beide verschiedener Meinung. Peter ist um vieles glücklicher, wenn er am Klavier sitzen kann. Im September hat nun das Propagandaministerium eine sogenannte Reichskulturkammer eingerichtet, die in weitere Kammern für die einzelnen Fachbereiche aufgegliedert ist: Theater, Film, Funk, Presse und so weiter. Peter, der mit einer Jüdin verheiratet ist und mit Brecht und anderen Marxisten zusammengearbeitet hat, wird höchstwahrscheinlich Schwierigkeiten haben, sich weiterhin in diesem Bereich zu betätigen.» Veronica seufzte. «Ich wäre sehr froh, wenn du mal mit ihm reden könntest, Glenn. Vielleicht kannst du die beiden zu einem Urlaub bewegen – zu Hause, in Amerika, oder sonstwo. Das würde bei ihm Wunder wirken. Manchmal denke ich, er hat ganz vergessen, daß er halber Amerikaner ist.»

«Als Ehemann von Lottie dürfte ihm das schwerfallen.»

Sie lächelte. «Ja, du hast recht. Lottie ist wirklich ein Schatz.»

«Und Paul? Von ihm haben wir überhaupt noch nicht gesprochen.»

«Paul. Was soll ich dir über ihn erzählen? Er ist immer noch der gleiche; er wird sich nie ändern. Das Baby der Familie. Die Ehe bekommt ihm glänzend. Ein wahrer Segen, daß er Inge hat, die auf ihn aufpaßt.»

«Aber er lebt in München?»

«Nächstes Jahr kommen sie zurück nach Berlin. Da die Nazis ja nun an der Macht sind, verlegen sie sämtliche Münchener Dienststellen nach Berlin.»

«Du hast doch gesagt, daß die Berliner Polizei Göring untersteht.»

«Ja, aber das ändert sich alles. Im nächsten Sommer wird Pauls Dienststelle die politische Polizei in ganz Deutschland gleichschalten, und er arbeitet dann in Berlin. Sie haben mich sogar schon gebeten, mich nach einer Wohnung für sie umzusehen. Es wird schön sein, sie wieder hier zu haben.»

«Nächste Woche fahre ich nach Friedrichshafen. Dort wird die *Graf Zeppelin* gründlich überholt, von der Spitze bis zum Heck. Ich hatte vor, auf dem Weg zum Bodensee einen Abstecher nach München zu machen.»

«Tu das. Paul würde sich riesig freuen, Glenn. Er hängt sehr an dir. Er ist ein echter Rensselaer, ich habe mir oft gedacht, daß du ihn besser als jeder andere verstehst.»

«Ich mag ihn, Schwesterherz, ich mag ihn wirklich.» Glenn sah sich im Zimmer um. Alle alten Biedermeiermöbel waren verschwunden und durch moderne ersetzt. Tiefe, rechteckige Sessel, mit handgewebten Stoffen überzogen, überall Chrom und Spiegel, und ein weißer Teppich, bei dem er dauernd Angst hatte, ihn mit Kaffee oder Asche zu beschmutzen. Vermutlich war das alles Haralds Idee, der sich so viel auf seinen Sinn für die Moderne zugute tat. Natürlich machte das den Raum heller, doch für ihn war das nicht mehr Berlin, sondern könnte ebenso irgendwo in New Jersey sein.

«Wenn sie doch endlich ein Kind bekämen, das ist mein größter Wunsch. Inge würde dann ein neuer Mensch, und wäre Paul nicht der wunderbarste Vater, den sich ein Kind erträumen kann?»

Glenn nickte und erhob sich. Ja, da hatte sie wirklich recht. Paul mit seinen Zaubertricks, seinen Witzen und seinem ansteckenden Lachen würde jedes Kind glücklich machen. Glenn hätte gern mehr Zeit mit seinen Neffen verbracht. Dafür war es nun zu spät. Jetzt waren sie erwachsen und lebten ihr eigenes Leben, da konnten sie keinen Onkel gebrauchen, und wenn der es auch noch so gut meinte. Er hatte schon mehrfach daran gedacht, seine Frau zu einem Urlaub hierher mitzunehmen, doch nicht jetzt. Was in Deutschland vor sich ging, mißfiel ihm. Trotzdem sagte Glenn: «Schön, wieder in Berlin zu sein, Schwesterherz.»

1934

Paul hatte eine scheußliche Grippe. Inge behauptete, daran sei er selber schuld, weil er sich nicht warm genug anziehe; jedenfalls wurde er sie nicht los. Zwei Tage lang hatte er Fieber gehabt, und wenn Lothar Koch nicht so ein Theater gemacht hätte, wäre er auch im Bett geblieben. Am allerwenigsten geeignet für seine Gesundheit war jedoch, daß er am Samstag, dem 30. Juni 1934, morgens um 4 Uhr 30 vor der Abfertigungshalle auf dem stillen, leeren, eiskalten Flugplatz Oberwiesenfeld stand.

Der Atem der beiden Männer sah in der Nachtluft wie kleine Nebelwölkchen aus. «Er ist um zwei Uhr früh in Bonn abgeflogen», sagte Lothar Koch. Hinter den Flughafengebäuden parkte eine Reihe großer Wagen. Die Fahrer hatten geschlafen, waren jetzt jedoch geweckt worden, säuberten die beschlagenen Scheiben und ließen die Motoren laufen, um sofort startbereit zu sein.

Paul putzte sich die Nase und antwortete nicht. Koch machte das nichts aus. Er war an den Außendienst gewöhnt und trug lange wollene Unterwäsche sowie einen neuen schwarzen Ledermantel. Leder war das einzige, was Schutz gegen diesen eisigen Wind bot, und Paul wollte sich im gleichen Geschäft auch einen kaufen. Das ausknöpfbare Wollfutter, ein besonders häßlich imitiertes Schottenkaro, hatte dann für Paul den Ausschlag gegeben, den Mantel doch nicht zu erwerben. An diesem Morgen wären solche Geschmacksfragen freilich entfallen; er hätte alles angezogen, was wärmer war als sein dünner Regenmantel.

«Bist du sicher, daß der Führer persönlich an Bord ist?» fragte Paul. «Warum kommt er denn so zeitig? Er wird doch erst um elf in Bad Wiessee erwartet.»

«Es liegt was in der Luft, irgendwas ganz Außergewöhnliches. Die Fernschreiber haben die ganze Nacht hindurch getickert. Ich war gestern abend im Braunen Haus, kurz nachdem Sepp Dietrich mit zwei Beamten der Berliner Kripo eintraf. Er kam direkt von einer Besprechung mit dem Führer. Zwei Kompanien der Leibstandarte sind von Lichterfelde unterwegs, sagte er. Na, weckt das schöne Erinnerungen?»

Paul nickte und schneuzte sich abermals. Die Kasernen von Lichterfelde. Eine eigenartige Vorstellung, daß die schwarzuniformierte Leibstandarte Adolf Hitler jetzt in der alten preußischen Kadettenanstalt stationiert war. 1914 – wie lange das zurücklag. Damals war er noch ein halbes Kind, das die Welt mit erstaunten, unschuldigen Augen betrachtete. Hätte er doch bloß gewußt, was ihm bevorstand.

«Die Leibstandarte fährt mit dem Zug bis Kaufering bei Landsberg am Lech. Dort holt sie Sepp Dietrich ab und bringt sie nach Bad Wiessee.»

«Ich kann daran nichts Besonderes finden», meinte Paul. «Die Leibstandarte hat bei der Zusammenkunft des Führers mit Röhm für Sicherheit zu sorgen, wie üblich bei solchen Anlässen.»

«Röhm *und* sämtliche Obergruppenführer und Gruppenführer der SA, die ganze erste Garnitur ist dort», betonte Koch. «Mein Kumpel von der Kripo hat den Führer gestern abend kurz gesehen. Er soll ausgesprochen schlechte Laune gehabt haben, sagt er.»

Paul nickte und putzte sich die Nase.

«Aber das dollste Ding ist am letzten Montag passiert», fügte Koch hinzu. «Der Verein Deutscher Offiziere hat Hauptmann Ernst Röhm ausgeschlossen. Ihn rausgeschmissen, stell dir das vor! Wieso distanziert sich die Reichswehr von ihm? Meiner Meinung nach wissen die Kerle was, wovon wir keinen Schimmer haben.»

«Wir werden es bald erfahren», erwiderte Paul. Die Nase lief schon wieder, und seine Augen tränten bei dem kalten Wind auch unaufhörlich. Ihm war sterbenselend. Er hoffte inständig, daß das, was immer auf sie zukommen mochte, wenigstens bald geschah, damit er wieder nach Hause gehen und sich ins Bett legen konnte.

Eine Tür wurde zugeschlagen, und aus dem Gebäude hinter ihnen flammte ein gelbliches Licht auf. Ein Mann in blauem Overall und Lederjacke kam aus einer Tür mit der Aufschrift «Wetterdienst» und teilte ihnen mit, das Flugzeug werde in zehn Minuten landen. Kurz darauf gingen die Landelichter an, so daß man den Bodennebel sah. Danach wurden die großen Scheinwerfer eingeschaltet; sie strahlten das Vorfeld an, auf dem die Passagiere ausstiegen.

Nun tauchte eine Gruppe von Leuten aus den Flughafengebäuden auf und blickte in Richtung Nordwesten angestrengt nach oben. Sie standen reglos und stumm da. Einige aus dem Empfangskomitee waren zu erkennen. Sie stammten zumeist aus den Münchener Dienststellen: Persönlichkeiten, über die es in Lothars immer auf den neuesten Stand gebrachten SD-Unterlagen etliche eng beschriebene Karteikarten gab. Es waren Offiziere der Reichswehr dabei sowie hochrangige Vertreter von SA, SS und NSDAP. Die einzigen Nichtuniformierten waren zwei Flughafenangestellte, die dauernd auf die Uhr sahen.

Paul entdeckte sie als erster am von ersten Purpurstreifen durchzogenen Himmel: die große dreimotorige Ju 52, von der Lufthansa eigens für Hitler reserviert. Sie setzte weich auf und rollte auf die bereitgestellte Treppe zu. Lothar Koch und Paul Winter hielten sich deutlich abseits vom Empfangskomitee. Sie erwarteten ihre Befehle von der Stabsstelle des Reichsführers SS Himmler. Koch trug in sein winziges schwarzes Notizbuch die Namen sämtlicher Anwesenden ein; das war inzwischen Routine.

Die Flugzeugtür öffnete sich, und sowie der erste Passagier auftauchte, ging ein Ruck durch das Empfangskomitee wie auf dem Exerzierplatz. Der dritte Mann, der im Ledermantel die Treppe hinunterkam, hielt an, blickte sich um – wie ein Schauspieler beim ersten Auftritt auf der Bühne. Es war unverkennbar der Führer, und selbst auf diese Entfernung merkte man seine Erregung. Nach ihm hinkte Joseph Goebbels vorsichtig die Stufen hinab, dann Otto Dietrich, Hitlers Pressechef, und danach, eine Aktentasche unter den Arm geklemmt und deutlich auf Distanz zu den übrigen, Viktor Lutze, SA-Obergruppenführer.

Die Motoren der Junkers verstummten einer nach dem anderen, und in der daraufhin eingetretenen Stille hörte Paul, wie Hitler sagte: «Dies ist der schwärzeste Tag meines Lebens. Aber ich werde nach Bad Wiessee gehen und hart durchgreifen.»

Ein hochgewachsener SS-Mann aus der Begleitung Hitlers kam auf sie zu. «Wer von Ihnen ist der Jurist?» Der Ärmelstreifen wies ihn als einen der Adjutanten aus, die heutzutage so zahlreich in Himmlers Amtssitz herumwimmelten.

«Ich bin das», teilte Paul ihm mit.

«Sie machen sich jetzt besser auf den Weg. Röhms Stabswachen könnten Straßensperren errichten. Es empfiehlt sich, eine plausible Geschichte parat zu halten.»

«Ich habe falsche Papiere», erklärte Koch. Selbst er bezeigte diesem Abgesandten des Reichsführers Respekt.

«Parken Sie in Bad Wiessee nicht in der Nähe vom Hotel Hanslbauer. Wir möchten sie nicht alarmieren.»

«Ist alles organisiert», beruhigte ihn Koch. «Ich habe schon einen geeigneten Platz ausgesucht.»

«Sehr umsichtig», sagte der Mann in einem Ton, der offenließ, ob es sarkastisch gemeint war oder nicht. «Sind Sie bewaffnet?»

«Ja», bestätigte Koch.

«Und Sie, Herr Rechtsanwalt?» Dabei blickte er zu Hitlers Gefolge hinüber, um festzustellen, welche Richtung es einschlug.

«Ich habe eine Pistole», antwortete Paul.

«Und können Sie auch damit umgehen?» erkundigte sich der SS-Mann. Er war zu jung, um Kriegsteilnehmer gewesen zu sein.

«Ja, darauf verstehe ich mich.» Paul, frei von Kochs Ehrfurcht, erkundigte sich ungeniert: «Fährt der Führer nach Bad Wiessee?»

Der SS-Mann musterte ihn von oben herab. «Machen Sie sich lieber auf den Weg.» Er wandte sich um und gesellte sich wieder zu Hitlers Gefolge, das jetzt in die Wagen einstieg.

«Stell keine Fragen», bemerkte Koch, nachdem sie die Landstraße Richtung Süden erreicht hatten. Es wurde mit jeder Minute heller, der bewölkte Himmel verfärbte sich von Rot zu Rosa. «Das ist eine der Grundregeln.»

«Aber eine verdammt dämliche.»

«Kann sein, deshalb ist es trotzdem eine Regel. Wenn du unbedingt wissen wolltest, wohin der Führer fährt, hättest du mich fragen sollen.»

«Wieso? Weißt du's denn?»

«Sie sind unterwegs zum Innenministerium in München. Der Führer will sich mit Gauleiter Wagner besprechen. Anschließend brechen sie nach Bad Wiessee auf.»

«Woher weißt du das?»

«Ich hab einen der Fahrer gefragt. Der SS-Mann vorhin hatte keinen blassen Schimmer, wohin sie fahren. Deshalb ist er ja so in die Luft gegangen.»

Paul lachte, trotz seines miserablen Befindens. Er mochte Koch, diesen waschechten Pragmatiker, der sich mit Hilfe von falschen Altersangaben in die Armee geschmuggelt und es als blutjunger Mann zum Feldwebel gebracht hatte.

«Und denk nicht mehr an Straßensperren», fügte Koch hinzu. «Röhms Stabswache ist in München. Bildet sich dieser Esel etwa ein, wir hätten ihre Schritte nicht die ganze Zeit überwacht?»

Die Straßen von Bad Wiessee waren menschenleer, als sie anlangten und in einem Gäßchen hinter dem Gasthof Goldenes Kreuz parkten. Von dort aus konnten sie die Landstraße überblicken, blieben selber jedoch unsichtbar. Der Morgen war frisch, und Paul zitterte vor Kälte. Inge hatte ihnen etwas kalten Aufschnitt, Brötchen und eine Thermosflasche mit heißer Suppe mitgegeben. Die würde Paul sicher guttun. Er teilte sie und reichte Lothar einen Picknickbecher.

Einige Minuten saßen die beiden schweigend da und kauten, ließen dabei jedoch die Landstraße nicht aus den Augen.

«Da kommen sie», sagte Koch. Es war 6 Uhr 30. Er öffnete die Wagentür und schüttete die unberührte Suppe weg. Paul hätte ihn umbringen können.

«Wo denn?» fragte Paul, der nichts entdecken konnte.

«Sie fahren ohne Licht. Da drüben!»

Jetzt sah er die drei Wagen auch, die sich langsam näherten.

«Wo bleibt bloß Dietrich mit seiner Leibstandarte?» beunruhigte sich Koch. «Himmelherrgott, wo steckt er denn? Wie zum Teufel sollen wir den Führer schützen, wenn er jetzt reingeht?»

Die drei Autos rollten zum Haupteingang des Hotels Hanslbauer. Jemand mußte die Besucher erwartet haben, denn die Tür öffnete sich prompt. Die Insassen stiegen aus. Neben Hitler und seiner Begleitung kamen sechs breitschultrige, verläßliche Männer von der politischen Polizei in München zum Vorschein.

«Los! Wir sind dran!» sagte Koch.

Paul stürzte den Rest Suppe hinunter, obwohl er sich dabei den Mund verbrannte, und kletterte nach draußen in die Morgenkühle. Sie rannten über den Hof, Koch vorneweg, und betraten das Gebäude zusammen mit Hitler und den übrigen.

Die Besitzer, ein Ehepaar, waren bereits fertig angezogen und richteten das Frühstück für das vollbesetzte Haus her. Die Frau band hastig die Schürze ab und wollte den Führer feierlich begrüßen. Sie hatte sogar das Gästebuch parat. Jemand drängte sie grob beiseite, Lutze schnappte sich das Gästebuch, und alle rasten die Treppe hinauf. Jeder hatte jetzt die Pistole gezogen, auch Hitler.

Türenschlagen. Sie suchten nach Röhm. Lautes Rufen. «Nein, nicht da!» Weiteres Geschrei. «Hier ist er auch nicht!» Ein dumpfer Aufprall. Einige der SA-Führer lagen mit jungen Männern im Bett. Lutze brüllte Röhms Zimmernummer, die er im Gästebuch gefunden hatte. Nun war seine Rolle klar: Lutze war der Judas.

Jemand klopfte an Röhms Tür und brüllte, er habe etwas Dringendes zu besprechen. Es dauerte etwas, bis die Tür geöffnet wurde. Röhm, im Pyjama, stand verschlafen da und blinzelte ins Licht. Hitler nannte ihn einen Verräter, und Röhm schrie: «Nein!» Hitler befahl: «Zieh dich an. Du bist verhaftet.» Seine Stimme schwankte. Röhm war sein ältester Freund, Weggefährte und Gefolgsmann von Anfang an und einer der ganz wenigen, der sich mit dem Führer duzte.

Röhm, das vernarbte Gesicht rot vor Zorn, starrte ihn unverwandt an, bis Hitler sich umdrehte und an die gegenüberliegende Tür klopfte. SA-Gruppenführer Edmund Heines öffnete; auf dem Bett hinter ihm saß ein nackter junger Mann, schreckensweite Augen, und suchte in den zerwühlten Kissen nach Kleidungsstücken. Lutze preschte an Heines vorbei ins Zimmer. Er riß Kommode und Schrank auf, durchstöberte Schubladen und Fächer nach Waffen, fand jedoch nichts. Was immer die SA-Führer hier getrieben hatten, für einen bewaffneten Putsch gab es keinen Beweis.

Da Hitler keinerlei Kommentar abgab, empörte sich sein Sprachrohr Goebbels lautstark am anderen Ende des Korridors: «Ekelerregend!» und «Widerwärtig!». Paul stand als Beobachter beiseite. Otto Dietrich, der Pressechef, sah ihn an und zuckte die Achseln. Die beiden hatten etwas gemeinsam: Von Paul Winter würde man eine juristisch stichhaltige Rechtfertigung dieses Wahnsinns verlangen, und daraus mußte dann der Pressechef etwas fabrizieren, das die Öffentlichkeit schlucken sollte. Hitler krächzte: «Führt ihn ab und erschießt ihn!», doch niemand wußte genau, wen er eigentlich damit gemeint hatte.

Heines hörte es jedenfalls und wandte sich an Lutze: «Ich habe nichts getan, Lutze. Können Sie mir nicht helfen?» Lutze, der immer noch im Schrank herumwühlte, entgegnete: «Ich kann nichts tun. Gar nichts.»

Koch bahnte sich den Weg durch den Korridor. «Komm, Paul.» Er schien zu wissen, wohin er wollte. Er stieß eine unverschlossene Tür auf und betrat das Zimmer. Paul folgte. Kein SA-Mann zu sehen, nur ein Junge im Bett: mager, noch ein halbes Kind. Koch zog die Decken weg, der splitternackte Junge schreckte zurück, hielt die Hände schützend vors Gesicht, als erwarte er einen Schlag. Koch wandte sich ab und machte den Schrank auf. Auf den ersten Blick schienen nur Kleidungsstücke darin zu hängen. Dann brüllte Koch: «Raus! Raus mit dir, du Schwein!» Und eine kleine, gebeugte Gestalt trat hervor.

Graf, ebenfalls splitterfasernackt. Fahlweißer, verschrumpelter Körper, Gesicht und Hände dagegen sonnengebräunt. Ohne seine Brille mußte Graf die Augen zusammenkneifen, um Koch und Paul Winter deutlicher auszumachen. «Winter!» sagte er mit gedämpfter Stimme. «Das habe ich mir beinahe gedacht.»

Paul schwieg. Einen Augenblick sahen sie sich an. Bei Graf würde es keine Ausflüchte geben, keine Bitte um Hilfe, auch jetzt nicht, da er gedemütigt und geschlagen war. «Ziehen Sie sich besser an.» Paul reichte dem alten Mann die goldgeränderte Brille.

Koch beobachtete die Szene interessiert. Natürlich hatte er die ganze Zeit Bescheid gewußt. Und Lothar Koch konnte nicht umhin, dieses

Wissen dem anderen unter die Nase zu reiben. Bei einem Polizisten entschieden ein Fehler – vielleicht der einzige, den Koch als Polizist hatte.

Draußen auf dem Korridor befahl jemand: «Sperrt sie in den Keller. Wir bringen sie dann nach Stadelheim.» Es war nicht auszumachen, wer das gesagt hatte. Hitler befand sich in einem Zustand hochgradiger Erregung und schien fast unfähig zu sprechen. Vielleicht war es Goebbels.

Paul Winter und Lothar Koch fuhren hinter dem Lastwagen, der die Verhafteten ins Gefängnis Stadelheim beförderte. Sie nahmen die längere Strecke über Rottach-Egern und Tegernsee, da sie gehört hatten, daß Röhms Stabswache an der direkten Route wartete, in der Hoffnung, eine Rettungsaktion starten zu können.

Als sie München erreichten, war die Stadt erwacht und geschäftig; überall sah man bewaffnete Männer. Die Partei-Zentrale in der Briennerstraße war vollständig abgeriegelt: nicht von SA- oder SS-Leuten, sondern von Militär. Am Bahnhof waren ebenfalls Soldaten postiert, und Polizisten in Zivil warteten auf den Bahnsteigen, um die SA-Führer zu verhaften, die zu der für elf Uhr anberaumten Konferenz mit Hitler eintrafen.

Im Gefängnis erkannte Paul die meisten der festgenommenen Braunhemden, darunter etliche berühmte Namen, denn die SA hatte Anhänger in der Oberschicht gefunden. Gerüchte schwirrten durch die Stadt, alles war bestürzt, in den Augen der meisten spiegelte sich Angst.

Im SD-Büro händigte man Paul Winter eine Liste mit Namen und Adressen aus, nach der er die Haftbefehle – eine formlose getippte Mitteilung – zustellen und Koch die Festnahmen durchführen sollte. Es waren keine Polizeiautos verfügbar, so daß sie den Auftrag mit dem Taxi erledigen mußten. Als sie sechs der Gesuchten gefunden und eingeliefert hatten, machten sie eine kurze Mittagspause in dem Bierkeller gegenüber dem Gefängnis. Dort wimmelte es von Polizisten, die meisten waren mit der gleichen Aufgabe betraut wie Paul und Koch. Stadelheim war mittlerweile voll belegt, und die Häftlinge wurden nun ins Konzentrationslager Dachau gebracht. Koch fluchte heftig, denn die Fahrt dorthin verursachte zusätzlichen Zeit- und Arbeitsaufwand.

Paul lehnte sich erschöpft zurück. Die Grippe hatte ihn so geschwächt, daß ihm jede Anstrengung zuviel wurde. Er löffelte die Kraftbrühe mit Ei, von der er sich etwas Stärkung erhoffte. Sie schmeckte nicht wie zu Hause. Inge war eben als Köchin perfekt, wie in allem anderen. Er liebte sie und brauchte sie, besonders wenn er krank war. Er konnte sich glücklich schätzen, eine so wundervolle, schöne Frau zu haben. Sie nörgelte zwar manchmal, aber selbst das gefiel ihm an ihr.

Koch, der anscheinend die Aufregungen dieses Tages genoß, saß am Nebentisch mit ein paar Beamten von der politischen Polizei zusammen und tauschte Geschichten aus. Einer erzählte, Viktor Lutze sei zum neuen Stabschef der SA ernannt worden, demnach sehe es für Röhm nicht allzu rosig aus. Es kursierte das Gerücht, man habe Röhm in die gleiche Zelle in Stadelheim gesteckt, in der er 1923 nach dem gescheiterten Putsch gesessen hatte. Ein grausamer Scherz, falls es der Wahrheit entsprach, doch Polizisten hatten für diese Art von schwarzem Humor etwas übrig. Koch und seine Kumpane wieherten vor Vergnügen.

Eine andere Geschichte fanden sie noch erheiternder. Die Kollegen, die Gruppenführer Wilhelm Schmidt verhaften sollten, waren zurückgekommen mit Dr. Willi Schmidt, dem Musikkritiker der *Münchener Neuesten Nachrichten*. «Und erst mal drin in Dachau, ist der arme Hund abgeknallt worden, da läßt sich nichts mehr rückgängig machen», beendete der Polizist seine Erzählung. Die anderen tranken ihr Bier und lächelten sich vielsagend zu. Keiner wußte, ob es stimmte, es machten viele solcher Geschichten die Runde. Und das nicht nur in München. Standrechtliche Erschießungen – ohne jedes Verfahren, also offiziell sanktionierter Mord – fanden überall statt. Das neueste Gerücht besagte, in Berlin sei Ministerialdirektor Erich Klausener, Leiter der Katholischen Aktion, von einem uniformierten SS-Mann in seinem Büro erschossen worden.

Paul hörte Koch und seinen Kumpanen mit geschlossenen Augen zu und versuchte, einen klareren Kopf zu bekommen. Ihm war hundeelend, er bekam kaum Luft. Koch ermahnte ihn aufzuessen, aber Paul konnte keinen Bissen herunterbringen. Als sie wieder im Auto saßen, sagte Koch nach einem Blick auf das Blatt Papier: «Der nächste auf der Liste ist SA-Obersturmbannführer Heinrich Brand!»

Paul geriet außer sich. «Was? Brand?»

«War nur ein Witz, alter Freund. Nein, dein Brand ist viel zu gerissen, um sich in die Mangel nehmen zu lassen. Er soll in den neuen Stab von Lutze kommen, wie zu hören ist.»

Koch sah Paul an, der mit tränenden Augen und roter Nase neben ihm saß, und lächelte. Er wußte Bescheid über Pauls Kriegsgerichtsverfahren und über die Zeit beim Strafbataillon. Er hatte einen Spitzel in der Dienststelle, wo die Stammrollen aufbewahrt wurden, und bekam von diesem jede gewünschte Information. Paul gegenüber hatte er davon jedoch nie ein Wort erwähnt und die Personalakten im SD entsprechend frisiert, so daß Paul Winters Militärzeit makellos erschien. Derartige kleine Freundschaftsdienste hielt Koch unter Kameraden für selbstverständlich.

An jenem Nachmittag verhafteten sie vier weitere SA-Führer, ältere Männer, die nur sanft protestierten und brav mitkamen. Das Anstrengende bei der Sache war die Fahrt nach Dachau. Um 18 Uhr meldeten sich die beiden im SD-Büro in der Zuccalistraße 4 zurück. Paul sank ermattet in seinen Schreibtischstuhl, während Koch ihm die Flasche Schnaps holte, die sie im Aktenschrank aufbewahrten. «War das ein Tag!» seufzte Paul, doch als er gerade das Gebäude verlassen wollte, teilte ihm ein Sekretär mit, daß man in Stadelheim einen Juristen benötige. Er solle sich bei SS-Gruppenführer Sepp Dietrich melden.

Er traf ihn im Gefängnishof an. Der breitschultrige, 42jährige Dietrich hatte vorwiegend körperliche Tätigkeiten ausgeübt: Landarbeiter, Tankwart, Zöllner, Fabrikarbeiter. Hitler hatte ihn seinerzeit als Leibwächter gewählt, der ihm in seinen Versammlungen den erforderlichen Schutz gewährleisten sollte. Auch jetzt, in seiner hohen Funktion, gab sich Dietrich leutselig. Er rauchte eine Zigarette und redete mit einigen seiner SS-Männer und einem jungen Hünen mit glänzenden neuen Offiziersschulterstücken.

«Grüß Sie, Winter», hieß ihn Dietrich willkommen. Er sprach einen starken Dialekt und rühmte sich seiner zwanglosen Umgangsformen. «Jetzt können wir ja wohl anfangen.» Er warf die Zigarette weg und trat sie mit dem Absatz aus. Das Exekutionskommando griff zu den Gewehren. «Ich möchte alles sauber und ordentlich abgewickelt wissen», erklärte Dietrich. Er legte Paul den Arm um die Schulter und ging mit ihm ein paar Schritte von den anderen weg.

«Gruppenführer?»

«Sie sind der Fachmann. Ich möchte, daß alles seine Ordnung hat.» Er sah Paul in die tränenden Augen und erläuterte: «Wir erschießen diese SA-Leute. Nicht Röhm: Der bleibt in Haft, während der Führer die Sache überdenkt. Wie geht so was normalerweise vor sich?»

«Gerichtsverhandlung und Urteilsspruch.»

Dietrich, ein einfacher Mensch, lächelte nun, als habe Paul sich einen Scherz erlaubt. «Der Führer hat über sie zu Gericht gesessen und sie für schuldig befunden.»

Paul trocknete sich Nase und Augen. Dietrich starrte ihn an, als erwarte er, ihn in Tränen ausbrechen zu sehen. Er kam sich töricht vor. «Haben Sie Anweisungen?»

«Ich möchte nicht den Staatsanwalt am Hals haben.» Dietrich kehrte sich um und senkte die Stimme. Der Münchener Staatsanwalt hatte mit bemerkenswertem Mut das Justizministerium bewogen, gegen den Lagerkommandanten von Dachau und zwei seiner Leute wegen «Anstiftung zum Mord» zu ermitteln.

«Keine Sorge», beruhigte ihn Paul. «Der Innenminister hat dem Kabinett mitgeteilt, daß jede Untersuchung im Fall Dachau aus staatspolitischen Gründen abgelehnt werden muß. Das gleiche gilt auch für diese Situation.»

«Aber der Lagerkommandant ist geflogen», wandte Dietrich finster ein. Er war nicht gewillt, das gleiche Schicksal zu erleiden.

«Das geht schon in Ordnung.» Paul hatte nur den einen Wunsch: nach Hause und ins Bett zu kommen. «Allerdings sollte Ihr SS-Führer aus rechtlichen Gründen besser jedem Delinquenten das Urteil verkünden, ehe die Exekution stattfindet.» Paul spürte ein Kribbeln in der Nase und hielt sein Taschentuch bereit. Er nieste.

«Gesundheit!» sagte Dietrich höflich und winkte den jungen SS-Führer heran. «Erklären Sie ihm, was er zu sagen hat.»

Paul Winter überlegte schnell. «Ungefähr so: ‹Sie sind zum Tode verurteilt worden durch den Führer.›» Er schneuzte sich.

«Reicht das?» fragte Dietrich zweifelnd.

«Man muß ihnen nur das Urteil verkünden. Das verlangt das Gesetz.»

«Am Schluß ein ‹Heil Hitler!›», ergänzte Dietrich. «‹Sie sind zum Tode verurteilt worden durch den Führer. Das Urteil ist hiermit zu vollstrecken. Heil Hitler!› Kapiert?»

«Jawohl, Gruppenführer.» Der junge SS-Führer nickte.

Die Gewehrschüsse hallten in dem schmalen Gefängnishof unentwegt wider. Hinter den kleinen vergitterten Fenstern blieb alles dunkel und still; trotzdem wurde Paul das Gefühl nicht los, daß viele Augen ihn beobachteten.

In rascher Reihenfolge erschienen die SA-Führer durch den Hofeingang, frierend, schreckensbleich und verstört. Das Gesicht des jungen SS-Führers blieb unbeteiligt, doch er haspelte die Sätze zu schnell herunter und stolperte manchmal über ein Wort.

Mehr als einer trat in strammer Haltung, mit erhobenem Arm vor das Erschießungskommando und brüllte: «Heil Hitler!», in dem Glauben, sie und ebenso ihr Führer seien einem SS-Coup zum Opfer gefallen.

Paul hatte Skrupel, als Edmund Heines unter den Kugeln zusammenbrach. Heines war nicht nur Gruppenführer, sondern zugleich Polizeipräsident von Breslau. Und selbst Dietrich schienen seine eisernen

Nerven zu verlassen, als SA-Obergruppenführer Schneidhuber vor das Exekutionskommando trat.

Doch das Schießen ging weiter. Paul sah kühl und gelassen zu. Im Krieg waren Bessere als diese neben ihm hingemäht worden, rief er sich in Erinnerung. Um der Wahrheit die Ehre zu geben, manche der Briten und Franzosen, die er getötet hatte, verdienten mehr Mitleid. Erst als Hauptmann Graf den Hof betrat, hätte Paul gern den Blick abgewendet. Doch er tat es nicht. Er beobachtete Graf, der aufrecht an der von Schüssen gezeichneten Mauer stand. Der Ziegelstaub hing wie Rauch in der Luft und vermischte sich mit dem Kordit zu einem Gestank, den er nie vergessen würde.

Graf lehnte es ab, sich die Augen verbinden zu lassen. Er blickte Paul bis zum Schluß unverwandt an. Und Paul starrte zurück. Graf hob weder den Arm noch schrie er «Heil Hitler!». Er hatte nie große Bewunderung für Hitler oder die Männer in seiner Umgebung empfunden. Graf war ein hundertprozentiger Soldat; das Freikorps und die SA dienten ihm nur als Mittel zum Zweck, die militärische Lebensweise fortzuführen. Die Gewehrsalve riß Graf in Stücke. Sein Tod erschien blutiger als der aller übrigen. Vielleicht, weil eine Arterie getroffen wurde – oder vielleicht, weil er Paul näherging. Graf war ein Kamerad gewesen; ein guter Kamerad. Doch Graf war Soldat – und durch eine Kugel gestorben.

Die Abendgesellschaft verlief nicht nach Plan, und Inge war unglücklich über diesen Mißerfolg. Zum ersten Mal hatten sie Gäste in ihrer renovierten und neueingerichteten Berliner Wohnung. Sie hatte sich eigens für den Anlaß ein Kleid machen lassen: goldgelber Satin, lang, enganliegend, ärmellos, tiefer Ausschnitt, der ihre wunderbare Haut freigebig zeigte. Inge hatte ihre Schwester Lisl mit Ehemann Erich Hennig eingeladen und Reichsminister Fritz Esser, jetzt eine der Partei-Größen und enger Vertrauter des Führers, als Ehrengast. Doch Fritz Esser hatte einen riesigen Blumenstrauß geschickt mit ein paar Zeilen, daß er durch Besprechungen in der Reichskanzlei aufgehalten sei und erst nach dem Essen kommen könne.

«Es hat mit der schweren Krankheit des Reichspräsidenten zu tun», erklärte Inge ihrem Schwager Erich Hennig, als sei sie über den Gesundheitszustand Hindenburgs bestens informiert. «Ich mache mir solche Sorgen um den Führer. Er sieht müde aus.» Die beiden Schwestern sprachen über Hitler immer wie schwärmerische Schulmädchen. Sie betrieben diesen Führerkult um die Wette, wie unzählige andere Frauen auch.

«Ich weiß», erwiderte Lisl Hennig. «Wir hoffen, daß Erich nächstes Jahr beim Bach-Fest in Leipzig vor dem Führer spielt.»

Lisl behauptete ständig, ihr Mann werde in einem der Konzerte, die Hitler besuchte, auftreten. Das würde Erich Hennig einen enormen Vorsprung vor seinen Konkurrenten sichern. Doch Adolf Hitler wohnte nicht vielen solcher musikalischen Ereignisse bei, und Erichs Karriere befand sich derzeit in der Flaute. Seine Konzertabende und die Auftritte als Solist mit großem Orchester beschränkten sich auf die Provinz, während die Berliner Konzertsäle den berühmteren Namen der älteren Generation vorbehalten blieben.

In der Hoffnung, seinem musikalischen Gast damit eine Freude zu machen, bemerkte Paul Winter: «Fritz Esser war letzte Woche mit dem Führer in Bayreuth. Sie haben *Rheingold* gehört. Die beste Aufführung, die er je erlebt hat, sagt Fritz.»

Es hatte nicht den gewünschten Erfolg. «Fritz Esser!» sagte Hennig geringschätzig. «Und wie viele andere Inszenierungen von *Rheingold* hat er gesehen?»

Paul lächelte und schenkte Wein nach. Inge hatte schon immer behauptet, die Hennigs seien eifersüchtig auf Pauls langjährige Freundschaft mit dem einflußreichen Fritz Esser. Von Pauls regelmäßigen Zusammenkünften mit Heydrich, Himmler und Goebbels ganz zu schweigen. Vielleicht stimmte es.

Es war ein warmer Sommerabend, drückend schwül, und die Fenster standen weit auf. Die neue Köchin war entschlossen, für einen solchen Ehrengast all ihre Künste voll zu entfalten und hatte ein exquisites Mahl zubereitet: frische Tomatensuppe, Forelle blau, Roastbeef und als Dessert Pauls Lieblingsschokoladentorte.

Daß Fritz fehlte, war für alle eine Enttäuschung, bot jedoch den Schwestern Gelegenheit, sich über familiäre Angelegenheiten zu unterhalten. Die Hennigs hatten inzwischen einen vierjährigen Sohn, und ihre jetzige Wohnung war nicht geräumig genug. Frau Wisliceny war vorigen Monat gestorben, und nun, nach Abklingen des ersten Schocks, konnten sie wieder praktische Fragen erörtern.

«Papa hat genügend Geld», erklärte Lisl Hennig. «Seine Pension und dazu die Renditen.»

«Das reicht trotzdem nicht, das Riesenhaus zu unterhalten», ergänzte Erich Hennig hastig. Lisl und Erich haben das besprochen, bevor sie herkamen, dachte Paul. Erich war ein gewitzter Bursche. Peter hatte ihn natürlich nie ausstehen können, und mitunter erkannte Paul, was seinem Bruder so mißfiel. Ob es um Politik, Beruf oder die Hausverwaltung bei seinem Schwiegervater ging – Erich wußte bei allem stets seinen Vorteil zu wahren.

«Mir hat er erzählt, daß er in eine dieser Wohnungen mit voller Bedienung ziehen will, hier um die Ecke, an der Prenzlauer Promenade», berichtete Paul mit unschuldiger Miene.

Erheitert stellte er fest, daß er damit genau die erwartete Wirkung erzielt hatte. «Schlafzimmer, Bad, Salon und eine winzige Küche!» ereiferte sich Erich Hennig. «In einem solchen Loch wird er ja verrückt!»

Um Erich in Trab zu halten, stichelte Paul weiter: «Er will regelmäßig unten ins Restaurant essen gehen, hat er gesagt.»

«Lächerlich! Das erzählt er jetzt, aber warte nur ab, wenn er das ein paar Monate ausprobiert hat.»

Erich zu ködern, machte wirklich Spaß, fand Paul. Er wollte sich jedes Wort einprägen, das würde Peter ungemein erheitern.

«Aber er ißt doch auch jetzt im Lokal», entgegnete er. «Er tut das gern. Schon zu Lebzeiten eurer armen Mama sind die beiden häufig ins Restaurant gegangen.»

Inge durchschaute Paul natürlich und fand es jetzt genug. «Lassen wir doch Lisl mal zu Wort kommen.»

«Wir dachten daran, zu Papa zu ziehen», erklärte Lisl. «Er braucht jemand, der sich um ihn kümmert. Er könnte mit uns essen, und wir würden seine Wäsche besorgen und so weiter. Unser Mädchen ist darin unübertrefflich. Sie übernimmt sogar Erichs Frackhemden für seine Konzerte und macht das tadellos.»

«Das würde für dich eine Menge zusätzliche Arbeit bedeuten», gab Inge zu bedenken. «Das Haus ist doch riesig.»

«Keine Spur», widersprach Lisl. «Wir würden die zwei Dienstmädchen von Papa behalten, dann hätten wir insgesamt drei.»

«Könnte Papa nicht zu euch ziehen?» fragte Paul.

«Wir haben sowieso schon zu wenig Platz», erwiderte Erich.

«Ich weiß genau, woran du denkst», sagte Lisl. «Papas Haus gehört natürlich auch Inge mit, klar.»

«Professor Wisliceny wird alt, er hat bestimmt nicht mehr allzu lange zu leben», meinte Erich.

«Wir rechnen nicht damit, nach Papas Tod das Haus zu behalten, Inge.»

Von derart vorschnellen, uneigennützigen Versprechungen wollte Erich nichts wissen. «Andererseits bedeutet es eine Menge zusätzlicher Arbeit für Lisl, sich um euren Vater zu kümmern.»

«Sie hat doch eben gerade erklärt, daß davon keine Rede sein kann», konterte Paul.

«Sei ruhig, Paul.» Inge hatte bereits überlegt, wieviel von dem Erlös aus ihrem Anteil sie ausgeben und wo sie den Rest anlegen würde. Ähnlich große Häuser in der Kantstraße um die Ecke erzielten heutzutage hohe Preise. Die Gegend um den Kurfürstendamm wurde immer teurer. Irgendein Spekulant würde es kaufen und es zu einem Mietshaus oder zu einem Hotel umbauen.

«Wir brauchen ein Zimmer für unseren Kleinen und eins für das Kindermädchen», sagte Lisl. «Und Erich würde es bei der Vorbereitung auf sein Konzert helfen.»

«Was für ein Konzert?» erkundigte sich Inge.

«Erich hat ein tolles Angebot. Er soll Mozart spielen – in Breslau», antwortete Lisl.

«Aber die neuen Mieter unter uns haben sich schon über den Lärm beschwert.»

«Wenn du vorhast, im Haus von Professor Wisliceny zu üben, kriegst du dort auch die Nachbarn auf den Hals», meinte Paul.

«Es handelt sich um Köchelverzeichnis 452», erläuterte Erich Hennig langsam und geduldig. «Klavier mit Blasinstrumenten. Ich würde ja nur den Klavierpart üben. Für das Ensemble haben wir Probenräume.»

«Papas Haus hat wesentlich dickere Wände», ergänzte Lisl resolut. «Denk doch nur an Mamas Hausmusikabende.»

«Wenn Papa einverstanden ist, müßt ihr's natürlich machen», erklärte Inge plötzlich. «Ihr braucht mehr Räume.»

Paul sah sie einigermaßen überrascht an, aber Inge gab ihrer jüngeren Schwester immer nach, oder zumindest erschien es ihm so. Er überlegte, ob das Verhältnis zwischen ihm und Peter auf Außenstehende ähnlich wirken mochte.

«Vielen Dank, Inge», sagte Lisl.

«Darauf wollen wir anstoßen.» Inge griff nach ihrem Weinglas. In mancher Hinsicht bedeutete die Entscheidung eine Erleichterung für sie. Das hieß, daß Papa ordentlich versorgt würde. Der Gedanke, daß er allein lebte, hätte sie beunruhigt. «Wenn ihr auszieht, verkaufen wir das Haus und teilen uns das Geld.» Die Hennigs äußerten sich jedoch nicht zu diesem Vorschlag, wie Paul registrierte.

Nach ihrem Weggang schien Inge ihre spontane großzügige Geste zu bereuen. So war sie oft: Sie verschenkte Dinge, an denen sie hing, und hinterher tat es ihr leid, wobei sie dann nicht wütend auf sich selbst wurde, sondern auf den Beschenkten. Paul goß ihr einen Schlummertrunk ein, und sie saßen noch im Arbeitszimmer zusammen, während er einige Akten aus dem Büro durchsah.

«Sie werden nie im Leben ausziehen», konstatierte Inge betrübt. «Wir werden keinen Pfennig von Papas schönem Haus sehen.» Sie dachte dabei auch an eventuellen Nachwuchs, für den sie mehr Platz brauchen würden, erwähnte das allerdings mit keinem Wort.

«Ich bezweifle, ob sie sich das leisten können, wenn euer Vater einmal nicht mehr ist, Liebling. Die Instandhaltung muß einen Haufen Geld kosten. Ich weiß noch, wie dein Vater vor ein paar Jahren über die enorme Rechnung für das neue Dach gejammert hat.»

«Na ja, dann brauchen sie sich wenigstens darüber nicht den Kopf zu zerbrechen.»

Paul lachte. Seine Frau war offenbar entschlossen, in Trübsinn zu verharren.

«Ich gehe schlafen, Liebling», sagte sie. «Mach nicht mehr so lange.» Sie küßte ihn lächelnd. Manche Ehemänner hätten einer Frau, die so leichtfertig einen großen Teil ihres Erbes preisgab, vermutlich die Leviten gelesen, Paul aber würde das niemals auf diese Weise betrachten. Paul machte sich nicht viel aus Besitz, über seine Grundbedürfnisse hinaus. Manchmal dachte sie, daß es ihm nicht einmal etwas ausmachen würde, sie zu verlieren.

Um halb eins läutete Fritz Esser. Inge schlief schon. Paul saß in seinem kleinen Arbeitszimmer und las einen Stapel Verordnungen und Zusatzbestimmungen, die ihm jetzt in ständig wachsender Anzahl auf den Schreibtisch kamen.

Fritz Esser stand in der Diele, ein törichtes Grinsen im Gesicht. Zuerst hielt Paul ihn für betrunken, doch kein Mensch kam so aus einer Besprechung mit dem Führer – es sei denn, trunken vor Begeisterung.

«Ich hab mir in die Hosen gemacht vor Lachen», brüllte Esser, als Paul ihn ins Arbeitszimmer führte und eine Flasche alten französischen Kognak holte. Fritz hatte kürzlich seinen vierzigsten Geburtstag gefeiert. Er lachte. Bis auf die dunklen Augen und das vernachlässigte, unregelmäßige Gebiß war der schlanke Junge von damals, der die Brüder Winter vor so vielen Jahren aus der Ostsee gezogen hatte, kaum wiederzuerkennen. Esser hatte derart zugenommen, daß er sich seine Anzüge anfertigen lassen mußte. Sie stammten durchweg von einem der besten Schneider Berlins. Pauls Gewicht schwankte zwar auch, aber Inge nörgelte dann so lange herum, bis er Diät hielt. Dem unverheirateten Esser fehlte ein solches Gängelband. Doch bei seiner Körperlänge und dem starken Knochenbau wirkte Esser trotz des Übergewichts nicht als komische Figur.

«Was ist denn passiert?» erkundigte sich Paul.

«Es dreht sich nicht um das, was passiert ist, sondern darum, was morgen passieren wird. Die Reichskanzlei ist das reine Irrenhaus: Generale, Admirale, Gauleiter und alle großen Tiere von Presse und Propaganda.»

«Hindenburg? Ist er tot?» Hindenburg lag im Sterben; es war nur noch eine Frage der Zeit, das wußte jeder.

«Diese Kommißstiefel!» Esser trank einen Schluck Kognak und lachte wieder los, wie ein kleiner Junge. «Diese Generale haben wirklich von Tuten und Blasen keine Ahnung. Welcher von diesen Idioten ist bloß auf die Schnapsidee gekommen, den großen Militärrummel ausgerechnet für morgen anzusetzen? Seit über einem halben Jahrhundert haben sie keinen Krieg mehr gewonnen. Ihr letztes Unternehmen können sie ja nun bestimmt nicht als Sieg feiern, also was tun sie? Sie begehen den zwanzigsten Jahrestag der Mobilmachung als Jubelfest.» Er brach abermals in schallendes Gelächter aus, nahm die Kognakflasche und schenkte sich nach. In Paul Winters Haus brauchte er nicht lange zu fragen, hier konnte er sich selbst bedienen. «Erinnerst du dich an den Tag, an dem der Kaiser 1914 die Mobilmachung verkündet hat?»

«O ja», bestätigte Paul. Jener verhängnisvolle Tag 1914 hatte sich tief in sein Gedächtnis eingegraben. In der Kadettenanstalt Lichterfelde hatte dafür eigens eine Parade stattgefunden. Seine Eltern waren dabei; Mama hatte geweint.

«Jetzt werden also all die Spielzeuggenerale aus ihren Schachteln geholt und aufgezogen, bereit, zu den Klängen ihrer Zinnsoldatenkapellen vorwärts und rückwärts zu marschieren. Die Generale haben sich in ihre schmucksten Uniformen geworfen und ihre zahmen Esel gestriegelt ... Und was geschieht? Dieser rücksichtslose Tapergreis Paul von Beneckendorff und von Hindenburg kratzt ab ... und schmeißt ihnen damit die ganze Zirkusvorstellung. So habe ich nicht mehr gelacht, seitdem sie vergangenen Monat den Armleuchter Röhm erschossen haben.»

«Weißt du das mit Hindenburg genau?»

«Ich war beim Führer, als das letzte Ärzte-Bulletin herausgegeben wurde. Die Reichswehr steht ganz schön belämmert da. Blomberg, unser grandioser Kriegsminister, verschickt im Bendlerblock Fernschreiben an sämtliche Wehrkreiskommandos, um den Rummel abzublasen und statt dessen die Vorbereitung der Trauerfeierlichkeiten zu treffen.»

«Was hat der Führer gesagt?»

«Der Führer war natürlich sehr aufgeregt.» Aus Essers Tonfall ging hervor, daß von Aufregung überhaupt keine Rede sein konnte. «Der Führer wird jetzt Reichspräsident und wird vermutlich das Amt mit dem des Reichskanzlers verbinden.»

«Das wäre gesetzwidrig», erklärte Paul.

«Bist du sicher?» Er stellte das Glas ab und wischte sich den Mund.

«Du solltest das wissen, Fritz. Du warst doch 1932 Abgeordneter, als der Reichstag den Verfassungszusatz verabschiedete. Darin heißt es, daß die Amtsgeschäfte des Reichspräsidenten im Falle seines Ablebens interimistisch vom Reichsgerichtspräsidenten geführt werden, bis eine neue Wahl stattgefunden hat.»

«Die Autorität geht nicht automatisch auf den Reichskanzler über?»

«Nein.»

«Der Reichsgerichtspräsident? Das kann nicht dein Ernst sein!»

«Mein voller Ernst.»

«Du vergißt das Ermächtigungsgesetz. Das gibt dem Führer die Macht, alles zu tun, was er will.»

«Bis auf Eingriffe in die Amtsautorität des Präsidenten. Das wurde ausdrücklich ausgenommen.»

«Himmelherrgott! Eine Wahl? Das könnte alles ruinieren. Ich fahre lieber zurück und informiere den Führer.»

«Setz dich einen Augenblick ganz ruhig hin, Fritz.» Fritz Esser nahm vorsichtig einen Schluck Kognak und ließ sich nieder.

«Er sollte besser nicht Reichspräsident werden», begann Paul im Konversationston. «Wenn Adolf Hitler Reichspräsident wird, muß er beim Amtseid beschwören, daß er sich an die Verfassung halten wird. Das schränkt seine Befugnisse ein.»

«Wie ließe sich das vermeiden?»

«Keinen Nachfolger für das Amt des Reichspräsidenten und dafür ein neues schaffen.»

«Zum Beispiel?»

«Indem er sich einfach Führer nennt, beispielsweise.»

«Führer. Ja, ausgezeichnet. Führer und Reichskanzler – er könnte diese Funktionen vereinigen. Er hat die Oberbefehlshaber der Reichswehr zu sich beordert. Er will sie einen Treueid schwören lassen.»

«Auf diese Weise käme man darum herum.»

«Um was herum?» fragte Esser.

«Normalerweise legt die Armee den Treueid auf den Präsidenten ab, und der Präsident schwört zur Absicherung den Eid auf die Verfassung. So funktioniert das System.»

«Du meinst, man soll das Militär auf den Führer vereidigen, dann das Amt des Reichspräsidenten ohne Nachfolger lassen, so daß er nicht geloben muß, sich an die Verfassung zu halten. Ein verteufelt schlauer Einfall, Paul. Der wird dem Führer zusagen.»

Er hob sein Glas, stellte es wieder hin, weil ihm Hitlers Abstinenz in den Sinn kam. «Ich mache mich jetzt besser auf die Socken. Da warten Berge von Arbeit. Ein Segen, daß ich meinem Fahrer nicht wie sonst eine Stunde freigegeben habe.»

«Wenn du unbedingt gehen mußt, Fritz ...»

«Du bist zu schade für diesen Posten bei der Gestapo, Paul. Für dich mit deinem hellen Köpfchen muß ich was Besseres finden.»

«Ich bin ganz zufrieden, Fritz. Eine interessante Arbeit, die mir liegt.»

«Keine Nachfolge, beide Ämter vereinigen – eine großartige Idee!»

1936

«Bitte nachspülen und ausspucken», sagte Dr. Volkmann. «Und dann ein bis zwei Stunden nicht auf der Seite kauen. Ich muß dich noch einmal zur Kontrolle herbitten.» Er betätigte das Pedal und stellte den Behandlungsstuhl wieder senkrecht.

«Vielen Dank.» Peter Winter spülte den Mund aus und trocknete sich die Lippen.

«Sie können gehen, Ursula», wandte sich Volkmann an die Sprechstundenhilfe.

«Vielen Dank, Herr Doktor.»

Peter sah auf die Uhr. Es war erst Viertel nach drei.

«Ich habe in den vergangenen sechs Monaten eine Menge Patienten verloren», erklärte Volkmann. «Ich überlege ernsthaft, ob ich nicht aus der Kurfürstendammgegend wegziehen soll.»

«Aber deine Patienten legen doch gerade Wert auf so eine noble Adresse.»

«Du meinst die Prominenz von Funk, Film und Theater? Von denen sind leider schon eine Menge abgewandert.»

«Das tut mir leid.»

«Ich kann es ihnen nicht verdenken. Sie sind mit ihrer Existenz von den Nazis abhängig, und Goebbels ist einer der schlimmsten Antisemiten. Und jetzt hat Ursula gekündigt. Sie ist seit über drei Jahren bei mir, aber ihr Vater sagt, er will nicht, daß sie bei einem Juden arbeitet.»

«Sie soll froh sein, daß sie überhaupt eine Stellung hat», meinte Peter.

«Sie findet schon eine neue. Die Nazis haben die Arbeitslosigkeit abgebaut, Peter – das müssen wir gerechterweise zugeben.»

«Und wie haben sie das gemacht?» konterte Peter. «Indem sie die Leute zur Landarbeit oder zum Autobahnbau beordert haben. Oder indem sie sie in den örtlichen Parteibüros für wenig oder gar keine Bezahlung arbeiten lassen.»

«Ich muß noch dankbar sein, daß ich nicht Beamter bin oder bei der Reichswehr, sonst wäre ich auch arbeitslos. Wenigstens lassen sie mich meinen Beruf ausüben.»

«Diese Leute sind doch wahnsinnig.»

Volkmann lächelte traurig. «Das Komische bei der Sache ist, daß ich mit diesem Hitler in vielem einig bin. Als Deutschnationaler lehne ich jeden Passus in dem verfluchten Versailler Vertrag ab. Auch ich hasse die Kommunisten und verachte die Pseudointellektuellen mit ihrem Salonbolschewismus. Es gibt viele Dinge, in denen ich Hitler voll unterstütze; wieso muß er diesen wahnwitzigen Rachefeldzug gegen uns führen?»

«Ich weiß es nicht.»

«Und soll ich dir noch was sagen, Peter? Als ich letzten Samstag im Radio hörte, daß unsere Soldaten im Rheinland einmarschiert sind, habe ich gejubelt. Er hatte recht; das ist alter deutscher Boden, er gehört uns, nicht den Franzosen.»

«Vermutlich.» Isaaks patriotische Gefühlsausbrüche machten Peter jedesmal ratlos und verlegen.

«Und du – hast du viel zu tun?»

Peter nickte. «Wir hoffen, einige Verträge über Nebenprodukte von Kohle abschließen zu können. Das würde sich im nächstjährigen Rechenschaftsbericht für unsere Aktionäre sehr vorteilhaft auswirken.»

«Um was für Nebenprodukte geht es: Öl?»

«Ja, und jetzt hat man bei IG-Farben außerdem ein Verfahren zur Herstellung von sehr gutem synthetischen Kautschuk entwickelt.»

«Ist der billig?»

«Nein, Gott sei Dank nicht.» Peter lachte. «Er ist sogar verdammt teuer.»

«Und warum kaufen wir dann nicht Kautschuk und Öl auf dem Weltmarkt?»

«Deutschland hat reiche Kohlenreserven, Isaak. So bleiben unsere Grubenarbeiter in Lohn und Brot.»

«Das ist nicht der wahre Grund, mein Freund, und du weißt es. Dieser Kerl ist entschlossen, Krieg zu führen.»

«Wir müssen vorbereitet sein, uns zu verteidigen, Isaak. Den Russen und Polen ist nicht zu trauen.»

«Ich hoffe zu Gott, daß ich mich irre. Ach, das hätte ich doch fast vergessen. Ich muß Lotties Paß zurückgeben.»

«Lotties Paß?»

Volkmann hatte ihn bereits aus dem Versteck in seinem verschlossenen Medikamentenschrank geholt, bevor er aufblickte und Peters Verblüffung bemerkte. «Ach du liebe Güte! Wußtest du nichts davon?»

«Wovon? Worum geht's eigentlich, Isaak?»

Volkmann stand unschlüssig da. «Es wäre mir gräßlich, Anlaß zu einer

Unstimmigkeit zwischen euch zu geben, Peter. Ihr seid unsere besten und treuesten Freunde.»

«Was tust du mit Lotties amerikanischem Paß, Isaak?»

Wieder zögerte Volkmann, entschied dann aber, daß ihm gar nichts anderes übrigblieb, als Peter reinen Wein einzuschenken. «Deine Frau hat ihren Paß einem Freund von mir geliehen. Wir haben uns die Visa darin angesehen.»

«Sprich nicht in Rätseln, Isaak. Du meinst, ihr habt die Visa kopiert, um Fälschungen danach herzustellen?»

«Ja, das wollte ich damit sagen, Peter. Ich dachte, du wüßtest von der Sache. Das muß ein schöner Schock für dich sein.»

«Und außerdem werden danach noch US-Pässe gefälscht?»

«Manche von meinen Leuten sind verzweifelt, Peter. In diesem Land geschehen furchtbare Dinge.»

«Du hast kein Recht, meine Frau zu gefährden.»

«Ich habe sie nicht in Gefahr gebracht. Lottie hat darauf bestanden, daß man ihren Paß dazu benutzt, und als Jüdin hat sie sehr wohl das Recht, solche Dinge zu entscheiden.»

«Sie ist meine Frau, und wir haben ein kleines Kind. Was würde passieren, wenn ...»

«Ich weiß, ich weiß ...»

«Du hättest sie nicht dazu überreden dürfen.»

«Ich habe alles getan, was ich konnte, um es ihr *auszureden*, Peter. Alles, ich schwöre es! Ich war der festen Meinung, sie hätte das mit dir besprochen.»

«Und du solltest dich auch nicht auf solche Sachen einlassen, Isaak. Diese Leute begehen strafbare Handlungen, und du leistest Beihilfe.»

«Komm mir nicht mit dem Buchstaben des Gesetzes, mein Freund, wenn das Recht hier mit Füßen getreten wird.»

«Für so etwas gehen Menschen lebenslänglich ins Gefängnis, Isaak.»

«Für die Sünde, als Jude geboren zu sein, werden Menschen zu Tode gequält. Soll ich mich meiner Pflicht als Jude entziehen, um einem Regime zu dienen, das mein Volk ermordet?»

Peter nahm den Paß und steckte ihn in die Tasche. «Bitte, Isaak, laß es dabei bewenden. Sie ist Jüdin, aber sie ist auch meine Frau.»

Isaak Volkmann reagierte nicht auf diesen Appell und gab Peter Winter nicht die gewünschte Zusicherung. «Sagen wir nächsten Dienstag um vierzehn Uhr dreißig. Dann kannst du vorher noch zu Mittag essen. Es ist kaum noch etwas zu machen bis auf abschleifen und Zahnstein entfernen. Aber ich möchte es mir gern noch mal ansehen.»

«Das paßt mir gut.» Peter nahm Hut und Handschuhe von der Garderobe in der Diele. Volkmann begleitete ihn hinaus.

«Deine Frau ist ein sehr entschlossener Mensch, Peter.»

«Also bis nächste Woche.» Peter nickte Volkmann zu und ging, ohne ihm wie sonst die Hand zu schütteln. Und er sagte auch nicht auf Wiedersehen.

1937

Die Geheime Staatspolizei – Gestapo – hatte das große Gebäude der Kunstschule in der Prinz-Albrecht-Straße übernommen; Paul Winter bekam ein Büro im dritten Stock mit Blick auf den herrlichen Garten, den sie mit dem angrenzenden kleinen Palais teilten, dem neuen Sitz von Heydrichs SD.

Nachdem sich die politische Herrschaft der Nazis konsolidiert hatte, wurden auch im gesamten Polizei-Apparat grundlegende Veränderungen vorgenommen. Unter Mithilfe von sechs Angestellten und den zwei jungen Juristen, die unter ihm arbeiteten, hatte Paul Winter viele Monate damit zugebracht, den Organisationsplan für die Sicherheitspolizei – Sipo – auszutüfteln. Früher hatte diese Behörde den ganzen Apparat umfaßt, von der Verkehrspolizei bis zur Gendarmerie. Aber jetzt, da die gesamten deutschen Polizeikräfte dem Reichsführer SS Himmler unterstellt waren, wurde eine neuartige Sipo gebildet, und zwar aus den Schlüsselbereichen Kriminalpolizei – Kripo – und politische Polizei.

Das machte die Sipo potentiell zu einem der mächtigsten Unterdrükkungsapparate in einer Gesellschaft der Neuzeit. Doch es war Paul Winters Gutachten, das auf den in Paragraph 42 des Strafgesetzbuches verankerten Einschränkungen basierte und Himmlers Polizisten in die Lage versetzte, als ihre eigenen Richter und Geschworenen zu agieren.

Paragraph 42 autorisierte die deutschen Gerichte, für Gewohnheitsverbrecher und potentielle Störenfriede «Schutzhaft» anzuordnen. Doch es war das juristische Werk von Dr. Paul Winter, das mit dem Argument aufwartete, unter dem völkischen deutschen Rechtsbegriff müßten Volk und Polizei zusammenarbeiten, um Gesetz und Ordnung aufrechtzuerhalten. Dem langen, sorgfältigen Gutachten zufolge vertrat nun im Falle einer Schutzhaft die Sipo die Polizei und die verhaftete Person das «Volk». Somit war es rechtens, wenn das Reichssicherheitshauptamt Schutzhaft anordnete, ohne diese bei Gericht zu erwirken. Es war ein Sieg für den Reichsführer SS Himmler – ein Triumph der Bürokratie.

Um zu lange Debatten über Schuld oder Unschuld zu vermeiden, wurden die Verhafteten meist kurzerhand als Volksschädling eingestuft, was Prostituierte, Bettler, Homosexuelle, Verkehrssünder, Psychopathen, «Kritikaster», Verbreiter von politischen Witzen ebenso einschloß wie zum Beispiel auch jeden, der zweimal hintereinander eine ihm angebotene Beschäftigung ohne ausreichende Begründung ablehnte.

Da es Schwierigkeiten bereitet hätte, die Schutzhäftlinge ohne den erforderlichen Gerichtsbeschluß in Gefängnisse einzuliefern, verbrachte man sie statt dessen in Konzentrationslager, die ebenfalls dem Reichsführer SS unterstellt wurden. Das Justizministerium erhob Einwände dagegen, die man jedoch nicht zur Kenntnis nahm.

Somit waren 1937 in Nazi-Deutschland die Gerichte und das gesamte Rechtssystem gleichgeschaltet. Jeder, der den Nazis nicht genehm war, konnte sofort verhaftet, verurteilt und bestraft werden.

Am 9. März 1937 wurden diese neuen Vollmachten erstmals in die Tat umgesetzt. Das Berliner Polizeipräsidium am Alexanderplatz erteilte allen deutschen Kripo-Dienststellen Anweisung, zweitausend Personen in Schutzhaft zu nehmen, die ein Verbrechen begehen, öffentliches Ärgernis erregen oder sich sonstwie regimefeindlich verhalten könnten. Sie wurden von der Polizei in das nächstgelegene Konzentrationslager eingeliefert. Das war erst der Anfang.

Für Paul Winter bedeutete der März 1937 das Ende einer Menge undankbarer, langweiliger Verwaltungstätigkeit. Er vermißte dort oben im dritten Stock die richtige Polizeiarbeit mit ihrer erregenden Spannung; seit Jahren hatte er sich vor Gericht keine Duelle mehr mit Kollegen geliefert.

Auch Lothar Koch fehlte ihm. Lothar hätte hier oben sitzen können, wo die Entscheidungen zustande kamen und außerdem besser verdient wurde. Doch Lothar war schlau genug, lieber unten zu bleiben, wo er täglich mit Menschen zu tun hatte. Der dritte Stock bestand aus einem Korridor mit beengten Büros, in denen aufgeblasene Bürokraten endlose Schriftstücke diktierten; diese Rundschreiben wurden dann an die Polizeibeamten versandt, die ohne die Papierlawine besser hätten arbeiten können.

«Paul?» Der wollte am Ende eines langen Tages gerade nach Haus gehen und packte vorher noch ein paar Sachen in seine Aktentasche. Die überhastet umgebauten Büroräume waren klein und dunkel, und sein Besucher stand im Dunkeln, außerhalb des Lichtkegels seiner Schreibtischlampe.

«Lothar! Was machst du denn hier oben? Möchtest du eine Tasse Kaffee?» Er freute sich immer, Lothar zu sehen. «Komm doch rein.»

«Ich muß dich sprechen. Es ist dringend.»

«Wo brennt's denn? Wen hast du da mitgebracht?» Paul spähte nach draußen. Die Büros hatten alle Glastüren, so daß man die draußen Vorbeigehenden beobachten konnte.

«Darf ich ihn reinholen? Es ist einer meiner Kriminalbeamten.»

«Wenn du willst.» Paul war enttäuscht. Er hätte lieber gemütlich mit Lothar geschwatzt.

Der Kriminalbeamte trat ein. Er grüßte respektvoll. Jeder kannte Paul Winter dem Namen nach. Er galt als Lokalmatador: Paul war mit Fritz Esser bekannt, Paul hatte den Paragraphen 42 geknackt, Paul speiste mit Heydrich zu Mittag, Paul besaß ein Haus am Obersalzberg.

Der Gestapo-Beamte hieß Theodor Steiner, einer von der alten Garde, der nach vielen Jahren Streifendienst zur Kriminalpolizei gekommen war. Rotes Gesicht mit großer Nase, Bierbauch, runde Hornbrille, die er zum Lesen brauchte.

«Steiner ist dabei, den Fälscherring zu zerschlagen, der die Reisepapiere fabriziert hat. Weißt du davon?»

«Nein. Müßte ich?» Er deutete auf zwei kleine Rohrstühle, doch seine Besucher blieben stehen.

«Der Fall ist seit Monaten aktenkundig. Die haben uns ganz schön in Atem gehalten.»

«Reisepapiere?» Paul war irritiert.

«Sogar amerikanische Pässe. Einer unserer Spitzel im Hapag-Büro hat den ersten entdeckt. Er war keine Spur mißtrauisch, hat bloß angefangen, mit diesem ‹Amerikaner› zu reden, und hat festgestellt, daß er kein Wort Englisch konnte.»

«Ein Illegaler?»

«Worauf du dich verlassen kannst. Sauber eingefädelt, wie? Mit einem US-Paß braucht er weder ein amerikanisches Visum noch eine schriftliche Einladung oder sonst irgendwelche Papiere als Ausfuhrgenehmigung für Schmuck, Devisen oder andere Wertgegenstände. Er ist ein amerikanischer Tourist auf der Heimreise. Merkst du was?»

«Na klar.»

«Tja, Steiner hat sie nun auffliegen lassen. Er hat die Druckerei entdeckt. Ein Drucker namens Geschke – nicht mal ein Jude – in der Dietrich-Eckart-Straße beim Bahnhof Wittenau. Sie sind jetzt dort an der Arbeit; wir haben unsere Leute draußen postiert. Das gibt ein Mordsding, Paul. Für Steiner steckt da wahrscheinlich 'ne Beförderung drin.»

«Gratuliere, Steiner. Wie haben Sie das gedeichselt?»

«Ich habe einen Mann eingeschleust: einen Juden, versteht sich.»
«Vermutlich die einzige Möglichkeit», meinte Paul.
«Bei der Gesellschaft bestimmt.» Steiner hatte eine dünne, zirpende Stimme, für einen derart massigen Mann recht ungewöhnlich. «Sie sind sehr vorsichtig und sehr geschickt.» Er reichte Paul einen Paß und andere Papiere.
«Ist das eine ihrer Fälschungen?»
«Ja.»
«Sieh's dir mal genauer an.» Paul schob die Aktenmappe beiseite, breitete alles auf dem Schreibtisch aus. Da war der gefälschte amerikanische Blankopaß, einen Bogen mit maßstabgetreu fotografierten Stempelabdrucken sowie Fotos von einem echten Paß, Seite für Seite.
«Was hältst du davon?» fragte Koch.
Paul sah zu ihm auf. Kochs Gesicht war zu einer unergründlichen Grimasse verzogen, wie er sie immer aufsetzte, wenn er einen seiner Witze erzählte.
Paul schaute wieder auf den Schreibtisch, wo ihm Lottie Winters Foto aus dem echten Paß entgegenstarrte. Und da stand ihr Name: Charlotte Sarah Winter. Geboren 1902 in Los Angeles, Kalifornien. Paul blickte wieder hoch. «Sie sind jetzt dort? In der Druckerei?»
«Ja», bestätigte Koch. «Der Besitzer Geschke und sein Sohn, vier weitere Männer und diese Frau.» Er deutete auf Lotties Bild.
«Was hat die Frau damit zu tun?» wandte sich Paul an Steiner.
«Sie gehört zu denen. Außerdem gibt sie den Benutzern der Pässe Hinweise, wie sie vortäuschen sollen, daß sie Amerikaner sind.»
«Woher wissen Sie das?» fragte Paul Winter scharf.
«Von meinem Informanten.»
«Von Ihrem Informanten, natürlich.»
«Steiner hat einen Schutzhaftbefehl. Er war auf dem Weg dorthin, als ich ihn getroffen habe. Ich sagte ihm, daß du vielleicht mit ihm reden möchtest.»
«Ich wünsche keinen Schutzhaftbefehl», erklärte Paul. «Dafür ist der Fall zu gewichtig. Diese Leute sind Staatsfeinde. Sie müssen von der Polizei verhaftet werden. Ich spreche sofort mit der Kripo-Abteilung.»
«Ich halte eine solche Verfahrensweise nicht für richtig», konterte Steiner mit der apodiktischen Sicherheit einer langjährigen Berufserfahrung. «Wenn die Kripo die Sache bearbeitet, rechnet sie sich's als Verdienst an. Und es muß vor Gericht verhandelt werden.»
«Was ist daran auszusetzen?» fragte Paul.
Über Steiners undurchdringliches Mondgesicht huschte ein fast un-

merkliches Lächeln. «Nichts, nur daß meine Jungens dann sämtliche Berichte tippen und viel Zeit bei Gericht verplempern müssen, um als Zeugen auszusagen.»

«Diese Frau ist amerikanische Staatsbürgerin.» Paul klopfte auf den gefälschten Paß.

«In Deutschland ansässig», beharrte Steiner. «Sie ist keine Touristin, sondern in Deutschland ansässig. Wenn ein Ortsansässiger eine Straftat begeht, spielt die Farbe des Passes keine Rolle.»

«Technisch hat Steiner das Recht, darüber zu entscheiden,» warf Koch ein.

«Und am 26. Februar dieses Jahres hat Heydrich eine Verfügung erlassen, die besagt, daß Verhaftung durch die Polizei in Zukunft zu unterbleiben hat», bohrte Steiner ungerührt weiter. «Damit soll den Gerichten die bisher erforderliche anschließende Überprüfung der polizeilichen Maßnahmen erspart werden.»

«Ist mir bekannt», entgegnete Paul. «Aber laut Erlaß des Innenministers vom 12. April 1934 darf Schutzhaft nicht angewendet werden zur Ahndung von Straftaten. Hier handelt es sich um eine schwerwiegende strafbare Handlung, in die eine Ausländerin verwickelt ist. Sie müssen einen ordnungsgemäßen Haftbefehl verwenden.»

Langes Schweigen. Sie wußten alle, daß Paul theoretisch recht hatte und daß die Sipo der direkten Befehlsgewalt von Innenminister Dr. Wilhelm Frick unterstand, daß aber Frick von keinem mehr ernst genommen und sein Erlaß von 1934 schlichtweg ignoriert wurde.

Paul fixierte Steiner, und dieser erkannte bestürzt, daß er einen Mann vor sich hatte, dem Furcht nichts anhaben konnte. Es verursachte Steiner Unbehagen, in diese kalten, farblosen Augen zu blicken. Schließlich sagte er: «Also gut, ich gehe zur Kripo hinunter. Bekomme ich dort den Haftbefehl, oder muß ich erst alles abklappern, um eine gültige Unterschrift zu kriegen?»

«Die Sache ist dringend», erwiderte Paul. «Ich regle das telefonisch.»

Steiner seufzte, packte die Fotos zusammen und ging.

«Wird er sich an meine Direktiven halten?» fragte Paul.

«Er wußte, daß sie deine Schwägerin ist. Das ist dir doch klar?»

«Wirklich? Winter – ein ziemlich häufiger Name.»

«Steiner ist kein Dummkopf. Er ist über dreißig Jahre bei der Berliner Polizei. Er kennt den Laden aus dem Effeff.»

«Aber wird er's tun?»

«Da kannst du sicher sein. Steiner macht sich doch hier oben in der Chefetage keinen Feind. Aber er verbucht es, daß er bei dir etwas guthat.

Zur rechten Zeit wird er auftauchen, um eine Gefälligkeit zu kassieren, oder auch zwei. Du weißt doch, wie diese alten Polizisten sind.»

«Nein. Wie sind sie denn?»

«Wie du», antwortete Koch und lachte.

Paul Winter rief Inge an, daß er später käme, und fuhr dann zu seinem Bruder. Es gehörte zu den schmerzlichsten Augenblicken seines Lebens, seinem Bruder die Nachricht von Lotties Verhaftung zu bringen.

Als Peter die Tür öffnete, trug er einen blauseidenen Morgenrock und dazu ein rotes Halstuch. Er sah aus wie ein Schauspieler. Paul fand es erstaunlich, daß jemand so viel Aufwand mit seinem Äußeren trieb, wenn er allein zu Hause war, aber das hatte Peter von jeher getan.

«Peter, ich muß dir was sagen.»

Peter ließ ihn herein. «Ich suche überall nach dem Kaffee und kann ihn nirgends finden. Und Lottie ist bei Mama.»

«Sie ist nicht bei Mama. Ihretwegen bin ich hier.»

«Weiß der Himmel, wo sie wieder steckt. Wenn sie mir doch nur sagen würde, was sie macht. Das Mädchen hat Ausgang, und ich wollte mir ein Omelett braten, aber das ist völlig ungenießbar.» Das Radio spielte «Ich tanze mit dir in den Himmel hinein ...»

«Lottie ist verhaftet worden, Peter.»

«O mein Gott! Bist du sicher?» Peter rang nach Fassung. Seine Hände zitterten, als er das Radio abstellte.

«Du bist doch nicht in die Geschichte verwickelt, oder?»

«Was wirft man ihr vor?» lautete Peters Gegenfrage. Er steckte die Hände in die Taschen seines Morgenrocks.

«Es wurde noch keine schriftliche Anklage erhoben.»

«Hat es etwas mit Pässen zu tun?» Peter war kreidebleich.

«Setz dich lieber, Peter.»

Er sank auf einen Stuhl und nahm sich eine Zigarette.

«Ja, mit Paßfälschungen.» Paul gab seinem Bruder Feuer.

«Ich muß zu ihr.»

«Heute abend läßt man dich nicht zu ihr. Sie wird gerade verhört.»

Paul schwieg. Er hatte seinen Bruder noch nie so erregt gesehen, und das tat ihm weh.

«Bist du sicher, daß man mich heute abend nicht zu ihr läßt?»

«Ins Untersuchungsgefängnis? Natürlich nicht. Du kennst die doch.»

«Auch nicht als Verteidiger?»

«Sei vernünftig, Peter.»

«Ich kann nicht mehr richtig denken.»

«Wußtest du, daß sie sich mit derartigen Sachen befaßt?» Doch ehe Peter antworten konnte, gebot er ihm Schweigen und verbesserte sich: «Nein, ich will das gar nicht wissen. Vergiß es.»

«Sie wird denken, daß ich sie im Stich lasse. Erst gestern abend habe ich ihr noch einen Krach wegen der Haushaltsrechnungen gemacht. Hätte ich doch nur geahnt, was passiert.»

«Zum Donnerwetter, Peter, reiß dich gefälligst zusammen», fuhr Paul ihn an.

«Du hast recht, ich muß mich zusammennehmen. Um Lotties willen.»

«Ich habe verlangt, daß die Kriminalpolizei sie verhaftet, mit einem richterlichen Haftbefehl. Das bedeutet, sie bekommt ein gerechtes Verfahren. Und sie sitzt im Untersuchungsgefängnis ein. Wenn sie einen Schutzhaftbefehl verwendet und sie in ein Konzentrationslager eingeliefert hätten, würdest du sie wahrscheinlich nie mehr wiedersehen.»

«Man wird sie zu lebenslänglicher Haft verurteilen.»

«Wir wissen nicht, wie das Urteil lauten wird; wie unberechenbar Gerichte sind, das kennen wir doch beide. Aber eins wissen wir mit Bestimmtheit: Sie wird ihre Haftstrafe in einem ordentlichen Gefängnis verbüßen.» Anscheinend vermochte Paul seinem Bruder nicht begreiflich zu machen, was das bedeutete.

«Wen soll ich als Verteidiger nehmen?»

«Sie ist schuldig, Peter. Das ist dir doch klar, oder?»

Peter nickte.

«Es gibt auf der ganzen Welt keinen Verteidiger, der einen Freispruch erwirken könnte.»

«Sie muß den besten haben.»

«Ich finde schon einen. Allerdings wollen die meisten Anwälte keine ‹Staatsfeinde› verteidigen. Es dürfte schwierig werden.»

«Du darfst da nicht mit hineingezogen werden, Paul. Mir ist durchaus klar, daß du dich in deiner Stellung nicht so exponieren kannst.»

«Ich mag Lottie; ich hab sie von jeher gern gehabt.»

Peter musterte ihn eindringlich. «Aber du bist der Meinung, als Ausländerin und als Jüdin hätte sie sich aus der deutschen Politik heraushalten müssen.»

«Das habe ich nicht gesagt, Peter, sondern du.»

«Aber das denkst du doch, stimmt's?»

«Ich weiß nicht, was ich denke.»

«Wie kannst du bloß für diese Nazis arbeiten?» Peter biß sich auf die Lippen. Wie konnte er nur seine Wut und Verzweiflung an seinem kleinen Bruder auslassen! Das war dumm und unfair.

Paul blinzelte, reagierte jedoch nicht auf diesen Anwurf, sondern entgegnete ruhig: «Du darfst eins nicht vergessen, Peter – wir beschränken die Emigration von Juden nicht. Der SD hat ein Büro, das alles in seiner Macht Stehende tut, um die Auswanderung zu fördern. Das Problem dabei ist, daß kein Land sie haben will. Der eigentliche Grund, weshalb diese Leute amerikanische Pässe gefälscht haben, liegt darin, daß sie mit einem deutschen keine Einreiseerlaubnis bekommen.»

«Weiß Inge, was passiert ist?»

«Nein. Ich muß erst mal abwarten.»

«Danke, Paul.»

«Hast du schon mal daran gedacht, im Ausland zu leben?»

«Ist das dein Rat, Paul?»

«Ich denke dabei an Helena ... Schulen und so weiter.»

«Wir müssen sehen, was mit Lottie geschieht.»

«Wenn du jetzt gleich weggehen würdest, wäre es wahrscheinlich einfach. Falls Lottie allerdings verurteilt wird, dürfte es für dich unmöglich sein, eine Ausreisegenehmigung zu kriegen, nicht mal als Tourist.»

«Ich kann jetzt einfach nicht über diese Dinge nachdenken.»

«Die Sache hat auch noch andere Folgen, Peter. Mach dich darauf gefaßt.»

«Worauf willst du hinaus?»

«Es spricht sich herum, und das ist nicht gerade hilfreich. Die Aktionäre könnten sich bei der Firma beschweren. Ich hab das alles schon erlebt. So eine Geschichte zieht Kreise.»

«Das nehme ich auf mich.»

«Wenn ich irgendwie helfen kann ...»

«Vielen Dank, Paul, das hast du bereits getan.»

«Ach ja, noch etwas, Peter. Du siehst doch Isaak Volkmann gelegentlich, oder?»

«Ich bin Patient bei ihm», erklärte Peter.

«Er sucht irgendwo eine Bleibe, höre ich.»

«Ja, der arme Kerl. Ihr Hauswirt hat sie rausgesetzt – binnen einem Monat müssen sie die Wohnung räumen.»

«Ob er wohl schon mal daran gedacht hat, in einen leerstehenden Laden zu ziehen?»

«Wieso?»

«Ladenbesitzer müssen Mieter nicht polizeilich melden, wie es bei Wohnungen und Häusern Vorschrift ist.»

«In einem Laden wohnen? Wie ein Flüchtling. Ist das wirklich nötig?»

«Nein, es ist eine Vorsichtsmaßnahme. Man wird mehr und mehr Druck auf die Juden ausüben, ihnen das Leben voraussichtlich unerträglich machen.»

«Ist das eine Instruktion?» fragte Peter, wobei er seine Worte sorgfältig wählte. «Oder bloß eine Information?»

«Es ist ein Rat», erklärte Paul ohne Zögern.

«Ich gebe deine Botschaft weiter.»

«Sag lieber nicht, daß sie von mir stammt, Peter.»

«Ich kann mir nicht vorstellen, daß die Volkmanns in einen Laden ziehen.»

«Man kann nie wissen.»

«Lottie ist so eigensinnig», sagte Peter. «Sie hätte auf mich hören sollen.»

Paul war fix und fertig, als er endlich zu Hause anlangte. Er schloß sich selber auf und betrat das Wohnzimmer. Es brannte kein Licht, nur das Sofa, auf dem Inge lag, war beleuchtet. Neben ihr saß Fritz Esser, ohne Jackett, Krawatte gelockert. Sie lachten – auf eine Weise, wie er keinen von ihnen je zuvor hatte lachen hören. Als sie aufblickten und ihn bemerkten, verstummte das Gelächter. Ihre Gesichter wirkten wie erstarrt in dem gelben Lichtkreis der Tischlampe mit dem Pergamentschirm. Er kam sich wie ein Fremder vor, fast wie ein Eindringling.

«Paul, mein Lieber.» Inge erhob sich hastig und strich den Rock glatt. «Wir haben das mit Lottie gehört.»

«Ich war bei Peter», erklärte Paul.

«Hast du was gegessen?»

«Ich möchte nichts.» Alles, was er brauchte, war ein kräftiger Schluck. Auf einem Beistelltisch standen etliche Flaschen, doch Paul zögerte. Er hatte in letzter Zeit bei weitem zu viel getrunken. Ein Kaffee wäre besser.

«Wie nimmt es Peter?» erkundigte sich Inge.

«Es ist ein Schock für ihn.»

«Es ist ein Schock für alle», sagte Fritz Esser. Er erhob sich schwankend. Er hatte getrunken.

«Wolltest du was von mir, Fritz?» fragte Paul.

«Fritz wollte hören, ob er irgendwie helfen kann», erklärte Inge.

«Das war sehr nett von dir, Fritz.» Paul betrachtete die Schnapskaraffe und beschloß, sich doch einen zu genehmigen.

1938

Auf einem guten Pferd durch die schneebedeckte Landschaft zu reiten, gehört zu den größten Freuden des Lebens. Auf der endlosen weißen Fläche war weit und breit keine Ortschaft zu sehen. Man hätte es kaum für möglich gehalten, so dicht hinter Berlin aufs offene Land zu kommen.

Trotz der losen Reißverschlußjacke und des rotseidenen Schals hätte ein aufmerksamer Beobachter sofort gesehen, daß Reithosen und Schaftstiefel zu einer Offiziersuniform gehörten. Er kam immer in Uniform direkt von der Kirche hierher, eine seiner festen Gewohnheiten.

Oberst Alex Horner saß schon allzu lange im Kriegsministerium. Durch die Einführung der allgemeinen Wehrpflicht hatte die deutsche Wehrmacht ein schwer überschaubares Ausmaß angenommen, und der Papierkrieg war kaum noch zu bewältigen. Der Bendlerblock war zum reinen Irrenhaus geworden. Manche seiner Kollegen, insbesondere die älteren, schätzten es, im Mittelpunkt des Geschehens am Schreibtisch zu sitzen, und genossen die kleinen Reibereien und Eifersüchteleien zwischen den Ressorts ebenso wie die kulturellen Annehmlichkeiten des Großstadtlebens. Doch für jeden gesunden jungen Offizier war eine solche Schreibtischtätigkeit zu langweilig und für den energiegeladenen, ehrgeizigen Horner besonders einengend.

Zu allem Überfluß dauerte der Spanische Bürgerkrieg nun schon über ein Jahr, und die deutsche Wehrmacht hatte diesen fernen Kriegsschauplatz dazu benutzt, ihre Leute, ihre Befehlshaber, ihre Taktik und ihre Ausrüstung zu erproben. Und jetzt, da es mit seiner Stationierung dort zu klappen schien, hatte Horners Frau ihm eröffnet, daß sie schwanger sei. An seinem Entschluß, nach Spanien zu gehen, würde das zwar nichts ändern – daß seine Karriere zuerst kam, darüber bestand seit ihrer Hochzeit Einigkeit –, aber sie hatte keine Angehörigen in Berlin, so daß es keinen günstigen Eindruck machte, sie allein zu lassen.

Das alles ging ihm durch den Kopf, als er mit Pola, einem herrlichen Rotschimmel, zu den Ställen in Bernau zurückritt. Er schätzte diese

Ausflüge am Sonntagvormittag ungemein. Er liebte seine Frau, brauchte aber auch diese Gelegenheit, ab und zu für sich zu sein.

Der Reitstall wurde von einem Kriegskameraden betrieben, dem ehemaligen Feldwebel Winkel. Er war damals mit einer so schweren Chlorgasvergiftung nach Berlin zurückgekommen, daß die Ärzte wenig Hoffnung hatten. Sie gaben ihm noch ein halbes, allerhöchstens ein Jahr, das er allerdings nicht in der Großstadt, sondern auf dem Land verbringen sollte.

Also nahm Winkel seine Kriegsinvalidenrente, dazu eine hübsche junge Bauerntochter samt zwei gutartigen Pferden, die sie als Mitgift bekam, und begründete einen Reitstall hier draußen. Und jetzt, zwanzig Jahre nach Kriegsende, sah Winkel so gesund und munter aus wie eh und je und kassierte ab bei Offizieren, die wie Horner ihre Ausritte lieber auf einem ordentlichen Pferd unternahmen, anstelle der Klepper, die das Militär für solche Zwecke zur Verfügung stellte.

Es war Januar und die Luft kalt. Er hatte den Rotschimmel tüchtig galoppieren lassen und gönnte ihm nun für den letzten Kilometer einen gemächlichen Trab zur Abkühlung. Das Tier kannte den Heimweg besser als er, so daß er ungestört seinen Gedanken nachhängen konnte an Spanien, die veränderte Taktik, die Legion Condor und an seine Altersgenossen, die sich dort einen Namen machten. Bald, allzubald kamen die weiß gestrichenen Stalltore in Sicht, und wieder war ein Sonntagsausflug zu Ende.

Als er in den Hof ritt, fand er Winkel und seinen halbwüchsigen Sohn damit beschäftigt, das Loch in einem Fahrradschlauch zu suchen. «Das mache ich schon, Winkel», wehrte Horner ab, als Winkel sich um das Pferd kümmern wollte. Winkel reservierte ihm immer sein Lieblingspferd, Pola, und Horner versorgte es gern selbst. Er mochte die Ställe, den Geruch nach Schweiß, Mist und altem Zaumzeug. Es machte ihm auch Vergnügen, den ehemaligen Feldwebel Winkel zu sehen, dessen auskömmliche Existenz Alex Horner als Beweis für die Fürsorge des Militärs galt. Die Fahrt vom Stettiner Bahnhof bis Bernau dauerte eine halbe Stunde, was die Offiziere keineswegs abschreckte, in genügender Anzahl hier zu erscheinen und Winkels Betrieb weiterhin florieren zu lassen.

Im Stall mußte er sich erst an die Dunkelheit gewöhnen, so daß er die Gestalt, die an der Leiter zum Heuboden stand, nicht gleich wahrnahm.

«Tag, Alex.»

Der Mann war etwa in seinem Alter, trug einen grauen Filzhut und einen schwarzen Ledermantel mit einem grauen Strickschal, den er auf studentische Manier lässig um den Hals geworfen hatte.

«Paul?»

Paul nahm das Pferd beim Zügel, ohne zu antworten, doch jetzt erkannte Alex seinen alten Freund.

«Wie hast du mich bloß gefunden, Paul?» Er sprang ab, und sie begrüßten sich herzlich. Dann wandte sich Alex Horner wieder seinem Pferd zu und sattelte es ab.

Paul hängte den Sattel an den Haken. «Winkel hat also seine Klitsche immer noch», bemerkte er. Es war lange her, daß er Alex auf seinen sonntäglichen Ausritten begleitet hatte. Inge fühlte sich dadurch vernachlässigt, und er gab nach.

Paul legte Mantel und Hut ab und begann zu helfen. Gemeinsam rieben sie das Pferd mit Stroh ab. Nach einigen Minuten fand Alex das Schweigen ungemütlich. «Laß mich raten, was dich hergeführt hat. Bist du gekommen, um mir die Interna über den Sturz unseres geliebten Kriegsministers zu berichten?»

«Das ist etwas anderes. Feldmarschall von Blomberg ist erledigt. Ihm kann niemand mehr helfen. Er muß zurücktreten.»

«Blomberg muß doch vor der Hochzeit etwas von der Vergangenheit seiner Braut geahnt haben, meinst du nicht?»

«Ich bin kein Experte, was Frauen oder die Gedankengänge von Wehrmachtsoffizieren betrifft», erwiderte Paul.

Alex lächelte flüchtig. «Trotzdem ... er muß sicher irgendwie ...»

«Im allgemeinen konsultieren Männer ja nicht den Erkennungsdienst der Kripo, bevor sie einen Heiratsantrag machen.»

«War es schlicht Pech, daß jemand alte pornographische Fotos von ihr gesehen und sie dann auf dem Hochzeitsbild wiedererkannt hat?»

«Meines Wissens gab es kein Hochzeitsfoto. Es war eine Feier im kleinsten Kreis, ganz privat.»

«Sehr privat», entgegnete Alex sarkastisch, «mit dem Führer und Göring als Trauzeugen. Wie ist also die Polizei dahintergekommen?»

«Durch die Ummeldung.»

«Na ja, Blomberg ist alt genug, um auf sich selbst aufzupassen», meinte Alex. «Soll der zurücktreten. Es gibt massenhaft andere, die ihn ersetzen können. Ich möchte nicht, daß die Leute mit den Fingern auf den Reichskriegsminister zeigen und sagen: ‹Das ist Feldmarschall Werner von Blomberg, der alte Narr, der eine Hure geheiratet hat.› Dadurch wird die ganze Wehrmacht lächerlich gemacht.»

«Den polizeilichen Unterlagen nach war die Frau Feldmarschall keine Hure», entgegnete Paul geduldig. «Sie hat Modell gestanden für pornographische Aufnahmen ...»

«Dann muß sie eine verdammt seltsame Person sein.»
«Bei der Arbeit für die Gestapo kommt man bald dahinter, wie viele komische Käuze es auf der Welt gibt.»
«Ich habe mit dieser sogenannten toleranten Gesellschaft nichts im Sinn.» Alex warf das Stroh hin und wandte sich zum Gehen.
«Du bist ein Moralprediger, Alex, das warst du schon immer.»
«Das sagst du von jedem, auch von deinem Bruder.» Er sprach mit erhobener Stimme, als er durch die Tür in den Umkleideraum nebenan ging.
«Dabei bleibe ich auch.»
«Trink einen Schluck.» Alex Horner kam zurück, den Uniformrock über dem Arm und eine Taschenflasche in der Hand.
«Ich habe damit aufgehört, ehrlich.»
«Ein Schnaps schadet nicht. Jedenfalls besser als die vielen Zigaretten, die du rauchst.» Alex schraubte die silberne Verschlußkappe behutsam ab und schenkte sie voll. Nachdem er sie Paul wiederum vergebens angeboten hatte, kippte er den Inhalt hinunter. Auch das gehörte zu Alex Horners festen Gewohnheiten am Sonntagvormittag.
«Zigaretten beeinträchtigen meine Urteilskraft nicht, Alex.»
«Wäre das denn so schlimm? Du bist doch nicht auf dem Schlachtfeld.»
«Irrtum, Alex, genau das bin ich.» Paul sah zu, wie Oberst Alex Horner den tadellos sitzenden Uniformrock anzog. Paul empfand einen Anflug von Neid. Wäre ihm nicht diese eine Fehleinschätzung unterlaufen und hätte der niederträchtige Brand mit seinem übertriebenen Diensteifer nicht ein übriges getan, könnte Paul jetzt auch die Uniform eines Obersten tragen und mit seinem Freund zusammenarbeiten. Doch Paul verweilte nicht bei diesem Thema; er hatte noch nie viel Zeit darauf verwendet, sich selbst zu bedauern. Er war im Schatten seines hochbegabten Bruders aufgewachsen. In Anbetracht seiner bescheidenen Vorzüge konnte Paul jedenfalls von Glück sagen. Trotzdem mußte er neidlos zugeben: Oberst Horner sah verdammt gut aus, auch wenn er diese lächerlichen kleinen Hakenkreuzabzeichen tragen mußte. Ungeachtet seiner eigenen Bindung an die Partei war Paul der Ansicht, von Blomberg hätte diesen politischen Insignien für die deutsche Wehrmacht seine Zustimmung verweigern müssen; das war unwürdig.
«Willst du nicht mit uns zu Mittag essen? Es reicht leicht.»
«Ich muß zurück ins Büro, Alex. Vielen Dank jedenfalls.»
«Meine Frau brennt darauf, dich und Inge mal zum Abendessen einzuladen.»

«Nächsten Monat geht das alles leichter.»

«Es ist doch Sonntag! Meine Güte, ihr schuftet wirklich schwer. Du arbeitest jetzt bei der Gestapo, stimmt's?»

«Ich versuche, gleichzeitig meine Abteilung im SD in Schwung zu halten. Das ist ein Mordspensum.»

«Dann schieß endlich los, Paul.»

«Wie nahe stehst du von Fritsch?»

«Dem steht niemand nahe», erwiderte Alex ohne Zögern. Generaloberst Werner Freiherr von Fritsch, Oberbefehlshaber des Heeres, war eine unnahbare Persönlichkeit.

«Ist er homosexuell?»

«Nein. Fritsch ein Homosexueller? Kommt überhaupt nicht in Frage.»

«Er ist unverheiratet.»

«Ist das jetzt offiziell?»

«Ich versuche zu helfen.»

«Na ja, Fritsch ist kein Homosexueller; darauf gehe ich jede Wette ein. Was kann ich dir sonst noch erzählen?» Es war einer jener seltenen Momente, in denen Alex Horner eine Spur von Unwillen erkennen ließ.

«Es ist nicht offiziell, Alex. Wir sind alte Freunde. Ich wollte mit dir reden.»

«Über den Oberbefehlshaber?»

«Die Bahnpolizei hat in Wannsee einen kleinen Ganoven namens Otto Schmidt aufgegriffen. Er trieb sich dort in der Bahnhofsgegend herum. Er bestreitet seinen Lebensunterhalt mit der Erpressung von Homosexuellen. Im Verlauf des Verhörs ließ er Namen fallen. Einer davon lautete Fritsch.»

Alex Horner zeigte Erleichterung und zugleich Zorn. «Großer Gott, Paul, so was wirst du doch nicht ernst nehmen. Er wollte sich einfach aufspielen. Was hat er sonst noch für Namen genannt?»

«Eine ganze Menge. Den Polizeipräsidenten von Potsdam und den Wirtschaftsminister zum Beispiel.»

«Da hast du's.» Alex schenkte sich noch einen Schnaps ein, hielt die Flasche hoch, aber Paul lehnte wiederum ab. Alex trank. Gewöhnlich beschränkte er sich sonntags auf einen Schnaps, aber heute machte er eine Ausnahme.

«Nicht ganz», widersprach Paul. «Die Polizei hat ihn zu der Gestapo-Abteilung gebracht, die sich mit der Bekämpfung von Homosexualität befaßt...»

«So eine Stelle gibt es?» Er fuhr sich mit dem Handrücken über den Mund.

«Wir denken an alles», erwiderte Paul zynisch. Er beobachtete Alex aufmerksam; auf diesem Gebiet war Paul inzwischen Fachmann. «Und sie zeigten ihm Fotos. Er hat das vom Oberbefehlshaber herausgegriffen.»

«Wohl kaum ein schlüssiger Beweis.»

Ohne seinen Freund aus den Augen zu lassen, fuhr Paul fort: «Er ist bereit auszusagen, daß er Fritsch am Bahnhof Wannsee mit einem Strichjungen beobachtet hat.»

«Oh!» Alex nahm sich eisern zusammen. «Was geschieht nun?»

«Es ist bereits eine ganze Menge passiert. Eine Akte über den Fall wurde dem Führer unterbreitet. Himmler hat sie persönlich überbracht, so daß strikte Geheimhaltung gewährleistet war.»

«Und?»

«Der Führer sagte: ‹Verbrennen Sie diesen Unrat.›»

«Spricht für ihn. Und wurde es verbrannt?»

«Wir verbrennen nie etwas.»

Alex seufzte. «Mach halblang, alter Freund. Manche Dinge werden im Dritten Reich sehr wohl verbrannt. Habe ich nicht vor wenigen Jahren die Bücherverbrennung auf dem Opernplatz gesehen?»

«Ich wünschte, du würdest mir vertrauen, Alex.»

«Was soll ich tun?»

Es war gar nicht so einfach, den Menschen zu helfen, das hatte Paul immer wieder festgestellt. Sie benahmen sich alle, als rede er in einer unverständlichen Sprache. «Warne Generaloberst Fritsch.»

«Du erwartest von mir, daß ich in sein Büro spaziere und ihm erzähle, Hitler verdächtige ihn, homosexuellen Kontakt am Bahnhof Wannsee gehabt zu haben?»

Alex wollte es immer noch nicht in den Kopf. Die vielen Jahre beim Militär hatten ihn anscheinend unfähig gemacht, die simplen Tatsachen des politischen Lebens in Deutschland zu begreifen. Paul erklärte es so einfach, wie er konnte. «Jetzt, wo Blomberg allem Anschein nach gehen muß, wird Göring bei Himmler alles daran setzen, daß er die Sache Fritsch wieder aufbringt.»

«Aber wieso denn?»

«Sei nicht naiv, Alex. Göring will Blombergs Ministerium, und Fritsch ist als nächster an der Reihe. ‹Reichskriegsminister Göring›: das wäre sein Traum.»

«Und was hätte Himmler davon?»

«Wenn Fritsch geht, würde der Reichsführer SS ebenfalls die Gelegenheit wahrnehmen, seine Machtbefugnisse zu erweitern.»

«Himmler – ausgerechnet? Mein Gott, der Kerl hat doch schon sämtliche Polizeikräfte in Deutschland geschluckt. Und jetzt hat er seine SS-Armee auf drei Regimenter vergrößert, plus ein Pionierbataillon und einen Nachrichtensturmbann.»

«Note eins für die Abwehr, Alex. Sie hält euch hervorragend auf dem laufenden.» Er zündete sich eine Zigarette an. «Und die Konzentrationslager kommen auch noch hinzu. Die Totenkopfverbände, denen die Bewachung obliegt, unterstehen ebenfalls seiner Befehlsgewalt.»

«Und du dito?»

«Ja, ich auch.»

«Warum bist du dann hier?»

«Weißt du das nicht, Alex?»

Alex überlegte. «Das Militär? Bedeutet es dir immer noch so viel?»

«Keine Ahnung, Alex. Vielleicht möchte ich einfach beweisen, daß ich gelegentlich mein eigener Herr sein kann. Inge liegt mir dauernd in den Ohren damit.» Er stand auf, nahm seinen Mantel vom Haken.

Alex sah zu, wie sein Freund den schweren Ledermantel anzog. Paul bewegte sich wie ein alter Mann. Gott weiß, was er derzeit alles tat, er machte jedenfalls den Eindruck völliger Überarbeitung. Selbst im Bendlerblock hatte man sonntags frei. «Du glaubst es doch auch nicht?»

«Das mit Fritsch? Nein, alles Unsinn. Das Erpressungsgeld an diesen üblen Schmidt hat ganz jemand anders bezahlt: ein pensionierter Hauptmann von Frisch.»

«Wie habt ihr das herausgefunden?»

«Seine Adresse stand in Schmidts ursprünglicher Aussage. Ich bin hingegangen und habe mit ihm gesprochen. Nach einem kleinen Verhör hat er es zugegeben, und wir haben seine Kontoauszüge, um die Zahlungen nachzuweisen.»

«Dann ist ja alles in Ordnung», sagte Alex. Paul tätschelte das Pferd, das ihn neugierig beschnupperte. Er hatte von jeher eine Schwäche für Pferde.

«Nein, gar nichts ist in Ordnung. Jemand sollte Fritsch informieren.»

«Worüber denn? Er ist unschuldig. Das hast du eben selber gesagt.»

«Sag ihm, unschuldig zu sein, ist noch keine Verteidigung.» Paul lächelte, knöpfte den Mantel zu und beschloß, kein Wort mehr darüber zu verlieren. Er hatte schon zu viel gesagt.

Alex nickte und trank noch einen Schnaps. Die Welt war aus den Fugen geraten.

Am Abend des 11. März 1938 fand das wohl glanzvollste gesellschaftliche Ereignis Berlins im ehemaligen Preußischen Abgeordnetenhaus an der Prinz-Albrecht-Straße statt, jetzt Haus der Flieger: Hermann Göring gab ein rauschendes Fest.

Göring, der 45jährige Chef der neugeschaffenen Luftwaffe und ebenso zuständig für die gesamte Zivilluftfahrt, war kürzlich zum Feldmarschall ernannt worden. Die Beförderung sollte ihn für die Enttäuschung entschädigen, daß er nicht die Nachfolge von Blombergs als Reichskriegsminister angetreten hatte. An jenem Abend erschien er auf seiner Gala mit gerötetem Gesicht und deutlich erregt. Er trug die neue Feldmarschalluniform mit ordengeschmückter Brust, um den Hals den Pour le mérite, der ihm als Jagdflieger im Krieg verliehen worden war, und sprühte vor Charme.

Zur Unterhaltung der mehr als tausend Gäste, darunter Diplomaten und Würdenträger, waren Orchester, Sänger und das Ballett der Berliner Staatsoper aufgeboten. Zu den vielen Darbietungen gehörte auch eine von Erich Hennig vorgetragene Klaviersonate Ludwig van Beethovens.

Seitdem er im Juni 1935 auf dem Bach-Fest in Leipzig vor dem Führer gespielt hatte, zählte Erich Hennig endlich zur künstlerischen Prominenz des Dritten Reiches und war regelmäßig im Rundfunk zu hören. Gutaussehend, mager und drahtig, gepflegter Schnurrbart, durchdringende schwarze Augen: Hennig hatte das Erscheinungsbild kultiviert, das sein Publikum von einem Konzertpianisten erwartete. Und so wurde er, als er an jenem Abend das Podium betrat, mit stürmischem Beifall begrüßt, der den für alle anderen Künstler in den Schatten stellte.

«Erich hätte euch Karten verschaffen können», sagte Lisl Hennig zu ihrer Schwester Inge, nachdem sie ihr Fotos von ihrem achtjährigen Sohn gezeigt hatte.

«Wir waren sowieso eingeladen», entgegnete Inge ein wenig von oben herab. «Paul kriegt für alle großen Ereignisse Einladungen.»

«Wie schön.» Lisl verstaute die Fotos wieder in ihrer Handtasche. Inge tat zwar manchmal so, als sei sie lieber kinderlos und damit ungebunden, aber an ihrem Gesicht war beim Betrachten der Bilder deutlich abzulesen, wie sehr sie sich ein Baby wünschte. Und Paul konnte – im Gegensatz zu Erich – wunderbar mit Kindern umgehen. «Entschuldige, wenn ich die Bühne nicht aus den Augen lasse, aber Erich wird vermutlich Feldmarschall Göring vorgestellt und möchte mich dann bei sich haben.»

«Wie geht's Papa?» erkundigte sich Inge, um das Thema zu wechseln.

«Er vermißt Mama schrecklich. Er spricht zwar kaum von ihr, aber ohne sie ist er einfach nicht mehr der alte. Man merkt ihm seine Jahre nicht an, nur das Gedächtnis läßt schwer nach. Er hat keinen Zeitbegriff mehr. Letzte Woche erwähnte ich, daß ich dich im KadeWe getroffen habe, und da sagt er doch: ‹Wird Inge den jungen Peter Winter heiraten? Er ist so nett und höflich.› Ich entgegnete: ‹Sie hat seinen Bruder geheiratet.› Darauf Papa: ‹Ach, ist das denn zulässig?› Wir waren gerade beim Abendbrot und haben uns ausgeschüttet vor Lachen. Ja, Papa redet manchmal kariert.» Lisl kicherte.

Inge verzog keine Miene. «Paul konnte nicht mitkommen. Er packt für die Reise nach Wien.» Das hätte sie wirklich nicht sagen sollen – sie hatte es Paul hoch und heilig versprechen müssen, kein Wort davon verlauten zu lassen –, aber die Sticheleien ihrer Schwester reichten ihr jetzt.

«Nach Wien? Dann kommt also der Anschluß?»

«Morgen bei Tagesanbruch überschreiten unsere Truppen die Grenze. Gott gebe, daß die Österreicher nicht zu schießen anfangen.»

«Anfangen zu schießen? Das kann doch nicht dein Ernst sein, Inge. Die Österreicher warten doch schon darauf, heim ins Reich zu kommen.» Sie musterte Inge. «Wozu fährt Paul hin?»

«Er nimmt politische Gegner in Schutzhaft – Kommunisten, Sozialisten und andere unerwünschte Elemente. Viele deutsche Kriminelle sind dort untergetaucht.»

«Und Juden», ergänzte Lisl.

«Ja. Die Gestapo hat annähernd hunderttausend Namen mit Wiener Adressen», bestätigte Inge.

«Dann wird Paul also lange weg sein.»

«Nein, zum Glück nicht. Der Reichsführer SS hat versprochen, daß bis zum Besuch des Führers am Dienstag in Wien Ruhe und Sicherheit herrscht. Ich könnte es keine Woche ohne Paul aushalten. Ich vermisse ihn furchtbar, und er braucht mich, Lisl. Ohne mich vergißt er sogar, die Wäsche zu wechseln, und er ißt auch nie ordentlich, wenn er fort von zu Hause ist.»

Um 22 Uhr 30 erhielten alle, die an diesem Abend Göring offiziell vorgestellt werden sollten, die Mitteilung, daß der Feldmarschall leider verhindert sei, die Zeremonie vorzunehmen. Es wurde zwar kein Grund angegeben, aber Göring, der bei der geplanten Annexion Österreichs eine maßgebende Rolle gespielt hatte, sprach unter vier Augen mit einem seiner Gäste. Er wollte den tschechoslowakischen Botschafter Dr. Mastny unbedingt davon überzeugen, daß sein Land keinesfalls ein ähnliches Schicksal zu befürchten habe. Bei diesem Akt handle es sich um eine reine «Familienangelegenheit», beteuerte Göring, die Österreicher seien ja faktisch Deutsche, und Deutschland lege den größten Wert darauf, gute Beziehungen zur Tschechoslowakei zu unterhalten. Er hoffe, daß von einer Mobilmachung der Tschechoslowakei wegen dieser ausschließlich deutschen Angelegenheit nicht die Rede sein werde.

Dr. Mastny war nicht restlos überzeugt.

«Du hast ein bildschönes Kleid an, Inge», bemerkte Lisl mit aufrichtiger Bewunderung. Es war bodenlang, aus grauem Changeant, der im Schein der Kronleuchter schillerte, mit enganliegendem, wie ein Mieder durchgeknöpftem Oberteil. Inge hatte dieses Modell in einem der teuren Ateliers am Kurfürstendamm erstanden. Sie wollte es beim nächsten Aufenthalt am Obersalzberg anziehen; es würde dem Führer bestimmt gefallen. «Das muß ja ein Vermögen gekostet haben.»

«Tja, ich hab Paul eben klargemacht, daß ich entsprechend angezogen sein muß, wo er doch jetzt ein wichtiger Mann in der Verwaltung ist.»

«Du kannst von Glück sagen. Erich ist schrecklich geizig bei meiner Garderobe.»

«Du mußt mit ihm reden», meinte Inge. «Ihr habt doch alle möglichen interessanten Künstler bei euch zu Gast. Und wenn ihr Empfänge wie den hier besucht, wo so viele Ausländer sind, mußt du einfach tipptopp aussehen. Das sind wir unserer neuen Stellung in der Welt schuldig.»

«Das zieht sicher bei Paul, aber bei Erich kommst du damit nie im Leben durch. Wenn ich ihm sage, daß ich nichts Passendes anzuziehen habe, läßt er mich eben zu Hause.»

Oberst Alex Horner erfuhr davon offiziell erstmals am Donnerstag, dem 10. März. Das Ganze begann kurz vor 9 Uhr, als General Wilhelm Keitel erschien. Keitel fungierte zwar als Chef des Oberkommandos der Wehrmacht, zu dem Hitler von Blombergs Reichskriegsministerium umgewandelt hatte, doch alle Welt wußte: Keitel war nichts anderes als Hitlers Laufbursche.

Allerdings mußte Alex Horner feststellen, daß der als «Lakaitel» Bespöttelte den Bendlerblock zweifellos auf Touren bringen konnte. Nachdem Hitler sich Fritsch und Blomberg vom Halse geschafft hatte, nahm er sich die Generale vor; es hatte fünfzig Versetzungen und Zwangspensionierungen gegeben. Wenn Keitel jetzt unverhofft durch die Tür kam, konnte man die Angst in allen Korridoren förmlich riechen.

Die Österreicher planten am Sonntag eine Volksabstimmung, um damit an die Weltöffentlichkeit zu appellieren und so das deutsche Ultimatum zu durchkreuzen. Der Führer hatte entschieden, um dem zuvorzukommen, müsse die deutsche Wehrmacht Österreich bis Samstag besetzen. Es war bereits Donnerstag vormittag. Oberst Horners direkter Vorgesetzter – ein eleganter, kultivierter General, dem Horner mit Mißtrauen wenn nicht gar mit Verachtung begegnete – beorderte ihn dringend zu sich.

«Irgendwas über Österreich vorhanden, Herr Horner?»

«Nichts in Richtung militärische Pläne, Herr General.»

«Keine simulierten Pläne gegen die Österreicher? Gar nichts?» Er bemühte sich zwar um den gewohnten hochmütigen, gönnerhaften Ton, doch für Horner hörte es sich gequält an.

«Nichts, Herr General.»

«Machen Sie halblang, Horner. Oberst Jodl sagt, da gibt's was.»

«Hat er auch gesagt, was, Herr General?»

«Wenn ich recht verstanden habe, handelt es sich um einen einigermaßen theoretischen Plan. Er wurde damals ausgearbeitet, als gerüchteweise verlautete, die Österreicher wollten die Monarchie restituieren, mit Otto von Habsburg als Thronfolger.»

«Ich erinnere mich nicht daran, Herr General.»

«Er glaubt, es nennt sich Unternehmen ‹Otto›. Vielleicht ist es unten in einem der Lagerräume abgelegt. Lassen Sie ein paar zuverlässige Offiziere die Aktenschränke unten durchsuchen.»

«Sofort, Herr General.»

«Noch etwas, Horner. Ich habe das Gesuch, Sie nach Spanien zu beordern, abschlägig beschieden.»

«Wie Herr General belieben.»

«Das muß Sie enttäuschen, ich weiß, aber da Ihre Frau das erste Kind erwartet und laut Beschluß des Oberkommandos die Streitkräfte in Spanien zu reduzieren sind ...»

«Verstehe, Herr General.» Sein Vorgesetzter gehörte nicht zu denen, die auf die Gefühle schwangerer Ehefrauen Rücksicht nehmen, er hatte einfach einen anderen Protégé für die Position in Spanien benannt.

«Was halten Sie statt dessen von einem Wochenende in Wien? Es hat den Anschein, als ob die Wehrmacht diesen Kurs nimmt.»

«Wien, Herr General?»

«Schreiben Sie sich selber die erforderlichen Befehle aus, die Sie zu einem der Kampfverbände abstellen. Ich würde eine der Panzereinheiten nehmen, es sei denn, Sie schwärmen für Fußmärsche.»

«Der Herr General ist sehr gütig.»

«Es bleibt noch Zeit genug für Spanien, Horner. Dieser Franco wird noch lange brauchen, bis er die Roten schlägt, nach dem Material zu urteilen, das die Russen aufbieten.»

«Ja, Herr General. Ich lasse dann jetzt nach den Plänen für das Unternehmen ‹Otto› suchen, Herr General.»

«Lassen Sie sich deswegen bloß keine grauen Haare wachsen. Wenn die Pläne hier wären, hätte ich sie gesehen, und ich erinnere mich nicht daran.»

«Ich dachte, Oberst Jodl...»

«Lassen Sie Jodl mal. Sie wienern jetzt besser schon mal Ihre Lackschuhe. Schicken Sie zwei Offiziere nach unten, dann bereiten Sie Ihre Befehle vor und geben Sie sie mir zur Unterschrift, solange ich noch guter Laune bin.»

«Ja, Herr General. Besten Dank.»

Inzwischen hatte Keitel das Gebäude verlassen, um zu seiner Zehn-Uhr-Besprechung mit dem Führer in die Reichskanzlei hinüberzueilen, und erfuhr dort zu seiner Erleichterung, daß Hitler mit dem Unternehmen «Otto» genannten Plan zufriedengestellt wäre. Doch als er in die Bendlerstraße zurückkehrte, hatte niemand die Unterlagen gefunden, und auch bei weiteren Suchaktionen blieben die Pläne spurlos verschwunden.

«Typisch Bendlerstraße, dieser Kuddelmuddel», kommentierte Alex Horner, als die beiden jungen Offiziere völlig verstaubt aus den Lagerräumen auftauchten.

Keitel konferierte unverzüglich mit General Beck, dem Chef des Generalstabes. Als er zum Führer zitiert wurde, traf er zum Glück General von Manstein und nahm ihn mit.

Erich von Manstein, der fähigste General des Heeres, war bis zu Hitlers Säuberungsaktion stellvertretender Generalstabschef. Jetzt sollte er eigentlich bereits im Zug nach Liegnitz sitzen, wohin man ihn abgeschoben hatte – als Kommandeur der 18. Infanterie-Division.

Manstein brauchte fünf Stunden, um die Pläne zu entwerfen, die Unternehmen «Otto» genannt wurden, und so das Verschwinden der Originale zu vertuschen. Um 18 Uhr 30 liefen die Befehle über Fernschreiber, die drei Armeekorps und die erforderlichen Luftwaffenverbände mobilisierten.

Alex Horner fand einen Vorwand, den Raum zu betreten, in dem General Manstein am Werk war: graues Haar, buschige Augenbrauen, Hakennase, lodernder Blick. Manstein hatte jedoch nicht nur scharfe Augen, sondern auch eine ebenso scharfe Zunge; er scheute sich nicht, unbequeme Wahrheiten auszusprechen. Jeder erinnerte sich daran, daß Manstein 1934 als einziger Protest gegen die befohlene Entlassung aller Juden aus dem Militärdienst erhoben hatte. Und Manstein kannte auch keine Bedenken, seine Einwände dem Oberkommando schriftlich vorzutragen. Es sei völlig indiskutabel, eine solche Maßnahme auch nur in Erwägung zu ziehen gegenüber Menschen, die sich freiwillig gemeldet und dadurch bewiesen hatten, daß sie bereit waren, ihr Leben für Deutschland zu opfern; daß die Wehrmacht in einer solchen Frage vor der Nazi-Partei kapituliert habe, sei ein Zeichen von Feigheit. Mansteins mutiger Protest hatte die Generale alarmiert, die befürchteten, eine Lawine könnte ins Rollen gebracht werden. Kriegsminister Blomberg war wütend und befahl General Werner von Fritsch, Disziplinarmaßnahmen gegen Manstein zu ergreifen, doch Fritsch blieb standhaft und konterte, das sei nicht Sache des Kriegsministers.

Nun war Blomberg gegangen und Fritsch desgleichen, und Manstein vervollständigte Hitlers Invasionspläne für Österreich, Hitlers Weisung Nr. 1 für das Unternehmen «Otto»:

> «Ich beabsichtige, wenn andere Mittel nicht zum Ziele führen, mit bewaffneten Kräften in Österreich einzurücken, um dort verfassungsmäßige Zustände herzustellen und weitere Gewalttaten gegen die deutschgesinnte Bevölkerung zu unterbinden.
> Den Befehl über das gesamte Unternehmen führe ich...»

Das alles scheint lange zurückzuliegen, dachte Oberst Alex Horner, als er in dem auf der Straße liegengebliebenen Panzer hockte.

Neben ihm saß sein alter Freund Hauptmann von Kleindorf in der schwarzen Uniform der Panzersoldaten. «Das sind doch gar keine Panzer», murrte von Kleindorf und hieb mit der Faust auf die dünne Stahlplatte des PzKw IA. «Fünf Meter lang und weiter nichts als zwei Maschinengewehre. Der ganze Plunder wiegt nur sechs Tonnen! Sieh dir das bloß an.»

Alex Horner verspürte dazu nicht die geringste Neigung; es war ihm zuwider, er haßte diese kleinen Stahlkisten. «Wieso haben wir sie dann gekriegt?»

«Das mußt du deine Freunde im Bendlerblock fragen», entgegnete von Kleindorf. «Für Paraden vor den Wochenschaukameras, vermute ich. Wir haben fünfzehnhundert von diesen unnützen kleinen Zwei-Mann-Fahrzeugen bekommen, und Hunderte davon haben noch den miesen Vierzylindermotor wie der hier.»

«Ich weiß.» Das stimmte zwar nicht genau, aber Alex hatte in Süddeutschland so viele am Straßenrand abgestellte Panzer mit Pannen gesehen, daß ihn die Zahl nicht überraschte.

«Die verdammten SS-Soldaten fahren alle in LKWs», stellte von Kleindorf verbittert fest. «Und dann tragen sie auch noch reguläre feldgraue Wehrmachtsuniformen.»

«Guderian hätte die SS-Verbände in seinem Panzerkorps nicht zulassen dürfen», meinte Alex.

«Was blieb ihm denn anderes übrig? Die Panzer brauchen motorisierte Infanterie zur Unterstützung, und Himmler weiß offenbar, wo er LKWs herkriegt. Unsere armen Schweine müssen marschieren.» Das entsprach nicht ganz den Tatsachen – die meisten Infanterieverbände zogen in Pferdefuhrwerken an ihnen vorbei –, aber Alex hatte die ganze Nacht nicht geschlafen und keine Lust, darüber zu debattieren.

Zwei große offene Stabswagen hielten, wobei der zweite ins Schleudern geriet und den Straßendreck hoch aufspritzen ließ. Zwei Ordonnanzoffiziere sprangen schneidig heraus, Zurufe und Winken.

«Der will was von uns», meinte von Kleindorf.

«Ja!» schrie Alex Horner.

«Herkommen!»

Sie rannten hin. Ein Generalleutnant stand aufrecht in dem offenen Mercedes, ein Arm ruhte auf der Windschutzscheibe, mit der anderen Hand schüttelte er ungeduldig ein Paar teure Glacéhandschuhe aus. Sein Gesicht und die Uniform waren mit Dreckspritzern bedeckt. Der General begann inquisitorisch: «Ein Oberst hat die Panzerkommandanten ermächtigt, in zivilen Tankstellen Benzin zu stehlen. Ein Oberst mit grün gestrichenem Helm, sagte man mir. War das einer von Ihnen beiden?»

Alex Horners Helm war dunkelgrün übermalt, für die Herbstmanöver des Vorjahres. «Ja, Herr General, ich habe die Genehmigung erteilt», bestätigte Alex.

«Von zivilen Tankstellen?»

«Es werden keine Treibstoffreserven mitgeführt, Herr General.»

«Das ist Diebstahl!»

«Jawohl, Herr General.»

«Ihr Name?»

«Oberst Horner, Herr General.»

«Wer ist Ihr Kommandeur?»

«Ich bin von Berlin delegiert, Herr General, Operationsabteilung OKW.»

«Ach so, Sie sind Tourist, Herr Oberst? Nur hier, um Wiener Schnitzel zu essen, nehme ich an. Also, Sie beschränken Ihre verdammten kriminellen Handlungen in Zukunft gefälligst auf den Bendlerblock.

Vielleicht ist das dort das übliche Verfahren. Aber wenn ein Untersuchungsausschuß der Sache nachgeht und Entschädigung verlangt, dann sorge ich dafür, daß Sie den Kopf hinhalten. Ist das klar, Herr Oberst Horner?»

«Jawohl, Herr General.» Hinter dem gestrengen General grinste einer der Adjutanten über Alex' Niedergeschlagenheit.

«Worauf warten Sie hier?»

«Auf den Reparaturdienst. Eine Raupenkette ist kaputt, und wir haben keine Ersatzglieder, Herr General.»

«Die brauchen Sie nicht für die Reparatur. Steigen Sie in meinen Wagen, ich nehme Sie zum Divisionsstab mit, falls wir die finden können. Haben Sie Gepäck?»

«Nein, Herr General.»

«Los, abfahren!» Noch ehe sie die Türen zuschlugen, brauste der Wagen davon. Alex sah im Rückspiegel, daß der zweite hinterherjagte.

«Und Ihr Name, Hauptmann?» brüllte der General, während sie über die schmale Landstraße schlingerten.

«Hauptmann von Kleindorf, Herr General.»

«Kleindorf? Ist General von Kleindorf Ihr Vater? Wir waren 1918 zusammen. Ist er wohlauf?»

«Jawohl, Herr General.»

«Grüßen Sie ihn von mir, wenn Sie ihm das nächstemal schreiben.»

«Ja, Herr General.»

«Sehen Sie sich diese Idioten an. Halt, Fahrer!» Der Wagen bremste abrupt. «Wo ist Ihr Kommandeur, Feldwebel? Holen Sie ihn sofort her. Warum liegen Sie fest? Kein Treibstoff? Großer Gott, Mann, warum tanken Sie nicht rechtzeitig? Bei einer Tankstelle. Wenn sie es Ihnen nicht gegen Unterschrift geben wollen, dann nehmen Sie's eben mit vorgehaltener Waffe. Verstanden? Gut. Weiterfahren!» Der Wagen machte einen Satz nach vorn, bis der General wieder zu hören war.

«Halt: Kommen Sie mal her, Feldwebel. Wissen Sie nicht, daß alle Fahrzeuge mit Blumen oder Fähnchen oder, falls nicht vorhanden, mit Laub bekränzt werden müssen? Hat man Ihnen nicht eingeschärft, daß alle Einheiten fröhlich zu wirken haben? Beschaffen Sie Grünzeug und lassen Sie das sofort anbringen. Lächeln Sie, Feldwebel. Haben Sie nicht gehört? Sie sollen lächeln! So ist's recht. Das Lächeln bleibt jetzt bis Wien, verstanden? Diese verdammten Knödelfresser sollen unser Eintreffen freudig begrüßen. Hier wird gefeiert, nicht gekämpft. Weitermachen, Feldwebel. Los, Fahrer!»

So hielt der General die ganze Fahrt über seine Kolonnen in Trab. Viele

Pannen hatten jedoch technische Ursachen, die sich auch durch scharfe Worte nicht beheben ließen. Bis Wien war die Straße mit liegengebliebenen Panzern und LKWs gepflastert.

Den Kopf in den Ledersitz zurückgelehnt, wandte sich der General an seinen Fahrgast: «Na, was halten Sie von unserer neuen großen Wehrmacht, nachdem Sie die Wehrpflichtigen in Aktion gesehen haben, Herr Oberst?»

«Es gibt Probleme, Herr General.»

«So. Ja, es gibt in der Tat Probleme. Soweit ich sehe, hat es bei unseren motorisierten und Panzerstreitkräften rund fünfzig Prozent Ausfälle gegeben. Der Maschinenpark ist zweitklassig, die Wartung unzureichend, und die Wehrmacht mußte tüchtige Soldaten zu unfähigen Unteroffizieren befördern und fähige Subalternoffiziere zu unfähigen Hauptleuten. Das sind die Folgen der allgemeinen Wehrpflicht für die Armee. Der durchschnittliche junge Offizier besitzt nicht mal genügend Initiative, sich zu schneuzen.»

«Vielleicht sind Sie zu kritisch, Herr General.»

«Quatsch! Sperren Sie die Augen auf. Sehen Sie den Feldwebel da hinten? Er kann nicht viel älter als neunzehn sein und hat dreißig Mann unter sich. Woher soll ein solcher Junge wissen, wie man Soldaten kommandiert?»

«Vielleicht war er in der Hitler-Jugend, Herr General.»

«Erzählen Sie mir bloß nichts von der Hitler-Jugend. Ich bekomme dauernd Beschwerden darüber, wie die kleinen Mistkerle irgendwelche Bemerkungen ihrer Unteroffiziere und auch der Offiziere anzeigen. Da fahre ich gehörig dazwischen. Ich pfeife darauf, ob Sie ein Nazi sind oder nicht, aber eins sage ich Ihnen: Ich lasse nicht zu, daß diese miesen kleinen Rekruten meine Offiziere bespitzeln.»

«Natürlich nicht, Herr General.»

«Und von mir kriegen diese aufgeblasenen Nazi-Lümmel auch keine schnelle Beförderung.»

«Nein, Herr General.»

«Ach! Sie stimmen zu, Horner? Sieh mal an. Ist das die offizielle Einstellung im Bendlerblock? Darf ich das als offizielle Reaktion des OKW verstehen?»

«Nein, Herr General. Ich habe keine Ahnung, welches die offizielle Einstellung zu solchen Angelegenheiten ist.»

«Ich auch nicht, Horner. Das ist mein Dilemma. Man könnte sagen, es ist das Dilemma der Wehrmacht. Wir tragen diese hübschen kleinen silbernen Nazi-Adler und Hakenkreuze an der Brust und sind dabei

nicht mehr unser eigener Herr. Können Sie mir folgen, Horner?»
«Ja, Herr General. Ich verstehe Sie.»

Die deutschen Touristen waren eine Landplage – überall wimmelten sie herum. Sie mußten innerhalb weniger Stunden der Wehrmacht gefolgt sein, nachdem diese die Grenze überschritten hatte. Oder vielleicht hatten die Gewitzteren es sogar geschafft, vorher in Wien zu sein und sie dort zu erwarten. Und da waren sie nun und fraßen sich durch, als wären sie kurz vor dem Verhungern. Es stimmte schon, das Essen war besser als im Reich, aber nur unerheblich. Natürlich war der Wechselkurs günstig, so daß man gegen Reichsmark mehr bekam. Trotzdem mißfiel es Paul Winter, wie Restaurants und Geschäfte von Deutschen überschwemmt wurden. Das war genauso unwürdig und unerquicklich wie 1919 die Kriegsgewinnler in Berlin.

Ebensowenig schätzte er die Art, wie viele deutsche Geschäftsleute verlangten, er solle ihnen behilflich sein, jüdische Firmen zu Billigpreisen aufzukaufen. Einige hatte er mit seiner unmißverständlichen Weigerung vor den Kopf gestoßen und ihnen ein paar bissige Wahrheiten mitgegeben, die sie sich hinter die Ohren schreiben sollten. Er lächelte in sich hinein, als er daran dachte. Wenigstens ein Trost bei dieser reichlich öden Aufgabe, die man ihm übertragen hatte – niemand bei klarem Verstand wollte sich mit einem leitenden Gestapo-Beamten anlegen.

Paul Winter machte dieser Besuch in seiner Geburtsstadt Spaß. Obwohl er fast fünf Jahre nicht mehr hier gewesen war, erinnerte er sich noch recht gut. An der Staatsoper vorbei zur Ringstraße. An der Ecke stand ein bärtiger Zigeuner und spielte auf seiner Geige eine traurige Melodie. Man hätte ihn wegen Vagabundierens verhaften müssen, doch Paul warf ein paar Münzen auf den Teller. Trotz des strahlenden Sonnenscheins war es kühl, und es lag eine vibrierende Spannung in der Luft. Pauls Vergnügen wurde einigermaßen getrübt durch den Anblick bejahrter Juden, die auf den Knien das Pflaster schrubbten, von uniformierten österreichischen Nazis beaufsichtigt. Passanten blieben stehen, glotzten stumm oder machten hämische Bemerkungen.

Für das Reinigen von Straßen und öffentlichen Bedürfnisanstalten hatte man Universitätsprofessoren und Akademiker ausgesucht, weil sie mit ihrem honorigen Aussehen dabei noch lächerlicher wirkten. Paul wußte, daß keiner von ihnen sich etwas hatte zuschulden kommen lassen: Jeder, der auch nur die leiseste antinazistische Äußerung oder Handlung auf dem Kerbholz hatte, war binnen Stunden nach Pauls Ankunft ergriffen und hinter Schloß und Riegel gebracht.

Sobald das neue Konzentrationslager Mauthausen fertig war, würde alles viel leichter. Dann fielen die langen Zugfahrten weg, mit denen die Häftlinge in deutsche Lager befördert wurden. Überdies könnten die Häftlinge in Mauthausen im Steinbruch arbeiten. Das war Paul Winters Idee; seine ausführliche Kostenanalyse der Konzentrationslager hatte am Schluß einen Weg aufgezeigt, wie sie sich selbst tragen könnten. In einem Anhang hatte er aufgeführt, welche Art von arbeitsintensiven Unternehmen die SS erhalten sollte, unter Berücksichtigung des Einsatzes kostenfreier Arbeitskräfte aus den Konzentrationslagern. Besonders wünschenswert waren Steinbrüche jeder Sorte, aber auch Firmen wie die Meißener Porzellanmanufaktur. Der Reichsführer SS hatte schriftliche Anerkennung und Interesse bekundet, und Heydrich schlug vor, Paul solle seinen Posten bei der Gestapo aufgeben und ausschließlich für den Sicherheitsdienst arbeiten. Paul hatte dieses ehrenvolle Angebot höflich abgelehnt mit der Begründung, bei der Gestapo als einer staatlichen Institution sei er pensionsberechtigt, was beim SD, einer NS-Organisation, nicht der Fall sei. Diese Benachteiligung war um so ungerechter, als jetzt die KZ-Wächter – vorwiegend anderweitig unbrauchbares Gesindel – den Beamtenstatus zuerkannt bekommen hatten.

Für Paul war die Operation in Wien durchweg glatt verlaufen. An diesem Nachmittag mußten die Leute sämtliche beschlagnahmten Wertgegenstände – Silber, Gemälde, Mobiliar und Teppiche – aus dem Rothschild-Palais in der Prinz-Eugen-Straße weggeschafft haben, so daß es als Bürogebäude für die Sipo und den SD benutzt werden konnte. Paul überlegte, was mit all den Kostbarkeiten geschehen mochte, die SS-Leute auf Lastwagen verladen hatten. Die überaus sorgfältig verpackten Antiquitäten dürften wohl für hohe Parteiführer bestimmt sein. Noch wertvollerer Besitz ging an Deutsche, die über die richtigen Beziehungen verfügten. So erhielten die IG-Farben die Skodawerke Wetzler AG gegen die Zusicherung, alle Juden in der Firmenleitung zu ersetzen und die riesigen Schießpulverfabriken in den Vierjahresplan der Nazis einzubringen. Rothschilds Stahlwalzwerke in der Tschechoslowakei hatte man Göring und seinen Unternehmungen zugesagt. Das war der Preis für Baron Rothschilds Freiheit.

Er mußte nach dem Weg fragen. Die Kärtnerstraße war hier in der Nähe, das wußte er. Die Frau, die ihm Auskunft gab, sprach ein unverfälschtes Wienerisch. Sie erkundigte sich, ob er Deutscher sei. «Wir sind jetzt alle Deutsche», antwortete Paul.

«Links die Ringstraße weiter, höchstens noch fünfzig Meter», erklärte die Frau.

Er stieg hinauf in den vierten Stock. Das Namensschild an der Klingel war entfernt worden. Aus der darüberliegenden Wohnung hörte er amerikanische Tanzmusik – «Thanks for the Memory». Er läutete, und es dauerte ziemlich lange, bis die Tür geöffnet wurde von einem jüngeren Mann – weißes Hemd, einfarbige Krawatte, dunkler Anzug aus strapazierfähigem Serge.

«Ja, bitte?»

«Mein Name ist Winter», antwortete Paul ausgesucht höflich und reichte ihm seine Visitenkarte, auf der wohlweislich nur die Privatadresse nebst Telefonnummer angegeben war.

«Warten Sie bitte einen Augenblick», sagte der Mann.

«Entschuldigen Sie», begrüßte ihn die Frau, eine Mittfünfzigerin, sehr klein, schlank und immer noch schön, obwohl sie zuviel Rouge und Lippenstift aufgetragen hatte. Das glänzende Haar war zu dunkel, zu wellig und zu straff angebürstet. Sie trug ein wunderschönes altes seidenes Negligé, das mit chinesischen Tigern bedruckt war. «Ich sage Boris, er muß immer erst durch das Guckloch schauen, bevor er die Tür aufmacht.» Sie hatte den ungarischen Akzent nicht verloren.

«Sehr vernünftig», erwiderte Paul.

«Kommen Sie in den Salon.» Sie betrachtete Pauls Visitenkarte und betastete sie, als sei es Brailleschrift. «Wir trinken Tee und unterhalten uns.» Sie musterte Paul, suchte Ähnlichkeiten mit seinem Vater.

Auf den Raum war Paul einigermaßen vorbereitet. In einem untypischen Anfall von Offenherzigkeit hatte sein Vater einmal von den erlesenen Dingen gesprochen, die er in seiner Jugend erworben hatte. Die Wirklichkeit übertraf seine Vorstellung. «Das ist ja prachtvoll!»

Es war wie ein Museum, ein vollendetes Beispiel des Wiener Jugendstils, mit zwei kleinen Wandgemälden von Klimt, einigen hervorragenden Zeichnungen von Schiele und Möbeln von Josef Hoffmann.

Bald darauf wurde der Tee gebracht, auf einem silbernen Tablett samt Teegeschirr. Diesmal konnte Paul ihn genauer betrachten. Fünfunddreißig, vielleicht jünger. Dunkles Haar. Nicht besonders attraktiv, eher langweilig. Falls er ihr Liebhaber war, gab es dafür keinerlei Anzeichen. Sie würdigte ihn kaum eines Blickes. Hatte sie Angst, ihre wahre Beziehung zu offenbaren? Oder arbeitete er schon so lange bei ihr, daß sie seine Existenz gar nicht mehr zur Kenntnis nahm?

«Zitrone?» Martha Somló paßte perfekt in den Rahmen. Sie saß auf ihrem Lieblingsstuhl, goß Tee ein, spießte Zitronenscheiben auf eine silberne Gabel und arrangierte kunstvoll gestaltetes Gebäck auf Jugendstiltellern.

«Ja, bitte.»

«Harry – Ihr Vater – liebte es natürlich. Damals, in den alten Zeiten, hatten wir hier Abendgesellschaften. Künstler kamen gern zu uns. Ich habe sie alle kennengelernt. Das Speisezimmer ist einmalig, sagt Harry. Die Leute haben ihn für verrückt erklärt, als er das ganze Zeug kaufte. Ich auch. Ich hab ihm das nie gesagt, aber anfangs haßte ich das alles. Doch nach fast vierzig Jahren ... Hat er Sie hergeschickt? Hat Harry Sie geschickt?»

«Er macht sich Sorgen.»

«Meinetwegen? Das ist eine Überraschung.» Sie stellte es sachlich, ohne jede Bitterkeit fest.

«Kommt er noch immer her?»

«Mich besuchen? Sicher. Aber nicht oft. Ich liebe ihn. Manchmal denke ich, daß er mich auch liebt.»

Paul nahm die Teetasse und träufelte gemächlich Zitronensaft hinein, um nicht antworten zu müssen.

«Kränkt Sie das, Herr Winter?»

Er überlegte, wieviel sein Vater ihr von ihm erzählt haben mochte. Eine Menge vermutlich. Er fragte sich, ob sein Vater über diesen Diener im Bilde sei. «Nein. Natürlich nicht. Nicht im geringsten.»

«Haben Sie mich früher schon mal gesehen?»

«Nein, ich glaube nicht.»

«Ich dachte nur. Es ist lange her, im Jahr vor Ihrer Geburt, da kam Ihre Mutter immer her, stand draußen auf der Ringstraße und schaute zum Fenster hinauf. Sie war wohl schon schwanger, nehme ich an. Sie tat mir leid. Ich denke, sie wollte wissen, wie ich aussehe. Eines Tages bin ich nach unten gegangen und über die Straße, direkt an ihr vorbei. Ich schaute sie an und sie mich. Ich habe keinen Haß entdecken können. Vermutlich haben wir uns gegenseitig bedauert, wie Frauen sich eben wider jede Vernunft einreden, sie hätten gegenüber ihrer Rivalin den besseren Teil erwählt. Danach ist sie nie wieder erschienen.» Sie rührte in ihrer Teetasse und ließ dann die Blätter wieder auf den Boden sinken. Sie betrachtete sie, bevor sie trank, so daß Paul sich fragte, ob man auch aus Teeblättern wahrsagen könne.

«Ich arbeite bei der deutschen Polizei», begann er sich vorzutasten.

«Na, dann haben Sie ja alle Hände voll zu tun», meinte Martha. Sie blickte gelassen zu ihm hoch. In ihrem Gesicht war keine Spur von Angst zu erkennen, und doch wußte Paul irgendwie, daß sie sich fürchtete. Er hatte zu viele verschreckte Menschen vor Augen gehabt, um nicht auch die verborgensten Angstgefühle zu wittern.

«Mein Vater bat mich, Ihnen meinen Schutz anzubieten. Ich habe es ihm versprochen.»

«Was tun Sie bei der deutschen Polizei, daß Sie mich schützen können?»

«Ich bin Regierungsdirektor und arbeite bei der Gestapo. Außerdem bin ich im Rang eines SS-Standartenführers für den SD tätig.»

«Donnerwetter. Das hört sich ja sehr wichtig an.»

Der Spott machte ihm nichts aus. Er fand sie anziehend, diese kleine Frau mit den riesigen Augen, die ihn herausfordernd anblitzten und in ihn hineinzusehen suchten. Bis jetzt hatte er nicht erkannt, daß sein Vater eine Frau wie diese brauchte, eine starke, selbstsichere Persönlichkeit, die keinen Zweifel daran ließ, daß sie zurückschlagen würde. Und dennoch wirkte ihre scheinbare Furchtlosigkeit seltsam beunruhigend. «Ich könnte von Nutzen sein, Frau Somló.»

«Ich nenne mich Frau Winter.»

«Frau Winter. Es wäre möglich, Ihnen neue Papiere zu beschaffen.»

«Sie wollen mich in eine Nichtjüdin verwandeln?»

«Ich will es versuchen. Sehen Sie da irgendwelche Schwierigkeiten?»

«Schwierigkeiten?»

«Ja.» Mein Gott, wie dumm die Menschen sein konnten, wenn es um die wichtigen Dinge im Leben ging! «Sind Sie irgendwo registriert oder geführt als Jüdin? Gehen Sie in die Synagoge? In jüdische Vereine? Wissen Ihre Nachbarn, daß Sie Jüdin sind?»

«Synagoge: nein. Vereine: nie. Nachbarn... Die Bergers oben wissen es. Wir haben einmal abends darüber gesprochen. Vor Jahren.»

Paul zog sein Notizbuch heraus und schlug die Beine übereinander, um es auf dem Knie schreibbereit zu haben. «Berger? Eine Etage höher? Nummer acht? Wie heißt der Vater mit Vornamen?»

Einen Moment fixierte Martha Somló ihn mit ihren tiefgründigen Augen. Dann sagte sie ruhig und leise: «Nein, nein, Herr Regierungsdirektor bei der Gestapo Paul Winter. Ich wünsche nicht, daß meinen Freunden da oben irgend etwas Unangenehmes passiert.»

«Sie werden einfach umquartiert», erwiderte Paul. «Es wird niemandem Schaden zugefügt.»

Sie schien sich ausschließlich darauf zu konzentrieren, die Zitronenscheibe aus ihrer leeren Teetasse zu fischen. «Ich sagte – nein.»

Er legte den dünnen goldenen Drehbleistift auf das Notizbuch. «Frau Somló – Frau Winter, ich kam her, um zu helfen.»

Sie blickte wieder zu ihm auf und lächelte. «Sie sind hergekommen, weil Ihr Vater Sie darum gebeten hat.»

«Das ist richtig.»

«Also spielen Sie nicht den selbstlosen Wohltäter.»

Pedantisch wiederholte er: «Ich bin hergekommen, um zu helfen, weil mein Vater mich darum gebeten hat.»

«Nicht auf Kosten meiner Nachbarn, Paul Winter. Meinen Sie, ich könnte ruhig hier sitzen und abwarten, bis die Schritte auf der Treppe dröhnen? Und dabei wissen, daß ich sie geschickt habe?»

«Nicht um ihnen Schaden zuzufügen.»

«Nein, habe ich gesagt. Sie verschwinden jetzt und lassen mich in Ruhe.»

Paul fühlte sich gedemütigt. Er wurde blaß und erhob sich. «Sie verstehen mich falsch.»

«Kann sein.» Sie musterte ihn. Das war also der, den der Krieg so verändert hatte. Von wem in der Familie mochte er das herrliche blonde Haar haben? Das erhielt ihm sein jugendliches Aussehen. Trotz allem – er war Harry Winters Sohn. Er erinnerte sie an Harry – wie er sich bewegte, wie er sprach, und er hatte Harrys Empfindlichkeit –, aber das war ein Harry Winter ohne dessen unnachsichtige Entschlossenheit.

«Ich gebe Ihnen meine Karte ...» Er holte eine aus der Westentasche. Sie trug seinen Titel und die Anschrift der Gestapo-Dienststelle. Auf der Rückseite vermerkte er in seiner winzigen Handschrift: «Frau Winter-Somló steht unter meinem Schutz. Keinerlei Maßnahmen ohne vorherige Rückfrage bei dieser Dienststelle.» Er unterzeichnete und gab ihr die Karte.

Sie nahm sie entgegen, ohne sich bei ihm zu bedanken, und schob sie in ihre Handtasche. «Ist Ihre Mutter wohlauf?» Sie holte ihm Mantel und Hut aus der Diele.

Er zog sich an. Die ganze Zeit wartete er darauf, daß sie es sich anders überlegte. Das kam oft vor.

«Es geht ihr gut. Vielen Dank.» Als sie ihm die Tür öffnete, ergriff er sanft ihre Hand. «Auf Wiedersehen, Frau Winter.» Von oben hörte man dieselbe Stimme singen: «Thanks for the Memory.» Offenbar eine Lieblingsplatte.

«Auf Wiedersehen, Paul Winter. Arbeiten Sie nicht zu schwer.»

Das war natürlich wieder einer ihrer Scherze. Sie wußte sehr wohl, wofür man ihn nach Wien geschickt hatte.

Sobald er gegangen war, spiegelte sich Besorgnis in ihrem Gesicht. Sie kehrte in den Salon zurück und goß sich noch eine Tasse Tee ein. Boris erschien aus der Küche und hielt ihr seine Tasse hin. Sie schenkte ihm ebenfalls ein. «Er ist kalt geworden. Ich kann ja frisches Wasser aufsetzen», erbot er sich.

«Laß nur, das geht schon.»

«Er ist also gekommen?»

«Ja.» Sie seufzte und ließ sich in den Sessel sinken. Sie wickelte den seidenen Morgenrock um die Knie, die Tiger grinsten verächtlich.

«Du hättest nicht wütend werden sollen, Mutter. Das tut doch nie gut.»

«Ich weiß.»

«Er wollte helfen.»

«Woher willst du das so genau wissen?»

«Vater bat ihn, herzukommen.» Er setzte sich neben sie, wollte sie trösten, fand aber nicht die richtigen Worte.

«Ich hätte ihm sagen müssen, wer du bist.»

«Vielleicht ist es besser, wenn er's nicht weiß», meinte er.

Sie legte den Arm um ihn und küßte ihn aufs Ohr. «Du bist einmalig, Boris. Nie beklagst du dich über deine törichte alte Mutter.»

Er lächelte und trank seinen Tee.

«Harry hätte es ihm sagen müssen. Und Peter genauso. Manchmal frage ich mich, wie Harry es fertiggebracht hat, dich so lange geheimzuhalten.»

1939

«Na ja, ich habe gesagt, das machen wir, und da haben wir's eben gemacht.» Fritz Esser rieb sich freudestrahlend die großen Hände. Er trug einen neuen, maßgeschneiderten Anzug aus seinem anscheinend unerschöpflichen Vorrat und bekam allmählich eine Stirnglatze.

Paul Winter saß ihm an dem wuchtigen Schreibtisch im Innenministerium gegenüber und schenkte zwei Gläser Schnaps ein. Er trank jetzt nur noch selten, aber dies war ein Grund zum Feiern. «Auf den nächsten Innenminister», toastete Paul.

Fritz Esser hob sein Glas. Die Augustsonne ließ das Kristall auffunkeln. «Auf den nächsten Innenminister», wiederholte er, «solange ich das bin.»

Sie lachten und tranken. Es war ein schöner Eckraum im Ministerium. Vom einen der riesigen Fenster hatte man Aussicht auf den Verkehr Unter den Linden, vom anderen auf den Pariser Platz und das Brandenburger Tor. Seit Hitlers 50. Geburtstag im April, an dem ein Teilstück der pompösen «Ost-West-Achse» mit einer vierstündigen Militärparade freigegeben wurde, war hier das Zentrum des neuen Großdeutschen Reiches. Im Innern des Ministeriums sah freilich alles noch genauso aus wie seit Generationen – holzgetäfelte Wände, dicke Teppiche, bequeme Sessel. Nur das offizielle Hitler-Bild an der Wand war neu.

«Der Minister hält sich nicht lange», meinte Paul, «und der Führer will dich für den Posten haben.»

«Das sagt er wenigstens.»

«Dann kriegst du ihn auch.»

Esser schaute sich im Zimmer um. «Man kann sich nicht immer darauf verlassen, daß der Führer genau das sagt, was er meint», bemerkte Esser vorsichtig. «Er spielt gern einen gegen den anderen aus. Ich kann nicht sicher sein, ob er den Posten nicht jemand anders versprochen hat... Himmler oder Heydrich zum Beispiel.»

«Die haben genug am Hals», sagte Paul und machte eine nachdenkliche Pause. Dann ging so etwas wie ein Ruck durch ihn. «Wenn wir jetzt endlich zusammenarbeiten, werden wir denen zeigen, was 'ne Harke ist.»

«Ich fürchte, du wirst nicht ganz von der Prinz-Albrecht-Straße loskommen», meinte Fritz Esser. «Die wollten dich offiziell wieder Heydrichs SD zuteilen, mit Büro, aber ich habe ihnen klargemacht, daß du lieber alles beim alten läßt.»

«Ich habe ihnen das auch schon auseinanderklamüsert. Der SD ist nach wie vor eine Partei-Organisation, und Heydrich ist auf deren Finanzierung angewiesen. Mir ist das zu unsicher. Ich bleibe bei der Gestapo und kriege meine staatliche Pension und Krankenversicherung.»

«Klar.»

«Ich werde bald Vierzig, da muß ich praktisch denken.» Und dann wechselte er das Thema: «Wie ist die Konferenz gelaufen?»

«Soll ich dir was erzählen, was mich immer wieder verblüfft?» Esser schenkte sich einen neuen Schnaps ein und fuhr fort, ohne eine Antwort abzuwarten: «Jeder, mit dem ich zusammenkomme, hat den heimlichen Wunsch, zum OKH zu gehören.»

«Tatsächlich?» Auch Paul hatte insgeheim diesen Wunschtraum.

«Jeder katzbuckelt vor den Generalen, das macht mich krank.»

«Auch der Reichsführer?» fragte Paul. Esser kam gerade aus einer Besprechung mit Himmler.

«Der ist genauso schlimm. Alle vergöttern sie das Militär, und Heinis neueste fixe Idee sind eigene Soldaten.»

«Die hat er doch schon.»

«Er möchte ein eigenes Armeekorps haben. Dann müssen sie ihn zum Mitglied des Generalstabs machen, sagt er. ‹Warum wollen Sie denn in dieses verdammte OKH?› hab ich ihn gefragt.» Esser zog ein kummervolles Gesicht und imitierte Himmlers hohe Stimme: «‹Das würden Sie doch nicht verstehen, Esser. Sie sind kein Militär.›» Esser lachte. «Ein alter Esel! Am liebsten hätte ich ihm unter die Nase gerieben, daß er ja auch nie ein Militär war, außer den paar Wochen auf der Kadettenschule Ende des Krieges.»

«Er hat ihnen feldgraue Uniformen gegeben; die Armee ist wütend», sagte Paul.

«Er sagt, er will sie ‹Waffen-SS› nennen. Aber bei dem Namen bleibt's dann auch. Die Wehrmacht hat schon dafür gesorgt, daß bei dieser blöden Idee nichts rauskommt.»

«Wirklich?»

«Na ja, Heini kann keine Leute einziehen, oder? Die allgemeine

Wehrpflicht hat jeden Gedanken an eine SS-Armee zunichte gemacht. Heini sagt ja selber – kaum hat er seine Jungen geschult und weltanschaulich auf Vordermann gebracht, schnappt sie sich die Wehrmacht, und er ist sie für immer los.»

«Sie können doch in die SS eintreten nach ihrer Entlassung aus der Wehrmacht», meinte Paul.

Fritz Esser verzog das Gesicht. «Himmler will aber nicht die Brosamen, die ihm die Wehrmacht übrigläßt, sondern eine richtige eigene Armee. Er ist ganz versessen darauf. Du kennst ihn doch, wenn er sich etwas in den Kopf gesetzt hat, kann er an nichts anderes mehr denken.»

«Es dürfte nicht schwer sein, das Problem zu umgehen», meinte Paul.

«Wie denn?» Fritz Esser rümpfte die Nase. «Die Rechtsabteilung der Wehrmacht schreit unentwegt, daß nur sie das Recht haben, Leute einzuziehen. Und Heini hat das Ganze mit seinen besten Juristen durchgeackert, ob's nicht doch irgendwelche Schlupflöcher gibt.»

«Mit seinen besten Juristen? Mit diesen Winkeladvokaten in der Rechtsabteilung der SS?»

«Aber nur die Wehrmacht ist berechtigt, Leute einzuberufen», beharrte Esser und hoffte dabei inständig auf Widerspruch.

«Ja. Die Wehrmacht hat das Recht, taugliche Männer im wehrpflichtigen Alter einzuberufen, aber einige sind ausgenommen.»

«Nur die Untauglichen. Das weiß er alles längst.»

«Nein, nicht nur die Untauglichen. Polizisten sind ausgenommen.»

«Man kann doch kein Land ohne Polizeikräfte verwalten.»

Paul lächelte. «Stimmt, aber Himmler ist Chef der gesamten deutschen Polizei. Er könnte seine Polizisten in die Armee einberufen, die er schaffen will, und dann neue Polizisten als Ersatz rekrutieren.»

Fritz fixierte ihn scharf. «Wäre das legal?»

«Mehr oder weniger. Und er könnte genauso mit seinen KZ-Aufsehern verfahren. Sie verpflichten sich doch auf zwölf Jahre, oder? Er könnte aus seinen fünf SS-Totenkopf-Regimentern eine Stammtruppe bilden und darum herum eine Division aufbauen. Dann könnte er weitere Wachen für die Lager rekrutieren.»

«Damit hätte er ein großes Totenkopf-Bataillon plus eine Polizeidivision? Das wäre ja annähernd das SS-Korps, von dem er dauernd redet.» Er war immer noch skeptisch. «Du sagst, es wäre legal, so vorzugehen?»

«Ja.»

«Wenn du recht hast, kriegst du einen Orden von Himmler.»

«Dann erzähl ihm, es war deine Idee.»

«Damit hätte er fast zwei Divisionen.»

«Da die Tschechoslowakei nicht mehr exisitert, könnte er jetzt ungehindert im Protektorat Böhmen und Mähren rekrutieren, und vielleicht auch in der Slowakischen Republik. Mit den Volksdeutschen dort bekäme er sicher genug für zwei Divisionen zusammen.»

Bei der Aussicht, all dies dem ehrgeizigen Himmler unterbreiten zu können, glitt ein durchtriebenes Lächeln über Fritz Essers breites Mondgesicht. «Das ist fabelhaft, Paul.»

«Findest du? Ich bin mir nicht so sicher, ob wir den Reichsführer ermuntern sollten, der Wehrmacht ins Gehege zu kommen.»

«Unsinn!» widersprach Esser vergnügt. «Lassen wir ihn doch seine Truppen organisieren; er braucht was zu tun. Könntest du deine Ideen in einem kurzen schriftlichen Bericht zusammenfassen und die juristischen Hinweise gesondert niederlegen? Und versiegelt in meinem privaten Safe deponieren? Ich möchte verhindern, daß es irgendein Schnüffler liest.»

«Wenn du das wirklich willst, Fritz, diktiere ich es heute nachmittag.»

«Ende der Woche reicht. Ich fahre auf den Obersalzberg zu einer Besprechung mit dem Führer und fliege dann gleich nach meiner Rückkehr mit Ribbentrop und seinem Verein nach Moskau.»

«Nach Moskau?» fragte Paul.

Fritz Esser zwinkerte.

Paul lächelte. Für ihn war das wieder einer von Essers beliebten Witzchen, die er verbreitete, wenn er ein paar Tage mit einer neuen Freundin verschwinden wollte.

«Falls ich zu Inges Geburtstag nicht zurück bin, gib ihr einen dicken Kuß und sag ihr, daß ich ihn nicht vergessen werde.» Paul blieb es immer rätselhaft, wieso Inge und Fritz so gut miteinander auskamen. Sie schien ihn wirklich zu mögen, trotz der schnodderigen Ausdrucksweise, der ungehobelten Manieren und der Zoten. «Hätte ich mich doch bloß vor Paul an dich ranmachen können», sagte er oft und lachte unverschämt dabei. «Bestell ihr Glückwünsche von mir.»

Manchmal vergaß Paul den Geburtstag seiner Frau, deshalb hatte er in der Blumenhandlung einen Dauerauftrag hinterlassen, ihr jedes Jahr pünktlich ein Arrangement mit Glückwunschkarte zu schicken. Das führte mitunter zu Pannen – zum Beispiel, als der Bote mitten in einen Krach hereinplatzte.

Doch normalerweise funktionierte es gut. Als er in diesem Jahr heimkam, traf er Inge inmitten der Blütenpracht in besonders fröhlicher Stimmung an. Sie wollten draußen zu Abend essen und zogen sich um. Inge saß vor dem Spiegel und schminkte sich. Sie hatte das Haar wachsen lassen, das sich jetzt über den Ohren und im Nacken lockte und ihr eine weiblichere Note verlieh.

Um den Spiegel auf dem Toilettentisch waren Geburtstagskarten aufgebaut, Glückwünsche von beiden Seiten der Familie. Die Winters schenkten regelmäßig Schmuckstücke, diesmal eine Armbanduhr. Professor Wisliceny hatte eine wertvolle antike Vase mit Blumen geschickt. Paul hatte die Rechnung für ihr neues Kleid bezahlt und Fritz eine Kilodose russischen Kaviar spendiert.

Inge hatte ihrem Mann den Smoking auf dem Bett zurechtgelegt, samt steifem Hemd und schwarzseidenen Socken. Paul kramte in den Schubladen nach den übrigen Kleinigkeiten: Schleife, Perlenknöpfe für das Hemd, goldene Manschettenknöpfe und Taschenuhr.

Inge, in teurer schwarzseidener, spitzenbesetzter Unterwäsche, zog sich die Augenbrauen nach. Paul fragte sich manchmal, ob sie diese katzenhaften Bewegungen einstudierte. An einem Haken neben der Tür hing ihr neues Kleid. Es war diesmal nicht, wie üblich, schräg geschnitten, sondern nach der neuesten Mode: weiter Bahnenrock, rüschenbesetztes, rückenfreies Oberteil mit Halsträger, tiefes, gerades Dekolleté. Inge hatte nachmittags zwei Stunden lang Jacken dazu anprobiert. Sie war sehr glücklich. Paul nutzte die günstige Gelegenheit, sie um einen Gefallen zu bitten. «Ich möchte meinen Bruder gern am Wochenende zum Abendessen einladen, Schatz.»

«Selbstverständlich, Paul.»

«Vielleicht ist das für eine Weile die letzte Gelegenheit. Peter fährt nach Amerika, die Kabine ist gebucht.»

«Wann?»

«Nächste Woche. Großvater hat die Karten geschickt. Erster Klasse, Promenadendeck. Ich glaube, für die *Bremen*.»

«Geht es um Lottie?» erkundigte sich Inge. Es mußte mit Lottie zu tun haben. Peter konnte sich nicht mit Lotties Inhaftierung abfinden. Inge stand auf und strich den Unterrock über den Hüften glatt. Sie betrachtete ihr Spiegelbild. Ihr sehnlicher Wunsch nach einem Kind war zwar unerfüllt geblieben, aber zumindest hatte sie mit ihren zweiundvierzig Jahren eine bessere Figur als ihre jüngere Schwester Lisl, die recht mollig wurde. «Amerika. Na ja, in Deutschland hat er inzwischen alle Welt ihretwegen belästigt.» Das war eine bösartige Stichelei, nach der sich Inge gleich unbehaglich fühlte. Aber sie konnte es Peter nie wirklich verzeihen, daß er Lottie ihr vorgezogen hatte. Über die Liebe zu ihm war sie zwar hinweggekommen, doch Groll und gedemütigter Stolz waren zurückgeblieben.

«Ich habe vorige Woche mit ihm darüber gesprochen», antwortete Paul. «Großvater wird dieses Jahr neunundachtzig. Er ist körperlich und geistig noch voll auf der Höhe. Er war mit Präsident Hoover persönlich befreundet. Peter hofft, daß er das State Department dazu veranlassen kann, sich für Lotties Freilassung zu verwenden – unter der Bedingung, daß sie nach Amerika zurückkehrt.» Unter heftigen Verrenkungen kam er in das gestärkte Smokinghemd und bemühte sich, die Perlen durch die Knopflöcher zu zwängen; das war gar nicht so einfach.

«Würde Peter drüben leben?» Inge besaß keinerlei Sprachtalent, und die bloße Vorstellung, woanders als in Deutschland zu wohnen, jagte ihr Schrecken ein.

«Mit Lottie zusammen – ja. Ich habe ihm zugeredet. Auf diplomatischer Ebene hat er bessere Erfolgschancen. Auf normalem Wege jemand aus dem Gefängnis herauszuholen, ist unmöglich. Der Reichsjustizminister macht da nie mit. Ich habe Peter erklärt, daß nicht mal Himmler Häftlinge aus dem Gefängnis loseisen kann. Ich weiß das, ich hab's selber erlebt, wie er es versuchte.»

«Wen wollte denn der Reichsführer freilassen?» erkundigte sich Inge, wie immer versessen auf den neuesten Tratsch.

Paul hatte das Hemd samt Manschettenknöpfen geschafft. Jetzt mühte er sich damit ab, den steifen Kragen hinten einzuknöpfen. Er keuchte vor Anstrengung. Er beschloß, sich ab nächsten Montag wieder etwas in Form zu bringen. «Freilassen? Niemanden. Ich sprach von unserem Versuch, Leute aus den Gefängnissen rauszuholen, um sie in Konzentrationslager zu schicken. Leute, die der SS besonders gegen den Strich gehen.»

Inge nickte ernst, ehe sie vorsichtig in das Kleid schlüpfte, um Frisur und Make-up nicht zu beschädigen. «Nimmt er Helena mit?»

«Ja. Ich habe die erforderlichen Papiere beschafft.»

«Sie ist doch erst zwölf, im September wird sie dreizehn.»

«Lotties Mutter und alle übrigen möchten sie unbedingt sehen. Und die Seereise wird ihr guttun. Sie war in letzter Zeit nicht ganz auf dem Posten. Sie ist nie darüber hinweggekommen, daß ihre Mutter auf einmal weg war.»

«Das arme Kind. Und wenn Peter die ganze Zeit dasitzt und Trübsal bläst, hilft er damit auch keinem.»

«Peter arbeitet schwer.»

«Er hockt in der Wohnung und spielt die halbe Nacht Klavier. Er ißt nicht ordentlich und vernachlässigt seine Arbeit. Die anderen behalten ihn nur im Aufsichtsrat, weil dein Vater die Gesellschaft gegründet hat.»

Paul korrigierte sie. «Sie behalten ihn im Aufsichtsrat, weil Peter mehr von Geschäftsführung versteht als alle anderen zusammengenommen.»

«Er kann von Glück sagen, daß sie ihn nicht zum Rücktritt gezwungen haben, als er Lottie heiratete.»

Paul lachte. Manchmal ließ sich seine Frau einfach hinreißen. «Das hätten sie wohl kaum getan, Schatz. Das war nämlich noch vor der Zeit von Hitlers Machtübernahme.»

«Befürchtet er denn nicht, daß es Krieg geben könnte? Dann säße er in Amerika in der Falle.»

«Es gibt keinen Krieg», widersprach Paul. «Peter weiß das; jeder weiß das.»

«In Sachen Korridor werden die Polen nie nachgeben», meinte Inge. «Ich kenne doch die Polen.»

«Überlaß das dem Führer. Die Österreicher haben nachgegeben, die Tschechen haben nachgegeben. Wir haben das Memelland besetzt. Wer wird den Polen beistehen, wenn sie gegen uns kämpfen?»

«Die Briten.»

Zum viertenmal versuchte er, die Schleife zu binden, und wieder stimmte es nicht. «Mach dich nicht lächerlich, Inge. Wie können die Briten da etwas ausrichten? Ein Blick auf die Landkarte, dann weißt du's.»

«Und Frankreich? Frankreich könnte im Westen angreifen, wie beim letzten Mal. Sieh dir doch selber mal die Landkarte an.»

Es empörte sie, wenn er sie so überlegen behandelte, als zählte die Ansicht einer Frau überhaupt nicht.

«Komm her, Inge, dann verrate ich dir ein Geheimnis. Diesmal ist es wirklich eins.» Er ging zur Tür und vergewisserte sich, daß niemand im Mädchenzimmer war; man konnte nicht vorsichtig genug sein. «Fritz ist gerade von einem Flug nach Moskau zurückgekommen. Er war als Sonderbeauftragter des Führers dort, um ein Auge auf den Schwachkopf Ribbentrop zu haben. Es wird ein Pakt unterzeichnet; Stalin ist mit allem einverstanden. Polen wird aufgeteilt: die eine Hälfte für Rußland, die andere für uns.»

«Ein Pakt mit Stalin?» fragte Inge ungläubig und ließ beinahe den Ohrring aus der Hand fallen.

«Da staunst du, was? Und stell dir mal vor, wie die Franzosen und die Briten staunen werden. Der Führer will es verkünden, kurz bevor unsere Truppen die Grenze überschreiten. Die Westmächte werden vor Schreck wie gelähmt sein und gar nichts unternehmen. Das sind doch alles Schlappschwänze! Die Franzosen sind ein verkommenes, pazifistisches

Volk, und die Engländer zu dekadent, um den Polen zu helfen. Sie sollten hart vorgehen, Mitleid sei nicht am Platz, hat der Führer den Generalen eingeschärft.»

«Was hat er damit gemeint?» fragte Inge.

«Keine Ahnung. Aber er weiß schon, wie man mit den Generalen reden muß. Einer muß denen Feuer unterm Hintern machen.» Er gab seine Bemühungen mit der Schleife auf und griff zum Schuhlöffel, um die Lackpumps anzuziehen. Abendgarderobe machte allerhand Umstände, aber Inge liebte das.

«Mit Stalin ... Ein Pakt ...» wiederholte Inge. Sie konnte es einfach nicht fassen, daß die Deutschen mit dem «leibhaftigen Satan» Stalin einen solchen Pakt schlossen.

«Man hat sie in Moskau mit offenen Armen empfangen, erzählt Fritz. Nicht bloß der übliche diplomatische Höflichkeitsaustausch – es gab Feiern, daß es kaum zu glauben war. Getränke, Kaviar, hervorragendes Essen. Feste bis in die Morgenstunden hinein, und die Russen umarmten unsere Leute wie verloren geglaubte Brüder. Stalin hat auf die Gesundheit des Führers getrunken. Die Russen wären fabelhaft, sagt Fritz; er fühlte sich wie unter alten Parteigenossen.»

«Du hast das alles doch nicht etwa Peter erzählt?»

«Fritz ist erst letzte Nacht zurückgekommen.»

«Und hast du Fritz gebeten, dir im September freizugeben?»

«Für unseren Urlaub am Obersalzberg?»

«Wenn wir es zu lange hinausschieben, ist der Führer nicht mehr oben. Es macht viel mehr Spaß, solange er dort ist.»

Damit meinte sie natürlich, daß sie wieder zum Tee eingeladen werden wollte. Gewöhnlich arrangierte Bormann das für sie, doch voriges Jahr hatte er Paul beiseite genommen und über den beabsichtigten Ankauf seines Hauses gesprochen. Der Führer wolle den gesamten Berghang erwerben, sagte er, das sogenannte Führergebiet. Das Verfahren war seit 1933 im Gange. Bormann kannte keine Rücksicht; manche Häuser hatte er durch Drohungen bekommen, andere beschlagnahmt. Inge geriet außer sich bei dem Gedanken, ihr Feriendomizil zu verlieren. Sie hatte beschlossen, darüber mit dem Führer unter vier Augen zu sprechen, und Paul graute bei dieser Vorstellung. Inge ging manchmal zu weit. Und das Thema ihres Landhauses und der Nachbarschaft zum Berghof traf sie ins Mark. Sie könnte es nie über sich bringen, Lisl den Verlust dieses Prestigeobjektes zu offenbaren.

«Ich sehe noch nicht, wie ich alles rechtzeitig vom Schreibtisch kriegen soll, Schatz. Aber wir werden sehen.»

Sie hob den Rock ganz hoch, um ihren Strumpfbandgürtel zurechtzurücken. Paul beobachtete sie. Sie bemerkte es und lächelte. Sie strich die Seidenstrümpfe glatt und zog die Nähte gerade. Dann ließ sie den Rock wieder herunter und musterte sich kritisch im Spiegel – es saß tadellos.

«Wie lange wird Peter wegbleiben?» fragte sie.

«Er muß auch nach Kalifornien zu Lotties Mutter. Und Mama hat ihm das Versprechen abgenommen, die gesamte Familie Rensselaer abzuklappern. Ich glaube, sie fühlt sich schuldbewußt, weil sie nicht selber rüberfährt. Papa besteht darauf, daß er gründlich ausspannt, weil er so lange keinen Urlaub gemacht hat. Ich bezweifle, daß er vor Weihnachten zurück ist, viel eher jedenfalls nicht.»

«Meinst du, daß er sie wirklich aus dem Gefängnis rausholt?»

«Zunächst hab ich's nicht geglaubt. Aber du kennst doch Peter. Er hat an Großvater und an Onkel Glenn geschrieben. Sie schienen beide ganz hoffnungsvoll zu sein, erklären allerdings, daß sie nichts tun können, ohne mehr Einzelheiten zu kennen. Er soll unbedingt selber hinfahren, sagen sie. Bei den richtigen Leuten in Washington persönlich vorzusprechen, würde eine Menge ausmachen.»

«Und Peter spricht ja gut Englisch.»

«Das ist kein Problem, er beherrscht es viel besser als ich.» Er lächelte, als ihm etwas einfiel. «Großvater mochte Peter nicht. Ich erinnere mich, wie Peter ihm auf den Schlips getreten ist, als wir noch klein waren. Aber jetzt hat sich der Alte für Peter entschieden. Ihn mag er. Und ich bin der böse Nazi.» Er lachte. «Der böse Nazi. Das hat er tatsächlich gesagt.»

«Hast du das von Peter?»

«Peters Post wird abgefangen, mein Schatz. Alle Briefe werden geöffnet. Keiner, dessen Frau wegen staatsfeindlichen Verhaltens im Gefängnis sitzt, kann mit Partnern in Übersee korrespondieren, ohne daß wir uns über den Inhalt informiert haben.»

«Hast du das arrangiert?» Sie hielt sich zuerst die Ohrringe und dann das goldene Halsband an. Nur eins von beiden, beschloß sie; beide zusammen wäre zuviel.

«Nein, ein Kerl namens Steiner, ein alter Polizist, hat dafür gesorgt, daß ich die abgefangene Post zu sehen bekam. Er hat Lottie damals verhaftet. Er tut mir hin und wieder einen Gefallen, paßt aber wie ein Schießhund auf, daß ich mich auch stets gebührend revanchiere. Ich dachte, ich wäre ihn los, als ich zu Fritz in die neue Abteilung wechselte, aber er kreuzt auch dort auf.»

Sie entschied sich für die Halskette. Gold machte sich immer gut – kostbar, aber nicht protzig. «Was für Gefälligkeiten?» Sie sah Paul an. Er war anscheinend ebenfalls fertig. Endlich würden sie einmal pünktlich im Restaurant erscheinen. Sie gingen ins Medwedj, ihr russisches Lieblingslokal. Nach den verblüffenden Neuigkeiten, die Paul ihr vorhin erzählt hatte, hätten sie gar keine passendere Wahl treffen können.

«Nichts, das sich nicht in Sekunden erledigen ließe. Ich dürfte mich wohl nicht beklagen. Unterschriften unter Schutzhaftbefehle und dergleichen. Meistens Sachen, mit denen er bei seinem Vorgesetzten nicht durchkam. Er wartet eine Gelegenheit ab und bringt sie dann zu mir rauf.» Paul zuckte die Achseln. «Auf diese Weise begleichen sie alte Rechnungen. Leute, die ihnen mißfallen, verschwinden.»

«Du solltest ihn auf Brand ansetzen», bemerkte Inge leichthin. Sie drehte sich schnell um die eigene Achse, um Paul das bezaubernde neue Kleid bewundern zu lassen, das er ihr gekauft hatte.

«Ja», entgegnete Paul. «Ich sollte ihn auf Brand ansetzen.»

1940

«Die Leute hier in der Gegend haben mich für verrückt gehalten...», sagte Nita Danziger. Sie ließ den Satz in der Luft hängen. Daß sie keineswegs verrückt war, brauchte nicht eigens ausgesprochen zu werden. Sie hatte geschildert, wie sie nach dem Tod ihres Mannes und dem Börsenkrach allein und verarmt von Berlin nach Kalifornien zurückgekehrt war. «Simons Aktienmakler hat mir genau das Gegenteil angeraten. Er sagte, ich solle meine Anteile an der Filmgesellschaft verkaufen und das Haus behalten. Meine Anwälte meinten das auch. Aber ich hatte inzwischen genug von ihren Ratschlägen. Von jetzt ab mache ich es so, wie ich's für richtig halte, teilte ich ihnen mit und...»

«Und das taten Sie auch», beendete Glenn Rensselaer ihren Satz. «Aber Sie wohnen doch noch immer hier.» Er wischte sich den Schweiß ab; selbst die dünnen Sommersachen klebten ihm am Körper. An dieses Klima würde er sich nie gewöhnen. Ihr sogenanntes Landhaus lag zwar auf einer Anhöhe, doch an windstillen Tagen wie diesem stieg das Thermometer beängstigend.

Sie stand lächelnd auf, um das Fliegengitter zu schließen und die Tür aufzuklappen, so daß etwas Luft hereinkam. Zwei große elektrische Ventilatoren surrten, trotzdem fühlte sich ihr Gast sichtlich unwohl. Es war September, die ersten schweren Regenstürme vom Pazifik lagen bereits hinter ihnen und hatten blauen Himmel und heißen Sonnenschein gebracht. Nita Danziger schien die Hitze nichts anzuhaben. Sie trug einen braunen Rock und dazu einen englischen Pullover mit Perlen. Ihr Haar saß tadellos, als sei sie gerade vom Friseur gekommen. «Freilich, ich habe das alte Haus zurückgekauft. Ich habe fast das Doppelte dafür bezahlt, aber das war es wert. Es steckt voller Erinnerungen. So viele Erinnerungen...»

Sie verstummten einige Minuten. Sie kannten einander seit geraumer Zeit. Ihr Mann und Glenns Vater waren uralte Bekannte gewesen, doch sehr lange hatte zwischen ihnen eine unüberwindliche Barriere bestanden. Die Danzigers wollten Lottie unbedingt mit einem jungen Juden verheiraten. Sie gaben Glenn die Schuld an der Ehe mit Peter Winter.

Nita, obwohl nur Stiefmutter und trotz ihrer Zuneigung für Peter, konnte auch jetzt nur voller Erbitterung an die Tragödie denken, die über diese Ehe hereingebrochen war.

«Sie hatten den richtigen Instinkt», meinte Glenn.

«Ich war von jeher besessen vom Film, Mr. Rensselaer. Und die jungen Burschen in den Studios machten genau die Sorte, die ich mag. Mein Anwalt bezeichnete sie als ‹Kitsch› und hatte damit vielleicht recht, aber die Leute haben Anspruch darauf, Kitschfilme zu sehen, wenn sie ihnen gefallen. Und mir gefallen sie eben.»

«Also haben Sie weitere Anteile erworben.»

«Sie waren spottbillig. Einer der Partner hat bei dem Börsenkrach Verluste eingesteckt, wie so viele von uns. Da hat er lieber an mich verkauft...»

«Sie haben das alles ganz richtig gemacht, Mrs. Danziger.»

«Das waren etliche schwere Entscheidungen. Erinnern Sie sich noch an den Flug mit *Graf Zeppelin*? An unser Gespräch? Ein Glück, daß ich damals nicht wußte, was mir bevorstand.» Sie wollte ihm Kaffee einschenken, aber die Kanne war leer. «Noch etwas Kaffee?»

«Nein, vielen Dank, Mrs. Danziger.»

«Ich nehme an, Sie haben mich nicht besucht, um die alten Familiengeschichten zu hören. Sie sind Peters wegen gekommen.»

«Es ist schön, Sie wiederzusehen», erwiderte Glenn. Er war bewußt zuerst bei Mrs. Danziger vorbeigegangen, weil er etwas herausfinden wollte.

«Ich sagte Ihnen ja schon am Telefon, daß er sich jetzt wirklich gut eingelebt hat, aber leicht war das nicht für ihn.»

«Es ist jetzt ein Jahr her, daß er Berlin verlassen hat.»

«Niemand konnte ahnen, daß die kleine Helena krank wird.»

«Und der Krieg – wie hat er auf den Kriegsausbruch reagiert?»

«Der Krieg mit England? Natürlich. Das war doch ein Schock für uns alle, oder? Aber jetzt, nach der Kapitulation Frankreichs, soll es ja bald möglich sein, über Portugal nach Deutschland zurückzukehren.»

«Die Blockade der Royal Navy nicht zu vergessen», wandte Glenn ein.

«Peter hat das alles mit dem deutschen Konsul besprochen. Der meinte, mit einem kranken Kind sollte sich Peter auf so was nicht einlassen.»

«Ein guter Rat, würde ich sagen.»

«Der deutsche Konsul sagte, er sollte abwarten, bis die Briten auch kapituliert haben.»

Auf derartige Spekulationen wollte Glenn nicht eingehen. «Ich hoffe, daß Peter hierbleibt. Haben Sie eine Ahnung, was er vorhat?»

«Er hat sich damit abgefunden, über Weihnachten zu bleiben. Der Arzt meinte, vorher wäre Helena nicht reisefähig.»

Glenn hatte sich entschlossen, Mrs. Danziger als Bundesgenossin zu gewinnen. «Ich hoffe, er bleibt länger. Lottie wird 1942 aus dem Gefängnis entlassen, und der amerikanische Botschafter in Berlin hat inoffiziell erfahren, daß man sie dann mit Sicherheit ausweisen wird. Wohin führt das für Peter? Er ist deutscher Staatsbürger – ich kann mir nicht vorstellen, daß die Nazis ihn mit ihr gehen lassen. Vielleicht ziehen sie ihn sogar zur Marine ein; meines Wissens ist er ja noch Reserveoffizier.»

«Er macht sich Sorgen um Lottie. Seine Gedanken kreisen ständig um sie.»

«Er muß unbedingt hier in Amerika bleiben», erklärte Glenn. «Selbst wenn Peter nach Berlin zurückgeht, ist er ja nicht mit Lottie zusammen.»

«Das sagt sich leicht, Mr. Rensselaer. Aber es ist doch nur natürlich, daß er in ihrer Nähe sein möchte. Es ist manchmal kaum mit anzusehen. Nur die Arbeit hat ihm über die letzten paar Monate hinweggeholfen.»

«Ich muß wissen, wie er zu den Nazis steht. Hat er dazu eine Meinung geäußert? Denken Sie nicht, daß ich herumschnüffeln will. Aber wenn ich ihm helfen soll, muß ich seine Einstellung kennen. Hält er es für seine Pflicht, nach Deutschland zurückzukehren und gegen England zu kämpfen? Das muß ich wissen.»

«Er kann Hitler und die Nazis nicht ausstehen. Da bin ich mir ganz sicher.»

«Tatsächlich, Mrs. Danziger?»

«Ja, hundertprozentig.» Eine so entschiedene Äußerung hatte er noch nie von ihr gehört. Sie stand auf, um den Ventilator zu regulieren. «Ich bin Jüdin, Mr. Rensselaer. Ich werde alles tun, was Sie vorschlagen, wenn ich damit verhindern kann, daß meine kleine Helena nach Nazi-Deutschland zurückgeht.»

Glenn Rensselaer sah auf die Uhr. «Peter will mich durchs Studio führen, da darf ich mich nicht verspäten.»

«Peter Winter ist ein feiner Kerl, Mr. Rensselaer.»

«Ich weiß.» Er zeigte auf das Paket, das er mitgebracht hatte. «Ein kleines Geschenk für Helena. Wahrscheinlich hat sie schon genug Puppen, aber...»

«Kleine Mädchen haben niemals genug Puppen. Ich hole sie.»

Während Nita Danziger nach Peter Winters Tochter suchte, sah sich

Glenn im Zimmer um. Es war völlig unverändert. Nach dem Rückkauf hatte sie das Haus haargenau restauriert. Diese Hingabe mutete etwas absurd an, denn es war weder geschmackvoll eingerichtet noch sonderlich komfortabel; ein düsterer Kasten, seinerzeit für einen Stummfilmstar erbaut. Das Haus war im Western-Stil gehalten: lederne Barhocker, die an Sättel erinnerten, standen aufgereiht an einer langen Theke, die angeblich aus einer echten Cowboybar in Deadwood City stammte – oder aus einem anderen durch den Film zum Mythos hochstilisierten entlegenen Nest. Auf den Bildern an der Wand waren Szenen aus dem Alten Westen dargestellt; außerdem hingen dort noch verstaubte Köpfe von Langhornochsen, die mit kurzsichtigem Blick hinunterstarrten, als wollten sie dagegen protestieren, kastriert und in Steaks zerlegt zu werden.

Nita Danziger kam mit dem Mädchen zurück. «Du erinnerst dich doch an deinen Onkel Glenn», sagte sie.

Helena war fast vierzehn Jahre alt, ein schüchternes kleines Mädchen mit Peters hellblauen Rensselaer-Augen und dem welligen pechschwarzen Haar ihrer Mutter. «Natürlich», versicherte Helena. Sie ging zu ihm und gab ihm einen Kuß.

«Ich hab dir eine Puppe mitgebracht. Spielst du noch mit Puppen?»

«Manchmal.»

«Du warst krank, habe ich gehört.»

«Ich gehe jetzt wieder zur Schule.»

«Na, das ist ja prima.»

«Nur drei Vormittage in der Woche», korrigierte Nita Danziger. «Nächsten Monat fängt sie vielleicht mit Tanzunterricht an.»

«Tanzt du gern?» erkundigte sich Glenn.

«Ich möchte Tänzerin werden.»

Glenn lächelte. Nita Danziger hatte in ihrer Jugend getanzt, vermutlich war das der Anstoß gewesen. Er überreichte Helena die Puppe. Kein besonderes Geschenk – eine Ballerina mit ausdruckslosem Gesicht, die er in einem Warenhaus in der Stadt schnell erstanden hatte. Und sie hielt sich unverkennbar für zu alt, noch mit Puppen zu spielen.

«Sie ist wirklich wunderhübsch», sagte sie höflich und drückte die Ballerina an sich.

«Dein Englisch ist vorzüglich», lobte Glenn.

«Ja, aber mit der Grammatik hapert's noch mächtig.»

«Sie lernt sehr fleißig», sagte Mrs. Danziger anerkennend.

«Warst du in letzter Zeit in Europa?» fragte Helena.

«Ja.»

«Hast du meine Mami gesehen?»

«Vielleicht nächstesmal», antwortete Glenn verlegen.

«Sie sitzt eine Gefängnisstrafe ab», erklärte Helena gespreizt.

«So kann man das nicht sagen, das ist irgendwie mißverständlich.»

«Sie ist ein Opfer der Nazis. Das habe ich den Mädchen in der Schule erzählt.»

«Was haben die gesagt?»

«Daß sie eine Spionin ist.»

«Und was hast du darauf geantwortet?»

«Ja, das stimmt, habe ich geantwortet.» Und sie fügte altklug hinzu: «Das war besser so. Die Mädchen in der Schule fanden das aufregend.»

«Tja, halte dich weiter ran mit Englisch», meinte Glenn und sah nochmals auf die Uhr. «Ich muß jetzt gehen – zu meiner Verabredung mit deinem Vater.»

«Vielen Dank für die Puppe, Onkel Glenn. Das war sehr lieb von dir, an mich zu denken.» Sie verbeugte sich wie eine Erwachsene.

«Laß gut sein», sagte Glenn.

Zum ersten Mal ein Filmstudio zu besichtigen, das war schon ein turbulenter Eindruck. Direkt in der Mitte von San Fernando Valley, eingebettet in Orangenplantagen, die bis zu den San Gabriel Mountains zu reichen schienen, standen diese drei großen Gebäude, jedes so hoch wie ein Häuserblock in der Stadt und fast ebenso weitläufig. Das waren die schalldichten Ateliers, und jedes hatte etwa eine halbe Million Dollar gekostet. Dahinter lagen fast hundert Morgen Land: Teiche, Hügel, eine Western-Straße und die abgewrackte hintere Hälfte einer riesigen spanischen Galeone mitsamt Segeln, die nun zerfetzt und verfleckt waren. Die wegen des Regens vorübergehend eingestellten Dreharbeiten auf dem rückwärtigen Gelände waren wieder aufgenommen worden, und ein Haufen Banditen galoppierte dort durch die Straße.

Die großen roten Lampen an der Wand gingen aus, und zwei Männer tauchten aus einem Ateliergebäude auf. Glenn Rensselaer hatte sich im Lauf der Jahre wenig verändert, während sein Neffe Peter nach einem Jahr in den Vereinigten Staaten völlig verwandelt war. Er hatte einige Zeit bei Cy Rensselaer und Dot verbracht, doch erst nach der Ankunft in Kalifornien fühlte er sich wie neugeboren. Er war vierundvierzig, wirkte jedoch mindestens zehn Jahre jünger. Kurzgeschorenes Haar, wie es bei den einheimischen College-Studenten gerade Mode war, kurzärmeliges, offenes weißes Hemd, hellblau-weiß gestreifte Hose und weiße Leinenschuhe. Gesicht und Arme waren gebräunt, und die verkrüppelte Hand verursachte ihm anscheinend auch nicht mehr solche Hemmungen.

«Ich freue mich wirklich, daß du mich herumgeführt hast, Peter. Ich hab noch nie gesehen, wie ein Film gedreht wird.»

«Das wird der erste Musikfilm des Studios in Technicolor und Breitwand. Da wurde eine Riesensumme investiert, deshalb möchten wir vermeiden, daß zu viele Leute in der Branche Genaueres darüber erfahren.» Er fixierte seinen Onkel. Er hatte angenommen, daß Glenn Nachrichten über Lottie bringen würde, wollte ihn aber nicht bedrängen. Glenn brauchte eine gewisse Zeit, um sich auf wichtige Gespräche innerlich vorzubereiten, und Peter wußte das.

«Du redest schon wie ein Filmboß», meinte Glenn.

«Bin ich ja auch mehr oder weniger. Dank meinem Schwiegervater. Ich wünschte, ich hätte den armen Simon Danziger besser gekannt. Er muß einen enormen Geschäftssinn gehabt haben.»

«Tatsächlich?» fragte Glenn zweifelnd.

«Er verkaufte diese Orangenplantagen an die Filmgesellschaft, und zwar überwiegend gegen Anteile. Wie viele Menschen sahen schon voraus, was für Gewinne in dieser Branche zu erzielen waren? Und das in den Tagen des Stummfilms. Dank seiner Weitsicht ist Mrs. Danziger heute eine vermögende Frau.»

Nach einem Blick auf seinen Neffen fand Glenn es zwecklos, ihm zu erzählen, daß finanzieller Leichtsinn seinen Schwiegervater zur Verzweiflung und in den Selbstmord getrieben hatte, daß sein Aktienanteil an der Filmgesellschaft nur auf die mangelnde Liquidität des Käufers zurückzuführen war. «Tja, ihr ist das wirklich zugute gekommen.»

Eine kleine elektrische Zugmaschine surrte an ihnen vorbei mit Waggons voller Kostüme aus dem 18. Jahrhundert: Reifröcke, Marineuniformen und andere prachtvolle Kleidungsstücke von zweifelhafter Originaltreue. «Manche Studios haben sich auf Kriegsfilme umgestellt», sagte Peter, «aber wir bleiben bei dem, was man hier Eskapismus nennt.»

«Das sehe ich.»

«Als sie mir den Posten eines Vizepräsidenten anboten, wußte ich, daß sie das nur wegen Mrs. Danzigers Anteilen taten. Aber seit damals habe ich sie vor manchem schlimmen Fehler bewahrt. Ich habe zum Beispiel in der Vertragsabteilung festgestellt, daß dort niemand auch nur eine Fremdsprache beherrscht. Also hab ich mir die Verträge mit den europäischen Verleihfirmen rausgesucht. Hältst du es für möglich, daß sie bei Kriegsausbruch erwogen haben, sich zwecks Vermeidung von Verlusten vom europäischen Markt zurückzuziehen? Tatsächlich hat der Krieg natürlich mit sich gebracht, daß immer mehr Leute ins Kino gehen. Soldaten, Fabrikarbeiter, Flüchtlinge und Evakuierte – Kino ist ihre einzige Zerstreuung.»

«Und jetzt schreibst du Musik?»

«Von wem hast du das?»

«Von Nita Danziger. Sie hat mir die Plakate mit deinem Namen darauf gezeigt.»

Peter lächelte bescheiden. «Sie haben den Versuch mit mir riskiert, weil sie die Musik dringend brauchten. Eine oder zwei Nummern sind populär geworden.»

Der Lärm von Flugzeugmotoren ließ sie nach oben blicken. Vier leuchtend angestrichene Doppeldecker der Marine flogen in etwas wackliger Formation über sie hinweg. «Ausbilder», bemerkte Glenn.

«Deswegen hat man die schalldichten Ateliers gebaut», sagte Peter. «Damals, in der Stummfilmzeit, haben Flugzeuge keine Rolle gespielt.»

«Für mich bist du schon ein echter Amerikaner.»

Peter nahm das wörtlich, wie es seine Art war. «Ich werde den Antrag stellen. Helena besucht hier die Schule. Sie bekommt privaten Englischunterricht und beherrscht die Sprache schon sehr gut. Wenn Lottie aus Deutschland rauskommt, werden wir hier leben. Das sage ich nur dir, Glenn. Ich bin fest entschlossen.» Es lag nahe, daß er sich zuerst Glenn Rensselaer anvertraute. Seit der gemeinsamen Zeit in Washington hatten sie eine sehr enge Beziehung. Peter war gerührt, als er entdeckte, wieviel Zeit und Mühe sein Onkel für den Versuch verwendet hatte, Lotties Freilassung zu erwirken.

«Und du bist glücklich?»

«Wenn Lottie bei mir wäre, käme ich mir wie im Paradies vor.» Er sah Glenn an. Jetzt würde er ihn doch bestimmt über den Stand der Dinge, Lottie betreffend, informieren.

«Ich habe dich das gefragt, Peter, weil ich möchte, daß du nach Washington kommst.»

«Was gibt's Neues über Lottie?»

«Es handelt sich nicht direkt um Lottie – oder besser gesagt, um Tausende von Lotties, gewissermaßen.»

«Was meinst du damit?»

«Du hast doch die Wochenschau gesehen mit der deutschen Siegesparade durch Paris. Die Nachrichtenagenturen verbreiten, daß eine deutsche Invasionsflotte an der Kanalküste massiert wird. Es gibt Leute in

Washington, eine ganze Menge sogar, die fest davon überzeugt sind, daß die Briten nicht mehr lange standhalten können.»

«Ich weiß.»

«Wie denkst du darüber, Peter?»

«Man muß Hitler Einhalt gebieten. Er ist wahnsinnig.»

«Einhalt gebieten oder besiegen?»

«Was meinst du damit, Glenn?»

«Wir alle wünschen, daß ihm Einhalt geboten wird, aber jetzt sieht es so aus, als gebe es nur einen Weg, das zu erreichen. Man muß ihn besiegen. Und das bedeutet, Deutschland besiegen mit Geschützen, Bomben, Schiffen, Panzern. Ich meine damit – wie weit willst du gehen, um ihm Einhalt zu gebieten?»

«Über diese Frage habe ich schon sehr viel nachgedacht. Ich möchte Hitler aufhalten. Du sagst, das ist nur dadurch zu erreichen, daß Deutschland besiegt wird. Ich glaube, du hast recht. Mein armes Vaterland wird abermals eine Niederlage erleiden müssen.»

«Manche in Washington sehen es kommen, daß auch die Vereinigten Staaten kämpfen müssen. Vielleicht sogar schon bald.» Sie wichen einem Lastwagen aus, der die für die nächsten Western-Szenen benötigten Kulissen-Bäume auf das rückwärtige Gelände beförderte.

«Gegen Deutschland?»

«Ja, gegen Deutschland... Unsere für die entsprechende Nachrichtenbeschaffung zuständige Stelle ist mehr oder weniger ahnungslos. Das heißt, wir wissen nichts über Deutschland, bis auf das, was die Botschaft uns übermittelt, und das ist nicht eben viel. Der Präsident hat nun die Schaffung einer Geheimdienststelle genehmigt. Nicht einmal der Kongreß ist über uns im Bilde. Unseren enormen Informationslücken können wir nur dadurch abhelfen, indem wir Leute wie dich einstellen, die erst kürzlich aus Deutschland gekommen sind. Nur dann haben wir die Möglichkeit, unsere Jungen richtig auszubilden.»

«Und du möchtest, daß ich dabei mitmache?» Sie waren bei Glenns Wagen angelangt, einem V-8 Cadillac mit Klimaanlage und sonstigen Extras.

«So ist es. Viel Geld ist zwar nicht drin. Auch keine Uniformen, Abzeichen oder Orden. Möglicherweise können wir deine Einbürgerung beschleunigen – obwohl ich nicht mal das versprechen kann –, und das Gehalt eines Majors der US Army ist alles, was ich dir anbieten kann. Aber für eine militärische Dienststelle sind wir ziemlich leger. Falls du in Amerika als Anwalt zugelassen werden willst, könnte ich dir die Wege ebnen und den erforderlichen Studienurlaub verschaffen.

Eventuell ließe es sich auch arrangieren, daß du dich alle paar Monate hier um deine Filmerei kümmerst. Und wir würden die Reisekosten übernehmen – mit Flugzeug, nicht mit dem Zug.»

«Ihr Amerikaner seid ein merkwürdiges Volk, Glenn.»

«Ja, das hab ich auch schon gehört.» Er stieg in den Wagen und ließ die elektrischen Fenster herunter, damit sie sich weiter unterhalten konnten. Jetzt würde er ihm von Lottie berichten. Das war Onkel Glenns Art, die Dinge zu handhaben.

Peter beugte sich zu ihm hinunter. «Und ich, ich bin sehr deutsch. Die Vorstellung, in einer Armee zu dienen, die es ihren Offizieren gestattet, nach Belieben zwischendurch ins zivile Leben zurückzukehren, übersteigt mein Fassungsvermögen.»

«Was sagst du also?»

«Ich will es versuchen.»

Glenn legte den Gang ein, und der Wagen setzte sich in Bewegung. Erst da wurde Peter klar, daß es keine Nachrichten über Lottie gab. Die Enttäuschung machte ihn beinahe krank.

1941

Lottie hatte sich gegen das System zur Wehr gesetzt. Nicht durch ausfälliges oder widerspenstiges Verhalten, sondern einfach dadurch, daß sie sich vom Gefängnisalltag nicht unterkriegen ließ. Sie gab sich jede erdenkliche Mühe, den Mithäftlingen freundlich und hilfsbereit zu begegnen. Sie lachte und scherzte und hielt sich an die Devise ihres Vaters, auch angesichts von Roheit und Feindseligkeit stets zu lächeln. Doch nun saß sie schon sehr lange hinter Gefängnismauern und wurde allmählich müde.

«Man gewöhnt sich dran. Das ist es», sagte die rundliche Frau.

«Ruhe!» Die laute Stimme der Aufseherin hallte über den mit Kopfsteinen gepflasterten Hof, als die vier Häftlinge in forschem Tempo, den Vorschriften entsprechend, der Küche zuschritten. Es war heiß und schwül, so daß den Frauen die Kleider am Leibe klebten. Die kleinste Bewegung bedeutete eine Anstrengung.

Sobald man sie der Küchenaufseherin übergeben und die Tür hinter ihnen geschlossen hatte, lockerte sich die Disziplin. Im ganzen Gefängnis gab es nichts Vergleichbares. Nur hier in der Riesenküche war Tageslicht vorhanden; die Sonne schien durch das Oberlicht herein und ließ die blitzblank gescheuerten Tische und Töpfe schimmern und glänzen. Doch selbst bei weit geöffneten Oberlichtern war die Luft hier heißer und feuchter als sonst irgendwo im ganzen Gefängnis.

«Wie hast du das gemeint?» fragte Lottie die dralle Frau, die auf dem Hof gemaßregelt worden war.

«Der Knast. Da geht alle Selbständigkeit flöten. Du brauchst überhaupt nicht mehr selber zu denken, bloß noch gehorchen.»

«Aber das ist doch genauso wie draußen», entgegnete Lottie.

Die Frau lächelte nicht. Sie war eine begeisterte Nationalsozialistin und lastete es dem Regime nicht an, daß sie wegen Abtreibung im Gefängnis saß. Daß ihre letzte Patientin an einer Infektion gestorben war, nahm sie als Pech. Schuld daran trug das Schicksal oder der liebe Gott oder der leichtsinnige junge Soldat – die Polizei, das Gericht oder die Nazis hatten damit nichts zu tun.

«Welche von euch beiden hat gestern das Gulasch gekocht?» Die Fragestellerin, eine Hilfswärterin, war eine neurotische, zapplige Person, ungemein stolz auf die grüne Uniform mit dem Schiffchen, das sie in die Stirn gezogen hatte.

«Ich», sagte Lottie.

«Kommen Sie mit.» Sie war um die Vierzig, strenges Gesicht, aber nicht unfreundlich. Tags zuvor hatte sie Lottie erzählt, ihr Mann sei Panzergrenadier und seine Division im Generalgouvernement stationiert, weitab vom Krieg gegen England, und dafür danke sie Gott.

Sie zog die Uniformjacke aus, hängte sie auf einen Bügel und band die weiße Schürze um. Dann führte sie Lottie zu den Brotvorräten und wies sie an, die Zutaten für 1220 Leberknödel abzuwiegen. «Die Hälfte der Frauen hier kann weder lesen noch schreiben», beschwerte sie sich.

Lottie lächelte, sagte jedoch nichts. Die Frau hatte gerötete Augen, vermutlich vom Weinen.

«Ich kann denen das Abwiegen der Zutaten nicht anvertrauen...» Sie sah Lottie zu, die Brotkrumen in eine Schachtel schüttete und diese auf die Waage stellte. Viel Leber würden diese bayerischen Leberknödel nicht enthalten, sondern vorwiegend Brot mit ein paar Fettbröckchen, wie man es seit Kriegsbeginn gewöhnt war.

«Ist bei Ihnen zu Hause alles in Ordnung?» fragte Lottie.

«Ja, alles bestens», bestätigte die Frau.

Lottie arbeitete stumm weiter. Dann schaute sich die Hilfswärterin verstohlen im Vorratsraum um und flüsterte: «Wir sind in Rußland eingefallen.»

«Was?»

«Wir haben Anweisung, den Häftlingen nichts davon zu sagen.» Sie nahm einen Meßbecher und schaufelte die Brotkrumen hinein.

«Ist das sicher?» Lottie fragte sich, ob sie die Mitteilung womöglich mißverstanden hatte.

«Es kam im Radio, Fanfarenmeldung, alle paar Minuten wiederholt. Goebbels hat die Proklamation des Führers heute vormittag über alle Sender verlesen. Es ist die gewaltigste Offensive der Geschichte.» Sie hätte das keine Minute länger für sich behalten können, das merkte man ihr deutlich an.

«Rußland!» Lottie versuchte, sich über die Bedeutung klarzuwerden.

«Heute bei Tagesanbruch. Mein Karl steckt da mitten drin. Die Panzer immer.» In ihre Ängste mischte sich Stolz. Seit dem siegreichen Frankreichfeldzug im vergangenen Jahr bedachte die Propaganda die Panzerdivisionen stets mit besonderer Anerkennung.

«Ich bin sicher, daß ihm nichts passiert», tröstete Lottie.

«Wir haben vier Kinder.» Auf ihrer Stirn standen Schweißtropfen. «Vier, sieben, zehn und dreizehn. Ohne Karl könnte ich das nicht schaffen.» Sie schaufelte weiter die Brotkrumen in den Meßbecher, so flink, als wolle sie Lottie mit gutem Beispiel vorangehen.

«Sie müssen sich keine Sorgen machen.»

«Heeresgruppe Mitte», sagte die Frau automatisch. «Weihnachten sind sie in Moskau, heißt es.»

Lottie blickte nach unten und sah, daß die verstörte Frau die Brotkrumen auf den Fußboden geschüttet hatte, anstatt in die Schüssel.

Dezember. Das einsame kleine Gehöft war halb unter Schneewehen begraben, und es schneite immer noch weiter. Im Haus stand eine kleine Gruppe von Stabsoffizieren um einen Küchentisch, sie stampften mit den Füßen und schlugen die Arme übers Kreuz, um sich warm zu halten, während sie auf die Ankunft ihres Divisionskommandeurs warteten. Draußen herrschte noch Tageslicht, aber die Fenster waren mit Brettern vernagelt, um die scharfen, russischen Winde abzuhalten. Das Gespräch drehte sich um die 258. Infanterie-Division, deren Spähtrupps bis an die Vororte von Moskau vorgedrungen waren.

«Ein Soldat ist zur Straßenbahnhaltestelle gegangen und hat einen Fahrschein aufgehoben. Den hat er überall rumgezeigt.» Der Hauptmann von der Nachrichtenabteilung bemühte sich, das Pfeifen des Windes zu übertönen.

«Es gibt massenhaft Straßenbahnfahrscheine für jeden, wenn wir erst dort sind», brummte Oberst Weizäcker, der nach den jüngsten Verlusten erster Offizier dieser abkommandierten «Kampfgruppe» geworden war.

«Sie waren nicht lange dort», bemerkte ein Hauptmann des Panzerregiments. «Die Panzer des Iwan haben sie sofort wieder rausgeschmissen.» Er griff sich an die Nase. Sie war erfroren. Gleich nach der Konferenz müßte er einen Arzt aufsuchen. Hoffentlich würde es ihm nicht so ergehen wie manchen Soldaten, denen Zehen, Finger und Nasen abgefroren waren. Kein ruhmreiches Attribut für die Heimkehr eines Kriegshelden.

«Das war ja auch Moskau», meinte Weizäcker. «Um Moskau werden sie besonders erbittert kämpfen. Das wissen wir alle.»

Sie hörten den Schnee draußen knirschen, als der Wachposten Haltung annahm und salutierte, dann drang beim Öffnen der Tür etwas Helligkeit herein, und der General erschien.

Die Offiziere standen stramm und grüßten. Sie hatten alle ein bißchen Angst vor General Alexander Horner. Er war hochgewachsen und schlank, eine einschüchternde Erscheinung mit asketischem Gesicht und einem Schmiß auf der Wange. Der General war irgendwo mit seinem Halbketten-Fahrzeug unterwegs gewesen. Der Himmel wußte, wohin er diese Spritztouren unternahm, stets ohne Begleitung, und seinen Fahrer zu fragen, war zwecklos. Winkel war der Sohn eines Kameraden aus dem Ersten Weltkrieg, und behandelte alles, was der General tat, als militärisches Geheimnis.

«Guten Morgen, meine Herren. Haben wir die Lageberichte schon bekommen?» Er setzte den Helm ab und klopfte sich den Schnee von den Schultern seines Mantels.

«Das Funkgerät ist kaputt, Herr General!» Der verschreckte Junge, der in der anderen Ecke hockte, blickte zu ihm hoch, als erwarte er seine Verurteilung.

«Haben Sie andere Detektoren versucht?» Horner mußte schreien; der Wind heulte jetzt lauter, und dazu kam noch das ständige Rumpeln der Lichtmaschine. Die Beleuchtung war unzureichend, genügte jedoch, die Karten zu sehen. Und es war auch hell genug, die Spritzer und Flecken an der Wand zu erkennen, wo die Tiere angebunden gewesen waren, und den verdreckten Fußboden, der bei weniger eisigen Temperaturen vermutlich stank. Schwer zu glauben, daß Menschen in solchem Schmutz zusammen mit dem Vieh hausten, aber an der Wand befand sich ein rohes Holzgestell – Wandbetten, in denen sechs russische Bauern geschlafen hatten.

«Ich habe sie alle durchprobiert, Herr General.»

Horner blickte hinunter auf den leeren Block. Nur das Datum war eingetragen: 6. Dezember 1941. Geringe Aussichten, den Trinkspruch zu verwirklichen – Weihnachten in Moskau –, den dieser Narr Weizäcker damals im Juni ausgebracht hatte, als die deutschen Truppen im Vormarsch waren. «Probieren Sie's weiter.»

«Jawohl, Herr General.»

General Alex Horner wandte sich wieder den anderen Offizieren zu, die um den Tisch herumstanden. Sie waren eingemummt in sämtliche Kleidungsstücke, die sie besaßen. Manche hatten außerdem zivile Sachen gefunden, gekauft oder gestohlen – Schals, Strickhandschuhe und Pullover. Ein schauderhafter Anblick, sie glichen eher einem Flüchtlingshaufen als deutschen Offizieren. Horner sah auf die Karte und betrachtete sie geraume Zeit unverwandt. Er schloß die Augen. Die Landkarte begann ihn förmlich zu hypnotisieren, wurde zur fixen Idee. Das gleiche hatte er im ersten Krieg erlebt, Kommandeure, die nur noch auf Landkarten starrten, unfähig zu jedem klaren Gedanken, zu jedem vernünftigen Befehl. Er schob die Karte ärgerlich beiseite. Ohne reguläre Meldungen aus dem Hauptquartier und Verbindung zu den Gefechtsständen war sie zwecklos.

«Haben Sie Meldefahrer, denen die Stäbe bekannt sind, Weizäcker?»

«Jawohl, Herr General.» Natürlich hatte er die, er war doch kein kompletter Idiot.

«Wir ziehen uns bis zum Fluß zurück.»

«Alles, Herr General?»

«Nein, nicht alles. Eine Nachhut bleibt. Eine von Ihren Scharfschützenabteilungen müßte genügen.»

«Jawohl, Herr General.» Oberst Weizäcker war zu unerfahren. Er hatte gedacht, sie würden jetzt stracks in den Kreml einmarschieren, so wie er als Hauptmann mit einer Kompanie in Paris eingezogen war, den hübschen Mädchen zulächelnd und nach einem geeigneten Restaurant Ausschau haltend, in dem er zu Abend speisen konnte. Nun, dies hier war etwas anderes.

Horner ging zum Fenster und fand einen schmalen Spalt in den Brettern, durch den er hinausspähte. Das Artilleriefeuer ging unaufhörlich weiter und durchzuckte den dunkelgrauen Himmel am Horizont. Gestern war das Thermometer auf 32 Grad unter Null gesunken, heute war es sogar noch kälter. Und verdammt dunkel; kaum zu glauben, daß es erst elf Uhr vormittags war. Die graue Schneelandschaft draußen war so ganz anders als das verschneite Ostpreußen seiner Kindheit oder das winterliche Berlin. Dieser Schnee war grau; das hatte jeder der deutschen Soldaten erfahren müssen, die zu Tausenden erfroren waren und unter ihm begraben lagen. Oder der Wachposten, der vor Kälte erstarrt mit blaugefrorenem Gesicht vor der Tür stand, die Füße mit Strohbündeln umwickelt, um zu verhindern, daß beim Stiefelausziehen auch die Zehen mitkamen. Oder jeder der bibbernden Männer, die immer noch Sommeruniformen trugen, weil zu wenig Winterausrüstungen vorhanden waren; oder die anderen, die sich zwar im nahegelegenen Depot eindecken konnten, aber auch dort feststellen mußten, daß bei der Beschaffung offenbar niemand die arktischen Temperaturen des russischen Winters bedacht hatte.

Er kehrte zum Tisch zurück und versuchte, die Karte mit frischen Augen zu betrachten. Feldmarschall Walther von Brauchitsch hatte einen Herzanfall erlitten und um seine Ablösung nachgesucht. Der Grund dafür war unschwer zu erkennen. Die Armeen um Moskau befanden sich in einer überaus gefährlichen Stellung, und deutsche Soldaten waren weder dafür ausgebildet noch ausgerüstet, unter diesen Bedingungen zu kämpfen oder auch nur zu überleben.

«Versorgungstruppen zuerst, Herr General?»

«Nein.» Er verstummte, als der Motor der Lichtmaschine kurz aussetzte und die Glühbirne sich zunächst verfärbte und dann ganz ausging. Einen Augenblick lang war es stockdunkel, bis auf das spärliche Licht, das durch die Bretterspalten fiel. Dann arbeitete der Motor wieder, und es wurde heller. «Wir werden uns den Weg freikämpfen müssen», sagte Horner.

«Nach hinten, Herr General?»

«Sehen Sie doch selbst», erklärte er tonlos. «Keine Funksprüche vom zweiten Panzerregiment oder von den Pionieren. Dann verstummt auch das Hauptquartier. Was machen Sie daraus? Überlegen Sie, Weizäkker.» Das Ganze ergab Sinn. Er hatte schon während der letzten paar Tage gemerkt, daß die Front sich versteifte. Sämtliche Späh- und Stoßtruppeinheiten waren mit ungewöhnlicher Schnelligkeit zurückgeworfen worden; er hätte es voraussehen müssen und das vielleicht auch getan, wäre nicht die Nachrichtenabteilung der 4. Armee stur dabei geblieben, daß die Rote Armee nichts mehr besaß, um weiterzukämpfen. Nichts!

«Zum Teufel mit den Funkgeräten!» wetterte Oberst Weizäcker. Er stand vor einem Rätsel. Hatten die Russen mit irgendwelchen Geheimwaffen den Funkverkehr ausgeschaltet, oder lag es an diesem schauderhaften Wetter?

«Verstehen Sie denn nicht?» fragte Horner. «Sehen Sie her, Mann!» Er hob den Arm und senkte ihn dann langsam, bis er auf der Karte lag und sämtliche verstummten Stellungen bedeckte. Sie schwiegen, weil alle Einheiten, die des Stabes eingeschlossen, auf dem Marsch waren. Die andere mögliche Erklärung für ihr Schweigen war zu schrecklich, um sie auch nur in Erwägung zu ziehen.

«Mein Gott!» sagte der Oberst. Die anderen Offiziere äußerten sich nicht. Es waren junge Männer, bis auf zwei alte Reservisten. Möglicherweise begriffen sie nicht ganz, was das bedeutete. Weizäcker jedoch verstand es; 1940 in Frankreich hatte Guderian genau diese Taktik verfolgt.

Horner wollte jedes Mißverständnis ausschließen: «Die Russen haben einen Angriff begonnen und unsere Front direkt durchschnitten.»

«Bei dem Wetter, das ist doch nicht möglich.»

«Wahrscheinlich benutzen sie Schlitten, befördern damit Infanterie und Artillerie und verstärken die Kosaken-Divisionen durch Truppen auf Skiern.» Weizäcker reagierte nicht. «Sie rücken zum Fluß vor.» Er besaß zwar keinen Beweis für diese Behauptung, wußte aber, daß sie zutraf.

«Der Himmel bewahre uns!»

«Der himmlische Vater ist derzeit völlig ausgelastet», entgegnete Horner finster. «Wir müssen retten, was zu retten ist, und versuchen, uns hier am Ufer neu zu formieren.» Er hätte nicht von «versuchen» reden dürfen. Er mußte positiv, bestimmt und zuversichtlich sein. «Hier entlang neu formieren, kämpfen bis zum letzten Blutstropfen, um die Front zu halten.»

Oberst Weizäcker streifte ihn mit einem kurzen Seitenblick; die dramatische Ausdrucksweise seines Generals überraschte ihn. «Die Brücken sind hier... und hier», erläuterte er und deutete auf einen weiteren Flußabschnitt.

Horner nickte. «Ja, wir beordern die Feldgendarmerie zu den Brükken.» Er hielt inne. Er hatte gar keine Feldgendarmerie. Er war erschöpft. Einen Augenblick lang hatte er vergessen, daß er sich nicht bei von Kleindorf im Divisionsstab befand, sondern bei diesen Idioten seiner «Kampfgruppe». Auf dem Papier umfaßte sie ein Schützenregiment, ein Panzerregiment nebst Pionieren, einige Fernmeldeeinheiten und ein Artilleriebataillon. In der Praxis handelte es sich jedoch um militärisches Sammelsurium, das an Erschöpfung, Schock, Erfrierungen, eingefrorenem Dieselöl und geplatzten Motoren krankte und sich über einen viel zu weiten Frontabschnitt verteilte, mit häufig gestörtem Funkverkehr. «Organisieren Sie eine Kompanie Infanterie zum Abriegeln der Brücken. Niemand darf die Brücken überqueren. Niemand, ohne Rücksicht auf Rang oder irgendwelche Befehle. Niemand. Wer sich auf dieser Seite des Ufers auf hundert Meter der Böschung nähert, auf den wird geschossen. Leiten Sie das sofort in die Wege. Schicken Sie einen zuverlässigen Mann los.»

«Ich habe genau den richtigen Mann, Herr General.»

Horner wandte sich wieder an den Stab. «Zuerst natürlich die Infanterie. Sollten nicht genügend fahrtüchtige Schützenpanzerwagen bereitstehen, muß der Rest zu Fuß gehen. Die Panzer haben sich an die Wege zu halten und in Sichtabstand zu bleiben. Von Kleindorf wird vermutlich ebenfalls anfangen, sich zurückzuziehen, sobald er erkennt, was da vor sich geht. Sagen Sie den Kommandeuren, daß es sich bei Bewegungen im Nordosten um unsere eigenen Leute handeln könnte. Bei diesem verdammten Wetter muß man allerdings Gott weiß wie dicht herankommen, um überhaupt irgendwas unterscheiden zu können.» Er schaute auf die Uhr. «Die Infanterie bricht um dreizehn Uhr auf.» Er fixierte den Oberst. «Sie führen das Kommando, Weizäcker.»

«Und Sie, Herr General?» Weizäcker befeuchtete sich die Lippen.

«Ich versuche mein Glück in Richtung Norden», antwortete Horner.

«Aber das führt Sie mit Sicherheit direkt ins Zentrum des russischen Vormarsches.» Er ist nervös, dachte Horner. Weizäcker wollte die Kampfgruppe nicht zum Fluß führen. Er wollte überhaupt niemanden irgendwohin führen. Lag es daran, daß er kein Vertrauen zu Horners Plan hatte, daß er dessen Beurteilung für falsch hielt, oder daß er einfach hundemüde war?

Horner musterte Weizäcker unschlüssig. Sollte er ihn ablösen? Das war das Schlimmste, was man einem Offizier antun konnte. Weizäckers Karriere wäre damit ein für allemal beendet. Und welcher von den anderen würde es besser machen? Er betrachtete die Gesichter: eifrige junge Männer mit erstaunlichen Reserven an Energie und Begeisterung. Doch jetzt waren sie bestürzt. Noch nicht demoralisiert, aber verwirrt. Keiner von ihnen hatte es jemals mit einem Krieg dieser Art zu tun gehabt oder ihn sich auch nur ausgemalt. Das gleiche galt für Horner. Für alle, bis auf die Russen.

Er nahm das Gespräch wieder auf. «Das glaube ich nicht, Herr Oberst. Wäre ich an der Stelle des russischen Befehlshabers, würde ich die Mitte ruhig schwach liegen lassen und alles an die Flanken werfen, um direkt zum Fluß durchzubrechen. Er will ja weder unseren Mittelabschnitt zurückdrängen noch versuchen, unseren Divisionsstab zu erobern. Mittlerweile dürfte von Kleindorf begonnen haben, sich zurückzuziehen. Und das heißt, er bringt den Divisionsstab durch die Nebenwege, wo wir all die Sturmgeschütze verloren haben, die wir jetzt so gut gebrauchen könnten. Es gibt für ihn nur diesen einen Weg.»

«Es sei denn, querfeldein», meinte Weizäcker.

«Ich hoffe zu Gott, daß er das nicht versucht. Sie halten sich auf dieser Seite des Flusses, Weizäcker. Wenn ich den Divisionsstab finde, kann ich die Fernmeldeverbindungen benutzen, um Sie neu zu informieren und zu verstärken. Ob mir das gelingt oder nicht, macht für Ihre Aufgabe keinen Unterschied. Ist das klar?»

Er sah den Oberst und dann die übrigen der Reihe nach an. «Kein Mann dieser Division zieht sich über den Fluß zurück, auf Zuwiderhandlung steht Todesstrafe.»

«Heil Hitler!» sagte Weizäcker nervös. Er hob den rechten Arm zum Gruß, doch keiner reagierte.

War der Mann verrückt? Horner lächelte, was er selten genug tat. «Ja, Heil Hitler, Herr Oberst. Und möge Gott Sie schützen.»

Es war der wache Obergefreite Winkel, der den neuen Standort für General Horners Divisionsstab ausfindig machte. Winkel hatte erwartet, seine im väterlichen Reitstall erworbene Erfahrung mit Pferden beim Militär nutzen zu können. Statt dessen hatte man ihn in eine Panzerdivision gesteckt, wo er ausschließlich damit beschäftigt war, General Horner in seinem Befehlsfahrzeug herumzukutschieren.

Bei dem entdeckten Objekt handelte es sich um einen weitläufigen Landsitz, dem man die einstige Pracht kaum noch ansah. Die Eigentümer hatten das Gut während der Revolution verlassen müssen, und seither war es immer mehr verfallen. Artilleriefeuer hatte kürzlich die meisten Hauptgebäude zerstört. Aber Winkel hatte die Keller entdeckt. Enorm weiträumig und verhältnismäßig trocken, boten sie Unterschlupf für den gesamten Stab.

Die einzige Schwierigkeit bestand darin, die verräterischen Fußspuren vor den russischen Aufklärern zu tarnen, die das Gebiet überflogen, sobald es die Wetterlage erlaubte.

Wunder über Wunder – die Pioniere hatten beim Einreißen einer unterirdischen Mauer einen Weinkeller entdeckt. Diese Wand am hinteren Ende des Weinkellers war offenbar 1917 eingezogen worden, um die besten Gewächse vor den anrückenden Roten zu verstecken.

Der enthaltsame General hatte Anweisung gegeben, jetzt zu Weihnachten an alle Einheiten eine kleine Ration Wein auszuteilen. Größere Mengen hätten bei diesem Wetter auch keinen Schaden angerichtet. Ein Betrunkener brauchte nur den Kopf hinauszustrecken und sich dem eisigen Wind auszusetzen, um sofort wieder nüchtern zu werden.

«Fröhliche Weihnachten, von Kleindorf.»

«Fröhliche Weihnachten, Herr General.» Die beiden Männer saßen in einem langen, schmalen Keller voller Spinnweben auf zwei zerbrechlichen Stühlen, die irgend jemand in der Scheune gefunden hatte. Auf dem Tisch vor ihnen hatte von Kleindorf ein Dutzend Flaschen mit Spitzenweinen berühmter Jahrgänge aufgebaut. Manche waren verdorben, die intakten dafür köstlich.

«Ich übergebe Ihnen die Division; das ist ein schönes Weihnachtsgeschenk.» Es war zweifellos ungewöhnlich, beim Weintrinken in einem Keller das Kommando zu übertragen. Aber von Kleindorf war der einzige, dem er sich offenbarte, und abgesehen davon, daß sie gelegentlich in das alte Du zurückfielen, ging er auch bei ihm nicht sehr aus sich heraus. Das gehörte zu den Nachteilen, die das Amt des Befehlshabers mit sich brachte.

«Das ist es in der Tat, Herr General.» Obwohl er viel älter aussah, war General Horner erst zweiundvierzig. Wenn die Ernennung zum Armeekorps-Befehlshaber von einer Beförderung gefolgt würde, wäre er in den Annalen der Wehrmacht einer der Erfolgreichen.

«Und Oberst Weizäcker gehört auch dazu.» Horner lächelte verkniffen. «Alles in allem hat er seine Sache recht ordentlich gemacht, als der Angriff losging. Ich bin bloß froh, daß wir ihn die Front am Fluß nicht zu lange halten lassen mußten. Wenn erst mal welche den Fluß überquert hätten, dann hätte sich die ganze Division aufgelöst. Das ist Ihnen doch klar, von Kleindorf?»

«Ja, Herr General.»

«Und in unserem gegenwärtigen Zustand können Sie sich eine detachierte Kampfgruppe jedenfalls schlecht leisten.»

«Nein, Herr General.»

«Das erste Schützenregiment ist überlastet», stellte Horner fest. Er inspizierte das Aufgebot an Weinflaschen, studierte die Etiketts und die Jahrgänge. Er wählte eine aus, zog den Korken und roch daran.

«Weil sie voll motorisiert sind», erklärte von Kleindorf. «Es ist unvermeidlich.»

«Arbeiten Sie die Leute nicht restlos auf», riet Horner. «Sie werden sie und die Pioniere dringender denn je brauchen.» Er probierte den Wein und sah seinen stellvertretenden Kommandeur an. Natürlich würde er ihn lieber ins Hauptquartier des Armeekorps mitnehmen, aber er mußte hier seine Chance bekommen.

«Da ist noch der ganze Papierkram, Herr General», erinnerte ihn von Kleindorf respektvoll. «Vielleicht möchten Sie sich einiges davon noch kurz ansehen, bevor Sie gehen.» Er hatte das von seinem Besuch im Armee-Hauptquartier mitgebracht. Fast alles war vor dem 6. Dezember datiert, an dem die Rote Armee zum Gegenangriff angetreten war, und damit hinfällig geworden.

«Ich werde mich selbstverständlich dafür verwenden, daß Sie den Befehl über die Division behalten, aber das liegt nicht in meiner Macht.»

«Ich werde gern mit jedem zusammenarbeiten, den man herschickt.»

«Das weiß ich, von Kleindorf, und ich schätze Ihre Loyalität mir und der Division gegenüber. Was haben Sie sonst noch im Hauptquartier gehört? Abgesehen davon, daß von Bock die Vierte Armee übernimmt.»

«Generaloberst Hoepner wurde entlassen, degradiert und darf nie mehr Uniform tragen.»

«Hoepner ist dichter an Moskau herangekommen als jeder andere», bemerkte Horner.

«Und Guderian wurde abgesetzt.»

«Ich kann das nicht fassen. Das ist das Ende der Armee, wie wir sie kannten, von Kleindorf. Eines Tages werden wir die Russen schlagen und in Moskau einziehen, weil unsere Soldaten uns nie im Stich lassen. Aber es wird nie mehr wie früher sein, wir haben zuviel verloren. Und die Russen haben uns gründlich abtaxiert. Sie kennen das Gelände und sind auf die Wetterverhältnisse eingestellt. Vielleicht sitzen wir hier noch Wochen oder auch Monate, bevor wir in die Stadt eindringen.» Er schneuzte sich. Er hatte sich in dieser trostlosen Wüste aus Schnee und Eis eine Erkältung geholt. Seine Frau erkundigte sich in jedem Brief, ob er in Sicherheit sei. Es gab ein rezeptfreies Präparat, das ihm in Berlin stets geholfen hatte, aber er konnte doch seine Frau unmöglich bitten, es ihm zu schicken, weil er erkältet sei.

«Ich habe Ihnen noch gar nicht zum Armeekorps gratuliert, Herr General.»

«Sparen Sie sich das, bis wir sehen, wie lange ich mich halte.» Horner entkorkte eine Flasche Burgunder und nahm einen Probeschluck. Er schmeckte nach Korken, oder gegoren, oder sonstwie verdorben. Er spuckte ihn auf den Boden und wählte eine neue Flasche.

«Sie haben die Division gerettet, Herr General.»

Aha, der war besser. Er kaute ihn eine Weile, bevor er ihn hinunterschluckte. «Wir dienen in einer Armee, bei der es durchaus nicht üblich ist, Kommandeure zu belohnen, die sich aus erobertem Gebiet zurückziehen, egal, was damit gewonnen sein mag.»

«Der Nachrichtendienst hat seine Aussagen über die Kampfkraft der Russen revidiert. Jetzt heißt es, sie wüßten nicht genau, wie viele Divisionen der Roten Armee bei der Offensive am 6. Dezember beteiligt waren. Sie haben achtzehn eingesetzte Divisionen identifiziert. Ich habe die neuesten Bulletins.»

Horner lächelte. «Ich konnte sie damals in den zwanziger Jahren aus nächster Nähe beobachten, als wir ihnen Fahrunterricht auf Panzern gaben. Sie haben sich als gelehrige Schüler erwiesen.» Horner ließ den Bordeaux im Glas kreisen. «Sie sind unberechenbar», sagte er nach einer Weile. «Entweder sind sie niedergeschlagen und schwermütig und unfähig, selbst die einfachsten Dinge richtig zu tun, oder sie geraten außer Rand und Band.» Horner ging nervös umher. «Bisher sind wir nur auf den traurigen geschockten Iwan getroffen, aber eine siegreiche Schlacht vor Moskau könnte die ganze Nation in einen weit furchtbareren Gegner verwandeln.» Horner roch am Wein. Ein Médoc. In seiner Kindheit hatte sein Vater ihn die Flaschen entkorken lassen. Einmal war er mitten in der Nacht ins Speisezimmer hinuntergeschlichen und hatte sich die Reste aus den Gläsern einverleibt. Morgens hatte man ihn dann gefunden – betrunken, schnarchend. Sein Vater war fuchsteufelswild. Warum lag ihm so viel an der Meinung seines Vaters? Er hatte doch immer gewußt, daß sein älterer Bruder das Gut erben würde. Und dennoch... Suchten alle Zweitgeborenen ihr Leben lang nach Bestätigung und Sicherheit? War das der Grund für ihn, in die Armee einzutreten, und für Paul Winter beispielsweise, sich in den Dienst dieser gräßlichen Leute im Innenministerium zu stellen? «Sie waren nicht in Lichterfelde, von Kleindorf?»

«Nein, Herr General.»

«Dort hat man mich zum Mann gemacht.»

«Sehr wohl, Herr General.»

«Vor zwei Jahren bin ich an den alten Kasernen vorbeigegangen. Kerle in schwarzen Uniformen sind dort jetzt stationiert. Sie nennen sich ‹Leibstandarte Adolf Hitler›.»

«Davon habe ich gehört.»

«Schurken», sagte Alex Horner.

Von Kleindorf merkte, daß sein General allmählich betrunken wurde. Er hatte Horner noch nie alkoholisiert erlebt und wußte nicht recht, wie er sich verhalten sollte. Der General mußte vor Tagesanbruch unterwegs zu seinem neuen Kommando sein. Mit einem Kater würde er sicherlich ungern losfahren. Und trotzdem fand es von Kleindorf unangemessen, seine Besorgnis zu erwähnen. «Ja, Herr General.»

Horner beruhigte sich und trank einen Schluck Wein. «Wir haben es bei den Russkis mit einem neuen Befehlshaber zu tun; das spüre ich in den Knochen.»

«Der Abhördienst hat aus den Nachrichten von Radio Moskau erfahren, daß Marschall Timoschenko abgelöst wurde. Ein gewisser General Schukow ist zum Befehlshaber der Mittelfront ernannt.»

«Aha! Demnach rollen auf beiden Seiten der Front die Köpfe, von Kleindorf. Merken Sie sich das, mein Junge.»

«Ja, Herr General.»

Horner rülpste, schien sich jedoch nichts daraus zu machen, daß sein stellvertretender Kommandeur es mitgekriegt haben könnte. «Die Brükken zum Beispiel. Das ist interessant.» General Horner war der nächsten Flasche Wein mit dem Korkenzieher zu Leibe gerückt, kapitulierte dann aber und gab beides an von Kleindorf weiter.

«In welcher Hinsicht, Herr General?»

«Sie haben diese verdammten Brücken nicht bombardiert, von Kleindorf.»

«Einige Tieffliegerangriffe», korrigierte von Kleindorf, den es dabei um ein Haar erwischt hätte.

«Ich meine schwere Angriffe – mit Bomben, um die Brücken zu zerstören.»

«Nein, das allerdings nicht.» Er reichte ihm die geöffnete Flasche.

Horner goß den Wein vorsichtig ein. «Warum? Nennen Sie mir den Grund.»

«Ich habe nicht darüber nachgedacht, Herr General.»

«Sie müssen über alles nachdenken, mein Sohn. Über alles. Wieso haben sie nicht versucht, diese Brücken zu zerstören? Weil sie wollten, daß wir über sie davonrennen, wenn sie angreifen? Weil sie hoffen, so schnell durchzubrechen, daß sie die Brücken erobern und nicht selber welche bauen müssen? Das glaube ich nicht. Die Russen sind keine Opportunisten; sie arbeiten nach Plan. Warum also?»

«Haben Sie eine Theorie, Herr General?»

«Wenn sie nun mit einer Zangenbewegung angegriffen haben – auf der anderen Seite des Flusses?»

«Das wäre eine sehr große Zangenbewegung, Herr General.»

«Meiner Schätzung nach müssen bei der Offensive vom 6. Dezember etwa einhundert Divisionen eingesetzt worden sein.»

«Einhundert Divisionen?» Von Kleindorf rutschte hin und her. Der General war nicht der Mensch, der leichtfertig mit solchen Zahlen um sich warf. Aber einhundert Divisionen plötzlich aus dem Nichts in die Schlacht zu werfen, das wäre schon gigantisch. Bei dem deutschen Einmarsch – Barbarossa – in die Sowjetunion waren insgesamt nur 153 Divisionen beteiligt gewesen.

«An einer über dreihundert Kilometer langen Front. Mit Flugzeugen, Artillerie und allem, was Genosse Schukow verlangt hat. Wir haben leider kein Monopol auf die Zangentaktik.»

«Woher könnten sie die haben?»

«Aus dem Osten. Divisionen, die an der chinesischen Grenze stehen.»

«Ein bestechender Gedanke, Herr General.»

«Ausreichend für eine große Zangenbewegung, oder nicht?»

«Allerdings, Herr General.» Von Kleindorf musterte seinen Chef. Er wirkte nicht mehr betrunken. Wenn er nicht gelegentlich mit etwas schwerer Zunge geredet hätte, wäre er nicht einmal auf den Gedanken gekommen, der General könnte getrunken haben.

«Die Schuld liegt bei uns. Die Wehrmacht hat sich geirrt. General Marcks, unser Planungschef, hat gesagt, wir könnten Rußland in neun Wochen erobern ... allerhöchstens in siebzehn. Ich habe den Bericht gesehen. Den Sowjets bliebe gar keine Zeit, ihre Reserven einzusetzen, hieß es darin. Der Führer glaubt uns, wenn wir ihm solche Sachen erzählen.»

«Das tut er in der Tat, Herr General.»

Horner trank und reichte von Kleindorf die Flasche. «Weiß man denn schon, wer Oberbefehlshaber des Heeres wird, wenn Brauchitsch geht?»

«Ja, der Führer.» Von Kleindorf gab vor zu trinken, netzte sich aber nur die Lippen. Er fand, einer von ihnen müßte nüchtern bleiben.

«Ich sagte Oberbefehlshaber des Heeres.»

«Ja, der Führer hat dieses Kommando ebenfalls übernommen.»

Horner konnte es kaum glauben. «Er ist Staatsoberhaupt, Kriegsminister und Oberbefehlshaber der Wehrmacht. Und nun sagen Sie, der Mann hat sich auch noch zum Oberbefehlshaber des Heeres gemacht?»

«Ach, es gibt ja noch etwas, Herr General. Die Amerikaner und die Japaner befinden sich im Krieg. Am Sonntagvormittag sind japanische Marineflieger von Flugzeugträgern aus gestartet und haben amerikanische Flottenstützpunkte im Pazifik angegriffen. Nähere Einzelheiten habe ich nicht gehört, aber die Berichte klingen glaubwürdig. Sämtliche Nachrichtendienste haben sie gebracht.»

«Also ist die ganze Welt im Krieg», bemerkte Horner düster.

«Richtig. Und am Donnerstag hat der Führer Amerika ebenfalls den Krieg erklärt.»

«Was?» General Horner verschüttete Wein auf seine roten Mantelaufschläge.

«In einer Rede vor dem Reichstag.»

«Kriegserklärung an die Vereinigten Staaten?»

«Ja, offiziell.»

«Hahaha!» General Horner schüttelte sich vor Lachen, so daß er abermals Wein verspritzte und beinahe vom Stuhl fiel. «Hahaha!» Er lachte Tränen. «Die Briten bombardieren unsere Städte, unsere Truppen stehen von Afrika bis zum Nordkap, und wir stecken im russischen Winter fest, uns gegenüber allein an diesem Frontabschnitt einhundert frische Divisionen. Und der kleine österreichische Gefreite hat sich diesen Augenblick ausgesucht, der größten Industriemacht der Welt den Krieg zu erklären. Hahaha!» Er hielt sich den Bauch vor Lachen, in das schließlich auch von Kleindorf einstimmte.

Sie machten solchen Lärm, das Horners Fahrer, der Obergefreite

Winkel, nach unten kam, um nachzusehen, ob etwas nicht in Ordnung wäre.

«Nein, alles bestens, Winkel», beruhigte ihn General Horner. «Der Stabschef und ich haben eine rein strategische Diskussion.»

1942

Eine dunkle Nacht im Februar. Über Ostpreußen breitete sich die übliche winterliche Schneedecke. Durch die ständig wachsenden Anforderungen, die der Krieg gegen Rußland an sie stellte, machten sich bei der deutschen Reichsbahn Abnutzungserscheinungen bemerkbar. Die Züge waren überfüllt, schmutzig und unpünktlich.

Der Bahnsteig in Königshof war nur durch Gaslampen schwach beleuchtet, von denen einige nicht funktionierten. Inge Winter wischte über das beschlagene Fenster und schirmte die Augen mit den Händen ab, um in die Dunkelheit hinauszuspähen.

«Ist das Königshof?» fragte sie den jungen Flieger, der auf dem Platz ihr gegenüber döste. Er sprang auf und schob das Fenster herunter, um sich hinauszubeugen. Kalte, nach Ruß riechende Luft drang herein.

«He, Sie!» rief er. «Ist das hier Königshof?»

«Ja, Königshof», rief die Bahnbeamtin diensteifrig. Und dann wiederholte sie für den Fall, daß doch jemand aus diesem Berliner Schnellzug hier, an diesem ländlichen Ort, aussteigen wollte, mit lauterer Stimme: «Königshof! Königshof!»

Inge stand auf und schlüpfte in den Pelzmantel, während der junge Flieger ihren Lederkoffer herunternahm und ihr die Tür öffnete. Er lächelte und verabschiedete sich widerstrebend, denn Inge war auch mit Mitte Vierzig noch eine überaus attraktive Frau: schlank, blasses Gesicht, welliges Haar. Vor allem anderen jedoch würden ihm diese tiefen, leuchtenden grauen Augen im Gedächtnis bleiben, deren Blick ausschließlich ihm zu gelten schien.

Inge war heiter und legte der Umwelt gegenüber eine unabhängige, fast herausfordernde Haltung an den Tag. Viele Menschen, wie zum Beispiel Paul, sahen und bewunderten diese erstaunliche Selbstsicherheit. Die hatte in Paul damals den Wunsch erweckt, Inge zu heiraten, und sie machte auch weiterhin Zufallsbekanntschaften wie den jungen Flieger zu willigen Sklaven.

Sobald Inge den Zug verlassen hatte, war der nette junge Mann vergessen. Sie mußte sich mit anderen Dingen beschäftigen, nicht zuletzt mit der Rede vor den jungen Mädchen, die hier ihr Dienstjahr ableisteten. Sie bahnte sich den Weg zwischen den Schneehaufen hindurch. Es war stockfinster: Mond und Sterne lagen hinter einer dicken Wolkendecke. Das Abfahrtssignal ertönte. Weit und breit kein Gepäckträger, sie mußte also ihren Koffer wieder einmal selbst tragen, es war eben Krieg.

Anscheinend war sie als einzige auf dieser entlegenen Station ausgestiegen. Im Zug waren nur Soldaten und Dienstreisende wie sie mitgefahren. Heutzutage blieb in den Schnellzügen kein Platz frei. An den Fenstern standen Leute und starrten hinaus, wollten offenbar trotz der Aufforderung die Verdunklungsrollos nicht herunterlassen. In etwa einer Stunde würden sie in Königsberg ankommen und in Züge umsteigen, die sie ostwärts an die Front beförderten.

Sie quetschte sich durch die schwere Schwingtür und stellte dann den Koffer ab. Hier im Bahnhofsgebäude war es wärmer, es roch nach selbstgedrehten Zigaretten und ungewaschenen Körpern. In der Bahnhofshalle drängten sich die Menschen, die auf Anschlußzüge warteten. Darunter viele Landwirte und Landarbeiter, denen der Einmarsch in die Sowjetunion eine Blütezeit beschert hatte. Die Wehrmacht benötigte Lebensmittel, Viehfutter und jede Art von Pferden, und das in ständig wachsenden Mengen. Dabei wurden deutsche Lieferanten soweit wie möglich bevorzugt. Daher waren hier in Ostpreußen die Hotels, Pensionen und Restaurants ständig voll von Vertretern der Wehrmachtsbeschaffungsämter und Anbietern, die sie üppig bewirteten.

Inge blickte sich suchend um. «Unter der Bahnhofsuhr» – so lautete die Nachricht, doch es war niemand da, bis auf zwei Feldgendarmen und zwei Bahnpolizisten, die zwei aufgeputzte junge Mädchen verhörten.

Sie schaute auf die Uhr. Der Zug hatte Verspätung gehabt. Sie haßte es, wenn man sie warten ließ, insbesondere an öffentlichen Plätzen wie diesem. Ein paar Soldaten, die auf einem Gepäckberg hockten, taxierten sie bereits und lachten sie an. Gleich würden die beiden Polizisten ihr Augenmerk auf sie richten. Nicht etwa, weil sie in ihr eine Hure, eine Spionin oder einen Flüchtling vermuteten, sondern nur aus Neugier und Dienstbeflissenheit.

Fünf Minuten verstrichen, bis ein dickbäuchiger SA-Mann angekeucht kam und sich unterwürfig entschuldigte.

«Frau Winter?»

Sie starrte ihn an und sagte kein Wort. Der Mann ergriff ihren Koffer, und sie folgte ihm.

Auf dem Vorplatz stand ein alter Mercedes. Der SA-Mann öffnete den

Kofferraum und verstaute ihr Gepäck. Dann machte er den Wagenschlag auf und ließ sie einsteigen.

«Hattest du eine gute Reise?» erkundigte sich der Mann auf dem Rücksitz.

«Nein, das kann man nicht behaupten. Und du kommst auch zu spät.»

«Ich wußte, du würdest warten.» Der Mann grinste. Es machte ihm Spaß, sie zu ärgern.

«Scher dich zum Teufel.» Niemand hätte die selbstsichere, unabhängige Inge wiedererkannt.

Der Mann lachte.

Lothar Koch wußte, daß Fritz Essers Eckschrank stets gut mit Spirituosen assortiert war und daß Paul einen Schlüssel hatte. Lothar hätte es nie gewagt, hereinzuschneien und den stellvertretenden Minister um etwas Trinkbares zu bitten, doch neuerdings schaute er bei seinen regelmäßigen Besuchen von der drei Querstraßen entfernten Gestapo-Zentrale bei Paul vorbei, um festzustellen, ob Esser abwesend war, und dann nach einem Schnaps zu fragen. Paul empfand das manchmal als aufdringlich, sagte aber nie etwas. Er wünschte, Lothar würde gehen. Er sah aus dem Fenster hinunter auf die dicht belaubten Linden.

Der sonst immer trübselige Lothar war heute aufgekratzt und mitteilsam. Angetan mit einem neuen Anzug, stand er mitten in Fritz Essers riesigem Büro, gestikulierte und schnitt Grimassen. Er genoß diese Stippvisiten, wenn Esser nicht da war und er sich vorspielen konnte, selber als stellvertretender Minister hier zu residieren. So war Lothar nun einmal. «Der Führer geht also auf die Straße, um die Passanten zu fragen, was sie von Hitler halten. Er trägt einen falschen Bart und hat sich verkleidet.»

«Du kannst einfach keine Witze erzählen, Lothar, gib's auf, es ist hoffnungslos», unterbrach ihn Paul, dem die Arbeit auf den Nägeln brannte.

Es war zwecklos; Lothar hielt sich auf diesem Gebiet für unübertrefflich. «Hör doch zu. Der Führer geht also auf den ersten zu, der ihm unter die Augen kommt, und fragt ihn: ‹Was denken Sie von diesem Hitler?› Der Mann packt den Führer beim Arm und zerrt ihn in den Tiergarten. Er überquert den Rasen, bis sie ganz sicher sein können, daß niemand in Hörweite ist. Dann lehnt er sich dicht an den Führer und flüstert ihm ins Ohr: ‹Ich habe nichts weiter gegen ihn!›»

Lothar klatschte sich auf die Schenkel und wieherte vor Vergnügen.

«Den kannte ich schon», sagte Paul.

«‹Ich hab nichts weiter gegen ihn!›» wiederholte Lothar und grinste breit, so daß sein Goldzahn aufblitzte.

«Man hat den Conférencier vom Kabarett der Komiker letzte Woche verhaftet», erzählte Paul, der Apollinaris trank.

«Das hab ich gehört. Was hat er denn gesagt? War's wenigstens komisch?»

«Er kam auf die Bühne und schaute ein paar Minuten stumm ins Publikum; dann, als alles schon nervös wurde, sagte er: ‹Das Thema Politik wäre damit abgehandelt; jetzt können wir zum lustigen Teil übergehen.›»

«Und deswegen hat man ihn verhaftet? Das ist verdammt haarig», meinte Lothar.

«Eine Gruppe von Parteiführern war in der Vorstellung, mit Gattinnen. Es gab Beschwerden. Fritz meinte, wir müßten was unternehmen.»

«Ist er ins Lager gekommen?»

«Vor Gericht hätte das nie und nimmer ausgereicht.»

«Wohl kaum. Trotzdem ein rigoroses Vorgehen. Und er war nicht mal Jude.» Lothar ging zum Abwaschbecken neben dem Eckschrank, spülte sein Glas aus und stellte es zum Trocknen ab. Er trank stets nur einen Schnaps.

Plötzlich sagte Paul, solange Koch ihm noch den Rücken zukehrte: «Stimmt es übrigens, Lothar, daß man die Juden in den Lagern systematisch umbringt?»

Lothar sah ihn lange Zeit nur an, bevor er antwortete: «Ja, in bestimmten Lagern.»

«Systematisches Töten?»

Wieder ließ sich Lothar Zeit. «Das war eine Entscheidung auf höchster Ebene. Heydrich führte den Vorsitz bei der Konferenz am Wannsee im Januar. Die Endlösung der Judenfrage wird streng geheimgehalten. Wie hast du davon erfahren?» Koch war wieder so wie immer – bekümmert, wachsam.

«Ich nicht direkt. Aber ich hatte die Juristen von IG-Farben hier bei mir. Sie haben die Lager mit einer ihrer Chemikalien beliefert. Darüber gibt es jetzt eine Auseinandersetzung.»

«Juristen?»

«Fritz war mit der Sache befaßt, aber sobald IG-Farben mit den Hausjuristen anrückte, hat er's mir aufgebrummt. Du kennst ihn ja.»

«Ein juristisches Gutachten über Chemikalien?»

«Ein giftiges Gas, es heißt Cyclon B und dient zur Ungeziefervernichtung. Es läuft jetzt eine Riesenbestellung, aber die Lager wollen es ohne den sogenannten Indikator geliefert haben – das ist in diesem Fall ein intensiver Geruch, ein Alarmzeichen für Menschen. Die IG-Farben will nun nicht liefern, bevor man sich vergewissert hat, daß durch Weglassen des Indikators die Patentrechte der Firma nicht gefährdet werden. Ich war so oft im Patentamt und habe so viel Patentbeschreibungen gelesen, daß ich wissen wollte, worum zum Teufel es dabei eigentlich geht. Ich fing an mich zu fragen, was die Lager mit diesen Mengen an geruchlosem Giftgas vorhaben.»

«Warum fragst du nicht Fritz?»

«Hab ich ja. Er hat bloß gelacht und mir geraten, ein paar Degesch-Aktien zu kaufen.»

«Degesch?»

«Das ist die Tochtergesellschaft, die das Zeug herstellt.»

Lothar Koch wandte sich ab. «Fritz Esser weiß über alles genau Bescheid.»

«Und du – was weißt du darüber? Sieh mich an, Lothar. Was weißt du darüber?»

«Nicht viel. Bis auf eins: Ich habe gehört, daß die Frau eines deutschen Offiziers aus Versehen in einen der Transportzüge zu den Todeslagern gestoßen wurde. Bei der Ankunft sagte der zuständige Transportbegleiter, sie müsse mit den anderen gehen. So strikt wird das geheimgehalten.»

«Kann das denn wirklich wahr sein? Großer Gott, was hat sie miterleben müssen? Finden Tötungen in solchem Umfang statt?»

Lothar zuckte die Achseln. «Ich bekomme Geschichten dieser Art zu hören, und ich weiß, was meine Leute erzählen, die Häftlinge in die Lager einliefern. Aber es ist besser, wenn man nicht zu viel weiß, und meine Leute kriegen die Vernichtungslager nicht zu sehen. Die sind zu weit weg.»

«Wo denn?»

«Außerhalb der Reichsgrenzen. Die meisten Transporte gehen nach Polen.»

«Lothar, meine Schwägerin wird nächsten Monat entlassen. Was geschieht dann deiner Meinung nach mit ihr?»

«Nächsten Monat? Moment mal, sie sitzt doch hier in Berlin, das heißt also, im Frauengefängnis in der Barnimstraße. Wahrscheinlich steht dann einer von unseren Leuten am Tor mit einem Schutzhaftbefehl und nimmt sie in Empfang. Das ist heutzutage das übliche Verfahren.»

«Und er bringt sie in ein Lager?»

«Wohin denn sonst?»

«Könntest du Tag und Stunde der Entlassung feststellen und die Registrierungsnummer des Schutzhaftbefehls in der Prinz-Albrecht-Straße beschaffen?»

Lothar bot Paul von seinen stinkenden Stumpen an. Paul nahm einen. «Vergiß es, Paul. Das ist zu gefährlich.»

«Es fällt auf, wenn ich drüben Nachforschungen anstelle, weil wir den gleichen Namen tragen. Außerdem bin ich nicht mehr so oft dort wie früher. Für dich ist es einfach.»

«Sie ist eine feindliche Ausländerin, Paul. Verurteilt wegen einer staatsfeindlichen Handlung.»

«Sie ist Peters Frau.»

«Vergiß es, Paul. Hör auf den Rat eines Freundes. Das ist nicht mehr so wie früher, als wir Unterschriften fälschten oder irgendwelche schriftlichen Bescheide nach Belieben hinauszögerten. Heute ist es anders, Paul, da wird alles auf Weisung von oben erledigt. Von höchster Stelle. Wenn du dich da reinhängst und irgend jemand ins Handwerk pfuschst, kommst du nicht lebend aus der Sache raus.» Er hielt inne, um Paul eine Denkpause zu geben. «Du hast keine Ahnung, was passiert, wenn der ganze Schreibkram in die Praxis umgesetzt wird. Da geht's hart zu. Das ist mein Ernst.»

Paul schien die eindringliche Warnung nicht gehört zu haben. «Tipp es einfach auf eine meiner Hausmitteilungen: Gefängnis, Datum und Uhrzeit. Dann löschst du den Schutzhaftbefehl im Register. Wenn ich da reingehe, fragen sie nach dem Grund, aber du bist doch täglich mehrmals dort. In Ordnung?»

«Nein, es ist nicht in Ordnung.»

«Bitte, Lothar.»

Lothar Koch zog an seinem Stumpen und paffte eine Weile vor sich hin, bevor er auf Pauls Vorschlag reagierte. «Du sitzt jetzt in diesem hübschen Büro Unter den Linden, Paul, und kommst nicht mehr so viel rüber in die Prinz-Albrecht-Straße. Und wenn du mal erscheinst, gehst du in den dritten Stock rauf, rauchst mit einem von den hohen Tieren 'ne feine Zigarre, siehst raus in den Park und plauderst über juristische Finessen. Laß dich mal von mir im Kellergeschoß rumführen.»

«Was ist denn im Kellergeschoß?» fragte Paul. Er sank in den weichen Ledersessel, in den Fritz seine Besucher zu placieren pflegte.

«Du weißt genausogut wie ich, was im Kellergeschoß los ist.»

«Ich war noch nie dort unten.»

«Nein, du sorgst schon dafür, daß deine Hände sauber bleiben. Du hockst hier im Innenministerium, wo das Kellergeschoß mit Archiven vollgestopft ist und die Leute sich da unten schlimmstenfalls staubige Hände holen. In der Prinz-Albrecht-Straße haben sie im Kellergeschoß Räume, wo sie Gefangene foltern, wenn es dir oder deinesgleichen mit einem Geständnis eilt. Es ist nicht schön dort unten, Paul. Eine Menge Häftlinge überleben diese Art von Verhör nicht. Ich halte mich da raus, soweit ich kann, und mache dir deshalb auch keine Vorwürfe, wenn du das gleiche tust, aber sieh mir nicht in die Augen und behaupte, du wüßtest nicht, was vorgeht. Und ich werde keinen Schutzhaftbefehl klauen, damit du ihn zerreißen und darauf hoffen kannst, daß keiner etwas merkt, wenn deine Schwägerin nicht termingerecht in Oranienburg eingeliefert wird.»

«Tut mir leid, Lothar. Ich hätte dich nicht darum bitten dürfen.»

Pauls ruhige Entschuldigung beschämte Lothar Koch. «Vielleicht ist es mir möglich, den Schutzhaftbefehl und den Einlieferungsschein zu beschaffen, aber ich kann nichts im Register löschen. Eine solche Urkundenfälschung gilt im Krieg wahrscheinlich als Hochverrat. Für so was werden Leute hingerichtet, Paul. Massenhaft.» Er lächelte nervös. «Besser wär's, sie kriegt im Gefängnis Ärger und handelt sich dadurch eine Haftverlängerung ein. Sag ihr, sie soll einer Aufseherin eine kleben! Das ist heutzutage gang und gäbe, wenn die Leute damit rechnen, daß sie am Tor abgeholt und in ein Konzentrationslager gebracht werden. Eine Aufseherin schlagen, das ist das beste, was sie tun kann.»

«Beschaff den Schutzhaftbefehl und den Einlieferungsschein. Was steht da drauf – Frau Winter, Jüdin, rassisch und völkisch undeutsch?»

«Keine Ahnung, worauf du hinauswillst, Paul, und ich will auch nichts darüber wissen. Wenn deine Frau Winter nicht termingerecht in Oranienburg eintrifft, ist die Hölle los. Glaub mir, ich kenne die Brüder. Du kommst nicht davon mit einer Gefangenenbefreiung.»

«Vielen Dank, Lothar.»

«Du wirst es bereuen, denk an meine Worte.»

Paul liebte seine Eltern von ganzem Herzen, und doch hatte er es nie über sich gebracht, ihnen das mit Lottie mitzuteilen. Seitdem es seinem Vater nicht gutging, besuchte er sie fast täglich, war aber nach wie vor außerstande, sein Inneres zu offenbaren.

An diesem Sonntag Anfang Juni hatte er seinen alten Freund Alex Horner zum Tee mitgebracht. Horner sah zwar eindrucksvoll aus in der prächtigen Generalsuniform, hatte freilich für den Rang, die Position und die Orden einen hohen Preis bezahlt: Er war an der Ostfront weit über seine Jahre hinaus gealtert.

Paul saß neben ihm, und ihnen gegenüber saß Harald Winter. Pauls

Vater hatte seinen Lieblingssessel in den Salon schaffen lassen und hockte nun da, trotz des strahlenden Sonnenscheins in Decken eingepackt. Der mit Chintz bezogene Ohrensessel paßte nicht zu dem Chrom und den strengen Bauhaus-Möbeln, den Spiegeln mit den schwarz lackierten Rahmen und den alten Werbeplakaten, die jetzt statt Gemälden die Wände schmückten, darunter eins für die Südamerika-Route mit *Graf Zeppelin*.

Harald Winter war zu dickköpfig, um die Anweisung seines Arztes zu befolgen und im Bett zu bleiben. Schließlich sei er erst zweiundsiebzig, hielt er den Ärzten immer wieder vor, heutzutage doch wirklich kein Alter.

«Dein Reichsmarschall Göring hat den größten Fehler seines Lebens gemacht, als er 1940 die Luftschiffe zerstörte», bemerkte Harald Winter, als er seinen jüngeren Sohn das Zeppelin-Plakat betrachten sah.

Paul registrierte, daß Göring *sein* Reichsmarschall war, ein sicheres Zeichen, daß der alte Herr Streit suchte. Vielleicht war das ein gutes Omen. Vielleicht war er auf dem Wege der Besserung. «Die Luftwaffe brauchte die Aluminiumlegierung», entgegnete er.

«Ha! Meine Fabriken haben den Flugzeugwerken mehr als genug geliefert, bevor das Luftfahrtministerium lauter gefügige Nazis an die Spitze berufen hat.»

«Das war jedenfalls die Begründung», erwiderte Paul, dem die eine wie die andere Version gleichgültig war.

«Göring konnte die Zeppelinwerke nicht nach seiner Pfeife tanzen lassen; das steckt dahinter und spricht für sie! Göring ist der denkbar schlechteste Mann für den Posten. Dieser fette Hanswurst lebt immer noch in den Wolken, wo er 1918 mit seinem Fokker Dreidecker herumgeflogen ist.»

«Du hast recht», bestätigte Paul. Sein Vater haßte Göring. Diese Abneigung ging zurück auf seine Verhandlungen mit den unfähigen Bürokraten in Görings riesigem Luftfahrtministerium, diesem kolossalen Komplex an der Wilhelmstraße, der alle anderen Ministeriumsbauten um das Vielfache übertraf.

«Rouge und Puder im Gesicht und lackierte Fingernägel.»

«Ich weiß.» Paul sah seinen Freund an, lächelte jedoch nicht, für den Fall, daß sein Vater ihn beobachten sollte.

«Ekelhaft!» entrüstete sich Harald Winter.

«Besser, man redet nicht darüber», meinte Paul, der sehr wohl wußte, daß Menschen schon wegen harmloserer Äußerungen im Gefängnis saßen.

«Besser für wen?»

«Für dich. Solches Gerede kann dich Kopf und Kragen kosten.»

Sein Vater konterte: «Und vergangenen Sonntag haben tausend Bomber der Royal Air Force Köln angegriffen. Es soll grauenhaft dort aussehen. Frag Göring doch mal danach!»

«Siebenunddreißig britische Flugzeuge wurden abgeschossen», entgegnete Paul, der in einem internen SD-Memo gelesen hatte, daß der Angriff innerhalb der deutschen Zivilbevölkerung «erhebliche Angst» ausgelöst habe.

«Rouge und Puder. Das ist ekelhaft, ekelhaft!» wiederholte sein Vater wie ein störrisches Kind, dem man verboten hatte zu fluchen. «Und dieser dämliche Dickwanst läßt sich ‹Der Eiserne› nennen.» Er lachte kurz auf. «Der Eiserne – ausgerechnet!»

Veronica Winter kam mit einem großen Silbertablett aus der Küche, auf dem Geschirr, Kuchen und Tee standen. «Laß mich das tragen, Mama», sagte Paul und sprang auf. Daß seine Mutter solche häuslichen Arbeiten verrichtete, entsetzte ihn. «Wo sind die Dienstboten?»

Veronica gab das Tablett nicht her. Mochte er inzwischen auch ein Mann in mittleren Jahren sein, für sie blieb Paul der kleine Tolpatsch, der ihr kostbares Porzellan kaputtgemacht hatte. «Der Bräutigam des Stubenmädchens ist auf Heimaturlaub von der Ostfront gekommen, da mußte ich ihr freigeben. Und die Junge ist krank, und die Köchin stellt sich auf dem Markt nach markenfreien Sachen an. Hauser kann ich nicht bitten, in der Küche auszuhelfen – das hieße für ihn, er müßte sich von der Köchin etwas sagen lassen. Dienstboten sind darin empfindlich. Und heutzutage ist Personal nicht so leicht zu bekommen. Die Frauen arbeiten lieber in den Fabriken, keine Ahnung, warum. Vielen Dank, Paul. Stell die Blumen auf das kleine Tischchen – dann haben wir mehr Platz. Ja, so ist's besser. Gib Alex eine Tasse, und ich gieße ein.»

«Du darfst einfach keine Hausarbeit machen, Mama. Ich lasse es auch nicht zu, daß Inge Dienstmädchen spielt.»

«Beneidenswert.» Veronica schenkte Tee ein. «Er ist leider sehr schwach. Stell dir vor, letzte Woche war ich zum Tee bei der Baronin Munthe, und sie hatte Zitronen. Eine Verwandte hat sie aus Griechenland oder sonstwoher mitgebracht. Ich hatte schon beinahe vergessen, wie sie schmecken. Bekommen Sie in Rußland Zitronen, Alex?»

«Nein, Frau Winter.»

«Auf Marken kriegen wir keinen echten, sondern nur Kräutertee, und der schmeckt ohne Zitrone nach gar nichts. Ich hab angefangen, ihn mit Milch zu trinken, wie man's in England tut.»

«Du könntest Ostarbeiter für die Hausarbeit nehmen, die gibt's massenhaft», meinte Paul.

«Dein Vater möchte keine Polen im Haus haben; er behauptet, sie riechen.»

«Das ist doch Unsinn.» Paul sah seinen Vater an und wiederholte: «Unsinn!»

«Das weiß ich, mein Lieber, aber ich kann ja nicht den Wünschen deines Vaters zuwiderhandeln.» Tatsächlich war Veronica Winter zu dem Schluß gelangt, daß es sie belasten würde, eine Polin als Hausgehilfin zu haben. Da sich die Vereinigten Staaten jetzt im Krieg mit Deutschland befanden, waren die Polen de facto Verbündete. Da wäre es nicht recht, sich eine Polin zuweisen zu lassen, die gegen wenig oder gar kein Entgelt wie eine Sklavin arbeitete. Obwohl Veronica auf dem Papier jetzt Deutsche war, hielt sie doch an dem amerikanischen Prinzip fest, daß man Arbeitskräfte zu einem vereinbarten Lohn einstellen müsse. Sie wechselte das Thema: «Ist Inge noch nicht zurück?»

«Sie kommt am Sonntagabend.»

«In letzter Zeit ist sie viel unterwegs.»

«Sie haßt das Herumreisen, aber sie wollte unbedingt ihr Teil zu den Kriegsanstrengungen beitragen.»

«Ich weiß gar nicht genau, was sie tut.» Veronica ging zum Fenster und machte es zu, trotz der Hitze. Der Straßenlärm hatte beträchtlich zugenommen: Autos, Lastwagen, Pferde, Marschkolonnen. Ohrenbetäubend.

«Sie ist für die Partei tätig, für die Zentrale des BdM, und koordiniert dessen Arbeit mit der anderer Frauenorganisationen.»

«Wäre es nicht besser, wenn sie zu Hause bliebe und sich um dich kümmerte, Paul?» fragte seine Mutter.

«Wir alle müssen für den Krieg Opfer bringen, Mama. Und wir haben keine Kinder. Inge wollte es.»

«Aber die Reiserei ... Schlesien, das Rheinland ... Könnte Inge nicht in Berlin arbeiten?»

Unmöglich, seinen Eltern dergleichen zu erklären. Sie blieben vom Krieg verhältnismäßig unberührt, bis auf die Lebensmittelrationierung und gelegentliche Bombenangriffe auf Berlin. Und seine Mutter ergriff begeistert jede sich bietende Chance, an der armen Inge herumzunörgeln. «Fritz hat das alles genau erklärt, Mama. Es hätte zwar in Berlin auch eine Stellung gegeben, aber die wäre für jemand mit Inges Bildung nicht geeignet gewesen. Ich vermisse sie, aber der Krieg dauert ja nicht ewig.»

Veronica wandte sich an ihren Gast. «Was macht Ihr kleiner Sohn, Alex? Wie alt ist er denn jetzt?»

«Am Samstag wird unser Christian vier.»

«Wie schön, daß Sie auf Urlaub hier sind. Ihre Frau ist doch bestimmt überglücklich. Sie müssen unbedingt noch einmal mit ihr bei uns vorbeikommen. Haben Sie es extra so eingerichtet, daß Sie zum Geburtstag Ihres Kleinen in Berlin sind, Herr General?»

«Aber Mama! Ich hab dir doch gesagt, Alex ist zu dem Staatsbegräbnis am Dienstag hergekommen.»

«Dem Begräbnis von Heydrich, natürlich.»

Wer Harald Winter wegen seiner Schrullen für senil gehalten hatte, der wurde jetzt eines Besseren belehrt. Winter beugte sich vor und fragte: «Was ist eigentlich mit Heydrich passiert?»

«Er wurde erschossen, Herr Winter», antwortete Alex, der den Tod des SS-Führers nicht als Verlust empfand.

«Das weiß ich, Alex, ich bin ja nicht senil. Wer hat ihn erschossen und aus welchem Grund?»

«Mit Sicherheit kann man es jetzt noch nicht wissen, Herr Winter, aber die Abwehr sagt, die Mörder waren Tschechen, die mit dem Fallschirm abgesetzt wurden.»

«Dann stimmt also, was in den Zeitungen steht. Aus Rußland?»

«Nein. Nicht aus Rußland. Die Sowjets haben für eine solche Operation weder die geeigneten Männer noch die geeigneten Flugzeuge.»

«Also aus England?»

«Ja, aus London. Man nimmt an, die tschechische Exilregierung unter Eduard Beneš sei beunruhigt gewesen wegen Heydrichs Beliebtheit.»

«Ich dachte, er ist nach Prag gegangen, um jeden Widerstand zu brechen.»

«Anfangs hat er die Knute benutzt», sagte Paul. «Aber nach Ausmerzung aller Unruheherde hat er das Sozialversicherungssystem für die tschechischen Arbeiter und Bauern reorganisiert. Heydrich wurde populär. In Böhmen und Mähren gibt es keine Gewaltakte gegen uns.»

«Die kommen jetzt», meinte Alex Horner bekümmert. «Es wird Vergeltungsmaßnahmen geben, und genau das wollen die Briten.»

«Es hat schon angefangen», sagte Paul. «Sie haben Tausende von Tschechen festgenommen und Hunderte erschossen.»

«Wie schrecklich», seufzte Veronica.

«So ist der Krieg nun mal», bemerkte Harald Winter sachlich. «Habe ich recht, Herr Horner?»

«Ich fürchte schon, Herr Winter. Wir verlieren eine Menge Soldaten, die von russischen Partisanen getötet werden. Im Hinterland sind Sondereinheiten der SS ausschließlich zur Partisanenbekämpfung eingesetzt. Ein schmutziges, blutiges, widerwärtiges Geschäft und alles andere als der Krieg, wie ihn sich die Wehrmacht vorstellt, das versichere ich Ihnen.»

«Wann kehren Sie an die Ostfront zurück?» fragte Harald Winter.

«Es steht noch nicht fest, wohin ich beordert werde.»

«Ich hoffe für Sie, daß Sie in Berlin bleiben», sagte Veronica. «Kinder wachsen so schnell heran.»

«Mama hatte einen Brief von Peter. Hab ich dir das erzählt?» erkundigte sich Paul.

«Ja, aber ist denn das möglich? Er ist doch in den USA, stimmt's?»

«Es gibt einen Postdienst ins feindliche Ausland über einen Briefkasten in Lissabon», erklärte Veronica. Sie stellte ihre Teetasse auf einen Glastisch und holte den Brief aus ihrer Handtasche, nahm ihn aus dem Umschlag und entfaltete ihn behutsam. Er war schon ziemlich zerfleddert, denn sie hatte ihn wieder und wieder gelesen und hütete ihn wie einen Talisman. «Das dauert endlos. Ich nehme an, jeder einzelne Brief wird genau überprüft, unsichtbare Tinte, Chiffren und so weiter. Trotzdem war es wunderbar, von ihm zu hören. Können Sie Englisch lesen, Alex?»

«Leider nein, Frau Winter.»

«Dann hat es keinen Zweck, wenn ich ihn Ihnen zeige.» Sie war dankbar für den Vorwand, den Brief noch einmal lesen zu können. Sie breitete ihn auf den Knien aus und beugte sich hinunter. Peters kleine, gestochene Handschrift war unverkennbar, quer über den Bogen verlief ein gelber Streifen von irgendeinem chemischen Präparat, das Geheimtinte sichtbar machen sollte. «Er schreibt nur, daß er gesund ist und daß die kleine Helena in Kalifornien die Schule besucht. Er hat seinen Großvater gesehen, der ist jetzt einundneunzig, unvorstellbar, nicht wahr?»

«Da hast du's», warf Harald Winter ein. «Die Menschen leben länger heutzutage. Wir essen besser und achten auf unsere Gesundheit.»

Veronica wartete, ob ihr Mann noch etwas sagen wollte, und berichtete dann weiter von Peter. «Er spielt viel Klavier und hat eine Stellung bei einer Filmgesellschaft. Das Ganze ist natürlich sehr allgemein gehalten. Vermutlich hat er befürchtet, der Brief käme nicht durch die Zensur, wenn er sich irgendwie speziell äußert. Er bittet uns, uns um Lottie zu kümmern. Sie wissen ja, seine Frau ist im Gefängnis.» Veronica sah auf.

«Ja, ich weiß», bestätigte Alex Horner. Veronica betrachtete ihn; er wirkte um vieles älter als Paul. Dem Hörensagen nach konnte es nichts Schlimmeres geben, als in Rußland zu kämpfen, höchstens vielleicht, wenn man junge Menschen dorthin schicken mußte. Was für ein grausames Schicksal hatte diesen bedauernswerten Mann – und seine ganze Generation – dazu verurteilt, zweimal in die Schlachten eines Weltkrieges ziehen zu müssen?

«Aber die Gefängnisverwaltung hat meine Briefe nicht beantwortet, so daß ich nicht herauskriegen konnte, wann sie entlassen wird.»

«Überlaß das mir, Mama», besänftigte Paul. «Ich habe dir doch gesagt, du sollst es mir überlassen.»

«Aber wir wissen ja nicht...»

«Ich kümmere mich schon darum.»

Das große Haus unweit der Kantstraße strahlte nicht mehr den Glanz der früheren Zeiten aus, als Frau Wislicenys Salon Treffpunkt der bedeutendsten Künstler, Musiker, Schriftsteller und Intellektuellen Berlins war. Seit dem Kriegseintritt der Vereinigten Staaten und der Abreise der lateinamerikanischen Diplomaten verödete das gesellschaftliche Leben der Reichshauptstadt immer mehr. Selbst hier, im einstigen Vergnügungszentrum, herrschte jetzt grauer, eintöniger Kriegsalltag.

Professor Wisliceny war inzwischen gestorben, doch die Hennigs blieben im Haus. Inge hatte sie nicht gedrängt, es zu verkaufen, denn solche Objekte erzielten heutzutage nur noch Spottpreise. Die männlichen Einwohner waren über die zahlreichen Kriegsschauplätze verteilt. Viele Leute waren fortgezogen, um den Luftangriffen zu entgehen, die ihrer festen Überzeugung nach im nächsten Winter auch Berlin treffen würden, und der Rest kam für Hauskäufe nicht in Frage.

Selbst wenn Erich Hennig noch seine dicken Gagen kassiert hätte, wäre die Instandhaltung schwierig gewesen. Normale Utensilien wie Farbe waren knapp, und die Handwerker, die zum Streichen der herrlichen Stuckdecken, zum Reinigen der Teppiche oder zur Reparatur der wertvollen Kronleuchter benötigt wurden, waren alle beim Militär oder in den Rüstungsfabriken.

Überdies bezog Erich Hennig derzeit keine Gagen. Sein Arm machte ihm zu schaffen. Er konnte ihn nicht über den Kopf heben, und manchmal schmerzte das Handgelenk. Der Arzt war optimistisch, verordnete Ruhe, gymnastische Übungen, die zwei Stunden beanspruchten, heiße Bäder mit irgendwelchen übelriechenden Zusätzen und eine Heilsalbe, die allabendlich vor dem Schlafengehen in den Arm eingerieben werden mußte.

«In sechs Monaten, vielleicht auch eher, ist Erich wieder gesund und munter», berichtete Lisl. «Angefangen haben die Beschwerden auf der

Tournee durch die Rüstungsbetriebe. Ich glaube, die klamme Bettwäsche war schuld daran.»

«Übst du noch, Erich?» erkundigte sich Paul. Sie saßen um den sauber gescheuerten Küchentisch nach einem von Lisls Eintopfgerichten. Das große Speisezimmer nebenan war dunkel. Paul überlegte, ob er es wohl je so wiedersehen würde wie damals bei den großen Abendgesellschaften von Frau Wisliceny.

«Jeden Tag, ohne Ausnahme», antwortete Erich Hennig.

«Und er gibt unserem kleinen Theo Unterricht», verkündete Lisl stolz. «Er ist wirklich begabt, sagt Erich.»

«Na, fabelhaft», meinte Paul. Er mochte den zwölfjährigen Sohn der Hennigs, der sehr an ihm hing.

«Erich könnte ein Konzert geben, aber der Arzt meint, das wäre schädlich für den Arm.»

«Ich bin nicht sicher, ob ich es schaffen würde, höchstens mit kurzen Stücken, ein großes Klavierkonzert könnte ich nicht bewältigen.»

«Erich war in Warschau. Sechs Konzerte für die Wehrmacht. Er hat General Steflea kennengelernt, den rumänischen Stabschef.»

«Wie schön», meinte Paul, der noch nie von dem Mann gehört hatte.

«Und alle Generalfeldmarschälle und Generale», fügte Lisl hinzu, als sie merkte, daß ihr Schwager nicht sonderlich beeindruckt war.

Paul schob seinen Teller beiseite. Vor einer wichtigen Mitteilung freien Platz auf dem Tisch zu schaffen, war eine Marotte von ihm seit Kindertagen. «Meines Wissens habt ihr das Obergeschoß zu einer Wohnung umgebaut», begann er.

«Moment mal, Paul», wehrte Erich ab. «Nur so lange, bis ich wieder arbeiten kann.»

«Es ist nicht wegen der Miete», erklärte Lisl. «Ich brauchte jemand im Haus, weil doch jetzt ständig einer nach Erich sehen muß.»

«Ich bin nicht hier, um einen Anteil an der Miete von euch zu verlangen», entgegnete Paul. «Ich brauche ein Bett für jemanden. Wenn ihr wollt, bezahle ich auch dafür.»

«Das geht nicht», sagte Erich wie aus der Pistole geschossen.

«Natürlich geht es», widersprach Paul. Er leerte sein Glas Wasser und griff nach dem Krug, um sich nachzuschenken.

«Möchtest du ein Glas Wein?» fragte Erich. Als er sich eingoß, zitterte seine Hand.

«Ich trinke nicht», lehnte Paul ab.

«Ich wünschte, Erich ließe es auch», seufzte Lisl. «Es ist nicht gut für ihn, sagt der Arzt.»

«Der hat ja keine Ahnung», konterte Erich verbittert. «Er weiß ja nicht mal, was mir fehlt.»

«Die Wohnung ist besetzt.» Lisl sah Erich an, der wegschaute und sich dem Wein widmete.

«Dann müssen sie eben ausziehen.» Paul war entschlossen, seinen Kopf durchzusetzen, was man auch seinem Tonfall anmerkte.

«Sie können nicht ausziehen», wandte Lisl ein. «Es sind Flüchtlinge – sie haben keine ordentlichen Papiere und wissen nicht, wohin.»

«Ostarbeiter?»

«Dr. Volkmann und seine Frau wohnen da oben», sprudelte Lisl trotzig heraus. Dennoch entging Paul die Angst in ihrer Stimme nicht. Für sie war er der Gestapo-Mann und für viele andere ebenfalls.

Die Menschen fürchteten sich vor ihm. Und wenn er sich noch so sehr bemühte, sie zu beruhigen, es half nichts.

«Volkmann? Der Zahnarzt?»

Lisl führte nun das Wort, während ihr Mann sich in diskretes Schweigen hüllte. Heldenmut hatte noch nie zu Erichs hervorstechenden Eigenschaften gehört. Nach dem Absturz des Zeppelins war er um sein Leben gerannt, fast zwei Kilometer, ehe er in einen Graben fiel und sich den Knöchel brach. Lisl aber hatte Schneid für beide. «Sie hatten keine Bleibe. Als die Männer erschienen, um sie abzuholen, waren sie nicht zu Hause. Das Mädchen, das bei ihnen arbeitete, rannte in seine Praxis, um ihn zu warnen, und sie sind gar nicht mehr zurückgegangen.»

«Davon wußte ich nichts.»

«Wenn wir sie auf die Straße setzen, werden sie aufgegriffen. Ist es das, was du willst?» fragte Lisl herausfordernd.

«Was hat dich bloß veranlaßt, die Volkmanns aufzunehmen?»

«Er war immer so freundlich und geduldig mit Papa. Ich konnte es ihnen nicht abschlagen.»

Ein verblüffender Grund, dich selbst in Gefahr zu bringen, dachte Paul. Es überraschte ihn freilich nicht. Eine derart unbesonnene Verhaltensweise entsprang meistens eher kleinen, persönlichen Motiven als moralischen oder politischen. Das hatte seine Zeit bei der Gestapo immer wieder gezeigt. «Gehen sie nie aus?» erkundigte er sich.

«Dr. Volkmann arbeitet auf dem Jüdischen Friedhof in Weißensee», antwortete Erich. «Dort ist er sicher, sagt er. Stimmt das, Paul?»

«Ja, da kann ihm nichts passieren. Ariern wird man es garantiert nicht gestatten, Gräber für Juden auszuheben. Solange also Juden zu beerdigen sind, wird man die jüdischen Totengräber und Leichenbestatter unbehelligt weitermachen lassen.»

«Frau Volkmann hilft mir im Haus», ergänzte Lisl.

«Bei der Hausarbeit? Frau Volkmann kocht und wäscht?» Paul konnte es nicht fassen. Lily Volkmann war ihm als besonders zart und verwöhnt in Erinnerung.

«Die Dinge ändern sich», bemerkte Erich. Er war zu dem Schluß gekommen, daß Paul sie nicht denunzieren wollte, weil sie die Volkmanns versteckten. Er war inzwischen ziemlich betrunken und sah die beiden nicht an.

«Sie müssen für eine weitere Person Platz machen», erklärte Paul. «Lottie kommt aus dem Gefängnis. Sie muß untertauchen.»

«Lottie kommt raus?» Nun war Lisl überrascht.

Paul nickte. «Ich muß ein Versteck für sie finden. Ich wußte ja nichts von den Volkmanns, aber vielleicht macht es das für alle leichter.»

Erich starrte unverwandt ins Leere und trank weiter Wein. Schließlich fragte Lisl: «Und Peter ist immer noch in Amerika?»

«Ja, Mama hatte einen Brief. Er wurde vor Monaten aufgegeben, kam aber durch. Sie war sehr aufgeregt.»

«Der arme Peter. Er macht sich doch sicher schreckliche Sorgen um Lottie», meinte Lisl.

«Ihr geschieht nichts, wenn ihr sie bei den Volkmanns wohnen laßt.»

«Sie haben nicht viel Platz da oben, Paul.»

«Sie werden sich einschränken müssen. Immer noch besser, als in einem Lager zu sein, oder?»

«Wie steht's mit Lebensmittelkarten? Es ist schon schwierig genug mit den Volkmanns.»

«Ich werde sehen, was ich tun kann. Ich kenne jemand im Ernährungsamt. Vielleicht kriegen wir ein paar von den Sonderkarten, die an Bombengeschädigte ausgegeben werden. Das würde schon weiterhelfen.»

«Und dann brauche ich noch ein paar Decken. Für die warme Jahreszeit reicht's, aber im Winter wird es kalt da oben, und wir können die Heizung nicht dauernd anlassen.»

«Wir haben massenhaft Decken und Bettwäsche. Ich spreche mit Inge, sobald sie zurück ist.»

«Du willst es also Inge erzählen?» fragte Lisl.

«Na, klar. Warum denn nicht?»

«Wir haben ihr nie was von den Volkmanns gesagt. Sie ist ja meine Schwester, aber in solchen Dingen kann sie unberechenbar sein.»

«In was für Dingen?»

«Das Regime betreffend», antwortete Lisl ohne Zögern. «Inge will kein Wort gegen das Regime hören, das mußt du doch wissen, Paul. Ich hab ihr mal einen Witz erzählt, da ist sie hochgegangen und hat mir einen Vortrag über Kriegsanstrengungen gehalten. Einen Moment lang dachte ich, sie geht schnurstracks zur Gestapo und denunziert mich!» Lisl lachte. Das war selbstverständlich nur ein Scherz – sie glaubte nicht ernstlich, daß ihre Schwester sie denunzieren würde.

«Ich rede mit Inge, wenn sie zurückkommt.» Doch im Hinterkopf hatte sich Paul notiert, daß er das vielleicht besser lassen sollte.

«Es gibt etwas, das ich brennend gern täte – eine Teestube eröffnen.»

«Nicht schon wieder!» protestierte Erich, ohne sich zu ihnen umzudrehen.

«Eine Teestube?» wiederholte Paul verwundert.

«Es wäre geradezu ideal. Wir sind nur zwei Schritte von der Kantstraße entfernt und nicht weit vom Kurfürstendamm. Man könnte das für wenig Geld ganz groß aufziehen.»

«Eine Teestube – hier?»

«Unten.»

Erich, ihnen immer noch den Rücken zugekehrt, verkündete: «Nicht weit vom Kurfürstendamm gelegen, das ist noch kein Plus. Hier flanieren die Leute nicht so vorbei, wie sie's am Kurfürstendamm tun.»

Paul erkannte, daß seine Gegenwart ihnen einen Vorwand bot, ihn als Prellbock für ihren Streit zu mißbrauchen. Ein Ausweg, den Ehepaare gelegentlich benutzten; er erinnerte sich, das gleiche auch schon getan zu haben.

«Sie würden kommen, wenn es hübsch wird. So viele Leute laufen ziellos durch die Gegend – Soldaten mit ihren Mädchen, Rüstungsarbeiter und Ausländer. Eine Teestube macht nicht viel Arbeit – sie wäre ja nur nachmittags und am frühen Abend geöffnet. Und ich würde die beiden Räume unten dafür nehmen, die wir sowieso nie benutzen. Ich hätte Freude daran, Paul, und etwas Geld bringt es vielleicht auch noch ein.»

Erich drehte sich zu ihnen um und fixierte sie. Er hatte sein Glas geleert und schenkte sich nach. Es war französischer Wein, stellte Paul fest. Trotz ihrer offensichtlichen Geldknappheit lebten die Hennigs gut. «Was werden die Leute sagen, wenn es sich rumspricht, daß der Konzertpianist Erich Hennig eine Teestube betreibt?» fragte er.

«Sei doch vernünftig, Erich. Eine Stellung läßt du mich ja nicht annehmen, und ein bißchen Geld zusätzlich würde alle unsere Probleme lösen.»

«Du brauchst eine Lizenz», beharrte Erich. Er saß dicht über den Tisch gebeugt, so daß er das Glas kaum noch anheben mußte.

«Überlaß das mir. Darf ich es wenigstens versuchen, Erich?»

Er schnitt ein Gesicht. «Die Räume unten sind in einem fürchterlichen Zustand.»

«Die Volkmanns würden mir helfen. Dr. Volkmann kann gut dekorieren, und Lily will mir beim Aufräumen zur Hand gehen.»

Erich Hennig besänftigte sich. «Du mußt nicht die besten Möbel reinstellen. Keinesfalls die kostbaren Speisezimmerstühle.»

«Hältst du mich für dumm, Erich? Natürlich stelle ich nicht die Speisezimmerstühle rein – an denen hing Mutter am meisten. Was ich brauche, kann ich mieten oder leihen. Außerdem gibt es Stellen, wo Mobiliar aus ausgebombten Häusern verkauft wird. Da sind guterhaltene Stücke dabei.»

«Wo willst du mit dem alten Klavier hin?»

«Es kann dort bleiben, dachte ich. Wenn die Sache einschlägt, engagiere ich vielleicht einen Pianisten, oder auch ein Trio. Die Menschen haben heute Aufmunterung nötig.»

«Was hältst du davon, Paul?» fragte Erich.

«Es ist einen Versuch wert», meinte Paul. «Ich bringe Fritz Esser her. Wenn der seine diversen Freundinnen hier anschleppt, wirst du berühmt.»

«Nein, danke. Für Fritz Esser und seine Freundinnen wird das bestimmt nicht das richtige Lokal.» Obwohl es scherzhaft klingen sollte und sie dabei lächelte, war der ernste Unterton nicht zu überhören. Paul überlegte, was sie damit meinen könnte, fragte jedoch nicht.

«Du siehst täuschend echt aus, Peter», stellte Glenn Rensselaer fest, als sie die Baker Street in London entlanggingen. Rensselaer, zweiundsechzig, trug einen gutgeschnittenen dreiteiligen Anzug aus englischem Wollstoff mit Fischgrätenmuster, einen braunen Filzhut und feste Halbschuhe. Auf der Straße drängten sich die Passanten, die meisten in irgendwelchen Uniformen: weibliche Offiziere vom Women's Royal Naval Service mit ihren breitkrempigen Hüten, bärtige Norweger, australische Flieger in ihrem speziellen Dunkelblau, Kanadier im grüngetönten Khaki, polnische Offiziere und hübsche Mädchen in Pelzmänteln beim Schaufensterbummel, die sich magisch vom Militär angezogen fühlten.

«Ich komme mir wie ein Betrüger vor», gestand Peter Winter, der als Colonel der US Army gekleidet war. «Und alle behandeln mich wie einen Betrüger, zumindest die Amerikaner.» Sie blieben stehen und warteten auf eine Verkehrslücke, um die Straße zu überqueren.

«Das liegt an deinem Akzent», erklärte Glenn. «Wenn du gebrochen Englisch sprechen würdest und einen starken deutschen Akzent hättest, würde man dich sofort akzeptieren. Beim Nachrichtendienst wimmelt es von deutschen Emigranten, wie du sehr wohl weißt. Aber du sprichst ein ausgezeichnetes Englisch, und das mit einem sehr britischen Akzent. Für einen GI läßt sich das verdammt schwer mit der Uniform eines amerikanischen Colonel vereinbaren.»

«Und warum trägst du keine Uniform? Verrat mir das, Onkel Glenn.» Zwischen einem roten Doppeldeckerbus und einem Militärtransporter wagten es die beiden, über die Fahrbahn zu flitzen, wobei sie einer Meldefahrerin auf einem schweren Motorrad gerade noch ausweichen konnten.

«Laß den Onkel weg, Peter. Uniform? Na ja, was das angeht, habe ich meine Lektion vor langer Zeit gelernt. Schickten wir einen Lieutenant zu einer Besprechung, taten es die Briten nicht unter einem Captain und so fort. Endlich beschloß ich, meinen Ehrenrang wegzulassen und in Zivil aufzutreten. Auf diese Weise wissen die Briten nicht, wieviel Autorität ich besitze, und mir sitzen keine hohen Tiere im Nacken.»

«Ich wünschte, du hättest mir das vorher gesagt.»

«Du wirst's schon machen, Colonel. Du hast ja mich als Rückendekkung, während ich keine habe.»

«Ich dachte, du bist der oberste Chef.»

«Ja, aber nur dem Namen nach. Ich habe nichts und niemand unter mir. Vorläufig sind wir hier die armen Verwandten. Wir müssen die Flugzeuge der RAF benutzen, um unsere Agenten abzusetzen, und das heißt, wir müssen uns, die Mütze in der Hand, anstellen in einer Schlange mit dem ‹Freien Frankreich›, den Polen, den Tschechen, den Holländern und allen Exilregierungen.»

«Warum benutzen wir denn keine amerikanischen Flugzeuge?» erkundigte sich Peter.

«Halleluja! In das Büro von diesem RAF-Oberst zu marschieren und den Fatzken dort zu erklären, was sie mich mit ihren Flugzeugen können, auf das Vergnügen freue ich mich schon lange. Aber die RAF fliegt jede Nacht über Deutschland. Die haben alle möglichen Zauberkästen, so daß sie nach der Karte einen bestimmten Punkt ausmachen und dann einen Agenten an genau der richtigen Stelle absetzen können. Unsere Jungens werden für Flüge bei Tage ausgebildet. Und sie fliegen in Verbänden, so daß nur der Commander wissen muß, wo er sich befindet – und selbst dann kann er sich noch nach Karten orientieren. Nein, Peter, Agenten müssen im Dunkeln abgesetzt werden, und damit geben wir uns vorerst den Briten in die Hände, mitsamt dem aufgeblasenen Drückeberger, mit dem wir eben gesprochen haben.»

Sie gelangten zu einem kleinen, eleganten Wohnblock, dessen Fenster mit dem steifen netzartigen Gewebe bespannt waren, das bei Fliegerangriffen vor herumfliegenden Splittern schützen sollte. Sie stiegen die Vortreppe hinauf – jede Stufe war mit frischer weißer Farbe markiert, eine hilfreiche Maßnahme bei der Verdunkelung – und stießen die Tür auf. Von außen sah das Gebäude genauso aus wie viele der anderen teuren, kleinen Wohnblocks in Saint Marylbone, doch wie viele andere war auch dieses für amtliche Zwecke beschlagnahmt worden. Hinter der Tür befanden sich zwei bewaffnete US-Militärpolizisten. Der eine saß, die Füße auf einem Stuhl, und hörte Radio; es spielte «I Don't Want to Set the World on Fire». Er sprang auf, grüßte, stellte das Radio leiser, prüfte ihre Ausweise und forderte sie auf, sich ins Buch einzutragen.

«Wie geht's denn so, Sergeant?» erkundigte sich Rensselaer freundlich.

«Nicht schlecht, Mr. Rensselaer. Ich kann nicht klagen.»

«Wir warten nicht auf den Fahrstuhl», entschied Glenn. «Es sind ja nur zwei Stockwerke.» Als sie die Treppe betraten, wurde «I Don't Want to Set the World on Fire» plötzlich wieder lauter.

Sie gingen durch einen Raum, in dem drei große Metallbehälter mit Waffen, Radios und Verpflegung vollgepackt wurden, die dann mit Fallschirm im besetzten Europa abgeworfen werden sollten. Sie passierten einen schmalen Korridor bis zu einer Tür mit der Aufschrift «G. Rensselaer, Führungsstab». In Glenns engem, kleinen Büro setzten sie sich. Peter blickte durch das Fenster auf den Seymour Place hinunter.

«Möchtest du etwas trinken? Tee? Kaffee?» fragte Glenn.

«Nein, danke. Es ist aufregend, wieder in London zu sein. Und ausgerechnet hier! Eine komische Vorstellung, daß Großvaters Haus gleich um die Ecke ist.» Peters Haar war nicht mehr so extrem kurz, seine Haut jedoch immer noch von der kalifornischen Sonne gebräunt.

«Ja, die meisten Exilregierungen haben sich diesen Teil der Stadt ausgesucht», bemerkte Glenn. «Vermutlich wollen sie möglichst dicht am British Special Operations Executive in der Baker Street sitzen.»

«Wieviel ist den Briten bekannt?» fragte Peter.

«Offiziell gar nichts. Wir haben das gleiche Abkommen mit ihnen getroffen wie die anderen. Die Niederländer und Franzosen wollen nichts über die Männer preisgeben, die von der RAF auf dem Kontinent abgesetzt werden sollen, und das gilt ebenso für uns. Aber die Briten sind nicht dumm. Sie wissen, daß wir bei uns drüben keine Untergrundbewegung haben wie die Franzosen, die Belgier und die Holländer. Also müssen sie annehmen, daß wir die Deutsch-Amerikaner für unsere eigenen Zwecke mit dem Fallschirm absetzen. Morgen wirst du einen Mann namens Piper kennenlernen – jetzt Sir Alan, voriges Jahr hat man ihm die Ritterwürde verliehen –, er ist einer der Spitzenleute im britischen Nachrichtendienst. Du bist ihm früher schon mal begegnet. Ich hab ihn mal nach Travemünde mitgebracht, als deine Großmutter noch lebte. Es war in dem Jahr, als ihr mit dem Segelboot gekentert seid und eure Mutter deshalb graue Haare bekommen hat.»

«Mama – graue Haare?»

«Sicher, du mußt das doch bemerkt haben.»

«Nein, nie. Ist das der Mann, in den Mama sich verliebt hat?»

«Du wußtest also davon?»

«Damals nicht. Paul hat's mir viele Jahre später erzählt. Ich kann mich nicht mehr deutlich an ihn erinnern, nur daß er groß war und Deutsch mit einem komischen Akzent sprach.»

«Das ist er. Er hat sich unsterblich in deine Mutter verliebt. Ich hätte ihn nie mitgenommen, wenn ich das geahnt hätte.»

«Hat es bei Mama so tief gesessen?»

«Das weiß ich nicht. Ich dachte an Piper. Stell dir vor, er hat noch heute ein gerahmtes Foto von deiner Mutter.»

«Nach all der Zeit?»

«Es ist zusammen mit Bildern von Freunden und Bekannten, aber ich kenne ihn gut genug, um zu wissen ...»

«Und du billigst es?»

«Sei nicht so ein ...»

«Moralprediger?»

«Richtig. Du bist ein Moralprediger, Peter. Boy Piper hat Veronica geliebt, und vielleicht wäre es besser für sie gewesen, wenn sie mit ihm fortgegangen wäre.»

«Hast du ihr das auch gesagt?» Peters Stimme klang ungehalten.

«Sie ist deine Mutter, aber ebenso meine Schwester», beharrte Glenn. «Vielleicht solltest du dich daran erinnern. Und Boy hat nie geheiratet.»

«Und er ist dein Freund.»

«Er ist ein anständiger Kerl. Du wirst es sehen. In dieser Stadt spielen viele mit gezinkten Karten, aber wenn Briten verläßlich sind, dann kann man Häuser auf sie bauen.»

«Ich freue mich darauf, ihn kennenzulernen.»

«Reg ihn bloß nicht auf. Von Reißzwecken bis zur Fallschirm-Ausbildung verdanken wir so gut wie alles, was wir momentan haben, einem Machtwort von Boy Piper.»

«Ich werde ihn bestimmt nicht aufregen.»

Glenn wechselte das Thema: «Wie machen sich deine Burschen?»

«Der eine wird es nie schaffen, aber die drei besten sind soweit. Ich kann ihnen nichts mehr beibringen. Wie stehen ihre Chancen, Glenn? Zurückzukommen, meine ich.»

«Diesen Aspekt würde ich ausschließen, Peter. Du kannst nicht den lieben Gott spielen. Sie haben sich alle freiwillig gemeldet. Sie wollen ihren Beitrag leisten, und dies ist die Aufgabe, für die sie sich am besten eignen. Etliche von ihnen haben Angehörige verloren – jeder von ihnen hat eine Vorgeschichte.»

«Sie reden nicht viel.»

«Das ist gut so, aber wir müssen die Sache noch mehr abdichten. Die von der nächsten Gruppe wird man nur noch unter ihren Decknamen kennen, sie müssen von ihrer Ankunft ab in den Quartieren bleiben, damit wir nicht noch mal so einen Krawall erleben wie mit dem Knaben, der sich in der Kneipe betrunken hat und dann anfing, der Kellnerin seine Lebensgeschichte zu erzählen. Das können wir nicht riskieren – es ist zu gefährlich für die anderen. Und für Ende des Monats haben uns die Briten bessere Unterkünfte zugesagt. Ich hätte gern was weit draußen in einem großen Gelände, wo wir uns alles für die Ausbildung selbst einrichten können, auch für das erste Training im Fallschirmabsprung – bloß einen Turm, um ihnen eine kleine Vorstellung zu geben. Das würde die Zeit in Manchester abkürzen. Je weniger unsere Jungen mit Ausländern zusammen sind, desto besser.»

«Das meine ich auch.»

«Letzten Monat ist einer unserer Leute von zwei Polen zusammengeschlagen worden. Sie dachten, er sei ein Deutscher, und das genügte ihnen, ihn auseinanderzunehmen. Was konnte der arme Kerl dagegen machen? Wir hatten allen unseren Leuten eingeschärft, keinem Menschen zu sagen, wer sie wirklich sind, sonst könnten sie was erleben.»

«Von der Sache habe ich gar nichts gehört.»

«Und das mit gutem Grund. Ein solcher Zwischenfall könnte uns das gesamte Programm ruinieren. Angenommen, ein Journalist kriegt davon Wind. In dieser lausigen Stadt wimmelt's von Reportern, die nach Material für einen zündenden Artikel gieren.»

«Ich wünschte, ich könnte rüberfliegen», sagte Peter.

«Bist du verrückt? Du bist jetzt ein alter Mann, Peter. Du würdest nie die medizinische Tauglichkeitsprüfung bestehen, vom Training ganz zu schweigen. Solche Bravourstücke überlaß lieber den Jungen.»

«Einer von meinen Leuten ist vierzig.»

«Müller. Stimmt, aber das ist ein Sonderfall. Ich kann keinen von diesen Grünschnäbeln für die Rolle eines bayerischen Chemikers ausbilden – es dauert Jahre, sich das erforderliche Wissen anzueignen. Also muß ich einen studierten Chemiker nehmen – Müller – und ihn dafür einsetzen.»

«Müllers Deutsch stamm aus Berlin, und Müller...»

«Und Müller ist Jude und sieht jüdisch aus. Ja, ich weiß. Das alles hab ich mit Leuten aus Washington dutzendmal durchgekaut. Er ist nicht die hundertprozentig richtige Wahl, aber er könnte es schaffen.»

«Das glaube ich nicht. Er war zu lange weg. Sein Deutsch ist veraltet, und er ist vergeßlich.»

«Hat Müller irgendwie zu erkennen gegeben, daß er nicht gehen will?»

«Keine Spur, er brennt darauf.»

«Dann geht er auch.»

«Aber Glenn...»

«Hör zu, Peter. Müller hat mit angesehen, wie seine Eltern umgebracht wurden. Ich möchte das nicht näher erläutern, es ist seine ureigene Angelegenheit, und außerdem wäre es gegen die Vorschriften, das Vorleben eines Agenten zu enthüllen. Aber das ist Müllers Krieg. Er kennt die Risiken und will trotzdem gehen. Für mich ist das großartig. Ich brauche ihn und werde ihn losschicken, sobald die Nächte lang genug sind.»

«Müller will gehen, weil man ihm gesagt hat, man habe niemand mit seinen Qualifikationen finden können.»

«Halt mir keine Vorträge, Peter. Ich habe es mit hundert Müllers zu tun und kann nicht anfangen, mir ihretwegen den Kopf zu zerbrechen. Und du kannst es auch nicht.»

«Ich habe lediglich gesagt, wenn Müller geeignet ist, bin ich es genauso.»

«Himmelherrgott, Peter, du bist sechsundvierzig, Brillenträger und nicht in Form. Sollte es plötzlich strategisch erforderlich sein, einen Agenten abzusetzen, der in Gesellschaftsrecht promoviert hat und ein begabter Klavierspieler ist, insbesonders für Boogie-Woogie, werde ich dich im Auge behalten. Inzwischen aber bleibt's bei dem erteilten Auftrag, Colonel Winter.»

«Ja, Sir», entgegnete Peter, doch er war gekränkt. Er fand, sein Onkel müßte der Tatsache, daß Lottie irgendwo in Berlin saß und es keinerlei Nachrichten über sie gab, mehr Beachtung schenken. Tatsächlich machte sich Glenn Rensselaer um Lottie und Veronica ebensolche Sorgen wie Peter.

1943

1. Januar 1943. Man feierte Pauls dreiundvierzigsten Geburtstag. Seine Eltern waren dabei, ebenso Alex Horner und Fritz Esser. Inge hatte mit Hilfe von gesparten Lebensmittelmarken eine köstliche Torte gezaubert und Harald Winter zwei Flaschen französischen Champagner aus dem fast leeren Weinkeller gestiftet. Paul sagte in seinem kurzen Begrüßungswort, wenn Peter hier sein könnte, wäre alles erreicht, was man in diesen schwierigen Zeiten erwarten dürfe.

Das Fest fand in Pauls Elternhaus statt, sonst hätte der zweiundsiebzigjährige Harald Winter nicht daran teilnehmen können. Er war stark bewegungsbehindert, und der kunstvolle hölzerne Rollstuhl paßte nicht in Pauls Aufzug.

Peters Abwesenheit machte Harald Winter offenbar noch mehr zu schaffen als Veronica. Paul bemühte sich, die Lücke zu füllen, die Peter im Leben seines Vaters hinterlassen hatte, doch das war zwecklos. Er sagte die gleichen Dinge, die Peter zu sagen pflegte, und versuchte, intelligent über Themen zu reden, über die Peter sich gern verbreitete. Pauls Anstrengungen aber schienen seinen Vater nur zu irritieren und zu ärgern, seine bloße Gegenwart ließ Harald Winter wohl den Lieblingssohn besonders schmerzlich vermissen. Zuweilen fanden beide zu dem herzlichen Vater-Sohn-Verhältnis zurück, doch diese Sternstunden verblaßten schnell, und sie waren einander wieder fern wie eh und je. An diesem Abend indes hatte Paul neue Hoffnung, die Zuneigung seines Vaters zurückzugewinnen, die er mehr als alles andere ersehnte.

Das Abendessen wurde in dem kleineren der beiden Speiseräume serviert, der noch im Stil der Gründerzeit ausgestattet war. Auf den vier Säulen in jeder Ecke thronten holzgeschnitzte Engel, die auf ihren ausgebreiteten Flügeln den Plafond trugen. Ein prachtvoller Tafelaufsatz aus Kristall schwebte über der Mitte des polierten Tisches und reflektierte den Schein der Kerzenbeleuchtung. Böhmische Kristallgläser, irische Leinenservietten, Meißener Tafelgeschirr und antikes Silberbesteck – Mama hatte von allem das Beste herausgesucht und noch ein paar Hilfskräfte engagiert, um diese Geburtstagsfeier zu einem denkwürdigen

Ereignis zu machen. Es sollte das letzte große Abendessen werden, das in diesem Raum serviert wurde.

Danach zogen sich die Damen zurück, während die Herren blieben, um zu rauchen und sich zu unterhalten. «Du bist in letzter Zeit viel unterwegs gewesen, Alex», sagte Fritz Esser. Seit General Horners Rückbeorderung in den Bendlerblock im vergangenen Juni hatte Fritz freundschaftlichen Umgang mit ihm gepflegt. Esser war ein Machtfaktor auf höchster Parteiebene, ein wertvoller Kontakt für einen General des Heeres, und Horner wußte, was man in der Wehrmacht dachte. General Horner hatte Hitlers Unmut erregt, weil es ihm mit seinem Armeekorps nicht gelungen war, die von Hitler in einem seiner Wutanfälle befohlenen Ziele zu erobern, und er hatte es überlebt. Die von ihm verlangten Wunder hatte er jedoch beinahe vollbracht, und da die Wehrmacht immer irgendwie für die Ihren zu sorgen verstand, trug er jetzt das Ritterkreuz und das Deutsche Kreuz in Gold. Der General und der stellvertretende Minister speisten regelmäßig in den besten Lokalen zu Mittag und tauschten behutsam Ansichten aus. Dem Bauernsohn Fritz Esser bereitete es tiefe Genugtuung, sich mit einem General zu duzen, und Horner empfand tiefe Genugtuung über Essers haarsträubende Äußerungen über Partei und Regime.

Esser paffte. Er fand immer Mittel und Wege, sich die Annehmlichkeiten des Lebens zu verschaffen, von imposanten Autos bis zu gefälligen jungen Frauen, und hatte an diesem Abend die Zigarren mitgebracht. Einer seiner Freunde im Auswärtigen Amt besorgte sie ihm, wenn er nach Vichy zu Besprechungen mit der Pétain-Regierung fuhr. Da die deutsche Wehrmacht nun auch Südfrankreich besetzt hatte, dürfte diese Quelle vermutlich versiegen. Die Zigarren würden die Soldaten bekommen, wie immer. Esser beschloß, mit Horner darüber zu sprechen, er brauchte Kontakte in der Besatzungsarmee.

Horner, der seine Zigarre ebenfalls angezündet hatte, blies den Rauch aus und nickte beifällig. Eine Havanna – das Aroma war unverkennbar. «Für meinen Geschmack bin ich zu viel unterwegs», sagte er.

«Immer hinter dem Chef her.» Esser sah zum unteren Ende der Tafel, wo Harald Winter im Rollstuhl saß. Der Arzt hatte ihm das Rauchen verboten, und er schnupperte neiderfüllt.

«Der Führer hat Mitte November alles auf den Berghof verlegt», berichtete Horner. «Ich mußte dorthin, anstatt ins Hauptquartier nach Ostpreußen. Ich war enttäuscht, die Wolfschanze liegt nicht sehr weit von unseren Familiengütern. Ich hatte gehofft, meinen Bruder besuchen und das Haus wiedersehen zu können.»

«Der Chef ist in die Berge umgezogen. Ich habe ihm davon abgeraten, aber dieser verdammte Dr. Morell kann ihn um den Finger wickeln. Von einer Ecke Deutschlands in die andere – so ein Quatsch! Ein wüstes Durcheinander, ich war dort, ich hab's mit eigenen Augen gesehen.»

«Alles?» fragte Harald Winter. Seine Stimme klang hart und heiser.

Fritz Esser drehte sich zu ihm um. «Das ganze verdammte Führerhauptquartier wurde zusammengepackt und dorthin verfrachtet.»

«Das war nur der Anfang», bemerkte Horner. «Das Stammpersonal aus der ‹kleinen Reichskanzlei›. Und der Sonderzug samt Personal vom Wehrmachtsführungsstab dito. Natürlich gab es keinen Platz für sie, nicht mal in Berchtesgaden, also wurde der Sonderzug auf einem Nebengleis in Salzburg abgestellt. Ich fuhr runter zu einer Besprechung unter dem Vorsitz von Jodl. Es hat Stunden gedauert, die Leute zu finden, mit denen wir zu reden hatten.»

«Warst du am 22. November beim Chef?» fragte Esser.

«Als die Nachricht kam, daß die beiden Stoßkeile der Roten Armee sich am Donbogen bei Kalatsch vereinigt haben? Nein. Das hat ihn ja veranlaßt, das ganze Hauptquartier wieder nach Ostpreußen zu verlegen. Das machte das Ganze so absurd – sie waren nur ein paar Tage unten.»

«Er soll in einer seiner düstersten Stimmungen gewesen sein.»

«War er auch, bis Göring erschien und ihn wieder aufheiterte. Er überzeugte ihn davon, daß die Luftwaffe den Kessel von Stalingrad aus der Luft versorgen würde. Der Führer wurde so munter, daß er den Vorschlag von Generalfeldmarschall Paulus, mit der Sechsten Armee nach Westen durchzubrechen, glatt ablehnte.»

«Kann die Luftwaffe das denn schaffen?» erkundigte sich Harald Winter. «Was brauchen sie – fünfhundert Tonnen täglich?» Paul sah seinen Vater voller Respekt an. Der alte Mann war geistig noch genauso rege wie früher. Paul lächelte ihm zu, und Harald nickte.

«Sie könnten möglicherweise mit dreihundert auskommen», antwortete Horner. «Ich habe die Schätzungen des Operationsstabes gesehen. Aber die Luftwaffe schafft das nicht, selbst wenn die Sechste Armee die Landeplätze offenhalten kann. Wir fliegen nur nachts oder bei dichter Wolkendecke. Sobald die Russen merken, was wir vorhaben, ziehen sie Kampfflugzeuge von anderen Frontabschnitten ab. Mir graut vor dem Gedanken, was passiert, wenn sie die dort einsetzen.»

«Aber die Belagerung wird nicht lange dauern, wo jetzt von Manstein die Armeegruppe Don übernommen hat», meinte der immer optimistische Paul. Er wußte, daß Alex Horner den alten General verehrte. «Der schafft den Durchbruch und den Entsatz.»

«Und alle noch lebenden Deutschen hoffen auf ihn», seufzte Alex Horner. «Aber Wunder kann auch er nicht bewirken. Die Russen haben eine zweihundertfünfzigtausend Mann starke Armee eingeschlossen und lassen nicht locker. Ich kenne sie. Was der Goebbelssche Propagandaapparat über den russischen Untermenschen ausposaunt, könnt ihr vergessen. Der russische Soldat ist ein Bauer, aber keineswegs unintelligent. Und er ist hart und zäh. Bei ihrem Rettungsversuch rennen Mansteins Leute gegen eine Mauer aus Stahl an.»

«Soll ich euch sagen, was passiert?» fragte Harald Winter. Die übrigen Männer waren nach dem Weggang der Damen dichter zusammengerückt, während Harald Winter, an den Rollstuhl gefesselt, am unteren Ende der Tafel bleiben mußte. Die Kerzen tropften, und Haralds Gesicht war in der Dunkelheit kaum zu erkennen. «Die Russen werden alles in ihrer Macht Stehende tun, um Paulus und die Sechste Armee bis zum 30. Januar zu vernichten. Das ist dann Stalins Art, den zehnten Jahrestag der Machtergreifung zu feiern.»

Es herrschte allgemeines Schweigen. Erich Hennig griff nach der Weinflasche und schenkte sich ein Glas ein. Bisher hatte er nichts zum Gespräch beigetragen, sondern vor sich hingebrütet und sich dabei zielstrebig vollaufen lassen. Jeder wußte, daß dieser zehnte Jahrestag der Machtergreifung auf besondere Weise begangen werden sollte.

Endlich brach Fritz Esser das gespannte Schweigen. «Er wird nicht sprechen.»

«Der Führer wird nicht sprechen?» wiederholte Paul ungläubig.

«Er muß», erklärte Horner kategorisch. «Es wäre furchtbar, wenn er sich nicht im Sportpalast zeigt. Das hieße, dem Feind einen moralischen Sieg frei Haus liefern.»

«Es ist beschlossene Sache», erwiderte Esser. «Er hat Göring beauftragt, an seiner Stelle zu sprechen. Goebbels wird wahrscheinlich eine Verlautbarung des Führers im Radio verlesen.»

«Es muß etwas geschehen», meinte Horner.

«Hast du dich plötzlich zu den Zielen und Idealen der Partei bekehrt?» fragte Esser ihn spöttisch.

«Das ist keine Frage der Politik.» Er überlegte kurz; selbst im privaten Kreis blieb für einen General der Wehrmacht Vorsicht geboten. «Die Armee hat diesen Krieg weder gesucht noch gefördert. Aber die Nation hat uns beauftragt zu kämpfen. Und wir kämpfen mit all unserer Kraft, und die Opfer sind furchtbar. Aber wir leben in einer Zeit, in der die

Moral der Bevölkerung zum Arsenal des Krieges gehört. Wenn der Führer seine alljährliche Rede im Sportpalast nicht hält, so gleicht das dem Verlust eines Armeekorps.»

Fritz Esser klemmte die Zigarre zwischen die Lippen, um in die Hände zu klatschen. «Gut gesagt, Herr General. Dem Propagandaministerium ist ein Star verlorengegangen, als dein Vater dich für die Soldatenlaufbahn bestimmte.»

Horner lächelte pflichtschuldig. An Essers Sarkasmus hatte er sich zwar gewöhnt, aber als Zielscheibe diente er ungern. Im Grunde konnte er sich nie mit dem Gedanken abfinden, daß es ein ungebildeter Kerl wie Esser zum Ministerrang gebracht hatte. Doch die meisten Nazis waren solch einfache Männer, auch Generalen der Waffen-SS, mit denen er an der Ostfront dienstlich zu tun gehabt hatte, mangelte es häufig an einer ordentlichen Schulbildung.

«Du kennst den Führer nicht, Alex», sagte Fritz. «Ich dagegen kenne ihn nun schon eine lange Zeit. Goebbels baut ihn gern zum Übermenschen auf, und Himmler verwechselt ihn mit dem lieben Gott, in Wirklichkeit aber ist der Chef ein einfacher Mensch mit fabelhafter Intuition. Doch die Intuition des Führers funktioniert am besten, wenn alles gutgeht. Er ist nicht dafür geschaffen, bei schlechtem Wetter zu segeln.»

«Na, wer ist das schon?» fragte Paul. Er konnte derart pessimistische Gespräche nicht ausstehen. Und die Abneigung des Führers gegen schlechtes Wetter verstand er nur zu gut.

«Winston Churchill», krächzte Harald Winter vom unteren Ende der Tafel.

«Ja.» Esser klang nicht restlos überzeugt. Erich Hennig schloß die Augen. Er hatte das unangenehme Gefühl, daß die Unterhaltung inzwischen an Hochverrat grenzte. Äußerungen, für die Menschen gehenkt worden waren, waren auch nicht defätistischer gewesen als die eben gehörten.

«Churchill hat sein Amt angetreten, als es am schlimmsten um England bestellt war», beharrte Winter. Er konnte sich solche hochverräterischen Bemerkungen leisten, denn er war so alt und krank, daß er nichts mehr zu verlieren hatte.

«Ja, zugegeben, aber warten wir's mal ab, wie er sich entpuppt, wenn sie zu siegen anfangen.» Essers Worten folgte ein tödliches Schweigen. Niemand wußte, ob das nur wieder einer seiner üblichen Scherze sein sollte oder ob es sich um einen fatalen Ausrutscher handelte. Keiner lachte.

Es klopfte leise an die Tür. Hauser, mittlerweile ein munterer grauhaariger Mittsechziger, trat ein. «Der Kaffee ist serviert, Herr Winter. Und die gnädige Frau läßt den Herrn Doktor bitten, die Torte anzuschneiden.» Er sah Paul an.

«Gut!» sagte Pauls Vater. «Gesellen wir uns zu den Damen.» Paul sprang auf und griff nach dem Rollstuhl. «Überlaß das Hauser!» sagte sein Vater scharf. «Schieben Sie mich, Hauser, und achten Sie auf den Teppich. Gestern hat er sich im Rad verfangen.» Paul beobachtete Hauser, wie er den Stuhl hinausrollte. Natürlich war es Paul, dem am Vortag das Malheur widerfahren war.

Die Damen erwarteten sie im Salon. Seitdem er an den Rollstuhl gefesselt war, verbrachte Harald Winter viel Zeit in seinem Lieblingsraum, dessen neuer weißer Teppich von Wand zu Wand reichte und mit einem riesigen Zickzackmuster bedeckt war. Auf einem großen Gebilde aus Chrom und Glas standen etliche kleine moderne Skulpturen, und an den Wänden hingen neuerdings abstrakte Gemälde, lauter Beispiele für die von den Nazis verfemte «Entartete Kunst». Man munkelte, Harald Winter habe sie aus eben diesem Grund günstig erworben; es konnte kein Zweifel daran bestehen, wie hoch er seine Sammlung schätzte.

In der Ecke stand, wie immer um diese Jahreszeit, ein Weihnachtsbaum. Das Ganze bot einen wunderbar harmonischen Anblick. Die Frauen hatten sich größte Mühe gegeben, das freudlose Grau des Kriegsalltags vergessen zu machen. Veronica Winter hatte ein wunderhübsches rosa Seidenkleid umarbeiten lassen. Lisl Hennig trug ein Kleid, das Erich von einer Wehrmachtstournee aus Paris mitgebracht hatte. Inge sah strahlend aus. Sie hatte ihr altes goldfarbenes Satinkleid mit dem tiefen Ausschnitt an, das sie seit 1934 besaß, das aber noch tadellos paßte. Chrisi Horner bezauberte wie immer durch ihren mädchenhaften Charme. Und sogar die ziemlich mißmutige Blonde, die Fritz mitgebracht hatte, wurde aufgemuntert, als die Männer erschienen.

Paul zelebrierte das Verteilen der Torte, zu der Ersatzkaffee gereicht wurde. Danach wurde der Champagner serviert, während Paul seine Geburtstagsgeschenke auspackte. Sie waren zwar nicht mehr so üppig wie in den früheren Jahren, doch er freute sich genauso darüber.

Von seinen Eltern bekam er eine diamantenbesetzte Krawattennadel, von Alex Horner eine lederne Aktentasche, von Esser ein Dutzend Flaschen alten Kognak, von den Hennigs Plattenaufnahmen von Erich mit Klaviersonaten von Schubert und von Inge schließlich ein goldenes Zigarettenetui, auf dem sein Name und das Datum eingraviert waren.

Selbst an seinem Festtag blieb Paul eisern bei Selterswasser. Er hielt eine kleine Rede; auch diesmal wurde seine Stegreifdarbietung mit Gelächter und Beifall quittiert. Er sagte nie irgendwelche alarmierenden, überraschenden oder unpassenden Dinge; genau deshalb war Paul bei jedermann beliebt – er tat nie etwas Beunruhigendes, er fand alles gerade recht. Er küßte seine Mutter. An ihrem nächsten Geburtstag wurde sie achtundsechzig, konnte es aber an Schönheit immer noch mit jeder anderen hier aufnehmen, außer – wie er schleunigst hinzufügte – vielleicht mit Inge. Allgemeines Gelächter.

Und wie glücklich er sich schätzen mußte, seine engsten Freunde und lieben Angehörigen um sich versammelt zu sehen in einer Zeit, da überall in der Welt so viele Menschen durch den Krieg voneinander getrennt waren.

Sie tranken auf Pauls Wohl. Und er revanchierte sich: «Ich wünsche euch ein glückliches und siegreiches 1943.»

Auch darauf erhoben alle ihr Glas.

Der Abend wurde allerdings nachträglich verdorben durch den Streit, den Inge und Paul bei der Heimkehr hatten. Sie stiegen zu Fuß nach oben in ihre Wohnung im fünften Stock.

Inge hatte darauf bestanden zu gehen. Sie klagte in letzter Zeit über Klaustrophobie. Paul mußte sie wohl oder übel begleiten; vielleicht nähme er dabei etwas ab, stichelte sie.

Als sie die Treppe erklommen, sagte Paul: «Ich wünschte, du würdest dich Fritz gegenüber nicht wie eine Närrin aufführen.»

«Was meinst du damit?» fuhr sie ihn an. Sie blieb auf dem Treppenabsatz im vierten Stock stehen und fixierte ihn.

«Diese albernen Witzchen ... dieses Getue, wenn du ihm beim Gutenachtkuß zuzwinkerst und den Hintern tätschelst.»

Inge gluckste. Sie hatte zu viel getrunken. «Hat sich deine Mutter beschwert?»

Seitdem er zu trinken aufgehört hatte, erschienen ihm angeheiterte Leute unerträglich töricht und geräuschvoll. Ruhig und geduldig erwiderte er: «Nein, aber die Alten verstehen die Witze nicht, die du über Fritz machst. Wenn du ihm sagst, er soll die Unterwäsche öfter wechseln ...»

«Das ist nicht ernst gemeint, Paul, nur ein Spaß. Sei nicht so prüde.»

«Fritz mag das jedenfalls gar nicht. Das kannst du mir glauben.» Er holte den Schlüssel aus der Tasche und ging den letzten Treppenabsatz hinauf zu ihrer Wohnung. «Er steht als Trottel da, und wer hat das schon gern.»

Der Zug bremste abrupt. Oberst Rudolf Freiherr von Kleindorf schreckte hoch. Er hatte in der schmalen Koje geschlafen, während der Zug durch zahllose Stationen rumpelte. Er drehte sich um, doch es war zu eng. Wenn er den einen Arm über das hölzerne Seitenteil herunterhängen ließ, wurde der Blutkreislauf abgeschnürt und die Hand starb ab, so daß er ihn wieder hochnehmen mußte. Er sah auf die Uhr. Er brauchte eine Weile, bis er im Schummerlicht der roten Glühbirne an der Decke die Zeiger erkennen konnte: 2 Uhr 25 früh.

Er hatte wieder von Moskau geträumt, von seiner kurzen Zeit als Divisionskommandeur. Wenn er sich nun nicht zurückgezogen hätte? Wenn er statt dessen den Befehl gegeben hätte, bis zum letzten Mann zu kämpfen, wie es der Führer von jeder Einheit verlangte? Nun, in dem Fall wäre er nicht bestraft und zu einem Schützenregiment versetzt worden, wo er als Adjutant eingesetzt wurde, bis er dann das Kommando erhielt. Nein, er wäre tot, ebenso wie jeder andere in der Division. Vielleicht waren sieben Monate als Adjutant bei einem Schützenregiment ein geringer Preis, mit dem er das Leben so vieler guter junger Leute erkauft hatte. General Horner war dieser Ansicht – in einem Brief an von Kleindorf sprach er genau das aus, aber ganz entschädigte es doch nicht für ein Divisionskommando. Dafür würde er fast alles geben.

Oberst von Kleindorf, ein vorzeitig gealterter Enddreißiger, versuchte vergebens, wieder einzuschlafen, und der Zug rührte sich noch immer nicht vom Fleck. Sobald er eindöste, wurde er durch irgendwelche Geräusche wieder wach. Ihm kam es wie Stunden vor, in Wirklichkeit waren aber nur dreißig Minuten vergangen, als er sich aus der unbequemen Schlafkoje auf den Boden schwang. Es war eiskalt im Abteil. Er trug lange Unterhosen und ein Unterhemd mit langen Ärmeln. Einige schliefen ganz angezogen – manche sogar in Stiefeln –, Rudi von Kleindorf dagegen in Unterwäsche. Das war ein Kompromiß, wie so vieles andere in Rudis Leben. Selbst sein Eintritt in die Reichswehr, damals in den zwanziger Jahren, war ein Kompromiß gewesen.

Er schaltete die helle Birne an; sie gab auch nicht viel mehr Licht. Er streifte sich die Hosenträger über die Schultern, knöpfte den Uniformrock zu und versuchte gleichzeitig, in die Schaftstiefel zu steigen. Das alles war ihm zur zweiten Natur geworden. Er konnte sich anziehen und sogar rasieren, bevor er noch ganz wach war. In der Ecke befand sich ein ausklappbares Waschbecken. Er besprengte sich das Gesicht mit Wasser und fuhr sich durch das kurzgeschorene Haar. Beim Abtrocknen stellte er fest, daß er sich rasieren müßte, aber er hatte einen dünnen Bartwuchs, und außerdem würde er vermutlich niemanden treffen, dem das etwas ausmachte. Er war schließlich Regimentskommandeur und ranghöchster Offizier im Zug.

Er wollte gerade aufmachen, als es an die Tür klopfte. Der Offizier vom Dienst Leutnant Uhl. Es überraschte ihn, von Kleindorf bereits fertig angezogen anzutreffen. «Herr Oberst! Woher wußten Sie?»

«Ein Kommandeur weiß alles», beschied ihn von Kleindorf. Mit den gleichen Worten hatte ihn Horner früher immer abgefertigt. Leutnant Uhl, ein spindeldürrer junger Mann mit Brille, berichtete: «Die Strecke ist blockiert. Ich habe den Zug durch Vorposten gesichert, falls es sich um einen Partisanenhinterhalt handelt. Der Zugführer sucht ein Signalhäuschen zum Telefonieren, um festzustellen, was eigentlich los ist.»

«Ein Signalhäuschen zum Telefonieren?» wiederholte von Kleindorf. «Denkt er, er ist auf der S-Bahn nach Wannsee?»

«Er meint, daß er eins findet.»

«Wo sind wir, Uhl?»

«Keine Ahnung, Herr Oberst. Wir dürften inzwischen in Polen sein, nehme ich an.»

«In Polen gibt's nicht viele Signalhäuschen und Telefone, Uhl. Das können Sie sich für die Zukunft merken.»

«Jawohl, Herr Oberst.» Von Kleindorf mochte den Jungen. Er war Anfang Zwanzig, hatte unwahrscheinlich früh mit dem Medizinstudium begonnen und nach dem Physikum aufgehört, um sich freiwillig zu melden. Ein Narr.

«Und so nahe an der deutschen Grenze gibt's keine Partisanen. Aber Sie haben das Richtige getan, Uhl. Es ist eine gute Übung, ich möchte die Leute in Schwung halten. Lassen Sie die Wachposten an ihrem Platz. Sind Leute auf dem Dach?»

«Jawohl, Herr Oberst. Mit Maschinengewehr.»

«Dann wollen wir mal nachsehen, was der Aufenthalt bedeutet.» Von Kleindorf zog den schweren Wintermantel an und stellte den Pelzkragen hoch.

Vorsichtig kletterten sie aus dem Zug und gingen dann im Dunkeln weiter. Eine mondlose Nacht wie diese eignete sich vorzüglich für einen Überfall aus dem Hinterhalt. Doch der war so weit im Hinterland wohl auszuschließen. Andererseits gab es die merkwürdigsten Geschichten. Die SS-Einsatzgruppen im Hinterland waren unentwegt damit beschäftigt, Partisanen und Freischärler, die Nachschublinien bedrohten, im Schnellverfahren zu exekutieren; und soviel er gehört hatte, richteten sie die Leute zu Tausenden hin, also mußte es gefährlich sein. Ohne guten Grund exekutierte man doch keine Verdächtigen...

Der kalte Wind blies hier oben auf dem Bahndamm besonders scharf. Das Land auf beiden Seiten war eben, soweit sie sehen konnten in dieser dunklen Nacht. Als sie an der Lokomotive vorbeikamen, strömte ihnen Wärme vom Kessel entgegen. Sie blickten zur Plattform hoch, wo der Lokomotivführer und der Heizer, vom orangeroten Feuerschein umrahmt, standen. Beneidenswert – sie waren die einzigen, die in dieser eisigen Nacht nicht frieren mußten. «Sie haben sich überhaupt nicht darum gekümmert, was passiert ist», beschwerte sich Leutnant Uhl.

«Dauerbefehl, Uhl. Lokomotivführer und Heizer müssen auf der Plattform bleiben, wenn ein Zug angehalten wird. Es ist zu oft vorgekommen, daß die Besatzung der Lok weggelockt und umgebracht wurde. Dann ist der ganze Zug den Angreifern auf Gedeih und Verderb ausgeliefert.»

«Verstanden, Herr Oberst.»

«Hier stinkt es ja bestialisch», bemerkte von Kleindorf.

«Vielleicht von den Feldern, Herr Oberst. Natürlicher Dünger.»

«Um diese Jahreszeit? Sie müssen ein Stadtkind sein, Leutnant Uhl.»

«Stimmt, Herr Oberst.»

«Ein penetranter Geruch. Wie auf dem Schlachtfeld.»

Sie gingen weiter. Die Gleisanlage wirkte primitiv. Im Schein der Taschenlampe konnte er die Schwellen ausmachen: rohe Holzbalken, an deren Lochmuster zu erkennen war, wie oft man sie schon ausgewechselt und neu verlegt hatte, grob verkeilte Gleise und keine Spur von Schotter, mit dessen Hilfe sich die Höhe der Schwellen regulieren ließ. Das hatte nichts mit den ordentlichen, verläßlichen Schienensträngen in Deutschland zu tun – das war eben der Osten...

Vor ihnen wurde die Strecke durch einen weiteren Zug blockiert. Offenbar ein sehr langer Zug.

«Wo fehlt's denn?» rief von Kleindorf.

«Die beschissene Achse, daran fehlt's!» Es war die Stimme eines schlechtgelaunten Mannes, den man mitten in der Nacht aus dem warmen Bett geholt hatte.

Als die beiden näher herankamen, sagte er: «O Verzeihung, Herr Oberst.» Die rauhe Stimme gehörte offenbar einem Schlesier.

«Sie müssen ihn irgendwie in Gang kriegen», sagte von Kleindorf. «Dicht hinter uns folgen weitere Züge.» Der Gestank aus den geschlossenen Güterwagen war kaum auszuhalten. Er fragte sich, ob das für den ganzen Zug galt.

Ein bärtiger Mann, anscheinend der Verantwortliche, konsultierte sein Merkbuch mit Hilfe einer Taschenlampe. «Sie sind der HZ 1489?

Vorausabteilung einer Panzerdivision, Regimentstab, Herr Oberst?» Seine Stimme war weicher und befehlsgewohnt.

«Ja, zweiundsiebzig Züge dicht hinter uns», bestätigte von Kleindorf, obwohl er keinen Zweifel hatte, daß der Bahnbeamte wußte, wieviel Züge man zur Beförderung einer Panzerdivision benötigte.

«Können Sie mir sagen, wo die Panzer verfrachtet sind, Herr Oberst?»

Von Kleindorf zögerte. Wie Panzer und Geschütze auf den flachen, offenen Güterwagen verteilt waren, gehörte nicht zu den Dingen, die man dem erstbesten Fragesteller auf die Nase zu binden pflegte. Diese Männer waren zwar trotz ihres starken schlesischen Dialekts unzweifelhaft Deutsche, aber wozu wollten sie das wissen?

Als habe er in seinen Gedanken gelesen, erklärte der Mann sich nun genauer: «Ich kann normale Güterwagen oder Personenwagen an diesem Güterzug vorbeirangieren. Aber Ihre Panzer hängen über. Mit den kleineren Panzern früher ließ sich das machen, aber Ihre großen modernen kriege ich nicht durch, ohne daß beide Strecken frei sind.»

«Direkt hinter uns kommen Panzer», sagte von Kleindorf. Aus dem Wagen drang ein Geräusch – Tiere, schätzte er, Pferde oder Rindvieh.

«Und auf dem Nebengleis haben wir weitere Panzer, also kann ich ihn nicht dorthin verschieben», überlegte der bärtige Mann. «Dann müssen wir eben den kaputten Güterwagen loswerden.» Er wandte sich an seinen lautstarken Gefährten: «Irgendwelche Vorschläge, Andi?»

«Der nächste Kran ist im Depot, aber wenn du einverstanden bist, könnten wir eine Winde holen und ihn den Abhang dort hinunterkippen.»

«Ich erwarte zwei Lazarettzüge.» Der Bärtige hatte die Handschuhe ausgezogen zum Schreiben. Jetzt streifte er sie wieder über. «Der erste kommt gerade, wenn ich mich nicht irre. Verwundete. Der muß Vorrang kriegen.» Man konnte die Zuggeräusche ganz schwach hören. Die Ohren des Mannes mußten speziell darauf geeicht sein.

«Wir können nicht auf Kräne oder Winden warten», erklärte von Kleindorf. «Ich lasse einen meiner Pionieroffiziere holen und eine Ladung Dynamit darunter anbringen.»

«Ohne das Gleis zu beschädigen, Herr Oberst?»

«Meine Pioniere können ein Ei aufsprengen, ohne das Dotter zu beschädigen. Aber Sie müssen ihn vorher ausräumen. Was ist denn drin? Vieh?»

Die beiden Eisenbahner tauschten Blicke. Eine komische Frage. Hatten diese Wehrmachtsoffiziere tatsächlich keine Ahnung? Konnten sie es denn nicht riechen? Wußten sie nicht, daß Reichsbahnzüge wie dieser heutzutage im Verkehr Richtung Osten überwogen, und daß sie leer zurückfuhren? «Juden, Herr Oberst.»

«Juden?»

«Zur Umsiedlung im Osten.» Er richtete den Strahl seiner Taschenlampe auf den Frachtschein der Reichsbahn, der an der hölzernen Seitenwand des Güterwagens befestigt war. Darauf stand in großen schwarzen Lettern: «Nach Auschwitz-Birkenau».

Von Kleindorf hörte sie jetzt. Was er für Tiere gehalten hatte, war das rastlose Vibrieren von Menschen, die man so eng zusammengepfercht haben mußte, daß sie kaum Luft bekamen.

«Hol deine Säge und entferne die Plombierungen», befahl der Bärtige.

«Was machen wir mit ihnen?»

«Können Sie uns einen Wachposten zur Verfügung stellen, Herr Oberst?»

«Ich kann ihn nicht bei Ihnen zurücklassen, wenn Sie das meinen», erwiderte von Kleindorf. «Nehmen Sie lieber einen Einheimischen.»

«Wir brauchen keinen Wachposten», meinte Andi. «Mit denen kriegen wir keine Scherereien. Sie können in den leeren Güterwagen auf dem Nebengleis gehen.»

Es dauerte nur zwei Minuten, den plombierten Riegel abzusägen. Aber es brauchte die volle Kraft beider Eisenbahner, die Tür aufzustemmen. Und dann quollen die Menschen heraus, stürzten auf den kalten, harten Boden.

Der Gestank von Urin, Kot und Tod traf sie jäh. «Großer Gott!» Leutnant Uhl wich entsetzt zurück. Selbst der im Krieg abgestumpfte von Kleindorf rang nach Luft. Frauen, Kinder, alte Männer, junge Mütter, ihre Säuglinge fest an sich gepreßt, lauter menschliche Wracks, die steifgefroren, leblos wie Schaufensterpuppen, auf den Bahndamm stürzten. Ein hochgewachsener Mann im schwarzen Anzug prallte so unglücklich auf, daß er die Böschung hinunter in den Graben rollte.

Und dabei waren die Jammergestalten unmittelbar hinter der Tür noch die kräftigsten. Diese Männer und Frauen hatten sich mit Brachialgewalt durchgekämpft, um dorthin zu gelangen, wo es manchmal einen Schimmer von Tageslicht und einen schwachen Luftzug gab.

«Raus! Raus!» brüllte der Bärtige. Er leuchtete mit der Taschenlampe in den dunklen Schlund des Güterwagens. Verängstigte Augen, noch mehr Menschen, noch Dutzende. «Raus! Raus! Beeilung!» Doch manche konnten nicht herauskommen. Sie waren tot – alte Menschen und natürlich auch Kinder. Männer und Frauen waren in dem Gedränge zu Boden gedrückt worden und dort erstickt.

Von Kleindorf wurde übel. Er machte auf dem Absatz kehrt, gefolgt von dem jungen Leutnant. Das war also die Umsiedlung, die das Regime den Juden bot. Er zog Zigaretten aus der Tasche. Nur diesen Anblick, diesen Gestank loswerden ... Der Erinnerung freilich würde er niemals entfliehen ...

Boris Somló hörte schwach, wie sie den plombierten Riegel durchzusägen begannen. Er war in die Ecke des Güterwagens gedrückt. Menschenmengen hatte er von jeher gehaßt; selbst bei Besuchen in Wiener Kaufhäusern zusammen mit seiner Mutter war ihm jede Art von Tuchfühlung zuwider gewesen. Doch dies hier war die Hölle. Lange Zeit hatte er versucht, einen kleinen Jungen hochzuhalten, das lag indes schon viele Tage zurück. Es war vor dem Tag gewesen, an dem man ihnen Wasser und ein Stück Brot gab. Es war, bevor er zum ersten Mal das Bewußtsein verloren hatte. Wo war das Kind jetzt? Er konnte nicht älter als fünf oder sechs gewesen sein, ein ernster kleiner Kerl, der auf nichts antwortete. Boris rieb sich das Gesicht und bemühte sich, nach seinem Bartwuchs zu errechnen, wie viele Tage sie eingesperrt in diesen kalten, dunklen Güterwagen verbracht hatten. Doch sein Bartwuchs war von jeher spärlich, so daß er die Zeit nicht abschätzen konnte.

Boris hörte auch die Stimmen der Eisenbahner, verstand allerdings nicht, was sie sagten, und es war ihm auch gleichgültig. Er war so schwach, daß er selbst seinen Hunger nicht mehr spürte. Nichts war mehr wichtig. Gar nichts. Und so traf ihn – wie alle anderen – das Öffnen der Tür völlig unvorbereitet.

Als sie aufgerissen wurde, geriet alles im Waggon in Bewegung, und Boris fand sich plötzlich zum Ausgang geschoben, sah ringsum Menschen ins Dunkel stürzen. Er atmete tief ein, die kalte Luft tat den Lungen weh, und dann stieß ihn jemand von hinten, so daß auch er in die bodenlose schwarze Tiefe fiel.

Er schlug mit solcher Wucht auf den Boden auf, daß ihm die Luft wegblieb; er rollte weiter den Bahndamm hinunter. Eine dünne Eisschicht krachte, und er landete im kalten Wasser eines flachen Grabens.

Auf einmal war er wieder voll bei Bewußtsein, jedoch so kraftlos, daß er es nur mit knapper Mühe schaffte, aus dem Wasser und auf den anstoßenden Acker zu kriechen. Die Wärme der zusammengepferchten Körper hatte sie alle am Leben erhalten, und als er jetzt in seinen nassen Sachen dem eisigen Wind preisgegeben war, rang er keuchend nach Atem. Er unterdrückte ein Husten und kroch weiter.

Er blickte zum Bahndamm zurück, wo Männer mit Taschenlampen in den Güterwagen leuchteten. Er stand auf und ging ganz langsam in die Dunkelheit hinein.

Boris schleppte sich bis zur Spitze des «Umsiedlungstransports», die Kälte schmerzte und machte jeden Schritt zur Qual. Da stand noch ein weiterer Zug. Vernünftig wäre es, von der Bahnstrecke weg und ins offene Gelände zu fliehen. Die Verkehrswege waren stets scharf bewacht – um das zu wissen, mußte man kein Soldat sein. Doch in seinen nassen Kleidern konnte sich Boris nicht auf freies Gelände wagen. Er war hungrig, durstig, müde und sehr schwach. Ihm war klar, daß er in diesem Wetter höchstens noch eine oder zwei Stunden überleben konnte.

Er wankte weiter, ohne darüber nachzudenken, was er tat oder wohin er ging. Er gelangte zu dem zweiten Zug, ohne zu wissen, weshalb er darauf zusteuerte; er sah nur die Lichter blinken, einladend, Wärme verheißend. Es war ein Militärzug, an den Seiten mit riesigen roten Kreuzen gekennzeichnet. Er näherte sich vorsichtig. Inzwischen hatte er gelernt, welche Gefahr Wachposten bedeuteten, doch hier gab es keine, bis auf zwei bewaffnete Männer auf den Wagendächern.

An manchen Fenstern waren die Verdunklungsrollos hochgezogen, so daß er die Soldaten drinnen sehen konnte. Der Zug war gerammelt voll. Viele hatten Verbände, die meisten schliefen. Nirgends regte sich etwas. Er ging weiter. Der nächste Wagen hatte Wandbetten für Verwundete, die nicht laufen konnten. Er war ebenso gedrängt voll wie der vorige, in dem die Soldaten so dicht wie nur möglich zusammengepfercht saßen. Alle waren in graue Decken gewickelt und aneinandergepreßt wie Ölsardinen.

Die Tür des dritten Waggons war offen, Lichtschein fiel nach draußen. Zwei Sanitäter hockten auf dem Trittbrett und rauchten gierig die langentbehrten Zigaretten. Hinter ihnen entdeckte Boris einen offenen Wandschrank, in dem Wehrmachtsdecken gestapelt waren. Nichts auf der Welt wünschte er sich mehr als eine dieser dicken, warmen Hüllen.

Er wartete lange, der eisige, scharfe Wind drang ihm bis ins Mark. Endlich hatten die Sanitäter aufgeraucht und kehrten in den Zug zurück. Durch die Fenster konnte er ihren Weg verfolgen. Dies war seine Chance, er kletterte aufs Trittbrett und versuchte, die Tür zu öffnen. Sie war unverschlossen. Behutsam machte er sie auf, stieg ein. Rechter Hand war die Toilette und hinter ihm die Verbindungstür zum nächsten Wagen. Von hier aus hatte er einen guten Überblick. Er spürte die Wärme der Heizung und hörte das Schnarchen, das leise Stöhnen und die unruhigen Bewegungen der Verwundeten. Niemand sah in seine Richtung. Er trat in das sanfte gelbe Licht und ging zum Wandschrank.

Langsam zog er eine Decke heraus, hielt mit der freien Hand die anderen, damit sie nicht herausfielen. Genau in diesem Augenblick machte der Zug einen Ruck. Vom Seitengang her hörte er die Kupplung klirren und von der Lokomotive den Dampf zischen, als sie sich nach abermaligem Rucken in Bewegung setzte.

«Sanitäter! Sanitäter! Der Mann braucht Hilfe! Er blutet schon wieder.» Die schrille, angsterfüllte Stimme eines jungen Mannes.

«Ich komme ja schon!» Ein Sanitäter hatte die Verbindungstür zum nächsten Wagen geöffnet. Er blieb kurz dort stehen, und Boris erkannte einen der beiden wieder, die draußen geraucht hatten. Der Zug rollte ächzend weiter, ratterte über eine Weiche. Boris trat in den Schatten zurück und zog die Decke um sich, so daß sie den schwarzen Anzug völlig verhüllte, der stank, von Erbrochenem und Kot durchtränkt. Der Sanitäter verschwendete kaum einen Blick an Boris, als er an ihm vorbeiging. Selbst der widerwärtige Geruch erregte hier, unter lauter Kranken und Verwundeten, keinerlei Aufmerksamkeit.

«Bluten?» fragte der Sanitäter, als er zu dem verschreckten jungen Mann kam. «Wo blutet er?» Der Zug beschleunigte jetzt das Tempo. Bald würde er so schnell fahren, daß er nicht mehr abspringen konnte, ohne sich alle Knochen im Leibe zu brechen. Er sah aus dem Fenster. Sie passierten einen weiteren Zug, einen Truppentransport. Die Soldaten starrten ihn an, ebenso wie all die Verwundeten, und dachten vermutlich daran, wie sie wohl zurückkehren mochten.

Aus dem oberen Bett war Blut auf das Gesicht des jungen Soldaten getropft. «Das ist doch nicht der Rede wert», erklärte der Sanitäter. «Morgen früh wechsle ich den Verband.»

«Ich möchte woanders hin», sagte der verängstigte Junge.

«Von mir aus, wenn du irgendwo Platz findest.» Der Sanitäter strich mechanisch das Bett glatt.

«Du hast dich wieder vollgeschissen, stimmt's?» fragte er.

«Ich konnte nichts dafür.»

«Das ist das letzte Mal, kapiert?»

«Ja.»

Als der Sanitäter auf dem Rückweg an Boris vorbeikam, blieb er stehen und musterte ihn. Ihre Blicke trafen sich, und Boris krampfte sich vor Angst der Magen zusammen. «Ich kenn doch all eure Schliche», herrschte ihn der Sanitäter wütend an. «Hier ist Rauchen verboten. Scher dich in dein Bett oder dein Abteil zurück. Oder wo immer du hingehörst. Du kennst ja die Vorschriften.»

Boris nickte.

Der Sanitäter schloß die Verbindungstür geräuschvoll hinter sich und verschwand im nächsten Waggon.

Boris beobachtete, wie der Junge aus dem Bett stieg, um sich einen halbwegs sauberen Schlafanzug anzuziehen. Wenn es ihm gelang, sich so ein Kleidungsstück der Wehrmacht zu verschaffen und seinen schwarzen Anzug zu verstecken, würde man ihn vielleicht zusammen mit den übrigen beköstigen. Wenn er etwas zu essen bekäme, könnte er auch wieder klarer denken.

Er sah aus dem Fenster. Auf einem Nebengleis wartete ein weiterer Wehrmachtszug; er beförderte Panzer in flachen, offenen Güterwagen. Als sein Zug langsam vorbeiratterte, merkte er, daß es Hunderte waren. Die ganze Welt schien nur noch aus Panzern zu bestehen.

Paul Winter verstand sich darauf, Menschen aufzuheitern. Er vollbrachte wahre Wunder dabei. Seit er jetzt zwei- bis dreimal wöchentlich im Haus der Hennigs erschien, um Lottie zu besuchen, fand sie das Leben weitaus erträglicher. Paul erzählte ihr Witze, Paul versorgte sie mit Klatsch- und Skandalgeschichten, und Paul führte ihr Zauberkunststücke vor, ließ eine Münze verschwinden und zog sie dann aus seinem – oder ihrem – Ohr hervor. Und es war Paul, der ihr Bücher brachte, vor allem englische, die man bei Polizeirazzien den früheren Eigentümern weggenommen hatte, was Lottie freilich nicht wußte. Und Paul hatte die Kissen und einen roten Samtohrensessel mit Fußbank besorgt, sowie zwei gerahmte Van-Gogh-Drucke, ein paar Tanzplatten und ein altes Koffergrammophon. Mit all diesen Sachen ließen sich die zwei winzigen Mansarden in eine durchaus behagliche kleine Wohnung umwandeln.

Wenn Paul kam, ließ er sich gern in dem roten Ohrensessel nieder und stützte die Füße auf. Das Grammophon spielte «You Are My Lucky Star». Lottie bereitete auf der Heizplatte Pfannkuchen ohne Eier zum Ersatzkaffee. Gelegentlich aß sie bei den Volkmanns, die neben ihr wohnten und mit denen sie das Badezimmer teilte. Und manchmal wurde sie auch nach unten zu den Hennigs eingeladen, aber die meiste Zeit war Lottie allein. Sie liebte es, am Dachfenster zu sitzen, über die Dächer zu schauen und die markanten Bauten am Kurfürstendamm auszumachen. Ihr blieb viel Zeit zum Grübeln. «Manchmal frage ich mich, ob sich überhaupt noch andere Amerikaner in der Stadt aufhalten», sagte sie, als sie den Pfannkuchen auf einen Teller tat. Die Musik endete, sie drehte die Platte um, spielte sie jedoch nicht ab.

«Ich glaube nicht», antwortete Paul, obwohl er aus den Unterlagen des

Ministeriums wußte, daß es einige gab. Doch es bestand die hohe Wahrscheinlichkeit, daß sie von der Gestapo als regimefreundlich eingestuft waren, oder daß es sich um Deutschamerikaner handelte, die Hitlers «Neuer Ordnung» wegen nach Deutschland zurückgekehrt waren, und davon wollte er Lottie in beiden Fällen fernhalten. Sie sollte erst gar nicht daran denken, irgendwelche neuen Kontakte anzuknüpfen. Bei den Hennigs und den Volkmanns drohte keine Gefahr, sie saßen im gleichen Boot. Selbst Mama besuchte Lottie nur zweimal im Monat. Es war besser so. Man hatte weder nach ihr gefahndet noch einen neuen Schutzhaftbefehl ausgestellt – dafür mußte man dankbar sein. Aber die Kennkarte, die Paul ihr verschafft hatte, trug vorn ein großes «J» und hätte zweifellos der scharfen Kontrolle nicht standgehalten, die deutsche Polizisten bei jüdischen Personalausweisen anzuwenden pflegten. Denn dort lautete der Vorname Martha Sara anstatt Charlotte Sarah, das Alter sechzig anstatt vierzig, und das Foto zeigte eine wesentlich ältere Frau, die nicht die geringste Ähnlichkeit mit ihr hatte.

Zu Hause war sie höchstwahrscheinlich sicher, aber wenn sie draußen herumlief, bestand immer die Gefahr, daß sie aufgegriffen und in ein Lager verfrachtet wurde. Innerhalb der SS war zwischen den verschiedenen Gruppierungen ein Streit darüber entbrannt, was mit den Juden geschehen sollte, doch die Auseinandersetzung drehte sich lediglich darum, ob man sie gleich in einem Vernichtungslager liquidieren oder sie sich in einem Arbeitslager zu Tode arbeiten lassen sollte.

Pauls Ideen zur Rentabilität der Konzentrationslager hatte man inzwischen so ausgebaut, daß die SS zur Eigentümerin eines großen Industrieimperiums geworden war, das in seinen Konzentrationslagern Sklavenarbeit nutzte, um so gut wie alles herzustellen – von billigen Möbeln bis zu ausländischem Falschgeld. Häftlinge arbeiteten in Steinbrüchen, produzierten synthetischen Kautschuk und nähten Wehrmachtsuniformen. Die Meißener Porzellanmanufaktur gehörte der SS, und demnächst würde sie das Monopol zur Erzeugung von Mineralwasser besitzen.

«Das hab ich mir gedacht», sagte Lottie. «Stell dir vor, ich wäre tatsächlich die einzige hier. Dann könnte ich doch ein Buch schreiben – Titel: ‹Eine Amerikanerin in Berlin›, Untertitel: ‹Die einzige Augenzeugin der Kriegsjahre›. Na, wie fändest du das? Ich würde berühmt werden.»

Paul wußte, daß sie nur scherzte, deshalb lachte er, fügte jedoch hinzu: «Ich würde nichts schriftlich niederlegen, Lottie. Vorläufig jedenfalls nicht.»

Von unten hörte man den Sprößling der Hennigs Klavier üben. Erich behauptete zwar, der Junge sei musikalisch begabt, was freilich nicht so leicht zu glauben war, wenn er «Für Elise» spielte.

«Ein neuer Brief ist wohl nicht gekommen?»

«Von Peter? Nein, nichts. Aber er ist in den Vereinigten Staaten sicher. Die Amerikaner heuern ihn bestimmt nicht zum Militär an. Wahrscheinlich sitzt er bei deiner Mutter in Kalifornien und rätselt, wie es uns wohl gehen mag.»

«Das nehme ich auch an. Mir kommt es vor, als hätten wir uns eine Ewigkeit nicht gesehen. Und Helena wird im September siebzehn. Ich kann das kaum fassen. Sie war doch erst zehn, als ich ins Gefängnis ging. Mir fehlen all die Jahre, in denen sie heranwuchs. Wenn ich wenigstens ein neueres Foto von beiden hätte!» Sie stellte Paul Pfannkuchen und Kaffee hin, und er bedankte sich. «Siebzehn. Sie war ein bildschönes kleines Mädchen.»

«Und jetzt ist sie eine bildschöne junge Frau», tröstete Paul.

«Ja, davon bin ich überzeugt, Paul. Sie war immer so fehlerlos. Nie hat sie geschrien wie andere Kleinkinder. Sie war so ... ich weiß nicht ... so erwachsen, so reif.»

Lottie redete gern, also trank er seinen Kaffee und ließ sie drauflosschwatzen. Es mußte schrecklich langweilig für sie sein, die meiste Zeit allein, ohne jede Ansprache herumzusitzen. Und es machte ihm Spaß, ihrem Deutsch zuzuhören, das jetzt starke berlinerische Dialektanklänge hatte, untermischt mit Kraftausdrücken aus dem Gefängnis.

«Ohne meine Schwangerschaft wären wir nach Amerika gegangen», fuhr Lottie fort. «Onkel Glenn hatte zwar abgeraten, aber Peter hätte den Posten trotzdem angenommen. Wenn man das bedenkt – nur ein Jahr später, und Helena wäre in Amerika zur Welt gekommen. Ich wünschte, Dad hätte sie noch sehen können.»

Paul beobachtete sie mit einiger Besorgnis. Bei seinem letzten Besuch hatte sie ihn gebeten, ein paar Blumen auf das Grab ihres Vaters zu legen. Sie hatte sich nach den anderen jüdischen Friedhöfen erkundigt, und er mußte ihr berichten, daß der Alte Jüdische Friedhof in der Großen Hamburger Straße, der seit dem 17. Jahrhundert bestanden hatte, nicht mehr existierte. Man hatte die sterblichen Überreste exhumiert und beseitigt. Der jüdische Friedhof konnte als «judenrein» gemeldet werden. Lottie reagierte zutiefst verzweifelt. Vielleicht hätte er es ihr nicht sagen sollen, aber er befürchtete, sie könnte sich zu einem Besuch dorthin aufmachen und deswegen mit Fragen belästigt werden.

«Ein Glück, daß Peter sie mitgenommen hat», sagte Paul.

«Darüber denke ich oft und viel nach. Könnte Peter etwas geahnt haben?»

«Geahnt, daß die Japaner Pearl Harbor angreifen und daß der Führer sich mit einer Kriegserklärung an die Vereinigten Staaten anschließt? Ich glaube nicht, daß irgend jemand das hätte voraussehen können, Lottie.»

«Nein, das konnte wohl auch er nicht.»

«Er hat Helena mitgenommen, damit Großvater und deine Mutter sie sehen konnten.»

«Und jetzt wird sie zur waschechten Amerikanerin. Ich kann sie mir genau vorstellen auf den Bällen in der High-School. Aber was ist mit Peter? Wie mag das für ihn sein?»

Paul trank einen Schluck Kaffee. «Peter ist sicher soweit in Ordnung. Ich nehme an, man wird ihn nicht sonderlich gut behandeln, weil er Deutscher ist, aber nach dem, was ich in den nachrichtendienstlichen Bulletins des Auswärtigen Amts lese, hat es drüben keine Masseninternierung von Deutschen gegeben.»

Lottie konterte verächtlich: «Die Leute werden ihn nicht schlecht behandeln, bloß weil er Deutscher ist. Das gibt es nur bei euch Deutschen – diese Urangst, dieses tiefe Mißtrauen gegenüber Ausländern. Das veranlaßt euch, sie so schlecht zu behandeln. Damit hat der ganze Fall Hitler angefangen. Hitler haßt alles Fremde, Ausländer, Juden, fanatisch. Er hat diesen Haß zum Programm erklärt und dafür bei viel zu vielen Deutschen Unterstützung gefunden. Mein Dad ist im Ersten Weltkrieg niemals schlecht behandelt worden. Ich war damals halbwüchsig und erinnere mich noch gut daran. Wir hatten nie irgendwelche Schwierigkeiten.» Sie hielt inne. Wie konnte sie nur den lieben Paul zur Zielscheibe ihrer Wut machen. Schließlich hatte er alles für sie riskiert.

«Wir hatten eine schottische Nanny», sagte Paul. Er lächelte. Er fühlte sich durch ihren Ausbruch nicht gekränkt; vermutlich war er gerechtfertigt. Die meisten Anwürfe, die er in seinem Leben hinnehmen mußte, waren berechtigt. «Manchmal erinnerst du mich an sie. ‹Ihr Deutschen denkt nur ans Kriegführen›, war einer ihrer Aussprüche. Eine großartige Frau. Als der erste Krieg ausbrach, packte sie ihre Koffer und fuhr nach Hause. Ich habe mich nicht mal richtig von ihr verabschiedet, aber wenn ich später zurückdachte, merkte ich, wieviel Zeit ihres Lebens sie für uns geopfert hatte. Ich frage mich, was eine Frau veranlassen kann, so vieles aufzugeben, um für die Kinder anderer Leute zu sorgen.»

«Vielleicht konnte sie selbst keine Kinder bekommen.» Kaum war ihr diese unbedachte Antwort entfahren, fiel Lottie siedend heiß ein, wie sehr sich Paul und Inge Kinder gewünscht hatten.

«Kann sein. Lisl erzählte mir, daß Frau Volkmann ein Baby erwartet.»

«Ja, die beiden Volkmanns sind außer sich vor Freude. Das gibt ihnen wieder einen Lebensinhalt.»

«Es geschehen also noch Zeichen und Wunder», meinte Paul. «Wie alt ist Dr. Volkmann eigentlich? Er muß an die Fünfzig sein.»

«Ja, ich glaube schon. Aber Lily ist wesentlich jünger als er. Ich hoffe, daß alles gutgeht.»

«Wie werden die Hennigs ohne sie zurechtkommen?»

«Du meinst in der Teestube? Ja, die Backwaren macht größtenteils sie, soweit sie die Zutaten auftreiben kann. Ich will nach besten Kräften für sie einspringen – das habe ich Lisl gesagt. Sie ist so glücklich über den Erfolg und vor allem darüber, daß Erich jetzt unten Klavier spielt.»

«Erich Hennig spielt in der Teestube?» Paul war perplex. Erich hatte doch so auf Lisls neue Unternehmung geschimpft.

«Seit vorigem Monat. Wußtest du das nicht? Den anderen Klavierspieler hat Lisl wegen Unpünktlichkeit rausgeschmissen, und drei Wochen hatten sie niemand. Aber das Geschäft ging so rasant zurück, daß Erich sich breitschlagen ließ, vorläufig zu spielen.»

«Ich muß mal nachmittags reinschauen und Tee trinken.»

«Erich sagt, er macht es nur vorübergehend, aber mit seinem Arm ist es schlimmer geworden. Ich glaube nicht, daß er je wieder ein Konzert geben kann.»

«Mir hat er kein Wort davon gesagt.»

«Er kann sich immer noch nicht damit anfreunden. Jedenfalls brauchen sie das Geld, und Lisl macht der Laden einen Mordsspaß. Sie öffnet erst mittags und schließt um halb sieben, da ist es keine zu große Belastung. Immerhin kann sie sich Besuche sparen, sämtliche alten Freunde kommen her. Und sie wandert von Tisch zu Tisch und verbreitet den neuesten Klatsch. Dr. Volkmann sagt, es ist einer der beliebtesten Treffpunkte in Berlin.»

«Hier? Einer der beliebtesten Treffpunkte in Berlin?» mokierte sich Paul. «Hört er das etwa von seinen Arbeitskollegen auf dem Friedhof Weißensee?»

«Du bist gemein, Paul. Natürlich übertreibt er. Es ist nicht mit dem Kaiserhof oder mit Kempinski zu vergleichen, aber Lisl hat wahre Wunder vollbracht. Ach, da fällt mir ein – deine Mutter hat mir ein paar von meinen amerikanischen Lieblingskuchen geschickt. Möchtest du einen?»

«Nein, danke, ich werde zu dick.»

«Sie hat sie mir sogar ins Gefängnis geschickt. Natürlich nicht mehr mit richtiger Schokolade und echten Nüssen, trotzdem ist es so lieb von ihr. Eine kulinarische Erinnerung an Amerika, sagt sie immer. Ich liebe deine Mutter.»

«Sie wollte dich gern öfter besuchen, aber ich habe ihr dringend nahegelegt, nicht mehr als zweimal monatlich herzukommen. Ich möchte, daß du vorerst besonders vorsichtig bist.»

«Was immer du für richtig hältst, Paul.» Im Gefängnis hatte sie davon gehört, was bestimmten Kategorien von Häftlingen nach Verbüßung ihrer Strafe widerfuhr. Doch anstelle eines SS-Mannes mit einem Schutzhaftbefehl erwartete Paul sie in einem Wagen vor dem Gefängnis in der Barnimstraße. Er hatte sie geradewegs hierher ins Haus der Hennigs gebracht. Sie hatte ihn nie gefragt, wie es ihm gelungen war, sie vor dem Konzentrationslager zu bewahren. Sie tat einfach das, was er sagte, und dankte Gott für das Wunder.

«Es bläst ein schärferer Wind. Der Krieg verläuft keineswegs so gut wie erwartet. Die Sechste Armee ist in Stalingrad vor die Hunde gegangen. Ein paar von meinen Kameraden aus Lichterfelde waren dabei. Fritz Esser erzählt, in den letzten Tagen hat Hitler die Nachricht bekommen, daß unter den Verwundeten auch sein Neffe, Leo Raubal, ist, aber er hat es abgelehnt, ihn ausfliegen zu lassen. Weiß der Himmel, was mit dem Mann geschieht, wenn die Russen dahinterkommen, wer er ist. Und im Mai haben dann weitere zweihundertfünfzigtausend deutsche Soldaten in Tunesien vor den Briten und Amerikanern kapituliert.»

«Aber keine Invasion?» erkundigte sich Lottie.

«In Frankreich? Das halte ich für ausgeschlossen. Bedenke nur, wie viele Schiffe sie dazu benötigen würden, und die ganze Kanalküste ist schwer befestigt.» Paul trank den Ersatzkaffee aus und erhob sich. Er hoffte, er konnte Lottie bewegen, im Hause zu bleiben. Von Lisl wußte er, daß sie mit dem kleinen Theo einkaufen und im Tiergarten spazierengegangen war. Ihr leichtsinniges Verhalten entsetzte Paul, doch er hatte keine Ahnung, wie er Lottie überzeugen könnte.

«Du willst doch nicht schon gehen, Paul?»

«Ich sollte besser. Ich laufe nämlich neuerdings immer ins Büro, weil ich abnehmen möchte. Und da muß ich eben früher zu Hause weg.»

«Die arme Inge. Sie muß ja dann auch früher aufstehen.»

«Ich bin momentan allein.»

«Inge ist zu sehr eingespannt, Paul.»

Er sah sie kurz an. «Inge verbringt ihre Freizeit jetzt größtenteils bei Fritz.»

«Was meinst du damit, Paul?»

«Sie schläft in Fritz Essers Wohnung.»

Sie fixierte ihn. Meinte er damit wirklich das, was sie annahm? «Paul! Das kann doch nicht dein Ernst sein!»

«Doch, ich meine es ernst. Ich hätte wohl ahnen müssen, was los ist, als sie so oft außerhalb war. Mir ist nur nie aufgefallen, daß sie immer weg war, wenn auch Fritz auf Reisen ging. Wie sollte ich auch?»

«O Paul!»

«Ich habe sie bezichtigt, und sie hat nur gelacht und gesagt, sie hätten sich beide schon gewundert, wie lange es wohl dauern würde, bis mir endlich etwas dämmert.»

«O Paul», wiederholte sie. Ihr fehlten die Worte. Er sah so rührend aus in seinem Kummer. Wie konnten sie Paul so etwas antun? Sein Gesicht war erstarrt – das Gesicht eines kleinen Jungen, dem die Welt eingestürzt ist. Sie nahm ihn in die Arme, und er drückte sie fest an sich.

«Sie hat gelacht. Ich fragte, wie lange das schon geht, und sie sagte, seit Jahren. Sie lachte wieder. Ich hab ihr gesagt, daß ich ihr nie untreu war, und da hat sie nur gesagt: ‹Dann mußt du ein Trottel sein.›»

«Aber Inge...» Lottie drehte sich der Kopf. Sie hatte Inge seit vielen Jahren nicht mehr gesehen. «Ich dachte, sie liebt dich. Ich war überzeugt davon.»

«Vielleicht, wenn wir ein Kind gehabt hätten...»

«Wie konnte sie nur so grausam sein?» Lottie hielt ihn weiter fest umschlungen, so daß sie sein Herzklopfen spürte.

«Sie hat mich früher geliebt, sagte sie, aber Fritz Esser ist eben ein richtiger Mann. Dabei weiß ich nicht, wovon sie spricht, Lottie.»

«Setz dich wieder, Paul. So lasse ich dich nicht weg. Du siehst furchtbar aus. Hier ist ein Schnaps...»

«Ich trinke keinen Alkohol.»

«Du brauchst jetzt einen Schluck, Paul.»

«Vielleicht einen ganz kleinen.» Er setzte sich.

«Weiß es Lisl?»

«Großer Gott, nein. Sie würde es überall rumtratschen.»

«Wer weiß sonst noch Bescheid?»

«Niemand. Alex ist nicht in Berlin, und außer ihm bist du der einzige wahre Freund, den ich habe, Lottie. Ich meine, du gehörst zur Familie, oder?»

«Ja, Paul.»

Er lächelte. «Jetzt ist mir wohler, nachdem ich es jemandem erzählt habe. Ich habe es so lange mit mir herumgeschleppt...»

«Komm mich öfter besuchen, Paul. Ich unterhalte mich so gern mit dir.»

«Das mache ich, Lottie.»

Paul Winters ernste Liebe zu seinem Vater war von jeher auch mit Angst untermischt gewesen. Bei eigenen Kindern hätte er alles getan, ihnen dieses Angstgefühl zu nehmen, das ihn in Gegenwart seines Vaters stets überkam.

Selbst jetzt, da Harald Winter an den Rollstuhl gefesselt und der dreiundvierzigjährige Paul als höherer Beamter im Innenministerium tätig war, an dessen Spitze seit kurzem der allseits gefürchtete Heinrich Himmler stand, empfand er seinem Vater gegenüber immer noch die gleiche Nervosität. Es war lachhaft.

Während dieses Sonntagsausflugs in den Tiergarten war sein Vater sehr wortkarg. Zusammengeschrumpft, in eine große Decke verkrochen, hockte er im Rollstuhl, mit schiefsitzendem Hut, und starrte mißbilligend in die Welt. Paul schob ihn; der massive hölzerne Rollstuhl war zu schwer für Veronica, die neben Paul ging und sich am Sonnenschein und dem Grün ringsum erfreute. Der Tiergarten zeigte sich von seiner besten Seite. Mochte sich auch noch so viel verändert haben, der herrliche Park im Herzen der Stadt war eine Augenweide wie eh und je. Die schottische Nanny hatte Paul hier im Kinderwagen spazierengefahren, bevor er laufen lernte. Er kannte jeden Baum und Strauch, den Neuen See, wo er Enten und Vögel gefüttert hatte. Auf dem Heimweg hatten sie manchmal die Löwen im Zoo brüllen hören.

Der Sommer 1943 war einzigartig, Tag um Tag Sonnenschein und blauer Himmel. Doch jetzt ging die Schönwetterperiode zu Ende. An diesem Sonntag kündigten stark böige Winde einen Sturm an. Dunkle Wolken zogen auf, begleitet von Donnergrollen. Aus diesem Grund hatte Paul vorgeschlagen, den Ausflug abzukürzen. Sie konnten an der Siegessäule umkehren und direkt zur Budapester Straße gehen. Doch seine Eltern taten diese Bedenken ab: seine Mutter, weil sie wußte, wie sehr Harald diese Ausflüge liebte, und Harald, weil er solche Zugeständnisse von ihr bereitwillig akzeptierte. Das hatte er immer getan. Er war selbstsüchtig. Manchmal fragte sich Paul, warum seine Mutter nicht gegen die Egozentrik seines Vaters rebellierte.

«Ich wünschte, wir hätten zu Hause öfter Englisch gesprochen», sagte Veronica. «Es wäre gut für dich gewesen, Paul, und für deinen Vater auch. Und ich muß gestehen, daß mein Englisch mittlerweile eingerostet ist. Eine Schande.»

Seine Mutter trug einen eleganten neuen Mantel und einen modischen Filzhut mit breiter Krempe, den sie bei jeder Windbö festhalten mußte, damit er ihr nicht vom Kopf wehte. Mit ihren achtundsechzig Jahren hatte sie sich die schlanke, aufrechte Jungmädchenfigur bewahrt. Paul war stolz auf sie. «Ein Witz macht gerade die Runde», sagte er. «Die Optimisten lernen Englisch, die Pessimisten Russisch.»

«Es ist einfach abscheulich, so was zu sagen, Paul. Und ich bin sicher, daß es nicht stimmt.»

«Tut mir leid, Mama. Ich sagte doch, es ist ein Witz. Ich bin fest davon überzeugt, daß wir die Russen bald wieder zurückschlagen.» Der Himmel wurde mit jeder Sekunde dunkler, und es donnerte wieder, diesmal nach einem Blitz. Wenn es jetzt anfing zu regnen, würden sie naß bis auf die Haut; es gab weit und breit nichts, wo sie sich unterstellen konnten.

«Ich sehe mir die Zeitungen nicht mal mehr an. Lauter Karten... Habe ich dir erzählt, daß Hugo – der junge Hausdiener, der den Weinkeller so mühevoll zum Luftschutzraum umgebaut hat – umgekommen ist? Er ist zur Marine gegangen und wurde bei dem schrecklichen Luftangriff auf Hamburg getötet. Er muß uns als seine nächsten Angehörigen angegeben haben. Armer kleiner Hugo – ich wußte nicht, daß er keine Familie hatte. Vermutlich hat er uns deshalb so oft geschrieben.»

Bei Erwähnung der Serie von Bombenangriffen, die Hamburg zerstört hatten, zeigte Harald Winter Interesse. «Was weißt du über Hamburg, Paul? Wie sieht die Wahrheit aus?»

Paul beschönigte die bittere Wahrheit nicht. «Kauffmann, der Gauleiter von Hamburg, berichtet von achthunderttausend Obdachlosen, die durch die Straßen irren und Essen, Kleidung und Unterkunft benötigen. Was konnten wir ihm sagen? Wir haben Decken, Medikamente und so weiter geschickt. Aber die Leute im Ministerium haben keine Ahnung, wie man mit dieser Art von Katastrophe fertig wird. Unser Beauftragter hat ihnen nicht viel geholfen, fürchte ich: Er kam völlig erschüttert zurück und erklärte, der Schaden sei unvorstellbar. Er brachte Fotos mit. Die ganze Stadt ist ein Trümmerfeld. Aber sie bringen sie allmählich wieder in Gang. Die Zahl der Toten wird man wohl nie genau feststellen. Die Menschen sind in die Kanäle gesprungen, um sich vor den Flammen zu retten, konnten ihnen doch nicht entfliehen, und am nächsten Morgen waren die Fleete voller Leichen.»

Sein Vater murrte. Für jede derartige Katastrophe war dieser «fette Hanswurst» Göring verantwortlich, Oberbefehlshaber der versagenden

Luftwaffe. Seine Mutter reagierte gar nicht. Vielleicht hätte er den beiden nichts darüber erzählen sollen. Manche Menschen zogen es vor, sich den Tatsachen zu verschließen. Über ihnen dröhnte ein Flugzeug. Paul blickte zum Himmel. Eine Junkers Transportmaschine. Er hatte sie zu Hunderten gesehen, aber jedesmal mußte er dabei an jenen grauenhaften Morgen 1934 zurückdenken, an dem der Führer in München gelandet war, um blutige Rache an der SA zu üben.

«Wird der Führer um Bedingungen bitten?» erkundigte sich Veronica.

«Du meinst – um Friedensbedingungen?» Paul war verblüfft über eine solche Frage. Er hatte diese Möglichkeit nie ernstlich in Erwägung gezogen. «Nein. Das glaube ich nicht. Er hat immer gesagt, er wird bis zum letzten Blutstropfen kämpfen und das gleiche von uns verlangen.»

«Aber sie werden weiter bombardieren, oder nicht? Wenn nun alle unsere Städte von Tausenden von Bombern angegriffen werden wie jetzt Hamburg?»

«In Berlin sind wir sicher, Mama.»

«Aber die Luftwaffe hat vor Jahren mit Bombenangriffen auf London angefangen. Ich kann mir nicht vorstellen, daß die Engländer uns verschonen werden.»

«Hamburg liegt am Meer, Mama. Das ist ein leichteres Angriffsziel für sie – da brauchen sie nicht so tief in unseren Luftraum einzudringen.»

«Du bist so zuversichtlich, Paul, aber ich befürchte das Schlimmste.»

«Was ist das Schlimmste, Mama?»

«Daß die Russen herkommen», erwiderte Veronica ohne Zögern.

Paul lachte. «Na, hör mal, Mama. Du glaubst doch nicht allen Ernstes, daß die Russen bis Berlin vorstoßen könnten? Die Kosaken kommen – damit haben Berliner Mütter ihren ungezogenen Kindern gedroht.» Es blitzte wieder, und diesmal hielt das leise Donnergrollen lange Zeit an.

Ein weiteres Flugzeug tauchte auf. «Vielleicht wollen sie rasch landen, bevor es anfängt zu regnen», meinte Veronica.

Er lachte sie nicht aus. «Kann sein, Mama.» Die große viermotorige Focke-Wulf-Transportmaschine befand sich bereits im Landeanflug auf Tempelhof. Der Tarnanstrich wies Schmutz- und Ölspuren auf sowie Anzeichen von Beschädigung. Diese Langstreckenflugzeuge, die zum Transport von höheren Offizieren und dringenden Versorgungslieferungen zwischen Berlin und der Front eingesetzt wurden, erinnerten die Einwohner daran, wie nahe die Kampfhandlungen gerückt waren.

«Deutschland führt einen Zweifrontenkrieg, Paul», sagte seine Mutter. «Ich kann mich noch erinnern, wie jeder sagte, ein Zweifrontenkrieg sei tödlich für Deutschland.»

«Wir haben keinen Zweifrontenkrieg, Mama. Die britischen und amerikanischen Armeen sind noch in England.»

«Sie sind dort nicht auf Urlaub, Paul», entgegnete seine Mutter scharf.

«Du hoffst doch nicht etwa, daß die Amerikaner gewinnen, Mama?»

«Nein, natürlich nicht, Paul, aber ich wünschte, der Führer würde anfangen, an Frieden zu denken.»

«Solche Äußerungen würde ich nicht in der Öffentlichkeit machen, Mama.»

Sie sah ihn an. Es war schrecklich, wenn eine Mutter ihre wahren Gedanken dem eigenen Sohn nicht anvertrauen konnte, doch an Pauls Unzugänglichkeit in bezug auf dieses Thema bestand nicht der leiseste Zweifel. «Nein, das tue ich auch nicht, Paul», versprach sie.

Er streifte sie mit einem Blick und berührte ihren Arm. Er liebte seine Mutter. Doch gleich vielen anderen, die er kannte, vermochte sie nicht zu unterscheiden zwischen dem, was klug und was ausgesprochen dumm war. Wenn nun jeder in Deutschland herumginge und genau das sagte, was er dachte? Die Keller in der Prinz-Albrecht-Straße würden bei weitem nicht ausreichen.

«Es wird gleich schütten. Hast du einen Regenschirm dabei?»

«Nein, aber das macht nichts.»

«Wir werden patschnaß», warnte Paul.

Vier junge Soldaten mit ihren Mädchen rannten an ihnen vorbei, als sie die kleine Brücke überquerten. Sie wollten dem drohenden Unwetter entkommen und lärmten ausgelassen. Paul blickte ihnen nach, wie sie sich gegenseitig schubsten und um die Wette liefen. Diese Art von sorglosem jugendlichen Überschwang hatte Paul nie gekannt. Er war sein Leben lang autoritätshörig gewesen.

Im Rosengarten war kein Mensch mehr. Paul setzte sich auf einen der leeren Plätze neben dem Rollstuhl seines Vaters, während seine Mutter die Blumenbeete inspizierte. Haralds Ausflüge in den Tiergarten waren ein fester Bestandteil der Tagesordnung. Mama widmete sich dann mit Vorliebe den Blumen; sie kannte jeden einzelnen Rosenstrauch, jede einzelne Sorte und registrierte deren Wachstum so liebevoll wie einst das ihrer Kinder. Während Paul sich mit seinem Vater unterhielt, beobachteten sie Veronica bei ihrer Inspektionsrunde. Sie zeigte keinerlei Anzeichen von Hast, trotz der schwarzen Wolken und des immer näher kommenden Donnergrollens. Das war typisch für sie – Veronica war eine sehr entschlossene Frau. Eines Tages würde Paul sich ihr anvertrauen, von Inges Untreue berichten, und von ihr neue Kraft erhalten – aber noch nicht jetzt.

«Hast du Lottie in letzter Zeit besucht?» erkundigte sich sein Vater. Eine überraschende Frage. Harald Winter war zwar darüber informiert worden, daß seine Schwiegertochter in Berlin lebte, hatte aber kein Interesse bekundet, sie zu sehen, und ihr Name wurde selten in seiner Gegenwart erwähnt. Veronica ging stets allein zu Lottie.

«Ich bringe ihr Lebensmittel», entgegnete Paul nervös.

Die Augen seines Vaters funkelten mit einer Ausdruckskraft, die nicht dazu angetan war, Pauls Ängste zu mildern. Andere alte Männer hatten teilnahmslose, wäßrige Augen, Harald Winters durchdringender Blick dagegen war noch derselbe wie damals, als Paul sich davor in Nannys Arme flüchtete. «Du hast sie aus dem Gefängnis rausgeholt, stimmt's?» fragte Harald Winter, nicht im geringsten erfreut.

«Sie wurde entlassen. Vorzeitig, wegen guter Führung.» Pauls Antwort klang fahrig und nervös. Er wußte, daß sein Vater solche Untertöne unfehlbar heraushörte, und das schüchterte ihn noch mehr ein.

Harald Winter sah sich nach seiner Frau um. Sie war außer Hörweite, doch er flüsterte trotzdem: «Was ist mit Martha passiert?»

«Martha?»

«Spiel mir kein Theater vor, du Schwein!»

«Ach so, Martha. Deine Martha.»

«Was ist mir ihr passiert?»

«Keine Ahnung. Wieso?»

«Du warst dort, du warst in Wien. Ich bin genau im Bilde.»

«Das liegt doch Jahre zurück... Das war beim Anschluß.»

«Du hast ihr deine Karte gegeben und ihr Schutz angeboten.»

«Stimmt.» Paul lächelte nervös. Jetzt würde er zweifellos ein Lob bekommen.

«Sie wurde verhaftet. Sie hat dich in Berlin angerufen.»

«Nein!»

«Leugne ja nicht, ich habe einen Zeugen.»

«Ich war nicht da.»

«Ich weiß, daß du nicht da warst. Ich sage, sie hat dich angerufen.»

«Ich war nicht im Büro, meine ich.»

«Erzähl mir keine Lügen. Sie hat mit dir gesprochen. Der Mann, der sie verhaftet hat, erlaubte ihr, das Telefon zu benutzen und dich in Berlin anzurufen. Du hast ihr gesagt, daß nichts zu machen sei.»

Warum gab sein Vater ihm an allem die Schuld? Er korrigierte ihn: «Ich sagte ihr, daß ich versuchen würde, ihr zu helfen.»

«Nichts hast du getan.»

«Ich tat, was ich konnte.»

«Du hast gar nichts getan.»

Jetzt entlud sich Pauls Zorn. «Du meinst wohl, es ist so einfach, oder? Warum hast du denn nichts getan, ihr zu helfen? Sie ist schließlich deine Geliebte.» Harald Winter taumelte zurück, als habe er einen Schlag ins Gesicht erhalten. So hatte Paul nie mit ihm geredet, zumindest nicht seit jener schrecklichen Nacht, als einer von seinen Nazi-Genossen mit dem Messer auf Hauser losgegangen war.

«Sprich nicht in diesem Ton mit mir.»

Die Ungerechtigkeit empörte Paul derart, daß sich die lange aufgestauten Kränkungen und die Wut entluden. «Ich rede so mit dir, wie es mir paßt. Ich bin kein Kind mehr. Sie wurde in Schutzhaft genommen als Ausländerin jüdischer Abstammung. Hättest du sie geheiratet, wäre sie im Besitz eines deutschen Passes und durch diese Mischehe geschützt.»

«Versuchst du mir die Schuld zuzuschieben an dem, was mit ihr geschehen ist?»

«Ich weiß nicht, was mit ihr geschehen ist», beharrte Paul.

Harald Winter erstarrte, ballte die Fäuste, seine Stimme wurde ganz ruhig. «Du hast der Wahrheit noch nie ins Auge sehen können, Paul.»

«Ich sage dir doch, ich weiß es nicht.»

«Sie wurde in ein Lager gebracht und zur Umsiedlung in den Osten geschickt.»

«Ich konnte nichts tun.»

Harald Winter blieb leise, beherrscht. «Der Schutzhaftbefehl trug deine Unterschrift. Kannst du mir das erklären?»

«Es stimmt nicht.»

«Bei der Verhaftung war ein Zeuge zugegen. Damit hast du nicht gerechnet, als du einen von euren Handlangern nach Wien schicktest, um sie festzunehmen. Daran hast du nicht gedacht, hab ich recht?» Er lächelte – nicht triumphierend, sondern trübe, freudlos.

«Das ist nicht wahr.»

«Denkst du, ich weiß nicht, was passiert ist? Denkst du, ich weiß nicht, mit welchen Winkelzügen dein verkorkstes Hirn arbeitet?»

«Was?» Pauls Welt stürzte ein.

«Du widerwärtiges kleines Schwein. Du bist falsch wie eine Schlange, ohne einen Funken Moralgefühl.»

«Was?»

«Frau Winter, Ausländerin, Jüdin. Hältst du mich für blöde? Meinst du, ich kann es mir nicht zusammenreimen? Du hast Martha verhaften und in das Lager verfrachten lassen, in das eigentlich Lottie eingeliefert werden sollte.»

Paul befeuchtete sich die Lippen. «Und wenn ich es getan habe? Ich habe Lottie, Peters Frau, gerettet, oder?» Er hörte seine Stimme – hoch und schrill; sie verriet alles, was er unbedingt zu verbergen suchte: daß er immer noch der verängstigte Schuljunge war, ein Zustand, den er sein Leben lang beibehalten und stets verabscheut hatte.

Er blickte seinen Vater an, erhoffte selbst jetzt noch Verständnis. Harald Winter verzog verächtlich den Mund. «Du Schwein!»

«Peters Frau.» Er wartete; das mußte sein Vater doch einsehen. Harald Winters Wut und Verachtung hielten indes unvermindert an. «Deine Geliebte – und sie war nicht die einzige, die du hattest – gegen Peters Frau. Deine Martha war alt... sechzig Jahre alt.»

«Ich will dich nie wiedersehen», erklärte sein Vater ruhig.

«Wer war dieser Zeuge? Könnte ich das vielleicht erfahren?» fragte Paul sarkastisch.

«Nein.»

«Boris, nehme ich an.»

«Ja, Boris.»

«Ihr Liebhaber.»

Harald Winter musterte seinen Sohn scharf, bevor er antwortete. «Das hast du also gedacht.» Er wischte sich über den Mund, als wolle er jede vorschnelle Äußerung zurückhalten. «Boris ist mein Sohn, ihr Sohn.»

«Boris ist dein Sohn?» wiederholte Paul heiser.

«Dein Halbbruder», bestätigte sein Vater unbarmherzig.

«Er wurde wahrscheinlich nur festgenommen, weil er nicht beweisen konnte, daß ein Elternteil arisch ist. Du bist schuld, wenn er deportiert wurde; hättest du ihn als deinen Sohn anerkannt, wäre er als Mischling registriert worden, mit entsprechender Kennkarte. Mischlinge werden gewöhnlich nicht in Lager verbracht.»

«Er wurde abtransportiert.»

«Woher weißt du dann über all das Bescheid?»

«Er ist geflüchtet.»

«Das schafft keiner.»

«Manche eben doch. Erzähl das deinen Vorgesetzten. Einige werden zur Stelle sein, um euch hängen zu sehen.»

Paul zog ein Taschentuch heraus und putzte sich die Nase. «Ich konnte es dir nie recht machen, oder? Ich kann tun, was ich will, es ist immer falsch. Ich absolviere Lichterfelde, und du hältst mir meine schlechten Noten vor; ich kämpfe im Krieg, und du wunderst dich, weshalb ich keinen Orden kriege; ich bestehe meine juristischen Staatsprüfungen, und du sagst, Strafrecht ist kinderleicht; ich werde Beamter, und du nennst mich einen Bürokraten; ich arbeite schwer und werde befördert, und du sagst, ich bin ein Nazischwein! Nie habe ich ein Wort der Anerkennung von dir bekommen und werde wohl nie eins hören.»

«Geh mir aus den Augen.» Die ersten Regentropfen fielen, bildeten auf dem staubigen Weg ein großgepunktetes Muster.

«Ich habe Lottie gerettet, deine Schwiegertochter.» Das Gesicht seines Vaters blieb unverändert. Er starrte seinen Sohn seltsam ausdruckslos an. Keine Spur von Haß, bloß Gleichgültigkeit. «Und außerdem hab ich die Akte über dich vernichtet.»

«Die Akte über mich», wiederholte Harald Winter verächtlich. Alles, was Paul wollte, war ein Wort des Lobes, irgendeine kleine Geste der Anerkennung. Das Risiko, das er auf sich genommen hatte, als er die Akte verschwinden ließ – ebenso wie die Risiken in einer ganzen Reihe anderer Fälle, vom Wink an Alex Horner über die Intrige gegen General von Fritsch bis zur Rettung der armen Lottie – war beträchtlich, doch sein Vater war unnachgiebig.

«In Wien. Die kaiserliche Geheimpolizei hatte eine dicke Akte über dich, aus deiner Studentenzeit, als du der Gesellschaft ‹Silberner Adler› beigetreten bist.»

«Ha!» Harald Winter erinnerte sich an das Gespräch mit Graf Kupka im Club. Am Silvesterabend, kurz vor Pauls Geburt. Er hatte noch das Läuten von all diesen verdammten Kirchenglocken im Ohr. Und er wußte noch, wie dieser Idiot von einem Frauenarzt gesagt hatte: «Ihr Baby wird 1900 zur Welt kommen; ein Kind des neuen Jahrhunderts.» Nun, vielleicht hatte er recht, aber über diesem neuen Jahrhundert lag ein Fluch. Er wünschte, sein Sohn wäre nie geboren. «Scher dich fort, sage ich!»

«Mama kann den Rollstuhl nicht schieben.»

«Sie wird es können. Geh mir aus den Augen! Und komm mir nicht mehr in mein Haus, solange ich lebe. Das ist doch nicht zuviel verlangt?»

Als Paul in seine Wohnung in der Nähe vom Bismarckplatz zurückkehrte, goß es in Strömen. Er fuhr mit dem Aufzug nach oben und schloß auf. Zu seiner Überraschung brannten sämtliche Lichter und duftete es nach Kaffee. Auf dem Küchentisch stand eine offene Gebäckdose, das Packpapier lag im Mülleimer.

«Paul?» Er ging in den Salon. Inge saß auf dem Sofa, in einem schlichten braungestreiften, durchgeknöpften Sommerkleid; ihr Haar war feucht und strähnig. «Bist du auch naß geworden? Ich jedenfalls bin völlig durchweicht.»

«Inge! Was machst du denn hier?»

«Es ist schließlich mein Zuhause», entgegnete sie trotzig.
«Wo ist Fritz?»
«In Hamburg.»
«Was tut er dort?»
«Etwas unschwer Vorauszusagendes mit einer willigen blonden neunzehnjährigen Tippse in der Flugzeugfabrik von Blohm und Voss.»
«Verstehe.» Er sah sie an; dermaßen niedergeschlagen hatte er Inge noch nie erlebt.
«Genau das tut er.» Sie lachte. Sie hatte sich wohl an seine endlosen Affären gewöhnt, denn das Lachen klang nicht sonderlich bitter. «Wir sind zusammen hingefahren. Er hielt eine Rede vor den Rüstungsarbeitern und nahm dann eine aus seinem Publikum mit ins Bett.» Sie war immer noch hübsch. Wie konnte dieser dämliche Fritz bloß irgendeine andere diesem Geschöpf vorziehen? Auf dem niedrigen Tisch stand ein Guglhupf, von dem ein oder zwei Stücke fehlten. Daneben eine Kanne Kaffee und zwei Tassen. Wie hatte sie nur ahnen können, wann er kam? Das konnte sie doch unmöglich wissen, aber in kleinen Dingen hatte Inge von jeher eine glückliche Hand gehabt. Bei den wirklich wichtigen dagegen ging ihr alles schief: Peter, Paul und nun Fritz – und das Baby, das sie sich so sehnlich wünschte.
«Unter der Asche glüht noch das Feuer», sagte Paul.
Inge lächelte. Das war ein Zitat aus Fritz Essers Rede, einer Rede, die er immer dann hielt, wenn ihm nichts Neues einfiel.
«Ist es vorbei?»
«Ich weiß es nicht.» Sie strich sich über das Haar; ihr war durchaus bewußt, daß von Frisur keine Rede mehr sein konnte.
«Ich glaube nicht, daß ich ...»
«Ich brauche eine Bleibe.»
«Fritz wird dich nicht heiraten, falls du darauf immer noch spekulierst.»
«Er würde nicht mal nach mir suchen», erwiderte sie traurig. «Das weiß ich.»
«Der Führer hat gesagt, er wünsche keine weiteren schmutzigen Scheidungsaffären.»
«Er ist ein Puritaner. Ja, ich weiß. Fritz nimmt mich nicht mal mit zu ihm, aus lauter Angst vor peinlichen Fragen.»
«Ich dachte, Fritz ist ‹ein richtiger Mann›. Läßt er sich so vom Führer einschüchtern?»
«Entschuldige, wenn ich dir weh getan habe, Paul. Das wollte ich nicht.»

«Ach nein?» Er dachte daran, wie sie ihn gedemütigt hatte. Er dachte an ihre höhnischen Bemerkungen über seine «Männlichkeit».

«Du hast abgenommen», stellte sie fest und schenkte ihm Kaffee ein. Es war kein echter, schmeckte aber gut.

«Kummer und viel Arbeit.» Er trank einen Schluck Kaffee und beäugte den Kuchen, ohne ein Stück zu nehmen.

«Kummer?»

«Ich hatte eben einen furchtbaren Krach mit Papa. Er will mich nie wiedersehen, sagt er.»

«Armer Paul.»

«Er meint es ernst.»

Sie lachte, um ihn in seinem Jammer etwas aufzuheitern. «Wir fühlen uns beide verschmäht, stimmt's? Laß uns zu Bett gehen und alles vergessen. Morgen ist auch ein Tag.»

Es war typisch für sie, ihm ihre Gunst mit derart leutseliger Herablassung zu schenken. Er liebte und begehrte sie, aber von nun an würde alles anders. Er würde sie nie mehr so vergöttern wie früher, um nicht wieder so verletzt zu werden. «Ich muß noch einen Papierwust durchackern», sagte er. «Ich schlafe auf dem Feldbett.»

Sie lächelte. Das machte ihr nicht allzuviel aus. Inge hatte es gelernt, die Dinge so zu nehmen, wie sie kamen. Alles, was sie jetzt brauchte, war ein Platz zum Schlafen.

1944

«Und abends wieder nach Berlin», sagte der Flight Lieutenant der RAF, ein schon älterer Mann, dekoriert mit Orden und Ehrenzeichen aus dem Ersten Weltkrieg, in dem er bei der Luftaufklärung gedient hatte. Jetzt war er als Nachrichtenoffizier in der Operationsabteilung tätig, allerdings vorwiegend mit rein administrativen Aufgaben befaßt.

«Das habe ich gehört», entgegnete Colonel Peter Winter. Es bedurfte keiner näheren Erläuterung. Seit November 1943 hatten sich die alliierten Luftangriffe in erster Linie auf Berlin konzentriert. Trotz der winterlichen Wolkendecke und der weiträumigen dichten Bebauung, die das Sichten von Zielobjekten auf dem Radarschirm erschwerte, waren genügend Bomberverbände bis Berlin vorgedrungen, um ganze Viertel zu verwüsten. Die meisten Ministerien konnten, zumindest zeitweilig, nicht benutzt werden, und zwanzig Prozent des Wohnraums ebenso. Die britischen Nachrichtendienste nannten diese Serie von Luftangriffen die «Schlacht um Berlin».

«Die langen Winterabende», sagte der Mann. «Das gibt ihnen die Möglichkeit, Fernziele zu erreichen und bei Dunkelheit zurückzukehren. Sie warten auf General Rensselaer, nicht wahr?»

«Ja.» Peter beugte sich tiefer über seine Zeitschrift in der Hoffnung, der Mann werde aufhören zu reden. Auf dem Flugplatz herrschte jetzt Ruhe und in der Operationsabteilung desgleichen. Die Bomber waren alle in der Luft, und bis zu ihrer Rückkehr gab es nichts zu tun.

«Aber Sie sind kein Yankee?» Eine merkwürdige Äußerung gegenüber einem Mann, der Uniform und Abzeichen des US Army Signal Corps trug, doch auf diesem Flugplatz vom RAF Bomber Command waren schon alle möglichen seltsamen Vögel in unwahrscheinlicher Aufmachung aufgetaucht.

«Aber ja doch.»

«Sie reden nicht wie ein Yankee.»

«Ich bin in Europa zur Schule gegangen.»

«Ach so. Darf ich fragen, wo?»

«Wo?»

«Wo Sie zur Schule gegangen sind. Das ist 'ne persönliche Frage, ich weiß, aber ich bin einfach neugierig, wo Sie ein so gutes Englisch gelernt haben.»

Peter hätte gern erklärt, daß ihm sein gutes Englisch von einem schottischen Kindermädchen in Berlin beigebracht worden war, aber er wußte von früheren Begegnungen, daß dies nur zu endlosen wohlmeinenden Fragen führte, die er nicht beantworten wollte. Und außerdem hatte man ihn tausendmal darauf hingewiesen, daß seine Aufgabe streng geheim sei, was genauso für seine Vorgeschichte und sein Geburtsland galt. Deshalb schwieg er.

«Ja, Berlin kriegt's heute abend wieder ab. Geschieht den Schweinehunden recht», sagte der Nachrichtenoffizier, als er merkte, daß er keine Antwort auf seine Frage erhalten würde.

«Ja», bestätigte Peter.

«Ich mach mir um meinen Jungen Sorgen. Er fliegt Lancasters. Hat vierzehn Einsätze hinter sich. Ich habe Angst um ihn. Die Deutschen nennen sie ‹Terrorflieger›. Wir haben von Fällen erfahren, wo unsere Jungen sofort nach dem Fallschirmabsprung getötet wurden. Das verstößt gegen das Kriegsrecht, aber darum scheren die sich ja nicht.»

«Es ist heiß hier drin.» Peter legte die Zeitschrift hin. Der Mann war fest entschlossen zu schwatzen. «Furchtbar stickig, so ganz ohne Lüftung.»

«Ich darf die Verdunklung nicht abnehmen.»

«Könnten Sie die Fenster nicht mit Vorhängen verdunkeln und Luft reinlassen?»

«Das haben wir versucht, aber da gab's immer Spalten. Sie sind offenbar noch nicht lange in England?»

«Mir kommt es endlos vor.»

«Das macht der Krieg. Manchmal denke ich, er geht auch nach meinem Tod noch weiter. Dabei werde ich bald sechzig.»

«Wirklich? Sie sehen jünger aus.»

«Ja, das höre ich von vielen. Liegt vermutlich an meinem Haar.» Er schaute auf Peters leere Teetasse. Peter hatte auch eine Untertasse bekommen, eine Vergünstigung, die nicht jedem Gast zuteil wurde. Er hatte sie seinem Dienstgrad zu verdanken. «Noch etwas Tee, Colonel?»

«Nein, danke.»

«Sie trinken ihn ohne Milch, sehe ich.»

«Ich mag kein Milchpulver.»

«Die Deutschen trinken ihn so. Sind Sie zufällig in Deutschland geboren?»

«In Encino, Kalifornien.» Er gab immer Encino als seinen Geburtsort an. Das konnte er beschreiben, und es lag denkbar weit von Europa entfernt.

«Ich erinnere mich nur, daß die Deutschen ihren Tee immer schwarz trinken.» Er erhob sich. «Wollen Sie wirklich keinen mehr? Ich lasse meine Sekretärin frischen aufbrühen. Ich trinke ihn kannenweise.»

«Nein, vielen Dank.»

«Möchten Sie lieber Kaffee?»

«Ich mag keinen Kaffee.»

«Die Deutschen lieben Kaffee. Die deutschen Kriegsgefangenen sollen es gar nicht glauben, daß bei uns die ganzen Kriegsjahre hindurch der Kaffee nicht rationiert wurde.»

«Sie würden es glauben, sobald sie welchen trinken», meinte Peter mit dem Brustton der Überzeugung.

«Ach!» Er schaute einen Augenblick verblüfft drein, lachte dann kurz. «Ich verstehe, was Sie meinen. Ja.»

Die Briten schätzen keine Witze über ihren Kaffee, das hatte Peter schon zuvor festgestellt. Man konnte Witze machen über ihre ungemütlich kalten Häuser, über den miserablen Telefon- und Postdienst, über die Regierung und sogar über den König; mokierte man sich jedoch über die englische Küche oder die Unfähigkeit, Kaffee zuzubereiten, so galt das als unhöflich. «Ich trinke nie Kaffee», erklärte Peter.

In diesem Moment öffnete sich die Tür, und Glenn Rensselaer trat ein. Mit seiner Ernennung zum Brigadegeneral hatte sich sein Widerstand gegen das Uniformtragen gelegt. Er wirkte gesund, stattlich und sehr militärisch. Das ergrauende Haar machte ihn nicht alt, sondern gab ihm eine distinguierte Note, und er hatte immer noch sein gewinnendes Lächeln.

«Ich lasse gerade frischen Tee aufbrühen, General Rensselaer.»

«Nein, vielen Dank, Mr. Parker. Wir sind in Eile. Kommen Sie, Colonel. Haben Sie Ihr Nachtzeug?»

«Ihr Fahrer hat es in den Wagen gelegt.»

«Dann wollen wir mal. Ich fahre. Packen Sie sich warm ein. Wir haben einen Jeep, da drin ist's genauso kalt wie in einem englischen Schlafzimmer.»

Es war eine dunkle Nacht. Glenn Rensselaer schickte seinen Fahrer weg und setzte sich selbst ans Steuer. Es war ein langer Weg bis London, aber Glenn machte das nichts aus, nicht einmal auf den schmalen, kurvenreichen, verdunkelten Straßen Englands.

Sie fuhren eine Weile schweigend dahin. Peter dachte an Lottie. Wenn man den maximalen Straferlaß wegen guter Führung zugrunde legte, könnte sie inzwischen frei sein. Er hatte seiner Mutter geschrieben und sie um Nachricht gebeten, aber es war ja völlig ungewiß, ob die Briefe sie überhaupt erreichten.

«Er hat mich für einen Deutschen gehalten», sagte Peter plötzlich.

«Wer? Der Schnüffler vom Dienst? Er betätigt sich für sein Leben gern als Sherlock Holmes. Nächstes Mal wird er mich beiseite nehmen und mir verraten, daß er alles über dich weiß. Er war Interrogator in einem Kriegsgefangenenlager. Als er dort war, wollte er unbedingt hier sein; jetzt ist er hier und wünscht, er wäre dort geblieben. Du kennst den Typ.»

«Er spricht Deutsch?»

«Fließend. Er war Flieger, wurde 1916 abgeschossen. Hat den Rest des Krieges hinter Stacheldraht verbracht. Er hält sich für einen Experten, was ‹die deutsche Mentalität› betrifft.»

«Er ist sehr hartnäckig.»

«Ein RAF Flight Lieutenant ist nichts weiter als ein Hauptmann. Du bist Colonel. Sag ihm einfach, er soll den Mund halten.»

«Ich fühle mich aber gar nicht als Colonel.»

«Das solltest du aber inzwischen.»

«Ich seh ihn da sitzen, die Brust voller Ordensbänder, und mit seinem Pilotenabzeichen.»

«Möchtest du deine Ordensbänder und deine Abzeichen von der Zeppelin-Division tragen?»

«Das ist etwas anderes.»

«Keineswegs. Du brauchst dir von diesem Möchtegern-Sherlock Holmes und Konsorten nichts gefallen zu lassen.»

«Ist SIXPACK planmäßig weggekommen?»

«Ja! Wir haben einen Funkspruch gekriegt mit der Bestätigung, daß er pünktlich abgesprungen ist. Nun müssen wir abwarten.»

«Um den muß man keine Angst haben.»

«Oh! Das klingt ungewohnt. Wieso bist du bei SIXPACK so zuversichtlich?»

«Er ist ein Gauner», erwiderte Peter. «Er hat nicht die Absicht, seine Anweisungen zu befolgen. Er ist aufs Geld aus.»

«Was heißt das?»

«Das weiß ich auch nicht genau. Aber manche von ihnen sind eben so, Glenn. Sie sind Opportunisten. Sie stecken das Geld ein und gehen dann auf Nummer Sicher.»

«Hast du deine Meinung über diese Sorte von Agenten auch anderen gegenüber geäußert?»

«Sie sind nicht alle so. Aber ich finde, wir sollten in SIXPACK nicht weiter investieren, solange wir nicht sicher sind, was wir bekommen.»

«Du meinst Geld.»

«Klar. Er wird Geld verlangen, und immer mehr Geld. Du wirst es erleben.»

«Ich hoffe, du irrst dich.»

«Es macht doch nicht allzuviel aus, oder?»

«SIXPACK kennt ein paar Gesichter, stimmt's?»

«Er wird sich nicht selbst reinreiten, sondern hübsch ruhighalten.»

«Du hast einen guten Instinkt für diese Burschen, Peter.» Peters frühere Voraussagen hatten sich bisher als richtig erwiesen.

«Das hat nichts mit Instinkt zu tun, Glenn, nur mit Urteilsvermögen. Ich habe mein ganzes Leben unter Deutschen verbracht. Ich kann sie auseinanderhalten, genau wie du die Amerikaner.»

«Vermutlich.» Glenn verlangsamte das Tempo, um sich in den für Amerikaner ungewohnten Kreisverkehr einzuordnen. «Bei dem verzwickten Fall, der morgen auf mich zukommt, könnte ich gut etwas von diesem Urteilsvermögen gebrauchen. Da ist eine wirklich große Sache im Busch.» Glenn suchte nach einer Haltegelegenheit neben der Straße und fand schließlich einen Platz, wo er den Wagen abstellen konnte.

«Ich wollte meinen Fahrer nicht dabei haben, weil es sich hier um eine echte Sensation handelt.» Er schaltete den Motor ab. Ringsum war es dunkel und still, bis auf einen Eulenschrei und einen in der Ferne dahinratternden Zug.

«Worum geht's denn?»

«Seit über einem Jahr registrieren die Briten ausgestreckte Friedensfühler.»

«Von Hitler?»

«Nein, nicht von Hitler. Von Leuten, die ihn stürzen und dann Verhandlungen aufnehmen wollen.»

«Wer ist das?»

«Ja, wer ist das? Es handelt sich um verschiedene Gruppierungen. Die eine nennt sich Kreisauer Kreis, Pazifisten und Intellektuelle, darunter zahlreiche Adlige, Grafen und so was. Große, bekannte Namen, wie man mir sagt.»

«Graf von Moltke», warf Peter ein.

«Vielleicht.»

«Das Gut der Moltkes liegt in Kreisau in Schlesien», hakte Peter nach.

«Tatsächlich? Da wären etwas strengere Sicherheitsvorkehrungen wohl kein Luxus, wenn du's auf Anhieb errätst.»

«Also habe ich recht?»

General Rensselaer beantwortete die Frage nicht. «Diese Kreisauer Leute haben nun zwei hochrangige Kirchenführer bewogen, nach Stockholm zu fahren. Dort haben sie mit einem britischen Bischof gesprochen, der sich gerade in Schweden aufhielt. Er brachte ihre Botschaft nach London.»

«Wie haben sie denn eine Ausreisegenehmigung erhalten?»

«Das ist eine Frage, die mir Kopfschmerzen verursacht. Jedenfalls gibt es außerdem noch andere Kontakte. Hast du schon mal was von einem Mann namens Goerdeler gehört?»

«Carl Goerdeler, ja. Ehemaliger Bürgermeister von Leipzig. Protestant und Hitler-Gegner.»

«Wie ist er?»

«Zäh, tapfer, aktiv, intelligent.»

«Hört sich gut an.»

«Aber laut und impulsiv. Zu bekannt als Hitler-Gegner und deshalb kein geeigneter Sammelpunkt für einen Geheimcoup.»

«Okay, doch was ist, wenn Goerdeler mit der Wehrmacht zusammenginge?»

«Mit der Wehrmacht?»

«Goerdeler hat versucht, Generale für seine Pläne zu gewinnen. Er ist sogar nach Smolensk gefahren, um Generalfeldmarschall von Kluge, den Befehlshaber der Heeresgruppe Mitte an der Ostfront, zu rekrutieren.»

«Mit welchem Erfolg?»

«Das wissen wir nicht. Wir wissen oder nehmen jedenfalls an, daß auch Ludwig Beck, der ehemalige Stabschef, zum Hitler-Gegner geworden ist.»

«Wieviel Macht und Einfluß besitzt er heute?»

«Einfluß offenbar. Den Ablauf stellen sie sich ungefähr so vor: sie setzen Hitler ab, Generaloberst Fromms Ersatzheer übernimmt die Herrschaft in Berlin, dann suchen sie um Friedensbedingungen nach. Wir stimmen zu, und sie konsolidieren ihre Macht.»

«Das Ersatzheer besteht doch nur aus Rekruten oder irgendwelchen Einheiten, die aus den verschiedensten Gründen kurzfristig von der Front in die Heimat verlegt werden.»

«Aber es hat Waffen und befindet sich direkt in Berlin oder in anderen Großstädten.»

«Und das alles soll ohne Wissen der Nazis vor sich gehen?»

«Die Experten sagen, daß Himmler zwar nicht eigenhändig Hitler den Dolch ins Herz stößt, aber bereitwillig die Regierung übernehmen wird, sofern ihm jemand die Arbeit abnimmt.»

«Das ist der Mann, den sie den getreuen Heinrich nennen», meinte Peter.

«Na ja, vielleicht muß man bei Himmler ein großes Fragezeichen setzen. Aber Admiral Canaris gehört eindeutig zu den Verschwörern.»

«Canaris? Wer ist das?»

«Der Chef der Abwehr. Deshalb fühlen sich die Generale ja so sicher. Der Chef der Abwehr gehört zu den Verschwörern.»

«Was hat das alles mit uns zu tun?»

«Es hatte überhaupt nichts mit uns zu tun, sondern ging lediglich die Briten etwas an, bis die Burschen das Büro unseres militärischen Geheimdienstes in Berlin entdeckten und Dampf dahinter machen wollten. Unser Mann in Bern hat nach Washington berichtet, und jetzt fragt Washington bei uns an, ob die Geschichte echt ist.»

«Washington ist bereit, ein solches Abkommen zu schließen?»

«Washington ist ein Adler mit vielen Köpfen. Meiner Schätzung nach wollen sie die Verschwörung auf Sparflamme weiterköcheln lassen.»

«Um abzuwarten, ob diese Leute die Regierungsgewalt übernehmen können?»

«Ein klares Nein könnte sie veranlassen, sich an Moskau zu wenden und mit Onkel Joe zu reden.»

«Ist Washington so zynisch?»

«Ja.»

«Was sollen wir also tun?»

«Die Verschwörer werden Adolf sehr bald umlegen, vielleicht im März – das Wann und Wie sind noch zu klären. Von uns möchten sie einen Agenten und eine Funkverbindung, ferner werden sie die unverzügliche Bekanntgabe eines Waffenstillstandsabkommens verlangen. Falls die SS sich regimetreu verhalten und bewaffneten Widerstand leisten sollte, dann rechnen die Putschisten mit rascher militärischer Unterstützung. Was sagst du dazu?»

«Ich wußte, daß es so kommen würde.» Peter gelang es, seine Freude zu verbergen. Er hatte immer gehofft, daß die Deutschen irgendwann Vernunft annehmen und sich die Nazi-Verbrecher vom Halse schaffen würden. Jetzt würde das alte, das kaiserliche Deutschland seiner Kinder- und Jugendjahre, das er geliebt und geachtet hatte, wiedererstehen und seinen rechtmäßigen Platz in der Welt innehaben.

«Na ja, noch ist es ja nicht soweit. Aber wir sollten schon mal die Daumen drücken. Eine solche politische Lösung könnte uns die Invasion auf dem Kontinent ersparen. Vielleicht würden dadurch eine Million Menschenleben gerettet.»

«Was ist mit den Russen?»

«Ich hoffte, du würdest diese Frage nicht stellen, Peter.»

«Ich meine es ernst.»

«Aber sicher, ich genauso. Wir alle meinen es ernst – die Tommys, Russkis und vielleicht sogar Washington. Aber meinen es diese Leute in Berlin ernst? Das müssen wir wissen, Peter.»

«März – da bleibt nicht mehr viel Zeit.»

General Glenn Rensselaer antwortete nicht. Er drehte den Zündschlüssel um und fuhr wieder los, während Peter Winter in die dunkle Nacht starrte und über alles nachdachte.

Sie erreichten London in den frühen Morgenstunden. Am Himmel schimmerte es rosarot auf, und in den Bäumen auf dem Platz lärmten Tauben, Stare und Spatzen um die Wette. Cyrus Rensselaers Londoner Haus war dem Amerikanischen Roten Kreuz als Offiziersklub überlassen worden, doch Glenn hatte das kleine Rückgebäude in dem engen Sträßchen mit dem Kopfsteinpflaster für sich behalten. Er öffnete das Tor zu den ehemaligen Stallungen und fuhr den Jeep hinein. Peter half beim Schließen der Tore und folgte Glenn, der die knarrende Treppe hinaufstieg.

«Ein Segen, Sally war da!»

«Sally, wer ist denn Sally?»

«Nicht meine Geliebte», lachte Glenn. «Die gute alte Sally ist meine Putzfrau.» Er ging zum Spülbecken und nickte beifällig, weil alles so sauber und ordentlich war, dann knipste er das Licht an. «Die Wohnungen in diesen umgebauten Stallungen sind immer dunkel, das ist der größte Nachteil.»

«Es ist sehr hübsch.» Peter sah sich unschlüssig um. Es war nicht nur dunkel, sondern auch unglaublich beengt: Die sogenannte Küche bestand lediglich aus einem Herd auf dem Treppenabsatz, das Bad war nicht mehr als ein winziges Kabinett. Der stets flexible Glenn, der sein Leben in improvisierten Behausungen verbracht hatte, bemerkte diese Nachteile anscheinend gar nicht. «Wer hat denn vorher hier gewohnt?»

«Dads Chauffeur mit Frau und Kindern!» Glenn zog eine Flasche Scotch aus dem Mantel und stellte sie auf den Tisch. «Als das Benzin rationiert wurde, fand er eine andere Stellung und zog aus.» Glenn balancierte auf einem wackligen Stuhl, um einen Wandschrank zu öffnen, in dem sich Stromzähler und ein Haufen alter Leitungen befanden. Er schaltete einen Behälter mit der krakeligen Aufschrift

«Heißwasser» ein. Dann kletterte er hinunter, vor Anstrengung rot im Gesicht, und sah die Post durch, die ihm die Putzfrau auf dem kleinen Schreibtisch zurechtgelegt hatte. Er überflog die Briefe und warf eine Ausgabe der *Saturday Evening Post* auf einen Stapel Zeitschriften, die ungeöffnet blieben. «Dad schickt dauernd Zeitschriften», erklärte Glenn. «Damit ich nicht vergesse, wo ich herkomme, schreibt er.» Er lachte und schaltete einen elektrischen Heizofen ein. «Jetzt wird's gleich wärmer.» Bei dieser Aussicht zog er Mantel und Jacke aus und warf sie über einen Stuhl. Danach vergewisserte er sich in dem winzigen Kühlschrank, daß Sally Milch gekauft hatte. Mit Hilfe eines Messers holte er den festgefrorenen Eiswürfelbehälter heraus und hielt ihn unter den Wasserhahn. «Zieh den Mantel aus und mach's dir bequem. Whisky?»

«Nein, danke.»

Glenn tat ein paar Eiswürfel in ein hohes Glas... «Vielleicht möchtest du dich aufs Ohr legen?»

«Nein.»

«Falls du Hunger hast, es sind ein paar Eier da. Sally besorgt sie auf dem schwarzen Markt.»

«Vielen Dank, ich möchte nichts.»

«Heute mittag spreche ich mit Boy Piper. Ich muß ein Bad nehmen und mich frisch machen.» Er öffnete die Flasche Scotch, goß einen ordentlichen Schuß über die Eiswürfel und ließ sich in einem Ohrensessel nieder. Er legte die Füße auf ein niedriges Tischchen und trank einen Schluck.

«Über den Putsch gegen Hitler?» fragte Peter.

«Ja. Laut Vereinbarung muß ich ihn auf dem laufenden halten.»

«Ist Sir Alan immer noch für die Briten aktiv?»

«Nicht offiziell, aber sein Nachfolger hat ihm etliche Verantwortungsbereiche übertragen. Auf diese Art von reibungsloser Gewaltenteilung verstehen sich die Briten hervorragend. Da können wir etwas von ihnen lernen.»

«Aber du hast das letzte Wort?»

«Ich weiß, woran du denkst, Peter, vergiß es.»

«Du hast das letzte Wort?»

«Wenn wir einen Plan ausgearbeitet haben, lege ich ihn Boy vor, und er genehmigt ihn.»

«Und wenn er es nicht tut?»

«Dann hat er dafür einen guten Grund, und ich befasse mich noch einmal mit der Sache.»

«Du vertraust ihm?»

«Absolut. Er ist ein guter, alter Freund. Besteht irgendein Anlaß, weshalb ich ihm nicht trauen sollte?»

Peter antwortete nicht. Er hegte immer noch einen Groll gegen Boy und seine kurze Affäre mit Veronica. «Hast du eine Vorstellung von dem Mann, den du absetzen und Kontakt mit diesen Leuten aufnehmen lassen willst?»

«Wir haben strikte Anweisungen aus Washington, was er keinesfalls sein soll. Es darf kein Politiker, nicht mal ein politischer Berater sein. Ein hoher Offizier kommt auch nicht in Betracht. Einfach ein Funker, jemand, den man notfalls opfern kann, schätze ich.»

Peter war entgeistert. «Diese Leute verhandeln doch niemals mit irgendeiner untergeordneten Charge von der Fernmeldetruppe.»

«Zieh um Gottes willen den Mantel aus, setz dich hin und sei friedlich. Du machst mich ganz nervös, wenn du dich wie ein Wachposten aufpflanzt.» Als wolle er dem Nachdruck verleihen, kickte Glenn seine Schuhe zu dem Stuhl hinüber, auf dem er Mantel und Jacke deponiert hatte. «Verhandeln? Wer redet denn davon?»

«Wen ihr auch schickt, praktisch ist er ein Vertreter der alliierten Regierungen.»

«Nein, stimmt nicht.»

«Du willst es einfach nicht wahrhaben. Dem Mann, den du da schilderst, sagen die Generale und Feldmarschälle ja noch nicht mal guten Tag.»

«Dann sollen sie sich zum Teufel scheren!»

«Ist das die offizielle Politik? Würdet ihr das alles lieber ungeschehen machen? Wollt ihr, daß die Sache scheitert? Wollt ihr ihnen auf diese Weise zu verstehen geben, daß die Alliierten an ihrer Verschwörung zur Beseitigung Hitlers nicht mitzuwirken wünschen? Indem ihr ihnen einen ungebildeten, willfährigen Funker im Unteroffiziersrang schickt?»

«Peter, du bist ein gottverdammter Snob.»

«Vorhin hast du mir erzählt, dadurch könnten eine Million Menschenleben gerettet werden.» Peter zog seine Jacke aus. Ihm waren die Amerikaner viel zu leger – was sie als bequem empfanden, verursachte ihm Unbehagen.

«Ich weiß nicht, was ich denken soll, Peter, das ist die reine Wahrheit.»

«Du mußt es ernst nehmen, Glenn. Es wäre verhängnisvoll, sie im Stich zu lassen. Sie setzen ihr Leben und das ihrer Familien aufs Spiel. Wir wissen genau, wie die Gestapo vorgeht.»

«Du würdest also einen US-General schicken?»

«Ihr müßt doch einen General haben, der Deutsch spricht.»

«Und wenn man ihn schnappt, wäre das ein gefundenes Fressen für die Goebbels-Propaganda.»

«Nicht zu vergleichen mit dem Coup, als der Stellvertreter des Führers, Rudolf Heß, nach Schottland geflogen ist. Das Nazi-Regime hat es überlebt.»

«Ein General...»

«Oder sonst jemand, den sie als ihresgleichen anerkennen!» beharrte Peter. »Ein so starkes Klassenbewußtsein wie in Deutschland gibt es sonst nirgendwo auf der Welt – egal, was man vom britischen Klassensystem behauptet –, und das deutsche Offizierskorps reagiert da am empfindlichsten.»

«Ich schätze, du kennst dich in diesen Dingen besser aus als ich.»

«Ja, Glenn. Ich weiß, wovon ich rede.»

«In deinen Augen bietet das den Deutschen Gelegenheit, der Welt zu zeigen, daß sie nicht hinter Hitler stehen?»

«Ja, den *guten* Deutschen.»

«Du meinst, Deutschen der Oberschicht: dem preußischen Offizierskorps, Intellektuellen, Akademikern und Männern mit der richtigen Herkunft.»

«Und wenn ich das tue? Was ist dagegen einzuwenden?»

«Nichts. Ich wollte nur die Begriffe richtig definieren.»

«Die Arbeiter hatten reichlich Gelegenheit, Hitler zu stürzen, und nichts ist geschehen, weil Hitler nämlich bei der Arbeiterklasse beliebt ist. Hitler hat die Arbeitslosigkeit beseitigt und den Arbeitern den besten Lebensstandard in Europa beschert – bei weitem höher als in England –, und da zählt Rede- und Meinungsfreiheit nicht zu ihren vordringlichen Anliegen.»

«Das klingt irgendwie traurig.»

«Ist aber wahr.»

«Und so hängt die Gegenrevolution von den Generalen ab?» fragte Glenn mit einem Anflug von Spott.

«Du findest das amüsant. Vielleicht ist dir nicht klar, welchen Gefahren sich die Verschwörer aussetzen.»

«Schon gut, Peter. Du hast recht, nehme ich an. Aber ich habe den Verdacht, du wärst noch viel begeisterter, wenn ich dir erzählte, daß wir den Kaiser mit dem Fallschirm in Berlin absetzen wollen, damit er die Revolution gegen Hitler anführt.»

«Der Kaiser ist 1941 in Holland gestorben», verbesserte Peter sachlich.

«Und da behaupten die Leute, ihr Deutschen hättet keinen Sinn für Humor.»

«Du mußt mich hinüber lassen.» Peter überhörte die Stichelei.

«Tja, wir wissen beide, was du von Anfang an im Sinn hattest, aber ich halte das für keine gute Idee.»

«Die Leute, von denen du sprichst, sind etwa in meinem Alter und stammen aus der gleichen Gesellschaftsschicht. Ich bin Deutscher, ich kann mit ihnen reden.»

«Du bist ein Überläufer.»

«Nein!» Das war fast ein Aufschrei.

«In ihren Augen bist du es», beharrte sein Onkel.

«Ich wurde in den Vereinigten Staaten vom Kriegsausbruch überrascht und saß in der Falle.»

«Peter! Du trägst die Uniform eines Colonel der US Army. Wir befinden uns im Krieg mit Deutschland. Kannst du da wirklich von deinen Leuten erwarten, daß sie das nicht als Tücke des Schicksals betrachten?»

«Ich hätte gern etwas zu trinken, wenn du gestattest.»

«Bedien dich.»

«Ich kann mit dem Fallschirm abspringen», sagte Peter, als er nach dem Whisky griff.

«Das weiß ich. Ich hab dich beobachtet. Du hast mir einen Mordsschrecken eingejagt.»

«Ach ja?» Er schenkte seinem Onkel noch einen großen, sich selbst aber nur einen kleinen Scotch ein.

«Du solltest in der folgenden Woche mit der Gruppe nach Wales gehen. Das wäre dann an mir hängengeblieben, wenn du dir den Hals gebrochen hättest. Und ich hasse diese Fahrten nach Wales.»

«Ich könnte es schaffen, Onkel Glenn.»

«Aha, jetzt heißt es also wieder Onkel Glenn?»

«Im Ernst.»

«Peter, das war kein Witz, als ich sagte, das sei eine Aufgabe für einen, den man notfalls opfern kann. Du bist unentbehrlich.»

«Es ist das Risiko wert.»

«Das meinst du, aber du bist nicht der Leiter dieser Dienststelle. Der bin ich, und ich sagte, es ist das Risiko nicht wert. Jemanden dort mit dem Fallschirm abzusetzen, das macht überhaupt keine Schwierigkeiten, aber wenn dieser Militärputsch fehlschlägt, greifen die Nazis mit aller Schärfe durch. Und dann besteht keinerlei Möglichkeit, unseren Mann rauszuholen.»

«In einem solchen Fall hätte niemand eine so gute Überlebenschance wie ich. Ich kenne Berlin, ich habe dort gelebt, ich habe Angehörige, die mich verstecken würden.»

«Und deine Mutter ist meine Schwester.»

«Ja.» Peter wußte, daß jede mögliche Gefährdung Veronicas gegen seinen Einsatz sprach. Er führte das Glas an den Mund, doch sobald ihm der starke Geruch in die Nase stieg, rebellierte sein Magen. Er stellte das Glas wieder ab.

Sein Onkel beobachtete ihn scharf. «Oh, sicher gibt es gute Gründe für, aber noch überzeugendere gegen deine Wahl.»

«Nenne sie mir.»

«Die für dich sprechen?» Glenn Rensselaer hatte sich die Suppe eingebrockt, nun mußte er sie auch auslöffeln. Peter erwartete, als gleichberechtigt behandelt zu werden, und das sollte geschehen.

«Generaloberst Fromm hängt eng mit der Verschwörung zusammen. In seinem Stab befindet sich ein General namens Horner, der mit deinem Bruder auf der Kadettenschule war.»

«Horner? Alex Horner? Ja, den kenne ich. Ein Preuße im besten Sinn des Wortes: redlich, gescheit, zurückhaltend. Er würde sich nie an etwas beteiligen, das leicht scheitern könnte.»

«Immer langsam. Wir wissen nicht, ob Horner dazugehört. Wir wissen es nur von Fromm, und daß Horner in dessen Stab ist.»

«Und mein Bruder?»

«Paul? Nein, keinerlei Hinweis, daß Paul in die Sache verwickelt ist.»

«Horner dürfte wohl einer seiner besten Freunde sein, da dachte ich ...»

«Politik trennt Freunde und Familien. Ich schätze, das hast du schon entdeckt.»

«Allerdings, vor langer Zeit.»

«Paul ist kein geborener Revolutionär, Peter. Das weißt du. Paul schwimmt mit dem Strom.»

«Er hat mich aus dem Meer gezogen.»

«Schön, es war nicht das richtige Bild, trotzdem ist Paul nicht der Typ, der sich an einem Putsch beteiligt. Paul ist vielmehr ein Spürhund; er spürt auf, was vor sich geht, und meldet das brav seinen Vorgesetzten.»

«Du tust ihm Unrecht, Onkel Glenn. Paul ist der freundlichste Mensch, den man sich denken kann.»

«Ich gestehe, daß ich mir Sorgen machen würde, wenn Paul dabei die Hände im Spiel hätte. Ich mag ihn, Peter, ich hab ihn wirklich gern.

Paul handhabt die Dinge auf seine Weise. Und auf solche Menschen kann man sich nicht verlassen, sie mögen auf ihre Art noch so wertvoll sein.»

«Ich möchte gehen. Offiziell. Ich bitte darum, daß man mich schickt.»

«Immer mit der Ruhe, Peter. Wir sprechen morgen noch mal darüber.»

Peter ließ nicht locker. «Teile Boy Piper mit, daß ich gehen möchte. Warte ab, was er dazu sagt.»

«Das weiß ich jetzt schon.»

«Na, und?»

«Seine Wahl ist von Anfang an auf dich gefallen.»

«Bestens.»

«Da ist noch was.» Glenn Rensselaer fühlte sich jetzt verpflichtet, alle Karten auf den Tisch zu legen. «Wir haben in der Berliner Gegend niemanden, der einen Agenten in Empfang nehmen könnte. Das müßten die Briten am besten in der Gegend von Bernau organisieren, das liegt direkt am Weg nach Berlin und ist ihnen deshalb am liebsten. Ich habe zuverlässige Informationen, daß ihr Mann dort der bewußte Samson ist.»

«Brian Samson? Den ich in der Bremer Fabrik eingestellt habe?»

«Genau der. Man hat ihn wieder eingeschleust, vor ungefähr sechs Monaten.»

«Warum kann es Samson nicht machen?»

Glenn leerte sein Glas und schnitt ein Gesicht. «Samson weiß nichts von dieser Sache und hat außerdem genug mit seiner eigenen Arbeit zu tun. Er müßte ja den Verschwörern seine wahre Identität offenbaren, und das wäre viel zu riskant für ihn. Es erfordert zudem in jedem Fall vorher eine ausführliche Unterweisung. Samson hat womöglich nicht mal ein Funkgerät; wahrscheinlich ist er auch nicht dafür ausgebildet. Es gibt keine Mittel und Wege, ihm die Wellenlängen mitzuteilen. Kurz, zahllose Gegengründe..., doch selbst wenn man sämtliche Hindernisse beseitigen könnte, würden es die Briten nicht zulassen. Sie halten Operationen und Beschaffung von Nachrichten streng getrennt. Für Operationen ist die Dienststelle in der Baker Street zuständig, und die konzentrieren sich auf die besetzten Länder. Sie operieren zur Zeit nirgendwo bei Berlin.»

«Samson... Ich würde Samson trauen.»

«Aber würde er auch dir trauen?» fragte Rensselaer. «Bis jetzt hat der britische Geheimdienst sich geweigert, mit unseren Jungs zusammenzuarbeiten; sie behaupten nämlich, wir seien Amateure und unsere Agenten Renegaten.» Er sah auf die Uhr. «Das Wasser dürfte inzwischen warm sein. Ich muß mich sputen, wenn ich meine Verabredungen heute einhalten will.»

«Du wirst mit Boy Piper reden», legte ihm Peter nochmals ans Herz.

Glenn Rensselaer betrachtete ihn. Lotties Name war nicht gefallen. Das war auch besser so. «Ich spreche mit ihm,», versprach er. Er schaltete das Radio ein, um die Nachrichten zu hören. Es war auf den AFN eingestellt, ein Orchester spielte «Do Nothing Till You Hear from Me».

General Glenn Rensselaer erschien zu spät zu seiner Besprechung mit Sir Alan Piper. Er haßte Unpünktlichkeit, sagte sich jedoch, daß sein Gespräch mit Peter sie diesmal rechtfertigte. Man führte ihn zum neuen Büro seines Freundes, einem Hinterzimmer mit Aussicht auf ein von Unkraut überwuchertes Ruinengrundstück. Piper war eben nicht mehr der Chef.

Der Raum war kleiner als der frühere und lag am gleichen Treppenabsatz wie die Teeküche, was Piper als leidenschaftlicher Teetrinker durchaus begrüßte. Es gab auch noch andere Veränderungen, zu denen vor allem ein großäugiger junger Mann mit dünner Nase und glattem Haar gehörte, Pipers Assistent. Er hatte sein Studium mit glänzendem Ergebnis in Griechisch abgeschlossen, in Glenns Augen eine absonderliche Empfehlung für einen wichtigen Posten im Secret Intelligence Service. «Das ist Frank Harrington», stellte Piper vor. «Er bleibt hier und macht sich Notizen, wenn es dir recht ist.»

«Aber sicher.» Der junge Mann nahm Glenn den Mantel ab und entschwand, um ihnen die unvermeidliche Tasse Tee zu holen.

«Ein intelligenter Junge», sagte Piper, sobald er das Zimmer verlassen hatte. «Er gehört zum Nachwuchs, den man für die Tätigkeit in Deutschland ausgesucht hat. Sobald der Krieg gewonnen ist, wollen wir eine Dienststelle in Berlin einrichten, unter der Leitung von Gaunt, den du ja kennst. Der junge Harrington und noch ein paar andere werden dort arbeiten.»

«So weit plant ihr voraus? Mein Gott, wir haben ja noch nicht einmal die Invasion hinter uns.»

«Ich weiß, bei all diesen Vorbereitungen für die Zukunft fühle ich mich manchmal uralt.»

Glenn Rensselaer sah seinen Freund lächelnd an. Piper war siebzig. Vermutlich lag es am Krieg, daß man ihn all die Jahre weiterarbeiten ließ; auch Glenn hatte ja im Pensionsalter noch einmal eine neue Aufgabe bekommen. Harrington erschien mit zwei Tassen Tee, stellte sie auf dem

Schreibtisch ab und holte eine Büchse mit selbstgemachten Keksen, die für besondere Gäste aufgehoben wurden.

«Na, was hat er gesagt?» erkundigte sich Piper.

«Peter Winter? Ja hat er gesagt, genau wie wir beide es vorausgesehen haben. Ich mußte ihn praktisch festbinden, um ihn zu hindern, daß er hier anstürmt und dir seinen Vortrag hält.»

«Was für einen Vortrag?»

«Den gleichen, den ich von dir bekommen habe, mit ein paar Abwandlungen.»

«Ja, etwas modifiziert dürfte es vermutlich gewesen sein. Ich kann mir nicht vorstellen, daß ein Deutscher es genauso sieht wie ich.»

«Ich habe den Deutschen nie denselben Haß entgegenbringen können wie du», bemerkte Glenn.

«Ich hasse die Deutschen nicht; ihre Einstellung zur gesamten übrigen Welt ist es, die ich zutiefst verabscheue. Ihre Krokodilstränen, ihr Selbstmitleid sind mir zuwider. Wo ich auch vor dem Krieg in Deutschland war, überall sah ich große Schilder mit der Aufschrift: ‹Die Juden sind unser Unglück.› Sie schikanieren die Juden, sie stehlen ihnen ihr Eigentum, sie sperren sie ein und bringen sie um. Aber die Juden sind *ihr* Unglück, nicht etwa umgekehrt – diese Verlogenheit, die hasse ich an den Deutschen.» Er holte eine Kiste Zigarren aus der Schreibtischschublade und bot Glenn eine an. «Und der Himmel bewahre uns vor dem, was wir wohl alles in den Konzentrationslagern vorfinden mögen. Die Berichte, die wir bekommen, übersteigen jede Vorstellung. Es hat fast den Anschein, als wollten die Deutschen die gesamte jüdische Bevölkerung ausrotten – alle, in ganz Europa!»

Rensselaer nahm eine Zigarre und spielte damit, ohne sie anzustecken. Zigarren zündete man sich an, um nachzudenken, um zu meditieren oder um zu genießen, aber nicht, um Angst und Schrecken zu bannen. Piper wartete, ließ ihm Zeit. Rensselaer brütete stumm vor sich hin. Warum mußte ausgerechnet er mit einem solchen Problem konfrontiert werden? Peter gehörte zu seiner Familie. «Ich hätte gern noch zwei Tage, um mich nach einer Alternative umzusehen», sagte er schließlich.

Piper nickte und goß Tee ein. «Selbstverständlich. Es ist schwer für dich, das weiß ich. Aber dein Neffe scheint die ideale Wahl zu sein.»

«Wir müssen ihn auf dem Luftweg hinschaffen, nicht wahr?» Er nahm die Tasse Tee dankend entgegen und stellte sie auf den Tisch. Dem starken englischen Tee fühlte er sich nicht gewachsen.

«Leider ja, Glenn. Wer es auch übernimmt, muß mit dem Fallschirm abspringen. Auch da paßt dein Neffe genau ins Bild.»

«Habt ihr schon mal ungeschulte Leute abgesetzt?»

«Ja. Sie erleiden immer Verletzungen. Manchmal verstauchen sie sich nur den Fuß, aber wenn einer dort liegt und sich nicht rühren kann, ist damit sein Todesurteil unterschrieben. Die Funkerei ist dagegen viel einfacher. Wir haben heute Geräte, die jedes Kind bedienen kann.»

«Und zurück durch die Schweiz?»

«Wenn möglich. Aber ich sollte wohl ganz offen mit dir sein, Glenn. Für die sichere Rückkehr gibt es keine hundertprozentige Garantie.»

«Ich dachte, Samson kommt zurück. Seine Frau erwartet ein Kind, hast du gesagt. Und daß du versprochen hast, ihn zurückzubringen.»

«Samson ist ein ganz spezieller Fall. Er hat sich als einer unserer besten Leute erwiesen. Wir haben ihn in einem Moskito nach Stockholm geflogen, und von dort ist er mit einem schwedischen Dampfer direkt nach Deutschland gefahren. Er hat erstklassige Ausweispapiere und wird sehr bald herauskommen. Gaunt möchte Samson als seinen ersten Mann haben, und das Personal für den Abschirmdienst der Militärregierung muß zum Zeitpunkt der Invasion bereitstehen. Ich darf ihn nicht dadurch gefährden, daß er eurem Mann hilft ... Dessen Ausweispapiere werden auf die Schnelle hergestellt. Ich darf es nicht riskieren, Glenn. Ich kann es wirklich nicht.»

Glenn drehte sich beinahe der Magen um. Er war immer sehr stolz darauf gewesen, daß er in seinem Beruf alles nüchtern und sachlich gehandhabt hatte. Doch Peter war ein Angehöriger und ihm im vergangenen Jahr immer mehr ans Herz gewachsen. «Er ist entbehrlich, meinst du?» fragte er tonlos, unbewegt.

«Du weißt genau, daß ich das nicht gemeint habe. Wir tun alles, was in unseren Kräften steht, um euren Mann rauszuholen, aber die Aussichten sind nicht rosig.»

Glenn klopfte sich mit der Zigarre auf den Handrücken und schien völlig davon in Anspruch genommen. «Muß ich aus allem, was du gerade gesagt hast, schließen, daß du die Erfolgschancen bei diesem Attentat auf Hitler nicht sehr hoch einschätzt?»

Piper stand auf, ging zum Fenster und blickte hinunter auf den leeren Platz, an dem unlängst noch ein schönes Gebäude aus dem frühen 18. Jahrhundert gestanden hatte. «Nicht sehr hoch. Es ist ein tollkühner Plan. Man kann nur das Beste hoffen und auf das Schlimmste gefaßt sein. Mehr können wir nicht tun.»

Als er sich umdrehte, sah er, daß sein Freund mechanisch am Deckblatt der Zigarre herumfingerte, bis er es abgelöst hatte.

Von ferne glichen die beiden Reiter Käfern auf einer weiten, mit kahlen Bäumen und kleinen Gehöften bestandenen Grünfläche. Sie ritten verbissen um die Wette, jagten über die Felder und sprangen über Hecken mit einer geradezu halsbrecherischen Bravour.

Ein dritter Mann beobachtete sie durch einen Feldstecher. Ein Mittsechziger, militärischer Habitus, aber nicht in Uniform. Er stand auf einem kleinen Hügel am Ende des Friedhofs, am Ortsausgang von Hohendorf, an der Straße von Bernau nach Biesenthal. Als die beiden Reiter hinter der Anhöhe verschwanden, steckte er den Feldstecher in das Futteral zurück und schnallte es zu. Dann machte er kehrt und ging langsam zurück durch den Kirchhof, blieb hin und wieder stehen, um die Grabsteine zu betrachten. Auch ein plötzlicher Regenschauer trieb ihn nicht zur Eile. Als er bei der kleinen Dorfkirche anlangte, spähte er hinein.

Drinnen war es still und dunkel. Er ging hinein. Es roch noch nach Kerzenwachs vom unlängst beendeten Gottesdienst. Er suchte sich einen Platz ganz hinten, von dem er alles überblicken konnte. Dann kniete er nieder, um ein langes Gebet zu sprechen. Danach setzte er sich wieder auf die harte Holzbank und begann nachzudenken. Dazu hatte er ausreichend Anlaß.

Der Mann war Baron Wilhelm von Munte; sein Sohn war Direktor bei der Reichsbank. Die Muntes waren wohlhabend. Sie besaßen hier seit vielen Jahren ein großes Haus und seit Generationen ein Gut in Pommern. Von Munte hatte viel zu verlieren, wenn seine Pläne scheiterten.

Draußen hatte der Regen aufgehört, und die Sonne schien hell auf die triste Winterlandschaft; die beiden Reiter hatten angehalten und unterhielten sich.

«Ich wäre nie dazu gekommen, wenn du es nicht vorgeschlagen hättest», sagte Paul.

«Und immer wieder vorgeschlagen und noch mal und noch mal...», entgegnete General Alex Horner. Er stieg ab und atmete tief. Der Himmel bewölkte sich rasch wieder, es lag noch viel Regen in der Luft.

«Ja, ich weiß. Es tut mir leid. Aber als der Reichsführer im vorigen Jahr Innenminister wurde, hat das einen Haufen Arbeit mit sich gebracht. Wir sind immer noch nicht durch.» Er stieg ebenfalls ab. Die Jagd hatte Paul den Atem genommen, doch das würde er nie zugeben.

«Aber mit dir ist alles in Ordnung?» fragte Alex.

«Du hast also offenbar von dem Strafgericht über die Juristen gehört.

Ja, er hat sich sämtliche Juristen aus der Verwaltung und der Rechtsabteilung im Hauptamt Ordnungspolizei vom Halse geschafft, aber das war längst überfällig.»

«Fritz war enttäuscht. Er wollte doch Minister werden.»

«Sowie er merkte, daß der Reichsführer entschlossen war, das Amt zu übernehmen, war Fritz vernünftig genug, sich aus dem Gerangel rauszuhalten. Aber er hat recht gut abgeschnitten. Er ist nach wie vor Stellvertreter, und das Reichssicherheitshauptamt hat so viel zusätzliche Machtbefugnisse bekommen, daß Fritz Esser einflußreicher als zuvor ist.»

«Davon merkt man nichts.»

«Das macht Fritz nichts aus.»

«Ich glaube, Fritz ist alles egal, solange er auf großem Fuß leben kann. Vorigen Monat war ich bei ihm eingeladen, Essen und Wein in Hülle und Fülle, wie ich's selten erlebt habe. Man wäre nie auf den Gedanken gekommen, daß Krieg ist.»

«Fritz nimmt, was er kriegen kann», betonte Paul. «Mein Gott, ist das schön, wieder mal hier draußen zu sein. Ich hatte schon Angst, das Reiten verlernt zu haben.»

«Das verlernt man nicht, Paul. Wir hatten Glück, daß wir so früh damit angefangen haben. Und auf der Kadettenschule haben sie es uns gründlich beigebracht, wie alles. Ich wüßte gern, wozu sie die alten Reitställe benutzen, seitdem die Waffen-SS dort liegt.» Als Paul nicht antwortete, fuhr er fort: «Mein kleiner Christian wird im Juni sechs. Ich hab ihm versprochen, daß er dann mit Reitstunden anfangen darf. Chrisi näht ihm einen Reitanzug zum Geburtstag.»

Paul blieb stumm. Sie saßen wieder auf und ritten gemächlich zurück, damit die Pferde sich nach dem wilden Galopp abkühlen konnten. Auf der nächsten Anhöhe stieg Horner abermals ab und schaute über das weite Land. Er sah jetzt jede Landschaft automatisch mit dem Auge des Berufssoldaten und beurteilte sie nach militärischen Gesichtspunkten: Deckung, Beobachtungsposten, Geschützstellungen und Panzerabwehr. Doch dies hier war ja kein Schlachtfeld, sondern das Land, wo er lebte ...

«Es ist aus zwischen Inge und mir«, sagte Paul. Endlich war es heraus!

«Ich wollte nicht ...»

«Schon gut, Alex. Mir macht es nichts aus, darüber zu reden.»

«Ich dachte, sie ist ...»

«Zurückgekommen und wohnt wieder bei mir? Ja, das stimmt. Es ist praktischer für uns beide, wenn sie jetzt nicht mehr mit Fritz zusammenlebt.»

«Ein Trauerspiel, Paul. Es tut mir wirklich leid.»

«Das Ganze ist nur noch Fassade, eine richtige Ehe wird daraus nie mehr. Ich gebe Fritz keine Schuld. Inge hat sich ihm an den Hals geworfen, das hat sie mir selber erzählt. Aber Fritz bekam sie satt. Ich wußte das vorher. Fritz hat Hunderte von Liebschaften, so ist er nun mal. Du kennst ihn ja.» Die beiden schwiegen eine Weile.

«Fritz und ich haben neulich zusammen Mittag gegessen. Er war ganz offen. Er sagte, daß Deutschland keine Aussicht mehr hat, den Krieg zu gewinnen», berichtete Horner dann.

«Ich würde das nicht zu ernst nehmen, Fritz sagt vieles, was er gar nicht so meint.»

«Ich glaube, diesmal meinte er es.»

Es entstand eine Pause, ehe Paul antwortete. «Im Augenblick steht es nicht besonders gut. Aber es gibt so vieles, was zu unseren Gunsten spricht.»

«Zum Beispiel?»

«Wenn die Amerikaner eine Invasion versuchen, schlagen wir sie zusammen, sobald sie an Land kommen. Das wird die größte Katastrophe, die sie je erlebt haben, davon bin ich überzeugt.»

«Deine Zuversicht wünsche ich mir», seufzte Horner. «Ich war vorigen Monat in Frankreich und hab mir die Verteidigungsanlagen angesehen.»

«Ich kenne sie aus der Wochenschau. Fabelhaft!»

«Ja, das Stück, das sie für die Wochenschau filmen, aber wir wissen ja nicht, wo die Alliierten angreifen werden. Möglicherweise setzen sie Luftlandetruppen in unserem Rücken ab. Und ein Teil der Kanalküste ist mit russischen Hiwis bemannt. Von denen können wir nicht erwarten, daß sie für uns das besetzte Frankreich bis zum letzten Blutstropfen verteidigen.»

«Du meinst, die Landung gelingt?»

«Meiner Meinung nach liegen die Chancen dafür bei weit über fünfzig Prozent», erklärte Alex. «Und wenn sie erst einen Brückenkopf haben, werden sie solche Mengen an Menschen und Material landen, daß unsere Streitkräfte im Westen überrannt werden könnten.»

«Lassen sie sich mit der Roten Armee vergleichen?» fragte Paul geringschätzig; er hoffte, den pessimistischen Argumenten damit ein Ende zu machen. «Willst du etwa behaupten, die Amerikaner und die Tommys, die wir 1940 aus Frankreich verjagt haben, könnte man mit dem deutschen Soldaten vergleichen?»

«Nicht Mann für Mann. Aber die Amerikaner kämpfen mit Unmengen von Maschinen. Unser Heer verwendet immer noch größtenteils Zugpferde. Die angloamerikanischen Armeen haben ihre Pferde abgeschafft und die gesamte Truppe motorisiert. Ganze Infanteriedivisionen rücken in gepanzerten Fahrzeugen vor. Ihre Artillerie verfügt über jede Menge Granaten, und der Nachschub an Flugzeugen und Lastwagen wird unaufhörlich rollen. Bei den guten Straßen im Westen werden wir Mühe haben, diesem Druck standzuhalten.»

«Wir haben doch auch Flugzeuge, mit denen wir sie angreifen können. Die Strände bieten unseren Bombern ein ideales Zielgelände. Und wir haben die Wunderwaffen.»

«Die der Führer versprochen hat. Ja, die Wunderwaffen. Ich frage mich, was für Wunder sie wohl vollbringen werden und wie lange wir noch auf sie warten müssen.»

«Bist du wirklich so verzweifelt, Alex?»

«Fritz hat recht, Paul. Vielleicht ist der Krieg noch nicht verloren, aber gewonnen werden kann er nicht mehr. Wenn doch bloß die Leute an der Spitze das dem Führer klarmachen würden.»

«Der Führer ist entschlossen.»

«Dann müßte vielleicht jemand den Führer veranlassen, abzutreten.»

«Was meinst du damit, Alex?»

«Ich erlebe täglich, wie Divisionen aufgerieben werden. Die deutsche Wehrmacht wird vernichtet. Unsere Verluste sind gigantisch, Paul. Deutschland verliert seine Soldaten, und das bedeutet bei dieser totalen Erfassung – die gesamte männliche Bevölkerung. Wir dürfen nicht so weitermachen. Deutschland geht vor die Hunde.»

«Was können wir denn tun?»

«Hast du schon mal von den Widerstandsgruppen gehört?»

«Dem Kreisauer Kreis?»

«Ja», bestätigte Horner wachsam.

«Oder meinst du das, was Goerdeler und Beck treiben?»

Horner schwieg, und Paul ließ ihm etwas Zeit zum Nachdenken, ein in jahrelanger Erfahrung erprobtes Mittel. Doch dann faßte er nach. «Gehörst du zu ihnen, Alex?»

«Man ist an mich herangetreten, Paul.»

«Ach, du meine Güte, Alex. Wie kannst du bloß so ein Narr sein.»

«Überlaß mich deiner Gestapo, wenn du willst, aber aus mir kriegt ihr nichts raus.»

«Ich denke nicht daran, dich irgendwem zu überlassen, du Idiot. Aber wie kannst du dich mit Hochverrat abgeben? Du hast doch Fritz nichts davon gesagt?»

«Nein, natürlich nicht.»

«Brich die Verbindung zu diesen Leuten ab, Alex. Wir beobachten die Beck-Goerdeler-Gruppe und den Kreisauer Kreis seit Monaten. Schütz einfach Krankheit vor oder denk dir irgendwas anderes aus.»

«Ist das dein bester Rat?»

«Beck ist zu alt und Goerdeler zu unbedacht. Sie reden und reden, bis ihre Aktivitäten nicht länger zu übersehen sind, und dann steckt man sie in ein Lager. Tun werden die nichts, Alex. Das ist alles vergebens.»

«Ich bin froh, daß ich mit dir gesprochen habe, Paul. Es macht dir doch nichts aus?»

«Diese Leute werden seit über einem Jahr beobachtet. Gestapo-Müller hat erst vorige Woche damit geprahlt, als ich drüben war. Er hat uns Dossiers gezeigt und spielte uns Aufzeichnungen von abgehörten Telefongesprächen vor. Die sind genauestens über diese Leute im Bilde.»

«Mir ist jetzt wohler, Paul.»

«Verlaß dich auf den Führer», riet Paul. «Manche zweifeln immer gleich an ihm, aber er hat sich noch nie geirrt.»

«Wie wär's mit einem Wettrennen bis zu der Baumgruppe?»

«Na, denn mal los.«

Beide schwangen sich so energisch in den Sattel, daß die Pferde sich aufbäumten. Dann jagten sie Kopf an Kopf über die Felder.

Paul fühlte sich gut, richtig zufrieden; diesmal hatte er etwas wirklich Sinnvolles getan, um seinem Freund zu helfen.

«Und?» fragte der alte Mann, der auf einer Bank ganz hinten in der leeren Kirche saß und auf General Horner wartete.

«Er ist ein vorsichtiger Mann», antwortete Horner.

«Er macht nicht mit?» Von Munte spielte mit den Riemen seines Feldstechers.

«Nein, aber er behält es für sich. Ihm würde ich unbesorgt mein Leben anvertrauen.»

«Das haben Sie ja bereits getan», bemerkte der alte Mann trocken.

«Er weiß Bescheid über den Kreisauer Kreis und die Beck-Goerdeler-Gruppe. Die Gestapo ebenfalls. Er sagt, sie hat Aufzeichnungen von Telefongesprächen und all so was.»

«Arme Teufel. Aber sie haben nichts über uns?»

«Das hätte er bestimmt erwähnt, da bin ich sicher.»

«Die ganze Mühe wegen der strikten Geheimhaltung hat sich gelohnt.»

«Aber ich bin jetzt kompromittiert», bemerkte General Horner.

«Ja, wir sollten davon ausgehen, daß Ihr Freund Sie verrät. Das ist sicherer. Aber es spielt keine Rolle, Herr General. Sie werden in Berlin sein. Sie brauchen gar nichts zu tun – bis der Führer tot ist.»

«Sie haben schwer geschuftet, Koch.»

«Ja, Herr Minister.»

Er wird von Tag zu Tag einem Hund immer ähnlicher, dachte Fritz Esser, als er den kleinen, bekümmert dreinblickenden Mann betrachtete, der auf dem Sofa kauerte. Mit den dunklen Augenringen und den buschigen Brauen glich Lothar Koch einem gehorsamen Wolfshund, der nur auf Befehl zubeißt.

Fritz Esser nahm die Papiere auf, die Koch ihm auf den antiken Schreibtisch gelegt hatte, und bündelte sie. «Ich denke darüber nach.» Er hob das Telefon ab, das ihn mit seiner Sekretärin im Vorzimmer verband: «Schicken Sie Herrn Dr. Winter herein.» Er sah Koch an. «Gehen Sie jetzt, Koch.» Er deutete mit dem Kopf auf die andere Tür, die auf den Korridor führte. «Ich möchte Ihre Rolle dabei geheimhalten.»

Koch mußte in Windeseile Tirolerhut und Mantel greifen, um den Raum zu verlassen, bevor Paul eintrat. Essers Anweisung überraschte ihn nicht; der Geheimhaltungsfimmel des stellvertretenden Ministers war allgemein bekannt. Seine Mitarbeiter mokierten sich darüber, wenn er nicht in der Nähe war.

Paul bekam Fritz Essers neues Domizil zum ersten Mal zu Gesicht. Es war weit komfortabler als alle früheren Büros und bot Platz für eine Sitzgarnitur in schwarzem Leder. Dazu gehörte ein niedriger Tisch, so daß er sich mit seinen Besuchern dort zum Kaffeetrinken niederlassen konnte, wenn er eine zwanglose Atmosphäre schaffen wollte, die von seinem prachtvollen Schreibtisch aus nicht zu erzielen war. Auf seinem Schreibtisch lag jetzt neben dem von Lothar Koch mitgebrachten Dossier ein locker in braunes Packpapier gewickeltes Päckchen.

Sie begrüßten sich mit Händedruck. Paul hatte sich fest vorgenommen, daß Inges Untreue seine Freundschaft mit Fritz Esser nicht beeinträchtigen sollte. Fritz hatte das gleiche unzählige Male beteuert. Doch es machte einen Unterschied. Paul sah Fritz nun in einem neuen Licht. Er erkannte die Arglist und Verschlagenheit, die sich hinter Essers geräuschvoller Freundlichkeit verbargen. Paul hatte ihn immer mit einem von Motten zerfressenen Zottelbär verglichen, doch wie er sich jetzt über den Schreibtisch duckte, sah er aus wie eine Kröte. «Es ist fabelhaft, Fritz.» Paul betrachtete die Lithographien an den Wänden – eine Reihe nationalsozialistischer Heroen – und das Führerbild im

Silberrahmen mit handschriftlicher Widmung, das einen Ehrenplatz auf dem Beistelltisch hatte.

«Ja, du hast es wohl noch nicht gesehen?» erwiderte Fritz verlegen. Paul war klar, daß die Inneneinrichtung Inges Werk sein mußte. Die Teppiche, der Wandbehang hinter dem Schreibtisch und die Bilder – das alles entsprach ganz Inges Stil. Es waren Gegenstände darunter, mit denen sie Pauls Büro schon immer gern ausstaffiert hätte.

Aus den großen Fenstern hier oben blickte man über die Wipfel der Linden hinweg. Auf der gegenüberliegenden Straßenseite waren in zwei Stockwerken eines Gebäudes, das durch Brandbomben stark beschädigt war, die Instandsetzungsarbeiten im Gange. Man war jetzt nirgends mehr sicher vor den alliierten Bombern. «Ich bin so schnell wie möglich gekommen», sagte Paul.

«Fein. Was zu trinken?»

«Nein, danke.» Das übliche Ritual, doch Fritz unterließ es nie, ihm etwas anzubieten. Er griff zur Flasche und schenkte sich selbst nach. «Ich habe ein paar neue Berichte über die Verschwörung.»

«Besser als die letzten?» Paul spielte auf wilde Gerüchte an, mit denen im Januar Spitzel angerückt waren und die bei Himmler zuerst Bestürzung und dann Zorn ausgelöst hatten.

Fritz überhörte den Einwurf. «Hältst du das für möglich, daß die Wehrmacht – Heeresgruppe Mitte, diese Klapperschlangen um Kluge – einen Staatsstreich vorbereitet?» Seine Stimme klang nicht sonderlich wütend; er sah auf, um zu sehen, wie Paul reagierte.

«Irgendwelche Beweise?» fragte Paul. Ähnliche Geschichten hatte er schon vorher gehört. Berlin war heutzutage die reine Gerüchteküche, und die meisten kamen Paul auf seinen Wegen zwischen Gestapo-Hauptquartier und Ministerium zu Ohren.

Fritz seufzte über diese «Juristen-Reaktion». «Sie haben eine Bombe – genauer: zwei Bomben.»

«Tatsächlich?»

«Britische Bomben.»

«Sind Bomben bei der Wehrmacht Mangelware?»

«Das ist nicht zum Lachen», tadelte ihn Fritz Esser, brachte es indes nicht fertig, die strenge Miene zu bewahren. «Diese britischen Bomben werden für terroristische Zwecke abgeworfen. Ich habe hier ein Exemplar.» Er wickelte das Päckchen auf seinem Schreibtisch aus. Es enthielt zwei Metallzylinder, und Esser zeigte ihm den einen. Als Paul zusammenzuckte, beruhigte ihn Esser: «Die hier wurden entschärft. Aber ich will dir mal vorführen, wie sie funktionieren.»

Fritz Esser ging jede technische Begabung ab, doch diese Bomben waren so simpel konstruiert, daß selbst er es begriff und Paul stolz den Mechanismus erklärte. «Wenn du hier drückst, zerbricht die kleine Phiole. Die Säure frißt sich in die Sprungfeder, die den Zünder auslöst. Ja, so geht's. Der Zünder trifft die Zündkapsel. Die explodiert, und die Bombe geht hoch. Wie findest du das?»

«Sehr primitiv. Sieht aus, als ob's ein Schuljunge gebastelt hätte. Ist das eine britische Spitzenleistung?»

«Primitiv, ja. Aber sie funktionieren. Sie fabrizieren die Dinger zu Tausenden, und es kostet sie fast nichts. Sie werfen sie in Frankreich, Belgien, Holland, Norwegen und so weiter ab. Die Halunken verwenden sie dann gegen uns, während die Briten sich ins Fäustchen lachen.»

«Willst du damit sagen, es wird ein Attentat auf den Führer geplant?»

«Das Ding ist geräuschlos, das hast du übersehen, Paul. Kein tickender Zeitzünder, absolut nichts. Und die Sprungfeder ist auswechselbar, je nach der gewünschten Zeitdauer, von zehn Minuten bis zu einer oder zwei Stunden.»

«Darf ich fragen, wie du an diese Höllenmaschine gekommen bist?»

«Die Abwehr hat sie abgefangen.»

«Die Abwehr?» Seit dem 18. Februar hatte man den Militärischen Nachrichtendienst mit dem SD, dem Geheimdienst der SS, zusammengelegt und in Himmlers ständig größer werdendes Imperium eingegliedert.

«Die Abwehr gehört mit zu der Verschwörung gegen den Führer. Irgendwann im vorigen Jahr gab es eine Konferenz von Nachrichtenoffizieren in Smolensk – Heeresgruppe Mitte –, und zwei von diesen Bomben wurden dort gezeigt. Dort haben diese Schweine ihren Putsch geplant. Vielleicht haben sie's schon mal versucht und sind gescheitert. Für uns ist es natürlich schwierig, in diese Wehrmachtskreise einzudringen.»

«Was haben sie vor?» fragte Paul.

«Keine Ahnung, aber es hat bereits Kontakte zwischen einigen dieser Verräter und den westlichen Regierungen gegeben.»

«Woher weißt du das?»

«Der Ausland-SD und die Gestapo bestätigen es übereinstimmend.»

«Wird es zu Verhaftungen kommen?»

«Noch nicht. Der Reichsführer sagt, es soll nichts unternommen werden, bevor wir nicht bis ins letzte vorbereitet sind.»

«Das Leben des Führers ist in Gefahr.» Der Gedanke an dieses Risiko entsetzte Paul.

Fritz trank einen Schluck. Es war Kognak, wie Paul am Geruch feststellte. Dann beugte sich Fritz vor und sagte leise: «Und wenn ich dir nun erzähle, daß Himmler persönlich in Kontakt mit den Amerikanern gestanden hat?» Paul war nicht schockiert, er glaubte es einfach nicht. Das war wieder mal eins von Fritz Essers Histörchen.

«Zu Friedensgesprächen?»

«Er hat Dr. Carl Langbehn – einen Berliner Rechtsanwalt – in die Schweiz geschickt, um mit einem Amerikaner namens Dulles zu reden, der behauptet, für Präsident Roosevelt zu sprechen.»

Stimmte das? Konnte das wahr sein? «Ich kann es nicht glauben. Aber Langbehn wurde doch verhaftet...»

«Hör gut zu, Paul. Langbehn fuhr in die Schweiz mit dem Segen des Reichsführers. Aber der Abhördienst der Gestapo hat einen Funkspruch abgefangen und dechiffriert. Niemand weiß, wie, warum oder woher, doch die Briten haben sich Verhandlungen mit dem Reichsführer immer widersetzt, daher sieht es so aus, als ob sie die Gespräche von Langbehn sabotieren wollten und die Nachricht gezielt unserem Abhördienst zugespielt haben... Die Gestapo hat die dechiffrierte Meldung ins Führerhauptquartier geschickt, und so blieb uns gar nichts anderes übrig, als Langbehn zu verhaften.» Fritz grinste und zeigte die schiefen Zähne. «Himmler war sehr in Sorge. Ja, so verängstigt habe ich Heini noch nie erlebt. Seitdem hat er keinerlei Verbindung mehr zu irgend jemandem aus der Gruppe.»

Paul war außer sich. Seine Welt fiel in Scherben. «Ist das alles wirklich wahr? Ich kann das nicht fassen.»

«Es ist alles wahr, jedes Wort. Himmlers Problem war von jeher sein Eid auf den Führer. Pläne, nach denen dem Führer Schaden zugefügt wird, stießen bei ihm auf taube Ohren.»

«Das nehme ich auch an.»

«Und trotzdem. Solange der Führer da ist, darf niemand das tun, was geschehen muß.» Fritz Esser lehnte sich über den Schreibtisch, legte die Fingerspitzen aneinander und lächelte. «Aber angenommen, etwas wie dies...» Er berührte die Bombe so behutsam, als könne sie explodieren. «Angenommen, die Person, von der wir reden, wäre nicht mehr.» Selbst Fritz Esser brachte es nicht über sich, das deutlicher zu formulieren. «Dann könnten wir die Schuldigen verhaften und dem Reichsführer zu der Mission verhelfen, für die er meiner Überzeugung nach geschaffen ist.»

Als ihm klar wurde, was Fritz meinte, starrte Paul ihn fassungslos an. Fritz wollte, daß der Führer ermordet wurde, um den Weg für Himmler freizumachen. Was war er doch für ein Heuchler, und was für ein Zyniker! Wieviel davon stammte von Himmler, und wieviel davon hatte ihm der verschlagene Fritz eingeflüstert? Doch es ergab Sinn – es war hinterhältig, aber folgerichtig –, und was Fritz ihm enthüllte, paßte mit anderen Fakten zusammen, die er erfahren hatte.

«Warum erzählst du mir das alles, Fritz?»

«Weil ich wünsche, daß du die Untersuchung dieser verräterischen Gruppen übernimmst.»

«Ich?»

«Du bekommst sämtliche Befugnisse und Mitarbeiter, die du benötigst.»

«Nein, Fritz, nein. Bitte!»

«Es muß jemand sein, dem ich vertraue, Paul.»

«Was soll ich denn tun?»

«Liegt das nicht auf der Hand?»

«Nein.»

«Ich wünsche, daß du dieses Gesindel unschädlich machst, wo auch immer es herkommt – Wehrmacht, Abwehr, Kirche, Universitäten, egal. Selbst wenn sie im SD oder in der Gestapo stecken, bist du ermächtigt, jeden zu verhören, wie du es für richtig hältst. Niemand wird dir ins Gehege kommen. Der Führer soll wissen, daß der Polizeiapparat der Partei unter Kontrolle ist.»

«Du willst, daß ich diese Organisationen zerschlage?»

«Untersuchen sollst du sie», verbesserte Fritz sanft. «Es gehören einflußreiche Leute dazu: kirchliche Würdenträger, Feldmarschälle, Aristokraten. Unterschätze ihre Macht nicht. Es muß ein ordentliches Gerichtsverfahren geben. Die Partei kann es sich nicht leisten, bei einem Prozeß dumm dazustehen.»

«Ich soll sie also vor Gericht bringen?»

«Ja, aber nicht zu bald.» Wieder dieses unnachahmliche, verschlagene Lächeln. «Laß ihnen Zeit, etwas zu tun, für das wir sie festnageln können. Verstehst du?»

«O ja, ich verstehe», erwiderte Paul.

Im Dachzimmer einer der trostlosen Mietskasernen im Berliner Arbeiterbezirk Wedding hielten sich an diesem kalten Frühlingsabend zwei Männer auf.

Der eine, irgendein ausländischer Matrose, hochgewachsen, heiter, etwa fünfunddreißig, breiter Schnurrbart, sprach ausgezeichnet Deutsch und konnte ebenso perfekt berlinern, sogar derbe Witze reißen. Der andere, ein Deutscher mit welligem grauen Haar, ging auf die Fünfzig zu und hatte den typischen Tonfall des Berliners.

Sie lebten nun schon über zwei Wochen in diesem Raum zusammen, ohne daß sie das einander näher gebracht hätte. Die Anspannung, der Gestank der Toilette auf dem Treppenabsatz, die schmutzige Bettwäsche, die stickige Luft in dem Zimmer, in dem sie schliefen, aßen, Karten spielten und versuchten, sich nicht zu streiten, waren nicht eben dazu angetan, eine engere Beziehung zu fördern.

«Wie spät ist es?» fragte Peter Winter. Er trug einen dunkelgrauen Anzug – ausgebeult und ein wenig fadenscheinig, aber einer der wenigen, die ihm paßten, als man ihn in London für seine Aufgabe eingekleidet hatte. Das Angebot an deutschen Fabrikaten mit Firmenschildern war nicht groß und stammte meistens von Flüchtlingen. Doch zur Not ließ sich mit dieser Aufmachung die Berufsangabe «Rechnungsführer» in seinen gefälschten Personalpapieren aufrechterhalten.

«Fünfundzwanzig Minuten über die Zeit», erwiderte Brian Samson mürrisch. Es war das dritte Mal, daß Winter ihm in der letzten Viertelstunde diese Frage stellte. Samson trug einen hellen Rollkragenpullover, braune Kordhosen und schwere Nagelschuhe, die er im schlimmsten Fall als Waffe benutzen konnte. Er saß direkt unter der Lampe und stopfte eine Socke, die er über einen Becher gespannt hatte.

«Jetzt müßten sie schon jemand geschickt haben.» Winter schaute zu dem Sendegerät in der Ecke hinüber. Wenn man sie damit und mit der an der Dachrinne vor dem Fenster befestigten Antenne erwischte, würde man sie ohne lange Verhandlung hinrichten. Er sah Samson an. Da war keine Spur von Angst zu erkennen, die schlechte Laune hatte nichts mit Nervosität zu tun. Wenn sie ihnen jetzt die Tür einschlügen, würde Samson den harmlosen, lächelnden Typen spielen und damit vielleicht durchkommen. Samson wirkte wie der sprichwörtliche «nette Kerl», offen und ehrlich, und um dieses gewisse, ganz alltägliche Etwas beneidete ihn Peter. Im gefährlichen Spiel der Spionage konnte das eine Trumpfkarte sein.

«Vielleicht hat Hitler die Besprechung abgesagt und ist zur Wolfschanze zurückgekehrt», meinte Samson.

«Nach Rastenburg in Ostpreußen? Nein, das ist ausgeschlossen. Um diese Jahreszeit wird alles vom Berghof aus geleitet. Der Führer hält sich jetzt immer häufiger dort auf. Die Generale sagen, der Führer geht erst zu Beginn der Sommeroffensive nach Osten zurück.»

«Können Sie nicht endlich damit aufhören, diesen Schweinehund den Führer zu nennen? Mein Führer ist er jedenfalls nicht.»

Peter Winter entgegnete nichts. Gegen die Macht der Gewohnheit war gar nicht so leicht anzukommen. «Deshalb ist es ja ein so günstiger Zeitpunkt für die Wehrmacht. Er ist bis Juli auf dem Berghof, und dort sind die Sicherheitsmaßnahmen nicht so rigoros.»

«Ich verstehe», spöttelte Samson, ohne aufzublicken.

Winter betrachtete seine verkrüppelte linke Hand. Sie war noch rot und geschwollen von dem Fallschirmabsprung. Jahrelang hatte ihm die Entstellung nichts mehr ausgemacht, aber jetzt, unter Samsons kritischem Auge, fühlte er sich wieder gehemmt. «Es ist ein junger Hauptmann... Er führt Hitler eine neue Panzerabwehrwaffe vor... Die Bombe ist in einer der Munitionsschachteln versteckt, die zu dieser Demonstration gehören.»

«Klingt gut», kommentierte Samson beiläufig.

«Den Offizier kostet es das Leben», beharrte Peter. Er hoffte, bei seinem Gefährten danach mehr Interesse und Mitgefühl zu entdecken.

Samson blickte hoch, starrte Peter unverwandt an und fragte:

«Sie glauben tatsächlich diesen ganzen Scheiß?»

«Was meinen Sie damit?»

«Glauben unsere Leute in London den ganzen Mist, den Sie mir dauernd erzählen?» Und dann gab er sich gleich selbst die Antwort: «Das müssen sie wohl, sonst hätten sie mir ja nicht die zusätzliche Arbeit aufgehalst, mich um Sie zu kümmern.»

Das traf Peter tief. Es war typisch für Samson, alles daran zu messen, was es ihm an Arbeit und Unbequemlichkeit einbrachte. «Warum sollten sie es denn nicht glauben?»

«Sie wurden von den Yankees geschickt, stimmt's? Die lassen sich doch alles aufbinden. Wenn jemand den Yankees in London einredet, Hitler sei in Wirklichkeit ein zahmer Gorilla, würden sie prompt einen Zoologen herschicken.»

«Die Wehrmacht ist entschlossen...»

«Die Wehrmacht! Erzählen Sie mir bloß nichts von der gottverdammten Wehrmacht! Diese Schlappschwänze hatten doch nicht das geringste an Hitler auszusetzen, bis ihnen die Rote Armee zeigte, wie man Schlachten schlägt, und die RAF anfing, ihre schönen deutschen Städte zu bombardieren. Jetzt sind sie entschlossen, ihn zu beseitigen. Typisch deutsch – die reinen Wetterfahnen, immer hübsch das Mäntelchen nach dem Wind hängen.»

«Sie haben es schon vorher versucht.» Peter wußte, daß vieles von dem nur Dampf war, den Samson ablassen mußte, trotzdem tat es weh.

«Und wie sie es versucht haben! Ich habe so viele Geschichten gehört über die Versuche der Wehrmacht, Hitler zu beseitigen, daß ich mit der Buchführung gar nicht mehr nachkomme.»

«Die Sicherheitsmaßnahmen sind heutzutage so streng.»

«Und warum haben sie Anfang der vierziger Jahre, als die Sicherheitsmaßnahmen nicht so streng waren, keine Versuche unternommen, den Mistkerl zu töten? Da waren sie zu beschäftigt, in Polen, Norwegen, Frankreich, Belgien und Holland einzumarschieren, das ist der Grund.»

«Vielleicht.»

«Von vielleicht kann da keine Rede sein. Diese verdammten Wehrmachtsoffiziere werden Hitler nicht umbringen. Dazu fehlt es ihnen an Mumm. Wenn die Generale Hitler wirklich töten wollten, hätten sie es schon getan. Mein Gott, sie haben lange genug darüber geredet. Wollen Sie wissen, wann ich diese Geschichten zum ersten Mal gehört habe?»

Peter wollte nicht wissen, wie lang das zurücklag, und sagte: «Es ist nicht nur die Wehrmacht. Viele Deutsche bemühen sich um einen Waffenstillstand.»

«Waffenstillstand ist genau das richtige Wort. Genau das wollen sie – eine Atempause, bevor sie den Krieg fortführen. Ich habe keine Zeit für sie alle – Generale, Adel, geistliche Würdenträger, Intellektuelle, Liberale und den ganzen Klüngel. Von denen höre ich mir keinen einzigen an. Ein Tritt in den Hintern – den brauchen sie.»

«Wollen Sie denn nicht, daß der Krieg endlich aufhört?»

«Allerdings. Aber ich möchte, daß er zum richtigen Zeitpunkt, am richtigen Ort und von den richtigen Leuten beendet wird. Wir haben unser Kriegsziel verkündet – bedingungslose Kapitulation. Nichts da von Waffenstillstand und dem verdammten Unsinn. Wir hatten 1918 einen Waffenstillstand, und Sie sehen ja, was passiert ist. Es brauchte nur ein paar Jahre zur Reorganisation und Wiederbewaffnung, und schon seid ihr verdammten Deutschen wieder marschiert. Nein, wir denken gar nicht daran, denselben Fehler noch einmal zu machen. Zum Teufel mit dieser hochwohlgeborenen Offiziersclique und den übrigen. Wir brauchen keine Hilfe, um Hitler zu töten. Wir tun es auf unsere Weise, und wenn wir die Zeit für gekommen halten.»

«Denken die meisten Ihrer Landsleute so?»

«Meine Landsleute. Ja, sicher ... Und falls Sie finden, daß wir es ein bißchen an der guten, alten europäischen Höflichkeit fehlen lassen, dann sollten Sie mal mit den Polen und Tschechen und den anderen armen Teufeln reden, die ihr überrollt habt.»

«Mir war nicht klar, wie stark Sie engagiert sind. Unter diesen

Umständen muß ich mich nochmals für alles bedanken, was Sie für mich getan haben.»

«Ich habe getan, was ich tun mußte.» Er sah auf die Uhr. «Sie werden Hitler nicht umbringen. Natürlich haben sie dafür wunderbare Ausreden – wie immer. Wenn sie auf ihre Attentatspläne so viel Zeit verwenden würden wie auf ihre Ausflüchte, wäre Hitler schon längst von Würmern gefressen.»

«Abwarten.»

Als er merkte, daß er Winter mit seinem Ausbruch nicht in Wut versetzt hatte, wurde Samson etwas versöhnlicher. «Diese Stabsoffiziere, von denen Sie so viel halten, sie wollen ja Deutschland gar nicht zur Demokratie machen. Ich brauche Ihnen das doch nicht zu erklären, Sie erinnern sich selbst, wie die meisten Offiziere über die Weimarer Republik dachten.»

«Sie mögen Hitler nicht.»

«Nein, der ist nicht standesgemäß. Sie hassen Hitler nicht, weil er neutrale Länder überfallen hat, oder wegen seines Vorgehens gegen die Juden. Sie hassen ihn, weil er ein ordinärer österreichischer Bauernlümmel ist, der sich nicht um ihre noble Herkunft schert und ihre meisterliche Kriegskunst nicht bewundert.»

«Das ist doch dummes Gerede.»

«Die deutschen Generale wollen nicht den Krieg beenden, sondern Hilfe, ihn zu führen. Sie haben mir ja selber von dem Vorschlag erzählt, daß sie als Bollwerk weiter gegen den Kommunismus kämpfen wollen, nachdem sie mit den Westmächten Frieden geschlossen haben.»

«Ja.»

«Nun, und was heißt das denn anderes, außer daß wir sie bei diesem Kampf unterstützen?»

«Vermutlich haben Sie recht, aber wir können die Russen nicht weiter vorrücken lassen. Ihnen muß Einhalt geboten werden. Viele Amerikaner teilen diese Auffassung.»

«Vergessen Sie's. Da macht die britische Öffentlichkeit nicht mit; die hält Joe Stalin für ihren Retter. Und die Regierung wird nie auch nur einen Versuch in der Richtung riskieren. Egal, was die Rote Armee bei Ihnen anrichtet, für einen Separatfrieden ohne die Russen stehen die Chancen gleich Null. Churchill, Roosevelt und Stalin haben ihre Forderung nach bedingungsloser Kapitulation seit langem verkündet. Wenn sie daran nicht rütteln ließen, als sie unterlegen waren, warum zum Teufel sollten sie das jetzt tun, da sie gewinnen?»

Ihm zuzuhören, ist nicht gerade ermutigend, dachte Winter. Wenn es viele Gleichgesinnte gab, war Winters Mission von Anfang an zum Scheitern verurteilt. Und er hatte das Gefühl, daß unzählige andere Samsons Ansichten teilten.

Ein Mercedes 320 mit aufklappbarem Dach aus dem Wagenpark des Generalstabs fuhr langsam Unter den Linden entlang. An diesem Abend herrschte starker Verkehr. Die Vorstellung in der Staatsoper war gerade zu Ende, und das Publikum strömte ins Freie.

General Horner, im Fond des Mercedes, betrachtete die Gebäude im Vorbeifahren. Nie würde er sich an die verheerenden Schäden gewöhnen, welche die Fliegerangriffe dieses Winters angerichtet hatten. Weite Teile der Stadt waren zerstört, zahlreiche Menschen getötet oder verletzt worden, und daß die Bevölkerung von Mal zu Mal mehr das Vertrauen verloren hatte, ließ sich nicht leugnen. Natürlich machten die Berliner auch jetzt noch ihre schnoddrigen Witze, aber mit einem bitteren, zynischen Unterton. Und sie drehten sich nicht mehr um Hermann Göring, der Meier heißen wollte, wenn auch nur ein feindliches Flugzeug jemals die Reichshauptstadt erreichen sollte, sondern um die Niederlage. «Laßt uns den Krieg genießen, der Friede wird furchtbar!» lautete die Devise. Und man verabschiedete sich mit dem Wunsch: «Bleib übrig!»

Die Straßen waren jetzt, nach Ende des Winters, abends belebter. Da die schweren britischen Bomber für den Anflug zu ihren Nachtangriffen auf Berlin den Schutz der langen, dunklen Winternächte benötigten, konnten die Berliner jetzt wieder ungestörter schlafen, außer bei gelegentlichem Störalarm, wenn leichte Maschinen herübergeschickt wurden, um ein paar Bomben abzuwerfen. Nun ja, vermutlich eine ganz gute Taktik, dachte Horner. Es lohnte sich schon, ein leichtes Flugzeug zu verlieren, wenn dafür die ganze berufstätige Bevölkerung am nächsten Morgen müde und unausgeschlafen zur Arbeit kam. Und überdies hatten die Briten bei ihren leichten Flugzeugen bekanntlich kaum Verluste zu beklagen. Die verdammten Moskitos der RAF flogen zu hoch, als daß die Nachtjäger der Luftwaffe sie hätten erreichen können.

Die Amerikaner wiederum überflogen das Reichsgebiet am hellichten Tag, um Ziele weit im Osten zu bombardieren! Eine erschreckende Bilanz: Die Alliierten beherrschten tatsächlich den deutschen Luftraum.

Auch Unter den Linden gab es erhebliche Bombenschäden. Er würde nie mehr in einem der Cafés sitzen, Buttercremetorte essen und den vorbeiflanierenden Mädchen nachschauen, wie er es so oft gemeinsam mit Paul Winter als junger Kadett getan hatte. Damals führte man Kriege an den Fronten; der Gegner kam nicht ins Land, um das Heim eines Mannes zu zerstören, der Hunderte von Kilometern entfernt im Feld kämpfte. Welche Wirkung der Bombenkrieg auf die Soldaten an der Ostfront hatte, ging deutlich aus den Auszügen hervor, die sie von der Zensurstelle der Feldpost zur Analyse erhielten. Wohin er auch blickte, die Vernunft gebot die Beendigung des Krieges. Und wenn es dazu nur einen Weg gab, so mußte er beschritten werden, unbeirrt vom Eid auf den Führer.

«Fahren Sie schneller! Ich sagte Ihnen doch, daß es eilt.»

«Jawohl, Herr General.»

Nach dem Pariser Platz wurde der Verkehr etwas schwächer, und sie brausten durch den dunklen Tiergarten, wo die abgedunkelten Scheinwerfer hin und wieder ein Pärchen erfaßten, bogen dann in die Budapester Straße ein, am Hotel Eden vorbei zum Kurfürstendamm. Hier im Vergnügungsviertel herrschte wieder mehr Betrieb.

Der Fahrer kannte den Weg: Hubertus-Allee, Bismarckplatz und dann zu dem teuren, kleinen Wohnblock, wo Paul Winter jetzt lebte. Der Chauffeur sprang hinaus und hielt General Horner die Tür auf. Es ist verdammt kalt, dachte Alex Horner, als er ausstieg. Ich hätte doch den Mantel anziehen sollen.

Er läutete an der Haustür. Der Portier ließ ihn ein und verbeugte sich sichtlich beeindruckt von der Generalsuniform und dem Ritterkreuz. Er geleitete ihn zum Aufzug: «Guten Abend, Herr General.» Alex nickte ihm zu und drückte den Knopf, worauf sich der kleine Lift ächzend und quietschend zu Pauls Wohnung im fünften Stock in Bewegung setzte.

Paul öffnete. «Alex! Sei gegrüßt!»

«Bist du allein?»

«Ja. Inge ist im Kino. Komm rein.»

«Ich kann nicht lange bleiben, aber ich konnte es dir nicht am Telefon sagen ...» Horner legte die Schirmmütze auf die Garderobe, bevor er in den Salon ging.

«Was zu trinken?»

«Nein. Paul – es hat ein weiterer Attentatsversuch auf den Führer stattgefunden. Heute nachmittag um vier. Auf dem Berghof.»

«Fehlgeschlagen?»

«Ja.»

«Ich habe bisher nichts gehört.» Paul sah seinen Freund spöttisch an. War das alles? War er deshalb quer durch Berlin gesaust, um ihm zu erzählen, daß wieder einmal ein Anschlag der Wehrmacht auf das Leben des Führers gescheitert war?

«Ich hätte doch gern was zu trinken», sagte Alex. «Einen Kognak, falls du welchen da hast.»

«Setz dich, Alex.» Paul schenkte ein Glas ein und öffnete eine Flasche Apollinaris für sich selbst.

«Es ist ziemlich kompliziert, Paul. Beim Führer fand eine Vorführung statt – eine Panzerabwehrwaffe, eine ausgefeilte Version der Panzerfaust... Du weißt ja, wie gern er sich so was zeigen läßt, um dann jedem Vorträge halten und seine Sachkenntnis beweisen zu können.»

«Und ob ich das weiß.» Paul beobachtete Horner, der seinen Kognak hinunterstürzte und das leere Glas abstellte. Paul zündete sich eine Zigarette an. Einen Moment standen beide stumm da und musterten sich gegenseitig. Ihre Beziehung hatte sich merkwürdig entwickelt. Zwar bildete die langjährige tiefe Freundschaft eine solide Vertrauensbasis, doch es war auch eine Art Doppelspiel dabei. General Alex Horner war zielstrebig und ausgeglichen. Er diente loyal der Wehrmacht und insbesondere der Gruppe von Verschwörern, denen er Bericht erstattete. Wenn Himmler das Unternehmen durch Paul Winter überwachen lassen wollte, so war das in Ordnung, denn Alex wurde auf Sicherheitsabstand von den Verschwörern gehalten, falls sich die alte Freundschaft als unzureichender Schutz erweisen sollte. Und wenn Himmler sich bemüßigt fühlen sollte, einzuschreiten und die Wehrmachtsangehörigen auszuschalten, dürfte er sich ausmanövriert sehen.

Paul Winters Loyalität ließ sich nicht so einfach definieren. Auch er hielt die Armee in Ehren, und durch die Ausbildung in Lichterfelde fühlte er sich dem preußischen Offizierskorps auf die gleiche Weise verbunden wie Horner. Aber für Paul existierten noch andere Treuepflichten. In der Zeit nach dem Ersten Weltkrieg hatte ihm die NSDAP zu neuer Selbstachtung verholfen, als er dies am dringendsten brauchte. Sein Aufstieg führte steil nach oben – er gehörte nun zur Partei-Elite, war Teil des Staates im Staate. Der gewaltige Apparat, den der Reichsführer SS unter seine direkte Kontrolle gebracht hatte, umfaßte jetzt: Allgemeine SS, Waffen-SS, Konzentrations- und Vernichtungslager, SD, Innenministerium, Gestapo und verschiedene Polizeiorganisationen, die ihm als Innenminister unterstanden. Hinzu kamen kommerzielle Unternehmen, die alles mögliche herstellten – von billigen Möbeln zu Uniformen und Schußwaffen.

Himmler war jetzt mächtiger, als es sich ein General der Wehrmacht je erhoffen konnte, und Paul bewunderte den ruhigen, unscheinbaren Mann mit seinem Kneifer und der schwarzen Uniform, die er so gern trug. Wenn Himmler wünschte, daß seine Leute nichts unternahmen, während die Wehrmacht den Führer zu ermorden versuchte, würde Paul genau das tun. Die innere Logik war ihm klar: Himmler hatte de facto bereits die Kontrolle über das Dritte Reich inne; es war nur eine Frage der Zeit, bis er sie vollends übernahm. Und wenn der Reichsführer dann Friedensverhandlungen mit den Westmächten führte, würde er dies mit demselben Geschick tun, das er beim Aufstieg in seine gegenwärtige Position bewiesen hatte.

So brachte Paul Winter für Alex Horners Entschlossenheit, das Staatsoberhaupt zu beseitigen, so etwas wie Gleichmut auf. Und doch würde er keine Freude empfinden über Hitlers Tod, sondern Trauer – wie damals in München, als der alte Graf vor dem Exekutionskommando stand.

General Horner hatte der Aufforderung, Platz zu nehmen, keine Folge geleistet. Er ging im Zimmer auf und ab, betrachtete Bilder und Bücher, ohne sie wirklich zu sehen, bewegte die Lippen, ohne zu sprechen. Jetzt drehte er sich um, die Hände in den Hosentaschen, und sagte: «Die Waffen wurden vorgeführt, und der Zeitzünder der Bombe war eingestellt. Das Ganze fand auf dem Hof der SS-Kasernen hinter dem Platterhof statt. Die Erläuterung sollte gerade beginnen, da wurde der Führer abberufen – ein wichtiges Ferngespräch aus der Reichskanzlei. Sobald der Zeitzünder in Gang gesetzt ist, läßt sich nichts mehr ändern.»

«Das Ding ist detoniert?»

«Ungefähr ein halbes Kilo Sprengstoff. Der Offizier ist schwer verletzt.»

«Er ist nicht tot?»

«Nein, er wird verhört, Paul.»

«Ich kann nichts für ihn tun, Alex. Beim besten Willen nicht. Ich bin befugt, geplante Anschläge auf das Leben des Führers zu untersuchen, aber hier handelt es sich ja um etwas ganz anderes. Das Verhör eures Mannes untersteht dem dortigen für die Sicherheit zuständigen SS-Offizier. Nicht einmal die Gestapo könnte zu einem solchen Häftling Zugang erhalten, solange der verantwortliche Offizier nicht einwandfrei festgestellt hat, daß keine unmittelbare Gefahr mehr besteht und keine weiteren Bomben in der Umgebung versteckt sind.»

«Ich bin nicht hergekommen, um dein Einschreiten auf dem Berghof zu erbitten, Paul. Das Problem ist vielmehr, daß dieser Offizier Kontakt zu anderen Personen hier in Berlin hatte.»

«Die bringst du am besten irgendwohin, wo die Wehrmacht alles unter Kontrolle hat. Frankreich dürfte am geeignetsten sein.»

«Einer der betreffenden Personen war dein Bruder.»

«Mein Bruder? Peter? Das ist... völlig ausgeschlossen...»

«Peter ist in Berlin. Man hat ihn als Kontaktmann für die Westmächte hergeschickt.»

«Peter?» Paul war fassungslos.

«Und Peter hat den betreffenden Offizier kennengelernt. Wenn sie ihn zum Reden bringen, wird er Peter beschreiben. Es ist deine Entscheidung, Paul. Vielleicht willst du deinen Bruder in Sicherheit bringen.»

«Was tut er denn hier?»

«Er hat ein Sendegerät. Damit sollte er die Nachricht von Hitlers Ermordung nach London übermitteln und dann als Verbindungsoffizier zur Wehrmacht hier in Berlin bleiben.»

«Weißt du, wo er ist?»

«Im Wedding. Kein Telefon.»

«Kein Telefon – so ein Unsinn.»

«Das war sicherer», erklärte Alex.

«Und verdammt unpraktisch. Haben sie denn nicht einkalkuliert, daß so was passieren könnte?»

«Nein. Sie dachten, es würde gelingen.»

Paul sah ihn an. «Ja, das denken sie immer.» Er hätte gern noch eine sarkastische Bemerkung hinzugefügt, daß die Wehrmacht sich ja auch gegenüber den Russen in trügerischem Optimismus gewiegt und kläglich Schiffbruch erlitten habe, doch er wußte, wie Alex Horner das aufnehmen würde, und schwieg ihm zuliebe und um ihrer Freundschaft willen.

Sie verstummten eine Weile. Draußen wurde die Lifttür zugeschlagen, man hörte Stimmen, und dann kam Inge herein, gefolgt von Fritz Esser. Er machte irgendeinen Witz, und beide lachten.

«General Horner?» Inge setzte sich in Szene, wie immer nach ein paar Gläsern. «Was führt Sie denn her?» Sie hatte sich in Gala geworfen, Fritz ebenfalls.

«Alex ist auf einen Schluck vorbeigekommen, Inge. Ich dachte, ihr wolltet groß ausgehen?»

«Waren wir auch, aber dann ist jemand mit 'ner dringenden Nachricht für Fritz aufgekreuzt.» Sie schaute in den Spiegel und strich sich das Haar glatt. Inge war siebenundvierzig und hatte angefangen, die ergrauten Stellen nachzufärben. Sie waren im Kino gewesen. *Romanze in Moll* war einer von Inges Lieblingsfilmen, weil sie sich mit dem Schicksal der Heldin identifizierte. Auch zwischen dem betrogenen

Ehemann und Paul gab es noch Parallelen, während zwischen Fritz Esser und dem faszinierenden Liebhaber im Film nicht die leiseste Ähnlichkeit bestand. Inge lächelte ihrem Spiegelbild matt zu.

«Das war im Kino», erläuterte Fritz, nachdem er Horner begrüßt hatte. «Man hat die Vorführung unterbrochen und eine Nachricht eingeblendet, daß ich mich sofort beim Geschäftsführer melden soll.»

«Worum ging's denn?» erkundigte sich Paul.

Fritz Esser schaute die beiden abwechselnd an. Er ahnte, was Horner hergeführt hatte, hielt sich jedoch an das Ritual, da sie es so haben wollten. «Ein Anschlag auf den Führer. Es wird nicht publik gemacht. Ein Hauptmann der Wehrmacht mit einer Bombe. Ein Stabsoffizier, früher an der Front – das übliche Ritterkreuz und der ganze Klempnerladen. Dem armen Schwein hat's den Arm weggerissen. Der Führer war gerade nicht da. Der wird sich nicht schlecht gewundert haben, als er's krachen hörte, was?»

«Woher weißt du all diese Einzelheiten?» fragte Paul.

«Ich hab Bormann angerufen. Der ist der einzige auf dem Berghof, der weiß, was er tut. Das reine Affentheater! Gibst du mir was zu trinken, Paul? Ich muß mir wohl die Nacht um die Ohren schlagen. Sie haben den Mistkerl in Gewahrsam genommen, aber wir müssen jemanden runterschicken, der die Sache untersucht. Meinst du, dein Freund Koch könnte das machen?» Er sah auf die Uhr und schenkte sich dann selbst ein Glas ein. «Ich muß abzischen.»

«Koch ist für Untersuchungen nicht gerade ideal. Und manchmal bringt er die Leute völlig durcheinander. Schick ihn nicht auf den Berghof. Ich hab ihn hinter einen Schreibtisch gesetzt und mit Papierkram eingedeckt. Laß ihn dort.»

«Ich find schon jemanden.» Fritz kippte einen dreistöckigen Schnaps hinunter.

«Ich muß mit Alex weg», verkündete Paul.

«Wohin denn?» fragte Inge verdrossen. Sie konnte nicht allein sein. Das war der eigentliche Grund, weshalb sie bei Paul blieb und diese lächerliche Fiktion einer Ehe aufrechterhielt.

«Weg», erwiderte Paul kurz.

«Sei gefälligst nicht so grob», beschwerte sie sich.

«Aber, aber.» Fritz Esser betätigte sich wieder einmal als Vermittler. «Paul fragt uns ja auch nie, wohin wir gehen. Du mußt ihn schon sein eigenes Leben leben lassen.»

«Wir sollten längst geschieden sein.»

Alex Horner hatte seine Mütze genommen. Er stand in der Diele, starrte unverwandt auf einen Stich von Wien – ein Geburtstagsgeschenk von Inge, das sie Paul vor Jahren gemacht hatte; er verzog keine Miene, als habe er nichts von dem Gespräch gehört.

«Schlag dir das mit der Scheidung aus dem Kopf», riet Fritz Esser. «Der Führer hat was gegen Scheidungen, das würde der Karriere deines Mannes schaden – und meiner vielleicht auch.» Er grinste. Der Nachsatz mochte ein Witz sein – bei Fritz konnte man das nie genau wissen, aber eins stand zumindest fest: Die Aufforderung war ernst gemeint, und sie ließ das Thema fallen.

Inge sah Paul mit einem zuckersüßen Lächeln an. «Also Peter ist hier in Berlin?» fragte sie unvermittelt.

«Was heißt das?» brüllte Fritz Esser.

Alex Horner vertiefte sich weiterhin in die Betrachtung des Stiches, und Paul erwiderte: «Peter? In Berlin? Totaler Unsinn.» Er war noch nie ein guter Lügner gewesen.

«Ich hab euch reden gehört. Ich kann es in dem kleinen Lift nicht mehr aushalten und bin zu Fuß raufgegangen. Fritz hat noch den Wagen geparkt, und ich bin schon reingegangen. Da hab ich euch gehört.»

«Ja, er ist hier.» Pauls Stimme klang völlig unbeteiligt, wie er es bei ihren Auseinandersetzungen so oft praktiziert hatte.

«Und dorthin gehst du jetzt?»

«Ja. Ich muß meinen Bruder sehen.»

«Wirst du ihm sagen, daß Lottie tot ist?»

«Das weiß ich nicht.»

«Von amerikanischen Bomben ermordet – hämmere ihm das ein.»

Paul sah sie mitleidig an. «Liebst du ihn immer noch?»

«Ihn lieben? Ich verabscheue ihn!»

«Wie du mich verabscheust?»

«Ja, wie ich dich verabscheue.»

Fritz Esser trank den zweiten Schnaps aus, stellte das Glas auf den Tisch, packte Inge beim Arm und schüttelte sie so heftig, daß ihre Zähne aufeinanderschlugen. «Hör mir jetzt mal genau zu, du dummes Stück. Hier geht's um Staatsangelegenheiten, nicht um alberne Liebesromane in Groschenheften. Du hältst die Klappe.» Er schüttelte sie grob. «Kein Sterbenswort! Wenn dir der Name Peter Winter auch nur einmal über die Lippen kommt, schlage ich dich windelweich. Kapiert?»

Fritz ließ sie los, und sie wich ängstlich zurück, rieb sich den schmerzenden Arm. Zu Pauls Überraschung lächelte sie – bitter zwar, aber trotzdem. «Du machst alles so unmißverständlich klar, Fritz.»

«Sie wird sich zusammenreißen, Paul», beruhigte ihn Fritz, ohne sie eines Blickes zu würdigen. «Geh du nur los und tu, was du tun mußt. Wo ist er?»

«Wo ist er?» gab Paul die Frage an Alex Horner weiter.

Der antwortete nach kurzem Zögern: «Am Wedding – ein Wohnblock zwischen der St.-Josefs-Kirche und dem U-Bahnhof.»

«Ich muß das wissen, wenn ich euch die Bluthunde vom Halse halten soll», erklärte Fritz Esser, ohne mitzuteilen, wie er das zu tun gedachte.

«Der Offizier, der verwundete, den sie auf dem Berghof in Gewahrsam haben, hat Peter kennengelernt.»

«Mach dir um den keine Sorgen. Um den hat man sich bereits gekümmert.» Fritz warf General Horner einen Seitenblick zu, doch der stand stocksteif da und verzog keine Miene.

Paul sah Horner ebenfalls an und fühlte sich peinlich berührt. Es bestand kein Zweifel, was Fritz damit meinte: Laut Planung war sichergestellt, daß der Tod des Offiziers auf schnellstem Wege zu erfolgen hatte, um weitere Komplikationen auszuschließen. General Horner begriff das natürlich – er war ja kein Narr –, blieb jedoch äußerlich völlig unbewegt.

«Geh zu Bett, Inge», sagte Fritz Esser; und als sie keinerlei Anstalten machte, das Zimmer zu verlassen, sondern unschlüssig mit den Gläsern herumspielte, herrschte er sie an: «Hast du nicht gehört? Ich sagte, geh zu Bett!»

«Ja, Fritz. Gute Nacht, Herr General.» Er verbeugte sich wortlos. «Gute Nacht, Paul.»

«Gute Nacht, Inge.»

«Und halt ja deine große Klappe», schärfte ihr Fritz ein. Und zu den anderen gewandt: «Gehen wir. Ich nehme an, du hast einen Wagen, Alex.»

«Stimmt.»

«Viel Glück. Das wird eine lange Nacht.»

Es hatte sich stark abgekühlt an diesem Juniabend. Die weite Wasserfläche zeigte jenes milchige Bleigrau, das Sturm verhieß. Am Himmel ballten sich dunkle Wolken. Das Ufer des Bodensees war menschenleer, bei dem drohenden Regen blieb man besser zu Hause.

Zwei einsame Gestalten wanderten unter den Bäumen entlang. An der Mauer machten sie kehrt und gingen wieder zurück zu dem großen schwarzen BMW mit dem Berliner Nummernschild, der neben der Kirche parkte.

«Der Grenzbeamte auf dieser Seite heißt Schanz», informierte Paul seinen Bruder. «Um die Sechzig, groß, Schnurrbart... Er hat hier in Friedrichshafen in Papas Fabrik gearbeitet. Ein freundlicher, umgänglicher Kerl. Sag ihm, du mußt für den Betrieb in die Schweiz fahren. Sollte es irgendwelche Scherereien geben, schalte ich mich ein, aber hoffen wir lieber, daß es auch ohne mich klappt.»

«Ich möchte dich nicht in Schwierigkeiten bringen», sagte Peter.

«Ich kann schon auf mich aufpassen.»

«Ohne dich wäre ich nicht aus Berlin rausgekommen.»

«Wer war dieser Schwede?»

«Ein Matrose. Er wollte mir Butter und Büchsenschinken verkaufen.»

«Er hat sich ganz still verdrückt.»

«Schwarzer Markt. Wahrscheinlich hatte er Angst, hopp-genommen zu werden.»

«Mir kam sein Gesicht irgendwie bekannt vor.»

«Vielleicht hat er dir auch mal Butter und Schinken angedreht.»

Paul lächelte. «Das wird's sein.» Er blickte wieder über das Wasser. Sie befanden sich an der Strandpromenade bei der Schloßkirche, an genau der Stelle, wo Mama vor vielen Jahren in Papas wunderbarem Automobil gesessen und zur Zeppelin-Werft hinübergeschaut hatte. Wo mochte der alte italienische Wagen jetzt sein? Vielleicht in einem Museum. Bei den Straßenkämpfen in Berlin 1919 hatte er ihn einmal kurz gesehen, als er mit einem halben Dutzend Soldaten durch den Tiergarten fuhr. «Du sagst, auf der Schweizer Seite läuft dann alles glatt... Falls du dort irgendwelche Schwierigkeiten haben solltest, frag nach einem gewissen Becheler. Das ist ein Polizeiinspektor, der immer irgendwo beim Zollamt rumschwirrt. Sag ihm, daß du mich kennst. Kein angenehmer Mann, ein richtiger Stockfisch, aber wir bezahlen ihn.»

«Die Gestapo?»

«Ja. Von Zeit zu Zeit ist er uns behilflich. Seine Eltern leben in Innsbruck, der tut nichts, was uns in Rage bringen könnte», verkündete Paul.

Peter sah auf seine Taschenuhr – ein billiges Modell aus Stahl, doch sie funktionierte tadellos, wie man ihm in London vorausgesagt hatte. «Der Dampfer geht bald ab. Ich wünschte, du würdest mitkommen, Paul.»

«Das haben wir doch alles durchgekaut, Peter.»

«Mir wäre wohler, wenn du mitkämst. Ich könnte dir die Wege ebnen, egal, was du getan hast.»

Paul verstand die Welt nicht mehr. Wie konnte sein Bruder ihm bloß zumuten, Deutschland zu verlassen und zum Feind überzulaufen? Viel sinnvoller wäre es, wenn Peter hier bliebe und sich unter Pauls Schutz begäbe. «Ich habe nichts getan, wofür ich mich schämen muß», konterte Paul.

Peter betrachtete seinen Bruder. Wenn er Paul doch nur begreiflich machen könnte, was die SS, die Gestapo und alle Gefolgsleute Himmlers erwartete. «Sie hassen uns, Paul.»

«Wer? Die Amerikaner?»

«Alle Welt haßt und verachtet uns.»

«Wir werden schon Abhilfe schaffen, wenn wir erst den Krieg gewonnen haben», entgegnete Paul trotzig.

Dieser kindische Optimismus reizte Peter. Am liebsten hätte er ihn geschüttelt, um ihn zur Vernunft zu bringen. «Der Krieg ist verloren, Paul. Das muß doch inzwischen auch dir klar geworden sein.»

«Glaubst du das wirklich, Peter?»

Er wirkte verloren, hilflos. Peter hatte Pauls Achtung, Liebe und Loyalität stets als selbstverständlich hingenommen und sie ihm vielleicht nicht genug vergolten. Womöglich galt das für die ganze Familie. Plötzlich fühlte sich Peter als Beschützer seines kleinen Bruders, wie er es nie zuvor empfunden hatte. Er legte Paul den Arm um die Schulter und sagte sanft: «Wer weiß, was mit Deutschland geschehen wird. Komm mit! Was hält dich denn hier?»

«Gar nichts. Ich habe Inge verloren, ich bin kinderlos, Vater hat mir sein Haus verboten. Trotzdem kann ich nicht mit dir kommen. Ich bin zu alt, um mich an ein fremdes Land und eine fremde Sprache zu gewöhnen. Zu alt und zu dumm. Ich bleibe bei Mama. Sie wird Trost brauchen, wenn Vater stirbt. Er überlebt den Winter nicht, das hat der Arzt Mama gesagt.»

«Da ist das Schiff. Ich hätte ihn so gern gesehen... und Mama. Vielleicht kannst du ihr das auf irgendeine Weise sagen.»

«Je weniger Leute davon wissen, desto besser, Peter.»

«Vermutlich hast du recht. Aber es ist mir ein schrecklicher Gedanke, daß ich ihn nicht wiedersehen werde.»

«Ich wollte mich nicht mit Vater streiten, aber er hat mich für Dinge verantwortlich gemacht, an denen ich nicht schuld war. Das war ungerecht.»

«Er ist alt, Paul. Alte Menschen werden nun mal wunderlich.»

«Ich hab mein möglichstes getan.»

«Davon bin ich überzeugt, Paul. Wir gehen jetzt besser zur Anlegestelle.»

Paul blieb abrupt stehen, drehte sich zu seinem Bruder um und sagte: «Ich hab Lottie geliebt. Ich hab sie wirklich geliebt.»

«Das glaub ich dir, Paul. Kein Mensch gibt dir die Schuld.»

«Du verstehst nicht – ich habe sie geliebt!»

«Wir müssen gehen, Paul. Die Fähre legt gleich an.»

«Es hätte sie nicht getroffen, wenn sie bei Lisl Hennig geblieben wäre, aber da schlug Lisls Sohn ihr diesen Kinobesuch vor, weil sie so deprimiert war. Sie ging sonst nie weg, doch Theo meinte, das würde sie aufheitern. Es gab einen Farbfilm, eine Operette.»

Peter machte die Augen zu und bemühte sich, nichts von Pauls Worten zu hören. Sie taten zu weh. «Das hast du mir alles erzählt.»

«Und dann kamen die Amerikaner. Ein furchtbarer Angriff. Beide müssen sofort tot gewesen sein … das ganze Kino … ein Volltreffer.»

Peter öffnete die Augen wieder, um seinen Bruder anzusehen. «Niemand gibt dir die Schuld, Paul. Das ist der Krieg. Ich verstehe es ja.» Peter hatte seine ganze Kraft darauf verwendet, die unabänderliche Tatsache von Lotties Tod ins Unterbewußtsein zu verdrängen. Die Gegenwart ließ weder Zeit noch Raum, um über unwiederbringlich Vergangenes zu trauern, das blieb der Zukunft vorbehalten.

«Ich hätte alles getan, Peter. Das weißt du.»

«Ich weiß, Paul.»

Umgeben von lauter hohen Wohnblocks und Bürogebäuden, war die alte Villa in New York City zur Kuriosität geworden. Im zweiten Stock des großen Hauses lag Cyrus Rensselaer im Bett. Er war jetzt dreiundneunzig und für sein Alter in erstaunlich guter Körperverfassung. Er stand fast täglich auf, zog sich mit Hilfe eines Dieners an und fuhr in dem neu eingebauten Aufzug hinunter zum Mittagessen. Doch in den letzten zwei Wochen hatte er diesen Kraftakt nicht mehr geschafft. Er blieb im Bett und ließ sich *The New York Times* und *The Wall Street Journal* vorlesen.

Zu sich genommen hatte er nur weich gekochte Eier und etwas Hühnerbrühe mit trockenem Toast. Der Arzt kam täglich. Anfangs hielt er den Zustand seines Patienten nicht für besorgniserregend, doch am Dienstag wurde Cyrus Rensselaer schwächer.

Er hatte es gern, wenn man ihm die Post hinaufbrachte. Manchmal war ein Brief von Glenn dabei. Viel stand natürlich nicht darin – Glenn war noch nie ein guter Briefeschreiber gewesen, und seit man ihn mit geheimen Aufgaben in England betraut hatte, beschränkte er sich auf wenige, nichtssagende Zeilen. Ein paarmal hatte er mitgeteilt, die ganze Familie könne stolz auf Peter Winter sein, und vor kurzem kam dann die Nachricht, Peter befinde sich sicher und wohlbehalten in England, was ihnen allerdings wenig sagte, da sie nie etwas über Peters Abwesenheit oder Gefährdung erfahren hatten.

Am Freitagmorgen bekam Cyrus Rensselaer einen Brief nach seinem Geschmack – lang und ausführlich, von einem alten Freund, der eine Geschäftsreise nach Portugal unternommen hatte. Auf einem Dutzend Bogen Luftpostpapier informierte er Cyrus Rensselaer über alles Wissenswerte, und am Schluß hieß es: «... nach Berlin kommt man ja im Augenblick nicht, aber ich habe von einem Bekannten gehört, daß Harald Winters Beerdigung geradezu ein gesellschaftliches Ereignis gewesen sein soll. Zu meiner Freude erzählte er mir, daß sich Deine Tochter Veronica allem Anschein nach bei guter Gesundheit befindet.»

Cyrus ließ den Brief sinken. Harald war also gestorben. Bald würde der Krieg zu Ende gehen und Veronica heimkommen. Wenn sie erst wieder da war, konnte alles nur besser werden, auch mit ihm. Ganz deutlich hörte er sie singen und lachen – damals, in ihren Kindertagen, ein so fröhliches, lebhaftes kleines Mädchen. Er lächelte in der Erinnerung daran. Seit ihrem Weggang war alles anders geworden. Es gab so vieles, worüber er mit ihr reden mußte.

Man fand Cyrus Rensselaer tot, als man ihm die kleine Mittagsmahlzeit brachte. Er war friedlich eingeschlafen, die Brille hatte er noch auf der Nase. Die Briefblätter lagen über den Boden verstreut. Manche vermuteten nach der Lektüre, womöglich habe ihm die Nachricht von der Beerdigung seines Schwiegersohnes den tödlichen Schock versetzt, doch scharfsichtigere Beobachter meinten, er sei glücklich gestorben in dem Bewußtsein, daß sein alter Feind Harald vor ihm das Zeitliche gesegnet habe.

Die Todesnachricht aus New York gelangte jedenfalls schneller nach London als die aus Berlin nach New York. Der Name Cyrus Rensselaer war über die Geschäftswelt hinaus bekannt. In London erschien ein Nachruf in der *Times* und in der *Financial Times.* Es dauerte allerdings wesentlich länger, bis Glenn herausfand, daß der alte Mann sein Vermögen seiner zweiten Frau Dot hinterlassen hatte. Glenn erhielt lediglich eine kleine jährliche Zuwendung, und Veronica ging ganz leer aus, da sie, wie es im Testament hieß, nie mehr in ihr Geburtsland zurückgekehrt sei.

Glenn Rensselaer und Peter waren in diesem langen, bangen Sommer 1944 viel zu beschäftigt und fanden kaum Zeit für ihre persönlichen Angelegenheiten. Am 6. Juni, dem D-Day, landeten anglo-amerikanische Streitkräfte in Frankreich, und mit der Invasion begann für Deutschland der Zweifrontenkrieg.

Oberst Rudolf von Kleindorf gehörte zu den ersten, die Feindberührung hatten. Er war mit seinem Bataillon seit den frühen Morgenstunden in die Kämpfe an der Küste bei Saint Lô verwickelt. Am folgenden Tag unternahm er eine persönliche Erkundungsfahrt durch das Gelände, das ununterbrochen von alliierten Tieffliegern angegriffen wurde. Von Kleindorfs Panzerkampfwagen wurde dabei von Maschinengewehrfeuer getroffen, geriet ins Schleudern und überschlug sich. Er versteckte sich zusammen mit seinem Fahrer vier Stunden lang in einem Bombenkrater, in der Hoffnung, später im Schutz der Dunkelheit zu den eigenen Linien zurückkehren zu können.

Doch an diesem Juniabend blieb es zu lange hell in der Normandie, so daß die beiden Männer von der vorrückenden amerikanischen Infanterie gefangengenommen wurden; ein Corporal eignete sich von Kleindorfs Orden, den goldenen Siegelring mit dem Familienwappen und die Armbanduhr an und stopfte alles in seine Tasche. Als von Kleindorf lautstark gegen diesen Diebstahl seines persönlichen Eigentums protestierte, beschimpfte ihn ein Infanterist namens Weinberger aus Chicago in fließendem Berlinerisch, bevor er ihm mit dem Gewehrkolben ins Gesicht schlug, wobei er ihm Kiefer, Nase und Backenknochen brach und etliche Platzwunden zufügte. Man ließ ihn bewußtlos am Wegrand liegen, und der Infanteriezug marschierte weiter.

Die Armeen der Westmächte hatten den Atlantik-Wall durchbrochen. Die Marine hielt deutsche Schiffe außer Reichweite der riesigen Invasionsflotte, und alliierte Flugzeuge beherrschten den Luftraum. Zwei Wochen später, am 20. Juni, begann an der Ostfront die Sommeroffensive der Roten Armee. Sie konzentrierte den Angriff auf die Heeresgruppe Mitte. Nach der Vernichtung von 25 deutschen Divisionen brach die Front zusammen, so daß die Sowjets nach Polen und ins Reichsgebiet vorstoßen konnten.

General Alex Horner wurde als Befehlshaber eines Armeekorps nach Frankreich abkommandiert, so daß er am 20. Juli, dem Tag des gescheiterten Attentats auf Hitler, nicht in Berlin war. Als er davon erfuhr, versuchte Horner gerade verzweifelt, den Durchbruch General Bradleys an der Front bei Saint Lô abzuwehren und General Pattons 3. Armee am Vordringen zu hindern. Obwohl ihn der Gedanke an das Risiko nicht losließ, daß bei den pausenlosen Verhören einem seiner Kameraden auch sein Name abgepreßt werden könnte und daß zudem sein Vorgesetzter, Generalfeldmarschall von Kluge, zu den Verdächtigen zählte, widmete Alex Horner dem Kampfgeschehen volle Aufmerksamkeit. Trotzdem nahm er sich jeden Abend Zeit, seiner Frau Chrisi zu schreiben und auf jeder Briefseite unten ein lustiges Bildchen für seinen sechsjährigen Sohn Christian zu zeichnen.

An diesem warmen Sommerabend war der Obstgarten, in dem er biwakierte, vom Duft der reifen Kirschen erfüllt. Die amerikanische Artillerie griff erneut an, und das Mündungsfeuer verbreitete auch in seinem grünen Leinwandzelt Helligkeit. Der Geschützdonner dröhnte ununterbrochen.

Er hatte seinen Brief gerade beendet, als der junge Winkel hereinkam.
«Herr General?»

«Ja, Winkel, was gibt's?» Der Junge hatte eine frappante Ähnlichkeit mit seinem korpulenten Vater. Zu viel Bier, daran lag es.

«Besuch für Sie.»

«Wer?»

«Ein SS-Gruppenführer.»

Der SS-Offizier drängte sich an Winkel vorbei. «General Horner?» fragte er schroff. In seinem Gesicht malte sich Überraschung, doch das war Alex Horner gewohnt. Fünfundvierzigjährige Generale waren kein alltäglicher Anblick, nicht einmal im Zeitalter des Nationalsozialismus.

«Ja?»

«Heil Hitler!» Der SS-Offizier hob den rechten Arm zum Gruß.

«Guten Abend», erwiderte Horner und klebte den Briefumschlag zu. «Sie wünschen?»

«Ich führe meine Division morgen auf Ihrer linken Flanke heran, Herr General.» Er war um die Sechzig, glattrasiert, wettergegerbtes Gesicht, knochige Nase, unverkennbar bayerischer Dialekt, Pistole an der Hüfte. Horner betrachtete ihn unbeeindruckt.

«Ja, ich habe Sie bereits vor zwei Tagen erwartet», erwiderte er.

«Es gab unvorhergesehene Transportschwierigkeiten.»

«Möchten Sie etwas trinken?»

«Ist das französischer Kognak?»

«Bringen Sie zwei Gläser, Winkel», rief Horner. Er wußte, daß sein Fahrer Kirschenpflücken als Vorwand zum Lauschen nahm, doch da Winkel den Mund halten konnte, duldete er die Neugier stillschweigend. «Woher kommen Sie?» fragte Horner.

«Aus Norditalien, bei Mailand. Wir waren in Reservestellung, zwecks Auffüllung und Neuformierung. Nach schwerem Beschuß an der Ostfront fehlte es überall.»

«Panzergrenadiere?»

«Auf dem Papier.» Winkel erschien mit den Gläsern, und die beiden musterten sich, als sie tranken. Horner mißfielen die kleinen, verschlagenen Schweinsäuglein seines Gegenübers. Oder lag es nur an seiner grundsätzlichen Abneigung gegen die Waffen-SS? Die Aussicht, eine solche Division in seinem Korps zu haben, stimmte ihn keineswegs froh, trotz der unleugbaren Kampfkraft. Der SS-Gruppenführer trank etwas Kognak und wischte sich den Mund mit dem Handrücken. «Das Zeug ist gut.» Und dann: «Aber wir schaffen das schon, Herr General.»

«Unterschätzen Sie das hier ja nicht. Die Amerikaner sind jung und unerfahren, manchmal auch dumm. Sie machen Fehler, aber sie besitzen zugleich jugendliche Energie und Unerschrockenheit, und sie lernen schnell. Wichtiger noch, sie verfügen anscheinend über unerschöpfliche Reserven – an allem. Es ist ganz anders als an der Ostfront, aber halten Sie's ja nicht für einfacher!»

«Meine Männer werden Ihnen Ihre Linie schon halten», versicherte der SS-Offizier und schenkte sich nach, ohne zu fragen.

«Davon bin ich überzeugt», entgegnete Horner distanziert.

«Man nennt uns die Feuerwehr. Wir sausen von Front zu Front, wo die Wehrmacht gerade unsere Hilfe benötigt. Und wir kämpfen bis zur letzten Kugel.»

«Eins muß ganz klar sein, Gruppenführer», sagte Horner kühl. «Ich wünsche keine Erschießung von Gefangenen. In meinem Frontabschnitt dulde ich keinerlei Übergriffe.»

«So was kann vorkommen. Meine Männer kämpfen für den Sieg.»

«Sollte so etwas an meiner Front passieren, werden sie vor ein Kriegsgericht gestellt.»

«Richtig. Keine Erschießung von Gefangenen.»

«Ich hoffe, Sie haben verstanden, Gruppenführer. Ich werde jeden Offizier, der meinen Befehlen nicht gehorcht, vor ein Kriegsgericht stellen. Ohne Rücksicht auf seinen Rang.»

«Sie erkennen mich nicht, stimmt's, Herr General Horner?»

Im Laufe seines Lebens waren Horner die verschiedensten Menschen begegnet, doch den Oberbefehl über eine SS-Division hatte noch keiner gehabt. «Nein, Gruppenführer.»

«Brand ist mein Name, Heinrich Brand. Ich habe Ihnen was vom Schützengrabenkrieg beigebracht, als Sie noch nicht trocken hinter den Ohren waren.»

Ja, es war Brand. Trotz der Veränderung hätte Horner ihn an diesen flackernden, irrlichternden Augen erkennen müssen. Nach so vielen Jahren ausgerechnet wieder auf diesen unverschämten Schweinehund zu stoßen, war mehr als Pech. «Sie fangen besser gleich an, Ihre Stellung zu beziehen.»

«Meine Leute sind noch im Anrollen.»

«Sie brauchen die Deckung durch die Dunkelheit. In diesem Abschnitt werden die feindlichen Flugzeuge ungeheuer aktiv, sobald sie ausreichende Sicht haben. Sie kommen in Staffeln, ein Geschwader nach dem anderen. Alles, was sich bewegt, wird angegriffen. Und das den ganzen Tag über.»

«Wo bleibt die verdammte Luftwaffe?»

«Die hat ebenfalls unvorhergesehene Transportschwierigkeiten. Ihre Maschinen werden abgeschossen, sobald sie auch nur in die Nähe kommen.»

«Meine Flak...»

«Zerbrechen Sie sich jetzt nicht den Kopf darüber, was Sie gegen die Luftangriffe tun könnten, heben Sie sich das für später auf», spottete Horner. «Kümmern Sie sich nur darum, daß Sie vor Tagesanbruch Ihre Stellungen vorne beziehen. Wir brauchen Verstärkung und haben alles vorbereitet. Ich habe einen Offizier genauestens instruiert, ich gebe ihn Ihnen mit. Tun Sie, was er sagt.»

«Ich brauche keine Hilfe.»

«Ich habe nicht gefragt, ob Sie Hilfe brauchen. Ich sagte, daß ich Ihnen einen meiner Stabsoffiziere mitgebe. Ich erwarte, daß Sie bis Tagesanbruch die Frontstellungen bezogen haben.»

«Bis dahin bleibt nicht mehr viel Zeit», meinte Brand.

«Das ist bei der Wehrmacht so Usus», sagte Horner mit Ironie.

«Wo ist der Offizier?»

«Winkel!» rief Horner. «Bringen Sie bitte den Herrn Gruppenführer zum Befehlsstand.» Und zu Brand gewandt: «Schicken Sie einen Melder, wenn Sie in Stellung gegangen sind. Und dann kommen Sie um sieben Uhr dreißig zur Lagebesprechung.»

«Jawohl, Herr General.» Brand lächelte grimmig und fletschte die Zähne.

Veronica Winter spähte in den Raum, den Harald Winter so viele Jahre als Arbeitszimmer benutzt hatte. Es war alles weitgehend unverändert geblieben und an seinem alten Platz: Harrys Bibliothek, die wertvollen, inzwischen etwas abgetretenen Teppiche und der prachtvolle Intarsienschreibtisch, an dem Paul saß. Er verharrte bereits fast eine halbe Stunde dort und versuchte, all seinen Mut oder Willen zusammenzunehmen, um endlich aufzuschließen und die persönlichen Papiere seines Vaters zu sichten.

Paul hätte wer weiß was darum gegeben, jemand anders diese traurige

Pflicht zu überlassen. Seine Mutter weigerte sich, Haralds Schreibtisch durchzusehen. Vermutlich fürchtete sie, Liebesbriefe oder sonstige Zeugnisse von Haralds Affären zu finden. Veronica hatte den Tod ihres Mannes gefaßt hingenommen. Sie hatte ihn mit der Zärtlichkeit und Treue geliebt, die sie ihrem Ernährer schuldete, wie es die Regeln, nach denen ihre Generation erzogen worden war, von ihr verlangten. Sie hatte zwar um ihn geweint, doch mit seinem Tod war auch ihre Bindung an ihn beendet.

Paul bemerkte diese neue Stärke seiner Mutter, ohne sie sich jedoch erklären zu können. Er hielt es für selbstverständlich, daß Veronica über Harald Winters Tod ebenso verzweifelt war wie er. Schon als Kind hatte er sich oft überlegt, wie er wohl mit dem Verlust des Vaters fertig werden würde, sich freilich stets mit dem Gedanken getröstet, daß es dann ja Peters Aufgabe wäre, die Formalitäten zu erledigen und den Nachlaß zu ordnen.

Er nahm die Schlüssel und steckte den kleinen ins Schloß. Soweit Paul zurückdenken konnte, hatte sein Vater diese Schlüssel an einer goldenen Kette über der Weste getragen. Beides gehörte jetzt ihm, aber Paul hatte keine Freude daran.

Methodisch begann er, den Inhalt des Schreibtischs zu sichten: Manschettenknöpfe aus Onyx in einer Schachtel mit dem Aufdruck eines Pariser Juweliers; ein Brieföffner mit Horngriff; eine Lupe von Zeiss, mit einer Ersatzbrille zusammengebunden; ein Rechenschieber aus Elfenbein, abgenutzt und verfärbt; ein kleines, ledergebundenes Adreßbuch, das in die Westentasche paßte, mit Eintragungen in Papas winziger Handschrift; Briefe in Umschlägen, die Bleistiftnotizen trugen; Dokumente, das Haus betreffend, die Kopie eines Vertrages über Haralds Anteile an den Winter-Gesellschaften und ein langes Abkommen über die Partnerschaft, von sämtlichen Aufsichtsratsmitgliedern unterschrieben und mit einem roten Siegel versehen; Postkarten von allen alten Zeppelinen, eine mit Widmung und Unterschrift des alten Grafen Zeppelin; ein braunes Foto von Veronica, vor der Hochzeit in einem Atelier aufgenommen.

Paul ging alles Stück um Stück durch und versuchte dabei, nicht an den Vater zu denken und nicht darüber nachzugrübeln, wann der Bruch zwischen ihnen entstanden war. Was hatte Harald Winter von ihm erwartet? Wie jeder Vater – viel zuviel. Wenn Harald Winter seine Liebe und Achtung richtig gewürdigt und Gott für diesen loyalen, vertrauensvollen Sohn gedankt hätte, wäre alles wunderbar gegangen. Doch für Paul war das Leben mit Harald Winter ein Dauerexamen gewesen. Ihre

Beziehung hatte immer in einer Serie von Prüfungen bestanden, ausgedacht, durchgeführt und bewertet von Harald Winter – als personifizierte göttliche Gerechtigkeit.

Hinten im Schreibtisch befanden sich vier dicke, schlichte Bücher, deren Ledereinbände in unterschiedlichem Maße abgegriffen waren. Paul hatte sie bis zuletzt aufgehoben, und als er nun das erste aufschlug, traf ihn die größte Überraschung seines Lebens: In diesen Büchern hatte der Alte Erinnerungsstücke gesammelt. Auf jeder Seite säuberlich eingeklebte Zeitungs- und Zeitschriftenausschnitte, auch alte Fotos und sogar ein paar Speisekarten mit Autogrammen sowie eine selbstgebastelte Glückwunschkarte, die der neunjährige Paul seinem Vater zum Geburtstag geschickt hatte.

Die vier Bände enthielten Pauls vollständige Lebensgeschichte. Schulzeugnisse aus Lichterfelde, Briefe aus dem Schützengraben, Zeitungsmeldungen über seine Promotion, Zeitungsbilder von Pauls prachtvoller Hochzeit. Es gab sogar kleine Ausschnitte aus der SS-Zeitung, die jede seiner Beförderungen sowie die Verleihung der Ehrenmitgliedschaft in der SS meldeten. Er wäre nie darauf gekommen, daß sein Vater überhaupt je eine Nummer dieses SS-Blattes gesehen, geschweige denn, daß er sich *Das Schwarze Korps* gekauft und Artikel daraus ausgeschnitten hatte. Paul war fassungslos. Er las alle vier Bücher ganz durch. Es gab auch einige Ausschnitte über Peter, doch die meisten Erinnerungen galten Paul. Und nichts darunter, das auch nur den kleinsten Schatten auf Pauls Laufbahn werfen könnte. Eine solche Sammlung brachte nur ein sehr stolzer Vater zustande.

1945

Mitte Januar 1945 begann die Rote Armee ihre größte Offensive. Hundertundachtzig Divisionen wurden bei diesem Angriff eingesetzt, der innerhalb von zwei Wochen Ostpreußen abschnitt und das oberschlesische Industriegebiet überrannte.

Adolf Hitler hatte seinen Befehlsstand am 16. Januar endgültig in den Bunker der Reichskanzlei verlegt. Am gleichen Tag fand auf dem Jüdischen Friedhof in Weißensee eine Einladung statt. Dr. Isaak Volkmann feierte mit seinen Kollegen seinen Geburtstag. Es waren keine Beerdigungen angesetzt, und so konnten die Totengräber in Ruhe den Kräutertee trinken, den Volkmann mitgebracht hatte.

Er war dem Schicksal dankbar, daß ihn die Arbeit hier vorerst vor der Deportation bewahrt hatte. Sie war zwar anstrengend, fiel ihm als begeistertem ehemaligen Sportler jedoch leichter als den anderen hier. Zu ihnen gehörten der Rabbi Benjamin mit der arthritischen Schulter; der alte Simon, genannt der Professor, der einen Lehrstuhl für Physik an der Universität Leipzig innegehabt hatte, mit seinem Bronchialasthma, und Dr. Sigmund Weiss, der unter heftigen Schmerzen in der Brust litt, sich aber aus Angst vor der Deportation nicht ins Krankenhaus traute.

Die schweren Grabungsarbeiten wurden zumeist von drei jüngeren Männern ausgeführt, die einer solchen körperlichen Anstrengung besser gewachsen waren. Der einzige Außenseiter der Gruppe war Boris Somló, ein sonderbarer Zeitgenosse, über den sich Dr. Volkmann oft Gedanken machte. Offiziell lief er unter dem Namen Fromm, doch einmal war ihm ein alter österreichischer Führerschein aus der Tasche gefallen, dem Volkmann entnommen hatte, wie er richtig hieß. Er war lange vor dem Anschluß ausgestellt worden und inzwischen ungültig. Der Mann war ein Narr, ihn zu behalten. Fotos waren auch dabei gewesen, von einer Frau, die ihm sehr ähnlich sah, höchstwahrscheinlich seine Mutter.

Rätselhaft an diesem undurchsichtigen Boris Somló war seine Behauptung, daß sein Vater kein Jude sei. Als Mischling hätte er nicht unbedingt hier arbeiten müssen, für ihn war dies keine Frage von Leben oder Tod wie für die anderen. Dr. Weiss nannte es eine Schande und meinte, Boris solle sich eine andere Stelle suchen und diese einem Volljuden überlassen, für den sie die Rettung bedeuten konnte. Doch Boris entgegnete darauf, er sei schon einmal auf dem Transport nach Osten gewesen und wolle das nicht ein zweites Mal riskieren. Niemand glaubte ihm, doch er hielt an seiner Geschichte fest. Von einem solchen Transport kehrte doch keiner zurück. Deshalb hielten sie Boris für einen Lügner.

Isaak Volkmann war der einzige auf dem Friedhof, der Boris freundlich behandelte, weil er ihm leid tat. Trotz seiner mehr als vierzig Jahre war er völlig lebensuntüchtig.

Doch an diesem Nachmittag waren sie alle guter Stimmung. Sie standen in dem Schuppen hinter der Leichenhalle, einen Becher heißen Tee in der Hand, und sprachen über den russischen Vormarsch. Was würden sie tun, wenn die Russen nach Berlin kämen? «Die Russen sind Barbaren», erklärte Dr. Weiss kategorisch. «Wenn sie herkommen, werden sie alle umbringen.»

«Uns nicht», widersprach der Professor. «Die Rote Armee wird uns Juden nichts tun.»

«Wir dürfen keine Angst haben», meinte Rabbi Benjamin. Er war der letzte in Berlin verbliebene Rabbi, seines Wissens sogar der einzige überlebende in ganz Deutschland.

Während sie sich unterhielten, ging Boris zu den Metallschränken im Seitenraum, in denen sie ihre Straßenkleidung aufbewahrten. Er holte aus seinem Spind ein Päckchen. Sie sahen schweigend zu, wie er den Bindfaden mühsam aufknüpfte und das braune Packpapier entfernte. Darin befand sich ein leuchtend rotes Stoffbündel. Er nahm es heraus, hielt es hoch, so daß es der Länge nach zu Boden hing.

Ihnen stockte der Atem, teils vor Überraschung, teils aus Angst, als sie erkannten, worum es sich handelte. Eine rote Fahne, in voller Größe, mit Hammer und Sichel.

«Woher haben Sie das?» fragte Dr. Weiss.

«Ich hab sie selber gemacht.»

Dr. Weiss beugte sich darüber und berührte vorsichtig den Stoff, als könne er explodieren. «Selber gemacht?»

Jetzt konnten sie es alle sehen, daß die Fahne aus unzähligen kleinen Stoffstücken bestand, die bemerkenswert geschickt aneinandergenäht waren. Hammer und Sichel waren aus leuchtend gelben Stoffresten zusammengestückelt und schimmerten wie Gold. Tausende von winzigen Stichen hatte das gekostet, es war wirklich mit Liebe gemacht, wie der Professor voller Hochachtung feststellte.

«Wenn sie kommen, hissen wir sie am Fahnenmast.»

«Dann wissen sie Bescheid», ergänzte Boris.

«Tun Sie das schleunigst wieder weg», empfahl Rabbi Benjamin, den sie übereinstimmend als oberste Instanz anerkannten. «Eine gute Arbeit. Legen Sie sie weg, bis wir sie brauchen.»

«Eine gute Arbeit, Boris», lobten auch die anderen. Es sprach eine neue Hochachtung aus ihren Stimmen. Wer hätte es auch einem solchen Jammerlappen zugetraut, daß er diese prachtvolle Fahne heimlich anfertigen und ohne ihr Wissen hierherbringen könnte?

Isaak Volkmann indes glaubte jetzt einen Grund für die panische Angst des Mischlings und für seine Namensänderung zu erkennen. Seiner Vermutung nach war Boris Somló vor dem Anschluß aktives Mitglied der Kommunistischen Partei Österreichs gewesen. Sollte das zutreffen, waren seine Ängste verständlich.

Für einen abergläubischen Nazi wie Fritz Esser entsprach Freitag, der 13. April 1945, genau dem, was von einem solchen Unglücksdatum zu erwarten war. Die US Army hatte die Autobahn Berlin-Dessau erreicht, und von der Bendlerstraße erging der Befehl, die zwei Sprengstoffabriken der Wehrmacht zu zerstören, die durch den Vormarsch der Amerikaner unmittelbar gefährdet waren. Es handelte sich um die letzten beiden Betriebe, die noch Munition herstellten.

Berlin glich einem rauchenden Trümmerfeld. Die Reichskanzlei war schwer beschädigt, und im nahegelegenen Hotel Adlon inspizierte Louis Adlon versengte Teppiche, zerbrochene Spiegel und eingestürzte Wände, um festzustellen, was sich von einem der prächtigsten europäischen Hotels vielleicht noch retten ließe. Der Potsdamer Platz war nicht wiederzuerkennen – keine Bäume mehr, allenthalben Ruinen. Die berühmte Messel-Fassade vom Kaufhaus Wertheim war zerstört. Die meisten Ministerien hatten bereits angefangen, Unterlagen und Personal zu evakuieren.

Der Morgenhimmel an jenem Freitag, dem 13. April, war blutrot. Die Geschwader der RAF, die erst ihre bunten «Christbäume» gesetzt und dann Spreng- und Phosphorbomben abgeworfen hatten, waren abgeflogen. Fritz Esser steuerte seinen großen sechsrädrigen Mercedes vorsichtig durch die Schutthaufen, die sich auf den Straßen türmten. Er wollte Paul Winter abholen; auf die öffentlichen Verkehrsmittel war kein Verlaß mehr, trotz der ungeheuren Anstrengungen aller Beteiligten, das Streckennetz wenigstens notdürftig in Gang zu halten. Esser fuhr an einer großen Gruppe von Halbwüchsigen vorbei, Schüler, die man als

Flak-Helfer herangezogen hatte und die nun übernächtigt vom Dienst an den Flakgeschützen im Tiergarten zurückkehrten – halbe Kinder in schäbigen, schlotternden Uniformen und über die Ohren rutschenden Helmen. Die letzten überquerten gerade die Corneliusbrücke. Im Landwehrkanal floß kein Wasser, die Schleusenanlagen waren zerbombt.

Fritz Esser bremste und setzte den Wagen zurück, in dem spontanen Wunsch, den Kindern etwas zu schenken. Sie sahen so mitleiderregend aus. Neugierig umdrängten sie den Mercedes – das gleiche Modell, das Hitler zu benutzen pflegte, woraus sie schlossen, daß Esser ein hohes Tier sein mußte. Im Kofferraum lag eine große Packung Schokolade, die er für Inge organisiert hatte. Er gab sie den Jungen, die sich gierig darauf stürzten. Manche hatten noch nie Schokolade gegessen. Ein Fünfzehnjähriger fing plötzlich zu lachen an, die anderen stimmten ein, auch Fritz.

Es war kein fröhliches, unbeschwertes Lachen.

«Goebbels hockt immer noch in seinem Büro am Wilhelmsplatz», bemerkte Fritz, der mit Paul vor dem Innenministerium im Wagen saß. «Er hat den Führer angerufen und ihm berichtet, in den Sternen stehe geschrieben, daß sich unser Schicksal Mitte April wenden wird. Er zieht eine Parallele zwischen Roosevelts Tod und dem der Zarin Elisabeth im Siebenjährigen Krieg und ist überzeugt, daß dies dem Führer den Sieg bringen wird, so wie damals Friedrich dem Großen.»

«Das ist ihm bestimmt glatt runtergegangen», meinte Paul. Der Pförtner erschien und öffnete das Ministerium pünktlich um 8 Uhr 30, so als gäbe es keine Schlacht um Berlin.

«Er hat das Horoskop des Führers für den 30. Januar 1933 ausgraben lassen. Darin steht das gleiche.»

«Glaubt Goebbels denn an diesen Mumpitz?» fragte Paul.

«Der kleine Doktor hat eine Scheißangst vor den Russen», erklärte Fritz. «Er tut alles, um sich einzureden, daß sie nie bis Berlin kommen.»

«Aber Goebbels ist doch ein gebildeter Mensch.»

«Der glaubt an seine eigene Propaganda.» Bisher hatte Paul den Reichsminister für Volksaufklärung und Propaganda mit seinem fanatischen Glauben an den Nationalsozialismus immer für einen Zyniker gehalten, genau wie Fritz.

«Das habe ich nie erkannt.» Paul hustete. Sie rauchten beide, die Luft im Wagen war völlig verqualmt.

«Die sind alle bekloppt. Deshalb haue ich ab», verkündete Fritz.

«Ich dachte, du begleitest den Führer in die Alpenfestung.»

«Der geht doch im Leben nicht. Davon hätte ich längst etwas merken müssen. Der bleibt in diesem verfluchten Bunker hocken, bis uns die russischen Panzer überrollen.»

«Wohin willst du denn?» fragte Paul.

«Richtung Süden. Wenn die amerikanischen Vorausabteilungen erst mal mit den Russen zusammentreffen, kommen wir nie mehr durch.»

«Wohin durch?»

«Keine Ahnung... in die Schweiz oder nach Italien. Ich brauche falsche Papiere. Meinst du, Lothar Koch könnte mir welche verschaffen?»

«Ich denke schon; er hat welche für andere gemacht und für sich selbst. Seine belegen, daß er zwölf Jahre als kaufmännischer Angestellter gearbeitet hat und davor als Empfangschef in einem Hotel. Wer weiß, vielleicht nimmt ihm das jemand ab. Am besten gehst du gleich zu ihm rauf. Er übernachtet neuerdings im Büro.»

«Ich möchte dich mitnehmen, Paul.»

«Ich kann nicht.»

«Sieh dir erst mal an, was ich in den Säcken habe.» Fritz grinste. Auf der Rückbank stapelten sich kleine, lose zusammengebundene Säcke. Paul nahm einen und schaute hinein. Zunächst konnte er nichts erkennen, der Inhalt wog verdammt schwer und sah aus wie Rührei.

«Was ist das?»

«Gold.»

«Gold? Wie Gold sieht das nicht aus.»

«Zahngold, goldene Brillengestelle, ein Haufen Kram, den der SD in der Reichsbank gelagert hat.»

«Wie bist du darangekommen?»

«Reichsminister Funk hat angeordnet, sämtliche Wertgegenstände, die in den Tresoren lagern – Gold, Silber, ausländisches Papiergeld und so weiter – nach Süden zu schaffen.»

«Wohin?»

«Das Ganze soll in Salzbergwerken und Höhlen versteckt werden.»

«Und dies hier?»

«Das gehört nicht der Reichsbank, sondern uns. Ich hab's ihnen auf einem Briefbogen vom Sicherheitsdienst quittiert. Kein Mensch kümmert sich darum – Hauptsache, sie haben eine Empfangsbestätigung.»

«Der SD? Das gibt einen Mordsärger, wenn das rauskommt, Fritz.»

«Sei nicht so dämlich, Paul.» Er steckte sich eine neue Zigarette an der aufgerauchten an, bevor er den Stummel gewaltsam in den Aschenbecher drückte. «Es ist alles aus und vorbei. Und das Zeug da brauchen wir zur Finanzierung. Die Reichsmark ist keinen Pfifferling wert, wenn wir aufhören zu kämpfen.»

«Aber du hast das doch gestohlen.»

«Das braucht doch sonst niemand. Los, wir machen halbe-halbe. Fühl doch mal, was das für ein Gewicht hat.»

«Zahngold?»

«Von Häftlingen, die in den Lagern gestorben sind.»

«Das ist zum Kotzen!»

«Werd bloß nicht zimperlich! Du warst doch im Krieg, oder?»

«Von Häftlingen? Von Menschen, die in den Lagern gestorben sind? Das ist grauenhaft. Und sie haben das in der Reichsbank gelagert?»

«Tonnenweise. Das da ist alles, was ich rausholen konnte. Komm mit, Paul. Ich hab mehr als genug Benzin für den Wagen.»

«Ich muß hierbleiben, Fritz. Ich muß mich um meine Mutter kümmern.» Paul kurbelte das Fenster hinunter, um etwas Rauch abziehen zu lassen.

«Eine solche Gelegenheit bietet sich nie wieder, Paul. Die Russen bringen jeden in der Stadt um.»

«Meine Mutter ist zu alt, um noch irgendwohin zu fahren.»

Dagegen erhob Fritz keine Einwände. Er hatte nicht die Absicht, Pauls Mutter mitzunehmen. Den Rücksitz brauchte er für das Gold.

Paul machte den Sack zu, verschnürte ihn sorgfältig und legte ihn zurück. Er konnte den Anblick nicht mehr ertragen, seitdem er wußte, woher der Inhalt stammte. «Nochmals vielen Dank, Fritz, aber ich muß hier bei ihr bleiben. Seit Papas Tod ist niemand mehr da, der sich um sie kümmert.»

«Ich brauche eine Waffe, Paul.»

«Ich dachte, du hast eine?»

«Was Wirksameres – ein Maschinengewehr.» Sie sahen sich an, und Fritz fügte hinzu: «Für diese Menge Gold begehen Menschen leicht einen Mord.»

«Tatsächlich, Fritz?»

«Nicht hier in der Stadt... noch nicht. Aber ich fahre Richtung Süden, ins Kampfgebiet.» Überall waren Menschen unterwegs. Der totale Zusammenbruch stand zwar unmittelbar bevor, aber der tägliche Trott ging einfach weiter.

«Sprich mit Koch. Sag ihm, er soll die Waffenkammer in der Prinz-Albrecht-Straße anrufen – er weiß schon, mit wem er reden muß – und denen in meinem Namen mitteilen, daß man dir alles gibt, was du verlangst.»

«Ich hab's ja gewußt, daß du das deichseln kannst, Paul.» Er umklammerte das Lenkrad, als dränge es ihn loszufahren.

«Das ist also der Abschied?»

«Ja. Sowie ich die Papiere und ein Maschinengewehr habe, haue ich ab.» Ganz gegen seine sonstige Gewohnheit klopfte Fritz seine Zigarette sorgfältig im Aschenbecher ab.

«Wir haben schöne Zeiten zusammen erlebt, Fritz.»

«Und wir haben noch viele vor uns, Paul. Du wirst schon sehen, es klappt. Ich schreibe dir an die Adresse deiner Mutter. In Ordnung?»

«Geht Inge mit dir?»

«Sie ist gestern losgefahren. Mit der Bahn. Ich habe ihr einen Platz und die notwendigen Bescheinigungen verschafft. Wir treffen uns am Wochenende in Mittenwald.»

«Sag ihr, daß ich ihr alles Gute wünsche.» Paul öffnete die Wagentür und stieg aus. «Leb wohl, Fritz.» Paul hatte Berge von Arbeit zu erledigen. Vielleicht wäre es vernünftiger, sich ebenfalls falsche Papiere zu verschaffen und zu fliehen, wie es Fritz tat, doch für Paul kam zuerst die Arbeit. So war es immer gewesen.

Zu Adolf Hitlers Geburtstag am 20. April, den er eigentlich auf dem Obersalzberg hatte begehen wollen, gaben sich die führenden Nazis ein letztes Stelldichein im Bunker der Reichskanzlei: Göring, Himmler, Ribbentrop, Bormann, Speer und Goebbels sowie die militärischen Oberbefehlshaber.

Doch viele von ihnen verließen die Stadt am gleichen Abend. Göring brachte in einer langen Wagenkolonne ausgesuchte gestohlene Kunstschätze auf den Obersalzberg, während Himmler sich nach Norden absetzte, wo er in Lübeck im schwedischen Konsulat Friedensverhandlungen aufnehmen wollte.

Es gab nun ausreichend Platz im Führerbunker, so daß man die Familie Goebbels aufforderte, am 22. April hierher umzuziehen. Am 21. April durchbrachen russische Panzer den äußeren Verteidigungsring Berlins und stießen ins Stadtgebiet vor. Das Zentrum Berlins lag nun unter Artilleriebeschuß.

Die auf dem Friedhof Weißensee beschäftigten Männer gingen weiter zur Arbeit, auch als deutsche Feldartillerie in der nahe gelegenen Berliner Allee Ziele im freien Gelände nördlich der Güterbahnlinie unter Beschuß nahm. Beim Einschlag in die Rübenfelder spritzte jedesmal das schwarze Erdreich auf.

Plötzlich zogen Feuerbälle Schweife in großer Zahl durch den dunklen

Himmel, deren Flugbahnen nahe bei den deutschen Geschützstellungen endeten. Von einem gellenden Pfeifton begleitet, sausten sie durch die Luft.

«Das sind Stalin-Orgeln», erklärte Volkmann. «Ich denke, wir gehen besser in die Leichenhalle. Jetzt kommen Panzer und Infanterie. Es wird mit Stahlkernmunition geschossen. Hören Sie das?»

Boris Somló hatte das Paket mit der großen roten Fahne geholt. Er schnürte es auf und wollte sie auspacken. Die anderen scharten sich dicht um ihn.

«Ich gehe nach Hause», sagte Dr. Volkmann und fragte, ob jemand mitkommen wolle.

«Irgendwann müssen wir ihnen ja entgegentreten, Herr Dr. Volkmann», meinte Rabbi Benjamin.

«Besser hier im Freien», schlug Dr. Weiss vor. «Vielleicht geben sie uns eine Art Passierschein, irgendwas, womit wir geschützt sind. Morgen wird alles nach Vergünstigungen schreien, verlangen, daß man für jeden eine Extrawurst brät.» Er fixierte Boris. Dessen Gesicht zeigte einen harten, entschlossenen Ausdruck, wie ihn die anderen noch nie an ihm gesehen hatten.

«Ich gehe», wiederholte Volkmann. «Wer kommt mit?» Keine Antwort.

«Jetzt heißt es, tapfer sein», verkündete Rabbi Benjamin.

Daraufhin setzte sich Boris in Bewegung, die Fahne über die Schulter geworfen. Die anderen folgten ihm. Boris hatte den Bahndamm für die Begegnung mit den sowjetischen Soldaten ausgewählt. Wenn er die Fahne über die Gleise breitete, konnten sie sie rechtzeitig erkennen. Durch stillschweigende Übereinkunft war Boris zum Führer der Gruppe geworden.

Dr. Volkmann machte sich auf den Heimweg. Er wollte nicht den Soldaten der Roten Armee entgegentreten, sondern nach Hause zu Frau und Sohn.

Er hastete über die Berliner Allee in der Hoffnung, eine Mitfahrgelegenheit in die Innenstadt zu finden, doch es gab nur Wehrmachtsfahrzeuge: Lastwagen mit Infanterie, ein paar Halbketten-Schützenpanzer und fünf Panzer, die aus der Virchowstraße nahten. Beim Horst-Wessel-Krankenhaus in der Landsberger Allee sah er die an Laternenpfählen Gehenkten. Die Leichen pendelten im Wind, um den Hals trugen sie Schilder mit der Aufschrift: «Ich bin ein Verräter.» Er hatte von diesen fliegenden Standgerichten gehört, die willkürlich Menschen aufgriffen, aburteilten und auf der Stelle exekutierten, nun sah er die ersten Beispiele dieses Schreckensregiments. Schaudernd eilte er weiter in Richtung Alexanderplatz.

An der nächsten Ecke fielen plötzlich Schüsse aus solcher Nähe, daß Volkmann befürchtete, in die Feuerlinie zu geraten, und stehenblieb. Er blickte sich um und sah sechs Soldaten über Schuttberge auf die Straße klettern.

«Heda, Sie!» brüllte einer von ihnen.

Volkmann drehte sich um.

«Keine Bewegung!» Zwei hielten die Gewehre im Anschlag und zielten auf ihn. Volkmann hob die Hände hoch und wartete. Als sie näher kamen, sah er, daß sie Ärmelstreifen hatten, die sie als Angehörige eines der «Polizeiregimenter», die man als Einsatzgruppen in den besetzten Ostgebieten gebildet hatte.

Der eine, ein Wachtmeister, klappte mit der Gewehrmündung Volkmanns Mantelaufschlag hoch, um den gelben Judenstern noch besser sichtbar zu machen.

«Wo gehst du hin, Jude?» schnauzte er ihn an.

«Nach Hause.»

«Den weiten Weg bis Palästina?» höhnte der Wachtmeister, und die anderen lachten pflichtschuldig.

Volkmann erwiderte gelassen: «Nach Charlottenburg.»

«Charlottenburg, sieh mal einer an. Die Juden sind also schon wieder in Charlottenburg. Sie denken wohl, der Krieg ist verloren.» Und zu Volkmann: «Juden dürfen sich nicht auf den Straßen aufhalten.» Die Soldaten drängten sich immer dichter um ihn, so daß Volkmann es mit der Angst zu tun bekam, was sie beabsichtigten.

«Ich arbeite auf dem Friedhof Weißensee und kann Ihnen die schriftliche Genehmigung zeigen.»

«Knallt das Judenschwein ab, dann kann er morgen im Leichenwagen zur Arbeit fahren.» Einer lachte lauthals über diesen Witz.

Volkmann blickte die Männer der Reihe nach an. Er wußte nun genau, was er vor sich hatte: eines jener fliegenden Standgerichte, das in ihm sein nächstes Opfer gefunden hatte.

Der ständige Geschützdonner wurde jetzt überlagert von den näheren Detonationen der Feldartillerie. Die Soldaten schauten zurück über den Alexanderplatz. Die Volkssturm-Männer, die dort eine Barrikade errichteten, hatten sich auf die Erde gekauert. Der Wachtmeister wollte sich ausschütten vor Lachen über diese Nervosität. Er spuckte aus und zog sein Notizbuch. Er schlug es an einer markierten Stelle auf und begann herunterzuleiern: «Im Namen des Führers...»

«Warten Sie lieber auf den Offizier», unterbrach ihn einer der Leute. Der Offizier tauchte hinter einer Ruinenmauer auf, den Pistolengurt über die Schulter geworfen, wehender Mantel – er mußte sich erst die Hose zuknöpfen. Massig, rundes Gesicht, schmale Augen, dünne, spitze Nase. Er trug das normale Feldgrau der Wehrmacht, Rangabzeichen wiesen ihn als Hauptmann der Artillerie aus.

«Ein Jude», meldete der Wachtmeister. «Keine ordentlichen Papiere. Sollen wir ihn erschießen?» Seine Stimme verriet, daß die Polizeiregimenter der Wehrmacht keinen sonderlichen Respekt entgegenbrachten. Lediglich der «Klempnerladen» – Ritterkreuz mit Eichenlaub und Schwertern und weiteres Drum und Dran – veranlaßten ihn, halbwegs die Form zu wahren.

«Ich habe ja Papiere», widersprach Volkmann schrill, obwohl er wußte, daß der Offizier eher dem Wachtmeister Glauben schenken dürfte.

«Ihr Name?» fragte der Offizier, unverkennbar ein Berliner, was Volkmann etwas beruhigte.

«Volkmann. Isaak Volkmann. Ich arbeite auf dem Friedhof. Meine Papiere sind in Ordnung, Herr Hauptmann.» Um ein Haar hätte er hinzugefügt, daß er ehemaliger Offizier und Träger des Eisernen Kreuzes sei, doch sein Stolz hinderte ihn daran. Außerdem hätte er damit diesen Kerl schwerlich beeindruckt. Da war es entschieden besser, diesem Pack zu zeigen, daß ein Jude wie ein deutscher Offizier mit Anstand und Würde zu sterben verstand.

Der Hauptmann fixierte ihn geringschätzig. «Sie arbeiten auf dem Friedhof?» fragte er ungläubig. «Dem Friedhof Weißensee?»

«Ja, Herr Hauptmann.»

«Sind Sie etwa der Zahnarzt Dr. Volkmann», fragte er.

«Ja, das war ich.»

«Sie haben meine Zähne in Ordnung gebracht. Damals war ich noch klein, mein Vater ist immer mitgegangen – in Ihre Praxis am Kurfürstendamm. Mauser, Rolf Mauser. Erinnern Sie sich an mich?»

«Ich weiß nicht recht...»

«Rolf Mauser. Sie haben eine Aufnahme von meinem Gebiß gemacht. Das Lichtbild wollten Sie für einen Vortrag benutzen, haben Sie gesagt.»

«Damals habe ich viele Vorträge gehalten.»

«Eine besondere Wurzelbehandlung. Sie haben nie eine Rechnung geschickt.»

«Vielleicht hat sie die Schule überwiesen.» Die Artillerie feuerte wieder, diesmal näher.

«Lichtenberg», reagierte einer der Männer auf die unausgesprochene Frage. «Über Balkenvisier... und das bedeutet russische Panzer... aus geringer Entfernung.»

«Machen Sie, daß Sie nach Hause kommen», sagte der Offizier. «Damit ist die Rechnung bezahlt. In Ordnung?»

«Vielen Dank, Herr Hauptmann.»

«Gehen Sie nach Hause und bleiben Sie dort. Beschützen Sie Frau und Kinder. Wenn der Iwan kommt, dann gnade uns Gott!»

Als Volkmann bei den Hennigs ankam, hatte der erste Zug russischer Infanterie den Bahndamm in Weißensee erreicht. Kampferprobte Soldaten, manche hatten den ganzen Vormarsch der Roten Armee mitgemacht. Von diesem Tag hatten sie geträumt, er würde sie für all die Schrecken der vergangenen Jahre entschädigen.

Doch die Deutschen setzten sich immer noch heftig zur Wehr. Die Russen wollten nicht sterben, so kurz vor dem Ende, und gingen keinerlei Risiko ein. Deshalb schoß die Infanterie auf alles, was sich bewegte, und sie zögerte auch keine Sekunde, die paar alten Männer in Zivil zu töten, die sich hinter dem Bahndamm verkrochen hatten. Danach stürmte der Zug über die Gleise, ein gefährliches Unterfangen, denn oben auf dem Bahndamm zeichnete sich jede Silhouette wie gestochen ab.

Deutsche Scharfschützen und ein MG 42 feuerten von den umliegenden Hausdächern. Doch dieser erste Zug russischer Infanterie verlor beim Erstürmen des Bahndamms nur einen Mann – einen fünfzigjährigen Unteroffizier aus Odessa. Er hatte sich in einem großen roten Stück Stoff verfangen.

Nach dem Ende der Kämpfe und des Schreckens glich Berlin einer makabren Filmkulisse. Was dem flüchtigen Betrachter als Straßen und Häuser erschien, entpuppte sich bei näherem Hinsehen als ausgebrannte, rauchgeschwärzte Ruinen, als endloses Trümmerfeld.

Ein penetranter Geruch nach Brand, Verwesung und Abwässern erfüllte die Stadt, wurde bei den sommerlichen Temperaturen fast unerträglich. Die Besatzungssoldaten nahmen es freilich mittlerweile als gegeben hin, für sie war es der Geruch des Krieges, wie sie ihn auch aus anderen deutschen Städten kannten. Es waren stets die gleichen Bilder der Zerstörung, an denen sich nach ihrem Einzug nur eins änderte – die Schwärme von Huren, Bettlern und Schwarzhändlern, die mit ihnen auftauchten.

Sir Alan «Boy» Piper litt Höllenqualen beim Anblick dieser bis zur Unkenntlichkeit veränderten, aber doch vertrauten Stadt. Er trug die Uniform eines Majors im Intelligence Corps, da ihm die seinem Rang entsprechende eines Brigadegenerals viel zu auffallend erschien. Zumindest vorläufig galt allgemein strikter Uniformzwang, so daß Piper als wichtiges Mitglied der Militärregierung keine Möglichkeit sah, die Bestimmungen zu umgehen und Zivil zu tragen. Der Majorsrang reichte, um ihm Zutritt zu Klubs und sonstigen Institutionen zu verschaffen.

Seine Vorstellung, in dieser Aufmachung unauffällig zu wirken, erwies sich allerdings als irrig. Piper war kräftig und gesund, hatte einen dichten weißen Schopf, klare hellblaue Augen und einen forschen Gang, aber er war alt. Nach einem derart betagten Major drehten sich die Köpfe um. Er wurde gelegentlich von der Militärpolizei angehalten und mußte seine Papiere vorzeigen, doch das kümmerte ihn nicht. Die Leute redeten anders mit einem Major als mit einem General, und Piper unterhielt sich gern, und sein Deutsch war ausgezeichnet.

Er bog vom Kurfürstendamm in die Fasanenstraße ein und fuhr weiter bis zur Teestube. Die schlimmsten Bombenschäden waren notdürftig repariert, und ein handgeschriebenes Schild am Eingang besagte, daß sie ab Mittag geöffnet sei. Es gab Stühle und Tische mit frischgewaschenen Decken. In der Ecke stand ein großer, ramponierter chinesischer Topf mit einer Zimmerpflanze. Sogar ein Klavierstimmer war an der Arbeit. Piper beobachtete ihn, als er kurz unterbrach und ein paar Takte spielte: Beethoven, «Für Elise».

«Das war sehr gut!» lobte er.

«Vielen Dank, Herr Major», erwiderte Erich Hennig.

«Ich suche Frau Winter. Frau Veronica Winter. In ihrem früheren Haus ist sie nicht. Man sagte mir, daß sie hier wohnt.»

«Im zweiten Stock. Sind Sie ein Verwandter?»

«Nein, nur ein alter Freund.»

«Hinten, im zweiten Stock. Passen Sie auf der Treppe auf, Herr Major, der Läufer ist lose, man stolpert leicht.»

«Vielen Dank.»

Als er die Treppe hinaufstieg, summte er leise vor sich hin. Du alter Narr, dachte er, du benimmst dich wie ein Achtzehnjähriger beim ersten Rendezvous. Doch er konnte es nicht ändern – er war eben aufgeregt. Der Gedanke an Veronica hatte ihn sein ganzes Leben hindurch begleitet und ihn sogar dazu getrieben, ihren Bruder so oft wie nur möglich zu sehen, weil er ihr äußerlich und im Wesen so ähnlich war. Jetzt war endlich der Augenblick gekommen, und er machte sich auf einen Schock gefaßt, ohne indes wirklich damit zu rechnen. «Das Beste hoffen und auf das Schlimmste gefaßt sein» – das hatte seine Nichte in der Schule als Wandspruch gestickt und ihm später geschenkt. Seitdem hing es an der Wand seines Londoner Büros

Als er den Treppenabsatz erreichte, klopfte er, wartete einen Moment und rief dann: «Frau Winter!»

Sie brauchte lange für den Weg zur Tür. Was hatte er erwartet: das bildschöne, lebensprühende Geschöpf, das ihm 1910 den Kopf verdreht und seither sein Denken beherrscht hatte?

Sie war weder jung noch in mittleren Jahren; die Frau, die ihm die Tür öffnete, hatte weißes Haar.

«Ja, bitte?» Alt und gebrechlich, doch unverkennbar Veronica. Nicht so hochgewachsen, wie er sie in Erinnerung hatte, aber noch dasselbe breite, knochige Gesicht, dieselbe Kinn- und Mundpartie der Rensselaer. Sie war immer noch schön.

«Veronica! Erinnern Sie sich an mich?»

Sie mußte sich erst darauf einstellen, Englisch zu sprechen. «Sind Sie ein Freund meines Bruders?... Entschuldigen Sie das Durcheinander. Ich bin gerade erst eingezogen... Alles ist...»

«Veronica, ich bin Alan Piper – Boy. Erinnern Sie sich?»

«Ja, Boy.» Sie runzelte die Stirn. Die Stimme erkannte sie wieder. Eine wunderbare Stimme, tief, klar, weich. Ohne Brille konnte sie ihn auf dem dunklen Treppenabsatz nicht deutlich sehen. Doch als sie sich vorbeugte, erhellte jenes traurige, nachdenkliche Lächeln ihr Gesicht, an das er sich so gut erinnerte. «Treten Sie ein. Kommen Sie doch herein... ein schreckliches Durcheinander. Ich bin eben eingezogen.»

«Vielen Dank, ich bleibe nicht lange. Ich wollte nur sehen, ob Sie wohlauf sind. Das habe ich Ihrem Bruder versprochen.»

«Wie haben Sie mich denn gefunden? Das Haus hier gehört der Familie Hennig.»

«Die polizeiliche Ummeldung.»

«Ja, natürlich.» Sie nahm ihm die Mütze ab und forderte ihn mit einer Handbewegung auf, sich auf dem schäbigen Sofa niederzulassen. An der einen Wand standen zwei Schrankkoffer, aus denen sie Wäsche und etliche andere Dinge ausgepackt hatte. Sonst war der Raum nur spärlich möbliert – außer dem Sofa drei harte Holzstühle und ein Tisch, dessen eines kaputtes Bein mit einer Holzlatte abgestützt war. Ein Bild von einer recht pompösen Hochzeitsgesellschaft nahm auf einem kleinen Intarsientisch den Ehrenplatz ein. Den silbernen Rahmen hatte sie verkauft und den Erlös den Hennigs gegeben, als Zeichen ihrer Dankbarkeit. Bei näherer Betrachtung erkannte er den Bräutigam: Paul in Wehrmachtsuniform. Die Braut strahlte inmitten der lächelnden Gästeschar; Offiziere mit gezücktem Säbel bildeten Spalier.

«Und dann wollte ich Ihnen berichten, daß Ihre Söhne gesund und munter sind.»

«Gesund und munter», wiederholte sie wie benommen. «Gesund und munter. Beide?»

«Peter ist in der amerikanischen Armee. Er ist mit Ihrem Bruder in der amerikanischen Besatzungszone – in München oder irgendwo in der Umgebung. Ich bin sicher, daß beide Sie besuchen, sobald sich eine Gelegenheit bietet.»

«Peter, ja. Ich habe gehört, daß er bei der Army ist.»

«Als Colonel. Er wurde an den Internationalen Militärgerichtshof berufen.»

«Das klingt sehr beeindruckend.»

«Die Nürnberger Kriegsverbrecherprozesse. Es braucht noch eine ganze Weile, bis sie anfangen, und sie werden endlos dauern. Sie dürften die beiden also recht oft zu Gesicht bekommen, falls Sie sich nicht entschlossen haben, sich repatriieren zu lassen.»

«In die USA?»

«Es wäre nicht schwierig, das zu arrangieren, Veronica. Sofern Sie es möchten.»

«Sie sagten, beide Jungen sind unversehrt?»

«Paul ist in einem Kriegsgefangenenlager bei Köln. Man wird ihn wahrscheinlich irgendwann nach England bringen.»

«Nach England?» fragte sie verwirrt. Es war alles zuviel für sie.

«Soll ich Wasser aufsetzen?» erbot er sich. «Ich habe Kaffee mitgebracht.»

«Bohnenkaffee?»

«Sicher.»

«Es ist ein Propangaskocher, den werden Sie nicht in Gang kriegen.»

«Bleiben Sie sitzen, Veronica. Die Dinger kenne ich aus dem Pfadfinderlager, auch wenn das eine ganze Weile her ist.»

Sie lachte – melodisch, mädchenhaft. «Ja, das muß allerdings eine ziemliche Weile her sein.»

Sie beobachtete ihn, während er den Kaffee kochte. Das gab ihr eine kurze Verschnaufpause. Es kam alles so plötzlich. Warum hatte er nicht geschrieben? Dann hätte sie sich netter angezogen und Lisl gebeten, ihr die Haare zu machen. Den Propangaskocher hatte er mit lautem Zischen in Gang gesetzt, nun drehte er den Hahn auf, doch es kam kein Wasser.

«In dem Krug auf dem Abtropfbrett», rief sie. Außer einer Kilopakkung Kaffee hatte er eine Dose Kondensmilch und eine Tüte Zucker mitgebracht. Er war so methodisch. «Der Büchsenöffner ist in der Schublade.»

«Bleiben Sie, wo Sie sind, Veronica. Ich finde mich schon zurecht.»

«Und Sie sind in der Army?» fragte sie.

«Sehe ich denn nicht wie ein Soldat aus?»

«Selbstverständlich tun Sie das», antwortete sie wider besseres Wissen. Tatsächlich sah er wie ein angejahrter Leinwandliebling aus, der die Rolle eines Militärs glaubhaft zu verkörpern suchte.

Er brachte die Kanne Kaffee und die Milch in einem Kännchen. «Erzählen Sie mir von Paul», bat sie.

Er musterte sie. Es war besser, ihr die Wahrheit zu sagen; sie gehörte nicht zu den Frauen, die es ablehnen, den Tatsachen ins Auge zu blicken. «Er wird verhört... Keine Angst, Veronica. Das heißt nicht, daß man ihn mißhandelt. Er wird befragt, weiter nichts.»

«Worüber?»

«Paul war hoher Gestapo-Beamter. Er gehörte zu den Entscheidungsträgern im Innenministerium.»

«Er ist kein Verbrecher», flüsterte sie. «Er war lediglich Beamter, ein Bürokrat.»

«Es handelt sich um NS-Organisationen, Veronica. Das Ganze ist reine Routine, aber man muß ihn befragen.»

«Sie wissen gut über ihn Bescheid.»

«Ich habe die Nase in die Akten gesteckt. Einer meiner jungen Leute, ein Mann namens Brian Samson, ist Entnazifizierungsfachmann, wie man das in diesem gräßlichen neumodischen Jargon nennt.»

«Samson. Der Name kommt mir bekannt vor. Kenne ich ihn?»

«Möglicherweise. Er hat in einer der Fabriken Ihres Mannes gearbeitet.»

Sie sah ihn leicht überrascht an; inzwischen hielt sie nichts mehr für unmöglich. «Ein Engländer. Ja, ich bin ihm ein- oder zweimal begegnet. Er gehörte also schon damals zu Ihren Leuten?»

«Ja.»

«Harald hat immer gesagt, Sie seien ein Spion. Ich hab ihn ausgelacht. Es gab öfter Krach deswegen.»

«Es tut mir leid.»

«Das Sie ein Spion sind?»

«Nein, daß Sie sich deswegen gestritten haben.»

«Das macht nichts.» Sie roch an dem Kaffee und nahm dann einen tiefen Schluck. Der erste richtige Kaffee seit langem. «Haben Sie Familie?» erkundigte sie sich.

«Nein, ich bin unverheiratet geblieben. Es gab immer solche Berge von Arbeit. Freundinnen haben es nie mit mir ausgehalten.»

«Das ist doch bestimmt nicht wahr.»

Er versuchte, die richtigen Worte zu finden. Er hätte ihr so gern gesagt, daß er keiner anderen Frau begegnet war, die sich mit ihr hätte messen können. Doch er brachte es nicht über sich. Er war nur für zwei Tage in Berlin und hatte sich geschworen, ihr zu gestehen, daß es keine andere Frau in seinem Leben gegeben habe. Er verschlang sie mit den Augen. Ihre Tasse war bereits leer, während er noch keinen Schluck getrunken hatte. Er lächelte und schenkte ihr nach.

«Der Kaffee schmeckt so gut», seufzte sie.

«Und Sie haben nicht wieder geheiratet?» fragte er.

«Ich? Nein.» Sie beschloß, die zweite Tasse mit Milch zu trinken. «Nehmen Sie auch Milch?»

«Danke, gern.»

Sie goß ihm ein. «Genug?»

«Ja.»

«Es tut gut, wieder Englisch zu sprechen.» Sie strich sich über das Haar. «Ich muß scheußlich aussehen. Es ist so staubig, und überall der Schmutz.»

«Sie sehen wunderbar aus, Veronica.»

«Ich kann Ihnen leider gar nichts anbieten.»

«Ich schicke Ihnen ein paar Lebensmittel. Ich habe mehr als reichlich. Rauchen Sie?»

«Nein.»

«Ich lege trotzdem ein paar Schachteln dazu. Damit soll man dem Vernehmen nach alles bekommen, was sonst nicht zu haben ist.»

«Ja, das stimmt. Wir sprechen schon von der Zigarettenwährung.» Sie seufzte. «Es gibt keine Selbstdisziplin, kein Vertrauen, keine Würde, keine Selbstachtung mehr. Das Deutschland, das ich einst kannte, ist für immer dahin.»

«War es je etwas anderes als eine Selbsttäuschung, Veronica? Ich habe Deutschland ebenfalls geschätzt, aber jetzt frage ich mich, ob es nicht nur ein Wunschbild war.»

«Was wird mit ihm geschehen?»

«Mit Paul? Schwer vorauszusagen. Es ist davon die Rede, die SS zur illegalen Organisation zu erklären, doch ich sehe nicht, wie man jedes SS-Mitglied bestrafen könnte.»

«Das gleiche hat Harald einmal über die Juden gesagt. Hitler und seine Nazis könnten wohl kaum jeden einzelnen bestrafen, meinte er, aber er hat es getan, stimmt's?»

«Ja, fast jeden, aber wir sind nicht Hitler.»

«Pauls Frau hat ihn verlassen. Sie ist mit einem Mann auf und davon, für den er gearbeitet hat – Fritz Esser, der stellvertretende Minister. Jetzt sehe ich, daß man Fritz Esser wegen Verbrechen gegen die Menschlichkeit anklagen wird.» Sie trank einen Schluck Kaffee. «Ich mache mir Sorgen um Paul. Er ist so ein lieber Junge, zu keiner Schlechtigkeit fähig.»

«Ich bin sicher, daß ihm kein Leid geschehen wird.»

«Als die russischen Soldaten zu uns ins Haus kamen, ist er bei mir geblieben, auf dem Dachboden versteckt. Er hatte eine Waffe. Schließlich sind sie dann wieder gegangen.»

«Es muß furchtbar gewesen sein.»

«Ein Alptraum, er hat Tage und Nächte gedauert, aber Paul ist bei mir geblieben. Als dann die westlichen Besatzungsmächte eintrafen, erschien ein britischer Offizier und Polizei bei uns. Sie durchsuchten das Haus und nahmen Paul mit.»

«Besser wir als die Russen», tröstete er.

«Das hat Paul auch gesagt. Die Engländer kamen dann zurück und beschlagnahmten das ganze Haus. Sie ließen mir achtundvierzig Stunden Zeit, alles vorzubereiten. Mir blieb nichts anderes übrig, als bei den Hennigs unterzukriechen.»

«Berlin ist für die Zukunft kein gutes Domizil, Veronica. Die Versorgungslage wird sich immer schwieriger gestalten, und es steht der Stadt ein harter Winter bevor.»

«Da haben Sie bestimmt recht.» Sie sah ihn lächelnd an.

Er überlegte, ob es jetzt wohl der richtige Zeitpunkt wäre, ihr seine Liebe zu erklären, ihr einen Heiratsantrag zu machen, ihr zu sagen, daß sie die einzige Frau sei, die er je begehrt habe. Er konnte sich nicht schlüssig werden. Er sah sich selbstkritisch: ein bejahrter Brite, der befürchtete, sich zum Narren zu machen. Er schob die Entscheidung hinaus. Der Gedanke, daß sie ihn auslachen könnte, war unerträglich. Vielleicht war es besser, ohne sie zu leben, als die Zerstörung seines Traums zu riskieren.

«Ich fahre morgen nach Köln zu einer Konferenz. Wenn ich etwas über Ihren Sohn in Erfahrung bringen kann, gebe ich Ihnen sofort Nachricht.»

«Vielen Dank. Vergessen Sie Ihren Kaffee nicht.»

«Behalten Sie ihn doch bitte, wenn er Ihnen schmeckt.»

«Es war wunderbar, Sie wiederzusehen, Boy.» Sie konnte ihn nicht zum Essen einladen. Sie hatte nichts im Hause und kein Geld, Lebensmittel schwarz zu kaufen. Sie fragte sich, wo sie den Kaffee am günstigsten losschlagen könnte. Dann könnte sie ihm beim nächstenmal einen Imbiß anbieten.

«Wir bleiben in Verbindung, ich melde mich bald», versprach er. Sie stand so dicht vor ihm, und er fragte sich, ob er sie küssen sollte. Aber das würde sie vielleicht beleidigen. Und so verabschiedete er sich statt dessen mit einem Händedruck.

Colonel Peter Winter waren und blieben die Amerikaner unverständlich mit ihrem verschwenderischen Gebrauch von Geld und Material und all den Annehmlichkeiten, die man käuflich erwerben konnte. Als er seinen Bruder abholen wollte, stellte ihm die US Army eine Sondermaschine nach Nürnberg zur Verfügung. Nicht etwa ein kleines Flugzeug, sondern eine Douglas DC 3.

Paul Winter glich nach der monatelangen Haft wieder dem jungen Soldaten, der damals in den Ersten Weltkrieg gezogen war – mager, drahtig, kräftig, doch seine alte unbekümmerte Fröhlichkeit hatte er eingebüßt. Paul mit seinem unruhigen, impulsiven Naturell ertrug es nicht, eingesperrt zu sein, er war teils launisch, teils abgestumpft; auch die Gegenwart seines Bruders hatte es nicht vermocht, ihn aufzumuntern und zuversichtlicher zu stimmen. Er hatte sich einen Fensterplatz ausgesucht und sah nun, starr vor Entsetzen, auf das Land hinunter, das sie überflogen. Trotz allem, was er gehört oder gelesen hatte, traf ihn die Wirklichkeit wie ein Schock. Alles war dünn mit Schnee bestäubt, so daß jeder Bombenkrater, jede Ruine, jede gesprengte Brücke, jede ausgestorbene Ortschaft deutlich als Kontrast erkennbar wurde.

Die beiden Brüder saßen nebeneinander, hinter ihnen Brian Samson in der Uniform eines britischen Captain. In London hatte man gezögert, Paul gehen zu lassen, und erst nach Peters Kompromißvorschlag, Brian Samson mitzuschicken, eingewilligt. Brian wollte nicht nach Nürnberg, mußte aber dem Befehl Folge leisten. Man dürfe keinen Präzedenzfall schaffen, hatte jemand geäußert. Höhere Beamte aus dem Innenministerium waren zu wichtig, um solche Häftlinge einfach den Amerikanern gegen Empfangsbescheinigung zu überlassen.

So wurde Paul Winter nicht den Amerikanern übergeben, sondern verblieb unter direkter Bewachung von Captain Brian Samson, bis weitere Anweisungen erfolgten.

Plötzlich riß sich Paul vom Anblick der Trümmerlandschaft los und fragte: «Wäre es nicht besser für mich gewesen, in London zu bleiben und mich dem Entnazifizierungsverfahren zu stellen?»

Peter war müde. Er hatte Ringe unter den Augen, das Gesicht war zerknittert, die Uniform desgleichen. Die Trauer um Lottie, die Sorgen um Paul, seine Tochter und seine Mutter lasteten zentnerschwer auf ihm, so daß er manchmal meinte, dem Ganzen nicht mehr gewachsen zu sein. In der letzten Woche mußte er Glenn Rensselaers endlose erbitterte Tiraden über sich ergehen lassen über Dot und ihre Machenschaften, durch die sie Alleinerbin seines Vaters geworden war. Sie hatte bereits deutlich zu verstehen gegeben, daß sie keinen Finger rühren würde, das Testament des alten Mannes, in dem Glenn und Veronica nicht bedacht waren, wie auch immer zu korrigieren. Glenn, der sich sonst nie um Geld kümmerte, war wütend. Er wollte das Testament anfechten und bedrängte Peter, ihn dabei zu unterstützen. Peter war zu erschöpft, um sich auch nur in eine Diskussion einzulassen. Seine Sorge und Aufmerksamkeit konzentrierte sich jetzt ausschließlich auf Paul.

«Nein, keineswegs», widersprach Peter. «Im Augenblick ruft alles nach Vergeltung. Laß ein paar Monate verstreichen, dann hat man sich etwas abgeregt. Man wird die Leute nicht mehr aufhängen, sondern sie zu immer kürzeren Haftstrafen verurteilen. Wenn ich dich bis zum Ende der Prozesse in Nürnberg halten kann, ist Entnazifizierung für niemand mehr ein Thema. Ich kenne die Amerikaner, es hängt ihnen dann zum Halse raus. Tu, was ich dir sage.»

«Hast du Fritz Esser veranlaßt, mich anzufordern?»

«Eine Mittelsperson hat ihn darauf hingewiesen, daß er ein Anrecht hat, sich jeden Verteidiger zu nehmen, der sich dazu bereitfindet. Daß du der geeignete Mann wärst, brauchte man ihm nicht erst zu sagen.»

«Man hätte ihm jeden zugebilligt?»

«Sogar ein Deutscher, der seine Strafe absitzt, wäre vorübergehend entlassen worden.»

«Demnach wird es ein fairer Prozeß?»

«Ein fairer Prozeß? In Nürnberg?» Peter sah seinen Bruder mit mattem Lächeln an. «Ja, sie werden einen fairen Prozeß bekommen und danach gehängt.»

«Meinst du das ernst?»

«Es wird ein Fiasko. Die Russen sitzen mit zu Gericht. Stalin hatte mit Hitler einen Nichtangriffspakt geschlossen. Deutschland und Rußland haben sich Polen geteilt. Stalin hat Hitler eine Glückwunschadresse geschickt, als Frankreich vor den deutschen Panzern kapitulierte. Und dann hat Hitler die Sowjetunion überfallen... Die Russen sitzen als Richter in Nürnberg.»

«Aber trotzdem...»

«Wart's ab, du wirst schon sehen. Jeder Angeklagte hat einen Verteidiger. Du kannst mit Fritz Esser nicht mal unter vier Augen reden, sondern bloß in einem überfüllten Raum, wo man sein eigenes Wort nicht versteht, weil die anderen Angeklagten auch mit ihren Verteidigern zu sprechen versuchen. Neben dir sitzt ein Aufsichtsbeamter und hört mit, was du sagst. Flüstern ist auch unmöglich, weil sich dazwischen eine Panzerglasscheibe befindet.»

«Das wird ihnen nicht helfen...»

«Und wenn du erst die Anklagevertreter erlebst... Hunderte von Anwälten, Hunderte von Ermittlern, Dolmetschern und Schreibkräften. Geld steht unbegrenzt zur Verfügung, für diesen Prozeß ist den Siegermächten nichts zu teuer. Und so leben die Anklagevertreter in Saus und Braus, elegante Hotels, jede Nacht rauschende Feste. Französischer Champagner, amerikanische Rationen, Zigaretten stangenweise. O ja, die Anwälte kommen bei diesem Prozeß zu ihrem Recht; davon können sie drüben in Amerika noch ihren Enkelkindern erzählen. Aber für die Angeklagten wird es eher ein Zerrbild der Gerechtigkeit.»

«Das darf doch nicht wahr sein...»

«Es ist aber wahr. Ich arbeite für die Anklagevertretung, ich weiß, wovon ich rede.»

«Willst du mich entmutigen?»

«Ich möchte dich bloß vor der Vorstellung bewahren, daß du nach Nürnberg gehst, dort wunderbare juristische Arbeit leistest und Esser als freier Mann das Gericht verläßt. Schlag dir das aus dem Kopf. Esser endet am Galgen. Der Internationale Gerichtshof in Nürnberg ist nichts weiter als die Durchgangsstation dorthin.»

Eine Stimme ließ sich vernehmen, leise, doch unverkennbar wütend. «Ist das Ihre wahre Meinung, Colonel Winter?» fragte Brian Samson hinter ihnen.

«Ja, allerdings.» Peter hatte gewußt, daß Samson zuhörte. Tatsächlich verfolgte er mit seiner überspitzten Tirade zwei Ziele: Einmal wollte er Paul vor Illusionen bewahren, zum anderen aber Brian Samson provozieren und reizen. Und das war ihm geglückt. Jeder der beiden wußte genau, wie er den anderen treffen konnte. Sie hatten darin viel Übung.

Das Gefängnis bestand aus fünf von einer Rotunde ausgehenden Trakten mit jeweils drei Etagen. Als Wärter fungierten amerikanische Soldaten in

Uniform. Aus dem hinten gelegenen Dienstzimmer ertönte Musik: «Some of these days». Fritz Essers Zelle befand sich unten, fast am Ende des Ganges. Unebener Steinfliesenboden, rauher Mörtelverputz, hoch oben ein winziges Fenster, darunter feuchte Stellen in der Mauer. In der Ecke eine Toilette, die nach einem starken Desinfektionsmittel roch.

Als Paul Winter die Zelle betrat, traf ihn die Veränderung, die während der kurzen Haftzeit mit Fritz Esser vor sich gegangen war, wie ein Keulenschlag. Der Zweiundfünfzigjährige sah mindestens wie Sechzig aus. Ein alter Mann hockte auf der eisernen Bettstelle – fahl und abgezehrt, die Ellbogen auf die Knie gestützt, die eine Hand unter das Stoppelkinn gelegt. Gürtel, Hosenträger und Krawatte hatte man ihm abgenommen, und der vom bekanntesten Schneider Berlins gefertigte teure Maßanzug war ausgebeult und voller Flecken. Und doch – die umschatteten Augen waren unverändert, und an dem markanten, gekerbten Kinn erkannte man ihn sofort – den Würdenträger des Dritten Reiches, einen von Hitlers Paladinen.

Er wartete, daß Fritz Esser etwas sagte, doch der schwieg. Schließlich eröffnete Paul das Gespräch, wobei er bewußt auf das vertrauliche Du früherer Zeiten verzichtete: «Sie haben mich kommen lassen, Herr Reichsminister?»

Der Häftling blickte hoch. «Das Reich ist kaputt, Deutschland zerstört, und ich bin nicht mehr Minister, sondern nur noch eine Nummer.» Paul Winter wußte nicht, wie er auf diese Verbitterung reagieren sollte. Er sah ihn immer vor sich hinter dem prachtvollen handgeschnitzten Schreibtisch in dem mit Wandteppichen ausgekleideten Raum des Ministeriums, umringt von allen möglichen Chargen und Schranzen. «Ja, ich habe Sie kommen lassen, Herr Dr. Winter. Setzen Sie sich.»

Er gehorchte. Er hatte sich also nicht verschätzt, auch Fritz Esser wollte angesichts der Situation Förmlichkeit wahren: Herr Dr. Winter, nicht Paul. Nun, ihm war es recht.

«Ich habe Sie kommen lassen, Winter, und ich sage Ihnen auch, warum. Wie man mir berichtet, sitzen Sie in einem Londoner Gefängnis zum Verhör. Es heißt, jeder von uns, der hier vor Gericht steht, kann sich einen Deutschen zum Verteidiger wählen; falls sich der Betreffende in Haft befindet, würde man ihn zur Wahrnehmung dieser Aufgabe freilassen. Mir erschien der Gedanke naheliegend, daß sich besonders ein Häftling darüber im klaren sein dürfte, was es für mich bedeutet, hier zu sitzen.»

Paul sah ihn an. Fritz erinnerte ihn an jemanden, den er vor langer Zeit gekannt hatte, und als Fritz aufblickte, wußte er auch, an wen: Er war in gewisser Weise zum Ebenbild seines Vaters geworden, des Mannes, der die Schweine abgestochen hatte. Er überlegte, ob er dem Ex-Reichsminister eine Zigarette anbieten solle, doch als er – immer noch unschlüssig – das kostbare Päckchen hervorholte, brüllte der im Korridor postierte Militärpolizist durch die offene Tür: «Rauchen verboten!»

Esser ließ sich nicht anmerken, ob er die Stimme gehört hatte, sondern fuhr fort: «Punkt zwei – Sie sprechen Amerikanisch... und zwar fließend. Drittens sind Sie ein verdammt guter Anwalt, wie ich aus unserer langjährigen Zusammenarbeit weiß. Viertens, und das ist der wichtigste Punkt, sind Sie SS-Obersturmbannführer...» Er sah, wie sich Winters Gesichtsausdruck veränderte, und fragte: «Ist was, Winter?»

Paul beugte sich vor – wodurch er die Vertraulichkeit seiner Eröffnung unterstreichen wollte. «In diesem Augenblick sind, nur wenige hundert Meter von hier entfernt, hundert oder mehr amerikanische Anwälte damit beschäftigt, die Anklage aufzusetzen, nach der die SS zur verbrecherischen Organisation erklärt werden soll. Ein solches Urteil hieße für jeden, der dazugehörte, Gefängnis-, vielleicht sogar Todesstrafe.»

«Na schön», entgegnete der Häftling unwirsch. Dieses ganze «Getue der Rechtsverdreher», wie er es zu nennen pflegte, war ihm von jeher ein Dorn im Auge. «Aber Sie gedenken doch nicht, plötzlich zu behaupten, Sie wären nicht SS-Mitglied gewesen, oder?»

Das erste Mal, seitdem er die Nachricht erhalten hatte, daß Fritz Esser ihn als Verteidiger haben wollte, fühlte sich Winter beunruhigt. Er sah sich in der Zelle nach versteckten Mikrophonen um. Es mußte welche geben. Er erinnerte sich an das Gebäude aus der Zeit seiner Tätigkeit bei der Nürnberger Gestapo, in jenem Sommer 1934, als der alte Graf und die übrigen hingerichtet wurden. Die Hälfte des in dem Prozeß gegen die SA-Leute verwendeten Materials stammte von Stenographen, die über versteckte Mikrophone die Häftlinge abgehört hatten. «Das kann ich nicht beantworten», erklärte Winter leise.

«Kommen Sie mir bloß nicht auf die lasche Tour. Ich will keinen von diesen liberalen Schlappschwänzen mit lauter Flausen im Hirn, die versuchen, das Verfahren gegen mich mit irgendwelchen miesen Tricks niederzuschlagen. Ich habe nach Ihnen geschickt, weil Sie mich in den ganzen Schlamassel reingeritten haben. Ich dachte an Ihre aufopfernde Arbeit für die Partei. Ich dachte an die guten alten Zeiten, lange bevor wir davon träumten, an die Macht zu kommen. Ich dachte daran, wie Ihr Vater mir damals Geld geliehen hat, als mich niemand sonst auch nur vorgelassen hätte. Reißen Sie sich zusammen, Winter. Entweder bringen Sie den Mumm auf und übernehmen meine Verteidigung, oder Sie scheren sich zum Teufel!»

Sein Vater hatte also der Partei Geld gegeben, trotz allem, was Paul getan und geraten hatte. Und Fritz hatte das Ganze gedeichselt: typisch für seinen Vater und typisch für Fritz. Und auch typisch für die Partei! Mein Gott, wie verlogen sie alle waren!

«Haben Sie verstanden?»

«Ja.» Paul lächelte ihm aufmunternd zu. Er bewunderte den Mut seines alten Freundes. Der Schein konnte eben doch trügen; er war keineswegs an Leib und Seele gebrochen, sondern immer noch der skrupellose alte Despot, für den er gearbeitet hatte. Er erinnerte sich an jene erste politische Versammlung in den zwanziger Jahren am Potsdamer Platz und an die Rede, die er gehalten hatte: «Unter der Asche glüht noch das Feuer.» Ein Leitmotiv, das er in allen seinen Ansprachen wiederaufnahm – bis 1945.

«Wir werden sie bekämpfen», sagte Paul. «Wir packen die Richter bei der Gurgel und schütteln sie so lange, bis ihnen Hören und Sehen vergeht.»

«So ist's recht», entgegnete Esser mit einer weiteren stehenden Redensart. Hatte er das auch mit Papa gemacht – ihn bei der Gurgel gepackt und so lange geschüttelt, bis ihm Hören und Sehen verging und er zahlte? «So ist's recht», wiederholte Esser und lächelte beinahe.

«Ende der Sprechzeit!»

Paul sah auf die Uhr. Es fehlten noch zwei Minuten. So waren die Amerikaner nun mal. Peter hatte mit seinem kleinen – nie mehr wiederholten – Ausbruch im Flugzeug hundertprozentig recht. Sie schwafelten von Gerechtigkeit und Freiheit, von Demokratie und Selbstbestimmung, aber in der Praxis war wenig davon zu spüren. Zu streiten hatte keinen Sinn, sie waren die Sieger. Das ganze Nürnberger Tribunal war nichts als ein Schauprozeß, es bot Amerikanern, Briten, Franzosen und Russen lediglich die Gelegenheit, mit dem wohlvorbereiteten Anspruch auf Legalität aufzutreten, bevor sie die Besiegten exekutierten. Doch es war besser, daß der Ex-Reichsminister sich über den vorgezeichneten Ausgang und das unvermeidliche Urteil nicht völlig im klaren war. Besser auch, den Siegern bis zuletzt Widerpart zu bieten und mit fliegenden Fahnen unterzugehen. Das würde zumindest die Lebensgeister in Schwung halten. Bei dieser Aussicht wurde Paul wohler zumute. Das wäre eine Chance, die alten Zeiten noch einmal zu durchleben, und sei's auch nur in der Erinnerung.

Als Paul schon an der Tür war, rief Esser ihm nach: «Noch eines, Winter.» Paul drehte sich zu ihm um. «Ich höre da so allerhand Geschichten über einen aggressiven amerikanischen Colonel im Stab des Anklägers, einen hochgewachsenen, mageren Kerl in toller maßgeschneiderter Uniform, mit tadellos manikürten Nägeln ... er spricht perfekt Deutsch mit Berliner Akzent. Er soll alle Deutschen hassen und kein Pardon kennen ... jeden, den er vorführen läßt, überhäuft er mit wüsten Beschimpfungen. Jetzt erzählt man mir, er sei eigens aus Washington rübergeschickt worden, um die Anklage gegen mich auszuarbeiten ...» Er hielt inne und starrte vor sich hin. Er steigerte sich in einen jener Wutanfälle hinein, die einst überall in seinem Ministerium Furcht und Schrecken verbreitet hatten. «Nicht gegen Göring, Speer, Heß oder sonstwen, nein, ausgerechnet gegen mich. Wissen Sie was über diesen Schweinehund?»

«Ja, ich kenne ihn. Er ist mein Bruder.»

Die perplexe Miene Fritz Essers bereitete ihm beinahe Vergnügen.

«Ihr Bruder? Peter?»

«Er ist es.» Ein Gefängniswärter kam pfeifend vorbei.

«Die Amerikaner haben ihn zum Colonel in ihrer Armee gemacht? Er ist doch Deutscher.»

«Bei den Amerikanern läuft eben vieles anders. Daran gewöhnt man sich gar nicht so leicht.»

«Das kann man wohl sagen! Er war also eine Art Spion! Und ich hab dem Schweinehund das Leben gerettet. Letztes Jahr – in der Nacht in Berlin. Ich habe ihm das Leben gerettet. Sie haben ihn rausgebracht.»

«Das weiß er auch.»

«Da bin ich mir nicht so sicher», meinte Esser.

«Sie haben es doch nicht für ihn getan, oder?» Das war keine rhetorische Frage. «Sie taten es für den Reichsführer.»

Esser deutete mit dem Finger auf ihn. «Sie haben ihm das Leben gerettet.»

«Getue der Rechtsverdreher – was soll's.»

Fritz Esser brachte ein kurzes Grinsen zustande. Bestürzend, diese Ähnlichkeit mit dem Vater, der die Schweine abstach. Paul fragte sich, ob er inzwischen seinem Vater Harald Winter ebenso stark zu gleichen anfing.

Wenn man bedachte, daß er, von Granatsplittern getroffen, bewußtlos auf dem Schlachtfeld liegengeblieben und von einem amerikanischen

Bestattungskommando als noch lebender feindlicher Verwundeter identifiziert worden war, hatte Rudolf Freiherr von Kleindorf sich erstaunlich gut erholt. Freilich hatte er fünf Monate im Lazarett gelegen und litt auch jetzt noch an Schwindel- und Ohnmachtsanfällen.

Deshalb hatte man ihn zu einer Zeit, da die meisten deutschen Wehrmachtsangehörigen sich noch in alliierten Kriegsgefangenenlagern befanden, offiziell entlassen und nach Hause geschickt.

Mit einem von der Alliierten Militärkommandantur ausgestellten Passierschein war er in die russische Besatzungszone gefahren, um einen Mann aufzusuchen, den er nie gesehen hatte: Baron Wilhelm von Munte, der aus einer seit Generationen bei Bernau ansässigen Landadelsfamilie stammte.

Früher verkehrten auf der Strecke regelmäßig S-Bahn-Züge, jetzt benötigte er für die Fahrt vier Stunden. Es war ein grauer Tag – tief hängende Wolken und kalter Ostwind. Der einzige Zug, den Deutsche benutzen durften, hatte über eine Stunde Verspätung, und dann mußte er vom Bahnhof den ganzen Weg zu Fuß gehen, meist durch dicken Straßenschlamm. Viermal wurde er von russischen Militärpolizisten angehalten, die sich nicht nur seine Papiere zeigen ließen, sondern auch noch mit ihrer Dienststelle telefonierten, bevor er weitergehen durfte.

An der angegebenen Adresse wurde er ebenfalls von russischen Soldaten gestoppt und befragt, denn der Landsitz der Familie Munte war von der Roten Armee requiriert. Der alte Baron und sein Sohn bewohnten jetzt das kleine Gartenhaus. Dort lag er in einem winzigen Raum im Bett; an der Wand stapelten sich Bücher, die er aus der Bibliothek hatte mitnehmen dürfen. Doch es war zu dunkel zum Lesen. In dieser Gegend gab es keinen Strom, und auch in absehbarer Zukunft war nicht damit zu rechnen, da die Russen bereits dabei waren, die Elektrizitätswerke zu demontieren und in die Sowjetunion zu verfrachten. Für Wärme sorgte ein kleiner Holzofen, der jedoch an diesem Tag trotz der bitteren Kälte nicht brannte, und für Beleuchtung eine große Petroleumlampe aus Messing, deren Einzelteile zur Reinigung auf dem Tisch ausgebreitet lagen.

Der alte Mann hatte gerade eine problematische Virusinfektion überstanden, dank einem tüchtigen Arzt und seinem Sohn Walter von Munte, der ihn aufopfernd pflegte. Walter machte auch die Tür auf und teilte von Kleindorf mit, daß sein Vater schonungsbedürftig sei und nur ein paar Minuten sprechen dürfe.

Der hochbegabte Walter hatte seine Abschlußprüfungen an der Universität mit Auszeichnung bestanden und bei Kriegsende eine gehobene

Position in der Reichsbank inne. Er hatte sehr jung geheiratet und seine Frau bei einem der ersten schweren Bombenangriffe auf Berlin verloren. Sie war Tänzerin gewesen und nach der Geburt eines Kindes zur Bühne zurückgekehrt. Der alte Munte konnte seine Schwiegertochter von Anfang an nicht ausstehen, was zu heftigen familiären Auseinandersetzungen geführt hatte, doch der Sohn hing mit abgöttischer Liebe an ihr, die er über den Tod hinaus bewahrte und auf den kleinen Sohn übertrug. Dann brach bei Ende der Kampfhandlungen ein weiterer Schicksalsschlag über die Muntes herein. Walters jüngerer Bruder fiel. Der Fünfzehnjährige war der ganze Lebensinhalt seines Vaters gewesen, der nach diesem Verlust völlig resigniert hatte. Seitdem wohnte Walter bei seinem Vater und umsorgte ihn sowie seinen eigenen mutterlosen kleinen Sohn mit großer Hingabe. Doch was die beiden verband, war Schmerz, der an Verzweiflung grenzte.

Und so stieß von Kleindorf mit seinem Anliegen, der alte Wilhelm von Munte solle nach Hamburg kommen und als Zeuge in dem Kriegsverbrecherprozeß gegen General Alex Horner aussagen, auf zwei Barrieren: die Abwehrhaltung des Sohnes und den unzugänglichen Trübsinn des Vaters.

«Wie kommen Sie darauf, daß es nicht stimmt?» fragte Walter, ein vierschrötiger Mann, der sich in einer Ecke auf einen für ihn viel zu kleinen hölzernen Küchenstuhl zwängte.

Von Kleindorf hatte sich an den alten Mann im Messingbett gewandt, der jedoch stumm blieb. Es war stets der Sohn, der antwortete. Kleindorf sah ihn an. Worauf wollte er hinaus – ihn auf die Probe stellen? «Ich sagte nicht, daß es nicht stimmt», erklärte er geduldig. «Ich sagte, daß er nicht schuldig ist.»

«An der Erschießung der britischen Gefangenen?»

«In Horners Korps war eine SS-Division. Deren Soldaten haben die Gefangenen erschossen – Australier.»

«Was sagt der SS-Führer?»

«Der SS-Führerr ist tot. Die Division hat bis zum letzten Mann gekämpft. Als der Befehlsstand des Korps gestürmt wurde, griff General Horner zum Gewehr. Eine erstaunliche Geschichte. Sie haben sich bis zum Schluß verteidigt.»

«Der Kommandeur trägt die Verantwortung für alle Greueltaten in seinem Abschnitt.»

«Das ist einfach nicht richtig. Es ist ungerecht», erklärte von Kleindorf.

Walter von Munte hielt eine Antwort darauf für überflüssig. Natürlich stimmte es, aber was war schon richtig und gerecht in dieser Welt? «Wann findet der Prozeß statt?»

«In etwa zwei Monaten. Der genaue Termin steht noch nicht fest.»

«In Hamburg?»

«Ja, in Hamburg.» Ob der Umstand, daß dieser Prozeß einen Besuch in der britischen Zone ermöglichte, das Interesse des alten Mannes steigern würde?

«Ich sehe nicht recht, was mein Vater dabei konkret tun könnte.»

Von Kleindorf hatte es satt, seine Fragen immer von dem Sohn beantwortet zu bekommen. Er fixierte Wilhelm von Munte scharf und wandte sich direkt an ihn: «Baron Munte, Sie kennen General Horner. Er gehörte zusammen mit Ihnen zu den Verschwörern gegen Hitler. Ich möchte lediglich, daß Sie das dem Gericht mitteilen.»

Der alte Mann räusperte sich. «Ob die Briten das glauben werden, daß ein Verschwörer gegen die Nazis nicht doch Kriegsgefangene erschießen könnte?» Die krächzende Stimme klang spöttisch.

«Ich weiß es nicht, Baron Munte. Ich versuche nur, einem anständigen Menschen zu helfen, einem guten Deutschen, einem Ehrenmann.»

«Alle guten Deutschen sind tot.» Damit war die Frage für den alten Mann abgetan.

Von Kleindorf entgegnete nichts.

«Warum hat Horner Sie hergeschickt?» erkundigte sich der Baron mürrisch, als nehme er es übel, daß der inhaftierte General nicht persönlich erschienen war.

«Er hat mich nicht hergeschickt. Ich bin von mir aus gekommen.»

«Warum Sie?»

«Es war meine Pflicht.»

«Haben Sie zufällig Zigaretten?»

«Nein, die kann ich mir nicht leisten.»

Walter mischte sich ein. «Die Russen werden es nicht erlauben, daß mein Vater fährt.» Hinter ihm klatschte Regen ans Fenster, trommelte immer heftiger.

«Die Briten werden darum ersuchen.»

«Trotzdem würden sie ihn nicht fahren lassen. Sobald sie hören, daß er als Zeuge für einen Deutschen vorgeladen wird, legen sie Hindernisse in den Weg, wie üblich.»

«Wie üblich?» wiederholte von Kleindorf fragend. Es war viel dunkler im Zimmer geworden, seitdem der Regenguß eingesetzt hatte. Die beiden Männer waren kaum noch in Umrissen zu erkennen, nur das Messingbett glänzte hell.

«Sie leben nicht hier in der russischen Zone, sonst wüßten Sie das längst.»

«Sind Sie bereit zu kommen?» fragte von Kleindorf den alten Mann.

Wilhelm von Munte legte sich zurück und schloß die Augen, als wolle er nachdenken. Dabei überlegte er lediglich, inwieweit eine solche Zeugenaussage seinem Ansehen und dem seiner Familie zuträglich wäre. «Sie hören von mir», sagte er.

Von Kleindorf verbeugte sich. «Vielen Dank, Baron Munte.»

«Vielleicht reicht eine schriftliche eidesstattliche Erklärung», offerierte der Sohn, als von Kleindorf sich zum Gehen wandte.

Colonel Bill Callaghan, einer der amerikanischen Anwälte, hatte viel Aufhebens um Paul Winter gemacht. Auf seinen Vorschlag ging die Anweisung zurück, daß Paul Winter sich jedesmal beim Betreten und Verlassen seiner Unterkunft und des Justizpalastes eintragen mußte. Ohne das wäre Pauls Verschwinden nicht vor Prozeßbeginn am nächsten Morgen bekannt geworden.

Doch Paul Winter kehrte an jenem Abend nicht in sein Quartier zurück, und Colonel Peter Winter verschwand ebenfalls. Brian Samson fluchte. Auf dem Papier war Samson für Paul Winter verantwortlich, und hier in Nürnberg zählte nur, was schwarz auf weiß existierte.

Der Mond schien hell. Die drei großen Lastwagen kamen trotz Vierradantriebs auf den schmalen fränkischen Landstraßen im tiefen Schnee schwer vorwärts. Samson hatte das hastig zusammengetrommelte Sonderkommando und die Lastwagen aus den Kasernen in Bad Reichenhall geholt. Die Fahrer waren mit den um diese Jahreszeit herrschenden Witterungsbedingungen nicht vertraut, und die begleitenden Soldaten waren nervös und schlechtgelaunt, weil man sie in einer solchen Nacht aus ihren warmen Kasernen geholt hatte.

Captain Brian Samson und General Glenn Rensselaer fuhren in einem Jeep den Lastwagen voran. Sie saßen hinten; vorne, neben dem Fahrer, hockte ein rotgesichtiger junger New Yorker, auf den Knien Landkarte und Taschenlampe: ein Oberleutnant vom Spionageabwehrdienst namens Busby, achtundzwanzig, ehemaliger Polizist, hitzig. Aber nach ein paar Stunden mit ihm hatte Brian Samson festgestellt, daß Busby sich gut auf die Ergreifung Flüchtiger verstand, und eben das war die Aufgabe, die sie lösen mußten.

«Wie haben Sie ihre Spur gefunden?» erkundigte sich General Rensselaer bei Busby.

«Ein Pionierbataillon repariert den Autobahnabschnitt am Chiemsee. Wer dort entlangkommt, muß warten, bis sie ihn vorbeilassen.»

«Und diese Pioniere haben die beiden identifiziert?»

«Die Militärpolizei kontrolliert den Verkehr.»

«Ja, natürlich.»

«Ein Colonel und ein deutscher Zivilist in mittleren Jahren: klein und blond. Keine Bange, das sind Ihre beiden.»

Brian Samson sah Glenn Rensselaer verstohlen an. Ihm wäre eine weniger überzeugende Beschreibung vermutlich lieber gewesen. Er klammerte sich immer noch an den Gedanken, daß es sich um ein Mißverständnis handeln müsse.

«So was ist schon öfter vorgekommen», meinte Busby. «Diese Halunken wollen über die österreichische Grenze in der Hoffnung, sich schließlich Richtung Westen in die gute, alte Schweiz oder Richtung Süden nach Italien absetzen zu können. Wir erwischen sie gewöhnlich auf einem der Pässe. Um diese Jahreszeit sind nicht mehr allzu viele Gebirgsübergänge offen. Aber wieso der Colonel? Ist er eine Geisel oder so was?»

«Das wissen wir nicht», beschied ihn General Rensselaer eilends.

«Das wäre ein ganz neuer Dreh», meinte Busby. «Oder sind sie gemeinsam an einer Schiebung beteiligt? Letzte Woche mußte ich einen Colonel verhaften. Er hatte einen Lastwagen voller Betäubungsmittel und wollte mir einen Anschnauzer verpassen – können Sie sich so ’ne Frechheit vorstellen?»

Rensselaer antwortete nicht. Busby schaltete die Taschenlampe an, um rasch die Landkarte zu konsultieren, machte sie dann sorgfältig wieder aus, wie es die Vorschriften verlangten.

«Die MP bei den Straßenarbeiten am Chiemsee hat einen Spaten und Werkzeuge in ihrem Jeep bemerkt», fügte Busby hinzu.

«Führen nicht alle Jeeps einen Spaten mit?» fragte Rensselaer. «Dieser hier hat jedenfalls einen dabei.»

«Ja, kann sein. Falls sie aber die Goldbarren der Reichsbank ausbuddeln, von denen dauernd die Rede ist, fordere ich Metalldetektoren an.»

«Die brauchen wir nicht», entgegnete Rensselaer. Und zu Samson: «Wie reimen Sie sich das zusammen, Brian?»

«Paul Winter hatte in London schwere Beschuldigungen zu erwarten. Da wäre ein Fluchtversuch doch sehr verlockend.»

«Das glauben Sie doch nicht im Ernst, Brian?» Es klang fast flehend. «Und was ist mit Peter?»

«Keine Ahnung, General. Aber Paul hat seinem Bruder das Leben gerettet, nicht bloß einmal, sondern mehrfach. Peter weiß das. Diese Dankesschuld schleppt er als Zentnerlast mit sich herum.»

«Und deshalb würde er Beihilfe leisten, meinen Sie?»

«Ja, General.»

«Ich nehme an, Sie kennen Peter genausogut wie ich – vielleicht sogar besser.»

«Sie lernen einen Menschen kennen, wenn Sie mit ihm zusammen in einem Raum eingesperrt sind.»

«Und Sie mögen ihn nicht.»

«Ich hab die Deutschen bis obenhin satt, General. Nach Ablauf meines Vertrages werde ich um meine Versetzung bitten – irgendwohin, Hauptsache, weit weg. Oder ich mache was ganz anderes.»

«Das sagen Sie jetzt, aber ich gehe jede Wette ein, daß Sie als Deutschland-Experte enden, womöglich mit Wohnsitz in Deutschland.»

«Gott behüte!»

Rensselaer beugte sich vor, um mit Busby zu reden. «Wenn wir dort sind, verteilen Sie Ihre Leute so, wie ich es Ihnen auf der Karte gezeigt habe. Ich gehe mit Captain Samson zum Haus hinauf. Wir kennen die beiden und werden mit ihnen reden.»

«Ganz wie Sie wünschen, General. Aber es wäre ratsam, eine Waffe mitzunehmen.»

«Captain Samson hat seinen Revolver dabei. Das reicht.»

«Wenn Sie's sagen, General. Aber sollte es umgekehrt laufen, und die Mistkerle schnappen Sie, kriege ich's mit lauter unangenehmen Fragen zu tun.»

«Sie stellen lediglich sicher, daß niemand durchgelassen wird.»

«Klarer Fall, General. An meinen Leuten kommt nicht mal 'ne Maus vorbei. Die haben das alles schon x-mal durchexerziert. Es gibt keine andere Möglichkeit für die beiden, rüber nach Österreich zu gelangen, als über den Kniepaß oder durch Hallein. Ihre Nazis müssen also entweder diesen Weg zurückkommen oder bleiben, wo sie sind, bis sie schwarz werden.»

«Sie sind nicht gerade Nazis», korrigierte Rensselaer sanft.

«Aber nein! Sicher nicht! Alle meine Gespräche hier haben mich davon überzeugt, daß es in ganz Deutschland nur drei Nazis gegeben hat, und wer die drei sind, weiß niemand.»

Rensselaer war wütend, biß sich jedoch auf die Lippen. Es wäre nicht tunlich, Busby unter diesen Umständen zusammenzustauchen. Und Samson als britischer Offizier konnte einem amerikanischen Lieutenant auch keinen Verweis erteilen. Es war in jedem Fall ein heikles Thema.

Sie erreichten Berchtesgaden. Die Straßen waren beleuchtet, aber jetzt, nach der Sperrstunde, leergefegt, auch von Amerikanern. Bis auf einen Sergeant, der in einem Jeep vor dem Berchtesgadener Hof wartete.

«Hallo, Siggi!» rief Busby, als sie neben dem Jeep hielten. Während des kurzen Gesprächs stand der winzige Siggi auf dem Trittbrett, setzte sich danach wieder hinein und übernahm die Führung.

Bis zum Obersalzberg war es noch ein gutes Stück Weg. Eine kurvenreiche Straße führte in Kehren steil bergauf. Die Lastwagen krochen im ersten Gang hoch. Sie fuhren an der überdachten Toreinfahrt und dem Schilderhaus vorbei, die früher das «Führergebiet» abgesperrt hatten. Als sie ein paar alte Gehöfte erreichten, verlangsamten sie das Tempo. Dann holperte der erste Jeep durch ein offenes Tor und über das Kopfsteinpflaster eines Hofes. Siggi streckte den Arm hinaus und deutete auf die Spur. Die beiden Flüchtlinge mußten den Bauernhof vor geraumer Zeit passiert haben, doch ihre Fußspuren waren im Schnee noch deutlich sichtbar.

Als der Jeep zum zweiten Hof am anderen Ende gelangte, hielt der Konvoi. Von hier ab war der Weg für die Lastwagen unpassierbar. Das Gelände stieg steil an zu dicht bewaldeten Hängen.

Busby sprang hinaus, schulterte den Karabiner und brachte mit Hilfe seines Sergeants seinen Zug auf dem Feldweg am Rande der Alm in Stellung. Als sie in einer langen Reihe am Fuße des Abhangs standen, ließ er sie langsam bergauf vorrücken, bis sie außer Sicht waren. Die Männer trugen Anoraks und hatten wegen der eisigen Kälte die Kapuzen über die Köpfe gezogen. Sie standen unter den Bäumen, stampften mit den Füßen und schlenkerten mit den Armen, um sich aufzuwärmen. Mehr als einer nahm einen kräftigen Schluck aus der Feldflasche.

Captain Samson zog den Mantel aus und legte ihn auf den Rücksitz des Jeeps. Dann schnallte er Koppel und Pistole auf dem Kampfanzug um.

«Viel Glück, Sir», sagte Busby, als sich Rensselaer und Samson anschickten, den steilen Pfad emporzuklimmen.

Rensselaer rief ihm über die Schulter zu: «Passen Sie bloß auf, daß Sie mir keine Kugel in den Hintern jagen, Lieutenant.»

«Ja, Sir.» Busby salutierte.

Der Weg war glatt, und das Eis knirschte unter ihren Füßen, von den Bäumen wehten Schneefahnen herunter. Nach etwa fünfzehn Minuten befanden sie sich auf dem dunklen, dicht bewaldeten Hang. Hier war der Boden nicht schneebedeckt.

An einer Schneise hielt Rensselaer inne, um die Aussicht zu bewundern. Wenn sie zurückschauten, konnten sie im Mondschein das gesamte

«Führergebiet» überblicken: Hitlers Berghof, das in nächster Nähe gelegene Haus Bormanns, Görings auffallendes Jagdhaus, das schmucklose Gästehaus der Partei und die riesigen Kasernenblocks der SS rings um den Platz. Jetzt lauter Ruinen, ohne Dächer, in einer Kraterlandschaft.

Als sie weitergingen, wurde der Weg noch steiler. Ohne Schnee waren keine Fußspuren der beiden Brüder zu entdecken. Nach einer Weile blieben sie abermals stehen, ohne daß Rensselaer einen Hehl aus seiner Atemnot zu machen versuchte. Er knöpfte seinen kurzen Mantel auf und lehnte sich an einen Baumstamm. «Falls Sie wissen, worum es hier eigentlich geht, Brian, wäre jetzt wohl der geeignete Zeitpunkt, es mir zu sagen.»

Brian Samson musterte ihn forschend, ehe er antwortete: «Ich kenne Paul Winter persönlich zu wenig, aber nach allem, was ich höre, war er unfähig, sich der Wirklichkeit zu stellen. Jetzt hat er eine Strafe zu gewärtigen, also rennt er davon.»

«Bei Ihnen hört sich das an, als sei er ein kleines Kind.»

«Das ist er auch, wie mir jeder bestätigt», erwiderte Samson.

«Sie sind hart und unerbittlich, Captain Samson. Ich würde Sie ungern über mich zu Gericht sitzen sehen.»

«Ich sitze über niemand zu Gericht», entgegnete Samson. «Aber Winter befindet sich in meiner Obhut, und ich bin fest entschlossen, ihn vor Gericht zu bringen.»

«Immer alles streng nach Vorschrift, wie?» Rensselaer meinte das nicht sarkastisch, versuchte vielmehr, ihn zu verstehen.

«Sie schlagen doch nicht etwa vor, ihn laufen zu lassen, General?»

«Nein. Aber mußten Sie zum Halali für diesen ganzen Zirkus blasen?»

«Das Büro des Nürnberger CIC ist meine offizielle Kontaktstelle; Lieutenant Busby ist heute der Offizier vom Dienst.»

«Sie hätten mich anrufen können, Samson. In meiner Wohnung. Sie haben ja die Nummer.»

«Ich habe Ihre Telefonnummer, General Rensselaer, und ich habe Sie sofort nach meinem Gespräch mit dem CIC angerufen.»

«Schade, daß es nicht *vor* Ihrem Gespräch mit dem CIC geschah.»

«Das ist unfair, General. Sie wissen so gut wie ich, daß Paul Winter unter Aufsicht stand. Und daß diese Überwachung von einem amerikanischen Offizier angeordnet wurde – von Colonel Bill Callaghan. Es handelte sich nicht um ein Ansuchen von mir oder von meinen Vorgesetzten.»

«Woher wissen Sie das, Captain?»

«Ich habe recherchiert, General. Wenn sich jemand in Dinge einmischt, die einen unter meiner Obhut stehenden Häftling betreffen, möchte ich auch wissen, was dahintersteckt.»

Glenn Rensselaer nickte. Dieser Engländer war ein rigoroser Bursche. Kein Wunder, daß Peter partout nicht mit ihm auskommen konnte. Aber er hatte natürlich recht. Er kannte seine Fakten aus dem Effeff, das machte jede Diskussion mit ihm so schwierig. «Sie haben wohl recht, Captain. Ich hätte nicht davon anfangen sollen.» Und nach einem Blick auf den Weg: «Na schön, gehen wir weiter. Je eher wir des Rätsels Lösung finden, desto besser.»

Zuerst kamen sie zu einer kleinen, primitiven Blockhütte; sie stand inmitten einer Lichtung. Dahinter führten ein paar Stufen und ein schmiedeeisernes Tor auf einen dekorativen Backsteinvorbau, über dem ein prachtvoll geschnitzter Balken mit der von Edelweiß umrankten Inschrift «Haus Paul» angebracht war. Das Haus, das Harald Winter seinem Sohn geschenkt hatte, lag noch etwas höher. Die Fenster waren dunkel, nur bei einem standen die Läden offen.

Samson zog seine Dienstwaffe und rief: «Winter! Kommen Sie raus und nehmen Sie die Hände hoch!»

Nichts.

Dann versuchte es Rensselaer: «Paul, ich bin's, Glenn. Komm raus. Es passiert dir nichts.»

Keine Reaktion.

«Vielleicht hören sie's gar nicht. Die Fenster sind geschlossen.» Rensselaer ging zur Haustür. Sie war nicht abgesperrt. Er machte auf, Samson drängte sich an ihm vorbei, die Waffe schußbereit. Drinnen war es stockdunkel. Er ging durch das Vestibül in den großen Wohnraum. Er war leer, durch das hereinfallende Mondlicht spärlich erhellt. Vorhänge, Teppiche, Möbel, Bücher und Bilder – alles weg; sogenannte Andenkenjäger hatten gründliche Arbeit geleistet, sogar einen vergoldeten Wandarm herausgerissen und baumeln lassen.

Sie gingen nach oben. Überall das gleiche Bild. Nur ein Schlafzimmer war kürzlich benutzt worden. Ein nichtgemachtes Bett, zwei Holzstühle und in der Ecke ein zerbeulter Überseekoffer aus Metall, verschmutzt, als habe man ihn aus dem Boden ausgegraben. Sie nahmen ihn näher in Augenschein, und Rensselaer leuchtete ihn mit der Taschenlampe aus. Er war leer, bis auf ein altes Vorhängeschloß aus Messing, in dem noch der Schlüssel steckte.

«Sie haben irgendwas geholt», meinte Samson.

«Sieht ganz so aus.» Glenn Rensselaer öffnete die Schranktür: ein grauer Anzug, einige Arbeitshosen, auch ein paar Frauenkleider und ein Unterrock, alles in Inges Größe.

«Das müssen Essers Sachen sein», sagte Captain Samson. «Er wurde in diesem Haus verhaftet.»

«Es gehört Paul Winter.»

«Ja, ich weiß.»

«Sie wissen alles, nicht wahr?»

«Über Paul Winter? Ja, allerdings.»

«Dann könnten Sie mir wohl auch verraten, wo sich seine Frau Inge aufhält.»

«In Garmisch, Weißer Hirsch.»

«Was ist das?»

«Ein teures Nachtlokal für Schwarzhändler und ähnliches Gelichter. Mit Tanzkapelle. Sie singt dort.»

«Sie singt? Inge Winter? Meine Güte, sie ist doch reichlich angejahrt.»

«Es gibt kein Gesetz, das älteren Damen das Singen verbietet», erwiderte Samson.

Rensselaer unterdrückte seinen Ärger. Er stieß sich an Captain Samsons Art ebenso wie an Lieutenant Busbys Impertinenz. In der Welt dieser jungen Generation war kein Platz mehr für Höflichkeit.

Nach einem weiteren raschen Rundgang durch das Haus kamen die beiden nach draußen, um nach Fußspuren zu suchen. Sie fanden sie, zu spät.

Die Schüsse hallten laut durch die stille, mondklare Nacht.

«O mein Gott!» Rensselaer war alt und müde, aber die Angst ließ ihn den steilen Weg hinunterhasten, so daß er manchmal den Halt verlor.

Captain Samson legte keine Eile an den Tag. Verhindern konnte er jetzt sowieso nichts mehr. Gleich von Anfang an hatte er das Gefühl gehabt, daß Lieutenant Busbys Leute viel zu nervös waren.

Die beiden Leichen lagen dicht nebeneinander im Schnee. Unter Paul hatte sich eine Blutlache gebildet, die den Schnee erst tauen und gleich wieder gefrieren ließ, so daß er jetzt glatt und rot schimmerte. Beide waren unbewaffnet. Peter trug einen hellen khakifarbenen Trenchcoat, nicht zugeknöpft, so daß er nun wie Schwingen um ihn ausgebreitet lag und man ihn nur schwer als Offizier in Uniform erkennen konnte.

Paul hatte einen alten blauen Mantel an, den er schon seit Jahren trug, ein teures Stück, von Inge ausgesucht – wie fast alles damals.

Paul lag da – auf der einen Seite, zusammengekauert, angezogene

Knie, versteifte Muskeln. Im Tod wieder zum Embryo geworden. Peter, unmittelbar hinter ihm, mit weit gespreizten Gliedmaßen, Gesicht am Boden. General Glenn Rensselaer schien es, als strecke Peter den Arm nach der Schulter seines Bruders aus.